Von einer behüteten und harmonischen Kindheit über die Jahre beim BDM hin zur mutigen Widerstandskämpferin der *Weißen Rose* – die erste umfassende Darstellung des widersprüchlichen Lebens von Sophie Scholl.

Sophie Scholl ist eine Ikone der deutschen Geschichte. Mit Flugblättern hatte sie es gewagt, die verbrecherische Politik Adolf Hitlers anzuklagen, und wurde dafür hingerichtet. Sie ist eine der bekanntesten und gleichzeitig mythenumwobensten Figuren des Widerstandes. Barbara Beuys nähert sich Scholl von einer anderen Seite. Anhand einer Fülle neu gesichteter Dokumente widmet sie sich besonders der Zeit vor dem Widerstand, ihrer Jugend. Sie entwirft ein menschliches Porträt einer jungen Frau, das vielerlei Widersprüche und Spannungen offenlegt. Sie erzählt von Sophie Scholls Kindheit, der Beziehung zu ihrer Familie, von ihrem Weg von der begeisterten Anhängerin des BDM hin zur kritisch denkenden Philosophiestudentin, die sich gegen den Willen ihres Bruders der Widerstandsgruppe *Weiße Rose* anschließt – und lässt so das wahre Bild der Sophie Scholl hinter der Legende sichtbar werden.

»Diese Sophie-Scholl-Biografie ist ein Ereignis: Sie ist nicht nur glänzend geschrieben, sondern öffnet auch neue Zugänge zum Verständnis der Widerstandskämpferin.« *Die Zeit*

Barbara Beuys, geboren 1943, studierte Geschichte, Philosophie und Soziologie. Sie arbeitete als Redakteurin beim *Stern* und bei der *Zeit*. Im Insel Verlag sind erschienen: *Preis der Leidenschaft. Chinas große Zeit: Das dramatische Leben der Li Qingzhao* (it 3418), *Paula Modersohn-Becker. Oder: Wenn die Kunst das Leben ist* (it 3419), *»Blamieren mag ich mich nicht«. Das Leben der Annette von Droste-Hülshoff* (it 3458), *Denn ich bin krank vor Liebe. Das Leben der Hildegard von Bingen* (it 3467).

insel taschenbuch 4049

Barbara Beuys

Sophie Scholl

# BARBARA BEUYS
# SOPHIE SCHOLL

BIOGRAFIE

INSEL VERLAG

Umschlagfoto: Süddeutsche Zeitung Photo/
Geschwister-Scholl-Archiv

insel taschenbuch 4049
Erste Auflage 2011
Insel Verlag Berlin 2011

Vertrieb durch den Suhrkamp Taschenbuch Verlag
Umschlag: HildenDesign, München, www.hildendesign.de
Druck: CPI – Ebner & Spiegel, Ulm
Printed in Germany
ISBN 978-3-458-35749-0

1 2 3 4 5 6 – 16 15 14 13 12 11

# INHALT

# DIE ELTERN

Es war Freitag, der 21. November 1941, mitten im Krieg, als Lina Scholl, auf Besuch im Städtchen Forchtenberg im Hohenloher Land, an ihren Mann daheim in Ulm schrieb: »Lieber Robert! Da wir am 23. nicht beisammen sind, so möchte ich Dir wenigstens auf diese Weise einen kleinen Gruß senden. … Gerne möchte ich an dem Tag und Ort, da wir uns vor 25 Jahren die Hände reichten zum gemeinsamen Wandern durch dieses Leben, verweilen, besonders da ich so in der Nähe bin. … Ich freue mich sehr, bis ich wieder daheim bin und Dir die nächsten 25 Jahre so schön und gut gestalten kann, wie es mir möglich ist. Wir haben uns ja genügend kennen gelernt in unseren Vorzügen und Schwachheiten, so dass es keine Frage ist, ob wir weiterhin miteinander wandern in Freud und Leid, vielleicht auch, was vorauszusehen ist, durch schwere Tage. Doch was von außen kommt, zerbricht die Liebe und Treue nicht, bindet sie eher noch fester. Und dann haben wir die Kinder, die zur Zeit je länger, je fester werden in ihrem Glauben an den wahren Gott und in ihrer Lebens- und Weltanschauung. … Denn das schönste Wort, das es für Eltern gibt, ist doch dies: Herr, hier sind wir und die Kinder, wir haben der keines verloren, die Du uns gegeben hast.«

Vor 25 Jahren: Am 23. November 1916, auch damals war Krieg, heirateten in der Kirche von Geißelhardt, gute zehn Kilometer westlich von Schwäbisch Hall, die fünfunddreißigjährige Lina Müller und der fünfundzwanzigjährige Robert Scholl. Es war ein Tag der Freude und der Trauer. Denn vor dem Gang zum Traualtar lag der Gang zum Friedhof, um Robert Scholls Mutter Christiane, die am 21. November gestorben war, zu begraben.

Das Wechselbad der Gefühle konnte die Hochzeitsgesellschaft nicht überraschen. Im Frühjahr 1916 hatten Robert Scholls Brüder Christian, 28, und Gottlob, 19 Jahre alt, an der westlichen Front ihr Leben gelassen. Als »Heldentod« und »Opfergang« verklärten deutsche Generäle und Politiker das Sterben hunderttausender Männer in den schlammigen Feldern von Flandern und in den Schützengräben um Verdun. Auch die Heimat, die Städte und Dörfer, aus denen die Soldaten im Spätsommer 1914 mit klingendem Spiel, blumenbekränzt und unter dem Jubel der Zurückbleibenden in die Schlacht gezogen waren, blieben nicht verschont. Einige skrupellose

Zeitgenossen machten als Kriegsgewinnler ihr Geschäft. Den meisten Menschen brachte der Erste Weltkrieg Verelendung und Abstieg.

Das Realeinkommen sank um vierzig Prozent. Eine massive Inflation entwertete den ohnehin geringen Verdienst. Die Lebensmittelversorgung brach zusammen. Eine dreiviertel Million Menschen starben zwischen 1914 und 1918 in Deutschland an Hunger. Besonders der Winter 1916/17 sollte schrecklich werden; »Rübenwinter« wurde er genannt, da Rüben bald die einzige Nahrung weit und breit waren. Die Kindersterblichkeit nahm um dreißig Prozent zu, die Abtreibungsquote stieg. Die Heiratsquote ging um achtzig Prozent zurück. Nachdenkliche Köpfe ließen sich vom falschen Pathos nicht blenden.

»Immer muss ich wieder daran denken, wie schön wir leben könnten, wenn wir jetzt beieinander und Friede im Lande wäre. ... Unter dieser Stimmung und Sehnsucht bin ich oft bedrückt und da bin ich am liebsten allein. Die militärische Welt ist doch manchmal recht unschön. Wie froh bin ich da, dass ich Dich habe, die Du so viel anders bist als die meisten Menschen.« Das hatte Robert Scholl am 1. Februar 1916 an Lina Müller geschrieben, die bei ihren Eltern in Künzelsau Urlaub machte. Seit dem Frühjahr 1915 arbeiteten beide zusammen im Lazarett II für verwundete Soldaten in Ludwigsburg bei Stuttgart: Lina Müller, Diakonisse von Beruf – am 5. Mai 1881 geboren und auf den Namen Magdalena getauft, doch von Kind auf Lina genannt –, und der zehn Jahre jüngere Sanitäter Robert Scholl.

Die Du so viel anders bist als die meisten Menschen: Wenn für die meisten gilt, dass sie zufrieden sind, ihr Leben im Umfeld und Milieu ihrer Eltern und Großeltern zu verbringen, dass sie keine Kraft und kein Selbstvertrauen haben, für eigene Überzeugungen einzustehen, dass der Krieg ihnen die Hoffnung auf eine bessere Welt genommen hat – dann wussten Lina Müller und Robert Scholl, als sie am 23. November 1916 ihre Liebe öffentlich besiegelten, wie sehr es sie beide verband, anders zu sein.

Obwohl ein Jahrhundert vergangen ist, haben sich Briefe erhalten, die bis in Lina Müllers Leben vor der Hochzeit zurückreichen; die etwas spüren lassen vom Vertrauen auf einen gnädigen Gott und vom nüchternen Blick auf die Welt, mit dem sie und ihre drei Geschwister aufwuchsen. Der Vater, Friedrich Müller, Schuhmacher, ein stiller Mensch und leicht kränkelnd, bleibt im Hintergrund. Es ist die Mutter, Sophie Müller – 1853 unehelich in eine Handwerkerfamilie geboren, was in der ländlichen Region zur Lebenswirklichkeit gehörte –, die in den Briefen deutliche Konturen als der prägende Mittelpunkt der Familie gewinnt. Sie begleitet die Entscheidung ihrer Tochter Lina, Diakonisse zu werden statt zu heiraten, mit herzlichem Wohlwollen. Lina Müller begann ihre Ausbildung im Diakoniewerk Schwäbisch Hall; eine Einrichtung mit Krankenhaus, Kinderkrankenhaus und »Schwachsinnigenheim«, die 1886 gegründet wurde. Vorbild war das Diakonissenhaus in Kaiserswerth bei Düsseldorf. Dort hatte 1836 der evangelische Pfarrer Theodor Fliedner seine Vision einer evangelischen Gemeinschaft von Kranken- und Gemeindeschwestern realisiert. Er gehörte zu den Männern, die im frühen 19. Jahrhundert den Umbruch der Zeiten und den drängenden Wunsch von Frauen nach aktiven Lebensmodellen außerhalb der Ehe spürte. 1861 gab es in Deutschland schon 26 weitere »Häuser«, die unverheirateten jungen Mädchen und Frauen protestantischen Glaubens eine Alternative zu Ehe und Kindern boten. Sie wurden in Pflegeberufen ausgebildet, arbeiteten in Krankenhäusern und Pfarrgemeinden und fanden in der Gemeinschaft der Diakonissen familiäre Geborgenheit.

Lina Müller hat sich 1904, mit dreiundzwanzig Jahren, für den Beruf der Diakonisse entschieden. Das Diakoniewerk in Schwäbisch Hall lag nur wenige Kilometer von ihrer Heimatstadt Künzelsau entfernt. Begonnen hatte es mit sechs Diakonissen und dreißig Krankenbetten. Jetzt arbeiteten in den verschiedenen Einrichtungen hundertsechzehn Diakonissen. Der Eintritt in die Schwesterngemeinschaft war für die Töchter der Bauern, Arbeiter und kleineren Handwerker attraktiv geworden, denn er bedeutete Aufstieg und Ansehen in der Gesellschaft. Lina Müller erfüllte die praktische Vorbedingung; sie hatte nach Abschluss der Schule in einer befreundeten Familie »tüchtige Schulung in guter Küche und pünktlicher Haushaltung gelernt«. Die Eltern konnten ihr auch die Ausstattung bezahlen. Der Jahresbericht von 1903/04 trifft Lina Müllers Situation genau: »Der Diakonissenberuf fordert entschieden christliche Gesinnung, den Drang zu helfen, die Willigkeit mit andern sich zu verbinden.« Es sind »die Mädchen mit einfacher Volksschulbildung, die mit warmem Herzen zum Dienst sich gemeldet, unverdrossen gelernt, ein klares Auge, eine sichere Hand, reiche Kenntnisse und Fertigkeiten sich errungen« haben.

Die ersten sechs Monate galten im Diakoniewerk als Probezeit. Wer blieb, bekam beim Kragenfest den »kleinen« weißen durch den »breiten« Diakonissen-Kragen ersetzt. Lina Müller durchlief die Ausbildung im Behindertenbereich, bei den »Schwachsinnigen«, auf der Männer- und Frauenstation des Krankenhauses und im Operationszimmer. Sie begleitete Gemeindeschwestern zu Nachtwachen und Kinderkrippen, hatte wöchentlich fünf Stunden ärztlichen Unterricht. Fünf Jahre nach dem Eintritt und bestandener Pflege-Prüfung wurde sie im Frühjahr 1909 »eingesegnet«. Denn nun kannte sie gemäß der Ausbildungsordnung »den Diakonissendienst, seine Herrlichkeit und seine Schwierigkeiten, so dass sie aus eigenster Kenntnis in voller Freiwilligkeit sich entscheiden kann, ob sie ihn als ihren Beruf festhalten will«.

Eine Fotografie zeigt Lina Müller nach der Einsegnung in der schwarzen Diakonissentracht im Kreise ihrer Mitschwestern: sehr gerade und mit klarem freundlich-offenen Blick. Diakonisse sein heißt dienen, Opfer bringen und bei selbstloser Arbeit nicht die Stunden zählen, aber auch Verantwortung tragen, Entscheidungen treffen und durchsetzen, selbstbewusst auftreten. Wie alle Diakonissen gelobte Lina Müller Armut und Ehelosigkeit. Sie lebte jedoch nicht hinter Klostermauern, sondern wirkte in der Welt und konnte jederzeit den Beruf aufkündigen, ohne einen Makel davonzutragen. Ein Drittel bis die Hälfte aller Diakonissen taten irgendwann diesen Schritt, um doch noch eine eigene Familie zu gründen.

Die erste Stelle nach der Prüfung trat die achtundzwanzigjährige Lina Müller im Kinderkrankenhaus der Diakonissen von Hall an. Im Häuschen in Künzelsau, das sich die Eltern 1905 leisten konnten, ist sie mit der Fotografie anwesend: »Ach, liebe Lina! Dein Bild freut uns so sehr, ich kann mich nicht satt sehen. ... Du bist uns so nahe, auch in weiter Ferne. Wie siehst du uns doch so freundlich an. Alle Lieben sind im Bild versammelt auf dem Tischchen – das ist mein Sonntagsvergnügen.« Die Mutter, die ihrer Tochter am 29. August 1909 schreibt, verliert über so viel Freude nicht den Alltag aus dem Blick und fügt hinzu: »Unsere frühen Kartoffel sind auf die Hälfte verfault.« Zum Häuschen gehörte ein Garten, wo Sophie Müller sich mit großer Begeisterung um Blumen, Kartoffeln und Gemüse, Erdbeeren, Pflaumenbäume und das Birnenspalierobst an der Hauswand kümmerte. Und auf der hölzernen Veranda nahm das Gezwitscher der Vögel kein Ende, dem Sophie Müller fröhlich und der Melodie folgend eine menschliche Deutung unterlegte, zum Beispiel »Dir, dir, dir schick i dr Gerichtsvollziehr...«.

Überhaupt hatte man in dieser Familie Sinn für Komik und Schabernack. Einmal schrieb die schon erwachsene, außer Haus lebende Elise an Verwandte in Künzelsau, sie werde am 1. April abends mit der Bahn zu Besuch kommen. Die Eltern wurden informiert, insgesamt standen acht Personen um 18 Uhr erwartungsvoll zur Begrüßung am Bahnhof, vergeblich. Wenige Tage später schreibt Sophie Müller ihrer Tochter augenzwinkernd: »Das war eine Enttäuschung. Wir haben einander ausgelacht, denn wer dachte an den ersten April. Du böses Mädchen, das musst Du büßen.«

Die Mutter war eine große und schlanke Frau. Sie trat mit bescheidener Sicherheit auf. Sie pflegte und genoss die Kontakte zu Nachbarn, Freunden, Kindern und weiterer Verwandtschaft. Viele Jahre später, nach ihrem Tod,

*Lina Scholl (links) als Diakonisse*

erinnerte sich Otto Ueberle, ein Künzelsauer Freund der Familie, der zwischen den Weltkriegen am Kaffee-Import aus Brasilien ein Vermögen verdiente, an Sophie Müller und nannte sie eine »selten gutmütige und brave Frau«. Im Sprachgebrauch der Zeit meint »brav« eine tüchtige Person, und »gutmütig« ist jemand, der anderen Menschen mit offenem Gemüt gegenübertritt.

Es fällt auf, wie ungekünstelt Sophie Müller mit ihrer Tochter über ihre eigenen Gefühle spricht. Nachdem sie im August 1909 ihrer Freude über Linas Fotografie Ausdruck gegeben hat, fährt sie fort: »Liebe Lina, heute habe ich Dir viel geschrieben und könnte noch lange mit Dir sprechen. Deine Liebe ist mir soviel wert, und ich habe es auch so nötig, das gibt mir immer wieder Kraft. … Jetzt kann ich wieder arbeiten, und habe frohen Mut, alles andere will ich dem Herrn überlassen.« Da schreibt jemand, der keine Scheu hat, seine emotionalen Bedürfnisse preiszugeben, ohne deshalb sentimental zu werden.

Aber was ihr Leben vor allem prägt, ist der feste Glaube, aus dem Sophie Müller Trost und Halt gewinnt und den sie an ihre Kinder weitergibt. Sophie Müllers Gottvertrauen ist unerschütterlich. Aus dem Brief an Tochter

Lina vom 30. Dezember 1911: »Großes hat der Herr an uns getan, dess sind wir fröhlich, bisher hat der Herr geholfen – er wird uns weiter helfen und uns gnädig sein, wenn wir unsre Hilfe bei Ihm suchen. Was das neue Jahr uns bringen wird, wissen wir nicht und wollen es auch nicht wissen, aber den lieben Gott um Kraft bitten, dass wir jeden Tag dankbar annehmen.« »Pietismus« steht auf der Schublade, in die der schwäbische Protestantismus seit dem 18. Jahrhundert gehört. Aber wer an Enge und Sündenangst denkt, an Gewissensskrupel und Sauertöpfigkeit, gewinnt durch die Schwäbin Sophie Müller ein anderes Bild. Ihre Briefe zeugen von einer tiefen Frömmigkeit, die einem fröhlichen, praktischen Glauben entspringt. Ihr Gott ist nicht eifernd, sondern menschenfreundlich.

Den Abend beschloss Sophie Müller gern mit einem alten Kirchenlied, das bis ins Jahrhundert der Reformation zurückgeht: »Ach bleib bei uns, Herr Jesus Christ, weil es nun Abend worden ist; Dein göttlich Wort das helle Licht, lass ja bei uns auslöschen nicht.« Ebenso sprach sie ein Gebet, wenn am Mittag von der nahen katholischen Kirche Angelus geläutet wurde. Und zu denen, die von den ersten Erdbeeren ein Körbchen bekamen, gehörte eine jüdische Familie in Künzelsau.

Fast überflüssig zu sagen, dass Sophie Müller täglich in der Bibel las und alle die schönen Lieder des Gesangbuchs fest im Gedächtnis hatte. Bilderreicher Stoff, der ihrem Schreibtalent zugute kam. Das Schreiben war ihr offensichtlich eine Lust und keineswegs eine Last. Sophie Müllers Briefgespräche sind fern von Sprachhülsen und aufgesetzten Formeln. »Ehe sich das Jahr schließt«, schreibt sie am 30. Dezember 1911, »muss ich noch ein Plauderstündchen mit der lieben Lina halten – nur noch eine kleine Zeit ist es, dann ist das alte Jahr mit Leiden und Freuden hinter uns.« Zu dieser Zeit hat der Diakonissen-Beruf Lina Müller längst fortgeführt aus dem Mutterhaus in Hall. Auf den ersten Außenstationen nach der Einsegnung 1909 arbeitete sie als Gemeindeschwester in Frankenbach, im Krankenhaus von Kirchberg an der Jagst und baute in Ulm-Söflingen eine Kinderkrippe mit auf. Im Sommer 1914, mit dreiunddreißig Jahren, ist Lina Gemeindeschwester in Merklingen bei Ludwigsburg. Sie kommt in viele Familien, meist solche, die am Rande leben. Sie kümmert sich um den Haushalt und die Kinder, wo die Mutter krank ist oder im Kindbett liegt. Sie pflegt Menschen, die sich keinen Arzt und keine Medizin leisten können. Lina Müller, berufstätig, aus freien Stücken unverheiratet und den Menschen dienend, hat festen Stand und ihren Platz im Leben gefunden.

Am Morgen des 4. August 1914 versammeln sich die Mitglieder des deutschen Reichstags, die Regierung und Kaiser Wilhelm II. im Berliner

Dom, um aus besonderem Anlass die Sitzung mit einer Andacht zu eröffnen. Für ihre politischen Entscheidungen gibt ihnen der einundsiebzigjährige Oberhofprediger Ernst von Dryander ein Wort des Apostels Paulus mit auf den Weg: »Ist Gott für uns, wer mag wider uns sein?« Der protestantische Theologe ist zuversichtlich, wie dieses Wort in dieser Stunde auszulegen sei: »Wir ziehen in den Kampf für unsere Kultur gegen die Unkultur, für die deutsche Gesittung wider die Barbarei, für die freie deutsche an Gott gebundene Persönlichkeit wider die Instinkte der ungeordneten Masse … und Gott wird mit unseren gerechten Waffen sein!« Dann begeben sich die Versammelten in den Reichstag. Es beginnt die offizielle Sitzung zum Ausbruch des Krieges, der als Erster Weltkrieg, als der große Krieg, in die Geschichte eingehen wird. An diesem 4. August 1914 ist es endgültig: Deutschland und Österreich-Ungarn auf der einen und Russland, Frankreich und England auf der anderen Seite sehen keine Möglichkeit mehr, die politischen Spannungen zwischen den Staaten friedlich und im Kompromiss zu lösen.

Unter der Reichstagskuppel hat dann der Kaiser das Wort: »Uns treibt nicht Eroberungslust, uns beseelt der unbeugsame Wille, den Platz zu bewahren, auf den Gott uns gestellt hat, für uns und alle kommenden Geschlechter. … Nach dem Beispiel unserer Väter, fest und getreu, ernst und ritterlich, demütig vor Gott und kampfesfroh vor dem Feind, so vertrauen wir der ewigen Allmacht, die unsere Abwehr stärken und zu gutem Ende lenken wolle!« Und während deutsche Soldaten in Richtung Frankreich marschieren, nachdem sie Luxemburg und Belgien überfallen haben, erklärt der Abgeordnete Hugo Hase für die Fraktion der Sozialdemokraten die geschlossene Zustimmung seiner Partei zur Kriegsfinanzierung:

»Die Folgen der imperialistischen Politik, durch die eine Ära des Wettrüstens herbeigeführt wurde und die Gegensätze zwischen den Völkern sich verschärfen, sind wie eine Sturmflut über Europa hereingebrochen. Die Verantwortung hierfür fällt den Trägern dieser Politik zu; wir lehnen sie ab. … Jetzt stehen wir vor der ehernen Tatsache des Krieges. Uns drohen die Schrecknisse feindlicher Invasionen. … Heiße Wünsche begleiten unsere zu den Fahnen gerufenen Brüder ohne Unterschied der Partei. … Für unser Volk und seine freiheitliche Zukunft steht bei einem Siege des russischen Despotismus, der sich mit dem Blute des eigenen Volkes befleckt hat, viel, wenn nicht alles auf dem Spiel. … Da machen wir wahr, was wir immer betont haben: Wir lassen in der Stunde der Gefahr das eigene Vaterland nicht im Stich.« Ob Kaiser oder Sozialdemokrat: Ihre Worte geben die Stimmung im ganzen Land wieder, quer durch alle sozialen Schichten.

Es bejubelten den Ausbruch des Krieges deutsche Universitätsprofessoren und Handwerker, Beamte und Angestellte, Künstler und Arbeiter, Bauern und Schriftsteller – alle wie von einem kollektiven Rausch ergriffen und überzeugt, das Vaterland und seine gerechte Sache gegen eine Welt von Feinden zu verteidigen. Abiturklassen strömten geschlossen als Freiwillige in die Kasernen. Der angesehene fünfzigjährige Soziologe Max Weber war bitter enttäuscht, dass sein Antrag, an der Front zu dienen, abgelehnt wurde.

So sehr die tödlichen Konsequenzen des Krieges verdrängt oder verherrlicht wurden, ganz ohne Vorsorge ging es nicht. Von den 299 Haller Diakonissen forderte der Staat umgehend 65 als Krankenschwestern in Lazaretten an; darunter Lina Müller, die am 20. September 1914 zur Verwundetenpflege nach Hochdorf abkommandiert wurde. Es traf sie auch deshalb, weil das Diakonissenhaus nur gestandene Schwestern, die mindestens dreißig Lebensjahre hinter sich hatten, in diese Männerwelt schickte. Die nächste Station war das Ludwigsburger Lazarett, und dort gehörte der junge Robert Scholl zu Lina Müllers Arbeitskollegen.

Robert Scholl war 1891 in dem Weiler Steinbrück, Gemeinde Geißelhardt, in eine Kleinbauern-Familie hineingeboren worden. Die kargen Böden im Mainhardtswald ernährten die Familie mit den elf Kindern mehr schlecht als recht. Als der Lehrer Robert Scholls Vater vorschlug, den begabten Jungen nach der Volksschule aufs Gymnasium zu schicken, winkte der ab. Wer sollte das bezahlen? Dem Pfarrer von Geißelhardt, der unentgeltlichen Privatunterricht anbot, konnte man nicht nein sagen. Robert Scholl ging täglich ins Pfarrhaus, lernte eisern und machte 1909 im Stuttgarter Eberhard-Ludwig-Gymnasium die Mittlere Reife. »Dann ergriff ich die Laufbahn eines mittleren Verwaltungsbeamten«, heißt es in einem Lebenslauf, den er 1936 handschriftlich für das Ulmer Finanzamt aufsetzte.

Robert Scholl lernte von der Pike auf im Heimat-Rathaus von Geißelhardt und andern Gemeinden ringsum, dazu ein Jahr auf dem Amtsgericht in Öhringen. »1912/13 besuchte ich den Verwaltungskurs in Stuttgart. 1913 legte ich die Verwaltungsdienstprüfung ab.« Begabung und Fleiß, Wissbegierde und ein fester Wille hatten ihn hinausgeführt aus der heimatlichen bäuerlichen Enge. Robert Scholl hatte alle Chancen, im bürgerlichen Milieu Fuß zu fassen. Er arbeitete nach bestandener Prüfung in Stuttgart im Polizeipräsidium und im Steueramt. Als im August 1914 ringsum alles jubelte, blieb der junge Mann immun gegenüber dem nationalen Rausch, reihte sich nicht ein in die Schar der Freiwilligen.

Trotz des blitzartigen Überfalls geriet der deutsche Vormarsch sehr bald ins Stocken. Die Felder Flanderns wurden vom Blut zehntausender deutscher Soldaten getränkt. Und die Logik des Krieges verlangte immer neues »Kanonenfutter«. Im November 1914 erhielt Robert Scholl den Gestellungsbefehl: »Zunächst wurde ich bei einem Infanterie-Ersatzbataillon mit der Waffe ausgebildet und sodann, weil nur garnisonsverwendungsfähig, zum Sanitätsdienst in das Reservelazarett nach Ludwigsburg abkommandiert.« So blieb ihm die Front erspart. Welche Erleichterung für den jungen Mann, der andere Vorstellungen von seiner Zukunft hatte als den Tod fürs Vaterland. Die Diakonisse Lina Müller scheint seinen Plänen sehr viel mehr entsprochen zu haben.

Robert Scholl war mit seinen vierundzwanzig Jahren bereit, eine Familie zu gründen. Dass die Frau, in die er sich im Jahre 1915 verliebte und in der er sogleich auch die Mutter seiner Kinder sah, zehn Jahre älter war als er, spielte offensichtlich keine Rolle. Am 1. Februar 1916 schreibt Robert Scholl seinem »Linäle« in den Urlaub von einem Lazarett-Gespräch über »Kinderbeihilfen«, da »Kinder von Staats wegen erwünscht« seien. Entschieden setzt er seine Meinung dagegen: »Nun, wir wollen keine Kinder jemand zu Liebe, auch nicht aus Patriotismus. Sie sollen nur der Ausdruck unserer Liebe zueinander sein. Verzeih, wenn ich in der Mehrzahl spreche, denn Du kennst ja meinen Standpunkt. Aber ich freue mich sehr auf unser gemeinsames Geschöpf, das kannst Du Dir denken und auch das ist ein Ziel, dem wir zustreben und das uns enger noch miteinander verbindet.«

Welche Gefühle trafen aufeinander, als die beiden sich im Lazarett begegneten? Musste der junge Sanitäter sehr um die Diakonissenschwester werben, oder änderte Lina Müller ohne Zögern ihre Zukunftspläne, in der kein Mann und keine Kinder vorgesehen waren? Es ist nichts überliefert. Aber fest steht, dass zum Jahresanfang 1916 die Entscheidung für beide gefallen ist, sich gemeinsam in die Zukunft aufzumachen.

Am 20. Oktober 1916 legt Lina Müller die schwarze Diakonissentracht für immer ab. Sie tritt aus dem Verband der Schwäbisch Haller Diakonissen aus und verlobt sich mit Robert Scholl, der auf Urlaub zu ihr und den zukünftigen Schwiegereltern nach Künzelsau gekommen ist. Der Schritt kann Lina Müller nicht leicht gefallen sein. Die Gemeinschaft der Schwestern, in der Glaube und Arbeitsethos alle miteinander innig verband, war ihr Heimat geworden. »Ich habe so viel Zeit zum Denken, auch zum Grübeln, aber auch dies wird heilsam sein, Du darfst Dich nicht sorgen darum, denn ich komm mit Gottes Hilfe wieder ins Helle«, schreibt Lina Müller ihrem Verlobten in den letzten Oktobertagen, kaum dass er wieder bei seiner Arbeit im Lazarett ist.

Robert Scholl braucht sich nicht zu sorgen, denn sie hat den Trost nicht vergessen, den sie sich beide für die Trennungszeit versprochen haben, wie so viele Liebende vor und nach ihnen: »Den hellen Stern will ich fleißig betrachten und denken, dass Du zu demselben auch aufsiehst. … Heute ist wieder eine wunderbare Sternennacht.« Der Glaube, den Lina Müller von ihrer Mutter vorgelebt bekam, kennt keine Kluft zwischen Himmel und Erde, und so fasst sie am Ende zusammen: »Gott befohlen, bis wir uns wiedersehen. Sei nicht zu fleißig, geh beizeit ins Bett, gelt. Ich verbleibe in treuer Liebe Deine Lina.«

Noch von Künzelsau aus hatte Robert Scholl seinen Vorgesetzten im Lazarett brieflich über seine Verlobung informiert. Der gab am 25. Oktober im Pausenzimmer die Nachricht an Scholls Sanitäter-Kollegen und die Diakonieschwestern weiter: »Wie wenn eine Bombe eingeschlagen hätte, so sprangen alle von ihren Stühlen auf, lange und erstaunte Gesichter, auch viele Meinungsverschiedenheiten.« Ein guter Freund meldete die Reaktion postwendend nach Künzelsau und lobte den Vorgesetzten. Der habe in der allgemeinen Erregung für Robert »Stellung gefasst und gesagt, dass ihr zwei ganz gut zusammenpasst«. Und fügte als nachträgliche Erkenntnis hinzu, »daher auch immer die vielen Blumen«. Lina Müller hatte den Brief versehentlich geöffnet, schickte ihn weiter an Robert Scholl, der schon wieder an der Arbeit war, mit der Bemerkung: »Ich hoffe, die Schwestern werden sich auch bald erholt haben.«

Ins Lazarett kehrte Lina Müller nicht mehr zurück. Die Konfrontation mit ihren ehemaligen Mitschwestern musste Robert Scholl alleine aushalten: »Heute morgen zum Dienst traf ich Schwester Katharina, sie machte ein Gesicht und sagte, mit mir sei sie nicht mehr gut. Auch Schwester Liesl machte einen Trotzkopf.« Das schrieb er seiner Verlobten am 31. Oktober und konnte zugleich Positives berichten: »Als ich heute morgen kam, hatte ich einen schönen Rosenstrauch auf meinem Tisch, die Kameraden wünschten aufrichtig Glück. So fielen gar keine faulen Witze. … In Gedanken bin ich immer bei Dir, mein teures Herz. Sei umarmt und geküsst von Deinem Robert.« Dass Schwestern und Kollegen sich das Maul zerrissen über den jungen Mann Mitte zwanzig und die zehn Jahre ältere Diakonisse, wen wundert es. Dass die beiden Betroffenen es unaufgeregt zur Kenntnis nehmen und entschlossen tun, was auch hundert Jahre später noch eine Ausnahme ist, spricht für ihre innere Stärke.

Lina Müller ist überzeugt, dass sie mindestens Gleichwertiges gegen den Verlust ihres Berufes eingetauscht hat. Der Spaziergang mit einer Freundin erinnert sie kurz nach Roberts Verlobungsurlaub daran, wie sie mit ihm im Wald Bucheckern suchte: »Ich hoffte, den Baum noch zu finden, da wir beide am letzten Tag so schön und reichlich fanden, aber vergebens. … Du fehlst mir, es ist viel schöner, wenn Du dabei bist, da geht uns allemal doch am meisten das Herz auf, wenn wir so miteinander gehen.« Am 2. November 1916 sitzt Lina Müller über ihrem nächsten Brief: »Ich danke Dir für Deine große Liebe, die aus Deinen Briefen spricht und mir so wohl tut. … In Gedanken sind wir sehr viel beisammen. Behüt Dich Gott.« Die Ähnlichkeit ist verblüffend, mit der Lina Müller – wie ihre Mutter – offen und frei ihre Gefühle äußert. »Deine Liebe ist mir so viel wert«, hatte Sophie Müller ihrer Tochter im August 1909 voller Dankbarkeit geschrieben. Sie und ihr Mann scheinen die unverhoffte Lebenswende ihrer Tochter begrüßt und den jungen Schwiegersohn mit offenen Armen angenommen zu haben.

Elise Müller allerdings hatte Bedenken, ob die kleine Schwester den praktischen Anforderungen einer Familie gewachsen sei. In einem Brief an Robert Scholl wischt Lina Müller solche Einwände beiseite: »Einen Haushalt musste ich während meiner Berufszeit oft führen, mehr als einen täglich.« Einmal in Fahrt, wird dem zukünftigen Ehemann eine kleine Lektion erteilt, wie sich Lina ein solides Eheleben vorstellt: »Und Gesellschaften haben wir nicht, wenn solches später nötig wäre, so wüsste ich schon durchzukommen. Wir wollen nun glücklich miteinander leben, dies doch nicht ins Weite tun, sondern nur für uns und für die, die unserer Liebe bedürfen. Und wenn mir einmal dies nicht gelingt, so habe ich mich ja nur vor Dir zu verantworten.« Nach dieser kurzen Verbeugung vor dem Mann im Haus macht die zukünftige Hausfrau umgehend klar, dass sie im Haushalt ein gewichtiges, wenn nicht das entscheidende Wort zu sagen hat: »Sparen kann ich, vielleicht Dir nur zu arg. Gelt, gib jetzt nicht unnötig Geld aus für Geschenke für mich. Der Kleiderkasten ist schon recht, einen Küchentisch und Stühle reicht vor der Hand.«

Am 11. November reist Lina Müller von Künzelsau in das knapp vierzig Kilometer entfernte Steinbrück zu den zukünftigen Schwiegereltern. Ihre Kenntnisse als Krankenpflegerin sind gefragt. Noch am gleichen Tag schreibt sie Robert Scholl über den Zustand seiner Mutter: »Sehr entkräftet.« Am 14. November: »Mutter geht es ziemlich gleich, sie ist so apathisch und schläft viel. … Ich hoffe noch immer auf eine gute Besserung und Wiederkehr des Lebens.« Nur einen Tag später: »Ich glaube, mit Mutter geht es immer mehr bergab.« Robert Scholl schreibt postwendend an »Frl. Lina Müller«: »Morgen Abend sehen wir uns, falls ich in Urlaub darf.« Linas Brief vom 17. erreicht ihn nicht mehr in Ludwigsburg: »Fieber sehr hoch, sie muss viel leiden.« Am 21. November 1916 ist Christiane Scholl im

Alter von sechsundfünfzig Jahren gestorben. Am 23. November, es ist ein Donnerstag, wird sie in Geißelhardt begraben. Der gleiche Tag, der gleiche Ort, an dem ihr Sohn Robert Scholl und Lina Müller heiraten.

Die Zeit und die persönlichen Umstände sind nicht nach einer Hochzeitsreise. Für alle wird es selbstverständlich gewesen sein, dass die neue Schwiegertochter – Frau Lina Scholl – sich eine Weile um den Haushalt des verwitweten Schwiegervaters kümmert; noch dazu, da ihr solche Hilfe von Berufs wegen vertraut ist. Robert Scholl muss zurück ins Lazarett nach Ludwigsburg; er ist für einen Sanitätskurs in Tübingen vorgeschlagen worden. Auch auf diesem Gebiet nicht ohne Ehrgeiz, wird er es zum Sanitätsunteroffizier bringen.

Für Lina Scholl bedeutet die Ehe Familiengründung, und sie sieht sich schon »beschäftigt, Dir und unsern Kindern ein schönes Heim zu schaffen. ... Wollte Gott, dass bald Friede werde und wir dieser schönen Zeit näher rücken. Inzwischen wollen wir aber auch jedes an seinem Ort seine Pflicht tun«. Pflichterfüllung schließt die Sehnsucht nicht aus: »Ich freue mich sehr, bis Du am Samstag kommst. Da wirds aber spät werden, bis wir schlafen.« Und auch nicht das Interesse an anderen Dingen: »Vater freut sich auf seine württembergische Zeitung, ich auch. Wo liest denn Du jetzt Deine Zeitung?« Da sind ein Mann und eine Frau zusammengekommen, die – bei aller Sehnsucht nach Kindern und Familie – über Heim und Herd hinaussehen und Anteil daran nehmen, was in der näheren und weiteren Welt passiert.

Die Frage nach der Zeitungslektüre war für seine Frau keine Nebensache, dass wusste Robert Scholl. Immer wieder analysiert er in seinen Briefen die Weltlage, wie zu Beginn des Jahres 1917: »Hast Du die Rede Wilsons gelesen? Das ist mir politisches Evangelium. ... Ich bekenne mich zu seiner Anschauung Punkt für Punkt, denn mit meiner Gesinnung ist man im Krieg doch ziemlich einsam, immer wieder muss man sich prüfen, ob man denn nicht einem dummen, unmöglichen Ideal anhängt.« Lina Müller teilt seine Hoffnungen auf eine Welt ohne Krieg und nationale Großmannssucht. Und wie war es wirklich bestellt um die Welt im Januar 1917, kaum zwei Monate nach ihrer Hochzeit?

Das vergangene Jahr hatte auf Europas Schlachtfeldern zu einer bis dahin unvorstellbaren Tötungsorgie geführt. Seit November 1914 hatten sich die deutschen Truppen und ebenso ihre Gegner, die verbündeten Franzosen und Engländer, in ihren Stellungen nördlich und südlich der französisch-belgischen Grenze eingeigelt. Das Jahr 1915 verging in dem Bemühen, die jeweiligen Stellungen in den kilometerlangen engen Schützengräben zu halten. Am 21. Februar 1916 blies das Oberkommando des deutschen Heeres wieder einmal zur Entscheidungsschlacht. Im Kampf um die Festungsanlagen oberhalb von Verdun starben bis Dezember 1916 insgesamt auf beiden Seiten der Front über 700 000 Männer in Schlamm und Gestank, im ohrenbetäubenden permanenten Lärm der Granaten und Minen, von Hunger und Durst gequält, viele grausame Tode. Und immer noch war kein Ende des Krieges in Sicht.

Einer der wenigen Politiker, die noch an einen Verständigungsfrieden glaubten, war der amerikanische Präsident Woodrow Wilson. In einer Rede im US-Senat am 22. Januar 1917 warb er noch einmal für einen »Frieden ohne Sieg« und für seine Idee eines weltweiten »Völkerbundes«. Auf diese Rede bezog sich Robert Scholl in seinem Brief vom 25. Januar. Sie sei ein »Markstein in der Geschichte«, ihre Realisierung für den preußischen Militarismus der »Gnadenstoß«, schrieb er aus Ludwigsburg an seine Frau. »Ich drücke dem edeldenkenden Präsidenten im Geist die Hand.« Er konnte sicher sein, seine Frau würde ihn nicht belächeln.

Als Lina Scholl ihrem Mann von einer überlauten Siegesfeier in der Nähe ihres elterlichen Hauses in Künzelsau berichtet, sind ihre Gedanken bei den Opfern: »Hoffentlich kostete dieser Erfolg nicht zu viel wertvolle Menschenleben.« Auch was sie am 7. Februar 1917 schreibt, ist unbeeindruckt von deutscher Kriegspropaganda und vielleicht ein versteckter Hinweis auf die aktuelle Entwicklung: »Unsern leitenden Kriegsherren wird manchmal auch recht bange sein ob der Zukunft und der großen Gegnerschaft.« An Gegnern war tatsächlich kein Mangel. Statt Präsident Wilsons Friedensrede aufzugreifen, hatte Deutschland am 31. Januar 1917 den uneingeschränkten U-Boot-Krieg erklärt. Wer Zeitung las, wusste, dass dieser totale Kampfeinsatz den USA – bis dahin offiziell neutral – keine Wahl ließ. Am 6. April 1917 erklärte der amerikanische Kongress Deutschland den Krieg. Deutschland hatte sich endgültig die Welt zu Feinden gemacht. Für Robert Scholl ist damit die deutsche Niederlage besiegelt, ein Grund zur Freude, denn bei einem deutschen Sieg »würde der nationalistische Gedanke und das Großmachtideal noch viel mächtiger als bisher und neue Kriege müssten ausgefochten werden«. Geradezu hochverräterische Gedanken, die er seiner Lina im Frühjahr 1917 anvertraut.

Doch es gibt auch Trennendes zwischen den Eheleuten. Kaum ein Brief Lina Scholls, in dem sie nicht ihrem Gottvertrauen Ausdruck gibt. Robert Scholl dagegen, wie liebevoll er an sein »gutes Linäle« schreibt, nach jedem Abschied auf »baldiges Wiedersehen« hofft und am Briefende sein »teures Weib«, seinen »Schatz« stets »herzlich grüßt und innig küsst« –

auf Gott beruft er sich nicht, niemals auch nur ein formelhaftes »Behüt Dich Gott«. Offensichtlich vertraut Robert Scholl darauf, dass seine Frau diese Ehrlichkeit richtig deutet und seine kritische Haltung gegenüber dem christlichen Glauben respektiert.

Viele Jahre später, am 17. September 1942, schreibt die älteste Tochter Inge Scholl an den katholischen Schriftsteller Theodor Haecker, dem wir in München im Umfeld von Sophie und Hans Scholl begegnen werden: »Mein Vater ist leider kein Christ.« Er habe seit seiner Jugend keine Kirche mehr besucht, wenngleich er das Große und Edle im Christentum anerkenne. Im April 1941 hatte Robert Scholl seiner Tochter Sophie für deren Glückwünsche zum fünfzigsten Geburtstag mit dem Hinweis gedankt: »Bestimmt bin ich auch in künftigen Lebensjahren noch der gleiche Sucher, der ich immer war ...« Die Diakonisse Lina Müller und der Sucher Robert Scholl werden bald entdeckt haben, dass sie zentrale christliche Wahrheiten unterschiedlich beurteilten: voll gläubiger Gewissheit die eine, mit Skepsis und Zweifeln der andere. In den Wochen und Monaten nach der Eheschließung erzählen ihre Briefe davon, dass ihre Liebe den Respekt vor der Überzeugung des anderen einschließt. Robert Scholl muss keine Floskeln bemühen, an deren Sinn er nicht glaubt.

Und die fromme Lina Scholl erzählt frohen Herzens und ohne Scheu von ihrer Liebe und dem, was aus ihrer Sicht dieser Beziehung den krönenden Glanz verleiht: »Unsere Urlaubswoche war doch recht schön ... Ich bin so froh an Dir und liebe Dich über alles Irdische. Gott muss uns freilich über alles gehen und darf nicht vergessen werden, sonst fehlt auch der höchsten, irdischen Liebe der Adel. Ich durfte ja bei Dir meiner Liebe Ausdruck geben in so mancher Weise und wir durften uns ungestört genießen.« Wenn Robert Scholl übers Wochenende Urlaub bekam und Lina Scholl wieder einmal das Bett mit ihm teilen konnte, verzichtet sie ohne Skrupel auf den üblichen Kirchgang und schreibt ihm schon vorweg, »am Sonntag dürfen wir liegen bleiben«.

Am 21. Januar 1917 verrät Lina Müllers Brief, dass ihre Liebe schon Frucht trägt: »Mir gehts Gott Lob ganz gut, ich bin gar nicht müde und merke nichts von der kostbaren Gabe, die ich in mir trage. Gott erhalte uns Drei in unserm Glück und segne uns zeitlich und ewig.« Die Schwangere muss nicht mehr den Haushalt des Schwiegervaters führen, sondern darf sich bei ihren Eltern verwöhnen lassen. Ihren Mann beruhigt sie Anfang Februar: »Mir gehts ganz gut, es ist alles in Ordnung. Ausruhen kann ich reichlich, morgens darf ich nicht zuerst aufstehen, das leidet Mutter absolut nicht.« Der Tag vergeht ihr etwas zu langsam, ein wenig Beschäftigung ist erwünscht: »Nachher gehe ich in die Stadt, Leberwürste zu holen auf morgen Mittag. Ich habe immer Appetit, dies reine Gefühl ist mir fast neu … Wir sind täglich dankbar, dass wir so satt werden dürfen in dieser Zeit des Mangels …« Sie weiß: Für viele andere Menschen in Deutschland ist der »Rübenwinter« noch nicht vorbei.

Der Ehemann kennt seine Frau. Als es ihr Mitte März nicht so gut geht, schreibt er ihr: »Mein liebes, gutes Linäle! Deine Erkrankung macht mich recht besorgt. Wenns nur nicht schlimm wird. Lass Dich jetzt auch einmal von andern pflegen.« Umgekehrt spricht aus den Briefen seiner Frau die Sorge, dass ihr Mann permanent mehr als seine Pflicht tut. »Du arbeitest zu lang abends, das ist nicht gut für Dich«, heißt es im April 1917. Gegen Ende des Monats hat Lina Scholl fünf Nächte nacheinander den gleichen Traum: »Eine kurze Zeit hatte ich Dich und Deine ganze Liebe, dann war alles vorüber, ich konnte Dich nicht mehr erreichen, so sehr ich mich anstrengte. Ich glaube, dass unser Fernsein daran schuld ist.«

Am 27. Mai 1917 ist ein Treffen der Eheleute in Stuttgart geplant: »Die Zeit bis Donnerstag ist nur noch kurz. Ich freue mich sehr, wieder einige Stunden bei Dir sein zu können. Es gibt auch noch manches zu besprechen.« Als sich die beiden am Donnerstag, dem 31. Mai, tatsächlich in Stuttgart trafen, wussten sie, dass sich zwei Tage später ihr Leben tiefgreifend ändern würde.

Auf den 2. Juni 1917 ist die Urkunde ausgestellt, in der Robert Scholl zum »Schultheißenamtsverweser« der Gemeinde Ingersheim/Altenmünster an der Jagst, Oberamt Crailsheim, eingesetzt wird. (Im Jahre 1940 wurde sie in die Stadt Crailsheim eingemeindet.) Eine Übergangslösung, nachdem die Verwaltung den bisherigen Schultheiß, auch Ortsvorsteher und ab 1930 generell Bürgermeister genannt, wegen Unfähigkeit in den vorzeitigen Ruhestand versetzt und sich an den kompetenten Verwaltungspraktikanten Robert Scholl erinnert hatte. Der wird keine Sekunde gezögert haben, diese Chance für eine Zukunft jenseits des Krieges zu ergreifen, während immer noch Soldaten die Felder und Hügel Europas mit ihrem Blut tränkten. Seine zukünftigen Vorgesetzten hatten offensichtlich von der Militärverwaltung in Ludwigsburg befriedigende Auskünfte erhalten, als sie Robert Scholl für die zivile Verwaltung anforderten: Der Sechsundzwanzigjährige war im Lazarett in den Bereichen Organisation und Verwaltung tätig, intelligent, voller Arbeitseifer und längst kein Anfänger mehr. »Ich freue mich so, wenn diese Trennungszeit einmal wirklich zu Ende geht«, schreibt Lina Scholl ihrem Mann am 6. Juni 1917. Sie hatte allen Grund dazu.

# INGERSHEIM

*Juni 1917 bis Dezember 1919*

Am 11. August 1917 wurde aus dem Zweier-Bund eine Familie: In der ersten gemeinsamen Wohnung in Ingersheim, Am Schollenberg 6, im ersten Stock, brachte Lina Scholl eine Tochter zur Welt. Sie wurde auf den Namen Inge getauft. Dass noch viele Geschwister folgen sollten, war für die Eltern fest eingeplant, zumal das berufliche Provisorium sich bald als dauerhaft erwies. Als am 12. September die reguläre Wahl des Ortsvorstehers anstand, war Robert Scholl der einzige Kandidat und wurde mit 121 von 122 Stimmen gewählt. Der Sechsundzwanzigjährige hatte in den wenigen Monaten seit Juni die Bevölkerung überzeugt, für die kleine Schwaben-Gemeinde der Richtige an der Spitze zu sein.

Politik in Ingersheim im dritten Jahr des großen Krieges bestand darin, den Menschen das Überleben zu sichern. Die Getreideernte lag im Sommer 1917 rund fünfzig Prozent unter dem Vorkriegsniveau. Außer an Nahrungsmitteln fehlte es an Kleidern und Schuhen. Die Industrie-Produktion brach zusammen, weil der Nachschub an Rohstoffen und Energie gegen null sank und jeder halbwegs verwendungsfähige Mann aufs Schlachtfeld beordert wurde. Trotzdem waren die Kriegs- und Eroberungsziele, die die deutsche Propaganda 1917 anpeilte, maßloser als je zuvor, von Belgisch-Kongo bis zum Baltikum.

Als für die kleine Familie das erste Weihnachtsfest kam, zeigte sich Lina Scholls Schwester Elise großzügig und spendete von ihrer Aussteuer. »Elise hat mir geschrieben, ich soll Euch von ihrem Weißzeug schicken«, schrieb Sophie Müller aus Künzelsau an Tochter und Schwiegersohn in Ingersheim, »für heute schicke ich 4 Leintücher. ... Nun wünschen wir Euch recht gesegnete Weihnachten. Seid recht herzlich gegrüßt von Euren dankbaren Eltern.« Und die stolze Großmutter fügte hinzu: »Kuss der lieben Inge.«

Dreizehn Monate später war wieder große Freude bei Eltern und Großeltern. Am 22. September 1918 wurde in der Wohnung ein Sohn geboren und am 31. Oktober in der Matthäuskirche von Ingersheim auf den Namen Fritz Hans getauft. Hans wurde sein Rufname. Die Gemeinde begrüßte den ersten Sohn des Schultheißen mit Böllerschüssen. Großmutter Müller trennte sich in den folgenden Monaten ebenfalls von einigen Wäsche-Stücken, wie ein Brief an Lina Scholl zeigt: »Du bekommst von mir die weißen Bettjacken – für mich sind die farbigen gut genug, zum Kranksein und zum Sterben braucht man nicht gerade weiße Bettjacken.« Sophie Müller hatte sich mit fünfundsechzig Jahren ihren pragmatischen Blick auf das Leben bewahrt.

Im Frühjahr 1918 hatte General Erich Ludendorff gegen alle militärische und diplomatische Vernunft durchgesetzt, dass die deutschen Truppen auf breiter Front im Norden Frankreichs eine militärische Offensive starteten. Es war die letzte deutsche »Karte« in diesem Krieg. Was geschieht, wenn die Offensive nicht den Durchbruch bringt, wurde Ludendorff von einem Politiker gefragt. Seine Antwort: Dann muss Deutschland eben zugrunde gehen. Die »letzte Karte« stach nicht. Am 8. August 1918 brach die deutsche Front unter dem vereinten Ansturm der Alliierten total zusammen. Aber erst Ende September, als die Situation endgültig aussichtslos und kostbare Zeit verloren war, machte sich General Ludendorff davon und schob alle Verantwortung der zivilen Regierung zu, die von den Militärs so lange mit allen Mitteln desavouiert und getäuscht worden war. Es gab keine Alternative mehr: Deutschland bat die Alliierten um einen Waffenstillstand.

Am 22. Oktober streikten in Friedrichshafen am Bodensee rund dreihundert Arbeiter der Motorenfabrik Maybach, um ihrer Forderung nach »Brot und Frieden« Nachdruck zu verleihen. Aber sie riefen auf ihrem Protestzug durch die Straßen auch »Der Kaiser ist ein Lump!« und »Hoch die deutsche Republik!«. In Kiel meuterten die Matrosen; in Wilhelmshaven übernahm ein Matrosenrat die Macht über die Stadt, den größten Stützpunkt der deutschen Flotte. Zwischen Nordsee und Alpen verschwanden Könige und Fürsten über Nacht von ihren Thronen. Kolonnen von Arbeitern, Matrosen, städtischen Bediensteten und Soldaten marschierten durch die Straßen, besetzten Rathäuser und Polizeistationen; überall im Land bildeten sich Arbeiter- und Soldatenräte als Zentren der Selbstverwaltung. Täglich versammelten sich größere Massen in den Straßen und auf den Plätzen, um ihrer Wut auf die Regierenden und dem Verlangen nach sofortigem Ende des Krieges Ausdruck zu geben. Die Verhandlungen um einen Waffenstillstand zogen sich hin. Nur der Kaiser in Berlin hatte – wie so oft – nichts begriffen und schwadronierte noch in der ersten Novemberwoche davon, unter seiner Führung werde sich das Blatt wenden.

Am Vormittag des 9. November 1918 trat der SPD-Abgeordnete Philipp Scheidemann auf den Balkon des Berliner Reichstags. Eine unübersehbare Menschenmenge hatte sich versammelt, wollte endlich wissen, wie es weiterging, und verlangte Rechenschaft von den Verantwortlichen. Es fehlte nur ein Funke, und die ungeheure Spannung würde sich in Straßenkampf und Bürgerkrieg entladen. Bevor die staatliche Ordnung in der Metropole ganz aus den Fugen geriet, schuf Scheidemann auf eigene Verantwortung Fakten: »Der Kaiser hat abgedankt«, rief er der Menge zu, tosender Jubel. »Es lebe das Neue! Es lebe die Deutsche Republik.«

Schon am Morgen hatte Prinz Max von Baden, Reichskanzler von Kaisers Gnaden, mit seiner Regierung abgedankt und die Regierungsgewalt dem SPD-Politiker Friedrich Ebert, als dem neuen Reichskanzler, übertragen. Wilhelm II. brauchte bis zum Abend, um endlich in Richtung Niederlande aufzubrechen. Am nächsten Tag, dem 10. November 1918, unterzeichneten die deutschen Abgesandten in Paris einen Waffenstillstandsvertrag. Im September 1918 hatte der deutsche Historiker Friedrich Meinecke an einen Freund geschrieben: »Wir hätten im Laufe des Krieges wiederholt den Verständigungsfrieden haben können, wenn nicht die maßlosen Ansprüche des alldeutsch-militaristisch-konservativen Konzerns ihn unmöglich gemacht hätten. Es ist furchtbar und tragisch, dass dieser Konzern erst durch die Niederlage des ganzen Staates gebrochen werden konnte.« Der kleine Verwaltungspraktikant und Sanitäter Robert Scholl hatte solche Einsichten schon im Februar 1917, als er seiner Frau mitteilte, die deutsche Niederlage sei so unausweichlich wie begrüßenswert.

Doch selbst als endlich die Waffen schwiegen, gehörte Robert Scholl mit seiner Einsicht über die verdiente deutsche Niederlage zu einer Minderheit. Der November 1918 war noch nicht ganz herum, da schrieb der achtunddreißigjährige Major im Oberkommando des Heeres, Ludwig Beck, nach Hause: »Im schwersten Augenblick des Krieges ist uns die … von langer Hand vorbereitete Revolution in den Rücken gefallen.« Ludwig Beck ließ Jahre später als Verschwörer gegen Adolf Hitler und das NS-Regime am Abend des 20. Juli 1944 sein Leben. In diesen trüben Novembertagen und noch viele Jahre danach fühlte er wie der Gefreite Adolf Hitler, der die Nachricht vom Ende des Krieges als »die entsetzlichste Gewissheit« seines Lebens empfand und im Lazarett einen Weinkrampf bekam.

13,2 Millionen deutscher Männer waren zwischen 1914 und 1918 zum Kriegsdienst eingezogen worden. Mehr als die Hälfte von ihnen wurde getötet (2,4 Millionen) oder dauerhaft verwundet (6,3 Millionen). Insgesamt starben im Ersten Weltkrieg knapp 9 Millionen Soldaten. Wer die Niederlage auch nur als Möglichkeit in den Blick nahm, konnte der Frage »Wofür alle diese Toten, all dieses Leid?« nicht ausweichen. So viel sinnloses Sterben! Das war kaum auszuhalten. Ludwig Beck, Adolf Hitler und Millionen von Soldaten, die überlebt hatten, weigerten sich, diese Frage auch nur zuzulassen. Mit der Parole »Im Felde unbesiegt« kehrten sie in die Heimat zurück; voller Hass auf die demokratischen Politiker, die der kämpfenden Truppe in den Rücken gefallen seien und das Vaterland damit um Sieg und Ehre gebracht hätten. Die »Legende vom Dolchstoß«, in Wahrheit eine Lüge, wurde zum deutschen Mythos: Die Militärs, die ihre Mannschaften immerzu in »letzte Schlachten«, in Tod und Niederlage geführt hatten, waren die Helden. Die Zivilisten, die nach vier Kriegsjahren am Verhandlungstisch die Waffen zum Schweigen brachten, wurden als »Novemberverbrecher« gebrandmarkt.

Die Bürger forderten nur eins von der neuen Regierung: Wiederherstellung der Ordnung im Land. Reichskanzler Friedrich Ebert, Demokrat durch und durch, wusste: Wenn ihm das nicht gelang, war die parlamentarische Demokratie in Deutschland tot, bevor sie je richtig geatmet hatte. So verbündete er sich zum Schutz des neuen Staates mit jenen, die die Republik verachteten: den Führern des Heeres und den sogenannten Freikorps, die – mit Waffen und Legalität ausgestattet – zwischen November 1918 und Frühjahr 1919 gegen Spartakisten und Streikende, Utopisten und Revolutionäre einen brutalen Terror-Kampf führten. Wobei die Radikalen ihrerseits teilweise vor Gewalt nicht zurückschreckten.

Der Staat, der aus den blutigen Wirren einer Niederlage hervorging, vom Start weg mit einer Lügen-Hypothek belastet, ist als Weimarer Republik in die Geschichte eingegangen. Im Rückblick als »Demokratie ohne Demokraten« gescholten, als bloßer Vorläufer von Führerstaat und Nazi-Diktatur abgewertet, wird allzu leicht übersehen, was überzeugte Demokraten an Eigenständigem zustande brachten – allen widrigen Umständen zum Trotz.

Es ist wert, daran zu erinnern: dass am 19. Januar 1919 eine ordentliche Wahl zur Nationalversammlung stattfand, in der die demokratischen Parteien – als stärkste die SPD – eine Mehrheit hatten; dass die Abgeordneten, in Weimar versammelt, im Februar den Sozialdemokraten Friedrich Ebert zum Reichspräsidenten wählten. Dann rang diese Nationalversammlung über Wochen und Monate hinweg darum, der neuen Republik eine gute Verfassung zu geben und die Einheit des Staates zu bewahren. Der Kraftakt gelang. Die Verfassung wurde mit 262 zu 75 Stimmen verabschiedet und trat am 11. August 1919 in Kraft. »Das Deutsche Reich ist eine Republik«, hieß der strahlende Satz zum Auftakt, und die Fahne der Republik war Schwarz-Rot-Gold. Damit stellte sie sich in die Tradition der demokratischen Revolutionäre von 1848, die unter diesen Farben gegen die Willkürherrschaft von Königen und Fürsten auf die Barrikaden gegangen waren. Im

Sommer 1920 wählten erstmals in der deutschen Geschichte Männer und Frauen gleichberechtigt ein deutsches Parlament, und eine Regierung bildet sich, die nicht von Kaisers Gnaden abhängig war. Mehr als ein Anlass, stolz zu sein. Das Erbe allerdings, mit dem die demokratischen Politiker fertig werden mussten, war bleischwer.

Am 28. Juni 1919 hatte eine Abordnung der Weimarer Nationalversammlung im Spiegelsaal von Versailles einen Friedensvertrag unterzeichnet, der Deutschlands Niederlage im Ersten Weltkrieg besiegelte. Es war der gleiche Saal, wo 1871 die deutschen Fürsten – den damals besiegten Franzosen zum Hohn – das Deutsche Kaiserreich ausgerufen hatten. Der Vertrag von Versailles bedrückte die besiegten Deutschen mit Reparationszahlungen ohne Ende; sein Votum von Deutschlands »Alleinschuld« am Ersten Weltkrieg ist ungerecht. Aber es gab keine Handlungsalternative für die junge Demokratie. Die Verantwortung für die Niederlage trotz aller Bedenken und berechtigten Einwände auf sich zu nehmen und auf zukünftige Verhandlungen zu setzen, war eine patriotische Tat. Doch die radikalen politischen Kräfte in Deutschland, vor allem auf der rechten Seite des Parteienspektrums, hetzten nur verstärkt gegen die »Novemberverbrecher« als »Erfüllungspolitiker«, die nun auch für den »Schandvertrag« verantwortlich seien.

Robert Scholl wird die oftmals verworrene, widersprüchliche Entwicklung im Frieden nicht weniger interessiert verfolgt haben als im Krieg. Seine Arbeit als Ortsvorsteher bestand weiterhin darin, den Mangel gerecht zu verwalten. Er muss die Schwierigkeiten gut gemeistert haben, und es sprach sich herum. Im Herbst 1919 überzeugte der Lehrer Ernst Bohnet, Sozialdemokrat und Vorsitzender des Arbeiter- und Bauernrats von Forchtenberg, Robert Scholl, in dem mittelalterlichen Städtchen am Kocher bei der Wahl für den Posten des Ortsvorstehers anzutreten.

Im November 1918 hatten sich überall im Land Räte gebildet, um Gemeinden und Städte beim revolutionären Übergang von der Monarchie zur Republik demokratisch zu verwalten. Die meisten waren keineswegs Horte von Radikalität und Anarchie und wurden im Laufe des Jahres 1919 von ordentlich gewählten Organen abgelöst. In Forchtenberg hatte es der Arbeiter- und Bauernrat zum 1. Oktober endlich geschafft, dass der bisherige Ortsvorsteher, dessen »Verfehlungen schwerster Art« im Amt aktenkundig waren, seinen Posten räumte. Die Neuwahl des Schultheißen – so die traditionelle Bezeichnung – wurde auf den 19. Oktober 1919 festgesetzt.

Vier Kandidaten stellten sich zur Wahl. Der Sozialdemokrat Ernst Bohnert warb für seinen Kandidaten, den parteilosen Robert Scholl. Die Auszählung am Wahlabend ergab von 295 gültigen Stimmen 85 für Robert Scholl; für seine Gegner je 78, 75 und 57 Stimmen. Das war eine knappe relative Mehrheit für den Sieger, aber dem Wahlrecht war damit Genüge getan. Für Familie Scholl mit den beiden Kindern Inge und Hans würde ein neuer Abschnitt beginnen, auch wenn der Umzug nicht ins Unbekannte führte. Lina Scholls Vorfahren väterlicherseits hatten durch Generationen als angesehene Handwerker in Forchtenberg gelebt; immer noch gab es dort Verwandtschaft. Im Dezember 1919 verließen die Scholls Ingersheim. Die Amtswohnung im Forchtenberger Rathaus, direkt an der Hauptstraße gelegen, wurde zum neuen Heim.

Als Robert Scholl im März 1920 offiziell als Ortsvorsteher von Ingersheim verabschiedet wurde, bekam der knapp Achtundzwanzigjährige ein glänzendes Zeugnis ausgestellt: Er habe sein Amt mit großer Sachkenntnis, mit Fleiß und Tatkraft zur vollen Zufriedenheit ausgefüllt. Besonders hervorgehoben wurden sein freundliches Wesen und der solide Charakter. Er sei eingetreten für gesunden Fortschritt und soziale Fürsorge, immer bemüht, dem Interesse der Gemeinde und dem Wohl der Einwohnerschaft zu dienen. Kurzum: Robert Scholl habe sich in Ingersheim allgemeiner Beliebtheit erfreut.

Dem so Gelobten wird dieses Zeugnis wie Balsam gewesen sein. Denn als er zeitgleich offiziell in sein neues Amt als Schultheiß von Forchtenberg eingeführt wurde, hatte Robert Scholl an seiner neuen Wirkungsstätte schon schmerzhafte Erfahrungen hinter sich.

## FORCHTENBERG

*Januar 1920 bis Juni 1930*

Nach zehn Jahren als Stadtschultheiß von Forchtenberg schilderte Robert Scholl im Dezember 1929 in einem »Rechenschaftsbericht« die Anfänge: »Als ich mein Amt hier antrat, bestand eine fast unlösbare Verfeindung fast durch die ganze Gemeinde hindurch. Überall Erregung, Kampf und Hass. Ich war daher in erster Linie bemüht, für Beruhigung in der Bürgerschaft und für einen Ausgleich der Gegensätze zu wirken.« Die Gegensätze hatten sich sechs Tage nach der Wahl an seiner Person festgemacht. Am 25. Oktober 1919 legten Forchtenberger Bürger schriftlich Widerspruch gegen das Wahlergebnis ein. Es sei nicht korrekt zustande gekommen und vor allem habe Robert Scholl verschwiegen, dass er »mit hiesigen Familien nahe verwandt« sei. Kurzum: Die Wahl sei ungültig.

Noch am gleichen Abend tagte der Gemeinderat und erklärte einmütig, »von der Korrektheit des Wahlverfahrens und der ganzen Wahlhandlung überzeugt« zu sein. Die Widersprüchler wurden mit deftigen Worten abgeschmettert: ordinär, charakterlos, erbärmlich, niederträchtig und gewissenlos seien sie und wollten »das Gemeindeinteresse aufs gröbste und unverantwortlichste beschädigen«. Das Oberamt in Öhringen schloss sich diesem Urteil an und bat den Gewählten, unverzüglich »mitzuteilen, ob Sie die Wahl annehmen«. Am 3. November 1919 schrieb Robert Scholl zurück: »Ich nehme die Wahl an.« Er war keiner von denen, die vor Herausforderungen zurückschreckten. Lag doch der Antrieb, das ihm wohlgesinnte Ingersheim (gut 300 Einwohner) zu verlassen, in dem ehrgeizigen Ziel, aus dem abgelegenen, altersgrauen Forchtenberg mit seinen 850 Bewohnern eine moderne, prosperierende Gemeinde zu gestalten.

Doch zuerst einmal vergrößerte sich die Familie. Die Kinder Inge, zweieinhalb, und Hans, anderthalb Jahre alt, hatten sich kaum in die neue Umgebung eingelebt, da wurde am 27. Februar 1920 in der Rathauswohnung im ersten Stock Elisabeth Scholl geboren; meist Liesl oder auch Lisl genannt. Schon im Jahr darauf kam als viertes Kind und drittes Mädchen am 9. Mai 1921 Lina Sofie – so steht es in der Geburtsurkunde – im Rathaus zur Welt und wurde am 10. Juli in der barocken Michaelis-Kirche getauft. Sofie – mit »f« und unterstrichen – sollte ihr Rufname sein, und so haben es in der Regel alle für die nächsten zwanzig Jahre gehalten, auch sie selbst. Die Eltern und die älteste Schwester Inge blieben dabei – aber Sofie selbst hat sich ungefähr nach dem zwanzigsten Lebensjahr immer öfter »Sophie« genannt. So soll es von nun an sein, nur in Originalzitaten aus Briefen wird es bei ihrem Taufnamen bleiben.

Am 13. November 1922 wurde als zweiter Sohn und fünftes Kind der Eheleute Scholl Werner geboren. Weil Sophie am nächsten, würden die zwei in den kommenden Jahren sich besonders eng zu Spiel und Zeitvertreib zusammentun. Zuerst einmal war Sophie in ihrer Kinder-Welt geborgen, die Wohnung ihr Lebensmittelpunkt. In der großen Diele trafen sich alle zum Essen, spielten die Kinder, beobachteten das Treiben der Erwachsenen oder saßen auf der Schaukel, die dort angebracht war. Die Tür zur dunklen Küche, wo im Ofen ein starkes Feuer lodern musste, damit es dort warm wurde, stand meist auf. Hier waren die beiden Hausmädchen beschäftigt, die Lina Scholl zur Hand gingen, wenn sie sich nicht um die Kinder kümmerten. Die Schlafzimmer blieben unbeheizt und meist auch die gute Stube, wo sich das Klavier befand.

Das Rathaus war 1722 erbaut worden, ein Großteil der Schultheiß-Wohnung lange Zeit als »Tanzboden« genutzt. Die Amtsräume, durch einen Flur von der Wohnung getrennt, lagen nach vorne zur Hauptstraße hin. Von den Privatzimmern ging der Blick nach hinten hinaus, über die Stadtmauer hinweg auf die Weinberge jenseits des Flusses, wo rote Trauben wachsen, der »Forchtenberger Kocherberg«.

Die Erwachsenen lebten in zwei Welten. Da war der Forchtenberger Provinz-Alltag, und dann gab es die große ferne Politik, über die man durch die Zeitung informiert wurde. Die meisten Forchtenberger waren auf den »Hohenloher Boten« abonniert; Ortsvorsteher Scholl und seine Frau lasen zudem die überregionale liberale »Frankfurter Zeitung«. Zwei Welten, die weit auseinanderklafften. Sophie Scholls Bezugspunkt war die Familie, die Brüder und Schwestern, Vater und Mutter. Für sie wie für alle Geschwister blieb die Familie lebenslang der feste Grund. Sie fühlte und spürte: Hier war sie von bedingungsloser Liebe, Zuneigung und Fürsorge umgeben.

Forchtenbergs mächtige dreistöckige Fachwerkhäuser mit den breiten roten Dächern und hölzernen Arkaden ließen die vergangenen guten Zeiten kaum noch ahnen. Das Würzburger Tor, heute ein barockes Schmuckstück in hellem Gelb und Weiß, 1604 von dem Bildhauer Michael Kern erbaut und seiner Heimatstadt Forchtenberg geschenkt, war dem Verfall nahe. Nach jedem Regen klatschte das Wasser ungeschützt von den Dächern, stürzte durch die abschüssigen, engen Gassen, drängte in Häuser und Keller und riss die Straßen auf, denn es gab keine Kanalisation. Nur die Kinder mit ihren Stelzen hatten Vergnügen an so viel Rückständigkeit.

Als Familie Scholl Ende 1919 nach Forchtenberg kam, musste sie die Postkutsche nehmen. Der Ort war an kein anderes Verkehrsmittel angeschlossen. Die Straßen und damit die Kommunikation zur Außenwelt zu verbessern, gehörte zu Robert Scholls Prioritäten. Im Frühjahr 1921 kam die Postkutsche zum letzten Mal. Die Straße nach Öhringen war so verbreitert und befestigt worden, dass von nun an täglich das Postauto diese Strecke befuhr. 1922 erhielt die Stadt endlich Kanalisation.

Das Jahr 1923 war geprägt von den Auseinandersetzungen im Gemeinderat um den Bau einer Eisenbahnlinie, die Forchtenberg mit Künzelsau verbinden sollte. Robert Scholl war entschlossen, die Stadt mit dem Bahnhof an den Fortschritt und die moderne Zeit anzuschließen. Im Juni 1924 war die Anzeige im Hohenloher Boten unübersehbar, die zur »Bahn-Einweihung« über das Wochenende am 21./22. einlud. An beiden Tagen gab es auf dem Kocherwasen ein »Konzert der Stadtkapelle ... sowie für die Jugend Schiffschaukel und Karussell«. Sonntagmittag spielte der »Jünglings-Verein« auf der Burganlage oberhalb der Stadt Goethes »Götz von Berlichingen«. Es war ein Tag der Genugtuung für den Ortsvorsteher, und Robert Scholl zeigte sich spendabel. »Da ich weiß, wie oft die Forchtenberger Uhren nachgehen, sorgte ich aus Privatmitteln bei der Bahneröffnung für eine Bahnsteiguhr, die gerne jedem genaue mitteleuropäische Zeit angibt«, formulierte es Robert Scholl 1929 in seiner Bilanz. Und wird es ähnlich schon 1924 seinen Forchtenbergern unter die Nase gerieben haben.

Am 9. Mai 1924 war Sophie Scholl drei Jahre alt geworden. Gut möglich, dass die umfangreichen Feiern zur Einweihung von Bahnhof und Bahnlinie im Juni zu ihren frühesten aushäusigen Erinnerungen gehören. Bei dieser Feier und den vielen folgenden, die sie in Forchtenberg miterlebte, war unübersehbar, dass der Vater nicht war wie alle anderen. Die Menschen hörten ihm zu, und am Ende klatschten alle. Wenn die Feuerwehr ihren Umzug hielt, wenn auf dem Burgplatz ein Feuerwerk stattfand oder vor der Kulisse der Burgruine Theater gespielt wurde, wenn die Turner ihr Schwimmfest eröffneten, wenn in der Kirche ein Konzert gegeben wurde oder das jährliche Kinderfest mit seinem Umzug die Gassen füllte: immer war der Vater mit an der Spitze, ein stattlicher Mann im dunklen Anzug; Robert Scholl legte Wert auf gute Kleidung. Wo er stand, hielten die Menschen ein wenig Distanz. Es war etwas Besonderes um ihn, wenn Sophie Scholl ihren Vater außerhalb der Rathaus-Wohnung erlebte. Mit dem Vater verband sich der sichtbare Eindruck, dass seine Arbeit die Welt schön und angenehm machte.

Mittags, wenn er zum Essen kam und alle in der Diele um den großen Tisch saßen, war er ganz nah. Er erzählte, er fragte seine Kinder, alle durften mitreden, locker ging es zu. Doch Robert Scholl konnte auch unvermittelt aufbrausen, dann fielen laute Worte. Manchmal musste er sich Frustrationen und Amtsärger von der Seele reden. Ohne Genaues zu verstehen, spürten die Kinder, dass der väterliche Zorn den Forchtenbergern galt, für die er so viel arbeitete, so viel Gutes tat.

Ob den Kindern auffiel, dass manchmal die Mutter mit einer sachlichen Frage, einer nüchternen Zwischenbemerkung den Vater zurückholte auf den Boden der Realitäten? Nicht nur, wenn er sich ärgerte, auch wenn er einen Gedankenflug angetreten hatte, bei dem eine visionäre Idee die andere überbot. Lina Scholl war für die Kinder die beständige Mitte im Familienkosmos, und zugleich erlebten sie ihre Mutter als eine aktive Frau, die oft und gerne außerhalb des Hauses tätig war.

Ihre Leidenschaft war der Garten. Ein kurzer Weg vom hinteren Teil des Rathauses Richtung Fluss führte zu einer kleinen Tür in der Stadtmauer. In wenigen Minuten war ein breiter Streifen Land längs dem Ufer erreicht, wo die Forchtenberger ihre Gärten hatten, auch die Scholls. Die Mutter überließ den Kindern eine Ecke hinter dem Gartenhäuschen, wo sie nach eigenem Gutdünken werkeln konnten. Gemüse und Obst aus dem eigenen Garten waren in jenen Nachkriegsjahren, als die Lebensmittel immer noch knapp waren, unbezahlbar. Den Scholl-Garten hat längst der Busbahnhof geschluckt, die Gärten flussabwärts jenseits der Kocherbrücke samt dem pittoresken Teehaus haben sich erhalten; nicht anders hat es damals bei den Scholls ausgesehen.

Jenseits des Kocher hatte sich Robert Scholl einen kleinen Weinberg zugelegt, in dem er ein wenig experimentierte. Viel öfter ging Lina Scholl mit den Kindern über die Brücke, um auf den Obstwiesen zu ernten – Äpfel vor allem, dazu Birnen, Quitten und Walnüsse. Aus dem Obst wurde Marmelade gekocht, Gesälz, wie es bei den Scholls auf gut Schwäbisch hieß. Das Gemüse wurde eingemacht. Verschwendung war Lina Scholl fremd, aber am Essen hat sie nicht gespart. Die Fässchen mit Butter und Schmalz wurden niemals leer; keine Geburtstagsfeier, an der nicht ein köstlicher Kuchen auf dem Tisch stand. Zum leckeren Hefekranz gehörten bei Scholls Butter und Gesälz, egal, wie traurig und ärmlich die Zeiten waren. Auch das eine unvergessliche, tröstliche Erfahrung für die Kinder.

Ihrer Familie ein schönes Zuhause zu schaffen, hielt Lina Scholl für eine selbstverständliche Pflicht, der sie freudig nachkam. Mit Kindererziehung hatte sich die ehemalige Diakonisse während ihrer Ausbildung theoretisch beschäftigt, praktisch als Gemeindeschwester und beim Aufbau einer Kinder-Krippe in Ulm-Söflingen. Pestalozzis Klassiker »Wie Gertrud ihre Kinder lehrt« (1801 erschienen) brachte Lina Scholl in die Ehe mit, er stand in Forchtenberg im Bücherregal. Der Schweizer Johann Heinrich Pestalozzi, der die Grundlage für eine kindgerechte Pädagogik legte, lehrt, dass die ganzheitliche Bildung der Kinder im Elternhaus – geistig, körperlich, sittlich – die beste Voraussetzung für ein erfülltes glückliches Leben ist. Bildung heißt für ihn, die Menschen befähigen »sich selbst helfen zu können«. Eine Maxime, die den Eltern Scholl aus dem Herzen sprach, wobei Lina Scholl den allergrößten Teil der Erziehungsarbeit schulterte.

Sophie Scholl schrieb mit achtzehn Jahren einen ausführlichen Schulaufsatz über »Feste und Feiern im Ablauf des Jahres«, der zurückführte in die Forchtenberger Jahre und damit in die frühe Kindheit. Zu den Alltagsfreuden zählt sie das »Bad am Samstagabend«, auf das sich Sophie Scholl »die ganze Woche über freute«: »Meine ältere Schwester durfte schon am Freitag baden, damit nicht all unser Dreck zusammenkam. Wir vier kleinen wurden dann, zwei und zwei, in die Badewanne gesteckt und unserm Schicksal überlassen. Denn unsere Mutter hatte uns die überaus wichtige Aufgabe gestellt, uns selbst zu waschen.« Das funktionierte, nicht zuletzt, weil die Kinder wussten: Beschlossen wurde der Badetag mit Honigbrot und einem Märchen, das die Mutter erzählte. Zwei und zwei: das waren Sophie und Werner, die Jüngsten, und Liesl und Hans, die Älteren.

Nach dem Märchen und vor dem Einschlafen kam das Abendgebet. Lina Scholl gab an ihre Kinder den Glauben weiter, in den sie in ihrem Elternhaus hineingewachsen war; die Geschichten von einem freundlichen Gott, die ihre Mutter ihr erzählt hatte, und vom lieben Heiland, der Mensch geworden war, um die Welt zu erlösen, und nun unsichtbar über alle Menschen wachte. Die Kinder erfuhren, dass es eine »obere Heimat« im Himmel gab, dass auf alle, die an Gott und den lieben Heiland glaubten und versuchten, nach ihren Geboten zu leben, die ewige Seligkeit wartete. Sie konnten fest darauf bauen, dass Gott ihren Lebensweg lenken und begleiten würde.

Die Kinder sahen die Bibel der Mutter und wie wichtig es ihr war, täglich darin zu lesen. Sie betete mit ihnen die Psalmen – Der Herr ist mein Hirte, mir wird nichts mangeln – und kannte unendlich viele Lieder und Gebete. Kaum ein Sonntag oder Feiertag, an dem Lina Scholl nicht in den Hauptgottesdienst ging – von Herzen, im Gegensatz zu ihrem Mann, der den Kirchgang absolvierte, weil es sich für den Stadtschultheißen so gehörte. Die Scholl-Kinder besuchten regelmäßig das Kinderkirchle nach dem Hauptgottesdienst, für das ab und an ihre Mutter zuständig war.

Groß war die Freude, wenn Lina Scholl ihre Kinder mit zum Besuch bei den Großeltern in Künzelsau nahm. Der Großvater, Friedrich Müller, saß still und freundlich im Lehnstuhl. Sophie, die rüstige Großmutter, pflegte weiterhin liebevoll ihren Garten. Die Enkelkinder aus Forchtenberg durften es sich auf einem großen alten Jagdsofa gemütlich machen. Dann holte die Großmutter ein Säckchen voller Holznägel, mit denen der Großvater in seiner Schuhmacher-Zeit Sohlen genagelt hatte. Die Kinder wurden nicht müde, daraus Figuren zu legen.

Es war eine große Erleichterung, ab Juni 1924 mit der Eisenbahn nach Künzelsau fahren zu können, statt die Postkutsche zu nehmen. Ende September wurde es eine traurige Fahrt für Lina und Robert Scholl. Friedrich Müller war im Alter von zweiundsiebzig Jahren gestorben. Sophie wird den Großvater nur schemenhaft wahrgenommen und seinen Tod nicht als schmerzliche Lücke empfunden haben. Viel Eindrucksvolleres ereignete sich im nächsten Frühjahr, als Sophie fast vier Jahre alt war. Am 22. März 1925 brachte die knapp vierundvierzigjährige Lina Scholl in der Rathauswohnung zu Forchtenberg ihre jüngste Tochter Thilde zur Welt, ihr sechstes und letztes Kind.

Die Eltern waren überglücklich. Und für die Geschwister war der kleine Mensch aufregend, eben doch etwas anderes als die großen Puppen, mit denen vor allem Sophie Scholl stundenlang spielte. Um die Weihnachtszeit, als Schnee fiel, wurde die kleine Schwester schon mit auf den Schlitten gepackt. Das neue Jahr war noch keine Woche alt, noch stand der Weihnachtsbaum, da wurde aus dem Rathaus ein Trauerhaus. Statt fröhlichem Stimmengewirr, Weihnachtsliedern und Babygeschrei leise Töne; die Mutter unterdrückte ihre Tränen nicht. Um die Jahreswende waren in mehreren Forchtenberger Familien Kinder an Masern erkrankt, darunter auch Thilde. Die Kleinsten hatten der daraus entstehenden Lungenentzündung nichts entgegenzusetzen. Der »Leichenzettel No. 1« für das Jahr 1926 wurde auf Thilde Scholl ausgestellt. In den folgenden vier Tagen wurden drei weitere Namen von Kleinkindern in das Leichenregister eingetragen.

Thilde war in der Nacht vom 4. auf den 5. Januar 1926 gegen Mitternacht gestorben. Am 5. morgens um 8 Uhr erschien, wie das Gesetz es vorschrieb, der Mesner von Forchtenberg, der zugleich Leichenschauer war, und stellte fest: »Keine Atmung mehr.« Seiner zweiten obligatorischen Leichenschau kam der Mesner am 7. Januar um 9 Uhr nach und gab die Tote zur Beerdigung ab 10 Uhr frei. Bis dahin war Thilde in der Wohnung aufgebahrt, einbezogen ins Familienleben. Im Volksmund hieß die Beerdigung »Leich«. Als der kleine Sarg aus der Wohnung hinausgetragen wurde, zischte der dreijährige Werner: »Böse Leich.« Dass etwas Schmerzliches geschehen war, das ihnen die Erwachsenen nicht erklären konnten, spürten auch die jüngeren Geschwister. Thilde hatte neun Monate und zwölf Tage mit ihnen gelebt.

Der Trauerzug ging durch das Würzburger Tor und über die Kocherbrücke ans andere Ufer, wo noch heute die Forchtenberger ihre Toten begraben; rund um die geduckte alte Kirche, die – wie das große Gotteshaus in der Stadt – dem heiligen Michael geweiht ist, Drachentöter, aber auch Seelenbegleiter. Gut fünfzehn Jahre später, am 13. August 1941, schrieb Inge Scholl ihrem Bruder Werner, wie sie Jahre nach Thildes Tod auf den Forchtenberger Friedhof gegangen war: »Nahe bei Thildes Grab lag inmitten eines verwilderten Rasens ein alter ausgedienter Grabstein.« Sie entzifferte die teils überwachsenen Buchstaben und las einen Spruch aus dem Propheten Jeremia: »Ich habe Dich je und je geliebt, darum habe ich Dich zu mir genommen aus lauter Gnade.« Und fährt fort in ihrem Brief: »Ich nahm ihn wie ein Wunder auf, weil er auch Thildes Grabspruch gewesen war, so als habe Gott selbst diese Worte in den Stein geschrieben.«

Inge Scholl, damals neun Jahre alt, wird dabei gewesen sein, als der Pfarrer an Thildes Grab die Worte sprach, die möglicherweise die Mutter für ihre tote Tochter gewählt hatte. Ganz sicher aber ist, dass bei aller Trauer Lina Scholl aus ihrem Glauben die Kraft holte, diesen frühen Tod als den Ratschluss Gottes für Thildes Leben anzunehmen und diese Botschaft denen weiterzugeben, die mit ihr verbunden waren. Bei Gott hatte alles seinen Sinn, auch wenn er den Menschen oft und lange verborgen blieb. Die Kinder und die Erwachsenen, die an ihn glauben, fallen nicht aus seiner Gnade.

Im Herbst 1926 bewarb sich Robert Scholl um die Schultheißen-Stelle in Künzelsau, dem Heimatort seiner Frau. In seinen späteren Lebensläufen erwähnt er nichts davon. Der Beweis und ein Hinweis auf das Motiv finden sich in den Akten des Oberamtes Öhringen, der vorgesetzten Dienststelle für den Ortsvorsteher von Forchtenberg. Ein Schreiben vom Oktober 1926 erklärt, »Stadtschultheiß Scholl beabsichtigt, sich um die Stadtvorstandsstelle in Künzelsau zu bewerben, um in einer größeren Stadt mit weiterem Wirkungskreis tätig sein zu können«. Der Beamte aus dem Oberamt fährt fort: »Ich halte ihn zur Versehung des Ortsvorsteherdienstes auch in einer größeren Stadtgemeinde für befähigt.« In Künzelsau wurde ein anderer gewählt; Robert Scholl wird das gewurmt haben. Der Fünfunddreißigjährige war ehrgeizig, und natürlich hat sich die Wahlniederlage im Städtchen herumgesprochen.

Die Kinder dagegen hatten Wurzeln gefasst. Inge und Hans gingen in die evangelische Volksschule; Liesl und Sophie tippelten die Hauptstraße entlang und durchs Brunnentor hinaus zur Diakonieschwester Rosa in die Kleinkinderschule von Forchtenberg. Und die war durchaus etwas Besonderes. Gegründet 1832 von einem evangelischen Pfarrer als »Spielschule« für Drei- bis Sechsjährige zur »Erleichterung für Eltern mit Berufsgeschäften«, war es der zweite Kindergarten im Königreich Württemberg überhaupt.

Diakonisse Rosa betreute um die siebzig Kinder. Der Morgen begann mit Gesang, begleitet vom Tisch-Harmonium. Biblische Geschichten wurden erzählt, die Kinder lernten, still zu sitzen, nicht zu schwätzen. Aber es ging auch zum Spielen hinaus ins Freie, auf die Rutsche oder in den Sandkasten mit Schaufel und Förmchen. Und im Höfle konnte man am Brunnen Wasser für die Sandburgen schöpfen. Die Kleinkinderschule erweiterte Sophie Scholls Horizont. Überhaupt kam sie in das Alter, wo die älteren Geschwister sie in manche ihrer Spiele einbezogen, vor allem, wenn es um Feste und Feiern ging, die dem Jahresablauf Gestalt und Bedeutung gaben.

Im Schulaufsatz, der vom »Bad am Samstagabend« erzählt, hat die achtzehnjährige Sophie Scholl auch festlich-aufregende Ereignisse beschrieben, die ihre Forchtenberger Kindheit prägten. Vor dem Osterfest kam die »große Putzerei«, alles musste blitzblank sein. Am Ostersonntag hatten die Kinder Schokoladenhäschen, Zuckerzeug und jedes eine kleine Extra-Überraschung auf dem Frühstücksteller. Dann ging es hinaus zum Nestersuchen: in den benachbarten Pfarrgarten und den Weg hinauf zur Burgruine, wo im Efeugestrüpp an der alten Burgmauer hier ein Ball, dort eine Apfelsine und eine Menge Ostereier versteckt waren. Es folgte das »Eierandotzen«: Mit anderen Kindern traf man sich auf einer moosigen Wiese und warf die Eier hoch in die Luft. Wer am Ende die meisten unbeschädigten Eier vorzeigen konnte, war Sieger. Manchmal führten die Scholl-Kinder ein Osterhasenspiel auf. Einmal blieb Werner bei seinem Auftritt stecken, zupfte Sophie »in ratloser Verlegenheit« an ihrem künstlichen Schwanz und fragte: »Weißt du weiter?«

Im schönen Monat Mai wurde Hochzeit gespielt, von den kleinen Leuten im Kindergarten oder von den Scholl-Kindern mit den befreundeten Pfarrerskindern im Pfarrgarten. Im Herbst stand mit dem Erntedankfest das Kartoffelfeuer auf dem Programm. Je stärker es qualmte, um so schöner. Die Kartoffeln schmeckten nach Rauch und Erde; das war etwas anderes als der Milchbrei, den es zu Hause gab.

In der Regel spielten die Scholl-Kinder, deren Eltern zu den »Honoratioren« zählten, mit den Kindern der anderen Honoratioren – das waren die beiden Lehrer, der Pastor, der Apotheker. Die Handwerkerkinder blieben – wie die Bauern- und die Arbeiterkinder – ebenso unter sich. Sie gingen in den Forchtenberger Turnverein. Die »Honoratiorenkinder« dagegen nahmen Klavierunterricht. Und in ihren Familien standen nicht nur Tassen und Teller, sondern auch Bücher im Schrank, aus denen vorgelesen wurde und in denen die Kinder selber gerne lasen. Bei den Scholl-Kindern besonders beliebt waren Grimms Märchen und die Märchen von Wilhelm Hauff, der »Struwwelpeter« von Heinrich Hoffmann, »Ludwig Richter's Familienhausbuch« und die Bilderbibel von Julius Schnorr von Carolsfeld.

Sophie Scholl war ein stilles Kind, eher schüchtern, konnte aber auch selbstbewusst auftreten – so die Erinnerungen. Stundenlang beschäftigte sie sich mit ihren Puppen oder spielte draußen auf den Stufen zur kleinen Rathaustür. Sie ging gern in die Kleinkinderschule und ab Frühjahr 1928 in die dreiklassige Volksschule; je zwei Klassen waren zur Unter-, Mittel- und Oberklasse zusammengefasst. Aus der Forchtenberger Schulzeit – 1928 bis Mai 1930 – haben zwei Sophie-Anekdoten in der Scholl-Familie überdauert.

In der ersten Klasse saß Sophie Scholl mit ihrer ein Jahr älteren Schwester Liesl im gleichen Klassenzimmer, der »Unterklasse«. Je nach Tagesform mussten die Kinder ihre Plätze wechseln; von den guten – vorne – zu den schlechten – hinten. Ausgerechnet an ihrem Geburtstag wurde Liesl auf einen hinteren Platz verwiesen. Daraufhin meldete sich Sophie beim Lehrer, das dürfe er ihrer Schwester an ihrem Geburtstag nicht antun. Die Intervention hatte Erfolg. Die andere Erinnerung überliefert einen Ausspruch, mit dem Sophie Scholl sich selbst charakterisiert: »Die Brävste bin ich nicht, die Schönste will ich gar nicht sein, aber die Gescheiteste bin ich immer noch.« Ziemlich keck und gekonnt formuliert für ein noch nicht 10jähriges Kind, das als still und schüchtern gilt. Aber Familien-Anekdoten haben ihre eigene Wahrheit.

Auch ein Sinn für Komik ist manchem in Forchtenberg bei Sophie aufgefallen, vielleicht ein Familienerbe der geliebten Großmutter Sophie Müller in Künzelsau. Und weil es manchmal sinnvoll ist, in diesem kurzen Leben die Zukunft in die Gegenwart zu holen oder aus der Vergangenheit Fäden in die Zukunft zu knüpfen: Wer die erwachsene Sophie Scholl in einem geselligen Kreis erlebte, hat sie als schweigsam, als zurückhaltend geschildert, an Diskussionen beteiligte sie sich kaum. Aber inmitten von Freunden und Freundinnen, Menschen, die ihr vertraut waren, ist ihr Witz, ihre untergründige Ironie und ihre Lust auf Schabernack in Erinnerung geblieben.

Enge Freundschaften hat Sophie Scholl in den neun Jahren, die sie in Forchtenberg verbrachte, nicht gefunden. Dafür entstand eine Kinderfreundschaft, die lebenslang Bestand hatte, obwohl sie immer nur auf die Ferne gründete. Tante Elise, geborene Müller, verheiratete Leber, die ältere Schwester von Sophies Mutter, führte mit ihrem Mann in Backnang ein Delikatessengeschäft. Die Schwestern besuchten sich regelmäßig, Sophie war gerne bei der Tante. Nicht zuletzt, weil im gleichen Haus bei Familie Remppis am 7. Juni 1923 eine Tochter – Lisa – geboren wurde. Der Altersunterschied störte die beiden kleinen Mädchen nicht. Sie waren unzertrennlich, sobald Sophie in Backnang war. Als Familie Remppis 1928 nach Langenburg an der Jagst zog, wohin der Vater sein Notariatsbüro verlegte, ließ Sophies Besuch nicht lange auf sich warten. Wir werden Lisa Remppis und den Zeugnissen dieser Freundschaft noch viele Male begegnen. Sie war und blieb über all die Jahre Sophie Scholls beste Freundin. »Fast müsste ich mich schämen über diesen Brief, doch warum sollst Du nicht wissen, wie es um mich steht«, schreibt Sophie Scholl am 2. Februar 1943 an Lisa Remppis, »ich schreibe dies ja auch nur *Dir* …«.

Dass Menschen von einem Tag auf den andern so stumm und unansprechbar wie Puppen werden; dass man sie in einer hölzernen Kiste aus dem Haus trägt und sie nie mehr wiederkehren, hat Sophie mit knapp fünf Jahren an ihrer kleinen Schwester Thilde erlebt. Es wäre seltsam, hätte diese Erfahrung keine Ängste bei ihr ausgelöst. Denn schon von den Mäusen zu wissen, die im Rathaus-Keller in die tödlichen Fallen liefen, rührte Sophie Scholl zu Tränen. »Ich erinnere mich«, schreibt sie im Juni 1942, »dass es mir als Kind ein unlösbares und furchtbar trauriges Problem erschien, zu leben, ohne dabei andere zu vernichten. Es erscheint mir jetzt noch genau so unlösbar, nur habe ich es vergessen.« Aus der Todeserfahrung wächst die Entschiedenheit, sich fest an die Menschen zu halten, die man liebt.

Sophie Scholl war sechs Jahre alt, da schwamm sie quer durch den Kocher. Inge hatte ihr das Schwimmen beigebracht. Kein Problem, denn Sophie fühlte sich wohl im Wasser, im Strom, und das würde bleiben. Ansonsten war sie kein robustes Kind, das allen Wettern trotzte. Schnell kam ein Fieber, oft kränkelte sie. Die Mutter fand es nur natürlich, dass ihre jüngste Tochter eine Woche zu Hause blieb und verwöhnt wurde, statt in die Kinderschule oder später in die Volksschule zu gehen. »Ich danke Dir liebe Lina für die gute Nachricht, dass es Sofiele wieder besser geht. Es hat mich zwar beruhigt, dass Ihr einen guten Arzt habt, und Sofiele von Mutters

Pflege sicher gesund werden wird, alles andere liegt in Gottes Hand.« Das schrieb Großmutter Sophie in Künzelsau am 18. Dezember 1927 an Lina Scholl in Forchtenberg. Und zum Briefende: »Ich wünsche Sofiele gute Besserung, sie soll sich an der Schokoladentafel gesund essen. Behüt Euch Gott und seid herzlich gegrüßt von Eurer dankbaren Mutter und Großmutter.« Seit drei Jahren war sie Witwe, doch die Koordinaten, nach denen sie ihr Leben ausrichtete, blieben unverändert: ein inniges Verhältnis zu ihren Kindern und deren Familien, Dankbarkeit, die sie in Worte fasste, und ein unerschütterliches Gottvertrauen.

Der gute Arzt, den die Großmutter erwähnt, war Dr. Ferdinand Dietrich. Robert Scholl hatte ihn im Herbst 1927 überreden können, in Forchtenberg, wo es seit Jahren keinen eigenen Arzt gab, seine Praxis zu eröffnen. Ortsvorsteher Scholl gibt in der Gemeinderatssitzung vom 2. September über Dr. Dietrich zu Protokoll, dass »nach seinen vorgelegten Zeugnissen bestimmt angenommen werden kann, dass er mehr als ein Durchschnittsarzt ist«. 1929 wird ein eigenes Arzthaus errichtet. Neben dem Pfarrer, den Lehrern und dem Apotheker gehört Dr. Dietrich nun zu den Forchtenberger Honoratioren, die – wie ihre Kinder – privat-gesellige Kontakte pflegen.

»Herr Dr. Dietrich ist ein Idealist mit aufgeschlossenem Sinn und Herzen für seine Mitmenschen – wenn es darauf ankommt, auch ein Draufgänger, der sich selbst am wenigsten schont. … Wir unterhielten uns manchmal auch über politische Fragen. Dabei gingen unsere Ansichten meist ganz auseinander, weil ich selbst politisch links stand. Dies schmerzte ihn oft, ohne dass er gegen mich intolerant wurde.« So charakterisierte Robert Scholl 1946 im Spruchkammer-Verfahren Dr. Dietrich, 1931 in die NSDAP eingetreten und überzeugter Nationalsozialist. Der Kontakt zwischen den Familien Scholl und Dietrich blieb auch nach der radikalen politischen Wende 1933 bestehen.

Nicht nur der Arzt, auch der evangelische Pfarrer von Forchtenberg stand in einem anderen politischen Lager als der Ortsvorsteher. »Sie lesen das?«, bemerkte der Kirchenmann abschätzig, als er im Hause Scholl die Wochenschrift »Die Menschheit« sah. Wer diese Zeitschrift abonnierte, war politisch klar einzuordnen: als Demokrat und Verteidiger der Weimarer Republik, Gegner einer militaristischen und nationalistischen Politik. In diesem Sinne schrieb der Kulturphilosoph, Pädagoge und Begründer der politischen Bildung, Friedrich Wilhelm Foerster, 1920 von Rechtsradikalen aus seiner Münchner Professur und aus Deutschland vertrieben, jede Woche in der »Menschheit« ein »Streiflicht«. Einem wie Robert Scholl, der mitten im Ersten Weltkrieg und frisch verheiratet seiner Frau begeistert über die Friedenspolitik des US-Präsidenten Wilson schrieb, sprach Foerster aus dem Herzen. Seine Werke wurden bei der »Bücherverbrennung« vor der Berliner Oper am 10. Mai 1933 »den Flammen übergeben«, er selbst als »Gesinnungslump und politischer Verräter« geschmäht. Ob als Sanitäter im Ludwigsburger Lazarett oder als Schultheiß in Forchtenberg, politisch war Robert Scholl ein Außenseiter.

Am 1. Mai 1928 wurde Sophie Scholl eingeschult, am 9. feierte sie ihren siebten Geburtstag. Inge, die Älteste, hatte die Aufnahmeprüfung in die Oberrealschule von Künzelsau bestanden und dort das neue Schuljahr begonnen. Eine ungewohnte Situation für die ganze Familie, denn um sich die tägliche Zugfahrt zu ersparen, lebte Inge Scholl nun die Woche über bei der Großmutter in Künzelsau und kam nur am Wochenende nach Hause. Am 4. Mai 1928 schrieb Großmutter Sophie: »Liebe Lina! Ich gratuliere Dir herzlich zu Deinem Geburtstag, wünsche Dir Gottes Segen und viel Freude. Inge hat ja soviel Aufgaben auf, dass sie ihre Arbeit unmöglich fertig bringt. Heute ist sie schon um ¾ 6 Uhr aufgestanden und lernte, weil es ihr am Abend zu schwer ging.« Wie wohltuend ist eine Großmutter, die ihre Enkelkinder versteht.

Um diese Zeit hatte die Großmutter ihr Testament schon gemacht: »Meine Lieben alle! Wer weiß, wie nahe mir mein Ende, darum will ich bei Zeit mein Haus bestellen. An meinem Grab soll nur ein Gebet gesprochen werden, das übrige überlasse ich Euch.« Nüchtern und frohen Mutes, so wie sie gelebt hatte, bereitete Sophie Müller ihren letzten Gang vor und dachte auch darüber hinaus. Am Tag der Konfirmation sollten »meine Enkel Inge, Hans, Lise, Sofie, Werner ein jedes 10 Mark« bekommen. Für sich selbst hatte sie »nur den Wunsch, dass mich der gnädige dreieinige Gott in seinen Himmel aufnimmt und ihr alle einander lieb habt und teilt das Wenige, das ich Euch hinterlasse, in Frieden«.

Das erste Jahr auf der Oberrealschule und bei der Großmutter in Künzelssau ging zu Ende, und Inge Scholl freute sich schon auf das Osterfest mit Eltern und Geschwistern in Forchtenberg. Doch zuvor erfuhr die Zwölfjährige, wie ein langes Menschenleben sanft und ohne Aufhebens zu Ende gehen kann und dennoch eine schmerzliche Leere hinterlässt. Am 25. März 1929 saß Lina Scholl im Häuschen ihrer Mutter in Künzelsau und schrieb an ihre Schwester Elise und deren Mann in Backnang: »Es ist nun unsre Mutter so rasch von uns gegangen, still und schmerzlos, wie sie sichs gewünscht hat. Es ist mir wie im Traum, dass wir sie nicht mehr sprechen hören dürfen und nicht mehr ihr liebes Gesicht sehen. … Wenn es so geht, wollen wir Mutter am Gründonnerstag um 3 Uhr beerdigen lassen.«

Und sie schildert, wie der Tod zu Sophie Müller und der Enkelin kam: »Inge war allein beim Sterben, gestern Abend um 8 Uhr. Sie arbeitete so umher, ... da merkte sie, als sie fragte, ob sie nun den Kaffee wärmen dürfe, dass Mutter den Mund offen hatte, ging hin, nahm ihre Hand und nach 3 Atemzügen war alles vorüber. Mutter merkte wohl nichts davon, vorher betete sie noch wie sonst beim Abendläuten.« Inge informierte die Eltern, der Schultheiß hatte Telefon. Am Gründonnerstag, dem 28. März 1929, wurde die achtundsiebzigjährige Sophie Müller zu Grabe getragen.

Als nach den Osterferien das neue Schuljahr begann, fuhr Inge mit Hans und Liesl, die nun ebenfalls in die Künzelsauer Realschule gingen, täglich in aller Frühe mit dem 5-Uhr-Zug von Forchtenberg nach Künzelsau. Lina Scholl hatte mit dem Zugführer ausgemacht: Wenn die Stadtbeleuchtung an ist – und die konnte sie im Rathaus anschalten –, bitte auf die Kinder warten; wenn alles dunkel, kein Bedarf. Zurück mit den Eltern blieben Sophie und Werner, die zusammen durchs Brunnentor zur Schule wanderten und sich ohne den großen Geschwisterkreis noch näher kamen. Es war eine kleine Runde, die jetzt mittags in der Wohndiele um den Tisch saß.

Es gab während der Zeit in Forchtenberg noch jemanden im Kindesalter, der zur Scholl-Familie gezählt wurde. Aber wie soll man einem Schatten Kontur und Leben geben? Sein Name ist Ernst Gruele, doch er taucht in keinem der Briefe oder Erinnerungen der fünf Scholl-Geschwister oder der Eltern auf; nicht in Robert Scholls handschriftlichen Lebensläufen; nicht im Buch von Inge Aicher-Scholl über »Die Weiße Rose«, nicht in ihrem Aufsatz »Im schönsten Wiesengrunde« über die Kindheitsjahre in Forchtenberg. Am 22. November 1928 schreibt der »Hohenloher Bote« über eine Opernaufführung in Forchtenberg: »Etwas ganz Besonderes bot der hiesige Schülerchor. Diesmal trat er in der Turnhalle mit der Uraufführung der von Lehrer Willi Weber und Gattin verfassten und vertonten Märchenoper ›Das zerbrochene Krönlein‹ in die Öffentlichkeit. ... Das Spiel wurde von allen von Anfang an bis zu Ende mit Hingebung durchgeführt. ... Auch der König (Ernst Scholl) war Meister seiner Sache.« Für die Forchtenberger gehört Ernst Gruele zur Familie Scholl, bis heute. Fragt man einen Forchtenberger, dessen Familie seit mindestens zwei Generationen in der Stadt am Kocher lebt, nach »Ernst«, kommt die Antwort ohne Zögern: »Er war ein unehelicher Sohn von Robert Scholl.« Woher man das wisse? Von den Eltern, die zusammen mit den Scholl-Kindern in Forchtenberg aufgewachsen sind. Aber mehr ist nicht zu erfahren.

Eine der wenigen Spuren führt in das stattliche Fachwerkhaus der Forchtenberger Steinmetz- und Bildhauerfamilie Kern, 1593 gebaut. Es ist als

Heimatmuseum eingerichtet, und eine Abteilung ist der Familie Scholl gewidmet. Unter den Fotos befindet sich eines, auf dem die ganze Familie, zum Gruppenbild am Eingang der Forchtenberger Schule arrangiert, konzentriert in die Kameralinse schaut. Zwischen Robert Scholl, schlank und gut gekleidet, und Lina Scholl, die sich selbstbewusst auf eine Treppenstufe stellte und alle überragt, steht kerzengerade der »Pflegesohn«, wie die Bildunterschrift sagt. Offensichtlich das älteste von allen Kindern, doch auch das bleibt eine Vermutung. Wie konnten Inge Scholl und ihre Geschwister von den Spielen untereinander, von Ausflügen und Vergnügungen berichten, ohne Ernst zu erwähnen, der – dafür steht das Foto – zur Familie gehörte? Wenn in der Diele im Forchtenberger Rathaus alle Kinder am Tisch saßen, werden es nicht fünf, sondern in Wahrheit sechs gewesen sein.

Dank dem Foto hat Ernst ein Gesicht. Dass er auch einen eigenen Namen hat, erfährt, wer sich in Forchtenberg eine Ausstellung mit Texten und Fotos über die Kindheit von Hans und Sophie Scholl ansieht: »Zusammen mit dem Pflegesohn Ernst Gruele lebte die Familie Scholl bis Anfang 1930 fast 10 Jahre im Rathaus …« Die Künstlerin Renate S. Deck hat in vielen Interviews noch lebende Zeitzeugen zum Reden gebracht, die Ausstellung erarbeitet und in Forchtenberg das Bewusstsein geweckt, dass die Stadt ein wichtiger Abschnitt auf dem Lebensweg der Geschwister Scholl ist. In ihrem Atelier im Würzburger Tor hat sie ihnen mit der Gedenkstätte »Weiße Rose i-punkt« einen dauerhaften Erinnerungsort geschaffen. Ernst Gruele dagegen ist in der Familien-Erinnerung offensichtlich tabu; er blieb in Forchtenberg, als die Scholls 1930 fortzogen. Doch im Frühjahr 1943 taucht er mit einem Brief unerwartet unter den unzähligen Scholl-Dokumenten wieder auf. Wir werden davon hören.

Kurz nach Weihnachten erschien im Dezember 1929 im »Hohenloher Boten« unter der Überschrift »Schulzenwahl« eine Anzeige: »Weihnacht ist vorüber heuer / Für viele wars ne trübe Feier / Haben wir doch große Qual / Wegen unsrer Schulzenwahl / Ach es ist ein großer Jammer / Alles schreit »ich wähle Kramer« / Wir haben doch die Nase voll / Und wählen wieder Scholl.« Nach zehn Jahren lief die Amtszeit des Schultheißen aus, und der achtunddreißigjährige Robert Scholl stellte sich zur Wiederwahl. Wie sehr es ihn traf, dass ein Gegenkandidat antrat – noch dazu zehn Jahre jünger –, wie wenig gelassen er mit Kritik umgehen konnte, spiegelt sich in seinem »Rechenschaftsbericht«, den er am 15. Dezember, dem 3. Advent und »Silbernen« verkaufsoffenen Sonntag, bei einer Wahlversammlung in der Turnhalle vortrug.

Robert Scholl konnte eine eindrucksvolle Bilanz vorweisen und zahlreiche Projekte aufzählen, mit denen er sein Versprechen, Forchtenberg an die neue Zeit anzuschließen, wahrgemacht hatte. Doch Robert Scholl war tief gekränkt, dass nicht alle Forchtenberger seiner Amtsführung, seinen Ideen und seinem unermüdlichen Arbeitseinsatz vorbehaltlos gegenüberstanden: »Bis jetzt habe ich in Forchtenberg nur arbeitsreiche, schwere und sorgenvolle Jahre verlebt, dabei ganz wenig Freude und Anerkennung erfahren. … Ich habe noch nie einen leichten Lebensweg gehabt, aber kein Abschnitt meines Lebens war so schwer, als der bisher in Forchtenberg zugebrachte.«

Diplomatisch war das nicht, denen, deren Stimme man für die Wahl gewinnen wollte, Undank vorzuwerfen und im Selbstmitleid zu schwelgen. Der ausgewiesene Demokrat Robert Scholl setzte alles auf eine – fragwürdige – Karte: »Heute habe ich keine andere Existenz in Aussicht und kann mich mit meiner Familie nicht auf die Straße setzen. Die Wiederwahl ist für mich nicht nur eine Prestigefrage, sondern auch eine nackte Existenzfrage.« Zum Schluss bittet er »diejenigen Männer und Frauen, die glauben, dass ich die Geschäfte und Geschicke der Gemeinde zusammen mit dem Gemeinderat richtig zu führen imstande bin … am 29. Dezember mir die Ehre zu erweisen und für mich einen Wahlzettel auf das Rathaus zu tragen.« Punkt, Ende möchte man rufen. Doch Robert Scholl kann es nicht lassen, seinen potentiellen Nichtwählern noch einen kräftigen Hieb zu versetzen: »Meinen Gegnern aber sage ich: Wer von Euch ist ohne Fehl, Der wirft den ersten Stein auf mich!« Am Schultheiß Robert Scholl schieden sich – noch mehr als zu Beginn seiner Amtszeit vor zehn Jahren – die Geister in dem kleinen Städtchen. Und seine Bilanz war nicht darauf angelegt, die Gemüter zu beruhigen.

Am 29. Dezember 1929 kamen 477 von 518 wahlberechtigten Forchtenberger Bürgern und Bürgerinnen zwischen 11 und 16 Uhr ins Rathaus und gaben ihre Stimme ab; zwei davon waren ungültig. Robert Scholl erhielt 176, Friedrich Kramer, Obersekretär in Bad Mergentheim, 299 Stimmen. Wie das Gesetz es vorschrieb, wurde das Wahlergebnis am folgenden Tag durch Ausschellen in den Straßen und einen Anschlag am Rathaus verkündet.

Noch keine Woche später, am 4. Januar 1930, erschien im »Hohenloher Boten« ein anonymes Lob auf den Wahlverlierer: »Eine schwere Enttäuschung brachte die Nichtwiederwahl des Stadtschultheißen Scholl am letzten Sonntag dem Kochertal und seiner weitesten Umgebung. Vergeblich sucht man nach einem stichhaltigen Grund, aus dem einem so tüchtigen Ortsvorsteher die Existenz gekündigt werden konnte. Es ist das alte Lied von menschlicher Undankbarkeit, von menschlichem Hass und Neid, das uns die Geschichte von Siegfried bis Bismarck singt.« Es war die Rede von »Hingabe bis zur Selbstentäußerung«; Robert Scholl habe »jetzt den in Forchtenberg üblichen Lohn erhalten, die Kreuzigung«. Das war arg dick aufgetragen. Am 8. Januar meldete sich die »Schriftleitung« und erklärte, der anonyme Einsender sei »ein possenhafter Aufschneider« und bekannt durch die »Wahlagitation« für Robert Scholl. Tatsächlich bestehe die »Hingabe« Scholls in seiner provozierenden »geistigen Überhebung«; er habe nichts als seine »verdammte Pflicht und Schuldigkeit getan«, und zwar zu einem »ganz ansehnlichen Gehalt«.

Für Robert Scholl ist das, was sich um diese Wahl herum ereignet, keine Provinz-Posse, die er selbstbewusst ignorieren kann. Aus seiner Sicht geht es um seine Ehre. Er beantragt einen Sühnetermin mit dem Artikel-Schreiber des »Hohenloher Boten« vom 8. Januar, den er zu kennen glaubte. Als Schultheiß führt er mit eigener Hand im Sühnebuch der Stadt aus, warum er sich von dessen Angaben beleidigt fühlt und beim Sühnetermin eine Rücknahme erwartet. Als Termin, mit dem der nächste Schritt – eine Anklage vor Gericht – vermieden werden soll, setzt er den 15. Januar 1930 im Rathaus zu Forchtenberg.

Am 15. Januar schreibt das Oberamt Öhringen dem Stadtschultheiß Scholl ein Dienstzeugnis. Er habe in »arbeitsreichen und mühevollen Zeiten« die Gemeinde »zufriedenstellend und tatkräftig geführt«; er sei stets bemüht gewesen, das »Bestmögliche zu erreichen und die Gemeinde vorwärtszubringen«. Robert Scholl könne »auch für andere Stellen im öffentlichen oder privaten Verwaltungsdienst bestens empfohlen werden«. Ebenfalls an diesem 15. Januar, um 17 Uhr, protokolliert der noch amtierende Schultheiß Scholl im Rathaus zu Forchtenberg in eigener Sache, der Beklagte sei – wie zuvor angekündigt – nicht erschienen. Robert Scholl, der Kläger, hatte schon zum Sühne-Termin einen Rechtsanwalt aus Öhringen bestellt. Er reichte anschließend eine Beleidigungsklage ein und gewann vor Gericht. Doch der Preis, den er mit seiner Familie für diese Genugtuung zahlte, war hoch, sehr hoch.

Wer ohne Fehl ist, der werfe den ersten Stein, hatte Robert Scholl im Wahlkampf seinen Gegnern zugerufen. Nun zogen sie ihrerseits vor Gericht und brachten ans Tageslicht, was bisher nur geflüstert und als Gerücht die Runde gemacht hatte. Denn Robert Scholl war nicht ohne Fehl, wie sich aus dem Schreiben seines Vorgesetzten, Regierungsrat im Oberamt Öhringen, vom 20. Juni 1930 herauslesen lässt: »Das Oberamt ist der Auffassung, dass die sittlichen Verfehlungen Scholls als solche nicht der Anlass für die Nichtwiederwahl waren.« Das Schreiben ging an die Pensionskasse in Stuttgart und klärte den bürokratischen Sachverhalt: Zwar seien Robert Scholl »sittliche Verfehlungen« nachgewiesen worden, doch sie waren nicht der Grund für seine Wahlniederlage. Andernfalls wäre ihm das Ruhegehalt gestrichen worden, eine Katastrophe, die mit diesem amtlichen Schreiben abgewendet war.

Nach dem positiven Bescheid zugunsten von Robert Scholls Pensionsanspruch kann sich der Regierungsrat ein persönliches Urteil nicht verkneifen, und das stellt den bis dahin Unbescholtenen in ein getrübtes Licht: »Diese ganze Angelegenheit wurde erst an die Öffentlichkeit gezerrt, als verschiedene Forchtenberger Bürger wegen Beleidigung des Stadtvorstands Scholl von dem hiesigen Amtsgericht bestraft worden waren. Sie wollten dem Mann jetzt heimbezahlen und ihr Mütchen an ihm kühlen; ungeschickt genug freilich war es von ihm, dass er, der kein sauberes Brusttuch hatte, die Beleidigungsklage anstrengte.« Im Klartext: Die Anklage wegen »sittlicher Verfehlungen« war nicht unbegründet.

Der Regierungsrat stützte sich auf die Strafakten des Landgerichts in Schwäbisch Hall, die seinem Schreiben an die Pensionskasse beigelegt waren – und auf einen persönlichen Brief des Beschuldigten vom 17. Juni 1930. Die Akten sind in den Kriegswirren verloren gegangen. Eine genaue Rekonstruktion der Klage und der Aussage von Robert Scholl ist deshalb nicht möglich. Doch sein Brief vom 17. Juni 1930 hat sich in den Akten des Oberamtes Öhringen erhalten.

Darin bittet Robert Scholl eindringlich, die Pensionskasse zu informieren, dass der Anerkennung seines Ruhegehalts nichts im Wege steht. Er weist darauf hin, dass er »vom ersten Tag meiner Forchtenberger Amtstätigkeit mit einer starken Gegnerschaft zu kämpfen« hatte; er sei vielen zu »fortschrittlich«, anderen zu »eigensinnig« gewesen. Vor allem jedoch spreche für seine Beweisführung, dass »von der Sache« nur wenige gewusst hätten. Ein Bekenntnis »in der Sache« blieb ihm nun aber gegenüber seinem Vorgesetzten nicht erspart: »Ich war in meinem ganzen Leben kein Wüstling, nicht einmal mit Worten und musste durch einen Seitensprung nun eine so schwere Prüfung und Demütigung durchmachen.« Da ist es heraus, verpackt in Selbstmitleid, was für einen Beamten damals keine Privatsache war: Robert Scholl muss während seiner Schultheiß-Amtszeit seiner Ehefrau untreu gewesen sein. Ist damit das Gerücht bestätigt und geklärt, das Ernst Gruele bei den Forchtenbergern umgab?

Wäre die Antwort auf diese Frage »Ja«, heute würde niemand einen Stein werfen; die bürgerliche Moral hat sich gewandelt. Ehe und Familie haben so manche rigorose Tradition hinter sich gelassen, ohne dass die Welt unterging. Doch die Betroffenen im Forchtenberger Drama des Frühjahrs 1930 haben lebenslang geschwiegen. Das ist ihr Recht. Und kein Dokument hat bisher dieses Schweigen aufgehoben.

Damals allerdings, in einer anderen Welt und einer anderen Zeit, wuchsen sich Klagen und Gegenklagen für Robert und Lina Scholl und die Kinder zu einem Drama aus. Als Robert Scholl am 17. Juni 1930 seinem Vorgesetzten jenen Brief schreibt, der ihm nicht leicht gefallen sein kann, beginnt er mit einem Dank, »dass Sie mich in meiner Not nicht auch haben fallen lassen. ... In tiefere Not kann selten ein Mensch geraten als ich seit ½ Jahr. ...« Doch Robert Scholl hatte seinen Anteil an der vergifteten Atmosphäre, die nun in Forchtenberg mit Händen greifbar wurde.

Mit dem Jahresbeginn, als Schultheiß Scholl und seine Familie nur noch auf Abruf im Rathaus lebten, war die Stimmung ohnehin trübe. Als dann der Kleinkrieg von Klagen und Gegenklagen begann, wurde die Situation vollends unerträglich. Für die Kinder muss es ein Schock gewesen sein. Gestern noch hatten sie den Vater als eine Autoritätsperson erlebt, dessen Wort im Städtchen Gewicht hatte. Jetzt war er ein einsamer Mann, wenn er durch Forchtenberg ging. Den Kindern wird es ähnlich gegangen sein: Sie spürten, dass sie nicht mehr dazu gehörten; dass getuschelt wurde und die Gespräche der Erwachsenen verstummten, wenn sie vorüber gingen.

Die Wohnung im Rathaus war zur Festung geworden, die Familie zur Insel inmitten einer feindlichen Welt. Das ängstigte die Kinder einerseits, und schweißte zugleich die Familie zusammen. Die Eltern machten es vor, wie man sich in der Not gegenseitig stützte. Lina Scholl stand zu ihrem Mann. Aber die Frage drängt sich auf, ob nicht auch Spannungen zwischen den Eltern spürbar wurden und die heile Welt feine Risse bekam, und sei es nur im Unterbewusstsein?

Noch im Dezember 1931 spiegelt ein Brief von Lina Scholl das Ende der Forchtenberger Zeit aus dem Blickwinkel der Familienfestung. Es klingt, als sei es gestern gewesen: »Mit Gottes Hilfe überwinden wir vollends die schändlichen Anschläge, die manche Leute mit uns getrieben haben, um uns vorsätzlich ins Unglück zu stürzen, was ihnen aber nicht gelungen ist.« Schändliche Leute, ins Unglück stürzen: Das genügte für die Kinder, um Gut und Böse eindeutig zu verteilen. Sie wussten, auf welcher Seite sie standen. »Wir stehen geschlossen bei Vater und untereinander, es mag kommen, was will«, schrieb Lina Scholl im Februar 1942 an Sophie Scholl, als Robert Scholl von seiner Mitarbeiterin wegen Anti-Hitler-Sprüchen angezeigt und von der Gestapo verhört wurde. Die Zeiten hatten sich noch einmal geändert, waren wirklich gefährlich geworden. Aber die innere Einstellung, die Haltung der Familie war dieselbe wie einst in Forchtenberg: Wir Scholls halten zusammen, und wenn die Welt voll Teufel wär.

Parallel zu den Auseinandersetzungen vor Gericht eskalierte die Situation im Gemeinderat. Die Protokolle der Sitzungen zwischen Januar und Mai 1930 lesen sich wie ein Lehrbuch – jede Seite fühlt sich missverstanden, ausgenutzt. Am 7. Januar geht es noch friedlich zu: Robert Scholl, der umgehend Einspruch gegen die Gültigkeit der Wahl seines Nachfolgers eingelegt hatte, nimmt diesen zurück. Der Gemeinderat beschließt, einen jungen Verwaltungsmann anzustellen, damit der Schultheiß nach zehn Amtsjahren erstmals Urlaub nehmen, »damit er sich eine neue Heimat und eine Existenz suchen kann«. Und Robert Scholl kann bis zum 1. Juni in der Rathauswohnung bleiben, obwohl seine Amtszeit am 8. März abläuft. Am 14. Januar gibt es im Gemeinderat Streit über den »jungen Verwaltungsmann«. Robert Scholls Vorschlag wird mit sechs gegen fünf Stimmen abgelehnt; daraufhin erklärt er, »unter solchen Umständen auf den ihm versprochenen Urlaub zu verzichten«. Im Februar kommt es zwischen dem Schultheiß Scholl und den Gemeinderäten zum erbitterten Streit über die Artikel im »Hohenloher Boten«.

Am 9. März 1930 schied der Ortsvorsteher Stadtschultheiß Robert Scholl aus seinem Amt und übergab die Rathauskanzlei an seinen Nachfolger. Das Forchtenberger Klima wurde für die Familie noch eisiger. Doch sie konnte die Rathauswohnung noch nicht verlassen. Erst jetzt hatte Robert Scholl Zeit, sich um eine neue Arbeit zu kümmern. Am 28. Mai gibt der Gemeinderat mit großer Mehrheit zu Protokoll, »falls Stadtschultheiß a.D. Scholl die von ihm innegehabte Dienstwohnung auf 1. Juni 1930 nicht geräumt hat, wird gegen denselben beim Amtgericht Oehringen die Räumungs-Klage erhoben«. Dazu kommt es dann allerdings nicht, obwohl laut Gemeinderatsprotokoll vom 15. Juni 1930 der Stadtschultheiß a.D. erst am »13. Juni ds. Js. die Ortsvorsteherdienstwohnung im Rathaus geräumt hat«. So wissen wir nun, wann die Scholl-Familie Forchtenberg verließ. Für Eltern wie Kinder ging ein Alptraum zu Ende, der gut ein halbes Jahr gewährt hatte und die Erinnerung an viele schöne Jahre verdunkelte.

# LUDWIGSBURG

*Juni 1930 bis März 1932*

Robert Scholl hatte eine Anstellung als Geschäftsführer beim »Malerbund« in Stuttgart, einer Genossenschaft der Maler und Lackierer, gefunden. Zum Wohnen entschied man sich für Ludwigsburg, das Garnisonsstädtchen zwölf Kilometer nördlich von der Landeshauptstadt, wo sich im Frühjahr 1915 Lina Müller und Robert Scholl im Lazarett begegnet waren. Für Robert Scholl, der sich neben seiner neuen Arbeit abends an der Verwaltungsakademie weiterbildete, war der »Malerbund« jedoch von Anbeginn nur eine Zwischenstation. Trotzdem wählte er – wie auch bei den folgenden Umzügen – eine Wohnung, die selbst für seine große Familie zu groß war. Die Miete überstieg seine Einkommensverhältnisse.

Stand dahinter die Entschlossenheit, nie mehr zurückzukehren in die Enge seiner Kindheit und Jugend im kleinbäuerlichen Milieu von Steinbrück? In Robert Scholls Brief an das Oberamt in Öhringen, in dem er seinen »Seitensprung« eingesteht, liest sich das so: »Dürfte ich Sie bitten, für baldigen Bericht an die Pensionskasse besorgt zu sein? Ich musste, um aus Forchtenberg wegzukommen, eine teure Wohnung nehmen. Außerdem muss ich meinen beiden Mädels, die die Künzelsauer Realschule besucht haben, hier englischen Privatunterricht geben lassen, soll ich sie nicht wieder in die Volksschule zurückgeben. Deshalb warte ich mit Bangen auf die Zahlungen der Pensionskasse.«

Die »beiden Mädels« sind Inge und Liesl; dass sie weiterhin eine höhere Schulbildung erhalten sollen, darin war sich Robert Scholl, für den die Mittlere Reife der Schlüssel zum gesellschaftlichen Aufstieg bedeutet hatte, mit seiner Frau einig. Die Konsequenzen der zu großen und zu teuren Wohnung am Wilhelmplatz 7 (heute Schillerplatz 7) musste vor allem Lina Scholl tragen. Noch einmal aus ihrem Brief vom Dezember 1931 aus Ludwigsburg: »Hier arbeite ich alles allein, es gibt wohl viel Arbeit mit 7 Zimmern. Ich habe auch vermietet an eine Lehrerin. Die Kinder müssen tüchtig lernen, sie können mir wenig helfen. Ich muss mich selbst wundern, dass ich dauernd so arbeiten kann. Ich wasche auch allein mit Hilfe eines Manglers.« Viel zu arbeiten, das war die ehemalige Diakonisse gewohnt. Und hatte Lina Müller ihrem zukünftigen Ehemann nicht als ironische Drohung vor der Hochzeit prophezeit: »Sparen kann ich, vielleicht Dir nur zu arg«?

Die Kinder mussten sich in neue Schulen einleben; Inge und Liesl in die Realschule, Hans ins Gymnasium, und Sophie Scholl ging am 18. Juni 1930 erstmals in die Evangelische Mädchenvolksschule, Klasse 3b. Das war eine neue Erfahrung, denn in der »Zwergschule« von Forchtenberg saßen in den Klassen nicht nur die Jahrgänge, sondern ebenso Jungen und Mädchen zusammen. Wie die Jahre zuvor hatte Sophie Scholl keine Probleme mit der Schule und war auch in Ludwigsburg bald die Beste ihrer Klasse. Insbesondere ihre Aufsätze und ihre Zeichnungen lagen über dem Durchschnitt.

Im vierten Schuljahr, am 14. Januar 1932, durfte Sophie Scholl das Poesiealbum ihrer Freundin Irene Benz einweihen. Auf das erste Blatt schrieb sie sehr akkurat in deutscher Schrift: »Lass nie den frohen Mut Dir rauben, / Und halte fest an Deinem Glauben / In guten, wie in schlimmen Tagen, / So wirst die Last Du leichter tragen, / Ein fester Stab ist kindlich Gottvertrau'n! – Zur Erinnerung an Deine Sophie Scholl.« Am linken Rand rankt sich ein Zweig den Text entlang, nicht von kindlicher Art, sondern mit sicherer Hand gezeichnet.

Die Kinder bekamen den Vater weniger zu sehen als in den Forchtenberger Zeiten. Oft hielten ihn die Abendkurse nach der Arbeit noch in Stuttgart. Kam er früher nach Ludwigsburg zurück, saß er in seinem Zimmer und lernte weiter. Als Geschäftsführer die Vorgaben und Ideen anderer umzusetzen, behagte Robert Scholl nicht; der Vierzigjährige wollte wieder selbständig arbeiten. Lina Scholl, die im Mai 1931 ihren fünfzigsten Geburtstag feierte, vermisste die Nähe zur Natur. In Ludwigsburg gab es nur die große Wohnung, keinen Garten, keine Terrasse. Den Kindern war es verboten, auf der Straße zu spielen. In der Stadt lebten über 30 000 Menschen – in Forchtenberg rund 850 –, und sie besaß die größte Garnison in Südwestdeutschland. Da ließen die Bürger ihre Kinder nicht vor die Türe, zumal nicht in diesen Zeiten. Im Oktober 1929 war in New York die Börse zusammengebrochen und hatte die deutsche Volkswirtschaft mit in den Abgrund gezogen. Die Zahl der Arbeitslosen stieg wieder, und die radikalen Parteien am linken wie am rechten Rand versuchten aus der Krise größtmögliches Kapital zu schlagen. Was den Kindern aus Forchtenberg unbekannt war: In Ludwigsburg marschierten mal die Kommunisten, mal die Anhänger Hitlers durch die Straßen, nur zu bereit, Schlägereien zu provozieren.

Eine kleine, ungewöhnliche Entschädigung für die naturgewohnten Scholl-Kinder bot die ehemalige Residenzstadt Ludwigsburg dennoch.

*Robert Scholl vor dem Schloss in Ludwigsburg,*
*mit Inge, Hans, Elisabeth, Sophie und Werner*

Nicht weit von ihrer Wohnung befand sich das ehemalige Jagdschloss Favorite. Nachdem das Königshaus 1918 seinen endgültigen Abschied genommen hatte, stand es den Bürgern der Republik zur Verfügung. Robert Scholl nutzte diese Möglichkeit immer wieder und mietete stundenweise den Schlüssel für Schloss und Park, wo die Kinder sich dann als königliche Hausherren und Hofdamen fühlen konnten. Aber genau genommen war es ein kümmerlicher Ersatz für das, was viele Jahre ihren Tag ausgefüllt hatte. Und weil Ludwigsburg nur eine kurze Episode sein wird und danach eine neue Zeit anbricht, ist es ein guter Augenblick, zurückzuschauen und die Zukunft in diesen Rückblick hineinzunehmen.

Forchtenberg war keine heile Welt gewesen. Von einem Tag auf den anderen verstummte die fröhliche Thilde und lag still im kleinen Sarg. Wenn der Vater brütend beim Mittagstisch saß, wussten die Kinder, dass andere seine Arbeit sabotierten oder ihm den Erfolg neideten. Sophie kränkelte immer wieder, und im Winter 1928 war Hans Scholl nur knapp von einer Eisscholle auf dem Kocher gerettet worden. Und Ernst, den sie in Forchtenberg zurückgelassen hatten: Tauchte bei den Kindern nicht doch manchmal der Gedanke ganz von ferne auf, dass ihn ein dunkles Geheimnis umgab?

Den Mythos von einer heilen Welt haben die Erwachsenen errichtet. Kinder sind nicht für Schonräume gemacht. Sie nehmen die Schwächen der Erwachsenen wahr und dass es am Sonntag anders zugeht als im Alltag. Sophie Scholl musste die Vergangenheit nicht beschönigen und verklären, um zu erkennen, was sie vor allem verloren hatte: die Freiheit – Forchtenberg stand für eine fast grenzenlose Freiheit. Die Freiheit, als Einzelne oder in der Kindergemeinschaft ungefährdet Raum und Zeit zu durchqueren: unter den Bäumen auf warmem Waldboden zu sitzen und die Sonnenflecken zu beobachten, an den Wegen wilde Brombeeren und Hagebutten zu sammeln, den Fluss zu durchschwimmen, auf dem Berg über der Stadt an der Burgruine zu spielen und im Winter von dort mit dem Schlitten durch die abschüssigen Gassen zu sausen. Den Wind im Haar zu spüren oder den Regen auf der Haut, den Gesang der Vögel und das Rauschen der Pappeln zu hören und von keinem Menschen gestört werden – allein sein.

Viel zu oft hatte Sophie Scholl den Wechsel der Natur vom Frühling zum Sommer, vom Herbst zum Winter sehen und riechen und genießen können, um ihn je zu vergessen. Sie hat es so tief in sich aufgenommen, dass sie ihr Leben lang davon zehrte und die Sehnsucht nach einer engen, spürbaren Verbindung zur Natur unauslöschlich blieb. Besonders das Gefühl, als kleiner Mensch unter dem Schutz der großen Bäume zu stehen, hat sich dem Kind eingeprägt. Und die zarten und kleinen Blumen auf den Wiesen waren ein Wunder, einfach, weil sie da waren, ohne Anspruch, ohne Rechtfertigung.

Es wird immer wieder Aussagen von Sophie Scholl geben, die belegen, was jetzt nur in Bruchstücken angedeutet werden kann: das Glücksgefühl beim Ansehen einer Blume oder dem Umarmen eines Baumes, der Wunsch, aus der großen Stadt fortzuziehen, Bäuerin zu werden oder in den Bergen eine neue Heimat zu finden. Was auffällt: Nie deutet sie auch nur an, wo die Wurzeln dafür liegen. Ein Erinnerst-Du-Dich-Noch, einen Blick zurück in die Forchtenberger Kindheit gibt es in den vielen Briefen von Sophie Scholl nicht. Wir wissen nicht, was diese Jahre ihr bedeuteten. Ein Zufall? Eher nicht: Sie war im Kern eine sehr verschwiegene Person. Für eine weitere Vermutung gibt es eine Spur. Die neunzehnjährige Sophie Scholl schreibt im Juni 1940 ihrem Freund Fritz Hartnagel: »Und eines habe ich mir abgewöhnt: das Träumen von Dingen, die mir angenehm sind. Das lähmt.« Vielleicht gehörte zu dieser Entschiedenheit, das Trauma von Forchtenberg nicht übermächtig werden zu lassen; Abstand zu den großen und widersprüchlichen Gefühlen zu halten, die mit der Vertreibung aus dem Kindheitsparadies verbunden waren. Für Sophie Scholl war der Abschied im Juni 1930 endgültig. Im Gegensatz zu ihrer Mutter und ihren Geschwistern ist sie nie mehr zurückgekommen nach Forchtenberg.

Ab November 1931 wussten die Scholls, dass wieder ein Umzug angesagt war, aber diesmal aus eigenem Bestreben. Robert Scholl hatte eine Anzeige entdeckt, in der das Ulmer Steuerbüro Dr. Albert Mayer einen Teilhaber suchte. Seine Bewerbung als Wirtschaftsprüfer und Steuerberater hatte Erfolg. »Bei uns geht es Gott Lob recht gut. Dass wir bald nach Ulm ziehen, werden Sie gehört haben«, steht in Lina Scholls Brief vom 14. Dezember 1931, »wir hoffen, dass dies unser letzter Umzug ist.« Sie verbirgt ihren Stolz nicht, dass aus dem erzwungenen Abgang Gutes entsprungen ist: »Meinem lieben Mann gefällts sehr gut, er ist auch schon gut bekannt dort …« Und sieht sich durchaus nicht im Schatten ihres Mannes: »Ich bin auch nicht unbekannt dort.«

Die Kinder hatten sich inzwischen in Ludwigsburg eingelebt: »Hans ist jetzt unermüdlich tätig in seiner freien Zeit und sägt wunderschöne Sachen aus, die Inge frei aufzeichnet. Neulich sagte Inges Lehrer zu mir, Inge sei seine beste und liebste Schülerin, und übe einen guten Einfluss auf ihre ganze Klasse aus, wie es vorher nicht gewesen sei.« Typisch für die Älteste, die sich zu Hause stets für die jüngeren Geschwister verantwortlich fühlte. Auch bei der jüngsten Tochter ging alles seinen ruhigen Gang: »Sofie ist wohl und wird nächsten Monat ihre Aufnahmeprüfung in die Realschule machen.« Natürlich wird die Mutter allen Kindern gerecht: »Werner ist lustig, sie heißen ihn in seiner Jungschar den ›Krachlampf‹ (Lachkrampf), weil er soviel lachen muss. Lisel ist etwas stiller, sie singt gerne.«

Die Prüfung bestand Sophie Scholl im Januar 1932 problemlos. Im März verläßt die Familie Ludwigsburg und bezieht in der Kernerstraße 29, ein Neubaugebiet im Norden Ulms, eine große Wohnung mit Terrasse. Für die Mutter wird ein Garten in Neu-Ulm, südlich der Donau, gepachtet. Damit ist auch räumlich endgültig der Schlussstrich zu Forchtenberg gezogen. Am 14. April 1932 ist Sophie Scholls erster Schultag in der Klasse Ib der Mädchenoberrealschule in der Steingasse, nahe beim Ulmer Münster. Im Mai wird sie ihren elften Geburtstag feiern.

## DIE KRISE DER REPUBLIK – AUFTRITT ADOLF HITLER

*September 1930 bis April 1932*

Die Wahlbeteiligung war die bisher höchste in der Weimarer Republik. Zweiundachtzig Prozent der Wahlberechtigten gaben am 14. September 1930 ihre Stimme ab, um einen neuen Reichstag zu wählen. Als gegen drei Uhr morgens das Ergebnis feststand, lag die bisherige politische Landschaft Deutschlands in Trümmern. Die SPD hatte zehn Sitze verloren, doch mit 24,5 Prozent war sie immer noch die stärkste Partei. An die zweite Stelle aber hatten 6 400 000 Wähler eine rechtsradikale Partei gesetzt, die bei der Reichstagswahl von 1928 unter ferner liefen rangierte. Im September 1930 schnellte die Nationalsozialistische Deutsche Arbeiterpartei – NSDAP – unter der Führung Adolf Hitlers von 2,6 auf 18,3 Prozent und stellte nicht mehr 12, sondern 107 Abgeordnete. Das war eine Katastrophe für die junge deutsche Demokratie.

Als der neu gewählte Reichstag im Oktober in Berlin zusammentrat, notierte Harry Graf Kessler – Schriftsteller, Förderer der modernen Kunst und überzeugter Demokrat – in seinem Tagebuch: »Den ganzen Nachmittag und Abend große Nazimassen, die demonstrierten und am Nachmittag in der Leipziger Straße die Fensterscheiben der Warenhäuser Wertheim, Grünfeld usw. einschlugen. Abends auf dem Potsdamer Platz Ansammlungen, die ›Deutschland erwache‹, ›Juda verrecke‹, ›Heil, Heil‹ riefen …« Die Nationalsozialisten zielten auf die Zerstörung der Republik von Weimar und machten kein Hehl daraus. Seinen Anhängern in München versicherte Adolf Hitler gleich nach der Wahl: »Im Prinzip sind wir keine parlamentarische Partei.« Den Wahlsieg deklarierte er als eine »neue Waffe für unseren Kampf«.

Die wenigsten durchschauten Hitlers doppelzüngige Politik. Adolf Hitler war ein hervorragender Schauspieler und nutzte die »neue Waffe« schon am 25. September vor dem Reichsgericht in Leipzig. Dort lief ein Prozess gegen drei Offiziere der Reichswehr, die in Ulm Flugblätter verteilt hatten, auf denen sie zu einer »nationalen Volkserhebung« aufriefen und indirekt für die NSDAP warben. Richard Scheringer, einer der drei Angeklagten, erinnert sich in seiner Autobiografie an die Parolen, die sie bei verschwörerischen Treffen mit gleichgesinnten Kameraden im Offiziers-Kasino skandierten:

»Weg mit dem Versailler Diktat! Weg mit den Bürogeneralen. Es lebe die Front! Es lebe die Freiheit.« Die NSDAP schien ihnen der Garant für einen nationalen Sozialismus. Die Staatsanwaltschaft bewertete die Agitation innerhalb der Reichswehr als »Vorbereitung zum Hochverrat«, zumal die NSDAP nicht verfassungstreu sei.

Doch sowohl die Reichswehr-Sympathisanten der NSDAP als auch die Anklage hatten ihre Rechnung ohne Adolf Hitler gemacht. Der Auftritt des Einundvierzigjährigen vor dem Reichsgericht war meisterhaft. Die Macht zum Greifen nahe, disziplinierte Hitler sich und verlor nicht die Nerven. Er wurde im Zeugenstand als Führer der NSDAP befragt, ob seine Partei die Verfassung der Weimarer Republik anerkenne und sich an die Gesetze halte. Hitler holte aus zu einer langen Propagandarede gegen das Gift der Demokratie und des Pazifismus, das Deutschland zu vernichten drohe, machte sich geschickt zum Verteidiger der Reichswehr – wer das Heer zersetze, sei ein Feind des Volkes – und beteuerte, die NSDAP werde ausschließlich mit legalen Mitteln den Weg zur Macht beschreiten – anderes habe sie gar nicht nötig: »Noch zwei bis drei Wahlen, und die nationalsozialistische Bewegung hat im Reichstag die Mehrheit, und dann werden wir die nationale Revolution machen.« Dramatisch verlangte Hitler, auf sein Bekenntnis zur Legalität der »Bewegung« vereidigt zu werden. Der Richter tat ihm den Gefallen.

Damit jedoch war Adolf Hitlers Part, so wie er ihn einstudiert hatte, noch nicht beendet. Der Zeuge Hitler nutzte die Bühne des Reichsgerichts, der Öffentlichkeit seine Legalitätslüge als Wahrheit zu verkaufen. »Legalität« hieß die »Waffe«, mit der er das skeptisch-verängstigte Bürgertum, das keine braunen Rabauken an den Hebeln der Macht wünschte, beruhigte. Hitler blieb seiner Methode treu, die Lügen immer zugleich mit der Wahrheit dahinter zu konfrontieren, und zwar öffentlich. Auch dieses Bekenntnis gehört zu seiner Aussage vor dem Leipziger Prozess im September 1930: »Ich stehe hier unter dem Eid vor Gott dem Allmächtigen. Ich sage Ihnen, dass, wenn ich legal zur Macht gekommen sein werde, dann will ich in legaler Regierung Staatsgerichte einsetzen, die die Verantwortlichen an dem Unglück unseres Volkes gesetzmäßig aburteilen sollen. Dann werden möglicherweise legal einige Köpfe rollen.« Adolf Hitler setzte lebenslang darauf, dass man seine wahren Ziele gar nicht krass genug darstellen könne, damit die Öffentlichkeit sie als hoffnungslose Übertreibung beiseite schieben würde.

Unverfroren, tollkühn, genial, skrupellos – alles passt auf diesen Mann, der uns von nun an begleiten wird bis zum bitteren Ende des kurzen Lebens von Sophie Scholl. Adolf Hitler und seine Politik, seine Verbrechen und seine Verführungen: Das war die Macht, die sich in alle Facetten dieses Lebens drängte, die Denken, Handeln und Fühlen bestimmte. Eine Macht, die Sophie Scholl über Jahre nutzte, um ihre Fähigkeiten, ihre Begeisterung und ihre Ideale auszuleben, bis sie erkannte, wie böse und menschenverachtend diese Macht war. Dann versuchte sie – mit Gleichgesinnten – eine innere Gegenwelt zu schaffen und sich dem totalen Zugriff über ihre Gegenwart und ihre Zukunft zu entziehen. Bis aus dem anfänglichen inneren Widerstand im Kreis der Geschwister, der Freunde und Freundinnen beim Übergang in den engen Kreis der Weißen Rose die Tat entsprang.

Nicht nur von den Zeitgenossen ist Adolf Hitler unterschätzt worden, auch lange von den Historikern, die nach dem Ende des Dritten Reichs seine Person und das, was er ausgelöst, angestiftet und getan hatte, zu ergründen suchten. Ihn nicht zu dämonisieren, sondern nüchtern zu analysieren, heißt gerade nicht, seine Politik zu beschönigen, zu verharmlosen oder die verbrecherischen Eliten und Bürokraten, das ganze Volk der Handlanger, Mitwisser und Profiteure aus dem Blick zu verlieren.

Der schockierende Erfolg der NSDAP bei den Reichstagswahlen vom September 1930 hat mehr als mit allen äußeren Umständen – Wirtschaftskrise seit Oktober 1929, Arbeitslosigkeit, die erfolglosen Rezepte der demokratischen Parteien – mit der Person Adolf Hitler zu tun. Hitler hat die Partei, die nach dem gescheiterten Putsch von 1923 am Ende schien, als ihr Vorsitzender mit diktatorischen Vollmachten und eisernem Willen wieder aufgebaut. Er hat mit seinem außergewöhnlichen Redetalent – die Grundlage seines Aufstiegs – die Massen in Bann geschlagen und der Partei die Wähler zugeführt. Hitler entließ seine Zuhörerschaft mit der Gewissheit: Da ist einer, der mit harter Hand zupackt und nicht zögert und zaudert, wie diese Bedenkenträger, die Demokraten; der sich mit pathetischen Worten zu großen Zielen bekennt, während rundherum Politik als ein nüchternes, glanzloses Geschäft betrieben wird. Und zugleich vermittelte er jedem Einzelnen in der Menge das Gefühl, Zuversicht und Lebensenergie getankt zu haben.

Es war Adolf Hitler, der die Partei auf wenige, einfache Botschaften einschwor, mit allen psychologischen Mitteln arbeitete und nichts dem Zufall überließ. Die NSDAP bediente keine besondere Klientel, wandte sich an alle Schichten und Gruppen der Gesellschaft und wiederholte unermüdlich die Parole: Unter uns wird alles anders und darum alles besser. Nur in einem Punkt wurden die Partei und ihr Führer konkret und konnten es nicht oft genug unters Volk bringen: Die Juden und die Bolschewisten sind an allem schuld, und genau genommen gibt es zwischen ihnen keinen Unterschied – »Juda verrecke«. Hitler appellierte an primitive Ressentiments und nutzte modernste Technik. Vor ihm hatte kein Parteiführer je ein Flugzeug bestiegen, um so viele Menschen wie nie zuvor mit seinen Kundgebungen zu erreichen und symbolhaft wie der leibhaftige Retter von oben zu den Massen zu stoßen. Er stilisierte sich bewusst als der Einsame, von einem Geheimnis umgeben und von Kräften, die ans Magische grenzten. Er war der »Führer«, erst innerhalb der NSDAP, dann nach außen. Auch das war kein Spleen, keine persönliche Marotte.

Als exzellenter Kenner der deutschen Geschichte urteilt der Historiker Gordon Craig über Hitlers Bedeutung und seine Persönlichkeit: »Unter allen herausragenden Gestalten der Weimarer Epoche ist nur er es, von dem man mit Bestimmtheit sagen kann, dass er politische Genialität besaß. ... In seiner Person verbanden sich unerschütterlicher Wille und ebensolches Selbstbewusstsein, ein wunderbares Zeitgefühl, das ihm sagte, wann er warten und wann er handeln musste, eine intuitive Fähigkeit, die Ängste und Ressentiments der Massen zu erspüren und in Worte zu kleiden, die aus jedem, der einen Grund zur Klage hatte, einen Helden im Kampf um die Rettung der Nationalseele machte, eine versierte Beherrschung aller propagandistischen Mittel und Kunstgriffe, große Geschicklichkeit in der Ausnutzung der Schwächen von Rivalen und Widersachern und eine Skrupellosigkeit in der Ausführung seiner Pläne, die sich weder von Loyalitätsrücksichten noch von moralischen Erwägungen beirren ließ.«

Mit dem Jahr 1924 hatte es für die Republik von Weimar eine scheinbare Wende zum Besseren gegeben. Die Inflation wurde von einer stabilen Währung ersetzt; es gelang, die mörderische Gewalt von links und rechts auf den Straßen zu beenden. Behutsam, aber entschlossen begann Außenminister Gustav Stresemann Deutschland wieder in die internationale Gemeinschaft zurückzuführen; überzeugt, dass eine Politik der Kompromissbereitschaft dem Land Ansehen und konkrete Vorteile bringen würde. 1926 erhielt er für seinen völkerverbindenden Einsatz mit seinem französischen Kollegen Aristide Briand den Friedensnobelpreis.

Doch die Sehnsucht nach dem starken Mann wucherte weiter in allen politischen Lagern Deutschlands, in allen konfessionellen Vereinigungen. Sie stieg an den Lagerfeuern des »Wandervogels« und der »Bündischen Jugend« in die Nacht: »Wir heben unsre Hände / Aus tiefer bittrer Not, / Herrgott, den Führer sende, / Der unsern Kummer wende / Mit mächtigem Gebot.« Das sang in ihrem Weihelied die Finkensteiner Singbewegung, die in den zwanziger Jahren das Volkslied wiederentdeckt und die »Jugendmusik« populär machte.

Adolf Hitler stand diesen Emotionen im Bereich der Politik, den pseudoreligiösen Erwartungen von Millionen Menschen nicht hilflos gegenüber wie die demokratischen Vertreter der Republik. Er bündelte sie und setzte ihnen in seiner Person ein Ziel. Er war darauf vorbereitet, seinen bisherigen Lebens- und Wirkungskreis in München zu verlassen und hatte keine Skrupel, sich als der Erlöser von allem Übel für das deutsche Vaterland anzubieten. Der Prozess gegen die drei Ulmer Offiziere vor dem Reichsgericht in Leipzig ist in dieser Entwicklung ein Wendepunkt. Adolf Hitler trat erstmals reichsweit als makelloser Bürger auf, warb eloquent für das Programm der NSDAP und gewann wie der Wolf im Schafspelz das verblüffte Publikum, das mit der »braunen Bewegung« vor allem plumpe Gewalt und fehlende Manieren verbunden hatte.

Sich von den drei Offizieren zu distanzieren, die geglaubt hatten, im Sinne der NSDAP zu handeln, kam ihm gerade recht. Sie wurden zu je achtzehn Monaten Festungshaft verurteilt. Der siebenundzwanzigjährige Richard Scheringer machte im März 1931 noch einmal Schlagzeilen. Enttäuscht vom scheinlegalen Kurs Hitlers, ließ er im Reichstag durch den kommunistischen Abgeordneten Hans Kippenberger seinen Übertritt zur KPD öffentlich machen: »Ich reihe mich als Soldat ein in die Front des wehrhaften Proletariats.« Wir werden Richard Scheringer im engen Umkreis der Scholl-Familie wiederbegegnen.

Immer aggressiver marschierten mit Hitlers Billigung im Jahre 1931 die nationalsozialistischen Sturmtrupps von SA und SS durch die Straßen, zertrümmerten Lokale oder Kinos, in denen politische Gegner auftraten. Die Bombenattentate nahmen zu, um das Ende der Republik zu beschleunigen, während der »Führer« auf den Massenkundgebungen staatsmännisch auftrat und im kleinen Kreis vor Offizieren, Industriellen und Professoren eine gute Figur machte. Sein doppeltes Spiel ging auf, weil er erkannt hatte, dass Gewalt, mochte sie auf dumpfen Instinkten gründen, auch bürgerlich-intellektuelle Kreise über die Maßen faszinierte. Erich Maria Remarques Bestseller »Im Westen nichts Neues« (1929), ein Klassiker unter den Antikriegsbüchern, verstellt den Blick auf eine vielfach umfangreichere Literatur, die in der Weimarer Republik Krieg und Schlachten, Gewalt und Völkermord als Feuerprobe verherrlichte, die dem Manne Ruhm und Ehre, Rausch und Leidenschaft bescherte. Ernst Jünger, im Ersten Weltkrieg zweimal verwundet, war (nicht nur) in den zwanziger Jahren der Meister-Autor heroischer Gewalt-Literatur, der sich noch dazu eines feinen literarischen Stils rühmen konnte. Die Titel seiner Bücher sprechen für sich – »In Stahlgewittern« 1920, »Der Kampf als inneres Erlebnis« 1922, »Feuer und Blut« 1925.

Der Krieg als Befreiung, als große Schule, als Geburt des neuen Menschen und endlich der Soldatentod als Quelle des Lebens: Das wurde zur alltäglichen Lektüre junger Männer, die nie in einem Schützengraben gelegen hatten, nichts wussten vom schrecklichen »Tod im Feld« und in dieser Kriegsliteratur davon auch nichts erfuhren. Stattdessen wurden sie mit der Idee infiziert, ihre Generation müsse die Schmach der Väter, die 1914 bis 1918 »im Felde unbesiegt«, aber von der Heimatfront im Stich gelassen worden waren, rächen und wiedergutmachen. Auch für diesen Mythos wurden Hitler und die NSDAP zum Resonanzboden, träufelten permanent Gift in die Wunden, die der Erste Weltkrieg geschlagen hatte, während demokratische Politiker sich mit dem schwierigen Geschäft der Versöhnung abmühten.

Gab es denn keine Stimmen einflussreicher Bürger und Institutionen, die vor den Demagogen warnten, sie demaskierten und die Republik verteidigten? Thomas Mann hatte sich vom unpolitischen Zeitgenossen zum überzeugten Demokraten gewandelt. Am 17. Oktober 1930 trat er im Berliner Beethoven-Saal in seiner »Deutschen Ansprache, ein Appell an die Vernunft« für die bürgerlichen Freiheiten ein und gegen das »Seelendunkel«, das den »Geist als lebensmörderisch verpönte«. Wie allein er mit dieser Meinung stand, hat sein Sohn Klaus Mann im Nachhinein beschrieben: »Der Aufruhr im Saal brach los, als der Redner das deutsche Bürgertum mit dringlichem Ernst ermahnte, Frieden zu machen mit der organisierten Arbeiterschaft und die Idee der sozialistischen Demokratie endlich zu akzeptieren, auf dass die Schmach und Katastrophe des Dritten Reiches verhindert werde.«

Zu den wenigen Institutionen, die eindeutig und geschlossen gegen Hitler und die NSDAP Stellung bezogen, gehört die katholische Kirche. Im September 1930, im Hochgefühl des Wahlsieges, fragte die NSDAP-Gauleitung Hessen beim Ordinariat des Bistums Mainz an, ob es richtig sei, dass kein Katholik Mitglied der Partei sein dürfe und in diesem Fall von den Sakramenten ausgeschlossen bleibe. Der Vertreter des Erzbischofs nahm in seiner Antwort noch einmal die entscheidende Frage auf: »Darf ein Katholik, der sich zu den Grundsätzen dieser Partei bekennt, zu den heiligen Sakramenten zugelassen werden? Wir müssen dies verneinen.« Bei dieser Antwort blieb die katholische Kirche bis zum März 1933.

Große Teile der evangelischen Kirche dagegen erfasste die Stimmung,

Zeuge einer schicksalhaften Wende zu sein und sich ihr nicht entziehen zu dürfen. In der Landeskirche von Braunschweig erklärte die Mehrheit der protestantischen Pfarrer im Frühjahr 1931: »Für die evangelische Kirche wäre es ein schwerer Fehler, wenn sie an der nationalsozialistischen Bewegung vorbeigehen wollte, ihr neutral, kühl, unbeteiligt, ablehnend gegenüberstehen oder sie gar von Kirchen wegen bekämpfen würde ... Es sind viele Fäden, die sich zwischen dem, was der Nationalsozialismus will und dem, was die Kirche will, hin und her spinnen ...« Das war keine Einzelmeinung.

Im Herbst 1931 sprach der evangelische Pastor, ehemalige U-Boot-Kommandant und NSDAP-Wähler Martin Niemöller im Rundfunk. »Ruf nach dem Führer« hieß die Sendung, und Niemöller fragte: »Wo ist der Führer? Wann wird er kommen? Unser Suchen und unser Wollen, unser Rufen und unser Sehnen bringen ihn nicht herbei. Wenn er kommt, wird er ein Geschenk Gottes sein.« Eine fatale theologische Gleichung wurde da aufgemacht; geradezu eine Einladung an Adolf Hitler, sich diesem »Rufen und Sehnen« nicht zu entziehen, das ihn als Führer mit einem göttlichen Nimbus umgeben würde.

Nicht zuletzt unter den Offizieren der Reichswehr, auf die der Nationalsozialismus angewiesen war, wollte er ohne Bürgerkrieg an die Macht kommen, verbreitete sich eine fatalistische Stimmung, als ob Gewalt als Mittel der Politik auch im Innern unausweichlich sei. Im Juli 1931 schrieb der Reichswehroffizier Claus Schenk Graf von Stauffenberg an sein Idol, den Dichter Stefan George, zu dessen ausgewähltem Jünger-Kreis er zählte: »Das unvermeidliche wird doch kommen und dass es auf einige jahre und einige menschenleben und schicksale mehr oder minder nicht ankommt glaube ich inzwischen gelernt zu haben.«

In Berlin kam nach der Septemberwahl 1930 keine regierungsfähige Koalition zustande. Reichskanzler Heinrich Brüning von der katholischen Zentrumspartei regierte erst einmal – wie die Verfassung es erlaubte – mit sogenannten Notstandsverordnungen. Die SPD tolerierte Brünings Notstandsregime, um Schlimmeres zu verhüten. Doch bald zeriss diese pragmatische Politik die Sozialdemokratie; sie spaltete sich – wieder einmal. Die neue linke Partei nannte sich Sozialistische Arbeiterpartei (SAP); auch die Sozialistische Arbeiterjugend zerfiel in einen rechten Flügel und einen linken Anhang, der die SAP unterstützte.

Die Kommunisten verfolgten diese Selbstzerfleischung mit freudiger Häme, hatte doch Stalin selbst die Sozialdemokraten als Sozialfaschisten diffamiert. Der KPD bereitete ein Zusammengehen mit der NSDAP keine

Skrupel, zum Beispiel im Sommer 1931, um die sozialdemokratische Regierung in Preußen zu stürzen, wichtigstes Bollwerk der Demokratie gegen die ansteigende braune Flut im Reich. Das durchsichtige Manöver blieb erfolglos. Aber wie lange noch? Im Januar 1932 schrieb die »Rheinische Zeitung«, die SPD habe »im furchtbarsten Krisenwinter, unter schwerster Verantwortung, verleumdet und gehetzt, rechts und links die ganze wilde Meute gegen sich«.

Im Winter 1931/32 war die Zahl der Arbeitslosen auf über 5,6 Millionen gestiegen. Die Regierung Brüning hangelte sich von einer Notverordnung zur andern und sparte eisern; das war gut gemeint, doch es strangulierte – nach heutigen Erkenntnissen – die Volkswirtschaft nur noch mehr. Die Zukunft sah düster aus, als Robert und Lina Scholl mit Inge und Hans, Elisabeth, Sophie und Werner im März 1932 von Ludwigsburg nach Ulm zogen, in die ehemalige Reichsstadt an der Donau, wo das filigrane gotische Münster und die mächtigen Fachwerkhäuser von einer langen, stolzen Vergangenheit kündeten.

## EINE NEUE ZEIT: AUFREGEND, STREIT STIFTEND

*April 1932 bis Mai 1933*

Zusammen mit Sophie Scholl, die am 9. Mai elf Jahre alt wurde, gingen nach dem Umzug ab April 1932 täglich ihre beiden älteren Schwestern Inge und Liesl in die Ulmer Mädchenoberrealschule. Was die Frauenvereine der Stadt im Februar 1927 mit einer Eingabe beim Gemeinderat angestrebt hatten – »dass die Mädchenrealschule, welche bisher die Mädchen bis zur mittleren Reife ausbildet, als Vollanstalt mit der Möglichkeit der Maturität im Sinne einer Oberrealschule ausgebaut wird« –, war 1931 Realität geworden. Dreißig Schülerinnen zogen in die erste Oberstufenklasse ein. Wenn Robert und Lina Scholl für ihre Töchter die einzige Mädchenschule mit Abitur in Ulm wählten – Hans und später Werner gingen auf die Oberrealschule für Jungen –, gehörten sie in ihrer Zeit zu den fortschrittlichen Eltern.

Für die ersten Ulmer Jahre haben sich keine Dokumente erhalten, aus denen Sophie Scholl zu uns spricht; aber es gibt indirekte, wie ihre Schulzeugnisse. Beim ersten in der Klasse Ib der Mädchenoberrealschule vom Herbst 1932 werden außer »gut« in den drei Kopfnoten »Verhalten, Fleiß, Aufmerksamkeit« ihre Kenntnisse in Religion, Deutsch, Heimat- und Erdkunde, Rechnen und Mathematik, Naturgeschichte, Zeichen- und Kunstunterricht mit »gut« bewertet; »befriedigend« erhält sie in Französisch, Musik, Handarbeit, Leibesübungen und Schreiben. Damit belegt Sophie Scholl »unter 31 ordentlichen Schülerinnen den 4.–6. Platz«, eine gute bis sehr gute Schülerin.

Im August, als Sophie ihr Zeugnis bekommt und die Ferien beginnen, feiert die älteste Schwester Inge ihren fünfzehnten Geburtstag. Am 12. August macht sie den ersten Eintrag in das Tagebuch, das die Eltern ihr geschenkt haben: »Gestern haben wir Geburtstag gefeiert. ... Keinen Menschen haben wir eingeladen. Wir ganz allein.« Für Inge Scholls Lebensgefühl sind Gäste unerwünscht. Ihr ist die verschworene Gemeinschaft, die autarke Familien-Insel, genug. Alle haben sie nachmittags um den festlich gedeckten Tisch gesessen, denn der Geburtstagskuchen von Lina Scholl hat Tradition. Ebenso Tradition hat in dieser Familie der Gesang: »Nachher haben wir noch aus Hansens neuem Jungvolk-Buch gesungen. Da sind doch feine Lieder drin.«

Hans Scholl, der im September vierzehn wurde, war inzwischen Mitglied im CVJM (Christlicher Verein Junger Männer, seit 1855 eine weltweite evangelische Jungen-Organisation) geworden; der neunjährige Werner einer Jungschar der Bündischen Jugend beigetreten. Eine breite Palette von Jungen-Gruppen hatte nach dem Ersten Weltkrieg das Erbe der Jugend- und Wandervogelbewegung aus Kaisers Zeiten angetreten. Von radikal nationalistisch und autoritär bis zu einem offenen, kosmopolitischen Lebensstil reichte die Bandbreite. Alle verband der Protest gegen die Erwachsenenwelt, alle pflegten ein intensives Gemeinschaftsgefühl. Alle waren beseelt vom Misstrauen gegenüber Demokratie und Parteien und Kompromissen; es ging um Bewährung und Kampf und »vaterländische Gesinnung«. Mit wenigen Ausnahmen waren es reine Jungen-Gemeinschaften; selbst für parallele Mädchen-Gruppen ließ die männer-zentrierte Ideologie der Jugendbewegung keinen Raum. Aber beim gemeinsamen häuslichen Singen mit den Brüdern Hans und Werner wurden Inge, Liesl und Sophie Scholl mit dem Liedgut der Jungen-Bünde vertraut.

An den Anfang des Tagebuchs hatten die Eltern »der lieben Inge« ein Motto geschrieben: »Wisse, ein erhabner Sinn / Legt das Große in das Leben, / Und er sucht es nicht darin.« Dass der Verfasser dieser Zeilen – Friedrich Schiller – nicht genannt wird, lässt vermuten, dass es sich um einen elterlichen Spruch handelt, der den Scholl-Kindern wohlbekannt war. Kein Dichter wurde seit Generationen in liberalen bürgerlichen Familien so verehrt wie Friedrich Schiller; er rangierte weit vor Goethe. In Schillers Überzeugung, dass der Einzelne sich keinem blinden Schicksal beugen muss, sondern aus freiem Willen sein Leben gestalten und Großes daraus machen kann, fand vor allem Robert Scholl sein Weltbild wieder. Was Goethe Schillers »Evangelium der Freiheit« nannte, ist die Lebens-Richtschnur, die er seinen Kindern zu vermitteln suchte; der Geist, in dem alle Scholl-Kinder erzogen wurden. Die Erwartungen an die älteste Tochter, an deren sechzehntem Geburtstag zu Papier gebracht, verschmelzen wörtlich mit einem Brief von Hans Scholl an seine Eltern im Dezember 1937: »Ich fühle jetzt erst ganz den Willen meines Vaters, den er selbst hatte, und den er mir übergab: etwas Großes zu werden für die Menschheit.«

Solches Handeln setzt nach Schiller einen »erhabnen Sinn« voraus. Ein altmodischer, fremder Begriff, den der Philosoph Immanuel Kant, ein Zeitgenosse des Dichters, verständlich übersetzt hat: »Erhaben nennen wir das, was schlechthin groß ist, … das, mit welchem in Vergleichung alles andere klein ist.« Auch diese Überzeugung der Eltern spricht aus ihrem Schiller-Zitat: Ihre Kinder hoben sich ab von der Masse; gehörten, nach modernem

Sprachgebrauch, zur Elite. Das war kein Grund zum Hochmut, vielmehr eine große Verantwortung; darin lag die Verpflichtung für jeden Einzelnen, Vorbild zu sein, ein hohes Ziel. Wie eine Bekräftigung klingt der stolze Satz Inge Scholls über ihre Geburtstagsfeier: »Wir ganz allein.«

Friedrich Schillers idealistisches Bild vom Menschen, das die Eltern ihrer Tochter mit auf den Weg geben, erscheint wie ein Gegenprogramm zur politischen Lage im Herbst 1932, zur Welt draußen, wo die braunen Stoßtrupps mit dem Ruf durch die Straßen marschieren: »Du bist nichts, dein Volk ist alles.« Immer mehr zeigte sich: Das beeidigte Versprechen Adolf Hitlers, nur auf legalem Wege die Regierung zu übernehmen, war taktischer Natur. Immer brutaler provozierten die Schlägerkolonnen der NSDAP Straßenkämpfe und Saalschlachten, bei denen im Laufe des Jahres 1932 allein 139 Arbeiter getötet wurden. Ende Juli, im Wahlkampf für den nächsten Reichstag, rief der Vertreter der NSDAP auf einer Kundgebung in Kassel den Verteidigern der Weimarer Republik zu: »Ich sage euch, euch wird nichts geschenkt, ihr Lumpen und Volksverräter! Ich garantiere diesen Schweinehunden, dass sie gehenkt werden, und wir werden sie so lange hängen lassen, bis die Krähen sie gefressen haben.«

Bei der Reichstagswahl am 31. Juli 1932 gaben 13779111 Wählerinnen und Wähler ihre Stimme Adolf Hitler und seiner NSDAP, die ihre Führung als stärkste Fraktion im Reichstag von 18,3 Prozent im Jahre 1930 auf 37,4 Prozent ausbaute. Wie in den Wahlen zuvor lag die NSDAP in Ulm – eine »Hochburg der Bewegung« – mit 38,2 Prozent über dem Reichsdurchschnitt. Robert Scholl gehörte zu denen, die sich Sorgen machten über die Zukunft der Republik. Sophie Scholl sagte bei der Gestapo-Vernehmung am 18. Februar 1943: »Mein Vater war meines Wissens parteipolitisch vor der Machtübernahme in keiner Weise gebunden. Soviel weiß ich jedoch, dass er demokratisch eingestellt ist, d.h. die Meinung vertritt, dass die Völker demokratisch regiert werden müssten ...« Über Robert Scholls Beitrag zu den Diskussionen am Familientisch im Sommer und Herbst 1932, während die Rufe nach einem Führer immer lauter wurden und die Verachtung freiheitlicher Grundrechte immer breitere Kreise erfasste, kann es keine Zweifel geben.

Die Scholls waren eine offene, kommunikative Familie, gerade weil sie eine kompakte Gemeinschaft bildeten, in der Vertrauen und Vertrautheit fundamental waren – das betraf die Geschwister untereinander wie das Verhältnis der Eltern zu den Geschwistern. Solche Verbundenheit schloss mit dem Heranwachsen der Kinder heftigen Streit und emotionale Konflikte nicht aus – eine »heilige Familie« waren sie nicht.

Die drei Schwestern – Inge, Liesl, Sophie – hatten ein gemeinsames Zimmer, auch wenn die elfjährige Sophie für die älteren Geschwister noch in einer anderen, kindlichen Welt lebte. Inge Scholls Tagebuch jedoch macht es möglich, dass wir schlaglichtartig erfahren, was Sophie Scholl im Familienkreis sah und hörte, wie die Stimmung zu Hause war und was die älteren Geschwister bewegte.

Am 28. August verabschiedet sich Inge Scholl in ihrem Tagebuch mit eifrigen Vorsätzen in die Sommerferien: »Heute hab ich mit Weihnachtsvorbereitungen angefangen. … In den Ferien will ich aber auch täglich Mutter helfen.« Mit gutem Beispiel voran zu gehen, entsprach ihrer Stellung als Älteste in der Geschwisterriege. Und vorbildlich ist auch Inges gutes Zeugnis, das erste in Ulm. Doch ab dem Herbst und dem zweiten Schulhalbjahr läuft nicht alles nach Plan: »Ich habe oft gar keine Freude am Leben mehr. Vater ist wirklich furchtbar streng, fast zu streng – hat Sorgen – in die Schule geh ich auch nicht gern mehr.« Das ist die Gefühlslage der Fünfzehnjährigen am 27. November 1932. Zum Jahresende, 29. Dezember, heißt es noch einmal: »Vater hat wieder schwere Sorgen …« Das ist wahr, denn der Leiter des Ulmer Steuerbüros, der Robert Scholl vor noch nicht einem Jahr als Teilhaber einstellte, will sich in Stuttgart neu etablieren. Wird es Robert Scholl gelingen, die notwendige Summe aufzubringen, um ihn auszuzahlen und in eigener Regie selbständig zu werden, was er sich stets gewünscht hat? Bei fünf Kindern gibt es keine großen Rücklagen. Mit Hilfe der Verwandtschaft und von Freunden bringt Robert Scholl das Geld zusammen; ab Februar 1933 wird er das Steuerbüro alleine führen.

Zwischen allen Sorgen notiert Inge Scholl am 11. Dezember, dem 3. Advent, einen Lichtblick: »Sofie sagt: ›Wenn ich an Weihnachten denke, dann kitzelt's mich so, dass ich lachen muss.‹ Sie ist überhaupt ein sonniges Ding, Mutters Sonnenschein.« Steckt hinter der Bemerkung ein Anflug von Eifersucht auf die Jüngste, die es leichter hat, weil sie unbeschwert das Treiben der älteren Geschwister und die Spannungen innerhalb der Familie verfolgen kann? Weil Sophie im Gegensatz zu Inge seit Jahren von der Mutter verwöhnt wird? Mit fünfzehn, mitten in der Pubertät, wird Inge Scholl spürbar sensibler und verletzlicher für Stimmungen in der Familie. Und ihr Tagebuch spiegelt als »Familien-Thermometer« die Gefühlslagen wider.

In späteren Jahren vergeht kaum eine Weihnachtszeit, ohne dass Sophie Scholl in ihren Briefen von der Familien-Weihnacht schwärmt. Am 26. Dezember 1932 schreibt Inge Scholl: »Vorgestern war Heiliger Abend. Wir sangen zuerst Lieder, dann ging die Schiebetür ins Wohnzimmer auf. Es war ein wunderbarer Anblick. Erst las Mutter das Weihnachtsevangelium. … Es war ein schöner Heiliger Abend, der erste in Ulm. Am andern Tag gingen wir in die Kirche.«

Am 30. Dezember 1932 notiert Inge Scholl, was ihr der Jahresanfang persönlich Neues bringt – den Konfirmandenunterricht, »da freu' ich mich ja sehr darauf, weniger auf die Schule«. Den Konfirmandenunterricht wird sie zusammen mit ihrem Bruder Hans besuchen. Aber der Blick in die Zukunft geht über den privaten Bereich hinaus: »Und dann kommt das Jahr 1933! Wieviel Neues wird es uns bringen! Und das muss doch endlich das Entscheidungsjahr für Deutschland werden.« Die Fünfzehnjährige hat ein gutes Gespür auch für die politischen Spannungen. Die Reichstagswahl vom 31. Juli 1932 hatte zu keiner funktionsfähigen Regierung geführt. Am 6. November gab es Neuwahlen.

Unter dem 3. November steht in Inge Scholls Tagebuch: »Morgen kommt der *Hitler* nach Ulm und am Montag ist Wahl. Hoffentlich kommt es für Deutschland gut.« Ob Hitler nach Meinung der Schreiberin für Deutschland gut war? Die Frage muss offen bleiben, Inge Scholl macht dazu keine Bemerkung nach der Wahl. Die Verteidiger der Republik jedoch atmeten auf: Die NSDAP fiel von 37,4 auf 33,1 Prozent zurück; die Ulmer wählten mit 34 Prozent zwar auch weniger als im Juli, aber wieder über dem Durchschnitt nationalsozialistisch.

Die überregionale Satire-Zeitschrift »Simplicissimus«, seit Kaiser Wilhelms Zeiten ein Sprachrohr gegen den autoritären Staat und für eine freiheitliche Lebensordnung, spottete: »Eins nur lässt sich sicher sagen, / Und das freut uns rundherum: / Hitler geht es an den Kragen, / Dieses ›Führers‹ Zeit ist um.« Auch in der Provinz sah man es nicht anders: »Das Bemerkenswerteste an der Wahl ist, dass die nationalsozialistische Welle im Abflauen begriffen ist. Die Nazis haben das erstemal einen bedeutenden Stimmenverlust zu verzeichnen, trotzdem ihr Führer Adolf Hitler noch nach Ulm kam und in der größten Wahlkundgebung, die jemals in Ulm stattgefunden hat, für seine Sache geworben hatte.« So analysierte die Ulmer SPD-Zeitung »Donauwacht« am Tag nach der Wahl die Lage.

»Montag, den 30. Januar 1933«, schreibt Inge Scholl am Abend in ihr Tagebuch, »jetzt ist Hitler ans Ruder gekommen. Ich glaube, dass sich im ganzen Volk eine furchtbare Spannung gelöst hat. Ich weiß nicht, ob das wahr ist, aber ich habe so ein Gefühl.« Ihr Gefühl trog sie nicht. Und warum sollte das Volk nicht erleichtert aufatmen, da alles so legal, so friedlich vonstatten ging. Der 86jährige Reichspräsident Paul von Hindenburg hatte Adolf Hitler am 30. Januar 1933 zum Reichskanzler ernannt. Dem Parteivorsitzenden der NSDAP wurde die Macht überantwortet, freiwillig übergeben, in der Überzeugung – so die konservativen Drahtzieher dieses überraschenden Manövers –, dass er in der Regierungsverantwortung in kürzester Zeit politisch untergehen würde. Wieder wurde Hitler, der fest entschlossen war, eine Diktatur zu errichten, sträflich unterschätzt.

Im kollektiven Gedächtnis ist vom 30. Januar 1933 in Erinnerung geblieben der abendliche Fackelzug der SA-Männer durch Berlin, vorbei an der Reichskanzlei; ein gerührter Adolf Hitler am Fenster. Vieles in diesen Stunden war inszeniert, um die Unentschlossenen mitzureißen, die Gegner des Nationalsozialismus einzuschüchtern, die Anhänger aufs Neue zu mobilisieren. Aber nicht alles war Show. Unbekannte fielen sich auf der Straße um den Hals. Eine Feiertagsstimmung ergriff das Land, und mancher Skeptiker dachte: Soll er sie haben, seine Chance; um so schneller ist der ganze braune Spuk vorbei.

Mit seinem Sinn für die Gunst der Stunde und seiner Entschlossenheit, die ihm gegebene Macht über alle Maßen auszunutzen, setzte Reichskanzler Hitler schon am nächsten Tag gegen alle Widerstände durch, dass der Reichstag aufgelöst und Neuwahlen für den 5. März angesetzt wurden. Einen Tag später startete er eine Großoffensive, um das bürgerliche Lager für seine Ziele zu gewinnen – an der Wahlurne, ganz legal. Der neue Reichskanzler gab sich staatsmännisch und volksnah zugleich. Nur zwei Tage im Amt, verlas Adolf Hitler selbst am 1. Februar 1933 im Rundfunk den Aufruf seiner neuen Regierung. Er beschwor die Einheit des Volkes, berief sich auf das Christentum als Basis aller Moral und auf die Familie als Keimzelle des Staates. Alle sollten sich angesprochen fühlen – bis auf eine Ausnahme: »Deutschland darf und wird nicht in anarchistischem Kommunismus versinken.« Am Ende der Rede wurde Hitler zum Hohenpriester: »Möge der allmächtige Gott unsere Arbeit in seine Gnade nehmen, unseren Willen recht gestalten, unsere Einsicht segnen und uns mit dem Vertrauen unseres Volkes beglücken. Denn wir wollen nicht kämpfen für uns, sondern für Deutschland.« An diesem Tag hat Adolf Hitler vielen Deutschen aus dem Herzen gesprochen. Nicht nur an diesem.

Am 10. Februar legte er im Berliner Sportpalast nach, variierte die einfache, aber unwiderstehliche politische Grundmelodie, die seinen gesamten Wahlkampf durchzog. Adolf Hitler stellte sich dar als Werkzeug Gottes in seinem gnadenlosen Kampf gegen den gottlosen Marxismus, der Schrecken aller Bürger, seit Karl Marx 1848 sein »Kommunistisches Manifest« geschrieben und den Klassenkampf ausgerufen hatte. Marxisten waren nach Hitlers Deutung Kommunisten, ebenso wie Sozialdemokraten: »Die Parteien dieser Klassenspaltung aber mögen überzeugt sein, solange der Allmächtige mich am Leben lässt, wird mein Entschluss und mein Wille, sie zu vernichten, ein unbändiger sein. Niemals, niemals werde ich mich von der Aufgabe entfernen, den Marxismus und seine Begleiterscheinungen aus Deutschland auszurotten.« Vernichten, ausrotten – Vokabeln, die nicht zum freiheitlichen Menschenbild passen, für das Friedrich Schiller so beredt eintrat; der Klassiker, dessen Bände die Regale der Bürger füllten, dessen Büste auf vielen Büfettschränken stand.

Doch Hitlers Mischung wirkte, auch auf die fünfzehnjährige Inge Scholl: »Die Kommunisten wollten ja diese Woche einen Bürgerkrieg machen, es ist ihnen aber nicht gelungen. Gott sei dank. Das wäre furchtbar ... Hindenburg und Hitler müssen sich dagegen stemmen.« Die Eintragung vom 5. März bezieht sich auf den 27. Februar, als in Berlin der Reichstag brennt. Umgehend stellen die Nationalsozialisten die Kommunisten als Brandstifter an den Pranger, noch in der Nacht werden Funktionäre, Abgeordnete und tausende von Mitgliedern der KPD verhaftet. Am 28. Februar 1933 unterzeichnet Reichspräsident Hindenburg die »Verordnung zum Schutz von Volk und Staat«, mit der nach einer Vorlage der Hitler-Regierung der Ausnahmezustand eingeführt und die Grundrechte außer Kraft gesetzt werden können. In dieser Verordnung wird der Begriff »Schutzhaft« erstmals eingeführt.

Was so harmlos klingt, wird zum Markenzeichen des NS-Staates: In Zukunft kann jeder ohne Überprüfung durch einen Richter und ohne zeitliche Begrenzung willkürlich in Haft genommen werden – »zum Schutz der festgenommenen Person vor anderen, oder aber zum Schutz der bedrohten Gesellschaft vor dem Festgenommenen«. An jenem 28. Februar 1933 nutzten Hitler und Konsorten erfolgreich die bis heute unter Historikern umstrittene Brandstiftung im Reichstag, um der Republik von Weimar den ersten gezielten, legalen Todesstoß zu versetzen. Wie Inge Scholl dachten und sagten Millionen Deutscher: »Gott sei Dank«. Und sie würden Adolf Hitler, als nach nur fünf Monaten wieder Wahl war, als Bollwerk gegen den Kommunismus bestätigen.

17 277 185 Deutsche stimmten am 5. März 1933 für die NSDAP, 43,9 Prozent aller Wähler (in Ulm 45,2). Das war nur eine relative Mehrheit, wenngleich die SPD an zweiter Stelle gerade mal auf 18,3 Prozent kam. Jedoch mit den über drei Millionen Stimmen der Deutschnationalen Volkspartei, die der NSDAP an Demokratie-Verachtung nicht nachstand, hatte der alte und neue Reichskanzler Adolf Hitler legal die absolute Mehrheit hinter sich.

Mit seinem Gespür für Stimmungen wie für Machtfragen, ließ Hitler seine Mitstreiter wissen: Jetzt keine Pause machen; die Aufbruchstimmung, die so viele Menschen aus unterschiedlichsten Schichten und Milieus erfasst hatte, nutzen und ausbauen. Ebenso den Terror gegenüber demokratiefreundlichen, liberalen Zeitgenossen steigern und nicht nachlassen mit Drohungen gegen alle, die nicht bereit waren, im Gleichschritt in eine braune Zukunft mitzumarschieren. (Das »Braunhemd« trugen ursprünglich nur die Männer der SA, die brutale paramilitärische »Sturmabteilung« der NSDAP; ab 1932 wurden die Uniformen sämtlicher NS-Organisationen ausschließlich in verschiedenen Brauntönen hergestellt.)

Terror: Noch in der Wahlnacht ging eine erneute Verhaftungswelle durch das Land. Im März und April wurden im Ruhrgebiet 8000 Menschen verhaftet, in Bayern 4500: Es traf wieder vor allem die Kommunisten. Aber auch Parteizentralen und Zeitungen der SPD und der Gewerkschaften wurden von SA-Männern gestürmt, Sozialdemokraten verhaftet oder »auf der Flucht« erschossen. In Ulm besetzten SS und Polizei am 17. März das Rathaus. Schon vier Tage zuvor hatte der Ulmer Gemeinderat beschlossen, sich aufzulösen. Die allerletzte Sitzung am 18. März nutzte er, um Professor Julius Baum, seit 1924 Direktor des Ulmer Museums, zu beurlauben. Baum hatte durch seine internationalen Kontakte die Ulmer Sammlungen mit Meisterwerken deutscher Expressionisten – Kirchner, Nolde, Beckmann, Klee, Kokoschka –, Impressionisten und anerkannter französischer Maler weit über Provinzniveau gehoben. Dem konservativen Ulmer Bürgertum war der renommierte jüdische Museumsmann wegen seiner »Franzosensucht« und weil er die moderne Malerei förderte, schon lange ein Ärgernis.

Am 21. März berichteten die »Münchner Neuesten Nachrichten« von einer Pressebesprechung bei Heinrich Himmler, dem kommissarischen Polizeipräsidenten von München und Reichsführer SS: »Am Mittwoch wird in der Nähe von Dachau das erste Konzentrationslager errichtet. Es hat ein Fassungsvermögen von 5000 Menschen. Hier werden die gesamten kommunistischen und – soweit notwendig – Reichsbanner- (SPD-Organisation) und marxistischen Funktionäre, die die Sicherheit des Staates gefährden, zusammengezogen.«

Aufbruchstimmung: Die Zeitungsleser werden die Nachricht über ein KZ in Dachau – wenn überhaupt – nur flüchtig gelesen haben. Denn an diesem 21. März 1933 schlug ein grandioses Schauspiel die Nation in Bann: die Eröffnung des neuen Reichstags. Aufgeführt wurde es zum einen in Potsdam und war live am Rundfunkgerät zu empfangen. Zugleich hatte die Propagandamaschine der NSDAP in großen wie kleinen deutschen Städten zeitgleich ein Parallelprogramm auf die Beine gestellt – unter begeisterter

Teilnahme der Bevölkerung. Am »Tag nach Potsdam« schreibt Inge Scholl in ihr Tagebuch: »Gestern wurde der neue Reichstag gegründet. Schulfrei natürlich!!! Große Parade und Feldgottesdienst auf dem Münsterplatz und große Putzerei zu Hause. Abends Fackelzug, beinahe eine halbe Stunde lang.« Zuerst ein Blick nach Potsdam.

In der Garnisonkirche, über den Gräbern der Preußenkönige, verbeugt sich der Reichskanzler Adolf Hitler beim Handschlag tief vor dem greisen Reichspräsidenten Paul von Hindenburg – das alte Deutschland gibt die Staffette weiter an den Mann, der versprochen hat, Deutschland zu neuer Macht und Größe zu führen. Während des Festaktes predigt Otto Dibelius, Generalsuperintendent der Kurmark, über die Verheißung des Apostels Paulus an die Gemeinde in Rom: »Ist Gott für uns, wer mag wider uns sein?« Der Repräsentant der lutherischen Kirche mahnt die Politiker an ihre Verantwortung: »Staatliches Amt darf sich nicht mit persönlicher Willkür vermengen!« Aber anschließend stellt er der Obrigkeit einen Freibrief aus: »Ein neuer Anfang staatlicher Geschichte steht immer irgendwie im Zeichen der Gewalt. … Und wenn es um Leben und Sterben der Nation geht, dann muss die staatliche Macht kraftvoll und durchgreifend eingesetzt werden, sei es nach außen oder nach innen.« Tausendfach wird in diesen Stunden in Kirchen und auf öffentlichen Plätzen Gottes Segen über Adolf Hitler herabgefleht und seine Mission als Gottes gnädiges Eingreifen in die deutsche Geschichte gefeiert.

Ulm: Im Herzen der Stadt, vor der grandiosen Kulisse der mittelalterlichen Kathedrale, dem Ulmer Münster, beginnt um 12 Uhr der Aufmarsch von Armee, Polizei, NS-Trupps, Jugendverbänden, vaterländischen Vereinen. Zu Zehntausenden strömen die Bürger herbei, um den Feldgottesdienst zu erleben. Nach dem Eingangschoral hallt die Predigt des evangelischen Stadtpfarrers Gustav Oehler über den weiten Platz: »Deutsche Männer und Frauen! Deutsche Christen! Stürme brausen durchs deutsche Volk. Es kracht und ächzt in allen Ästen der deutschen Eiche. … Da und dort fällt dem Sturm auch ein gesundes Reis zum Opfer unter all dem Dürren. Das kann wohl – zu unserem Schmerz – nicht anders sein. Aber wir hoffen und glauben, dass es dennoch der Frühlingssturm ist, dem das neue Leben alsbald folgt. … Darum empfinden wir, die Glieder eines 14 Jahre lang in endlosen Parteien und Parteilein zersplitterten Volkes, es wirklich wie das Wehen eines herrlichen Geistes, dass nun der große Teil unseres Volkes sich in einem Wollen und einem Streben zusammengefunden hat. … darum ist der wunderbare Anfang dieser Einheit ein Gottesanfang.«

Der Ulmer Pfarrer Oehler beschwört ein »neues Deutschland«, das

»um der inneren Sauberkeit willen das Lügenversprechen von Versailles« zurückgewiesen habe. »Was irgend wahr und groß gewesen in deutscher Vergangenheit«, soll hervorgeholt werden, und bekämpfen soll man »alle unzüchtige, unehrenhafte Bücherschreiberei, Malerei, Musik und Schaustellung, durch welche eine krankhafte Phantasie um schnöden Geldes willen unseres Volkes Seele vergiftete«. Der Repräsentant der lutherischen Kirche in Ulm schließt mit einem prophetischen Ruf an die Menge: »Das Gottesreich auf Erden / trotz Feindes Trug und List und Macht / es muss doch unser werden.« Der Weg ins Dritte Reich, am 21. März 1933 endgültig eingeschlagen, führte nach dem Verständnis dieser Predigt – und vieler anderer – ans Ziel aller christlichen Verheißungen: der Errichtung des Gottesreiches auf Erden. Niemand, so die Konsequenz, konnte sich guten Gewissens diesem Aufbruch verweigern.

»Abends Fackelzug« notiert Inge Scholl. In der Dunkelheit marschieren – mit brennenden Fackeln in der Hand die einen, mit Hakenkreuzfahnen die anderen – die Abteilungen der SS, SA, Reichswehr, Polizei, Turnvereine, der Bauernbund, die christlichen Vereine, darunter auch der CVJM mit großem Spielmannszug – war Hans Scholl dabei? –, sternförmig auf den Münsterplatz zu. Wieder stehen zehntausende Ulmer und Ulmerinnen Spalier. Der Abend mit seiner Inszenierung gehört der Partei des Führers, Triumph- und Machtdemonstration in einem. »Das Volk ist auferstanden«, donnert Eugen Maier vom Rednerpult. Die Schande der letzten elf Jahre werde mit eisernem Besen ausgefegt.

Als zukünftiger mächtigster Mann in Ulm läßt Eugen Maier, hauptamtlich Kreisleiter der NSDAP, keinen Zweifel, wie die neue Zeit politisch strukturiert wird: »Das System der Parteien, der Demokratie und des Parlamentarismus ist endgültig zerstört.« Zum Abschluss singt die Menge das »Horst-Wessel-Lied«, zuerst Marschlied der SA, dann Parteihymne der NSDAP und von nun an als zweite Nationalhymne stets zusammen mit »Deutschland, Deutschland über alles« gesungen: »Die Fahne hoch! Die Reihen dicht geschlossen! SA marschiert mit ruhig festem Schritt. ... Die Straße frei den braunen Bataillonen ... Es schau'n aufs Hakenkreuz voll Hoffnung schon Millionen. Der Tag für Freiheit und für Brot bricht an.« Der »Fackelzug des nationalen Ulm« endet mit einem dreifachen »Sieg Heil«. Die neue Zeit setzt ihre eigenen Zeichen und ihre eigene Sprache.

Gegen Ende dieser Woche der Emotionen und Schlagzeilen schreibt Inge Scholl am Freitag, dem 22. März, in ihr Tagebuch: »In der Religion trat heute Stadtpfarrer Oehler sehr für Hitler ein. Er nannte den 21. März ein wunderbares Ereignis. Dass das deutsche Volk sich so geeinigt hatte.« Der zweiundvierzigjährige Geistliche, ein frommer, weltoffener Mann, hatte gleich bei der ersten persönlichen Begegnung Inge Scholls Bewunderung gefunden. »Nachmittags erster Konfirmandenunterricht, wirklich fein«, notiert sie am 11. Januar 1933. Am 21. Februar: »Konfirmandenunterricht bei Pfarrer Öhler. Habe ich furchtbar gern.« Warum sollte die Fünfzehnjährige die wohlwollenden Worte einer sympathischen Autorität, die im Namen der evangelischen Kirche für Adolf Hitler und seine Politik warb, nicht mit offenem Herzen aufnehmen? Mit ihrer Kirche, ihrem Gott und sich selbst im Reinen, konnte sich Inge Scholl – wie ihr Bruder Hans – auf ein festliches Ereignis in ihrem Leben freuen.

Noch am Konfirmationstag, Sonntag, 2. April 1933, hielt Inge Scholl das bewegende Ereignis in der Ulmer Garnisonskirche im Tagebuch fest: »Konfirmationstag. Wie festlich und ernst heute die Glocken rufen! Von Kopf bis Fuß frisch gekleidet, wanderten Hans und ich in die Kirche. … Dort sammelten wir uns in der Kapelle. Dann führte uns Herr Stadtpfarrer hinaus an unsere Plätze und die Militärkapelle spielte dazu ›Die Himmel rühmen die Ehre Gottes.‹ … Ich werde mit Hans eingesegnet. Was war das ein schönes Gefühl.« Zum Abendessen bei den Scholls waren außer Tanten und Onkeln anwesend »Frau Dr. und Herr Doktor – Herr und Frau Stadtpfarrer Öhler«. Der Herr Doktor, nebst Frau, war Ferdinand Dietrich, vom Schultheiß Robert Scholl 1927 als Arzt für Forchtenberg gewonnen. Als überzeugter Nationalsozialist diffamierte und bedrohte Dietrich in diesen Wochen in Forchtenberg und Öhringen öffentlich jüdische Bürger.

Dass der angesehene Stadtpfarrer Oehler den Konfirmationsabend bei Familie Scholl verbrachte, ist kein Zufall. Lina Scholl, ohnehin eine überzeugte Protestantin, hat ihren Lebensabschnitt als Diakonisse immer in Ehren gehalten; in Ulm war sie im Verband ehemaliger Diakonissen engagiert, eine regelmäßige Kirchgängerin und nicht kleinlich mit Spenden. In Inge Scholls Tagebuch steht im Frühjahr 1933 gar nicht so selten: »Heute waren wir wieder mal in der Kirche« – »Sofie und ich waren in der Kirche«. Das klingt nicht nach Zwang und Druck; Lina Scholl hatte Verständnis, dass ihre Kinder sonntags ausschlafen wollten. Eine typische Eintragung: »Heute war Sonntag – blieb bis ½ 12 liegen – Um 5 Uhr nachmittags gingen wir zur Kirche.« Der Vater blieb den Kirchgängen fern, so war es nun einmal. Aber er respektierte die christlichen Überzeugungen von Frau und Kindern und nahm interessiert an Gesprächen und Kontakten mit Ulmer Geistlichen teil. Neben Pfarrer Oehler kam auch Stadtdekan Otto Sauter über viele Jahre gern zu den Scholls.

Im November 1941 schreibt Robert Scholl aus Ulm einen Brief an seine

Frau, die auf Verwandten-Reise ist: »Gestern war ich bei Herrn Dekan Sauter. Er lässt Dich herzlich grüßen. Auch seine Frau ist voller Sorge um unsere nahe Zukunft. Er meinte, ich hätte von Anfang schwarz gesehen und habe nun recht behalten.« Ein indirekter Beweis, doch aussagekräftig: Robert Scholl hat Hitler immer für ein Übel gehalten, nach 1933 seine demokratische Gesinnung weder aufgegeben noch verschwiegen. Er brach allerdings gute Beziehungen zu Menschen nicht ab, die Parteigenossen – wie Dr. Dietrich – oder Sympathisanten Adolf Hitlers waren, wenn sie ihm persönlich glaubwürdig und verlässlich erschienen.

Trotzdem hätte man gerne heimlich zugehört bei dem Konfirmations-Essen im Hause Scholl, denn zwei Themen der vergangenen Woche mussten jeden politisch Interessierten umtreiben. Das eine war für die Ulmer nur in Schlagzeilen präsent: ein Schandfleck in der deutschen Geschichte und zugleich unauslöschliches Ruhmesblatt der deutschen Sozialdemokratie. Am 23. März hatte der Reichstag über das »Gesetz zur Behebung der Not von Volk und Reich« abgestimmt. Auf Betreiben der Regierung Adolf Hitlers sollten in Zukunft Gesetze ohne die Zustimmung der Abgeordneten erlassen werden können. Gab es eine Mehrheit für dieses »Ermächtigungsgesetz«, dann war das Ende der parlamentarischen Demokratie von Weimar ganz legal besiegelt. Um das zu erreichen, baute die NSDAP eine eindrucksvolle Drohkulisse auf. SS-Einheiten standen vor der Kroll-Oper stramm, die als Ausweichquartier für den abgebrannten Reichstag diente. Als der SPD-Abgeordnete Julius Leber die Kroll-Oper betrat, wurde er verhaftet und in Fesseln abgeführt. Ohnehin waren von den 120 Reichstagsabgeordneten der SPD nur noch 94 in Freiheit. Die KPD war schon verboten; ihre gewählten Abgeordneten, wenn nicht untergetaucht, verhaftet.

Hitler wähnte sich stark genug, sein doppeltes Spiel öffentlich zu betreiben. Der Reichskanzler aller Deutschen trat im Braunhemd, der NSDAP-Uniform, ans Rednerpult. Er beschimpfte die SPD und beschwor, wie so oft in den vergangenen Wochen, die christlichen Wertvorstellungen der Bürger, als deren Garant er sich darstellte: »Die nationale Regierung sieht in den beiden christlichen Konfessionen die wichtigsten Faktoren zur Erhaltung unseres Volkstums. ... Ihre Sorge gilt dem aufrichtigen Zusammenleben zwischen Kirche und Staat.« Alle Parteien – auch das katholische Zentrum und die liberale Demokratische Volkspartei – gaben dem Gemisch aus Pressionen und Verlockungen nach und stellten Adolf Hitler und seiner Bewegung mit ihrer Zustimmung zum Ermächtigungsgesetz den erwünschten Blankoscheck aus. Nur die SPD war nicht bereit, sich dem moralischen Bankrott anzuschließen.

Auf einer Schallplatte hat sich die Stimme von Otto Wels, dem SPD-Parteivorsitzenden, erhalten, wie er sich in seiner Ablehnungsrede direkt an die Nationalsozialisten wendet: »Kein Ermächtigungsgesetz gibt Ihnen die Macht, Ideen, die ewig und unzerstörbar sind, zu vernichten. ... Auch aus neuen Verfolgungen kann die Sozialdemokratie Kräfte schöpfen. Sie können uns das Leben nehmen, die Ehre nicht. Wir grüßen die Verfolgten und Bedrängten. Wir grüßen alle Freunde im Reich. Ihr Bekennermut verbürgt unsere Zukunft.« Es gibt Stunden, in denen Pathos glaubwürdig ist. Otto Wels und die SPD-Abgeordneten, in deren Namen er sprach, wussten, dass sie für diese Worte mit ihrem Leben bürgten.

Kein Wort über das einschneidende Berliner Ereignis bei Inge Scholl. Seien wir realistisch: Die Fünfzehnjährige musste nicht alle Schlagzeilen ins Tagebuch aufnehmen und noch weniger konnte sie Ereignisse durchschauen, bei denen demokratische Politiker mit Blindheit geschlagen waren. Aber was eine Woche später, am 1. April 1933, in Ulm geschah, konnte ihr nicht verborgen bleiben, auch wenn sie am Tag vor ihrer Konfirmation sehr mit sich selbst beschäftigt war. Es füllte die Zeitungen und muss Stadtgespräch gewesen sein. Um 10 Uhr vormittags hatten sich in der Langen Straße 20 vor dem beliebten Kaufhaus »Wohlwert Volksbedarf« und beim »Schuhhaus Pallas«, Nummer 22, vor dem traditionsreichen Bekleidungsgeschäft »Weglein« am Münsterplatz 33, vor »Textil Bach« in der Sattlergasse 8 und etlichen weiteren Geschäften, deren Besitzer Ulmer Juden waren, SA-Posten aufgebaut. Sie beschmierten die Scheiben mit Hetzparolen – »›Jude‹ hier kauft kein Deutscher!« – und verteilten Handzettel mit der Aufschrift »Deutsche, kauft nur in deutschen Geschäften!«. An sämtlichen »jüdischen Unternehmungen« wurden im Laufe des Vormittags schwarze Plakate mit einem gelben Punkt angebracht.

Der Boykott jüdischer Geschäfte, Ärzte und Rechtsanwälte war eine reichsweite, von der NSDAP zentral gesteuerte Aktion. Sie wurde am 31. März mit einer Massenkundgebung auf dem Münchner Königsplatz vorbereitet. Am 1. April schrieb die NSDAP-Zeitung »Ulmer Sturm« unter der Parole »Kampf dem Judentum« über die »teuflischen jüdischen Pläne«: »Kurz vor ihrem Ziel, der Untergrabung und Vernichtung der deutschen Nation, ist das Volk aufgestanden und hat sich hinter seinen Führer Adolf Hitler gestellt. ... Wem es heute in Deutschland nicht gefällt, der soll auf dem nächsten Weg verschwinden. ... Gebrandmarkt soll derjenige Deutsche sein, der sich noch erlaubt, einmal bei einem jüdischen Geschäftsmann einzukaufen, zu einem jüdischen Rechtsanwalt zu gehen oder sich gar von einem jüdischen Arzt behandeln zu lassen.« Es folgte eine »Liste der jüdischen Firmen von Ulm, damit alle Volksgenossinnen und Volksgenossen wissen, bei wem sie nicht mehr einkaufen werden« – von Adler, Eugen, Viehhändler, Baurengasse 9 bis Wolf, Ernst, Zahnarzt, Münsterplatz 33.

Am Abend ließ der NSDAP-Kreisleiter Eugen Maier die Ulmer SA-, SS- und HJ-Formationen auf dem Münsterplatz aufmarschieren. In seiner Rede griff er zuerst die Juden an. Sollten die »ungeheuren Lügen der Juden im Ausland« nicht aufhören, »dann werden wir zu noch ganz anderen radikalen Mitteln greifen«. Die nächste Warnung galt seinen deutschen Volksgenossen: »Jeden Deutschen aber, der noch beim Juden kauft, werden wir als Volksverräter kennzeichnen.«

Die meisten Käufer und Käuferinnen wichen vor der demonstrativen Gewalt der SA zurück und betraten die Läden nicht; etliche Geschäfte schlossen freiwillig, um ihre Kunden zu schützen. Am 5. April wurde der Boykott reichsweit abgebrochen, weil er, so die offizielle Darstellung, seine Wirkung erreicht habe, nämlich die deutschfeindliche Hetze im Ausland abzustellen. Tatsächlich war der Versuch, die Mehrheit der Deutschen zu antijüdischen Aktionen im Alltag anzustacheln, misslungen. Zwar regte sich kein lauter organisierter Protest, die beiden christlichen Kirchen fanden kein Wort des Bedauerns. Aber gemessen an ihren eigenen Parolen – »Das Volk steht auf« – war die Bilanz für die NSDAP-Organisatoren unerfreulich: Von überall wurden Solidaritätsbekundungen mit Juden gemeldet, öffentliche Boykott-Zustimmung blieb aus, vom geforderten »Massenprotest« war nichts zu sehen. Statt dessen war der Unwillen über diese Aktion deutlich spürbar. Kaum waren die SA-Leute abgezogen, kamen die Kunden wieder, auch in Ulm. Die Drohungen von Kreisleiter Maier zeigten keine Wirkung.

So aufregend und eindrücklich die Konfirmation für Inge Scholl war, nur einen Tag nach dem Boykott-Beginn – kann sie wirklich unberührt gelassen haben, was sich vier Tage lang unter ihren Augen zutrug? Ihr Schweigen legt nahe, dass ihr Tagebuch im Kleinen spiegelt, was im Großen geschah: Warum hätte Inge Scholl spontane Zustimmung verschweigen sollen, wo sie ihrer Begeisterung für Hitler und seine Aktionen bisher im Tagebuch freien Lauf ließ, wissend, damit konträr zu ihren Eltern zu stehen. Und hatte sich die Lage mit dem Abbruch des Boykotts nicht wieder normalisiert? Um fair zu sein: Warum sollte sich die jugendliche Inge Scholl Gedanken machen, wenn der dreiunddreißigjährige jüdische Soziologe Theodor W. Adorno, in Frankfurt am Main zu Hause, am 15. April 1933 seinem Freund Siegfried Kracauer schrieb, er solle wieder »nach Deutschland zurückkommen«, es herrsche »völlige Ruhe im Land«. Der Jude Kracauer war einen Tag nach dem Reichstagsbrand nach Paris geflohen. Adornos Einschätzung der Lage wurde von vielen deutschen Juden geteilt.

Am Konfirmationsabend macht Inge Scholl eine der seltenen Anmerkungen über die jüngste Schwester. »Sofie ist mit Tante Elise nach Backnang in Ferien.« Backnang bedeutete für Sophie Scholl, ihre beste Freundin Lisa zu treffen, die 1928 mit der Familie von Backnang in das nahe Langenburg an der Jagst gezogen war. Diesmal kam Lisa in den Ferien auch nach Ulm. Unter dem 30. April heißt es in Inges Tagebuch: »Am Freitag morgens um 7 Uhr ist Lisa abgereist. Hans, Rolf und Sofie waren mit am Bahnhof.« Rolf gehörte seit einer Woche als »unser neuer Pensionär« zur Familie. Auch in Ulm besserte Lina Scholl das Haushaltsgeld auf, indem sie Kostgänger in die große Wohnung aufnahm.

Ständiges Putzen und Großreinemachen gilt als schwäbische Tugend. Die Söhne waren bei den Scholls offensichtlich davon befreit, nie tauchen ihre Namen in diesem Zusammenhang auf. Die Sache selbst jedoch war Inge Scholl ständige Erwähnung wert. Am 15. Februar 1933: »Mutter und Sofie wischten die Küche.« Klingt durch die lapidare Aussage eine gewisse Genugtuung, dass sich »Mutters Sonnenschein« langsam auch an der Alltagsarbeit beteiligen muss, wie die Älteste schon lange? Am 22. März heißt es rückblickend auf den »Tag von Potsdam«: »Große Parade und Feldgottesdienst auf dem Münsterplatz und große Putzerei zu Hause!« Es ist nicht auszuschließen, dass Lina Scholl das Großreinemachen anordnete, um ihre Kinder wenigstens für eine Weile von der nationalen Feier abzuhalten, die ihr und ihrem Mann schrill in den Ohren klang – und dass Inge Scholl ihrem Missmut darüber keinen direkten Ausdruck geben will. Denn Vater und Mutter sind Autoritäten, von denen das Wohlbefinden und die Stimmungen der Kinder abhängen.

Tagebuch, Anfang März: »Vater ist heute wieder gallensteinleidend. Das muss furchtbar sein. Er ist dann auch sehr schlecht aufgelegt.« Der Hinweis auf die Gallensteine klingt wie eine Entschuldigung der schlechten Laune. Das Verhältnis zwischen Töchtern und Vätern ist unkomplizierter als zwischen Töchtern und Müttern, zumal in der Pubertät. »Fürchte mich, dass ich mich Mutter entferne. Gott möge das verhindern«, war Inges Sorge Ende Januar. Um so größer ihre Erleichterung am 11. Februar: »Mutter heute sehr lieb zu uns. Ja, da lohnt sich's zu leben, wenn die Mutter so lieb ist!«

Dem Tagebuch kann man alles anvertrauen: banale, deshalb nicht weniger drückende Alltagssorgen ebenso wie Sehnsüchte und große Worte, die Ziele setzen, weil sie eigene Überzeugungen ausdrücken. Unter dem 13. April hat Inge Scholl das Zitat einer gewissen Elisabeth Kluge eingetragen: »Wisst ihr, was Deutschland nötig war – Starke Frauen, Jünglinge, Mädels ... Wir wollen Frauen und Mütter werden, Mädels mit tiefem deutschen Gemüt, Mädels aus altem Germanengeblüt ... Das ist's, was Deutschland nötig war.« Das Tagebuch ist auch ein sicherer Hort für geheime Gedanken, die man den Eltern lieber nicht mitteilt. Aber vielleicht den Schwestern, wenn man zu dritt im Mädchen-Zimmer zusammen ist.

Zwei Dinge enthüllen die Tagebuch-Eintragung im April 1933: Inge Scholl ist endgültig für das »neue Deutschland« des Adolf Hitler gewonnen, und sie hat einen Verbündeten in der Familie – ihren Bruder Hans. Nicht ausgeschlossen ist, dass die jüngeren Geschwister, zumal die Schwestern, Inge bewundern für all das Neue, das sie in der Schule erlebt. Nur sind sie als familiäre Mitstreiterinnen noch zu jung.

Am 23. April bekommt Inge Scholl in der Schule »ein Buch vom Krieg« geschenkt: »Der Wanderer zwischen beiden Welten. Ein Kriegserlebnis«. Das Buch von Walter Flex erschien 1917 und wurde sofort ein Kultbuch, das den Krieg als sittliche Prüfung glorifiziert, Sieg und Opfertod als heilsame Bewährung für das Vaterland. Walter Flex fiel 1918 an der Ostfront. Sein Gedicht »Wildgänse rauschen durch die Nacht mit schrillem Schrei nach Norden«, das vom »grauen Heer in Kaisers Namen« erzählt, für das es keine Wiederkehr gibt, ist bis heute als Lied in aller Munde –»rauscht uns im Herbst ein Amen«. Inge Scholls Kommentar: »Prima!« Am nächsten Tag wird die neue NS-Nationalhymne geprobt: »In der Schule 2x Horst-Wessel-Lied – prima!« Nun singt auch sie voll Überzeugung: »Die Fahne hoch! Die Reihen fest geschlossen! SA marschiert mit ruhig festem Schritt ... Die Straße frei den braunen Bataillonen ...«

Am 30. April 1933 macht die Fünfzehnjährige eine ungewöhnlich lange Eintragung. Ein Familien-Drama, der politische Umbruch in der Welt draußen und ihre innere Entwicklung fügen sich ineinander und demonstrieren, dass die Scholl-Kinder von nun an in einem gespaltenen Kosmos leben. Inge und Hans Scholl jedenfalls haben Brücken betreten vom familiären Eiland zu den Menschen ringsum. »Wir ganz allein« hat seine Attraktivität verloren und gilt nicht mehr. Attraktiver als die Eltern sind gleichaltrige, gleichgesinnte Jugendliche geworden. »Wir mit den anderen« heißt die neue Parole – für Adolf Hitler. Denn auf ihn ist alles ausgerichtet im neuen Leben der beiden ältesten Scholl-Kinder.

Inge Scholl ist gut informiert und völlig einverstanden mit dem, was sich tut: »Hitler wird jetzt die einzelnen Jugendverbände auflösen. Die Hitlerjugend erstürmt ein Heim nach dem andern. Das ist gut. Da wird Deutschland immer einiger. Die nächste Woche wird sich entscheiden, ob Hansens

Verein, das Jungvolk, geschlossen zur Hitlerjugend übertreten wird. Ich möchte in den BDM (Bund Deutscher Mädel) gehen.« Das Ziel ist klar: für Hans die Hitlerjugend (HJ) – eine andere Zukunft kann sich Inge Scholl für das Jungvolk im CVJM, »Hansens Verein«, gar nicht vorstellen – und für sie selbst den Bund Deutscher Mädel, ein weibliches NS-Pendant innerhalb der HJ. Inge Scholl fügt noch ein persönliches, emotionales Bekenntnis an: »Jedes deutsche Mädchen, das Nazi sein will, ist Hitler schuld, dass es sich äußerlich und innerlich rein hält. Das sind wir alle Hitler schuldig.«

Hitler, immer wieder Hitler. Inge Scholls Tagebuch ist im Kleinen ein getreuer Spiegel der großen Politik und gesellschaftlichen Realitäten, der Schlagzeilen in den Zeitungen, der Kommentare in den Radiosendungen, der Reden auf Vereinsfesten, der Artikel in kirchlichen Gemeindeblättern. Fast drei Generationen sind vergangen, seit die nationalsozialistische Diktatur ihren Anfang nahm. Diese Anfänge mögen den Nachgeborenen unverständlich, irrational oder auch nur lächerlich erscheinen. Doch die historischen Fakten sind eindeutig. Ob es die Sehnsucht nach alten Zeiten oder die Hoffnung auf eine neue moderne Welt war, ob das Ideal eines christlichen Staates oder einer klassenlosen Gesellschaft hinter dem Aufbruch stand, der so viele ergriffen hatte: Alles konzentrierte sich im Frühjahr 1933 auf die Person des Reichskanzlers wie auf einen Erlöser.

Hitlers 44. Geburtstag wird als nationales Ereignis gefeiert. »Gestern abend war wegen Hitlers Geburtstag ein großes Feuer auf der Burg«, notiert Inge Scholl am 21. April. Die Ausgabe der bürgerlichen »Münchner Neuesten Nachrichten« vom gleichen Tag kommentiert: »Die begeisterte Anteilnahme an dem persönlichen Ehrentag des Kanzlers hat den Beweis dafür geliefert, dass Adolf Hitler im Bewusstsein des ganzen Volkes als Führer anerkannt ist und dass ihm das Herz Deutschlands gehört.« Warum soll die fünfzehnjährige Inge Scholl nicht mitgerissen werden vom Strom der Begeisterung, der ein ganzes Volk erfasst hat? Warum soll ihr Bruder, der vierzehnjährige Hans Scholl, sich zu Hause nicht sichtbar zu dem Mann bekennen, der in der Welt außerhalb der Scholl-Familie einmütig als der Retter Deutschlands gepriesen und verehrt wird?

Von diesem Drama erzählt das Tagebuch ebenfalls unter dem 30. April 1933. Das zähe, zeichenhafte Ringen zwischen Vater und Sohn hat sich während des April und auf offener Familien-Bühne zugetragen: »Hans hat eine feine Radierung von Hitler. Sie hängt im Kinderzimmer. Vater hat sie am Anfang jeden Tag, wenn er vom Geschäft heimkam, weggehängt und in eine Schublade getan. Hans hat sie aber jedesmal wieder an ihren Platz getan, bis Vater schließlich nachgegeben hat. Er ist jetzt auch mehr für

Hitler. Ich bin froh!« Keine Frage, wer für die Geschwister – Sophie Scholl inbegriffen – in diesem Zweikampf Sieger blieb. Und Hans Scholl wusste, dass er in diesem Kampf nicht allein war und – von der allgemeinen Begeisterung und seiner Schwester Inge abgesehen – auch die auf seiner Seite standen, die für ihn in der CVJM-Gemeinschaft Vorbild waren.

Am 28. März hatte das »Ulmer Tagblatt« eine Erklärung des CVJM abgedruckt: »Das Volk steht auf. Eine Bewegung bricht sich Bahn, die eine Überbrückung der Klassen, Stände und Stammesgegensätze verheißt. In dieser Stunde soll die evangelische Jugend Deutschlands wissen, dass ihre Führerschaft ein freudiges Ja zum Aufbruch der Deutschen Nation sagt.« Niemand verkörperte diesen Aufbruch so wie Adolf Hitler.

Ob Robert Scholl eines Tages einfach des Schauspiels müde wurde? Oder erkannte: der Klügere gibt nach, so kann ich meinen Sohn nicht überzeugen? Oder auf den Rat seiner Frau hörte? Seine Meinung über Hitler geändert hat er jedenfalls nicht. Doch das Wunschdenken der Tochter, im Einklang mit ihrem Vater zu sein, dessen Meinung ihr bisher wegweisend war, ist verständlich.

Hans Scholl durfte nicht nur das Hitler-Bild hängen lassen. Es gibt keinen Hinweis, wann Robert Scholl und seine Frau Lina entschieden, den Kindern jene Selbstverantwortung zuzugestehen, nach der ihre Erziehung ausgerichtet war, auch wenn Inge und Hans nach ihrer Meinung in eine verhängnisvolle, grundfalsche Richtung gingen. Aber es gibt Inge Scholls nüchterne Tagebuch-Eintragungen. Am 6. Mai 1933: »Hans war heute das erste Mal in der Hitlerjugend.« Am 20. Mai: »Hans ist jetzt in der Hitlerjugend. Heute und morgen ist großes Treffen. Das Braunhemd steht ihm gut.« Genau einen Monat später, am 20. Juni, ist auch Inge Scholl am Ziel: »Mutter hat mir jetzt die Erlaubnis zum BDM gegeben.«

# DER GROSSE RAUSCH IM KLEINEN TAGEBUCH

*Mai bis Dezember 1933*

Dienstag, der 9. Mai 1933, ist ein festlicher Familientag bei den Scholls: »Heute war Sofies Geburtstag. Sie hat eine Mundharmonika, eine Seife, und einen hübschen Waschlappen, einen Kamm, Schokolade und einen Kuchen bekommen.« Es ist eine der raren Bemerkungen, die Inge Scholl im Jahre 1933 in ihrem Tagebuch über die jüngste Schwester macht. Sophie Scholl feiert ihren zwölften Geburtstag, immer noch Welten von der großen Schwester entfernt. Für den Bruder, der ihr im Alter ganz nah ist, hat Inge nur strengen Tadel bereit: »Hans war heute ein abscheulicher Kerl.« Geburtstage sind heilig in dieser Familie.

Das alles überragende Tagebuch-Thema im Mai 1933 ist die neue Zeit, die mit Adolf Hitler angefangen hat. Inge Scholl fühlt sich von diesem Aufbruch, der alle um sie herum erfasst, zutiefst angesprochen, mit Herz und Verstand. Sie kann gar nicht genug Worte finden, ihre Loyalität und ihre Bewunderung für Adolf Hitler auszudrücken. Am 12. Mai hält sie vor ihrer Klasse einen Vortrag über Hitler: »Die ganze Klasse war begeistert. ... Bei einigen Stellen musste ich die Tränen unterdrücken. ... Das ist sooo herrlich, wenn man sich so öffentlich zu einem großen Mann bekennen darf.« Am 15. Mai: »Mit Leib und Seele gehöre ich Hitler. Natürlich nach Gott.« Immer einsamer, immer isolierter erscheinen die Eltern, die diese Begeisterung nicht teilen, die aus Sicht der Kinder im Abseits verharren, unbelehrbar.

Die Sehnsucht der vergangenen Jahre, auf die die demokratischen Politiker keine Antwort fanden, hatte für die Mehrheit der Deutschen Sinn und Ziel gefunden. Es ist verblüffend, aber gar nicht so verwunderlich, wie sich die großen politisch-gesellschaftlichen Ereignisse und die Bekenntnisse und Einlassungen einflussreicher Experten – Juristen und Bischöfe, Staatsrechtler und Historiker, Musiker und Mediziner – mit den Eintragungen im Tagebuch von Inge Scholl zu einem Muster fügen.

Lässt man das erste Jahr unter der Diktatur des Nationalsozialismus, getarnt hinter der Maske der Legalität, im Rückblick vorüberziehen, sprechen Bilder, Fakten und Stimmungen eine eindeutige Sprache. Sie erzählen von einer Dynamik, die ohne Zwang, ohne Terror die große Mehrheit der Deutschen, ihre Eliten, wichtige gesellschaftliche Institutionen und Gruppen Monat für Monat mehr erfasste und einte in der Bewunderung, der Begeisterung und dem Vertrauen für Adolf Hitler und das, was er als politische Ziele nach innen und außen für Deutschland vorgab und durchsetzte. Denn neben den fortwährenden Märschen und Feiern, den Trommelwirbeln, Marschliedern und Fahnenaufzügen wurden Gesetze und Verordnungen erlassen und zügig ausgeführt. Die NSDAP setzte in den Städten und Gemeinden rigoros ihre Interessen durch, brachte ihre Gesinnungsgenossen an alle Schalthebel der Macht, um ihr Menschen- und Weltbild, ihre Vorstellungen von Gesellschaft und Zukunft und Gestaltung durchzusetzen. In Ulm wie anderswo.

Am 1. Mai 1933 hatte der politische Instinkt der braunen Machthaber wieder eine ideale Bühne geschaffen, wo die stetig ansteigende Begeisterung für den Kanzler Adolf Hitler und seine Politik massenhaft öffentlich ausgelebt und zugleich im Sinne des Nationalsozialismus kanalisiert werden konnte. Wieder verschränkten sich die Spektakel in der Metropole Berlin mit tausenden Orten im Reich. Überall im Land übertrug sich bei den Menschen das Gefühl, Teil der »Volksgemeinschaft« zu sein und mit Millionen Gleichgesinnten quer durch alle Schichten, vom Professor bis zum Arbeiter, das Beste für Deutschland anzustreben

Die Regierung Hitler okkupierte den 1. Mai, der als internationaler Tag der Arbeiterbewegung bisher keine Bedeutung in der Bevölkerung gefunden hatte, zum »Tag der nationalen Arbeit«. Er wurde arbeitsfrei, und in Ulm hatte die NSDAP – wie überall im Reich – die Inszenierung der Massenveranstaltungen penibel vorbereitet. Alle gesellschaftlichen Gruppen, von den Kirchen bis zu den Gewerkschaften, beugten sich dieser Regie freiwillig, freudig bereit mitzumachen. Am Tag danach schreibt Inge Scholl ins Tagebuch: »Es war ein großer Feiertag. Alle Schulen hatten frei. Um ¾ 7 Uhr gingen wir geschlossen ins Münster. Dann war in der Turnhalle eine Feier. Ein Lehrer hielt eine feine Rede. Dann mussten wir von ½ 9 Uhr bis ½ 12 Uhr Spalier stehen. Der Festzug war fabelhaft. Viele Mädels warfen Blumen. H. J. und S. A. bekamen die meisten. Es goss in Strömen und in meinen Schuhen quietschte das Wasser – aber Disziplin muss sein.« Im Festzug zogen außer den bürgerlichen Vereinen, den Gewerkschaften, den NS-Gruppen, den Leitern von Ämtern und Museen auch die Angestellten der Evangelischen Kirche Ulms durch die Stadt.

Am 2. Mai 1933 vollzogen die Nationalsozialisten in Ulm, was ebenfalls sorgsam geplant war: Polizei und SA besetzten das Gewerkschaftshaus, die Funktionäre, gestern noch im Mai-Zug mitmarschiert, wurden verhaftet und in »Schutzhaft« genommen, das Gewerkschaftsvermögen ersatzlos eingezogen. In anderen Städten wurden Gewerkschafter gefoltert, mit Peitschen durch die Straßen getrieben, etliche ermordet. Am 10. Mai 1933 werfen vor der Berliner Oper Studenten unter dem Beifall der Umstehenden, angeführt von Propagandaminister Joseph Goebbels, Wagenladungen von Büchern ins Feuer, um verhasste Autoren und deren Werke symbolisch zu vernichten – »gegen Dekadenz und moralischen Verfall! Für Zucht und Sitte in Familie und Staat! Ich übergebe der Flamme die Schriften von Heinrich Mann, Ernst Gläser und Erich Kästner«, um nur einen der »Rufe« zu zitieren. In der Provinz mahlten die politischen Mühlen etwas langsamer. Doch unter dem 15. Juli notiert Inge Scholl, seit einem Monat Mitglied im Bund Deutscher Mädel (BDM):

»Eben komme ich vom Münsterplatz. Dort war eine Feier. Alle Schund- und nicht deutsche Schriften und Fahnen wurden auf einen Haufen gebracht und verbrannt. Wie lustig das Feuer prasselte. Jemand hielt eine Rede. Dann wurden das Deutschland- und das Horst-Wessel-Lied gesungen. ... Die Hitler-Jugend, Jungvolk und BDM machten einen Propagandamarsch vorher.« Der »Jemand« war der NSDAP-Ortsgruppenleiter, der vor rund 800 Jugendlichen von der »tiefsten Verachtung« gegenüber jenen sprach, »die unser Volk in 14 Jahren in Sklaverei verführten, während sich auf allen Gebieten beispiellose Entsittlichung und Entartung breitmachte. Diese Flammen sollen symbolisch alles verbrennen, was noch schlecht im deutschen Volke ist«. Das berichtete unter dem Titel »Jugend im neuen Geist« zwei Tage später das »Ulmer Tagblatt« über die »eindrucksvolle Kundgebung, der eine große Zuschauermenge beiwohnte«.

Am 25. Juni 1933 hatte Inge Scholl notiert: »Gestern war der Tag der deutschen Jugend.« In Ulm wie im ganzen Reich brachten die Nationalsozialisten mit einem ausgeklügelten Programm, das am Abend eine Sonnwendfeier einschloss, wieder Tausende zu Massenveranstaltungen auf die Beine. Am Vormittag des 24. Juni zogen 4850 Schülerinnen und Schüler aller Ulmer Schulen vom 3. Schuljahr aufwärts »in flottem Marsche und mit fröhlichem Singen« (Ulmer Tagblatt) zu verschiedenen Wettkampfstätten. Gleichaltrige Klassen traten im Dreikampf gegeneinander an, um dem »Gemeinschaftsgeist« zu dienen. Inge Scholl gibt im Tagebuch keine Hinweise auf ihre anderen Geschwister; sie war viel zu sehr mit dem BDM in das Nachmittagsprogramm eingebunden, das eigentliche Fest.

Dazu traten zwischen 14 und 18 Uhr die Mitglieder sämtlicher Jugendorganisationen von Ulm, Söflingen und Wiblingen im großen Stadion an. Knapp 4300 Jugendliche hatten sich in der Grenadierkaserne gesammelt und marschierten in fünf Blocks, jeder durch eine Hakenkreuzfahne markiert, in Richtung Stadion; vorweg Hitlerjugend, darunter Hans Scholl, und der Bund Deutscher Mädel, darunter Inge Scholl. Im Stadion, wo Musikkapellen für Unterhaltung während der Wettkämpfe sorgten, warteten rund 7500 Zuschauer. Vieles spricht dafür, doch es muss offen bleiben, ob Sophie Scholl am Nachmittag miterlebte, wie der Redner die Jugendlichen einschwor »auf das Werk unseres Gottes und das große Wollen unseres Volksführers Adolf Hitler« und als Treuegelöbnis »Ein Gott! Ein Führer! Ein Volk« durch das Stadion hallte.

»Am Abend war ein Fackelzug«, heißt es bei Inge Scholl. Wer durch die Stadt ging, konnte sich den Eindrücken und Stimmungen nicht entziehen: »Uniformen und Kluften, braun und in allen Farben, flatternde Fahnen, frohes Singen, Musik und Trommelwirbel, überall festgestimmte, fröhliche Jugend«, schrieb das »Ulmer Tagblatt« am nächsten Tag. Obwohl es regnete und schwerer Wind aufkam, zog in der Abenddämmerung »die halbe Stadt« zum Fort Albeck, wo ein riesiger Holzstoß aufgerichtet war. HJ und BDM, Reichswehr, Polizei und SA sind aufmarschiert, Militärkapellen und ein Wald von Hakenkreuzfahnen säumen den Feuerplatz.

Gegen 22 Uhr singt ein Schülerchor »Flamme empor!«, während der Holzstoß angezündet wird. Im Licht der hell und hoch lodernden Flammen tritt der Stadtpfarrer am Ulmer Münster, Ernst Schieber, vor das Mikrofon und spricht »Worte am Feuer«: »So lasst uns denn nun herzlich bünden, / so lang die Flamme loht und brennt; / lasst auch in uns das Feuer zünden, / empfangt es wie ein Sakrament. / Es lebt in uns ein tiefes Wissen / und brennt und treibt uns sehnsuchtsvoll, / dass unser Volk, so lang zerrissen, / ein Leib, ein Acker werden soll. / So schließen wir den Ring der Hände, / so schließen wir den heil'gen Bund / und unser Anfang, unser Ende / steht beides in des Lebens Grund.« Es folgt eine lange Predigt, in der die Umstehenden aufgefordert werden, »alles einzusetzen, dass nie wieder über dem Reichstag die Brandfackel lodert und dass nie wieder über der Reichshauptstadt Verderben ausgesät« werde. Im Klartext: nie mehr wieder soll es eine Republik, nie mehr demokratische Parteien in Deutschland geben. Und der evangelische Pfarrer zieht einen Bogen vom Christengott zur germanisch-heidnischen Sonnwendfeier, an der er aktiv beteiligt ist, dem »alten Brauch, den die deutsche Jugend wieder begonnen hat. Darin liegt die Sehnsucht nach einem neuen Verständnis und neuer Ehrfurcht vor den Ordnungen Gottes«.

Der geistliche Zuspruch für das NS-Fest war der Beginn eines langen Rituals. Noch einmal das Tagebuch: »Es wurde für alle, die für's Vaterland gestorben waren, ein Kranz verbrannt und dabei spielte die Musikkapelle ›Ich hatt' einen Kameraden‹. Es war sehr spät, als wir heimkamen.« Tatsächlich marschierten von der Feuerstätte im Fort Albeck, im Gleichschritt und bei Fackelschein, alle Gruppen zurück zum Münsterplatz, wo Kreisleiter Maier eine Rede hielt, bevor das Deutschland- und das Horst-Wessel-Lied gesungen wurden. Schlusspunkt im Programm: »Zusammenwerfen sämtlicher Fackeln.« Dann erst ging es nach Hause für Inge und Hans Scholl. »Todmüde legte ich mich ins Bett und träumte von Forchtenberg«, endet der Tagebucheintrag.

Täglich lernte Inge neue Lieder, die sie ausführlich zitiert: »Heil Hitler dir, sing heil dem Vaterland! ... Das Lied vom braunen Hemd ... Volk ans Gewehr!« Eines Tages konnte die Mutter nichts mehr hören von all diesen Emotionen, dieser Bewunderung und diesem Eifer für einen Mann, den Lina und Robert Scholl für Deutschlands Unglück hielten; der in ihren Augen ein politischer Rattenfänger war und, zusammen mit Millionen Deutschen, auch ihre Kinder verführte. Es kommt zu einem kurzen Wortwechsel zwischen der Mutter und ihrer Ältesten. Dem Tagebuch vertraut Inge Scholl am 26. Juli ihren Schock an:

»Mutter sagte: ›Ob wohl Hitler auch noch ein Opfer bringen muss?‹ Ich sagte: ›Hitler hat schon so viele Opfer gebracht. Hat er nicht sein ganzes Leben auf's Spiel gesetzt?‹ Da zuckte sie ganz geringschätzig die Schultern. Und das tut mir weh. ... Ich war nachher so betäubt. Ich hatte einfach keine Freude am Leben mehr. ... Mutter versteht mich gar nicht mehr gut. Die Kluft zwischen uns beiden wird immer größer. Ich glaub' manchmal, sie will mich auch nicht immer verstehen.« Eine Woche zuvor hatte Lina Scholl zugestimmt, dass Inge dem Bund Deutscher Mädel beitrat. Überzeugung stand nicht dahinter, das wusste die Tochter. Die Eltern ließen sich in ihrer kritischen Haltung gegenüber dem Nationalsozialismus nicht beirren, auch wenn der Streit um dieses Thema zwischen Mutter und Tochter anders verlief als zwischen Vater und Sohn.

Am 18. Juni hatte Inge Scholl zur Selbstvergewisserung ins Tagebuch geschrieben: »Nachher hatte Vater Auseinandersetzungen mit Hans über die Hitler-Jugend. Natürlich kam es wieder zu Tränen. Das ist einfach Hans' wunder Punkt. Da lässt er sich einfach nichts gefallen. Das gefällt mir. Ich saß am Klavier und spielte so fest, so laut als möglich: ›... das Vaterland muss aus dem Leid genesen, weil Du uns führst. ... Ein Adolf Hitler wird die Wege bahnen‹«. Auch diese lautstarke Kraftprobe zwischen Vater und Sohn nebst der Solidarität der beiden ältesten Geschwister, die sich dem elterlichen Willen nicht mehr beugen, wird Sophie Scholl nicht entgangen sein. Die Faszination der neuen Zeit lag in den geschickt propagierten Idealen und der Möglichkeit, in den NS-Jugendorganisationen aktiv, kämpferisch und in eigener Regie für diese Ideale einzutreten. Dieser idealisierte Einsatz passte bestens in das Verwirrende, Unruhige, Aufwühlende der Zeit zwischen Kindheit und Erwachsensein, wo Jugendliche sich selbst und neue Lebensweisen erproben wollen, auf der Suche nach Sinn und Herausforderung sind.

Tagebuch Inge Scholl vom 28. Mai, mitten in den Pfingstferien: »Heute gab es eine Schlägerei zwischen Hitlerjugend und katholischem Jugendbund. Hans kriegt noch mehr ab.« An diesem Wochenende hatte die Evangelische Kirche ihren Bezirksjugendtag in Ulm abgehalten, und am Sonntag bekräftigte der Katholische Jungmännerverband des Bistums Rottenburg zusammen mit rund 10000 Menschen im Ulmer Stadion demonstrativ seine Treue zu Bischof und Kirche und damit seine Entschlossenheit, unabhängig zu bleiben und sich mit keiner NS-Organisation gleichschalten zu lassen. Beim anschließenden Bekenntnismarsch trugen die Jungmänner eine Hakenkreuzfahne, um den Hitlerjungen am Straßenrand vorzuführen, dass man für den neuen Staat eintreten könne, ohne ihr braunes Hemd zu tragen – eine gezielte Provokation. Als die HJ vergeblich »mit allem Nachdruck« forderte, die Fahne zu entfernen, kam es zum Handgemenge. Hitlerjungen, darunter offensichtlich Hans Scholl, versuchten, der katholischen Konkurrenz die Fahne zu entreißen.

Das war der neue Stil, den die braunen Machthaber der Volksgemeinschaft verordneten: Intoleranz statt friedlichem Miteinander, Ausgrenzung statt Kompromiss; und wer nicht hören wollte, bekam den neuen Geist zu fühlen. Was nach Parolen für pubertierende Jugendliche klingt, wurde von Erwachsenen, die Rang und Namen in der Gesellschaft hatten, abgesegnet: »Das bürgerliche Zeitalter wird liquidiert, und es ist die Verheißung einer besseren Zukunft, dass es mit rücksichtsloser Entschlossenheit und dem Mut zur äußersten Konsequenz geschieht.« Es ist Ernst Forsthoff, Professor für öffentliches Recht in Frankfurt am Main, der 1933 in seinem Buch »Der totale Staat« mit diesen Worten für das Faustrecht im menschlichen und staatlichen Miteinander plädiert. Das war die Mehrheitsmeinung, und so regte niemand sich auf, als am 14. Juli 1933 der Reichstag ein Gesetz verabschiedete, das die Neubildung von Parteien verbot. Längst sind alle demokratischen Parteien aus der Zeit der Weimarer Republik verboten oder haben sich freiwillig aufgelöst. Unter Führung der NSDAP ist Deutschland nun auch offiziell ein Ein-Parteien-Staat.

Am 20. Juli schließt der Vatikan in Rom feierlich ein Konkordat mit der Regierung Hitlers ab. Damit wird die NS-Regierung außenpolitisch salonfähig, und Hitler, der sich vehement in die Verhandlungen eingeschaltet hatte, genießt innenpolitisch einen kaum zu überschätzenden Triumph. Im Kern geht es um ein politisches Tauschgeschäft: Die deutsche Regierung sichert den Bestand der katholischen Konfessionsschulen und der katholischen Jugendarbeit zu, der Vatikan verbietet im Gegenzug allen Ordensleuten und Priestern, sich weiterhin parteipolitisch zu betätigen. Damit war der politische Katholizismus in Deutschland, den Adolf Hitler als stärkste geschlossene Gegenkraft fürchtete, erledigt. Schon vierzehn Tage zuvor hatte sich die katholische Zentrumspartei, in der Ordensleute und Priester seit Bismarcks Zeiten mitarbeiteten, in vorauseilendem Gehorsam gegenüber den römisch-katholischen Autoritäten selbst aufgelöst.

Es gab einige Katholiken, die entsetzt waren über den Frontenwechsel ihrer Kirche, die bis zu den Reichstagswahlen im März ein imponierendes Bollwerk gegen den Nationalsozialismus bildete. Auch einige Bischöfe hatten hinter verschlossenen Türen gewarnt, mit einer totalitären Regierung einen solchen Handel einzugehen. Doch das waren winzige Inseln in der immer noch ansteigenden Flut der Begeisterung für einen Mann, der alles, was er anfasste, zum Erfolg brachte. Der Hitler-Mythos wuchs und wuchs. Die überwältigende Mehrheit der Deutschen genoss unbeschwert den Sommer des Jahres 1933, wie sich der US-Historiker William Shirer, damals Korrespondent in Berlin, erinnerte: »Die Menschen in diesem Land schienen überhaupt nicht zu spüren, dass sie von einer gewissenlosen und brutalen Diktatur geknebelt und niedergehalten wurden. Im Gegenteil, sie unterstützten sie mit aufrichtiger Begeisterung. Auf irgendeine Weise schien sie sie mit neuer Hoffnung und neuem Vertrauen zu erfüllen und mit einem erstaunlichen Glauben an die Zukunft ihres Landes.«

Aufrichtige Begeisterung: Nichts trifft die Gefühlslage besser, die sich in Inge Scholls Tagebuch-Eintragung spiegelt, als sie im September auf die »wunderschönen Ferien im lieben alten Forchtenberg« zurückblickt. Gleich am ersten Abend besucht sie die BDM-Gruppe. An einem anderen Abend hört sie einen »Vortrag über Hitler, ganz ergriffen, alle sangen Volk ans Gewehr«. Hans Scholl kommt auch, und beide fahren sie mit dem Rad zur Verwandtschaft nach Backnang. Dort treffen sie Liesl, mit der Inge zurück nach Forchtenberg fährt, während Hans Scholl ins Rheinland weiterreist. Kein Wort über Sophie Scholl; die Wege der älteren und jüngeren Geschwister sind noch getrennt. Nach dem traditionellen Muster ist Sophie Scholl wieder bei Tante Elise in Backnang, trifft sich mit ihrer Freundin Lisa Remppis in Langenburg an der Jagst, und beide verbringen anschließend noch gemeinsame Zeit in Ulm.

Anfang September ist großes Manöver der Reichswehr um Ulm herum. Hitler reist an und wird in der Stadt triumphal empfangen. »Wir hatten auch Einquartierung«, schreibt Inge Scholl zu diesem Anlass. Es war noch die alte Wohnung. Gegen Ende des Monats ist Umzug in eine neue, Olgastraße 81. Sie liegt wesentlich näher zum Zentrum und hat den Vorteil, dass es dort auch Räume für Robert Scholls Büro gibt. Das Haus gehört dem jüdischen Kaufmann Jakob Guggenheimer, und es wohnen dort zwei weitere jüdische Familien; die Scholls halten zu allen gute Nachbarschaft.

Von den NS-Liedern, die Inge Scholl im Tagebuch erwähnt, gehört »Volk ans Gewehr« zu ihren Favoriten: »Siehst du im Osten das Morgenrot, / ein Zeichen zur Freiheit zur Sonne. / Wir halten zusammen, ob lebend, ob tot, / mag kommen, was immer da wolle. / Warum jetzt noch zweifeln? Hört auf mit dem Hadern. / Noch fließt uns deutsches Blut in den Adern. / Volk ans Gewehr, Volk ans Gewehr! / Viele Jahre zogen dahin / geknechtet das Volk und betrogen / Verräter und Juden hatten Gewinn / sie forderten Opfer Legionen. / Im Volke geboren, erstand uns ein Führer, / gab Glaube und Hoffnung an Deutschland uns wieder. / Volk ans Gewehr, Volk ans Gewehr! … // Wir Jungen und Alten, Mann für Mann, / umklammern das Hakenkreuzbanner, / ob Bauer, ob Bürger, ob Arbeitsmann, / sie schwingen das Schwert und den Hammer / für Hitler, für Freiheit, für Arbeit und Brot. / Deutschland, erwache, Juda den Tod. / Volk ans Gewehr, Volk ans Gewehr!«

Wie passt das zusammen, das gute Verhältnis zu den jüdischen Nachbarn im Haus und die Diffamierung der jüdischen Bürger in den Liedern, die Inge und Hans Scholl bei der Hitlerjugend, im BDM und in der Schule schmetterten? Begeistert und gedankenlos? Wer diese Fragen stellt, kann sie gleich weiterreichen an die Millionen Deutschen, die »mit aufrichtiger Begeisterung« eine »gewissenlose und brutale Diktatur« unterstützten. Und an einzelne berühmte Zeitgenossen, erfahrene Erwachsene, deren Verhalten im ersten Jahr der NS-Diktatur mindestens so widersprüchlich, gespalten und unverständlich ist wie das von Inge und Hans Scholl, die in diesem Herbst sechzehn beziehungsweise fünfzehn Jahre alt werden.

Nur einen Monat nach der Etablierung der Hitler-Regierung durch die Reichstagswahl im März 1933 gab das neue »Gesetz zur Wiederherstellung des Berufsbeamtentums« zum einen die Möglichkeit, kritische Beamte zu entlassen. Zugleich führte es den sogenannten »Arierparagraphen« ein, mit dem »nichtarischen« Beamten jede weitere Beschäftigung im Öffentlichen Dienst verboten wurde; »nichtarisch« war, wer einen jüdischen Eltern- oder Großelternteil hatte. In den folgenden Monaten erhielten allein im Höheren

Dienst zweitausend jüdische Beamte und an den Universitäten siebenhundert jüdische Hochschullehrer ihr Entlassungsschreiben.

Aus freien Stücken entschied die Evangelische Kirche in Preußen am 6. September 1933 die Einführung des »Arierparagraphen« für ihre Pfarrer und alle Beamten in der kirchlichen Verwaltung; auch wer als Geistlicher oder Beamter »mit einer Person nichtarischer Abstammung verheiratet« war, wurde in den Ruhestand versetzt beziehungsweise gar nicht erst eingestellt. Aus Protest dagegen gründete Pfarrer Martin Niemöller, U-Boot-Kommandant im Ersten Weltkrieg und NSDAP-Wähler, den Pfarrernotbund. Bis zum Jahresende wurden rund 6000 evangelische Pfarrer – von insgesamt 18 000 reichsweit – Mitglieder und verpflichteten sich, den »Arierparagraphen« in der Kirche nicht anzuerkennen. Doch als wenige Wochen später, Mitte Oktober, Adolf Hitler den Austritt Deutschlands aus dem Völkerbund und den Rückzug von der Genfer Abrüstungskonferenz veranlasste, schickte ihm der Pfarrernotbund ein Telegramm: »Wir danken für die mannhafte Tat und das klare Wort, die Deutschlands Ehre wahren.« Sie gelobten dem NS-Kanzler »getreue Gefolgschaft und fürbittendes Gebet«.

Wieder einen knappen Monat später, am 12. November 1933, zogen in aller Frühe die Hitlerjugend und andere NS-Verbände durch Ulms Straßen und mahnten mit Sprechchören und Trommeln die Bürger an ihre »Wahlpflicht«. Wie man zu wählen hatte, sagten die Plakate an den Häuserwänden: »Ulm hat keine Volksverräter, es stimmt mit ›ja‹«. Die »Reichstagswahl«, um die es hier ging, war eine Farce. Es gab nur eine »Liste des Führers« mit NSDAP-Kandidaten. Noch wichtiger war den Nationalsozialisten der andere Stimmzettel, auf dem man für oder gegen den Austritt aus dem Völkerbund stimmte. Der Wahlkampf war so angelegt, dass es vor allem um die Zustimmung zur Person des »Führers« ging, wie auch die nichtnationalsozialistische Presse zunehmend Adolf Hitler bezeichnete. In Ulm stimmten 92,8 Prozent für die »Liste des Führers« und 95,7 Prozent für den Austritt aus dem Völkerbund. So wenig demokratisch beide Abstimmungen waren: Eine Mehrheit der Deutschen hat zweifellos bei dieser Stimmabgabe aus Überzeugung für Hitler und seine Politik gestimmt.

Robert Scholl gehörte nicht zur dieser Mehrheit, und er verschwieg es nicht, weder zu Hause vor seinen Kindern noch bei Kontakten mit Bekannten und Freunden. An einem Sonntagnachmittag im Herbst 1933 bekommt Familie Scholl Besuch von Richard Scheringer, neunundzwanzig Jahre alt, und seiner Lebensgefährtin Marianne Heisch. Lina Scholl hatte sich mit Mariannes Mutter angefreundet, Werner, der jüngste Scholl, in der Schule mit ihrem Bruder Hermann. Richard Scheringer war einer der drei Ulmer Offiziere, die in der Reichswehr für die NSDAP geworben hatten und deshalb 1929 im »Ulmer Reichswehr-Prozess« zu Festungshaft verurteilt worden war. Es war der Prozess, in dem Adolf Hitler, als Zeuge geladen, einen heiligen Eid schwor, dass die Nationalsozialisten nur den legalen Weg zur Macht nehmen würden. 1932 war Richard Scheringer, von der doppelbödigen NS-Strategie enttäuscht, in die KPD eingetreten. Im Sommer 1933 aus der Haft nach Ulm entlassen, versucht er im Gespräch mit Robert Scholl, Klarheit über die politische Lage und seine eigene Zukunft zu bekommen.

In seiner Autobiografie schildert Scheringer seinen Besuch. Robert Scholl zeigte sich an diesem Sonntagnachmittag gegenüber den Besuchern »empört über den Nationalsozialismus«. Die »Nazis seien ›eine Rotte von Verbrechern‹«, zitiert ihn Richard Scheringer und charakterisiert ihn als »zivilen, streng nach der Legalität orientierten Menschen, dem Machtfragen nie geläufig gewesen sind«. Das Gespräch kreist um die Frage, wie man »diesen Hitler wegbringen soll«. Auch Robert Scholl ist ratlos: »Ich weiß es auch nicht, ... wie Deutschland aus diesem nationalsozialistischen Abenteuer wieder herauskommt. Ich weiß nur, dass wir heraus müssen, und zwar bald. Da kommt es gar nicht darauf an, wo die Kräfte herkommen, die dagegen sind, es kommt nur darauf an, dass man gemeinsam Erfolg hat. Über alles andere kann man sich später auseinandersetzen.« Das ist nicht nur so dahingesagt. Als Richard Scheringer wenig später mit seiner Frau in die Nähe von Ingolstadt zieht und dort als Bauer den Dürrnhof bewirtschaftet, bleiben die freundschaftlichen Kontakte zu den Scholls bestehen.

Im Oktober 1933 tritt Hans Scholl innerhalb der HJ als Gruppen-Führer ins Jungvolk ein, eine Unterorganisation der Hitlerjugend für die Zehn- bis Vierzehnjährigen. Das Jungvolk ist besonders beliebt, hat den größten Zulauf innerhalb der HJ und bietet den Jungen, die Verantwortung übernehmen möchten, schnellste Chancen, in Führungspositionen aufzurücken. Werner, im November 1933 elf Jahre alt geworden, ist inzwischen ebenfalls Hitlerjunge, da seine Bündische Jugendgruppe aus der Zeit der Weimarer Republik sich im Sommer in die Reihen der HJ eingeordnet hat. Die dreizehnjährige Liesl, von allen Geschwistern bescheiden im Hintergrund, ist nach Inge Scholl ebenfalls in den Bund Deutscher Mädel eingetreten.

Nur Sophie Scholl ist noch »frei«, als sich das Jahr 1933 dem Ende zuneigt. Ein Jahr, angefüllt mit Veränderung wie keines zuvor im Leben der Zwölfjährigen – was die Welt draußen betrifft und ebenso die Familie im Innersten. Sophie Scholl, noch nicht in die Veränderungen involviert, konnte beobachten, miterleben, wie die Anschauungen der Eltern und der beiden ältesten Geschwister über Politik und Lebensideale auseinanderdrifteten. Wie die Spannungen zwischen Inge und der Mutter, zwischen Hans und dem Vater dramatisch zunahmen – und wie sich schließlich beide Geschwister durchsetzten mit dem, was sie als richtig ansahen, sich nach außen, zur Welt orientierten, und wie im Kielwasser der Älteren Liesl und Werner den gleichen Weg einschlugen. Wie die Eltern, die bisher ihren Kindern ohne Abstriche Maßstab und Vorbild waren, in entscheidenden Fragen ihre Autorität verloren. Nimmt man ihre beiden Zeugnisse des Jahres 1933 als Indikator, hat dies Sophie Scholls Leben nicht in Unruhe versetzt. Ihre Noten sind gleichmäßig solide; im Frühjahr ist sie auf Platz 5–7 unter 30 Mädchen, im Herbst auf Platz 4 unter 31 Klassenkameradinnen.

Das Jahr 1933 bot einen außergewöhnlichen Anschauungsunterricht für »Mutters Sonnenschein«, nicht selten »Sofielein« genannt, obwohl sie im nächsten Frühjahr dreizehn Jahre alt wird. Ihre vier Geschwister hatten eine Entscheidung getroffen. Nun war Sophie Scholl an der Reihe – so oder so.

## DAS HARTE UND DAS WEICHE – FAHNE UND ROSE

*Januar 1934 bis September 1935*

Es ist ein nüchterner Satz: »Ich selbst trat im Januar 1934, damals 13jährig, in die Jungmädelschaft der HJ ein …« So steht es im Protokoll der Gestapo über das Verhör von Sophie Scholl am 18. Februar 1943. Aus der Zeit selbst gibt es von ihr keine direkten Zeugnisse. Typisch für Sophie Scholl in späteren Jahren ist, was sie als Neunzehnjährige ihrem Freund Fritz Hartnagel schreibt: »Es wirkt lächerlich an einem Mädchen, wenn es sich um Politik bekümmert. Sie soll ihre weiblichen Gefühle bestimmen lassen über ihr Denken. … Ich aber finde, dass zuerst das Denken kommt und dass Gefühle oft irreleiten.« Mit dem Denken untrennbar gekoppelt ist für Sophie Scholl der Wille. Vielleicht darf ihr Entschluss, in den nationalsozialistischen Bund Deutscher Mädel und dort in die Jungmädelgruppierung einzutreten, in diese Richtung gedeutet werden: Sophie Scholl hat es bedacht, und sie hat es gewollt. Was nichts daran ändert, wenn für die im Januar 1934 noch Zwölfjährige die zielgenau von den Nationalsozialisten für die Phase des Jugendalters eingesetzte Attraktion ihrer Jugendorganisationen auch bei Sophie Scholl ihre Wirkung tat. (Übrigens spricht Sophie Scholl von der HJ, weil der BDM nicht eigenständig war, sondern eine Unter-Organisation der Hitlerjugend.)

Wie alle, die in diesem Frühjahr 1934 in Ulm erstmals bei den Jungmädeln mitmachten, hat Sophie Scholl am 20. April – Hitlers Geburtstag, der stets pompös gefeiert wurde – auf der Gänswiese nahe dem Ulmer Stadion ihr Gelöbnis gesprochen, gegen Abend, wenn die leuchtenden Fackeln die feierliche Stimmung noch steigerten: »Jungmädel wollen wir sein. / Klare Augen wollen wir haben / Und tätige Hände. / Stark und stolz wollen wir werden: / Zu gerade, um Streber oder Duckmäuser zu sein, / Zu aufrichtig, um etwas scheinen zu wollen, / Zu gläubig, um zu zagen und zu zweifeln, / Zu ehrlich, um zu schmeicheln, / Zu trotzig, um feige zu sein.« Wer wollte das nicht unterschreiben, zumal in jugendlichen Jahren, wenn die Ideale noch glänzen, die Begeisterung für mutige Einsätze ungetrübt ist, die Welt der Erwachsenen spießbürgerlich und kleinkariert erscheint? Und wenn es endlich, dank Adolf Hitler und seiner Bewegung, für Mädchen eine Alternative gibt, diese Ideale, die Begeisterung und die Freiheit ausleben zu können, sich zu bewähren wie seit Jahrzehnten die Jungen in ihren Bünden und Gruppen.

Nach dem feierlichen Gelöbnis erhielten die neuen Jungmädel das schwarze Halstuch und den braunen geflochtenen Lederknoten, durch den es vor der Brust gezogen wurde; Teil der JM-Uniform, zu der die weiße kurzärmlige Bluse, der Rock, braune Halbschuhe, weiße Söckchen und das HJ-Abzeichen gehörten. Im Winter waren Wollstrümpfe vorgeschrieben und über der Bluse wurden eine wollene Trachtenjacke nebst brauner Weste getragen.

Es stimmt, was der Reichs-Jugend-Pressedienst Nr. 224 am 6. Dezember 1934 über den BDM schreibt: »Der Mädelbund in der heutigen Form ist etwas Einmaliges – einmalig in seinem Anspruch auf Totalität und erstmalig in seiner Breiten-Ausdehnung. … Was eine solche Jugendbewegung für uns Mädel bedeutet, erkennt man erst, wenn man im Ablauf deutscher Geschichte vergebens nach einem Vorbild für ein geschlossenes Mädelleben sucht.« Neben hauptamtlichen BDM-Funktionärinnen arbeiteten Zehntausende von ehrenamtlichen Mitarbeiterinnen darauf hin, dass möglichst alle deutschen Mädchen Mitglied im BDM wurden. Nicht wenige Mitarbeiterinnen versuchten den inneren Widerspruch dieser NS-Organisation zu überbrücken: dem von Hitler vorgegebenen Frauenideal treu zu bleiben – Mutter zu sein, Hüterin der Familie und des »reinen Blutes« – und zugleich vorgeblich »männliche« Tugenden wie Kameradschaft und Kampfbereitschaft zu üben, »stark und stolz« zu sein, den Verstand zu nutzen und nicht nur das Gefühl. Eben nicht auf »Kinder und Küche« beschränkt zu bleiben, sondern als moderne Frau gleichwertig neben dem Mann zu stehen.

Wenn es um die reichsweite Anerkennung weiblicher Gleichstellung ging, zählten schon kleine Erfolge, wie sie ein BDM-Handbuch von 1934 verkündete: »Wir Mädel wollen uns freuen, dass das Wort Nadelarbeit mehr und mehr aus dem weiblichen Sprachschatz verschwindet. An seine Stelle tritt das Wort Werkarbeit. Die Werkarbeit umfasst alle Gebiete der Handarbeit, die man sich denken kann. … Säge, Hammer und Zange gehören genau so in die Hand des Mädels wie Häkelhaken und Stopfpilz.« Und im März 1934 verteidigt der Reichs-Jugend-Pressedienst den Erlass der Reichsjugendführung, in allen BDM-Gruppen wöchentlich Sport zu treiben: »Viele Mädel waren von der Einführung des Sportabends begeistert. … Daneben aber hieß es besonders bei vielen Eltern: ›Warum sollen die Mädel auch noch Sport treiben, das ist doch nur Jungensache!‹ Nein, ein deutsches Mädel muss Körpererziehung durch Sport treiben, um später eine gesunde Frau und Mutter zu sein.« Soweit die Verbeugung vor dem

NS-Ideal. Doch gegen Ende riskiert die Autorin des Berichts Kritik an traditionellen Geschlechterklischees: »Einsatzbereitschaft für andere, Mut, Geistesgegenwart und Entschlossenheit sind durchaus unabhängig von männlicher Kraft und hoher sportlicher Leistung.« Es sind Erziehungsziele, die auch bei Familie Scholl galten, für Töchter und Söhne gleichermaßen.

Hinzu kam, dass Sophie Scholls Jungmädelführerin geradezu perfekt das Bild einer modernen, selbstbewussten jungen Frau verkörperte. Die siebzehnjährige Charlotte Thurau – von allen »Charlo« genannt – war intelligent, sportlich, in Kunst und Literatur ebenso beschlagen wie im Inszenieren verwegener Geländespiele. Bei ihren Heimabenden wurde diskutiert, und die Mädchen wurden zu eigenen Meinungen ermuntert. Sie war eben kein Spießer – eine Vokabel, die in den Broschüren von HJ und BDM für alles stand, was die nationalsozialistische Jugend verabscheute. »Charlo« war den Mädchen, die sie anführte, ein Vorbild, für das sie in der Pubertätszeit besonders empfänglich waren. Inge Scholl und Charlotte Thurau arbeiteten als Führerinnen im BDM zusammen und freundeten sich an. Bald war »Charlo« bei den Scholls ein gern gesehener Gast.

Der Entschluss von Sophie Scholl, wie alle anderen Geschwister in einer nationalsozialistischen Organisation mitzumachen, ist eingebettet in die kein Ende nehmenden öffentlichen Dankadressen und Elogen auf den

Führer Adolf Hitler und seine Politik. Zum »Neujahr 1934« stand im Gemeindeblatt der evangelischen Kirche Ulm, »der gottgeschenkte Führer« habe das »Steuerruder des gefährdeten Schiffes noch im letzten Augenblick herumgerissen – Es ist wie ein Wunder vor unseren Augen«. Zur Heldengedenkfeier am 21. Januar auf dem Ulmer Soldatenfriedhof nannte der Dekan des Ulmer Münsters Hitler einen Mann, den Gott erweckt habe, »dass wir ein wahrhaftes Volk würden«. Im protestantischen Ulm schien ein festes Bündnis von Kirche und Nationalsozialismus geschmiedet. Als der 30. Januar nahte, an dem Hitler ein Jahr zuvor zum Reichskanzler ernannt worden war, lud die evangelische Kirche über die Presse zur Teilnahme an den kirchlichen Feiern ein. Die NSDAP-Kreisleitung revanchierte sich mit dem Aufruf »Besuchet die Dankgottesdienste«. Beim Gottesdienst am 30. Januar im Ulmer Münster waren selbst die Stufen des Chores besetzt.

Die meiste Zeit jedoch war Alltag; ein Alltag, der für Sophie Scholl neben der Schule zunehmend mit Jungmädel-Aktivitäten gefüllt war. Die gleichaltrige Susanne Hirzel, mit der sich Sophie Scholl anfreundete, beschreibt in ihren Erinnerungen, was ihre Zeit bei den Jungmädeln ausfüllte: »Wir wanderten, lernten im Freien behelfsmäßig Kochen, lernten Karten- und Kompasslesen, betrieben Sternkunde, sangen und lernten viele alte und auch neu entstandene Volkslieder, Landsknechtslieder, Lumpenlieder. Viele Stunden wurden mit Singen verbracht. … Wir machten Geländespiele und hörten, oft im Freien sitzend, kurze Vorträge der Führerinnen. Das war dann die ›Schulung‹.« Einmal in der Woche traf man sich zum Heimabend.

Organisation und Hierarchie war bei den Jungmädeln wie beim Deutschen Jungvolk, der Parallelorganisation der Hitlerjugend für die Zehn- bis Vierzehnjährigen, nach dem Leitsatz »Jugend führt Jugend« aufgebaut. Je älter die Jugendlichen wurden, für desto mehr Menschen konnten sie als Führer oder Führerin neben ihrer Gruppe Verantwortung übernehmen und Unter-Führerinnen anleiten. Sie waren in der Regel zwei bis drei Jahre älter als die Jugendlichen, die ihnen unterstanden. Inge, Hans und Sophie Scholl haben zwischen 1933 und 1938 in Ulm alle ehrenamtlichen Karrierestufen beim BDM und in der HJ ausgefüllt. Am Anfang stand die Jungenschaft/Jungmädelschaft mit 10 bis 15 Jungen/Mädchen; es folgte der Jungzug/die Jungmädelschar mit ca. 40 Jungen/Mädchen; dem Fähnleinführer/der Jungmädelgruppenführerin unterstanden ca. 150 Jungen/Mädchen; im Jungstamm/Jungmädelring waren ca. 600 Jungen/Mädchen zusammengefasst.

Die Hitlerjugend, Ende 1932 mit rund 108 000 Mitgliedern – der BDM eingeschlossen – ein kleiner unbedeutender Jugendbund, schwoll bis Ende 1933 auf 2,5 Millionen Mitglieder an. Die Organisation wäre erfolglos und unattraktiv geblieben, hätten nicht tausende von erfahrenen Führern der Bündischen Jugend und anderer Jugend-Gruppierungen der Weimarer Republik, die freiwillig der HJ beitraten oder gleichgeschaltet wurden, mit großem Engagement Verantwortung in der Hitlerjugend übernommen. Sie wussten, wie man Freizeiten gestaltet und Jugendliche begeistert. Viele Schwerpunkte ihrer bisherigen Arbeit gingen mit den Vorstellungen der Hitlerjugend zusammen. Die von den Nationalsozialisten gepriesene »Volksgemeinschaft« war eine Wortschöpfung der Jugendbewegung.

Was für eine Chance, die Ideale von Jugendbewegung, Wandervogel und Bündischen in der staatlich geförderten HJ und mit den besten Ideen des Nationalsozialismus angereichert, umfassender als je zuvor in der deutschen Jugend zu verbreiten. Und der NS-Politik war es erst einmal recht, wenn es viele Menschen aus dem bürgerlichen Lager drängte, im »neuen Deutschland« mitzuarbeiten. Die Verantwortlichen wussten, wie sehr sie vorläufig in allen Bereichen auf deren Fähigkeiten, Kenntnisse und Wohlwollen angewiesen waren. So sehr Hitler und die Partei in der Öffentlichkeit Gefühle und Emotionen bedienten und anstachelten, hinter den Kulissen wurde kühl kalkuliert: Wenn man nach zwei Jahren fest im Sattel saß, würden andere Saiten aufgezogen.

Auch im Jahre 1934 verging kaum ein Monat, an dem nicht auf dem Münsterplatz ein NS-Spektakel stattfand. Hakenkreuzfahnen, Kolonnen von Erwachsenen, von Jungen und Mädchen in Uniformen, die in Reih und Glied Aufstellung nahmen, bildeten bei immer neuen Massenveranstaltungen mit der gotischen Kathedrale im Hintergrund eine beeindruckende Kulisse. Dazu Trommelwirbel, Marschlieder, Fackeln. Durch die Macht der Bilder allein wurde kommuniziert: Was sich hier, im Herzen der Stadt, abspielte, ging alle an und war von nationaler Bedeutung.

Am 4. März 1934 traf sich die gesamte evangelische Jugend-Organisation Ulms zu einem Gottesdienst im Münster, auch die HJ-Verbände marschierten geschlossen in »Kluft« ins Gotteshaus. Anschließend hatte die Führung der Hitlerjugend auf dem Münsterplatz ein Zeremoniell organisiert, das Beteiligten und Zuschauenden vor Augen führte, wer hier das Sagen hatte und wohin der Weg für die evangelische Jugend ging – in die totale Unterwerfung unter den Willen des Führers.

Ohne Rückfrage bei den Landesgruppierungen hatte die Reichsleitung der Evangelischen Jugend im Dezember 1933 einem Vertrag zwischen Evangelischer Kirche und Reichsregierung zugestimmt, der die gesamte Evangelische Jugend in die Hitlerjugend überführte. Was Kapitulation vor den braunen Machthabern war, Gleichschaltung mit einer totalitären Politik, wurde mit dem Argument verteidigt, nun könne man mit Hilfe der Hitlerjugend »der ganzen deutschen Jugend das Evangelium verkünden«. Welche Verkennung der Machtverhältnisse. Genau das Gegenteil fand statt, wie das Zeremoniell auf dem Ulmer Münsterplatz demonstrierte – mit dem Segen der Kirche.

Nach dem Gottesdienst stellte sich die Evangelische Jugend mit ihren Fahnen mit dem Rücken zum Hauptportal auf, ihnen gegenüber mit Blick auf das Münster standen im offenen Viereck die Jungen der HJ mit ihren Fahnen. Die Eingliederung wurde durch ein Fahnenzeremoniell besiegelt, bei dem die HJ-Fahnen in den Vordergrund rückten, »um den ihnen gebührenden Platz für alle Zeiten einzunehmen«. Der HJ-Unterbannführer rief über den Platz: »Wir haben auch unsere Religion in der HJ; wir kennen aber keine Konfessionen, sondern nur Deutschland!« Zum Abschluss trat Jugendpfarrer Karl Griesinger vor die Jungen und Mädchen, die von nun an die NS-Uniform tragen würden. »Wurzeln in Gott – leben für Deutschland!«, gab der Pfarrer ihnen mit auf den Weg und ermunterte alle, »im Gesang des Deutschland- und Horst-Wessel-Liedes den toten und lebenden Kampfgenossen im Geiste die Hand zu reichen«. Und so sangen sie unter dem Kreuz, in dessen Zeichen das Ulmer Münster steht: »Die Fahne hoch, die Reihen fest geschlossen, SA marschiert mit ruhig festem Schritt ...«

Am 20. April 1934 – »Führers Geburtstag« – schrieb der Heidelberger Professor Hanns Schmiedel unter der Überschrift »Adolf Hitler der Deutsche« im »Ulmer Tagblatt«: »Des Deutschen Reiches Kanzler trägt den Ehrennamen des Volkskanzlers. Er brachte das Sehnen von Jahrhunderten, das in den Besten dieses Volks auf Auferstehung harrte, zur Erfüllung. ... Das grandiose Erziehungswerk am deutschen Volk wäre ohne Machtvollkommenheit und strikten Gehorsam undenkbar.« Gut zwei Monate später forderte Adolf Hitler von den Deutschen ein, was ihm die akademische Welt als Geburtstagsgeschenk angedient hatte – und wurde nicht enttäuscht.

Am 3. Juli 1934 verabschiedete das Kabinett Hitlers ein »Gesetz über Maßnahmen der Staatsnotwehr«, das nur einen einzigen Artikel enthielt: »Die zur Niederschlagung hoch- und landesverräterischer Angriffe am 30. Juni, 1. und 2. Juli 1934 vollzogenen Maßnahmen sind als Staatsnotwehr rechtens.« Was als »Staatsnotwehr« deklariert und sanktioniert wurde, war der Mord an wahrscheinlich 150 bis 200 Menschen. Unter dem Vorwand, Hitlers alter Kumpan Ernst Röhm und seine SA planten einen Putsch gegen die NS-Regierung, hatten Hitler und SS-Chef Heinrich Himmler Ende Juni persönlich in Süddeutschland mit internen Gegnern in der SA und mit SA-Stabschef Röhm blutig abgerechnet, kein Staatsanwalt, kein

Gericht wurde eingeschaltet. Hermann Göring nutzte zur gleichen Zeit von Berlin aus generalstabsmäßig die Gelegenheit, Dutzende von Gegnern im bürgerlichen Lager, darunter zwei Generäle der Reichswehr und drei führende Katholiken, ermorden zu lassen.

Kein Jurist, kein General, kein Bischof, keine Kirchenleitung protestierte, als der Staat sich für Mord und Terror einen Freibrief ausstellte. Im Gegenteil: An Stammtischen wie in Bürgerhäusern wurde Hitlers Mut zum Durchgreifen gerühmt. Die führenden Männer der Reichswehr atmeten erleichtert auf: Ohne sich die Hände schmutzig zu machen, war ein Rivale der Armee – die SA – ausgeschaltet worden. Von nun an würde die Reichswehr mit den Mördern gemeinsame Sache machen, um die alten nationalistischen Ziele von einem großdeutschen Reich Wirklichkeit werden zu lassen. Nur einen Monat später nutzte Hitler blitzschnell die Gelegenheit, um die Armee noch enger an sich zu binden.

Am 1. August 1934 erschien die »Deutsche Richterzeitung« mit einem Kommentar des Staatsrechtlers Professor Carl Schmitt zum »Röhm-Putsch«. Überschrift: »Der Führer schützt das Recht«. Am gleichen Tag erließ Hitler ein Gesetz, mit dem das Amt des Reichspräsidenten ausgelöscht wurde, wohl wissend, dass der siebenundachtzigjährige Reichspräsident Paul von Hindenburg auf seinem ostpreußischen Gut im Sterben lag. Schon einen Tag später, am 2. August, kam die Todesnachricht; Hitler war nun als »Führer und Reichskanzler« auch formell Alleinherrscher im Deutschen Reich, die Befugnisse des Reichspräsidenten hatte er sich selbst übertragen. Es gab kein Gesetz, an das er gebunden war. Die Juristen bestätigten seinen Coup: »Die Führergewalt ist umfassend und total; ... sie erfasst alle Volksgenossen, die dem Führer zu Treue und Gehorsam verpflichtet sind. ... Die Führergewalt ist nicht durch Sicherungen und Kontrollen ... gehemmt.« Noch am 2. August wurde die Reichswehr durch einen neuen Eid zu Treue und Gehorsam verpflichtet, aber nicht wie bisher auf die Verfassung und die Gesetze, sondern bedingungslos und ausschließlich auf die Person Adolf Hitler.

Hitlers Rechnung war aufgegangen: Je brutaler er vorging, desto stärker wurde sein Rückhalt in der Bevölkerung. Demonstrativ setzte er für den 19. August 1934 eine »Volksabstimmung über die Vereinigung der Ämter des Reichspräsidenten und des Reichskanzlers« an. 84,9 Prozent stimmten der Vereinigung und damit der unbegrenzten Herrschaft des Führers über Deutschland zu. In Ulm – wie überall im Reich – bot die Abstimmung wieder Gelegenheit zu Aufmärschen und Fackelzügen, Hitlerjugend und BDM marschierten. Ein Foto im »Ulmer Tagblatt« zeigt Jungen und Mädchen bei einem Akkordeon-Auftritt vor einem fast drei Meter hohen Hitler-Porträt, das altarähnlich auf dem Münsterplatz aufgestellt war. Eine deutlich angebrachte Tafel verweist auf das »Schutzhaftlager« Oberer Kuhberg, wo ein ehemaliger Kommunist dieses Bild angefertigt habe, aus »Verehrung« zum Führer.

Wiederum ein Beweis, wie gezielt die braunen Machthaber öffentlich machten, dass Terror und Unrecht Instrumente ihrer Politik waren. Das Fort Oberer Kuhberg war Teil der umfassenden Festungsanlagen, die ab Mitte des 19. Jahrhunderts um die Garnisonsstadt Ulm gebaut wurden und seit dem Ende des Ersten Weltkriegs ihre militärischen Funktionen verloren hatten. Der Obere Kuhberg wurde im November 1933 von Insassen des Ulmer Gefängnisses zu einem Konzentrationslager ausgebaut. Zu den ersten Häftlingen, die im Dezember eingeliefert wurden, gehörte der führende Sozialdemokrat, Reichstagsabgeordnete und entschiedene NS-Gegner Kurt Schumacher, dem als Soldat im Ersten Weltkrieg der rechte Arm amputiert worden war. Als das KZ Oberer Kuhberg 1935 aufgelöst wurde, verlegte man Schumacher, der im Juli 1933 verhaftet worden war, ins KZ Dachau.

Zu den Erinnerungen der Ulmer Bürger gehört, dass einzelne Häftlinge und Gruppen, zum Teil angekettet, durch die Straßen geführt wurden. Jeden Donnerstag fuhr ein »Kuhberg-Lastwagen« mit Menschen durch Ulm; wahrscheinlich war dann »Badetag« im Garnisonsgefängnis. Dass der Obere Kuhberg ein Ort war, an dem Menschen, die das Regime als Gegner einstufte, ihrer Rechte und Freiheiten beraubt wurden, kann weiten Kreisen der Ulmer Bevölkerung, zumal denen, die politisch interessiert waren, nicht verborgen geblieben sein. Die protestantischen Geistlichen betreuten das KZ, als wäre es ein ordentliches Gefängnis; von Protesten oder moralischen Bedenken gegen diesen Unrechts-Ort ist nichts bekannt.

Bei der Sonnwendfeier im Juni 1934 war auch Sophie Scholl, im Mai dreizehn Jahre alt geworden, dabei. Sie zog im feierlichen Marsch bei drückender Hitze mit den Jungmädeln hinauf zum Michelsberg und schmetterte mit allen das beliebte »Flamme empor!«, während die Flammen am Holzstoß züngelten: »Heilige Glut, / rufe die Jugend zusammen, / dass bei den lodernden Flammen / wachse der Mut … Auf allen Höhn / leuchte du flammendes Zeichen / Dass alle Feinde erbleichen, / Wenn sie dich sehn! / Leuchtender Schein! / Siehe wir singenden Paare / Schwören am Flammenaltare / Deutsche zu sein.« Was Inge zur Sonnwendfeier 1933 noch auswendig lernen musste, war Sophie Scholl vom vielen Hören und Mitsingen längst geläufig.

Keine Woche verging in der Wohnung Olgastraße, ohne dass sich Hans und Werner Scholl mit ihren HJ-Kumpeln in ihrer separaten Bude im 4. Stock unterm Dach trafen. In der Wohnung im 1. Stock kamen Inge, Sophie und Liesl mit ihren BDM-Freundinnen im Mädchenzimmer zusammen. Gemeinsames Singen gehörte immer dazu, die Scholl-Kinder begleiteten auf der Gitarre, und die Mutter stellte Tee und selbstgemachten Hefezopf bereit. Ab und an steckte Robert Scholl, dessen Büro im Haus lag, seinen Kopf kurz durch die Tür. Selbstverständlich kannten und sangen die Mädchen auch die HJ- und Fahrten-Lieder der Jungen; Inge Scholl hat über die Jahre rund neunzig aufgeschrieben, darunter, was sie »Hitler- und Freiheitslieder« nennt. Wenn die Jungmädel durch Ulm marschierten, sangen sie aus voller Kehle das offizielle HJ-Lied mit dem Refrain: »Uns're Fahne flattert uns voran. / In die Zukunft ziehn wir Mann für Mann. / Wir marschieren für Hitler / Durch Nacht und durch Not / Mit der Fahne der Jugend / Für Freiheit und Brot. / Uns're Fahne flattert uns voran, / Uns're Fahne ist die neue Zeit. / Und die Fahne führt uns in die Ewigkeit! / Ja die Fahne ist mehr als der Tod!« Was sollte schlecht sein an solchem beschwörenden Pathos? Die Fahne hatten schon ganz andere vor den Nationalsozialisten beschworen, zum Beispiel der Dichter Rainer Maria Rilke, als Symbol von Rausch und Tod und Treue. Die Scholl-Kinder verehrten Rilke. Wir werden bald von dieser Begeisterung hören.

In den Schulferien machte Hans Scholl, inzwischen Jungzugführer beim Jungvolk, die erste Fahrt mit seinen Jungen. Die Zelte wurden im Böhmerwald aufgeschlagen, und Bruder Werner, obwohl erst zwölf, durfte mit dabei sein. Die anderthalb Jahre ältere Sophie, so entschieden die Eltern, war noch zu jung, um Inge Scholl und ihre Jungmädel ins Zeltlager zu begleiten. Auch Liesl Scholl übernahm 1934 eine Gruppe und wurde Jungmädelscharführerin. Im Herbstzeugnis war Sophie Scholl im Vergleich zu vorangegangenen Plazierungen ein wenig abgerutscht, auf Platz 7 bis 10 unter 31 Schülerinnen. Vielleicht der erste Hinweis, dass die Aktivitäten bei den Jungmädeln ein wenig Tribut forderten.

Gleich zum Jahresanfang, am 14. Januar 1935, wird Sophie Scholl mit den Jungmädeln ins Ulmer Münster eingezogen sein, wo zum Dankgottesdienst auch »die Jugend in Uniform« erwartet wurde. Am Tag zuvor hatten sich in einer Volksabstimmung neunzig Prozent der Saarländer, deren Gebiet seit dem verlorenen Ersten Weltkrieg offiziell vom Völkerbund, de facto von den Franzosen verwaltet wurde, dafür ausgesprochen, »heim ins Reich« zu kehren, ein Teil von Hitler-Deutschland zu werden. Der Jubel war unbeschreiblich, wiederum bei allen. Theodor Kappus, Dekan am Ulmer Münster, erklärte in seiner Predigt, »dass auch Adolf Hitler in seiner Demut, die immer so groß an ihm ist, Gott die Ehre gibt. Gott aber muss unser Volk lieben, sonst hätte er ihm nicht diesen Führer gegeben«. Am 1. März 1935 – mitten in der Faschingszeit – wurden alle diesbezüglichen Vergnügungen untersagt, damit der »einzig in der Geschichte dastehende Befreiungstag in festlicher und würdiger Form« gefeiert werden konnte. Das Saarland wurde mit diesem Tag wieder an das Deutsche Reich zurückgegeben. Um 10 Uhr 15 läuteten die Glocken vom Münster und allen anderen Kirchen.

Für alle Scholl-Kinder war der 1. März ein langer Tag: »BDM und HJ hatten schon in den Morgenstunden Uniform angelegt und verkauften die Edelweißblumen des Winterhilfswerks.« Ob die jährlichen Straßensammlungen für das Winterhilfswerk oder der Eintopf-Sonntag: Die Nationalsozialisten besaßen ein Gespür für Aktionen, die dem Einzelnen das Gefühl gaben, konkret mitzuhelfen am großen Ganzen, Gutes zu tun für notleidende Volksgenossen; ob als Spender und Spenderin oder als HJ- und BDM-Mitglied, das von Oktober bis Frühjahr viele Stunden mit der Sammelbüchse auf den Beinen war. Bei der ersten Winterhilfswerksammlung 1933/34 spendeten die Deutschen 358,1 Millionen Reichsmark, gedacht als Entlastung der staatlichen Fürsorge. Doch über die Verwendung der mit jedem Jahr steigenden Millionen musste der NS-Staat keine Rechenschaft ablegen.

Im Frühjahr 1935 nahm Sophie Scholl die erste Stufe der Karriereleiter bei den Jungmädeln: Sie wurde Scharführerin und leitete eine eigene Gruppe von rund fünfzehn Mädchen in Ulm-Wiblingen, südlich der Donau. Alle Scholl-Kinder besaßen ein Fahrrad; dass Sophie, die im Mai vierzehn Jahr alt wurde, nun viele Male wöchentlich bei jedem Wetter mit dem Rad die Strecke zurücklegte, war keine Frage. Vom 7. Mai 1935 hat sich eine Quittung über fünf Reichsmark auf Sophie Scholls Sparkonto bei der Ulmer Gewerbebank erhalten. Wer mit dreizehn – oder schon früher – ein Sparkonto besitzt, ist zur Selbständigkeit erzogen.

Während Sophie Scholl sich erstmals außerhalb der Stadt als Führerin erprobte, standen Inge und Hans Scholl im Rampenlicht, wenn es um die nationalsozialistischen Jugendorganisationen in Ulm ging. Inge war nun Leiterin von Ring II, die höchste ehrenamtliche Funktion im BDM, und damit auch für die Schulungskurse der Führerinnen zuständig. Hans war mit dem 1. Januar 1935 zum Fähnleinführer im Jungvolk ernannt worden, ihm unterstanden 120 Jungen. Konnte es für die jüngere Sophie Scholl bessere Vorbilder geben als ihre Geschwister? Zur Feier der Saar-Rückkehr im

März auf dem Münsterplatz wurde für den Aufmarsch des Jungvolks die Parole ausgegeben, mit kurzer Hose zu erscheinen. Einer, der damals zum Jungvolk gehörte, erinnerte sich Jahrzehnte später: »Meine Mutter verbot mir das, da zu diesem Zeitpunkt noch Schnee lag und es sehr kalt war. Ich musste mit langer Überfallhose losgehen. Hans Scholl kam natürlich in kurzer Hose und erregte entsprechendes Aufsehen.« Bei den Wiblinger Mädchen aus Sophie Scholls JM-Gruppe ist in Erinnerung geblieben, dass ihre Führerin mit kurzen Söckchen heranradelte; egal, wie blaugefroren die Beine waren.

In diesem Frühjahr nahm Hans Scholl an einer Führungsschulung des Deutschen Jungvolks in den stillgelegten Ulmer Forts teil, und wieder erregte er Aufsehen. Er hatte mit seiner Gruppe eine Mutprobe eingeübt: »Hans Scholl kletterte bis in den Wipfel einer Fichte und ließ sich, mit Blick zur Fichte, hinunterfallen, wobei er sich im Fallen an den Ästen festhielt.« Unten wurde er von seinen Kameraden aufgefangen. Fünf, sechs Unter-Führer aus dem »Fähnlein Scholl« machten die Übung nach. Dem Augenzeugen ist in Erinnerung geblieben: »Sie löste allgemeine Verblüffung und Bewunderung aus.« Weitere Eindrücke an den Fähnleinführer Hans Scholl, die haften blieben: schneidig, zackig, eingebildet bis fanatisch.

Am 20. April 1935, wieder einmal »Führers Geburtstag«, legt Susanne Hirzel bei Fackelschein ihr feierliches Gelöbnis als neues Jungmädel im BDM ab. Die Ringführerin überreicht ihr das schwarze Halstuch und den Lederknoten. Es ist Inge Scholl: »Ihre Rede, die sie mit ruhiger Stimme gesprochen hatte, gefiel mir und ich suchte den Kontakt zu ihr. ... So kam ich ins Haus Scholl und lernte die gleichaltrige Sofie kennen.« Bald sind Sophie Scholl und Susanne Hirzel, die aus einem Ulmer Pfarrhaus kam und die älteste von sechs Geschwistern war, Freundinnen. Durch Susanne Hirzel haben wir die erste nahe und differenzierte Schilderung von Sophie Scholl: ein junges Mädchen am Beginn der Pubertät, in ihrer Familie verankert und zugleich unbändig gewillt, sich in der Welt draußen zu erproben. Susanne Hirzels Aufzeichnungen sind besonders wertvoll, weil sie schon 1946 gemacht wurden, als die Eindrücke noch relativ frisch waren und noch keine Mythen die berühmten Toten umgaben. Entstanden sind sie als Brief an die Schriftstellerin Ricarda Huch, die ein Buch über die Geschwister Scholl und andere junge Widerständler plante.

»Wir lernten uns mit 14 Jahren (1935) im Jungmädelbund kennen. Sie war wie ein feuriger wilder Junge, trug die dunkelbraunen glatten Haare im Herrenschnitt und hatte mit Vorliebe eine blaue Freischarbluse oder eine Winterbluse ihres Bruders an. Sie war keck, mit heller klarer Stimme, kühn in unseren wilden Spielen und von einer göttlichen Schlamperei.« Die achtzehnjährige Inge Scholl verbrachte inzwischen eine Menge Zeit mit Schulungsarbeit in der Geschäftsstelle der HJ in der Bockgasse. Dorthin ging auch Susanne Hirzel, die bald nach ihrem JM-Eintritt Führerin einer Mädelschaft wurde, jeden Donnerstag. Für sie hatte Inge Scholl beim Unterrichten »etwas Gesetztes, Stetiges und wurde sehr geachtet«. Auch Inge Scholl organisierte Geländespiele und Lagerfeuer. Doch einen kurzen Haarschnitt hätte sie sich nie zugelegt; wild zu sein war nicht ihre Art.

Dagegen Sophie Scholl in den Jahren 1935 bis 1937, als sie mit Susanne Hirzel oft zusammen war: »Wir suchten die Gefahren. Wir schwammen durch die beiden mittleren Pfeiler der großen Ulmer Donaubrücke, weil dort die Wellen am gewaltigsten waren, und hielten uns dabei an der Hand. … Wir schaukelten in den höchsten Wipfeln der Tannen mit aller Kraft …« Wie sich die Bilder mit dem großen Bruder gleichen.

Neben der Härte, die Hans Scholl von sich und seinen Jungen verlangte, zeigte der Fähnleinführer eine ganz andere Seite. Einer, der damals bei einem Heimabend dabei war, erinnerte sich: »Hans Scholl machte bei Kerzenlicht eine eindrucksvolle Lesung aus dem ›Kornett‹ von Rilke, ohne weitere Erläuterung, nur der Text wurde vorgetragen. Mich als 14jährigen Jungen hat dieser Abend stark beeindruckt.« Im Jahre 1899 hatte der vierundzwanzigjährige Rainer Maria Rilke »Die Weise von Liebe und Tod des Cornets Christoph Rilke« geschrieben: »Reiten, reiten, reiten, durch den Tag, durch die Nacht, durch den Tag. Reiten, reiten, reiten. Und der Mut ist so müde geworden und die Sehnsucht so groß.« Im Jahre 1912 erschien die kurze Erzählung als Nummer eins der Insel-Bändchen; beide, die Buchreihe und der »Cornet«, wurden umgehend berühmt.

Die Jungen des Jungvolks in der Hitlerjugend erleben durch Hans Scholl bei Kerzenschein den achtzehnjährigen Cornet Christoph Rilke, der als Fahnenträger einer Soldateska im 17. Jahrhundert von einer Schlacht zur anderen durch Österreich-Ungarn reitet. Im Mondlicht schreibt er seiner Mutter einen Brief: »Meine gute Mutter, seid stolz: Ich trage die Fahne, seid ohne Sorge: Ich trage die Fahne, habt mich lieb: Ich trage die Fahne.« Und dann der feindliche Überfall in der Morgendämmerung, als die Soldaten eine Nacht im Schloss sich ausruhten, in weichen Betten, mit schönen Frauen. Das Schloss brennt, die Männer versuchen auszubrechen – »Aber die Fahne ist nicht dabei«. Doch da stürmt schon der Cornet herbei, stürzt sich mit seinem Pferd tief hinein in die feindlichen Reihen – weist seinen Männern den Weg mit der Fahne, »und niemals war sie so königlich, … wirft sich hinaus und wird groß und rot … Da brennt ihre Fahne mitten im

Feind, und sie jagen ihr nach«. Die Fahne verbrennt, der Cornet Rilke wird von sechzehn feindlichen Säbeln durchbohrt. Doch für ihn ist es wie ein Fest; er hat der Fahne die Treue bewahrt.

Wer von den Jungen, während sie Hans Scholl an diesem langen Heimabend lauschten, dachte nicht an das Lied der Hitlerjugend, das sie so oft sangen: »Und die Fahne führt uns in die Ewigkeit. Ja die Fahne ist mehr als der Tod«. Aber nahmen sie auch mit auf den Heimweg, was der Cornet Rilke schmerzlich vermisste? Eine Erfahrung, die ebenfalls im Zentrum der Erzählung steht, die Hans Scholl, ihr Führer, für sie ausgesucht hatte?

Denn auf dem Ritt über die Schlachtfelder, über erschlagene Bauern und vorbei an fremden Hütten, hat der Fahnenträger eine Vision: »RAST! Gast sein einmal. ... Nicht immer feindlich nach allem fassen, einmal sich alles geschehen lassen und wissen – was geschieht ist gut. ... Nicht immer Soldat sein. Einmal die Locken offen tragen und den weiten offenen Kragen und in seidenen Sesseln sitzen.« Neben allem Drill und Gleichschritt lässt Hans Scholl in der poetischen Sprache des Dichters eine Alternative jenseits des Soldaten-Ideals aufleuchten: Weichheit statt Härte, Frauenhände statt Männerstolz, Träume statt Taten, Brokat und Seide statt Waffenrock, keine Trommeln, nur sanfte Rosen, jene Blume, die für Rilke Sehnsucht und Erlösung verkörpert. Das alles erlebt der achtzehnjährige Cornet in der einen Nacht im Schloss, bevor er sich mit der Fahne in Schlacht und Tod stürzt.

Warum so ausführlich? Weil dieser Vorlese-Abend keiner Laune entspringt; er sagt Zentrales über Hans Scholl – und über Sophie Scholl, seine Schwester. Denn auch das steht in den Erinnerungen, die Susanne Hirzel über die gemeinsame Zeit im Jungmädelbund aufgeschrieben hat: »Fast jedes Wochenende fand sich privatim eine kleine Schar, die sich stolz als ›Elite‹ fühlte, zusammen, um an der Iller oder am Donauufer zu zelten. Da sehe ich Sofie, am Feuer sitzen und im jagenden Rhythmus, atemlos, in begeisterter Hingabe Rilkes ›Cornet‹ vorlesen.« Die Lesungen am Feuer und bei Heimabenden haben nichts Heimliches an sich, sind keine Gegensätze zu körperlichen Mutproben, sondern für Sophie und Hans Scholl Teil des Abenteuers Leben, in dem sich Widersprüche zum Ganzen fügen. Jungvolk und Jungmädel-Gruppe bieten die Möglichkeit, dieses Abenteuer zu gestalten, zu erleben, auszukosten und die Widersprüche auszuhalten.

Der Spießer liebt es harmonisch, freut sich am Mittelmaß ohne Ecken und Kanten. Aber Adolf Hitlers »neues Deutschland« hat der Jugend ein größeres Ziel gesetzt. Hans Scholl hat sich ein hektografiertes Blatt aufgehoben, das den jugendlichen Führern einhämmert: »Wenn wir vor unseren Jungenblock treten, dann ist uns das nicht Dienst allein ... dann sehen wir nicht nur Uniformen … wir sehen Hunderte von kleinen Funken, die sich zum großen Feuer sehnen … Da haben wir uns heißen Herzens und klaren Sinns unserer heiligen Aufgabe verschrieben: Zu schlagen, zu feilen, zu schleifen, bis jeder einzelne unserer Armee Kunstwerk ist und Künstler zugleich. Wie Kristall. Hart, klar und kantig.« Kunstwerk und Künstler zu sein, ein großartiger Widerspruch und jeder Mühe wert, daran mitzuarbeiten.

Den Jungmädeln im Bund Deutscher Mädel erläuterte ein Handbuch 1934, was das Wesentliche der »Volksgemeinschaft« ist: »… dass zum Leben in dieser Gemeinschaft das Sicheinfühlen in die Art des andern Volksgenossen und die Achtung vor seinem Wesen gehören.« Dazu müsse man »praktisch helfend eingreifen … und Opfer bringen, an Zeit, Geld, Arbeit. Sozialismus im BDM«. Über die ideale »Jungmädelführerin« schrieb der Reichs-Jugend-Pressedienst im März 1934, sie müsse »revolutionär« und »kampflustig« sein und fasste das Erziehungsziel für die »deutschen Mädel« in einem Reim zusammen: »Schwarz oder weiss, nur nicht grau, / Kalt oder heiss, nur nicht lau!« Und eine Reichsreferentin beschwor im Pressedienst über Nationalsozialistische Mädelerziehung die »Gleichwertigkeit von Jungen und Mädel in allen Fragen der Erziehung«. Es müsse »immer wieder festgestellt werden, dass heute die jungen Mädels in Deutschland sich keineswegs zufriedengeben mit jenen berühmten K's – Kinder, Küche, Keller, Kleider …«.

Sophie Scholl zeigte demonstrativ: Sie war weder grau noch lau, und sie war von ihrer Gleichwertigkeit überzeugt. Bei den Jungmädeln marschierte sie mit radikal kurzem Haar und langer Stirntolle durch Ulms Straßen, ein Hitler-Lied auf den Lippen, die Hakenkreuzfahne voran. Sie schepperte bei Regen und Schnee – in kurzen Söckchen, auch wenn das gegen die Vorschrift war – mit der Sammelbüchse für das Winterhilfswerk, verbrachte viele Stunden bei ihrer JM-Gruppe in Wiblingen. Die Schule lief nebenher. Sophie Scholl war intelligent, das Lernen fiel ihr leicht. Aber im Herbst 1935 stand viermal »genügend« auf dem Zeugnis, in Geschichte, Englisch, Französisch, Heimat und Erdkunde, alles Fächer, in die man Zeit investieren muss. »Sehr gut« gab es in Religion und Physik und »gut« in allen übrigen Fächern. Das »Gesamturteil« sieht es richtig: »In ihren Arbeiten ist sie ungleichmäßig und sollte im ganzen fleißiger und gewissenhafter sein. Sie hat etwas nachgelassen, wohl infolge Überlastung.«

Die Stunden, die die Scholl-Kinder zu Hause verbrachten, wurden immer weniger. Überhörten, übersahen sie vor lauter Engagement in HJ und BDM, bei all den Aufmärschen und nationalen Veranstaltungen, dass im Staat Adolf Hitlers die Freiheit, von der so viel geredet und gesungen wurde, nicht allen galt? Dass die jüdische Minderheit immer rigoroser und brutaler von der hochgelobten Volksgemeinschaft ausgeschlossen wurde? Nach der ersten reichsweiten antisemitischen Kampagne im Frühjahr/Sommer 1933 organisierte die NSDAP für 1935 die zweite Propaganda- und Aktionswelle, um die Bevölkerung zum Hass und zu aggressiven Taten gegen die jüdischen Bürger aufzustacheln. Sie spiegelt sich in den Artikeln des »Ulmer Tagblatts«, das 1934 mit dem NSDAP-Organ »Ulmer Sturm« zwangsvereinigt worden war.

Im Februar und März 1935 werden überall im Reich von Parteigenossen jüdische Geschäfte blockiert, Fensterscheiben eingeschlagen. Aber die Bevölkerung macht nicht mit. Die Hetze jedoch geht weiter und die Drohung an die eigene Bevölkerung. 12. März 1935: Der Ulmer NSDAP-Kreisleiter persönlich schreibt einen Artikel: »Wer einmal die Judenfrage erkannt hat, wäre ein Schuft gegenüber seinem Volke, wenn er von der Bahn des Nationalsozialismus auch nur einen Schritt abweichen würde.« 15. April: »Schmutzig ist und bleibt der Jude, wo man ihn anfasst, und es ist kein Wunder, wenn man in den Straßen lesen kann: Wer beim Juden kauft, ist ein Volksverräter.« Am 11. Mai 1935 erlässt die Ulmer Verwaltung ein »Judenverbot für öffentliche Badeanstalten«. 1. Juli 1935: Das Mitteilungsblatt des Kreises Ulm der NSDAP erscheint mit einer Sonderausgabe »Die Juden in Ulm im Jahre 1828«, ein historisch verbrämtes antisemitisches Pamphlet: »Wir bekämpfen den Juden deshalb, weil er Jude ist. Weil er als Angehöriger der jüdischen Rassengemeinschaft den Gesetzen dieser Rasse unterworfen ist und darnach handelt.«

Während im August weitere jüdische Geschäfte verwüstet werden, versucht die Regierung in Berlin die Radikalen in der NSDAP zu bremsen und deren gewalttätigen Antisemitismus in legale Kanäle zu leiten. Die Mehrheit der Bevölkerung unterstützt die brutalen Aktionen nicht, reagiert mit Empörung und kauft weiter in jüdischen Geschäften. Zwar ist der Antisemitismus in der Bevölkerung verbreitet, aber nicht tief verwurzelt.

Am 10. September beginnt in Nürnberg der »Reichsparteitag der Freiheit«, die jährliche spektakuläre Heerschau sämtlicher nationalsozialistischer Organisationen vor ihrem Führer, eine Massenveranstaltung ohne Beispiel. Hunderttausende kommen nach Nürnberg, um vor Adolf Hitler zu paradieren, der täglich vier bis fünf Reden hält; dazu Feuerwerke, Licht-Spiele bei Nacht, düstere Totenehrungen im Fackelschein. Am 15. September, als der Parteitag zu Ende geht, unterzeichnet Adolf Hitler das »Reichsbürgergesetz« und das »Gesetz zum Schutze des deutschen Blutes und der deutschen Ehre«, das die deutschen Juden zu Bürgern zweiter Klasse und minderen Rechts macht, ausgestoßen aus dem »Schutzverband des Deutschen Reiches« und damit vogelfrei geworden.

Aus dem Reichsbürgergesetz, Paragraph 2: »Reichsbürger ist nur der Staatsangehörige deutschen oder artverwandten Blutes, der durch sein Verhalten beweist, dass er gewillt und geeignet ist, in Treue dem Deutschen Volk und Reich zu dienen. … Der Reichsbürger ist der alleinige Träger der vollen politischen Rechte nach Maßgabe der Gesetze.« Das »Gesetz zum Schutz des deutschen Blutes und der deutschen Ehre« war »durchdrungen von der Erkenntnis, dass die Reinheit des deutschen Blutes die Voraussetzung für den Fortbestand des Deutschen Volkes ist«. Der »schmutzige Jude« hatte nach den Vorstellungen der Nationalsozialisten kein »deutsches oder artverwandtes Blut«. Wer als »Deutscher« mit ihm sexuelle Kontakte hatte, betrieb »Rassenschande«. Mit den Nürnberger Gesetzen war es amtlich: »Eheschließungen zwischen Juden und Staatsangehörigen deutschen oder artverwandten Blutes sind verboten. … Außerehelicher Verkehr zwischen Juden und Staatsangehörigen deutschen oder artverwandten Blutes ist verboten.« Allen bisherigen Boykottaufrufen und Hetzkampagnen war es nicht gelungen, die Beziehungen zwischen jüdischen und nichtjüdischen Deutschen so rigoros zu unterbinden, wie es die NS-Antisemiten anstrebten. Die zwei Gesetze vom »Parteitag der Freiheit«, was für ein Hohn, waren das Instrument, um diesem Ziel endlich näher zu kommen.

Die Kirchen schwiegen zu den Konsequenzen einer »Rassenpolitik«, die zwischen Rassen mit mehr oder weniger Menschenwürde differenzierte, zu einer »Theorie«, die pure Ideologie war und jeder wissenschaftlichen Grundlage entbehrte; eine Bankrotterklärung jeglicher Moral, ein Freibrief für Barbarei und Verbrechen. Die Presse, die noch nicht totales Eigentum der Partei war, hielt sich auffällig zurück mit ihren Kommentaren und versuchte, den »Nürnberger Gesetzen« einen Hauch von Seriosität abzugewinnen. Das »Berliner Tageblatt« hob hervor, der Führer habe davon gesprochen, dass diese Maßnahmen dazu dienen sollten, das deutsche Volk »in ein erträgliches Verhältnis zum jüdischen Volk« zu bringen. Die »Deutsche Allgemeine Zeitung« betonte, das Gesetz »biete dem jüdischen Teil der Bevölkerung, der in unserer Mitte lebt … eine Daseinsmöglichkeit«. Auch die große Mehrheit der Bevölkerung jubelte nicht. Man war eher erleichtert und hoffte, dass die Gewalttätigkeiten vorbei und es endlich Ruhe um die »Judenfrage« geben werde.

Susanne Hirzel war bei ihren Besuchen in der Scholl-Familie immer wieder fasziniert von den offenen politischen Diskussionen, die die Eltern mit ihren Kindern bei den gemeinsamen Mahlzeiten führten. Im Pfarrhaus Hirzel kamen solche Themen nicht auf den Tisch. Es scheint undenkbar, dass die »Nürnberger Gesetze« bei den Scholls nicht kommentiert wurden. Hinweise dazu gibt es allerdings nicht. Doch eine besondere Aufmerksamkeit erfuhr der »Parteitag der Freiheit« schon deshalb, weil Hans Scholl in Nürnberg dabei war.

Die Ulmer HJ stellte eine Abordnung von fünfzig Jungen zum Parteitag, darunter drei Fahnenträger, einer davon war der Fähnleinführer Hans Scholl. Das war eine Auszeichnung. Die Drei nahmen teil am Sternmarsch von 1200 HJ-Jungen, die 341 Fahnen aus dem ganzen Reich zu Fuß zum Parteitag nach Nürnberg trugen. Rund 50000 Mädchen und Jungen aus BDM und HJ waren zwischen dem 10. und 15. September 1935 in der alten Reichshauptstadt versammelt, um ihrem Führer zu huldigen. Alle Geschichten, die sich mit dem Leben und Sterben von Sophie und Hans Scholl beschäftigen, erzählen von Nürnberg als einem Wendepunkt, erst für Hans Scholl und sehr bald danach für alle seine Geschwister.

Grundlage ist Inge Scholls Klassiker »Die Weiße Rose«, wo sie über ihren Bruder Hans, den Fahnenträger, schreibt: »Seine Freude war groß. Aber als er zurückkam, trauten wir unseren Augen kaum. Er sah müde aus, und in seinem Gesicht lag eine große Enttäuschung.« Die Jugend, »die ihm dort als Ideal vorgesetzt wurde«, entsprach nicht seinem Bild. Statt dass jeder Junge durch seine Kreativität die Gruppe bereicherte, waren nur Drill und Uniformierung gefordert. Die Geschwister hatten bisher die Begeisterung geteilt, nun scheint folgerichtig: »Der Funke quälenden Zweifels, der in Hans erglommen war, sprang auf uns alle über.« Der Funke des Zweifels an den Idealen der Nationalsozialisten, die sie als HJ-Führer und BDM-Führerinnen bisher weitergegeben hatten an die Jungen und Mädchen, die ihnen unterstanden, an zukünftige Führerinnen.

Die Grundlage für einen Mythos war gelegt, auch wenn Inge Scholl in ihrem Buch keine Daten nennt. Entscheidende Fragen bleiben unbeantwortet. Wann sprang der Funke über? Haben alle Geschwister gleichzeitig und gleichartig reagiert – von Inge, der Ältesten, bis zu Sophie Scholl? Welche praktische Folge ergab sich aus den Zweifeln: eine dramatische Umkehr?

# WIR EROBERN UNSER DEUTSCHES VOLK

*September 1935 bis Mai 1936*

Fünf Tage vor dem Beginn des Reichsparteitags in Nürnberg, am 5. September 1935, leitet Inge Scholl wie jeden Donnerstag den Schulungsabend für Ulmer Gruppenführerinnen der Jungmädel. Zur Vorbereitung gibt es – zentral verschickt von der Berliner Reichsjugendführung – für HJ und BDM getrennte Mappen. Da es innerhalb der NSDAP umstritten ist, ob man Mädchen überhaupt politisch schulen solle, sind die BDM-Führerinnen nicht streng an die Unterlagen gebunden und werden kaum kontrolliert. Sophie Scholl ist als Schaftführerin der Jungmädel in Ulm-Wiblingen an den Donnerstagabenden in der Bockgasse dabei.

Inge Scholl hat ihre Notizen aufbewahrt, die sich auf die Struktur der Abende, vom Herbst 1935 bis weit in das Jahr 1936 hinein, beziehen. Für den »5.9.1935« heißt der Spruch: »Wir Jungen kennen nur dies eine: / Treue unserm Führer, denn er ist Deutschland / und wir sind sein Fundament, / mit dem er ein neues Volk / und uns eine neue Heimat / schmieden wird.« Das Thema ist »Schwaben. Seine Art und die geschichtliche Entwicklung Schwabenlands, Dichter und Helden«. Und dazu passend das Lied: »I hab a kleines Häusla / I hab a kleines Haus / Da will i drin wohna / I zieh nimmer aus.«

Am 18. September steht das »Sigurlied der Edda« auf dem Schulungsprogramm, und am nächsten Tag folgt in den handschriftlichen Notizen der »19. Scheiding 1935, Führerbesprechung«. Im Oktober wird sie auch öfters vom »Gilbhart« sprechen. Was in der Rückschau lächerlich klingt, war der Versuch der Nationalsozialisten, die Monatsnamen zu »germanisieren«, um bei den Menschen das Bewusstsein für die »germanische Rasse« zu stärken, die angeblich allen anderen überlegen war und deshalb allein in Deutschland, ja ganz Europa das Sagen haben dürfe. November hieß »Nebelung«, Mai »Wonnemond« – durchgesetzt hat es sich nicht.

Der Spruch, den Inge Scholl am Schulungsabend des 19. September vorträgt – da war Hans Scholl seit vier Tagen vom Parteitag in Nürnberg zurück –, lautet: »Blut will zu Blut / Trotz Grenze und Wall / Volk will zu Volk / Deutsch überall.« Das passte zum Thema »Grenzland und abgetrennte Gebiete«, und Lieder dazu gab es auch reichlich: »Es steht ein Führer überm Land ... Wir Jungen tragen die Fahne ... Wir wollen ein starkes einiges Reich ...« Ende Oktober gehen die Schulungs-Informationen in Tagebuch-Notizen über. Am 2. November 1935 taucht die jüngere Schwester auf: »Ich fahre mit *Sofie* ... nach Wiblingen. Von dort aus marschieren wir mit der Schar nach Grimmelfingen.« Sie bringen eine Fahne in ein Landheim: »Schweigen. Unsere Gedanken gehen nur um die Fahne.« Die Nationalsozialisten nutzten konträre Techniken, um Gemeinschaftsgefühle zu erzeugen: zuerst im Gleichschritt marsch – dann meditative Stille. In den jugendlichen Führern und Führerinnen hatten sie gelehrige Schüler und Schülerinnen.

Im Winter 1935/36 entsteht die Idee, städtische BDM-Gruppen aufs Land zu schicken, um dort Propaganda für die »NS-Mädel-Arbeit« zu machen und über die Mädchen die Eltern enger an den Nationalsozialismus zu binden. Am 13. November, einem Mittwoch, hat Inge Scholl einen »BDM-Abend in Einsingen, einen öffentlichen Heimabend, einen Märchenabend für die Mütter von dem ganz schwarzen Nest« geplant; mit neun Jungmädeln aus Ulm, »darunter *Sofie*«. So steht es im Tagebuch. Das schmucke Dorf liegt etwa 15 Kilometer südwestlich von Ulm, hat rund 2000 Einwohner, die gut katholisch – »ganz schwarz« – sind. Spät abends in der Olgastraße in Ulm, unter dem frischen Eindruck eines Fehlschlags, notiert Inge Scholl nach der Rückkehr aus Einsingen, was vorgefallen ist.

Auf dem Weg vom Bahnhof ins Dorf wäre das Trüppchen »beinahe in einen Bach hineinmarschiert«, denn es herrschte »rechts Nebel, links Nebel, vor uns Nebel«. Endlich erreichen sie das abseits liegende Heim: »Auf halb sieben hatten wir die Mütter bestellt. ½ 7 Uhr! Einige Jungmädel und die Einsinger JM-Führerin Elisabeth erschienen. *Keine Einzige Mutter* ... dreimal hatten wir sie eingeladen.« Inge Scholl entscheidet: »Hopp – die ganze Bande zum Jungvolkführer.« Der öffnet ihnen das mitten im Dorf liegende HJ-Heim. Dorthin kommen ein paar Mütter. Einige der Ulmer Mädchen spielen Volkslieder auf Klampfe und Ziehharmonika, die andern verkleiden sich – »Rumpelstilzchen wollen wir aufführen«. Nach dem Märchen spricht die Gruppe im Chor: »Wir wollen nichts sein für uns, sondern alles nur für unser Volk ... für Deutschland. Die wir sind vergänglich, Deutschland aber muss leben.« Auch Sophie Scholl spricht es mit.

Dreiviertel neun Uhr geht es in Eile mit dem Auto auf glitschiger Straße zurück zum Bahnhof, »12 Mädel und ein Fahrrad – in einem gewöhnlichen 4 Sitzer«. Inge Scholls Bericht über die Rückfahrt: »Lore neben mir sagt: Du, so stelle ich mir das vor, wenn sie in der Kampfzeit Propaganda machten auf dem Land. Ja, nicke ich.«

In der Kampfzeit: Das waren die harten Jahre vor dem 30. Januar 1933, als Adolf Hitler Reichskanzler wurde und seitdem Deutschland verändert und sich gefügig gemacht hatte wie kein Politiker zuvor. Durch den Vergleich klingt es wie ein Glücksgefühl, ähnlichen Strapazen ausgesetzt zu sein wie einst die Pioniere. Aus dem Vorbild der alten Kämpfer der »Bewegung« erwachsen Stolz und Verpflichtung, Stärkung und Gewissheit: »Aber den Müttern hat's gefallen, das haben wir an ihren Augen gesehen – und wenn's auch nur wenige waren – sie tragen es hinein ins Dorf, lernen uns vielleicht ein wenig verstehen. Unser Eroberungsfeldzug geht weiter: Wir erobern uns unser deutsches Volk.« Und Sophie Scholl ist dabei.

Die ältere Schwester nimmt die jüngere offensichtlich bewusst mit an die Front, wenn es darum geht, Führungsqualitäten zu zeigen, zu lernen. Kein besseres Praktikum bei der »Ausbildung« zur höheren BDM-Führerin für die vierzehnjährige Sophie Scholl als der Abend in Einsingen. Kein perfekteres Vorbild als die achtzehnjährige Inge, bei der alles – obwohl ein Ehrenamt – professionell abläuft: organisieren und planen, wenn nötig, flexibel neue Entscheidungen treffen, mit Autorität auftreten und durchgreifen. Und mit Überzeugung die Botschaft rüberbringen, dass sich alle der nationalsozialistischen Volksgemeinschaft anschließen, weil »Deutschland leben muss«.

Sophie Scholl hat nach ihrem Eintritt als Jungmädel im April 1934 geschworen, »gerade« zu sein. Nichts spricht dagegen, dass sie aus Überzeugung mit nach Einsingen gefahren ist und sich mit dem »Eroberungsfeldzug« im Namen der nationalsozialistischen Jugendorganisation identifiziert. Dass Inge Scholl ihre jüngste Schwester zum Mitmachen gezwungen hätte, ist ausgeschlossen. Vielmehr weiß Sophie Scholl dank ihrer ältesten Schwester, was man von einer höheren BDM-Führerin erwartet.

Das Jahr 1936 begann für Sophie Scholl im Winterlager der Ulmer BDM-Führerinnen, das Inge Scholl vom 27. Dezember 1935 bis 5. Januar 1936 bei Freudenstadt organisiert hatte. Zuvor hatte es noch einen »Sammelappell zum Winterhilfswerk« gegeben; viele Stunden würden die BDM-Mädchen und HJ-Jungen in den folgenden Monaten wieder mit der Sammelbüchse auf Straßen und Plätzen stehen. Aber das ist kein Grund, nicht weitere freie Zeit in die Arbeit bei den Jungmädeln und dem BDM zu stecken. 18. Januar 1936: »Wir gehen in den Film ›Unsere Wehrmacht‹. Am 27. Januar fährt Inge Scholl zur »Führertagung« nach Stuttgart. Der achtundzwanzigjährige Baldur von Schirach, als Jugendführer des Deutschen Reiches und hoher NSDAP-Funktionär Herr über alle NS-Jugendorganisationen, »spricht über kommende Aufgaben in 1936«, so Inge Scholls Notizen.

Am 28. Januar beschreibt Inge Scholl, wie sie die neu ernannten Führerinnen eingeschworen hat: »Wir stehen im Halbkreis, den Blick der untergehenden Sonne zugewandt: ›Wer sich nicht ganz und gar für seine Gruppe einsetzt, wer jetzt noch immer nicht bereit ist, Jungmädel zu sein, nicht nur im Dienst, der kann abhauen.‹ Alle bleiben.« In der Hitlerjugend geht es rauher zu, aber im Kern wird Gleiches gefordert – der ganze Mensch: »Wer diese Forderungen nicht erfüllt, soll wegbleiben. Die Aasgeier müssen auch was zu fressen haben.« So steht es am Ende eines hektographierten Blattes für Jungenschaftsführer, das Hans Scholl aufbewahrt.

Hans Scholl: Dass ihn manches an den Massenveranstaltungen des Nürnberger Parteitags, an den vulgären Männerritualen abgestoßen hat, ist nachvollziehbar. Doch er bleibt weiterhin Fähnleinführer seiner Jungenschaftsgruppe innerhalb der Hitlerjugend. Auch bei seinen Schwestern wird kein »Funke des Zweifels«, der angeblich nach dem Nürnberger Parteitag im September 1935 übersprang, sichtbar. Die Tagebuchnotizen von Inge Scholl über viele Monate nach dem Parteitag sind eindeutig: Sie und ihre Schwester Sophie – wie auch Liesl Scholl – sind weiterhin in der NS-Jugendorganisation engagiert und bereit, höhere Ämter und Aufgaben zu übernehmen.

Im Mai 1936 wird Sophie Scholl fünfzehn Jahre alt und Scharführerin in Ulm-Söflingen; sie ist nun für rund 40 Jungmädel verantwortlich. Einen Monat zuvor wurde Liesl Scholl als Ulmer Gruppenführerin vereidigt; die Sechzehnjährige hat etwa 120 Jungmädel unter ihrem Kommando. Als Spruch für die jungen Führerinnen hat Inge Scholl im Frühjahr 1936 ausgewählt: »Wir erobern unser deutsches Volk.« Selbstverständlich nehmen Sophie und Liesl Scholl weiter an den Schulungsabenden von Inge Scholl teil. Ein Ausschnitt aus den Themen, die sie in diesen Monaten vorträgt: »Rassenhygiene«; »Rasse. Was ist nordisch?«; »Ich erzähle aus dem Leben des Führers«; »Ich sprach über Mütter – Erde – Herz des Volkes – Blutstrom«; »Germanische Kunst«. Und alle Führerinnen gehen mit ihr in den Saalbau, als dort am 13. März NSDAP-Kreisleiter Eugen Maier spricht. Am 19. März wird die Reichsfrauenführerin Gertrud Scholtz-Klink erwartet: »Meine Führerinnen gehen hin.« Und das, obwohl der Tag zuvor anstrengend und lang war. Denn am 18. März 1936 hieß es für die Jungmädel samt ihren Führerinnen: »Spalierstehen für Ministerpräsident, Kundgebung Münsterplatz.« Natürlich in Uniform. Der Anlass ist außerordentlich. Mehr denn je jubelt ganz Deutschland über seinen Führer, der wieder einmal mit seiner Vabanque-Politik erfolgreich ist.

Am 7. März 1936 waren Fahrzeuge der Wehrmacht am frühen Morgen über die Rheinbrücken in Richtung Westen gerollt, dröhnte der Gleichschritt deutscher Soldaten durch das seit 1918 entmilitarisierte Rheinland. Damit hatte Hitler den Vertrag von Versailles eindeutig und einseitig gebrochen. Aus dem Regierungsbezirk Aachen meldete die Gestapo an die Zentrale in Berlin: »Überall fanden Aufmärsche und Fackelzüge statt, bei denen die Beteiligung das bei früheren Veranstaltungen übliche Maß bei weitem übertraf.« Noch am gleichen Tag begründete der Führer und Reichskanzler im Reichstag sein Vorgehen und versicherte aller Welt, wie sehr Deutschland einer Friedenspolitik verpflichtet sei. Anschließend löste er den Reichstag auf und verfügte dessen Neuwahl für den 29. März, um »dem deutschen Volk Gelegenheit zu geben, der mit dem heutigen Tage abgeschlossenen Politik der Wiederherstellung der nationalen Ehre und Souveränität des Reiches seine feierliche Zustimmung erteilen zu können«. England und Frankreich setzten Hitlers aggressiver Außenpolitik nichts entgegen. Es blieb bei einer folgenlosen Anrufung des Völkerbundes.

Am 18. März kam der bayerische Ministerpräsident und SA-Gruppenführer Ludwig Siebert im Verlauf der »Wahl-Kampagne« nach Ulm; darauf bezieht sich Inge Scholls Notiz übers »Spalierstehen«. Höhepunkt ist die Abschlusskundgebung auf dem Münsterplatz, zu der 2000 Ulmer Jungen und Mädchen von HJ und BDM antraten. Ihr »Dienst« hatte schon am Bahnhof begonnen, um den Ministerpräsidenten würdig zu empfangen. Das »Ulmer Tagblatt« berichtet: »Schon in den Nachmittagsstunden sah man überall die Jungen und Mädel in ihren schmucken Uniformen in den Straßen der Stadt. ... In offenem Viereck waren die Pimpfe einmarschiert; die Jungmädel bildeten Spalier. Nach dem Empfang rückten die Kolonnen zum Propagandamarsch ab. Beinahe endlos schien der Zug. Voran marschierte der Spielmannszug; es folgten die Fahnen und die Formationen des Jungvolks und der Jungmädel. Wenn diese Jungen auch in verschiedenen Elternhäusern, bei reich oder arm, aufgewachsen sind, hier im Jungvolk marschieren sie in der gleichen Kleidung nebeneinander für ein Ziel.« Das Miteinander der unterschiedlichen sozialen Schichten in der HJ galt ebenso für die Jungmädel, auch wenn die dem Berichterstatter nicht so wichtig sind.

Am 28. März, dem Tag vor der Wahl, marschierte wieder ganz Ulm zum Münsterplatz – HJ- und BDM-Kolonnen inbegriffen –, wo ein großer Zapfenstreich angesagt war. Am Turm des Münsters leuchtete ein dreifacher Kranz aus 900 Glühbirnen. Während des »Wahlkampfs« wurden 17 000 Plakate angeschlagen, 162 000 Flugblätter verteilt, 3000 Meter Stoff für Spruchbänder verarbeitet, und die Ulmer BDM-Mädchen hatten 7000 Meter Girlanden geflochten. Inge und Sophie Scholl waren mehr als beschäftigt.

Adolf Hitler beendete den Propaganda-Feldzug für seine Politik mit einer Massenkundgebung in Köln. Sein Propagandaminister Joseph Goebbels setzte den Schlusspunkt: »Man hatte das Gefühl, als sei Deutschland in ein einziges großes, alle Stände, Berufe und Konfessionen umschließendes Gotteshaus verwandelt worden, zu dem nun sein Fürsprecher vor den hohen Stuhl des Allmächtigen trat, um Zeugnis abzulegen für Wille und Werk.« Am 29. März 1936 stimmten 44,4 Millionen Deutsche für die Politik Adolf Hitlers; das waren 98,9 Prozent aller Wahlberechtigten. Die Wahl war weder frei noch gab es Alternativen, dafür Betrug, Drohungen und Einschüchterung an den Wahlurnen. Doch auch ohne die Instrumente moderner Wahlforschung ist die Annahme berechtigt, dass die tatsächliche Zustimmung dem Abstimmungsergebnis sehr nahe kommt. War die Remilitarisierung des Rheinlandes nicht ein grandioser Erfolg? Und hatte Hitler diesen Coup nicht gegen die Ratschläge der Experten im Auswärtigen Amt und der Reichswehr durchgesetzt? Wieder war auf unblutigem Weg ein Stück der gedemütigten deutschen Ehre wiederhergestellt.

»Ich gehe mit traumwandlerischer Sicherheit den Weg, den die Vorsehung mich gehen heißt«, hatte Hitler am 14. März bei einer »Wahlkampfrede« in München seine Politik erklärt. Mit dem Frühjahr 1936 erreichte die Welle der Führerverehrung einen doppelten Höhepunkt; der Mythos von Hitlers Unfehlbarkeit ist vollends bei der Mehrheit der Deutschen verwurzelt. Zugleich scheint Hitler, der diesen Mythos bisher als Instrument zur Disziplinierung und Unterwerfung kühl genutzt hatte, von diesem Zeitpunkt an selbst überzeugt zu sein, messianische Kräfte zu haben; Erlöserqualitäten nicht nur auszustrahlen, sondern wirklich zu besitzen.

Am 20. April 1936 hält Otto Dietrich, der Pressechef der Reichsregierung und seit 1929 in der NSDAP, am Radio die offizielle Rede auf Hitlers Geburtstag. Er nennt ihn einen »Titanen«, der sein Volk »zur Würde des Lebens, zum Licht der Freiheit und zum Glück nationaler Ehre« geführt habe. Niemals sei »ein Sterblicher je von soviel Liebe und Vertrauen getragen worden wie Adolf Hitler, der Mann aus dem Volke«. Am gleichen Tag notiert Inge Scholl »Vereidigung der Gruppenführerinnen: Ich gelobe Adolf Hitler unverbrüchliche Treue«.

Wörtlich heißt der Eid, den in diesem Frühjahr aufgrund ihrer neuen Führungsämter auch Sophie und Liesl Scholl sprachen: »Ich gelobe meinem Führer Adolf Hitler mein ganzes Leben hindurch unverbrüchliche Treue.« Und Scharführerin Sophie Scholl hörte, was zuvor ein HJ-Führer den Jungen und Mädchen zugerufen hatte: »Seid euch bewusst, dass dieser Schwur Verpflichtung ist fürs Leben. Dass euer Leben nun dem Volk gehört, dem

Volk und seinem Führer.« In die Stille nach dem gemeinsam gesprochenen Eid sprach ein HJ-Junge: »Wir schlossen uns zum Bunde / des Opfers und der Tat. / Auch in der Feierstunde / will Gott uns fest und grad. / Dass wir den Schwur nicht brechen, / dass wir im Tod noch treu / des Führers Namen sprechen; / drum bitten wir dich neu.« Treue bis in den Tod – fest und grad durchs Leben gehen: Das sind Ideale, für die man empfänglich ist, wenn man fünfzehn Jahre zählt – und wenn einen die Eltern dazu erzogen haben, Großes im Leben zu leisten, für sich und für die anderen.

Vor allem das »Gerade-Sein« hat Sophie Scholl angesprochen; es fand Resonanz in ihrer Persönlichkeit. Als es an der Jahreswende 1939/40 in der Beziehung zwischen Sophie Scholl und Fritz Hartnagel zu einer tiefen Krise kommt, wird sie ihm schreiben: »Ich kann mich nicht aufgeben für Dich. Ich weiß schon, was Du denkst. Du denkst, das soll sie ja gar nicht. Aber im Grunde müsste sie es eben doch. Um gerade zu sein.«

Am 9. Mai 1936 ist wieder ein großer Tag für Inge Scholl, die bisher den Ring II leitete: »Ringübergabe des JMRinges VII an mich – Wir sind 32 Führerinnen von 35! Wir stehen im Kreis!« Das Stakkato der Worte verrät, wie tief sie bewegt ist. Auch Sophie Scholl wird dabei- und stolz auf ihre Schwester gewesen sein.

Um diese Zeit war Hans Scholl – nach der Rückkehr von der Osterfahrt mit seiner Jungvolk-Truppe – bereits seines Amtes als Führer des Fähnleins 9 im Ulmer Jungvolk enthoben. Seit dem Spätherbst 1935 hatte es ständige Auseinandersetzungen zwischen dem siebzehnjährigen Hans Scholl und Max von Neubeck, dem vier Jahre älteren HJ-Vorgesetzten, gegeben. Die Krise kulminierte vor dem aufmarschierten Jungvolk in einer Ohrfeige, die Hans Scholl seinem Vorgesetzten im Streit um eine Fahne verpasste, so die Erzählung von Inge Scholl. Da es keine schriftlichen Quellen gibt und keine Aussagen von Hans Scholl, bleibt die Ohrfeigen-Geschichte diffus und schwer durchschaubar. Doch mit ihr ist wieder ein Mythos verbunden: dass die Ohrfeige Ausdruck einer politischen Distanzierung von der Hitlerjugend ist und dass auch Inge und Sophie Scholl nach dem Vorbild ihres Bruder Hans bei den Jungmädeln und im BDM in Wahrheit nur die Ideale der Bündischen Jugend verbreiteten.

Bündisch: eine fremde, ferne Vokabel. Doch sie hatte einmal magischen Klang.

# DAS MORSCHE MUSS ÜBER BORD GEHEN

*Die schillernde Welt der Jungmänner-Bünde*

Als Hans Scholl im Mai 1933 in die HJ eintrat und im Oktober seine Karriere im Jungvolk begann, war Max von Neubeck sein Führer, ein Anhänger der bündischen Jugendorganisation dj. 1.11. Gegründet hatte die »deutsche jungenschaft« am 1.11.1929 der zweiundzwanzigjährige Eberhard Köbel – Fahrtenname »tusk« – aus Protest gegen die traditionellen Bünde, gegen die Gruppen von Jugendbewegung und Wandervogel, die lahm, spießig und selbstgenügsam geworden seien. Tusk, eine charismatische Führerpersönlichkeit aus bürgerlichem Haus, öffnete den bündischen Gemeinschaftsgedanken für die Moderne. Zu dem Lebensgefühl, das er seinen Jungen vermittelte, gehörten neben Fahne, Lagerfeuer, Liedern und Selbsterprobung in der Natur die Liebe zu moderner Literatur und Kunst, ein Sinn für Technik und ein Gespür für Weltoffenheit. Die Fahrten der dj. 1.11. führten mit Vorliebe nach Lappland – dort hatte Köbel den Namen »tusk – der Deutsche« erhalten –, statt Klampfe wie beim Wandervogel wurde Balalaika gespielt, und abends am Feuer wurden russische, skandinavische, französische Lieder gesungen. Ein autonomes Jungenleben sollten sie führen, nicht gebunden an Familie, Rasse, Politik. Aber eine politische Dimension verpasste tusk seiner Gruppe doch, gegen alle Traditionen: In der dj. 1.11. sollten Arbeiterkinder neben Bürgersöhnen im Gleichschritt marschieren. Revolution und Sozialismus war seine Parole.

Von einer Lapplandfahrt brachte tusk die Kohte mit, ein schwarzes rundes Zelt, in dem man Feuer machte, weil die Spitze geöffnet werden konnte. Die dunkelblaue Jungenschafts-Bluse war so erfolgreich, dass sie fabrikmäßig hergestellt und von der HJ übernommen wurde. Dazu trugen die Jungen eine kurze schwarze Hose und grobkarierte Hemden. Die Lieder der dj. 1.11. erklangen bald an allen Lagerfeuern, waren beliebt bei bündischen, sozialistischen, katholischen und evangelischen Jungen. »Über meiner Heimat Frühling seh' ich Schwäne nordwärts fliegen«, geschrieben von tusk, gehörte dazu. Geradezu Klassiker wurden 1932/33 die Lieder der dj.1.11.-Gruppen »Eisbrechermannschaft« – »Die grauen Nebel hat das Licht durchdrungen«, »Wiegende Welle auf wogender See« – und der »Südlegion«: »Schließ' Aug und Ohr für eine Weil'«.

Tusk und seine Truppe verstanden sich als jugendliche Avantgarde. Keiner der großen älteren Jugendverbände konnte sich den dynamischen Ideen, dem selbstbewusst-verschwörerischen Auftreten der dj. 1.11. entziehen. Und es gab keineswegs nur Gegensätze zu überbrücken. Da waren viele Gemeinsamkeiten, die die dj. 1.11. fest mit dem Milieu der Jungenschaft verbanden, das während der Weimarer Republik so viele junge Männer prägte: Distanz zu einem demokratischen Weltbild; die Struktur von Gefolgschaft und Führer; die Vorstellung, dass befehlen nur darf, wer bedingungslos gehorcht, auch wenn die dj. 1.11. betonte, man müsse das Denken nicht ausschalten; physische Herausforderungen bis an die äußerste Grenze; der Kult um die Fahne; soldatische Haltung; sich zu opfern für die Volksgemeinschaft und dennoch Elite zu sein.

Tusk forderte einen eigenen kreativen Lebensstil. Doch seine Vorstellungen waren schillernd, mehrdeutig und mit nationalsozialistischen Ideen kompatibel. »Herrenmenschen« wollte die dj. 1.11. nicht formen, aber sich rigoros absetzen von der Masse: »Wir wollen alles besser lernen und besser können: besser singen, besser schweigen, besser schlemmen, besser fasten, grimmig arbeiten und hemmungslos faulenzen.« Wer hohe Ansprüche an sich stellte, den zog es zur dj. 1.11.

Eine neue Zeit bricht an, weg mit dem Alten: Nichts anderes predigten die Nationalsozialisten; genau so klang es in vielen Liedern der HJ, die ihrerseits aus bündischen Quellen schöpften. Der achtzehnjährige Hans Baumann komponierte 1932 auf einer Wallfahrt der katholischen Jugend ein Lied, das ab 1934 zum Standard-Repertoire von HJ und SA gehörte: »Es zittern die morschen Knochen / Der Welt vor dem roten Krieg ... Denn heute hört uns Deutschland / Und morgen die ganze Welt. ... Und mögen die Alten auch schelten, / So lass sie nur toben und schrei'n, / Und stemmen sich gegen uns Welten, / Wir werden doch Sieger sein. ... Wir werden weiter marschieren, / Wenn alles in Scherben fällt, / Die Freiheit stand auf in Deutschland / Und morgen gehört ihr die Welt.« Hans Baumann, der 1933 Abitur machte, trat im gleichen Jahr der NSDAP bei und wurde Jungvolkführer. Seine weiteren Lieder, zu Dutzenden bis 1945 im Dienst der NS-Ideologie entstanden, sind teilweise noch heute populär.

Nach dem Januar 1933 ging ein Riss durch die Führer der Bündischen Jugend, auch bei der dj. 1.11. Fünf führende Funktionäre bündischer Gruppen plädierten im März in einer reichsweiten Erklärung dafür, sich »dem Gebot der Stunde nicht zu versagen«. Sie sahen ausreichende Gemeinsamkeiten mit dem Nationalsozialismus und einen Platz für die Bündischen innerhalb der »nationalen Erhebung«. Andere wollten eigenständig bleiben, sich nicht auf eine politische Richtung festlegen. Die neuen Herren, für die es im neuen Deutschland nur NS-Jugendorganisationen geben konnte, lösten im Laufe des Sommers 1933 die meisten Gruppen auf, beziehungsweise überführten sie in die Hitlerjugend. Viele bündische Führer sträubten sich nicht, sondern stellten ihr Können, ihre Erfahrung und ihr Engagement zur Verfügung. Sie machten – unter dem Hakenkreuz – mit Fahrten und Liedern, Marschieren und Fahnenappell weiter wie bisher. Besonders im Deutschen Jungvolk hatten die Bündischen großen Einfluss.

Der Ulmer Max von Neubeck, geboren 1914, war ein dj. 1.11.-Führer, der bündisches Jungenleben, Rituale und seine Begeisterung nahtlos in das Jungvolk bei der HJ übertrug. Er prägte und förderte Hans Scholl, als der im Oktober 1933 zum Jungvolk kam. Hans Scholl zog mit der Kohte auf Fahrt, trug die blaue Jungenschaftsbluse und kurze Hose; seine Jungvolk-Gruppe schmückte ihre Wimpel mit eigenen Kreationen. Die Bündischen verstanden sich als Männerbund; tusk bildete keine Ausnahme. Nur ganz wenige Mädchen in großen Städten hatten einen Platz bei der dj. 1.11. gefunden.

Für Hans Scholl hatten Mädchen nichts in seiner Truppe zu suchen. Aber zu Hause bei Familie Scholl gab es keine Trennung – hier die Söhne, da die Töchter. Die Geschwister waren gleichberechtigt, wenn mit den Eltern diskutiert wurde. Sie lasen, je weniger der Abstand an Jahren sich bemerkbar machte, die gleichen Bücher und sangen zusammen die gleichen Lieder. Davon berichtet Inge Scholls Tagebuch, als im August 1932 ihr Geburtstag gefeiert wurde und Bruder Hans noch beim CVJM war: »Nachher haben wir noch aus Hansens neuem Jungvolk-Buch gesungen. Da sind doch feine Lieder drin.« Inge und Sophie Scholl übernahmen ab 1933 auch die Lieder, die Hans bei seiner Jungenschaftsarbeit lernte. Sie lasen die dj. 1.11.-Zeitschrift und tusks »Heldenfibel«, aus der Hans Scholl seinen Jungen vorlas. In seinen Schwestern hatte Hans Scholl aufmerksame Zuhörerinnen, wenn er von Mutproben und Ritualen erzählte – im Gegensatz zu seinen Eltern. Und im Gegensatz zu seinen Eltern wusste er sie auf seiner Seite, als er sich in den ersten Monaten seiner Hitler- und HJ-Begeisterung zäh gegen seinen Vater behauptete, der ihn von diesem Irrweg abzubringen versuchte.

Wer genau hinhörte, wusste von Anfang an, dass die Nationalsozialisten ihre HJ-Formationen niemals als Nachfolger oder Erben der Bündischen Bewegung sahen. Für wirkliche Nationalsozialisten konnte es keine anderen Götter geben. Die Bündische Jugend war Konkurrenz und musste ausgeschaltet werden, »zerschlagen« hieß das im NS-Jargon. Eine autonome Jugendbewegung, das Ideal der dj. 1.11., war im Dritten Reich undenkbar. Die ehemaligen Bündischen, die die HJ stabilisierten, waren »nützliche

Idioten«. Selbst eine eigenständige Hitlerjugend durfte es nicht geben. 1934 erklärte Joseph Goebbels, Propagandaminister, gläubiger Paladin Hitlers und fanatischer Nationalsozialist, die NS-Bewegung sei zwar »vom heißen Atem der Jugend erfüllt, die aber gehört dem Staat und muss sich einfügen«. Für den Einzelnen könne es nur »rücksichtsloses Einordnen« geben, auch wenn pathetisch die Jugend gerühmt wurde, der »das Morgen« gehöre, im Gegensatz zu den Alten und Spießern.

»Einordnung«, gläubige Bewunderung des Führers, Gewalt und Fanatismus im Dienst der nationalsozialistischen Sache waren auch Bestandteil dessen, was Hans Scholl seinen Jungen im Jungvolk einpflanzte. Die Ausschnitte aus der Zeitschrift »Wir Jungen«, die er aufbewahrt hat, sprechen eine eindeutige Sprache. Einer trägt die Überschrift »Wir wollen«: »Vor kurzem zogen hinter der alten Garde der Bewegung unsere jungen Bataillone durch das Brandenburger Tor am Führer vorbei. Das ist nicht Zufall. Nein! ... Es ist unser bewusster Wille, das Vermächtnis dieser treuesten Kameraden des Führers in unseren Herzen zu verwurzeln und nicht nachzugeben. ... Fanatisch werden wir das Neue bauen, dessen großes Finale wir heute nur ahnen können. Fanatisch werden wir in die Unendlichkeit der deutschen Seele und des deutschen Geistes vorwärtsstürmen. Fanatisch werden wir einst fallen, wenn unser großer Bund ... es von uns fordern wird.« War das auch bündisch? Vielleicht, vielleicht auch nicht. Aber unbezweifelbar ist es nationalsozialistische Marschrichtung und Weltanschauung. So wollte Adolf Hitler die deutsche Jugend haben.

1935 hatte sich der NS-Staat mit seinen Organisationen fest in der Gesellschaft verankert. Auch in der Hitlerjugend wurden alle Rücksichten fallengelassen; die totale Ausrichtung auf den Nationalsozialismus war gefordert, keine Erinnerung an die alten bündischen Zeiten wurde mehr geduldet. In der Zeitschrift »Deutsches Jungvolk« erschienen Aufsätze, die bündische Tendenzen und Rituale als »fremdvölkisch« und »Zersetzung des deutschen Lebensgefühls« verurteilten. Im Juli 1935 wurde – noch einmal – generell die bündische Jugend, am 1. November ausdrücklich die dj. 1.11. verboten. Verboten wurden Kohte, großkarierte Hemden zu kurzen Hosen, Lieder, Literatur und Instrumente aus dem Umkreis der dj. 1.11.

Max von Neubeck hatte trotz seiner dj. 1.11.-Vergangenheit keine Probleme damit, die neuen Befehle an seine Unter-Führer, auch an Hans Scholl, weiterzugeben. Persönliche Rivalitäten zwischen ihm und Hans Scholl um die Ausbildung der Jungvolk-Führer führten zu Reibereien. Ein Knäuel an Motiven ließ die Spannungen zwischen den beiden ansteigen. Hinweise, dass die begeisterte Mitarbeit von Hans Scholl im Jungvolk zur

Jahreswende 1935/36 umschlug in Gegnerschaft zum Nationalsozialismus, gibt es nicht. Es ging um die Deutungshoheit und die wollte Hans Scholl offenbar nicht allein Max von Neubeck überlassen; das hatte auch mit gekränktem Stolz zu tun. Schließlich war Hans Scholl nicht irgendwer in der Ulmer HJ-Führung. »Gehorsam und Freiheit« war das Zwillings-Ideal, an dem er seit jeher seine Jungschar ausrichtete. Aber mit dieser Formel zog er keine Grenze zum Nationalsozialismus. Beides wurde in unzähligen Hitler-Reden beschworen, in Liedern besungen.

Hans Scholl verlor nach der »Ohrfeigengeschichte« Ostern 1936 sein Amt als Fähnleinführer. Doch er konnte sich weiter in Übereinstimmung fühlen mit dem »wahren Kern« des Nationalsozialismus. Er blieb beim Jungvolk und sammelte sechs bis zehn Jungen um sich, eine kleine verschworene Gemeinschaft, darunter sein jüngerer Bruder Werner, die jedes zweite Wochenende in der Ulmer Umgebung wanderten, ihre Kohte aufschlugen, verbotene bündische Lieder sangen und verbotene Bücher lasen, zum Beispiel von Stefan Zweig. Angeregt und unterstützt wurde er in seiner Gruppen-Arbeit neuerdings von dem Kölner Ernst Reden, der seit November 1935 seinen Wehrdienst in Ulm ableistete. Reden, 1914 geboren, 1933 wie Hans Scholl ins Jungvolk eingetreten, schätzte moderne Literatur und Malerei, hatte schriftstellerische Ambitionen. Die Begeisterung für tusk und die elitären dj. 1.11.-Ideale verbanden sich auch bei ihm mit einem Pathos von Hingabe, Opfer und Volksgemeinschaft, das die Nationalsozialisten propagierten.

Ernst Reden wurde schnell Gast bei der Scholl-Familie, beeindruckte Inge und Sophie Scholl mit seinen kreativen Talenten. Max von Neubeck dagegen konnte den Kölner, der sich in seinen Ulmer Hoheitsbereich einmischte, gar nicht leiden, das kam bei den Querelen mit Hans Scholl hinzu. Max von Neubeck verschwindet in den Kulissen der Geschichte. Ernst Reden wird nur vorübergehend in den Hintergrund treten; aber nach zwei, drei Jahren bei den Scholl-Geschwistern und vor allem bei Inge Scholl einen wichtigen Platz einnehmen.

Ähnliche interne Kämpfe um Führungspositionen und Inhalte wie bei der Hitlerjugend und dem Deutschen Jungvolk fanden im Bund Deutscher Mädel nicht statt. Die Bündische Jugend in der Weimarer Republik kannte kaum Mädchengruppen, also gab es auch keine Führerinnen, die massenhaft nach 1933 in den BDM übertraten und dort bündisch agierten. Auch nicht bei den Jungmädeln, die außerdem keine vergleichbare Bedeutung innerhalb des BDM hatten wie das Jungvolk innerhalb der Hitlerjugend. Deshalb gab es 1935/36 für Inge und Sophie Scholl in ihrer Gruppenarbeit auch keinen Bruch, keinen Umschwung und keine Streitereien mit BDM-Vorgesetzten wie bei Hans Scholl und Max von Neubeck. Und weil die politische Kontrolle über die NS-Mädchenarbeit weniger streng war, konnten Sophie und Inge Scholl mit ihren Gruppen weiterhin Rituale und Geländespiele pflegen, die ihren Ursprung in bündischen Traditionen hatten, wie sie es bei ihrem Bruder erfahren und abgeschaut hatten.

Aber das bedeutet noch keine Anti-Haltung, keine Abgrenzung vom nationalsozialistischen Gedankengut. Inge und Sophie Scholl mussten sich nicht auseinandersetzen mit vorangegangenen Traditionen von Mädchen-Bünden – es gab keine. Für sie war der nationalsozialistische BDM eine willkommene Revolution: wie die Jungen in jugendlichem Alter sich ohne Gängelung durch Erwachsene ein eigenes Milieu, eine eigene Freizeitkultur aufbauen zu können. Dass sie dies im Rahmen der »nationalen Erhebung« taten und als Dienst an der nationalsozialistischen Volksgemeinschaft – was war falsch daran? Dass der BDM ausgerichtet war auf den Führer, den Retter Deutschlands aus Elend und Demütigung, dem ein ganzes Volk zu Füßen lag – war das nicht selbstverständlich?

Es gibt keinerlei Hinweise oder Überlieferungen, wie Inge und Sophie Scholl auf die Absetzung von Hans Scholl als Fähnleinführer und seine Auseinandersetzung mit Max von Neubeck reagiert haben. Man möchte vermuten, dass sie auf der Seite des Bruders standen, ihn ungerecht beurteilt sahen. Aber alles bleibt Vermutung, nichts ist überliefert. Belegen lässt sich, dass das Ende der Karriere von Hans Scholl im Jungvolk nichts dergleichen bei den Schwestern nach sich zog.

Der Mythos vom frühen Zweifel hält den Fakten nicht stand. Im August 1936 erhielt Hans Scholl für eine Lapplandfahrt mit seiner Truppe nach Schweden einen offiziellen Fahrtenausweis. Und der Streit mit Max von Neubeck hatte keine unüberbrückbaren politischen und menschlichen Gegensätze aufgerissen. Am 14. Oktober 1936 beauftragte Neubeck Hans Scholl mit der Führung vom Jungzug II/12, obwohl er wusste, dass Scholl wegen Abiturvorbereitungen bald keine Zeit mehr fürs Jungvolk haben würde. Eine Bescheinigung der NSDAP-HJ-Ulm vom Dezember 1938 für Scholls Immatrikulation in München hält fest, Hans Scholl »trat im Mai 1933 in die HJ ein, seit Oktober 1933 war er als Führer im Jungvolk tätig, bis er im November 1936 für die Vorbereitung der Reifeprüfung beurlaubt wurde.« Das klingt geschäftsmäßig, ohne Misston.

Die Versuchung ist groß, den vereinfachenden Parolen dieser Zeit und den Schwarz-Weiß-Bildern der braunen Propaganda noch im Rückblick zu erliegen. Es war eine facettenreiche, vieldimensionale Zeit, in der Gegensätzliches – das im Nachhinein unvereinbar scheint – sich reibungslos verknüpfte. Die meisten Erwachsenen hatten ein gutes Gefühl: Endlich schien die Zerrissenheit – im Staat und im Individuum –, die man als Preis und Siegel der Moderne nicht wahrhaben wollte, geheilt. Und für die Jugend, die sich nach Aufbruch, nach Sturm und Bewährung im Widerspruch sehnte, wurde das Opfer zum erlösenden Fetisch, zur Sinngebung – nicht erst – aber nun erst recht – im Zeichen des Hakenkreuzes.

Eines der populärsten und weit verbreiteten Lieder der bündischen »Südlegion« entsprach dem Lebensgefühl der Scholl-Geschwister in diesen Jahren:

»Schließ' Aug und Ohr für eine Weil' / vor dem Getös' der Zeit. / Du heilst es nicht und hast kein Heil, / als wo Dein Herz sich weiht. // Dein Amt ist hüten harren sehn / im Tag die Ewigkeit. / Du bist schon so im Weltgescheh'n / befangen und befreit. // Die Stunde kommt, da man Dich braucht, / dann sei Du ganz bereit, / und in das Feuer, das verraucht, / wirf Dich als letztes Scheit.«

Heil und Ewigkeit, Herz und Feuer: große Worte, faszinierende Wegweiser für junge Menschen auf der Suche nach Idealen und Lebenszielen, die Bestand haben, weil sie auf Höheres verweisen. Friedrich Gundolf, der zum engen Kreis um Stefan George gehörte, hat es 1932 gedichtet. Es wurde bereits an vielen Lagerfeuern gesungen, als Adolf Hitler mit dem Januar 1933 begann, »sein deutsches Volk zu erobern«.

Aber wozu die Jungen – und die Mädchen – denn gebraucht werden, wenn die Stunde kommt und wofür das eigene Leben geopfert werden soll – das bleibt offen in diesen heroischen Zeilen. Eine Leerstelle, die die Nationalsozialisten geschickt füllten. Darum konnten sich die Ziele der Bündischen mit denen der Braunen verwischen. Der Einsatz für Adolf Hitler und für seine Partei hatte für die Scholl-Geschwister keinen Makel, diente er doch der Volksgemeinschaft. Dieser Dienst schien sinnvoll und war befriedigend.

## NATIONALER SOZIALISMUS: GETEILTE BUTTERBROTE

*Mai bis Oktober 1936*

In der Erinnerung fällt das Urteil eindeutig aus: »Dann war meine Jungmädelführerin die Sophie Scholl. ... Die Sophie war damals 15, und ich war 12. Sophie war damals sehr begeistert, sehr fanatisch für den Nationalsozialismus. Aber mit einem Schuss bündischer Jugend.« Nachdem sich Sophie Scholl 1935 als Schaftführerin der Jungmädel in Ulm-Wiblingen bewährt hatte, stieg sie, entsprechend der Hierarchie ehrenamtlicher Führerinnen im Bund Deutscher Mädel, am 21. Mai 1936, Himmelfahrt, auf zur Scharführerin und übernahm die Jungmädel-Gruppe in Ulm-Söflingen. An diese Zeit erinnert sich Eva Amann, die als Zwölfjährige zur Scholl-Gruppe gehörte, Jahrzehnte später. Und zur Charakterisierung von Sophie Scholl fügt sie drei weitere Merkmale hinzu: romantisch, idealistisch, kommunistisch.

Die neue Führerin brachte Schwung in die Jungmädelarbeit von Söflingen und erregte Aufsehen. Dabei war die Marschrichtung, die Sophie Scholl vorgab, in vollem Einklang mit dem, was die Partei der Nationalsozialisten seit ihren Anfängen predigte und wofür sie seit 1933 vor allem die Jugend zu begeistern suchte. So wie Adolf Hitler auf dem Reichsparteitag 1934 in Nürnberg, als er zu Tausenden von Jungen und Mädchen aus HJ und BDM sprach, die vor ihm aufmarschiert waren: »Wir wollen ein Volk sein, und ihr, meine Jugend, sollt dieses Volk nun werden. Wir wollen einst keine Klassen und Stände mehr sehen, und ihr dürft schon in euch diesen Klassendünkel nicht groß werden lassen.« Nicht vom Klassenkampf – wie die verachteten Kommunisten – sprachen die Nationalsozialisten; Volksgemeinschaft hieß das Ziel des neuen Deutschland. Davon ließ sich auch Sophie Scholl begeistern.

Wenn sie mit ihren Mädchen einen Ausflug machte, wurde gleich alles an Geld und Proviant eingesammelt, was die Eltern ihren Töchtern mitgegeben hatten. Denn das wollte Sophie Scholl verhindern: dass in den Pausen die einen ein dickes Wurstbrot aßen, leckere Limonade tranken und Süßigkeiten naschten, während bei anderen das Familienbudget nur Wasser und trockenes Brot erlaubte. Aus der Gemeinschaftskasse wurde für alle Sprudel gekauft. Wenn nach langem Wandern Essenspause angesagt war, wurden den Mädchen die Augen verbunden, und sie fischten sich aus dem

Proviantberg etwas heraus. Die meisten Eltern, solide Söflinger Handwerker, fanden es gar nicht lustig, dass ihre Töchter mit denen teilen sollten, die sich ein Wurstbrot nicht leisten konnten. »Kommunistisch« war das in ihren Augen. Auch in der Erinnerung übernimmt Eva Amann, die im Frühjahr 1937 Sophie Scholls Nachfolgerin als Jungmädelführerin in Söflingen wurde, kritiklos diese Vokabel. Dabei war die »Volksgemeinschaft«, die Sophie Scholl mit den jungen Mädchen praktizierte, ein Pfeiler der national-sozialistischen Revolution, und ihr Ausgangspunkt war eine konkrete Erfahrung, die der Gefreite Adolf Hitler zusammen mit Millionen anderen Männern im Ersten Weltkrieg gemacht hatte.

»In den Gräben des Westens und Ostens fand sich dieses Volk wieder zusammen, die Granaten und Minen fragten nicht danach, ob einer hoch oder niedrig geboren, ob jemand reich oder arm war, welcher Konfession und welchem Stande er angehörte, sondern hier war jene gewaltige Probe auf den Sinn und Geist der Gemeinschaft.« So schrieb 1935 Robert Ley, Führer der nationalsozialistischen Deutschen Arbeitsfront, in die nach der gewaltsamen Auflösung der Gewerkschaften im Mai 1933 alle Arbeitgeber und Arbeitnehmer gezwungen wurden: eine »Volksgemeinschaft« im Kleinen, die zwanzig Millionen Deutsche umfasste. Und die braunen Machthaber handelten. Sie beseitigten Privilegien, ebneten soziale Ungleichheiten ein.

Das Gesetz, das Beamte und Pfarrer von Pfändungen ausschloss, wurde abgeschafft. Der tariflich festgelegte Urlaub für Arbeiter wurde von drei auf zwölf Tage aufgestockt, und im November 1933 wurde als Unterorganisation der Deutschen Arbeitsfront die Freizeitorganisation »Kraft durch Freude« gegründet. Adolf Hitler zu diesem Anlass: »Ich will, dass dem deutschen Arbeiter ein ausreichender Urlaub gewährt wird.« 1936 meldete die SPD-Zentrale, die vor den Nationalsozialisten nach Prag geflüchtet war, über die Stimmung im Deutschen Reich: »Die KdF wird bei fast allen Volksgenossen als eine wirklich anerkennenswerte Leistung des Nationalsozialismus gewertet.« KdF organisierte Theaterreisen, Tanz- und Sportkurse, Schiffsfahrten nach Mallorca und Kreuzfahrten in die Adria und die Ostsee, Wanderungen um den Chiemsee oder einen Besuch der Bayreuther Festspiele. Der Massentourismus begann im Zeichen des Hakenkreuzes. Auch wenn längst nicht alle Arbeiter sich eine Seefahrt leisten konnten, die Botschaft war überzeugend: Urlaubsreisen sind kein Privileg begüterter Schichten mehr.

Die Losung von der Gleichheit fand – neben der von der Freiheit – bei Jugendlichen, die an einer besseren, gerechteren Ordnung mitarbeiten wollten, eine begeisterte Aufnahme. Es war eine der Haupt-Attraktionen der Hitlerjugend, in ihr die Welt der Spießer – und damit der Klassenschranken – hinter sich zu lassen. Sophie Scholl praktizierte es, wenn sie für ihre Jungmädel-Arbeit den nationalsozialistischen Auftrag ernst nahm, den Klassendünkel und die Standesunterschiede zu beseitigen und beim gemeinsamen Picknick Volksgemeinschaft einzuüben.

Weder die Jugendlichen und nur die wenigsten Erwachsenen durchschauten, wie geschickt die Nationalsozialisten ehrenwerte Ziele als Köder auswarfen, um die Menschen zu manipulieren und sie, ohne dass es ihnen bewusst wurde, in das nationalsozialistische Unrechtssystem einzubinden und zu verstricken. Während der großen Mehrheit der Deutschen Gleichheit versprochen wurde und mehr denn je diese auch erlebten, wurden Minderheiten immer sichtbarer ausgegrenzt. Adolf Hitler machte im kleinen Kreis kein Hehl aus seiner doppelgesichtigen Politik, die langfristig angelegt war: »Innerhalb des deutschen Volkes höchste Volksgemeinschaft und Möglichkeit der Bildung für jedermann, nach außen aber absoluter Herrenstandpunkt.« Die Definition der Volksgemeinschaft war die Voraussetzung, um die »Rassenlehre« des Nationalsozialismus in blutige Taten umzusetzen: den Völkermord an Europas Juden, die Verfolgung und Ermordung von Sinti und Roma, Behinderten und Kranken, Homosexuellen und Menschen, die sich nicht in traditionelle Ordnungen fügten. Sie alle gehörten nicht zur »Volksgemeinschaft«, waren »außen« – Menschen und Bürger zweiter Klasse. Daran ist im Nachhinein nichts zu deuteln.

Den Zeitgenossen konnten sich diese mörderischen Querverbindungen 1936/37 nicht erschließen. Aber sie nahmen schwerwiegende Unrechtsakte wie die Ausgrenzung der Juden als Deutsche minderen Rechts durch die »Nürnberger Gesetze« nicht zuletzt deshalb schweigend hin, weil sie seit 1933 besser lebten, weil die Chancen, innerhalb der Volksgemeinschaft aufzusteigen, für die unteren sozialen Schichten tatsächlich gewachsen waren. Viele hatten das Gefühl, dass es aufwärts ging, seit die Nationalsozialisten am Ruder waren: im privaten Bereich, mit der wirtschaftlichen Lage im Innern und mit Deutschlands Rolle in der Welt. Im Herbst 1936 sank die Zahl der Arbeitslosen auf eine Million. Und vom 1. bis 16. August 1936 war die Welt zu Gast in Deutschland: Die Olympiade in Berlin begeisterte die Ausländer und erfüllte die Deutschen mit ungeheurem Stolz auf ihre Nation, ihren Staat.

Auch die Attraktion der Führungsarbeit im BDM war vielfältig und differenziert. »Romantisch« ist eine der Bezeichnungen, mit denen Eva Amann im Rückblick auf ihre Jungmädelzeit ihre Führerin Sophie Scholl kennzeichnet. Typisch für viele Erinnerungen, in denen Beteiligte nach 1945 schildern, worin die Suggestionskraft von Hitlerjugend oder BDM lag. So auch Inge Scholl in ihrem Buch »Die Weiße Rose«: »Wir hörten viel vom Vaterland reden, von Kameradschaft, Volksgemeinschaft und Heimatlieben. Das imponierte uns … Aber noch etwas anderes kam dazu, was uns mit geheimnisvoller Macht anzog und mitriss. Es waren die kompakten Kolonnen der Jugend mit ihren wehenden Fahnen, den vorwärtsgerichteten Augen und dem Trommelschlag und Gesang. War das nicht etwas Überwältigendes, diese Gemeinschaft? So war es kein Wunder, dass wir alle, Hans und Sophie und wir anderen, uns in die Hitlerjugend einreihten.« Diese Erinnerung erklärt manches, aber verklärt und verschleiert anderes, Substanzielles.

Trommeln und Fahnen, Fackeln und Schwur gehörten zum ausgeklügelten Instrumentarium, mit dem Stimmungen und magische Momente hergestellt wurden, ein Zauber, der alle zusammenschweißte. Mehrmals in Inge Scholls Tagebuchnotizen von 1935/36 geht es um ein tiefes inneres Gefühl, ausgelöst durch solche Äußerlichkeiten. Am 24. März 1936 leitet sie einen Heimabend für fünfzehn Mädchen, die als Jungmädel aufgenommen werden wollen: »Dann marschieren wir an den Charlottenplatz … Es liegt eine eigene Stimmung über der Gruppe … Sie hören nicht das Lärmen der Straßenbahnen. Nicht die Menschen – im Mittelpunkt steht die Gemeinschaft. Ich werde mitgerissen.« Und Anfang Mai ein Führerinnenabend, bei dem wahrscheinlich auch Sophie Scholl dabei ist: »Wir marschieren. Seltsam klar und einig klingt der Marschschritt. Wir werden alle gepackt … Jetzt erst spüre ich, wie sehr wir aneinanderhängen.« Das sind tiefe Gefühle; aber soll das wirklich alles sein? Inge Scholl wird im September 1936 neunzehn Jahre alt und hat seit knapp drei Jahren alle freie Zeit, ihre Kraft und ihre Kreativität in die Arbeit beim BDM gesteckt. Soll es nur an Fahnen, Trommeln und Marschschritt hängen, was Inge, Sophie und Hans Scholl so lange so aktiv im Dienst der nationalsozialistischen Jugend-Organisationen hielt?

Sophie Scholl konnte als Führerin bei den Jungmädeln zum einen ihre jugendlichen Ideale von einer gerechten Gemeinschaft, in der alle gleich sind, erproben; auch Uniformen und Gleichschritt hatten in diesem Rahmen ihren Sinn. Niemand sollte aus der Reihe tanzen, da war sie streng – wie ihre Schwester Inge und ihr Bruder Hans in ihren Gruppen. Denn so waren die Scholl-Geschwister als gute Bürgerkinder erzogen worden: ihre Arbeit und ihr Engagement ernst zu nehmen. Disziplin und Leistung, Verantwortungsbereitschaft und Selbständigkeit hießen die pädagogischen Leitsterne im Elternhaus Scholl. Ihre Talente und Fähigkeiten sollten die Kinder einsetzen für die Gemeinschaft; wie es Robert Scholl als Bürgermeister in Forchtenberg getan hatte und Lina Scholl vor ihrer Heirat als Diakonisse.

Sophie Scholls Vorgängerin als Jungmädelführerin war die Tochter des protestantischen Pfarrers; Eva Amann, ihre Nachfolgerin, kam aus einem Beamtenhaushalt. Die Scholl-Geschwister sind keine Ausnahme, sondern die Regel: Es waren vor allem Kinder aus bürgerlichen Familien, die zwischen 1933 und 1936 von Hitlerjugend und BDM angezogen wurden. Dort konnten sie neben ihrem jugendlichen Elan alles, was im Elternhaus gefördert und gefordert worden war, anwenden, erproben und nutzen. Dazu gehörten Kreativität bei Hand- und Werkarbeit, die Kenntnisse von Märchen und die Freude an Büchern, aber auch die Fähigkeit, zu planen und zu organisieren. Und dass Sophie Scholl musikalisch begabt und ausgebildet war – sie konnte nicht nur auf der Gitarre begleiten, sondern spielte auch gut Klavier –, war wesentlich für eine attraktive Arbeit mit den jungen Mädchen.

Die Bürgerkinder scheuten sich nicht, Vorbild zu sein. Sie konnten diskutieren, aber auch ihre Vorstellungen rigoros durchsetzen. »Wisse, ein erhabner Sinn / Legt das Große in das Leben, / Und er sucht es nicht darin.« Diese Lebensmaxime, die die Eltern 1932 in das Tagebuch für Inge Scholl geschrieben hatten, galt allen ihren Kindern. Nicht sich gehen lassen, sondern handeln; nicht schwach, sondern stark sein im Dienst einer großen Sache.

Wenngleich die Geschichte ohne Zeitangabe überliefert wird, so scheint sie doch glaubwürdig und muss in die Jahre 1936/37 fallen. Helene erschien an einem Samstag nicht zum JM-Treffen von Sophie Scholls Gruppe. Ihre Eltern hatten eine Metzgerei, und sie musste beim Verkauf aushelfen. Sophie Scholl schickte eines der Mädchen, um die Säumige zum »Dienst« – so die offizielle Bezeichnung – zu bringen. Als Helene das zweite Mal nicht erschien, zog Sophie Scholl andere Saiten auf. Wie die Vorschriften es erlaubten, schickte sie nun einen Polizisten in den Laden von Helenes Eltern. Der forderte sie vor allen Kunden auf, ihre Tochter sofort für den JM-Nachmittag freizugeben. Dahinter stand die Überzeugung, dass Helene in der Gemeinschaft mit den Jungmädeln mehr für sich und die anderen tat, als beim Wurstverkauf hinter der Theke. Wahrscheinlich aber auch das gute Gefühl, es den Spießern im Metzgerladen einmal zu zeigen. Wo hatte es das bisher in der Gesellschaft gegeben, dass Jugendliche Macht ausüben konnten, sogar gegenüber den Erwachsenen?

In den BDM-Schriften und -Jahrbüchern spiegelt sich der interne Konflikt um die Ausrichtung der Mädchenarbeit im Dritten Reich. Das moderne Bild einer selbstbewussten Frau passte nicht ins Schema der nationalsozialistischen Ideologie, die für die Mädchen nur eine Rolle als Ehefrau und Mutter vorgesehen hatte. Im Jahrbuch des BDM 1935 werden die internen Differenzen offen angesprochen. Die nationalsozialistische Jugendbewegung verkörpere eine neue Mädelgeneration, »die mit alten Einstellungen gebrochen hat«. Dagegen würden »zeitfremde Menschen« protestieren: »Der BDM ist unweiblich, marschiert, ist uniformiert, wozu wollen Mädel politisch sein?« Besonders das Marschieren scheint umstritten zu sein und wird vehement verteidigt: »Marschieren ist ein Ausdruck der Gemeinsamkeit, der einzelne ordnet sich ein und läuft nicht daher, wie es ihm passt. … eine Mädelschar, die mit ihren Liedern in straffer Form über die Straße zieht, braucht noch lange nicht eine Verzerrung männlichen Vorbildes zu sein und wird von uns als würdiger empfunden als der Gänsemarsch hinter der Lehrerin.« Das saß, und Sophie Scholl, die auf einen zackigen Gleichschritt Wert legte, konnte sich bestätigt fühlen.

Die Aktivitäten im BDM waren für Sophie Scholl kein Opfergang, sondern verschafften Befriedigung. Das vergleichsweise wenige, das wir aus ihren vier Jahren aktiver BDM-Arbeit aus direkten Quellen wissen, deutet auf eine Mischung hin: die persönlichen Vorlieben einzubringen, Rilkes mitreißende Geschichte vom »Cornet«, die in keinem NS-Lehrbuch stand, am Lagerfeuer vorzulesen; vorgegebene nationalsozialistische Themen jedoch nicht auszulassen, zumal Sophie Scholl auch da ihre Fähigkeiten ausleben konnte. Noch einmal Eva Amann: »Sophie hat immer gerne Balladen gesungen, ganz heldische Balladen. Es handelte sich um Siegfried, der das Gold von der Heide trug. Wie hat das geheißen? ›Grani trug Gold aus der Heide, hei wie fuhr das Schwert aus der Scheide. Sigurd traf den Drachen gut.‹ Ich sehe das heute noch vor mir, so hat mir das imponiert und mich beeindruckt. Sophie hat dazu auf ihrer Klampfe, ihrer Gitarre gesungen, und dazu das Lagerfeuer. Also das hat uns sehr gefallen.« Damit gewann Sophie Scholl ihre jungen Mädchen, auch diesmal zum Unwillen der Eltern. Denn die beschwerten sich nach der Fahrt an den Bodensee, ihre Kinder hätten zu nächtlicher Stunde in ihren Zelten schlafen sollen, statt ums Lagerfeuer zu sitzen und Balladen zu lauschen.

Die Ballade von Sigurd und seinem Pferd Grani, dem Gold und dem Drachen stammt aus der Edda. Für die Nationalsozialisten war diese Überlieferung nordischer Sagen ein Stück germanischer Helden-Literatur, das den germanischen Herrenmenschen – das Ziel nationalsozialistischer Rassepolitik – als Vorbild dienen sollte. Die Edda war im Schulunterricht vorgeschrieben, stand in den Schulungsmappen von HJ und BDM. Für den Gruppenabend der BDM-Führerinnen am 18. September 1935 hat Inge Scholl notiert: »Thema: das Sigurlied der Edda.« Es ist eben diese Ballade vom germanischen Helden Sigur-Siegfried, die Sophie Scholl am Lagerfeuer ihren Jungmädeln sang. Rilke und Edda: Für Sophie Scholl

ging beides zusammen. War es nicht eine willkommene Herausforderung, Gegensätze aufzuzeigen und auszuhalten? Das Lebensgefühl Jugendlicher ist durchzogen von Widersprüchen, damit umzugehen ihr täglich Brot. Nichts deutet darauf hin, dass die Spannbreite der JM-Arbeit, wie Sophie Scholl sie verstand, den Rahmen sprengte, den das nationalsozialistische System vorgab.

Für die nächtlichen Lagerfeuer, an denen ihre Führerin die Ballade von Sigur zur Gitarre sang, hatten die Mädchen tagsüber Holz gesammelt. Die Reise mit Rädern und Zelten durch das Allgäu zum Bodensee hatte Sophie Scholl in den Sommerferien 1936 organisiert und geleitet, eine Menge Verantwortung für eine Fünfzehnjährige. Zuvor war sie mit anderen Ulmer BDM-Führerinnen im Sommerlager auf Langeoog gewesen, das Inge Scholl leitete. Bei einem Ritual am Strand durfte Sophie die Fahne ins Meer tragen. In dem bereits zitierten Schulaufsatz über »Kleine und große Feste im Jahreslauf« hat sie sich 1939 an den »weißen, blendenden Sandhügel von Langeoog« erinnert, an das »leuchtende blau-grüne Meer mit dem unaufhörlichen leichten Wellenschlag … vielleicht denkst du dann mit welcher Lust wir in diese Wellen hinausschwammen?«

Zurück von der »Großfahrt« Langeoog, erlebte Inge Scholl zu Hause einen Schock, und ihre Geschwister werden mit ihr gelitten haben. Hier drängt sich die Frage auf, wie Inge Scholl den immer größer werdenden Zeitaufwand für ihre BDM-Arbeit mit ihrem Alltag verbinden konnte. Denn sie war nicht nur bei allen Aktionen zur Stelle. Sie machte meist die

Vorbereitungen, sie organisierte, wenn es unter anderem im April und Mai 1936 heißt: »Gemeinsam in den Film ›Wolga, Wolga‹; Probe bei der NS-Frauenschaft; Nehmen an Errichtung des Maibaums teil.« Am 1. Mai: Um ½ 7 Antreten zum Propagandamarsch. Anschließend Kundgebung auf dem Münsterplatz; am 2. Mai marschierte sie mit den Jungmädeln nach Herrlingen; am 3. Mai ist Sportschulung für Gruppen- und Ringführerinnen; am 6. Mai: »Endlich das erste mal Frühsport. 6 Uhr, fabelhaftes Maiwetter«; am 7. Mai Führerinnenschulung. In diesem Tempo ging es weiter.

Inge Scholl hat nie chronologische Angaben zu ihren Jugendjahren und ihren Ämtern im BDM gemacht. Für sie war die Zeit beim BDM »eine blöde, eine dumme, eine kurze, eigentlich unerhebliche Zwischenstufe in meinem Leben«. Trotz dieser Aussage zu Lebzeiten, hat sie jedoch Dokumente in ihrem Nachlass aufbewahrt, die eine andere Geschichte erzählen. Zum Beispiel das Zeugnis, das die sechzehnjährige Inge Scholl am 28. März 1934 von der Ulmer Oberrealschule für Mädchen erhält. Es ist das »Zeugnis der Mittleren Reife«, mit der sie die »Obersekunda-Reife« erlangt – Französisch »sehr gut«, Englisch »gut« und weitere gute Noten. Der Weg zum Abitur steht offen. Nach den mündlichen Aussagen von Inge Scholl und ihrer Schwester Liesl war es Inge Scholls Wunsch, die Schule zu verlassen und anschließend – ab Sommer 1934 – im Steuerbüro ihres Vaters zu arbeiten. Aber hätte sie bei einem vollen Arbeitstag im Steuerbüro wirklich Zeit gehabt für alle ihre BDM-Termine und ihren hohen Posten als Ringführerin? Und wie hätte ihr Vater, ständig um freie Zeit für den Dienst am NS-Staat gebeten, reagiert? Permanente Reibereien und Spannungen wären nicht ausgeblieben.

Tatsächlich trat Inge Scholl nach dem Schulabschluss keine Lehre bei ihrem Vater an, sondern besuchte erst einmal die private kaufmännische Schule Pschierer. Da war sie auf neutralem Terrain, wenn sie um Befreiung vom Unterricht bat, weil sie Zeit für ihre BDM-Tätigkeit brauchte. Mehr noch: Jedes Mal, wenn in Ulm ein hoher NSDAP-Funktionär im Saalbau sprach, wenn Kundgebungen waren oder Sonnwendfeiern, rief die Partei im »Ulmer Tagblatt« Arbeitgeber wie Lehrherren dazu auf, Erwachsene und Jugendliche früher als üblich zu entlassen. Eine private Schule wird sich da keinen Ärger eingehandelt haben. Wenn nicht 1934, wann begann Inge Scholl die Lehre bei ihrem Vater? Ein Dokument aus ihrem Nachlass schließt die Lücke und bringt ein kleines persönliches Drama an den Tag.

Am 9. Mai 1936 hatte Inge Scholl innerhalb des Ulmer BDM die Führung von Ring VII übernommen. Nach diesem Termin werden die Notizen über BDM- und JM-Termine in ihren Unterlagen in einer anderen Handschrift fortgeführt. Vielleicht wurde es Inge Scholl zu viel und ihre Schwester Liesl hat diese Aufgabe übernommen. Entscheidend ist, dass es sich zweifellos um authentische Aufzeichnungen handelt. Die Wochen sind angefüllt mit Aktivitäten; meist Termine, bei denen auch Sophie Scholl als Scharführerin mit ihren Jungmädeln gefordert ist. Dann sind Sommerferien, und mit den Führerinnen geht es unter Inge Scholls Leitung auf die Insel Langeoog.

Ende Juni stellt Robert Scholl, weil ein neues Gesetz es verlangte, einen Antrag ans Ulmer Finanzamt, weiterhin als selbständiger Wirtschaftstreuhänder und Rechtsberater tätig sein zu dürfen, und gibt Einblick in seine Arbeit. Er zieht Forderungen ein, betreibt Zwangsvollstreckungen, nimmt Gläubigerinteressen in Konkurs- und Vergleichsverfahren wahr, berät Privatpersonen bei Testamenten und Nachlass-Auseinandersetzungen. Von einer erneuten Zulassung hängt die wirtschaftliche Existenz der Familie ab.

Nach Eingang der Unterlagen vermerkt das Finanzamt intern: »Gegen die Zulassung bestehen keine Bedenken.« Doch im Dritten Reich geht es nicht nur um die fachliche Qualifikation. Das Finanzamt fragt bei der Kreisleitung der NSDAP an, »ob Tatsachen vorliegen, aus denen hervorgeht, dass Robert Scholl nicht vorbehaltlos zum Volk, zum Führer und zur heutigen Staatsform steht. Heil Hitler«. Die Kreisleitung gibt die Anfrage vorsichtshalber weiter an das Gauamt in Stuttgart. Der Gauamtsleiter meldet am 14. August in Sachen Robert Scholl, dass »nichts Nachteiliges bekannt geworden« sei. Am 20. August teilt das Ulmer Finanzamt Robert Scholl mit, er sei befugt, die Bezeichnung »Helfer in Steuersachen« zu führen. Zum einen für Ulmer Bürger, zugleich erhält er weitergehende Vollmachten für Steuerpflichtige in Heidenheim, Backnang, Waldsee, Tettnang, Friedrichshafen, Aulendorf und Biberach.

Der Steuerberater Robert Scholl ist gut im Geschäft, und ihm wird nach dem positiven Schreiben des Finanzamtes ein Stein vom Herzen gefallen sein. Er ist nun im Dritten Reich, dessen Politik er ablehnt, ja für verbrecherisch hält, beruflich fest etabliert, ohne NSDAP-Mitglied geworden zu sein. Nach dem positiven Bescheid beschließt er, Anfang nächsten Jahres eine Prüfung abzulegen, die es ihm erlaubt, Lehrlinge auszubilden. In den Ablauf der Ereignisse passt eine Szene auf dem Ulmer Charlottenplatz am 24. September 1936 – in Inge Scholls Notizbuch festgehalten –, die sozusagen das fehlende Zwischenstück ist und zwei Schlüsse zulässt: Inge Scholl war bis zu diesem Zeitpunkt kein Lehrling im Büro ihres Vaters; er hat kurz zuvor eine Entscheidung getroffen, die Folgen für ihr Leben hat – ohne sie zu fragen oder ihr eine Wahl zu lassen.

Das Protokoll über das Führerinnen-Treffen um 18 Uhr 15 am Charlottenplatz ist kurz und nüchtern: »Inge Scholl lässt Ring 2 und Ring 7 antreten: ›Ich muss zu meinem Vater aufs Büro‹.« Dass die neue, offenbar für sie überraschende Entwicklung ihr keine Zeit mehr für Führungsarbeit lassen wird, setzt sie ohne ein Wort zu verlieren voraus und benennt im gleichen Atemzug ihre Nachfolgerin als Führerin von Ring 7. Dann schwingt sie sich »erleichtert auf ihr Rad« und fährt davon. Kommentar der Protokollantin: »Sagen können wir Inge jetzt nichts; sie hilft sich selbst.« Erleichtert? Inge Scholl verzichtet aus Pflichtgefühl auf den hohen Posten. Sie selber weiß am besten, wie viel Zeit und Mühe sie in ihre Aufgaben investiert. Und eine Scholl machte keine halben Sachen. Aber sie wird weiter zu den Jungmädel-Abenden gehen, bei Kundgebungen in Reih und Glied stehen und mit den jungen Mädchen marschieren und singen, wenn es ihr die Arbeit im Büro des Vaters erlaubt.

Wie sehr sie mit dieser Gemeinschaft und ihren Zielen verbunden bleibt, beweist ihr Brief an ihren Bruder Hans vom 20. April 1937 – Hitlers Geburtstag. Der Tag, an dem die Neuen in die HJ und in die Jungmädel- und BDM-Gruppen eingeschworen wurden, »ich gelobe Adolf Hitler unverbrüchliche Treue ...«. Der Tag, an dem Hans und Inge Scholl in ihren Führungspositionen die Neuen nach dem Gelöbnis feierlich mit Handschlag in den NS-Jugendbund aufgenommen hatten. Inge Scholl setzt bei ihrem Bruder die gleiche wehmütige Erinnerung und die gleichen positiven Gefühle voraus: »Vorhin ist das Jungvolk ganz prima vorbeimarschiert zur Übergabe seiner 14jährigen in die HJ. Die Feier soll ganz gut gewesen sein ... Es ist seltsam, früher, wie ich noch Ringführerin war, hatte ich oft einen solchen Ekel vor der Masse, vor den vielen Menschen, vor dem täglichen Zusammensein mit ihnen, und heute könnte ich die Mädels nicht mehr missen. Man gewöhnt sich an einen Kreis.« Vom Ekel ist in den Notizen während ihrer Amtsführung nicht die Rede. Aber was zählt, ist die Verbundenheit über nunmehr vier Jahre mit allem, was zum Engagement beim BDM gehört – auch die schönen Erinnerungen an Hitlers Geburtstag. Nebenbei ist dieser Brief ein weiterer Beweis dafür, dass Inge Scholl im Frühjahr 1937 nicht mehr Ringführerin ist, ohne dass es einen politischen Grund oder Kritik an ihrer Arbeit gegeben hätte. Sie ist mit sich im Reinen, weil sie freiwillig, aus persönlichen Gründen, die Entscheidung getroffen hat, von diesem einflussreichen Amt zurückzutreten.

Im gleichen Brief berichtet Inge Scholl ihrem Bruder, dass ihr Vater am 30. April 1937 noch eine mündliche Prüfung machen wird und dann ganz offiziell seine Tochter als Lehrling im Büro anstellen kann. Damit sind wir wieder beim 24. September 1936 auf dem Charlottenplatz in Ulm, als

Inge Scholl zurücktritt – »ich muss zu meinem Vater ins Büro«. Begeistert klingt das nicht, eher nach einer unliebsamen Überraschung; als hätte sich Inge Scholl andere berufliche Alternativen für ihr Leben vorstellen können. Fügt man die neuen Fakten zu einem Bild, dann spricht alles dafür, dass der Beginn der Lehrlingstätigkeit von Inge Scholl um zwei Jahre nach hinten verschoben werden muss und erst im September 1936 liegt.

Man muss gar keine Spekulationen anstellen: Die anders verlaufenen, quasi wiedergefundenen Jahre der jugendlichen Inge Scholl hatten eine Auswirkung auf Sophie Scholls Leben. Weil Inge die Karriereleiter im BDM hinaufstieg und bis in den September 1936 Ringleiterin war, hatte sie Gelegenheit, ihre jüngste Schwester gründlich in ihre BDM-Aktivitäten einzubeziehen, Sophie mit an die Front zu nehmen – der verkorkste JM-Abend in Einsingen! –, auf höhere Ämter vorzubereiten und darin Vorbild zu sein. Das schneidige Auftreten von Hans und Inge und Sophie Scholl in den NS-Jugendorganisationen blieb in Ulm keineswegs verborgen; die einen bewunderten ihre Fähigkeiten und Durchsetzungskraft, andere fürchteten sich vor ihren rigorosen Ansprüchen. Sophie Scholl, auch das ein Mythos, war kein schüchternes Mädchen im Hintergrund, sondern gehörte mit zum Scholl-Verbund und fiel auf, wenn sie – mit radikal kurzem Haarschnitt und HJ-Uniform – mit ihren Mädchen durch die Straßen marschierte.

Mitte Oktober 1936 gab es Herbstferien und ein Zeugnis für Sophie Scholl. Auf dem Versetzungs-Zeugnis im Frühjahr 1936 hatte als Resümee gestanden: »Hätte aufmerksamer, regsamer und fleißiger sein können.« Obwohl ihre Zeit aufgrund der Jungmädel-Arbeit immer knapper wurde, hatte Sophie Scholl den Sommer über offenbar ein bisschen mehr für die Schule getan. »Im Ganzen befriedigend«, hieß das Urteil im Herbst und schob zugleich eine grundsätzliche Kritik nach: »Könnte entsprechend ihrer Begabung sehr gutes leisten – leider manchmal etwas gleichgültig und unpünktlich.« Nichts Neues für Sophie Scholl. Das wusste sie selber und war ihr keine Erwähnung wert, als sie am 16. Oktober auf einen Brief von Lisa Remppis antwortete.

Lisa Remppis, ihre beste Freundin, so weit sie zurückdenken konnte, hatte Sophie Scholl vorgeschlagen, den Herbsturlaub bei ihr in Langenburg an der Jagst zu verbringen, weil sie nicht nach Ulm kommen könne. Es hatte all die Jahre keine Ferien gegeben, wo sich die beiden Freundinnen nicht in Langenburg oder Ulm besucht hätten. Sophie Scholl schrieb zurück: »Liebe Lisa! Ich habe Deinen Brief bekommen. Wir haben nur 5 Tage Ferien, und ich muss mit den J. M. auch was machen. Ich kann also nicht kommen. Das verstehst Du doch? Aber ich verstehe nicht, warum Du nicht zu uns kannst.

Meine Mutter ist direkt beleidigt. In Ulm ists sicher nicht viel kälter wie in Langenburg. Wenn Du beleidigt bist, kannst Du mich in Gedanken verhauen, so viel du willst. Ich wäre zu faul dazu. Wenn Du vielleicht doch kommen wolltest, 2 Betten sind immer frei, falls Du Abwechslung liebtest. Vielleicht gibst du mir bald Antwort. Viele Grüße Deine energische Sofer.«

Dies ist ein besonderer Augenblick, ein Einschnitt im Rückblick auf ihre Biografie: Nach gut fünfzehn Lebensjahren, in denen ausschließlich indirekte Informationen, äußere Umstände und Familiengeschichten Sophie Scholl Profil gegeben haben, nebst einigen wenigen Vorgriffen auf spätere Briefe, kann sie erstmals direkt zitiert werden. Es ist, als ob eine Persönlichkeit, die fünfzehn Jahre abwesend war und nur in Gesprächen Konturen gewann, das Zimmer betritt. Was die fünfzehnjährige Sophie Scholl betrifft: Sie ist mit den wenigen Zeilen ihres Briefes sofort präsent und füllt den Raum; schnörkellos, geradeaus, mit einem sehr eigenen Ton, mit Witz und provokanter Ironie. Sie weiß, gegenüber Lisa Remppis kann sie sich diesen Ton erlauben, da gibt es keine Missverständnisse. Und sie grüßt die zwei Jahre jüngere Freundin mit ihrem vertrauten Spitznamen »Sofer«, manchmal auch »Soffer«, der nur Menschen in ihrer engsten Umgebung vorbehalten ist.

Sophie Scholls Selbstbewusstsein, das aus diesem Brief spricht, bestätigt Susanne Hirzel, die gleichaltrige Ulmer Freundin, in ihrer Erinnerung an ein Erlebnis aus dieser Zeit. Sophie und Susanne trampen zum ersten Mal: »Als es Abend wurde, wollten wir in einem Dorf an der Iller übernachten. Wir sind schließlich einfach in eine Scheune reinmarschiert und haben uns dort ins Heu gelegt.« Als sie fast schon schliefen, öffnete ein Mann das Tor, rief »Schlaft auch gut, ihr Mädchen« und versteckte sich im Dunkeln. Eine Weile rührten sich die beiden nicht, voller Angst. Dann »stand Sophie auf, ging zum Tor, wo sie beim Eintreten einen Lichtschalter gesehen hatte, und knipste dort das Licht an. Sie war schneidiger als ich. Als wir wieder in unserem Heu versteckt waren, knarrte nach einiger Zeit das Scheunentor, weil sich der Mann davonmachte«. Für Susanne Hirzel ist ihre Freundin Sophie in diesen JM-Jahren schneidig, aber auch »humorvoll, gescheit, unternehmungslustig und ziemlich übermütig«.

Und zugleich nicht weniger pflichtbewusst als ihre älteste Schwester. Sophie Scholl sagt die Reise zu Lisa ab, weil sie »mit den J.M. was machen muss«. Gemeint ist ihre Jungmädelgruppe – eine Scholl macht keine halben Sachen und erwartet, dass ihre beste Freundin das versteht. Der Brief an Lisa Remppis im Oktober 1936 ist der erste, der sich von Sophie Scholl erhalten hat und bis weit ins nächste Jahr der letzte.

## IN BRAUNER UNIFORM AM ALTAR

*Oktober 1936 bis April 1937*

Am 1. Dezember 1936 wurde per Gesetz »die gesamte deutsche Jugend innerhalb des Reichsgebietes in der Hitlerjugend zusammengefasst«. Das bedeutete, die HJ – und damit auch BDM und JM – wurde aus der Organisation der NSDAP gelöst und zur Staatsjugend erklärt. »Außer in Elternhaus und Schule« sollte die gesamte Jugend von nun an in der HJ »körperlich, geistig und sittlich im Geiste des Nationalsozialismus zum Dienst am Volk und zur Volksgemeinschaft« erzogen werden. Dienst am Volk, Volksgemeinschaft – das sprach den meisten Deutschen aus dem Herzen. Und die meisten Deutschen waren am Jahresübergang 1936/37 mehr denn je überzeugt, dass niemand mehr für das Volk und die Gemeinschaft der Deutschen getan und erreicht hatte als ihr Führer Adolf Hitler.

Am 30. Januar 1937 war es vier Jahre her, dass der greise Präsident Hindenburg den tatendurstigen Vorsitzenden der NSDAP zum Reichskanzler ernannt hatte. Die Ulmer Kirchen riefen zu Gottesdiensten, und das »Ulmer Tagblatt« schrieb an diesem Festtag: »Vier Jahre der Erfüllung: In gläubiger Zuversicht feiert das deutsche Volk den Jahrestag der Machtübernahme.« Natürlich war alles Erreichte »des Führers Werk«. Und auf die deutsche Jugend war Verlass: »Dem Führer verschworen: die Ulmer Hitlerjugend steht geschlossen.« Sie stand nicht nur im Geiste hinter dem Führer, sondern wie immer bei solchen Anlässen in Reih und Glied auf dem Münsterplatz. Sophie Scholl wird mit ihren Söflinger Jungmädeln dabei gewesen sein.

In Berlin kam der Reichstag zusammen, in dem seit dem Sommer 1933 nur Vertreter der NSDAP saßen. Adolf Hitler nutzte die Gelegenheit, einen »Rechenschaftsbericht« über vier Jahre Nationalsozialismus abzulegen. Er präsentierte sich als Friedenskanzler, nach außen wie nach innen: »Dies war vielleicht die erste neuere Revolution, bei der noch nicht einmal eine Fensterscheibe zertrümmert wurde.« Lediglich für »unbeherrschte Elemente«, so der Reichskanzler, gab es »Sicherheitsverwahrung, um sie im allgemeinen schon nach kurzer Zeit wieder in den Besitz der Freiheit zu setzen«. Hitler blieb seiner Strategie treu – zuerst die dreiste Lüge, um im gleichen Atemzug mit der ungeschminkten Wahrheit zu drohen, was die Zukunft im nationalsozialistischen Deutschland betraf: »Und von jedem Deutschen muss ich verlangen: Auch du musst gehorchen, sonst bist du niemals würdig, zu befehlen. Dazu werden wir unser Volk erziehen und über Eigensinn oder Dummheit des einzelnen hinweggehen: Biegen oder brechen – eines von beiden!«

Vorbei war die Zeit, in der im Rahmen der nationalsozialistischen Ideologie eine gewisse Eigenständigkeit geduldet wurde. Vor allem den Kirchen wehte ein anderer, rauher Wind entgegen. Vorbei war die Zeit, als der Führer keine Rede hielt, ohne den Herrgott oder den Allmächtigen zum Zeugen seiner Gesinnung und seiner Mission für Deutschland anzurufen. Jetzt kam zum Vorschein, wovon Hitler und seine Getreuen von Anfang an überzeugt waren. »Was glauben Sie, werden die Massen jemals wieder christlich werden?«, fragte Adolf Hitler 1933 den Parteigenossen Hermann Rauschning, der 1939, ins Exil geflüchtet, seine »Gespräche mit Hitler« veröffentlichte. Und gab gleich selber die Antwort: »Dummes Zeug. Nie wieder. Der Film ist abgelaufen. Da geht niemand mehr herein. Aber nachhelfen werden wir.«

Von 1933 bis 1935 sinkt die Zahl der Kirchenaustritte wie nie zuvor seit 1918. Warum soll man austreten, wenn die nationalsozialistische Politik – von der überwältigenden Mehrheit der Deutschen bejubelt – demonstrative Harmonie mit den Kirchen pflegt? Mit dem Jahr 1936 geht die Vorgabe der Partei unüberhörbar in die entgegengesetzte Richtung. »Entkonfessionalisierung des öffentlichen Lebens«, heißt die Parole. Von Oldenburg bis Bayern sollen »kirchliche oder andere religiöse Zeichen« aus Schulen und öffentlichen Gebäuden entfernt werden. Bis 1937 werden 250 Sittlichkeitsprozesse gegen katholische Priester, Mönche und Laienbrüder in Gang gebracht. Die antikirchliche Propaganda schwillt deutlich an; die Hitlerjugend stört mehr denn je kirchliche Veranstaltungen. Alles Aktivitäten, um der Entchristlichung nachzuhelfen.

Insgesamt wird eine Stimmung erzeugt, die nicht mehr auf Harmonie aus ist, sondern offen die unüberbrückbare Kluft zwischen der rassistischen Weltanschauung der Nationalsozialisten und der universalen christlichen Botschaft propagiert, die sich an alle Völker und alle Nationalitäten richtet. Wie ein Seismograph gibt die Austrittskurve die innere Haltung der Menschen wieder: Im Jahre 1937 ist die Zahl der Austritte bei den Protestanten – die ohnehin mehr dazu neigen ihre Kirche zu verlassen – mit knapp 380 000 dreimal so hoch wie 1936. Wer mit dem Staat Adolf Hitlers konform geht und keine feste Bindung an die Kirche hat, warum soll er bleiben, wenn er mit einem Austritt seine Zustimmung zur nationalsozialistischen Politik demonstrieren kann? So wie vor 1937 sein Verbleiben in der Kirche mit der braunen Propaganda übereinstimmte.

Das ist die politische Stimmungslage, als Sophie Scholl am 21. März 1937, Palmsonntag, von Stadtpfarrer Gustav Oehler in der evangelischen Garnisonskirche zusammen mit ihrem jüngeren Bruder Werner konfirmiert wird. Als Einzige der Konfirmanden-Gruppe erscheinen die beiden in brauner Uniform in der Kirche. Ein weiteres Zeichen für Sophie Scholls »fanatische« nationalsozialistische Einstellung in ihren Jugendjahren? Wer so urteilt, verkennt die Umkehrung und Doppelbödigkeit der nationalsozialistischen Politik gegenüber den Kirchen und dem christlichen Glauben. Die braune Uniform am Altar ist 1937 ein ebenso demonstrativ-symbolisches Zeichen wie 1934 – nur diesmal mit einer anderen Aussage. Aber es ist nicht Sophie Scholl, die sich geändert hat.

Im April 1934 hat sie ihren Eintritt bei den Jungmädeln mit ihrem ersten Eid auf Adolf Hitler beschworen: »Jungmädel wollen wir sein. / ... Stark und stolz wollen wir werden: / Zu gerade, um Streber oder Duckmäuser zu sein, / ... Zu gläubig, um zu zagen und zu zweifeln, / Zu ehrlich, um zu schmeicheln, / Zu trotzig, um feige zu sein.« Es war die Zeit, als in Ulms evangelischen Kirchen der Bräutigam in SS- oder SA-Uniform zum Traualtar schritt und Hakenkreuz-Fahnen das Kircheninnere schmückten. Im April 1934 wurden Jungen und Mädchen reihenweise im »braunen Ehrenkleid« der HJ-Uniform konfirmiert. Und der Evangelische Gemeindebrief setzte in einem »Gruß an die Konfirmanden« mit großer Erleichterung Adolf Hitler in direkte Beziehung zu Gottes Güte: »Wie würde die Evangelische Kirche wohl Konfirmation feiern ohne Hitler ... ›Danket dem Herrn, denn er ist freundlich, und seine Güte währet ewiglich!‹«

Die Kirche hing nach vier Jahren brauner Herrschaft immer noch dem Glauben an, mit der nationalsozialistischen Bewegung zusammen ein christliches Drittes Reich, ja ein christliches Europa neu zu bauen. Adolf Hitler war immer noch der sakrosankte Führer. Zum vierten Jahrestag von Hitlers Kanzlerschaft im Januar 1937 schlug der lutherische Landesbischof in Bayern, Hans Meiser, den Pfarrern dieses Fürbittgebet vor: »Am heutigen Tag empfehlen wir Dir besonders den Führer und Kanzler unseres Reiches. Wir danken Dir, Herr, für alles, was Du in Deiner Gnade ihm bisher zum Wohle unseres Volkes hast gelingen lassen ...«

Sophie Scholl konnte sich bei ihrer Konfirmation Palmsonntag 1937 im Einklang mit ihrer Kirche fühlen, wenn sie die braune Uniform trug und damit das positive Miteinander von Christentum und Nationalsozialismus demonstrierte. Ihrem HJ-Eid getreu, stand Sophie Scholl am Altar der Pauluskirche zu dem, was sie geschworen hatte und was ihrer Persönlichkeit entsprach: kein Blatt im Wind, sondern stark und ehrlich zu sein und vor allem – gerade. Mochte die Masse gestern, als es opportun war, in die Kirche gegangen sein und heute, wo es der Partei nicht mehr genehm war, austreten: Sophie Scholl fühlte sich nicht zur Masse gehörig, sondern zur Elite.

Die auf den ersten Blick spektakuläre Geschichte vom Palmsonntag 1937 klärt sich, wenn sie in das gesellschaftlich-politische Umfeld gestellt wird. Nicht nur die Kirche stützte – naiv, geblendet, verführt, aber auch vom Machtbewusstsein getrieben – die nationalsozialistische Politik und begrüßte deren Erfolge. Nicht nur die große Masse stimmte in den Jubel ein, sondern auch viele von denen, die sich zur Elite zählten und eines späteren Tages gegen diese Politik Widerstand leisten und ihr Leben riskieren würden. Zum Beispiel der Berufsoffizier Claus Schenk Graf von Stauffenberg, der selbstbewusst in Uniform zur Heiligen Messe ging.

Seit er sich am 30. Januar 1933 in Berlin auf der Straße und in Uniform spontan für den neuen Reichskanzler Hitler begeistert hatte, warb er – bei aller Kritik – für das »neue Deutschland«. Claus Schenk Graf von Stauffenberg begrüßte – wie das gesamte Offizierskorps – die Dynamik in Richtung Revanche für die Niederlage von 1918. Er hoffte auf ein »neues universales Reich« der Deutschen, das nicht nur ein geistig-kulturelles Gebilde war, sondern die bestehenden Grenzen sprengen und Europa führen sollte. Claus Schenk Graf von Stauffenberg und sein Bruder Berthold, der ihm von den Geschwistern besonders nahe stand, bejahten in diesen Jahren 1937/38 auch die wichtigsten Pfeiler der nationalsozialistischen Innenpolitik, wie das Führerprinzip, die Volksgemeinschaft, die Reinhaltung der Rasse.

Der international angesehene Jurist Berthold Schenk Graf von Stauffenberg konnte sich durchaus eine neue, deutsche Rechtsprechung vorstellen. Nur wenige Tage nach dem 20. Juli 1944 – nach dem verfehlten Attentat auf Hitler und dem gewaltsamen Tod seines Bruders Claus – erklärte er im Gestapo-Verhör, als engster Mitverschwörer den sicheren Tod vor Augen: »Die Grundideen des Nationalsozialismus sind aber in der Durchführung durch das Regime fast alle in ihr Gegenteil verkehrt worden.« Die Stauffenbergs, engste Jünger aus dem Kreis um den Dichter Stefan George, fühlten sich auch politisch »zur kleinen schar berufen«, die die wahren Grundsätze von Hitlers Politik hochhielt. Stefan George – der »Meister« – zählte zu den Dichtern, die die Scholl-Geschwister verehrten. Inge Scholl schenkte ihrem Bruder Hans zum neunzehnten Geburtstag im September 1937 den George-Band »Stern des Bundes«. Hans Scholl bedankte sich mit dem Hinweis, es sei sehr schwer, ihn zu verstehen, aber »wir ahnen ihn, seine überragende, unantastbare, einsame Größe«.

Hans Scholl bekam sein Buch-Geschenk in den Reichsarbeitsdienst geschickt. Er hatte fünf Tage vor Sophie Scholls Konfirmation, am 16. März 1937, sein Abiturzeugnis erhalten und war anschließend zum RAD abkommandiert worden. Die Idee, arbeitslose Jugendliche mit gemeinnütziger Arbeit zu beschäftigen, hatte sich in den zwanziger Jahren entwickelt. Doch in der Praxis setzte sich die Idee nicht durch. Die Nationalsozialisten schufen per Gesetz 1935 den Reichsarbeitsdienst, ein weiteres Instrument, um junge Menschen zu indoktrinieren.

Der Arbeitsdienst war ein unbezahlter »Ehrendienst am deutschen Volke«. Er verpflichtete »junge Deutsche beiderlei Geschlechts ihrem Volk zu dienen« und es »im Geist des Nationalsozialismus zur Volksgemeinschaft zu führen«. 1937 war er nur für Männer von 18 bis 25 Jahre verpflichtend, vor allem, wenn sie studieren wollten; Mädchen konnten sich freiwillig melden. Wer zum RAD ging, trug Uniform und lebte während der sechsmonatigen Arbeitszeit in einem kasernierten Lager mit Flagge-Hissen, Strammstehen, Liedersingen und nationalsozialistischer Schulung. Hans Scholl leistete seinen Arbeitsdienst in der Nähe von Göppingen bei Arbeiten an der neuen Autobahn. Seiner Mutter schrieb er am 4. Mai 1937: »Du darfst es mir glauben: Ich arbeite mit Leib und Seele; ich drücke mich niemals.«

Sie sei von einer »göttlichen Schlamperei« gewesen, hat Susanne Hirzel die jugendliche Sophie Scholl charakterisiert. Dabei gehörte Sich-Gehen-Lassen nicht zum Erziehungsprogramm in der Scholl-Familie, man drückte sich nicht. Vielleicht hat Sophie Scholl das höchst mittelmäßige Zeugnis vom Herbst 1936 doch gewurmt. Das Zeugnis vom Frühjahr 1937 jedenfalls bestätigte es ihr, sie »war fleißig, beteiligte sich gleichmäßiger und reger am Unterricht«. Es gab nur zweimal »Genügend«, dafür in Deutsch ein »Sehr gut« und ein »Gut« jeweils in Englisch und Französisch.

Ihre ein Jahr ältere Schwester Liesl hatte keine Lust, weiterhin zur Schule zu gehen. Sie verließ die Oberrealschule und begann im Frühjahr im evangelischen Fröbel-Seminar in Ulm-Söflingen eine Ausbildung zur Kindergärtnerin. Als im Mai 1937 das neue Schuljahr für Sophie Scholl begann, war erstmals der feste Ring der Geschwister gesprengt: Hans war beim Reichsarbeitsdienst in Göppingen, Liesl fuhr jeden Morgen mit dem Rad nach Söflingen, Inge hatte ihren festen Arbeitsplatz im Büro des Vaters. Werner, der Jüngste, ging zur Schule, aber er verbrachte immer mehr Zeit mit seinem Klassenkameraden Otl Aicher und dessen Freunden. Wenn die sechzehnjährige Sophie Scholl von der Schule oder zwischendurch am Nachmittag nach Hause in die Olgastraße kam, machte sie eine neue Erfahrung: Es war stiller geworden, wo sonst der Trubel einer großen Familie die Räume füllte.

## SELBSTKRITISCH IM WELLENTAL DES LEBENS

*Mai bis November 1937*

Das Erwachsenwerden ist ein Prozess, in dem der junge Mensch extremen Stimmungsschwankungen ausgesetzt ist, die aufwühlen und aufregend sind. Himmelhochjauchzend – zu Tode betrübt erleben Mädchen und Jungen sich selbst und die Welt, auf der Suche nach dem, was ihr Eigenstes ausmacht. »Wer bin Ich?« und »Wie stehe ich zu den anderen?« – diese Fragen vor allem begleiten die Jahre der Pubertät.

Auch Sophie Scholl ist der Ambivalenz der Gefühle ausgesetzt. Einerseits registriert sie Isolation und Distanz zu Gleichaltrigen als positiv und fühlt sich überlegen. Zugleich aber leidet sie unter der Einsamkeit und sehnt sich nach Gemeinschaft in der Gruppe. Mit sechzehn Jahren tut Sophie Scholl, was schon ihre älteste Schwester Inge im gleichen Alter tat, um dem geschärften Blick für das eigene Innere eine Bühne zu geben: Sie führt ab Mai 1937 Tagebuch; eine Quelle, die erstmals Einblicke gibt, was zur Zeit der Pubertät im Innern von Sophie Scholl vorgeht und wie sie mit ihren Gedanken und Gefühlen umgeht.

Einsamkeit. »Silbermond, uralter Trost / Siehst Du mich hier stehen / Ältere Schwester ausgegangen / Ich bin so allein – Ich wäre ganz froh, wenn wir in eine andre Stadt ziehen würden. Ich würde wieder neue Menschen kennen lernen.« Das war die Stimmung am 2. Juli 1937. Und am 27. September: »Ich fuhr gut 3 Stunden mit dem Rad herum. Wo sollte ich hin, was sollte ich tun? … Ach Gott, ich möchte gar nicht mehr. Ich mag nicht mehr. Haben alle Menschen solch unsinniges Heimweh wie ich. Wenn mir nur geholfen würde, wenn ich mir nur helfen könnte.« Einen Tag später: »Herrgott, und ich warte Tag für Tag auf etwas …«

Gemeinschaft. Am 28. Mai hatte Sophie Scholl in das kleine linierte Buch geschrieben: »Ich möchte wissen, was aus Großfahrt wird. Herrgott, wir sind verdammt wenig. Ich komme ohne dies alles nicht aus. … Ich will mich nicht immer bilden. Ich will mich ab und zu austoben. Sonst meine ich manchmal, ich ersticke. … Ja, wirklich, es kann kein Erwachsener, auch sonst nur wenige mir nachfühlen, was mir Fahrt bedeutet.«

Sich erproben: Auf Fahrt gehen bedeutet über Tage wandern oder mit dem Rad fahren; Zelt aufbauen oder in Jugendherbergen schlafen; am

Feuer kochen und singen; Trampelpfaden folgen oder sich quer durch den Wald einen Weg bahnen. Und das alles, egal ob es regnet oder die Sonne vom Himmel brennt, und immer gemeinsam mit den anderen. In Flüssen und Seen baden. Sophie Scholl liebt das Wasser: »Es ist herrliches Wetter. Jeden Tag baden wir in der Iller, die sehr kalt ist. Heut war ich mit Suse und nachher mit Inge. Mit Suse vertrag ich mich gut. Wir saßen in einer hohen Wiese, von außen konnte man uns nicht sehen vor Gras und Margeriten.« Das war am 28. Mai 1937, und »Suse« war ihre Freundin Susanne Hirzel. Mit ihr genießt Sophie Scholl ein besonderes Bade-Erlebnis, als wegen der frühen Dunkelheit kein Mensch mehr in der reißenden Iller ist: »Wir badeten ohne Anzug. Das ist was ganz anderes. Jeden Strudel spürt man. Es ist herrlich und wir konnten uns beinahe nicht trennen.«

Distanz und Überheblichkeit: »Vor der Schule graut mir. Ich mag gar nicht, gar nicht. ... Ich fühle, wie ich mich von den andern immer mehr entferne. Ach Gott ja. ... Ich bin auf dieser Fahrt einige Stufen höher gestiegen. Ich spüre dies mit einer beglückenden Gewissheit. ... Ich war gut in der Schule. Es kommt mir alles so fremd vor. Alle Mädchen, auch Anneliese, sie bedeuten mir immer weniger.« Sophie Scholl wird wählerisch und kritisch, auch was ihre Freundinnen betrifft. Annelies Kammerer, deren Eltern ein gut gehendes Fotogeschäft in Ulm führen, und Sophie haben sich bei den Jungmädeln kennengelernt. Später hat Annelies Kammerer die Schule gewechselt und kam in Sophie Scholls Klasse. »Annlis K. sitzt nun jeden Tag wieder neben mir. Das macht doch viel aus. Wir gehen öfter miteinander fort«, notiert Sophie Scholl am 11. Juni 1937. Die Freundschaft bleibt, ist aber gegen Schwankungen nicht gefeit.

Susanne Hirzel bekommt im Tagebuch durchgängig gute Noten, zumal Sophie Scholl deren kleine Brüder ganz reizend findet. Und dass sie nach Sophie Scholls Überlegungen im Mai sogar ein wenig Lisa Remppis, die beste Freundin, ersetzen soll, ist eine große Auszeichnung: »Lisa ist weit fort und wir sehen uns alle Jahre einmal. Es hilft mir nicht viel. Ich verstehe sie gut und vertraue ihr auch ganz. Aber sie wächst in anderen Verhältnissen auf. Ich werde jetzt öfter mit Suse zusammenkommen.« Im Oktober jedoch zeigt eine weitere Bemerkung, wie fest Sophie Scholls Bindung an Lisa ist. Im Zusammenhang mit der größer werdenden Distanz zu den Mädchen in der Schule, Annelies Kammerer inbegriffen, schreibt Sophie Scholl: »Ich wollte gerne, Lisa wäre hier – sie versteht mich trotz ihres Alters am besten.« Die zwei Jahre jüngere Lisa, Brücke in die Kinderzeit, wird Sophie Scholl auch all die Jahre des Erwachsenwerdens begleiten, in gegenseitiger Treue.

Schwankungen. »Ich bin gerad in einem Wellental meines Lebens«, notiert Sophie Scholl am 18. September. Wer so sehr zwischen Gefühlen hin und her gerissen wird, bekommt ein dünnes Seelen-Fell: »Meine Nerven sind ziemlich überreizt, wegen jedem Quack möchte ich losheulen.« Sophie Scholls Tagebuch enthält keine Geniestreiche, es markiert keine Außenseiterposition. Vielmehr spiegelt es die Achterbahn der Gefühle, denen die Sechzehnjährige ebenso wie andere junge Mädchen und junge Männer ausgesetzt ist, wenn die Hormone einen neuen Zeitabschnitt im Leben ankündigen und erst einmal vieles durcheinander bringen.

Ablösung von den Eltern. Es ist die schwierigste Aufgabe, die die Pubertät den jungen Menschen stellt: sich aus der Abhängigkeit von den Eltern zu befreien, um zu einer eigenen Sicht der Welt zu kommen und tiefe Emotionen zu Menschen außerhalb des Familienkreises zu entwickeln. Sophie Scholl, »Mutters Sonnenschein«, hat es leichter gehabt mit den Eltern als Inge, die älteste Schwester. Von Konflikten mit der Mutter steht kein Wort im Tagebuch. Abgeklärt kommentiert Sophie die launischen Ausbrüche des Vaters, die Inge sich noch sehr zu Herzen nahm: »Daheim ist alles nervös, Vater schreit mich an, wenn ich pfeife, überhaupt meistens. Ich hab mich beinahe damit abgefunden. Es gibt ja so viel, über das man sich freuen kann.« Sophie Scholl hat auch kein Problem damit, die positiven Seiten ihres Vaters herauszustellen, wie am 31. August 1937: »Vorgestern kamen wir von der Böhmerwaldfahrt zurück. Unser Schlafzimmer trafen wir sehr schön an. Aus dem dunklen Loch ist ein heller, wunderbarer Raum geworden. In diesen Sachen kann man sich auf Vater verlassen.«

Die Abscheu vor den Spießern und dem bürgerlichen Leben richtet sich nicht gegen die Eltern. Zum einen ist das Ulmer Milieu gemeint – »Ach! Spießer! Alles in Ulm« –, zum andern geht ihre Kritik an die eigene Person: »Ich will nicht oberflächlich werden. Ich will nicht spießig werden. ... Ich war heut so brav ... wie alle Leute in Ulm. Ich führe so ein geregeltes Leben, genau wie sie, ich bin kein Härchen anders.« Die sechzehnjährige Sophie Scholl ist eher selbstkritisch, keine Jugendliche, die im Selbstmitleid badet oder ihrem schwankenden Gefühlsleben durch extrem irrationale Eruptionen Ausdruck verleiht. Das Tagebuch durchzieht ein wehmütiger Ton. Der diffuse Abschiedsschmerz über eine Epoche, die Kindheit, die unwiderruflich vorbei ist, fällt ebenso gedämpft aus wie das sehnsüchtige Warten auf etwas Neues, das ihr Leben von nun an prägen und ausfüllen wird. Es ist, als ob die Bereiche Gefühl und Denken bei Sophie Scholl jeweils eigenständig agieren, sich nicht gegenseitig in die Quere kommen. Mögen die Gefühle stark und verwirrend sein, sie setzten das Denken nicht außer Gefecht.

Unabhängig von den typischen Befindlichkeiten und Aktivitäten, die mit der turbulenten Zeit der Pubertät einhergehen, bewahrt sich Sophie Scholl eine realistische Sicht in ihr Inneres wie auf ihre äußere Situation. Sie anerkennt, dass sie nicht lautstark an Gittern rütteln muss, um sich von einer rigiden elterlichen Autorität zu befreien, sondern viele Freiheiten genießt. Seit über zwei Jahren ist Sophie Scholl nach der Schule fast täglich mit ihrer Jungmädel-Gruppe und Führungsaufgaben beschäftigt; fast jedes Wochenende und in den Schulferien geht sie mit den Jungmädeln oder Freundinnen »auf Fahrt«. Sie trampt mit Susanne Hirzel und übernachtet bei fremden Bauersleuten im Stroh. Und auch das haben die Eltern schließlich akzeptiert: Die Sechzehnjährige muss nicht mehr auf einen Spaziergang außer Haus gehen, um heimlich eine Zigarette zu rauchen.

Sie hat ein bürgerliches Zuhause, aber spießig geht es dort nicht zu. Ein Brief vom Mai 1938 an ihren Freund Fritz Hartnagel bestätigt ihre Tagebucheintragungen: »Jetzt habe ich Dir aber lange genug von der Ulmer Spießergesellschaft erzählt. (Dazu zähle ich meine Familie natürlich nicht, obwohl man ja oft so richtig im Trott ist.)« Mitte Januar 1938 hatte sie ihm geschrieben: »Aber in unserer Familie herrscht ein feines Verhältnis.« Im Dezember 1938 erfährt Fritz Hartnagel von Sophie Scholl über das Weihnachtsfest: »Es ist bei uns nämlich das schönste Familienfest, und wird von allen sehr wichtig genommen.« Die bürgerlichen Fest-Rituale verlieren für sie auch während der Pubertät nicht ihren Glanz. Im Frühjahr gehört der »Muttertag« dazu. Noch einmal aus ihrem Schulaufsatz: »Dass wir ihr heute jede Hausarbeit, selbst das Kochen, abnehmen, und sie lässt sich mittags zum Kaffee und dann von uns Gebackenem einladen. Später lesen wir ihr etwas vor, wenn sie gerne will, spielen wir auch ihr Lieblingslied. Oder sollen wir einmal das alte Fotobuch hervorholen, wo all unsere Kinderbilder eingeklebt sind?«

Auch die Geburtstage haben ihr festes Ritual: ein gemütlicher Abend, ein fein gedeckter Tisch; Sophie Scholl spielt Blockflöte, Inge begleitet sie auf dem Klavier. Manchmal wird der Abend mit einem gemeinsamen Lied abgeschlossen: »Ich trag aus Gold ein Ringelein / an meinem Goldfingerlein / beim Tanz gab mirs der Liebste / ich soll sein eigen sein.« Sophie Scholl hat der Blockflöte immer die Treue bewahrt, auch wenn sie seit den Anfängen in Forchtenberg eine sehr gute Klavierspielerin geworden ist. Die Freude und das Bedürfnis, im Klavierspiel voranzuschreiten und sich musikalisch auszudrücken, werden ihr weiteres Leben begleiten.

Schwärmerei. Auch dies ein Stichwort aus den Lehrbüchern der Jugendpsychologie, das vor allem mit Mädchen in den Jahren der Pubertät in Verbindung gebracht wird. Vielleicht sollte man es aussortieren – wer spricht heute noch von »Backfischen« – und durch »Begeisterungsfähigkeit« ersetzen. Begeisterung, auf der Suche nach neuen Autoritäten fündig geworden zu sein: »Wir bringen jeden Montag Fräulein Frieß einen Strauß. Ich habe sie sehr gern wie selten einen erwachsenen Menschen.« Das notiert Sophie Scholl am 11. Juni 1937. Und am 22. September: »Ich habe vorgestern Fräulein Frieß besucht, und sie hat sich sehr gefreut. Ich kann sie gut leiden.« Jedes Mal geht es um die junge Biologielehrerin Dr. Else Frieß, der Sophie Scholls Bewunderung galt und die ihr großes und bleibendes Interesse an der Biologie gefördert hat.

Inge Scholl hat aufgeschrieben, was Else Frieß ihr 1979 in einem Telefonat in Erinnerung an die Schülerin Sophie Scholl sagte. Sophie Scholl habe hinten in der zweitletzten Bank – »den Haarwisch ins Gesicht gefallen« – nicht gesessen, sondern buchstäblich gelegen: »So, als sei sie total unbeteiligt. Und immer dann, wenn von ihr eine Frage gefallen sei, hätte sie gemerkt, wie präsent sie sei, wie genau die Antwort. … Nein, das Saloppe hätte ihr gar nichts ausgemacht … Es sei auch selten ein Wochenende vergangen, ohne dass Sophie und Anneliese Witte vor ihrer Wohnungstür gestanden hätten mit einem großen Feldblumenstrauß.« Sophie Scholl hatte keine Hemmungen, ihre Bewunderung offen zu zeigen.

Auch der Feldblumenstrauß ist kein Zufall. »Die Wiese« hieß das Thema eines Aufsatzes, den Sophie Scholl im Schuljahr 1937 geschrieben hat: »So wenig ich einen klaren Bach sehen kann, ohne nicht mindestens die Füße hineinzuhängen, genausowenig kann ich an einer Wiese zur Maienzeit vorübergehen. Es gibt nichts Verlockenderes als solchen duftenden Grund, über dem die Blüten der Wiesenkerbel wie ein lichter Schaum schweben … An nichts anders mehr denkend, stolpere ich die blumenüberwucherte Böschung hinab und stehe bis über die Knie inmitten saftiger Gräser und Blumen. Sie streifen meine Arme beim Niederknien, ein Hahnenfuß berührt kühl meine Wange, eine Grasspitze kitzelt mein Ohr, dass mich einen Augenblick eine Gänsehaut überrieselt.« Die Sechzehnjährige beschreibt hier persönliches Erleben auf eine Weise, die sprachliches Talent verrät.

Am Ende wird es fast mystisch: »Wenn ich meinen Kopf wende, berührt er den rauhen Stamm eines Apfelbaumes neben mir. Wie beschützend er seine guten Äste über mir ausbreitet! Spüre ich nicht, wie unaufhörlich Säfte aus seinen Wurzeln steigen, um auch das kleinste Blättchen sorgend zu erhalten? Höre ich vielleicht einen geheimen Pulsschlag? Ich drücke mein Gesicht an seine dunkle, warme Rinde und denke: Heimat, und bin so unsäglich dankbar in diesem Augenblick.« Das klingt sehr besonders, können wir sagen, typisch Sophie Scholl? Jugendliche haben in der Pubertät nicht selten das Gefühl, in direkten Kontakt zur Natur treten zu können. Es gilt abzuwarten, ob Sophie Scholls tiefe Verbundenheit mit den Bäumen und Blumen eine jugendliche Durchgangsphase ist oder ob sie bleibt und sich als Teil ihrer Persönlichkeit erweisen wird.

Bevor es im August 1937 auf große Fahrt in den Böhmerwald geht, gibt es ein Zeugnis. Es fällt keineswegs schlecht aus für Sophie Scholl: »Gut« in Deutsch, Geschichte, Englisch, Französisch und Musik, »Befriedigend« in Physik und Kulturgeschichte, »Genügend« in Rechnen und Mathematik. Doch das »Gesamturteil« weist wieder darauf hin, dass man von dieser Schülerin mehr erwartete: »Sophie Scholl war selbständig im Urteil und zeigte ein reges Interesse für die Gebiete, die ihr liegen. In andern ließen Fleiß und Aufmerksamkeit zu wünschen. Sie sollte gleichmäßiger arbeiten.« Das einzige »Sehr gut« im Fach Zeichnen untermauert diese Kritik. Zeichnen gehört zu ihren Lieblingsbeschäftigungen.

1936 und 1937 illustrierte Sophie Scholl zwei Märchen ihrer Schwester Inge – »Die Kinderhexe« und »Die Zaubergeige«. Ein Selbstporträt aus wenigen entschiedenen Strichen, 1937/38 entstanden, hat sich erhalten. Dass sie in den Herbstferien 1937 darauf verzichtet, auf Fahrt zu gehen, zeigt an, was ihr Kunst inzwischen bedeutet. Mitte September schreibt Sophie Scholl ins Tagebuch: »In den Herbstferien fahr ich nach München. Gerne wäre ich auf Fahrt. Aber ich hab keine Zeit sonst, und die Kunstausstellung muss ich gesehen haben.« Mit der »Kunstausstellung« kann Sophie Scholl, die 1938 die Malerin Paula Modersohn-Becker für sich entdeckt und mit Vorliebe Kunstkarten französischer Impressionisten verschickt, von zwei gleichzeitig stattfindenden Münchner Ausstellungen nur eine gemeint haben.

Am 18. Juli 1937 begann in München – »Hauptstadt der Bewegung«, wie Adolf Hitler die Stadt an der Isar ausgezeichnet hatte – ein pompöses dreitägiges Fest. Im Oktober 1933 hatte Adolf Hitler den Grundstein gelegt, nun weihte er das »Haus der Deutschen Kunst« an der Prinzregentenstraße ein und eröffnete dort die »Erste Große Deutsche Kunstausstellung«. Vom Museum bewegte sich ein drei Kilometer langer Festzug »2000 Jahre deutsche Kultur« in die Innenstadt, darunter Prunkwagen zum »Germanischen Zeitalter«, zu »Vater Rhein« und »Richard Wagner«, und am Zugende marschierten Wehrmacht und SS.

In Berlin saßen am gleichen Tag der Maler Max Beckmann und seine Frau Mathilde vor dem Radio. Sie erhofften sich von Adolf Hitlers Rede zur Eröffnung des »Hauses der Deutschen Kunst« programmatische Aussagen. Und die bekamen sie. Was die bisherige Kunst betraf, habe es »das

Judentum verstanden … das allgemeine gesunde Empfinden auf diesem Gebiet zu zerstören«. Aber »das nationalsozialistische Deutschland will wieder eine ›deutsche Kunst‹ … Kubismus, Dadaismus, Futurismus, Impressionismus usw. haben mit unserem deutschen Volke nichts zu tun«. Der Führer und Reichskanzler und selbsternannte größte Kunstexperte Deutschlands ließ es wieder einmal nicht an Deutlichkeit fehlen: »Wir werden von jetzt ab einen unerbittlichen Säuberungskrieg führen, einen unerbittlichen Vernichtungskrieg gegen die letzten Elemente unserer Kulturzersetzung …« Max Beckmann, der unter den Malern des 20. Jahrhunderts zu den größten gerechnet wird, hatte verstanden. Er nahm mit seiner Frau am nächsten Tag in Berlin den Zug nach Amsterdam und hat bis zu seinem Tod 1950 in New York nie mehr deutschen Boden betreten.

Zum »Vernichtungskrieg« gegen die modernen Künstler gehörte es, ihnen jede Ausstellungsmöglichkeit zu nehmen. Die »Erste Große Deutsche Kunstausstellung« zeigte nichts als »Blut-und-Boden«-Bilder, Bauern und Landschaften, anatomisch penible Akte, heroische Schlachtengemälde, völkischen Kitsch. Mehrere hunderttausend Menschen gingen an diesen Bildern vorbei. Rund zwei Millionen Besucherinnen und Besucher aber sahen um die Ecke in der nahen Galeriestraße bis in den November 1937 die Ausstellung »Entartete Kunst«, die am 19. Juli von Adolf Ziegler, seit 1925 NSDAP-Mitglied und seit November 1933 Professor an der Kunstakademie in München, eröffnet wurde.

Seit Juni hatte eine Kommission unter Zieglers Leitung in deutschen Museen und Galerien rund 5000 Gemälde und 12 000 Grafiken beschlagnahmt und enteignet. Von diesem gigantischen Kunstraub wurden 650 Bilder von 120 Künstlern ausgewählt – darunter George Grosz, Paul Klee, Paula Modersohn-Becker, Vincent van Gogh, Oskar Kokoschka, Max Beckmann, Marc Chagall, Franz Marc, Käthe Kollwitz – und dicht an dicht in der Ausstellung »Entartete Kunst« aufgehängt. Im Zusammenhang mit plakativen Überschriften – »Der Neger als Rasseideal« – sollten primitive Ressentiments gegen die moderne Kunst mobilisiert werden. Beweisbar ist es nicht, aber höchstwahrscheinlich waren unter den zwei Millionen Besuchern dieser Ausstellung viele Kunstfreundinnen und Kunstfreunde, die schweren Herzens und fassungslos durch die Ausstellung in der Galeriestraße gingen. Für sie waren die Bilder dort nicht »entartete«, sondern große, wahre Kunst, wahrscheinlich letztmals öffentlich sichtbar. Sophie Scholl hat die Fahrt nach München nicht mehr erwähnt; so muss offen bleiben, ob sie die Ausstellung »Entartete Kunst« wirklich besucht hat.

Zu folgern, dass ein Gegner des nationalsozialistischen Regimes war, wer moderne Kunst schätzte, ist jedoch ein Trugschluss. Sophie Scholl differenzierte – zwischen ihrem Einsatz für die Volksgemeinschaft als Führerin der Jungmädel im nationalsozialistischen BDM und ihrem stilsicheren Geschmack, sei es in Literatur oder Malerei. Über die Qualität eines Gedichtes oder eines Romans entschied nicht das Partei-Buch, da ließ Sophie Scholl sich nicht blenden. »Im Deutschen lesen wir gerade ›Die Entscheidung‹ von Gerhard Schumann. Du weißt ja, dass ich ihn nicht mag. Na ja, es gibt eben Schema …«, schrieb sie im Mai 1939 an eine Freundin. Gerhard Schumann, 1911 geboren und 1930 in die NSDAP und SA eingetreten, gehört zu den mit Preisen und Ämtern überhäuften Vorzeigeschriftstellern im Dritten Reich. Seine Propaganda-Gedichte von »Führertum« und »Opfertod« als Unterrichtsstoff sind Sophie Scholl offensichtlich keine Auseinandersetzung wert – solange sie ungestört zu Hause und mit ihren Jungmädeln am Lagerfeuer neben der Edda auch Rilke lesen konnte.

Von großer Entschiedenheit zeugt dagegen eine Tagebuch-Eintragung am 31. August 1937, nach der Rückkehr von der großen Sommerfahrt in den Böhmerwald: »Von der H. J. habe ich mich ohne mein Wollen ganz gelöst. Ich habe nichts mehr zu geben, nichts mehr zu nehmen … Hilde ist Assistentin von der Untergauführerin. Ich kann Hilde nicht verstehen.« Endlich erwähnt Sophie Scholl die Institution, die seit Jahren ihr Leben fast mehr als Familie und Schule ausfüllt und auch 1937 an mehreren Tagen und Abenden der Woche nicht nur ihre Anwesenheit, sondern Vorbereitung, Ideen und Einsatz fordert. Wird hier endlich der Bruch Sophie Scholls mit der nationalsozialistischen Jugendorganisation sichtbar? Klar und eindeutig, wie die Nachgeborenen es sich erhoffen? Auf den zweiten Blick stellt sich Ernüchterung ein: Die hoffnungsvolle Frage muss verneint werden. Sophie Scholl deutet mit keinem Wort an, warum sie sich – aus eigenem Antrieb – von der HJ gelöst hat.

Die Tagebuch-Zeilen bleiben ein Rätsel. Aber im Ausschlussverfahren wird zweifelsfrei deutlich, was sie nicht bedeuten. Sophie Scholl hat weder im August 1937 noch in den folgenden Wochen oder Monaten ihr Führungsamt bei den Jungmädeln abgegeben oder gar ihre Arbeit eingestellt. Sie wird erst 1938 – wahrscheinlich im November – ihr Amt als Gruppenführerin niederlegen, aber nicht freiwillig. Und selbst »bei diesem Zerwürfnis«, so führt sie ausdrücklich in ihrem Verhör im Februar 1943 an, »handelte es sich um eine rein innerdienstliche Angelegenheit des BDM ohne jeden politischen Hintergrund«. Da der BDM – und innerhalb des BDM die Jungmädel – keine unabhängige nationalsozialistische Organisation war, sondern eine Untergruppe der Hitlerjugend, hat es möglicher-

*Auf Fahrt: Zweite von rechts Sophie Scholl*

weise Konflikte zwischen dem BDM in Ulm und HJ-Kadern gegeben oder direkt zwischen Sophie Scholl und Ulmer HJ-Funktionären oder auch Streit innerhalb des BDM. Jedoch waren diese Konflikte nach ihrer Aussage nicht politischer Natur. Sie sind, ähnlich wie bei dem Konflikt von Hans Scholl im Jungvolk, kein Anzeichen für eine Distanzierung Sophie Scholls vom Nationalsozialismus. Auch bei »Hilde« – Hilde Kappus war eine Freundin von Inge Scholl und ihre langjährige Mitarbeiterin bei den Jungmädeln – kann es sich nur um persönliche Dissonanzen handeln. Der Tagebuch-Eintrag ist wohl eher mit pubertären Stimmungsschwankungen zu erklären und verliert insofern an Brisanz.

Das Stichwort »BDM« erinnert daran, dass das ganze Jahr 1937 – wie alle Jahre, seit Sophie Scholl im Januar 1934 bei den Jungmädeln eintrat – vom nationalsozialistischen Jahreszyklus der Feiern und Rituale geprägt war. Die nationalsozialistischen Jugendorganisationen, ihre Führer und Führerinnen in Uniform vorweg, waren fester Teil der Inszenierungen: ob Aufmarsch auf dem Ulmer Münsterplatz zum »Heldengedenktag« mit großem Zapfenstreich im März, Paraden zu »Führers Geburtstag« am 20. April, Umzüge zum »Tag der nationalen Arbeit« am 1. Mai oder

Spalierstehen bei den Besuchen hochrangiger Politiker oder Parteiführer; ob vorgeblich germanische Brauchtumsfeiern wie Sommersonnenwende oder das immer pompöser angelegte Erntedankfest. Nichts davon erwähnt Sophie Scholl 1937 in ihrem Tagebuch. Es war eine Selbstverständlichkeit für eine Gruppenführerin – und inzwischen Routine für sie. Es war Alltag, unangezweifelt – doch ihre inneren Umbrüche und Veränderungen, ihre Sehnsüchte und Fragen an die Zukunft blieben davon unberührt.

Im August, während der Fahrt durch den Böhmerwald, war Sophie Scholl endlich wieder einmal längere Zeit mit Lisa Remppis zusammen. »Du, unsere Fahrt kommt mir wie ein Traum vor, es ist aber ein schöner«, schreibt ihr die Freundin am 5. Dezember 1937. Diesmal kommt der Brief nicht wie üblich aus Langenburg an der Jagst. Familie Remppis ist im Oktober nach Leonberg bei Stuttgart umgezogen. Lisa ist der Abschied schwer gefallen, »sogar von der Schule«. Doch das neue Haus mit Garten sei gemütlich und Stuttgart mit Theater und Film ganz nah: »Komm doch einmal! Es würde mich sooo furchtbar, schrecklich freuen!« Das Heimweh nach der besten Freundin ist groß, trotzdem nimmt Lisa Remppis ihr das lange Schweigen nicht übel. Aber sicher sein möchte sie doch: »Hast du eigentlich meinem Brief von ewig lang her, nicht erhalten? Du hast sicher auch wenig Zeit zum Schreiben, deshalb hast du wahrscheinlich noch nichts von Dir hören lassen? … Was machst du eigentlich?«

Eine gute Frage. Für Sophie Scholl wird Lisa Remppis in den nächsten Jahren der einzige Mensch sein, mit dem sie über das redet, was in diesen Wochen seinen Anfang genommen hat. Aber noch ist es ihr Geheimnis und bewegt und beansprucht all ihre Gefühle und Gedanken und eine Menge ihrer Zeit. Und hinterlässt Spuren in ihrem Tagebuch. Am 2. November 1937 taucht dort ein neuer Name auf: »Vor allem … Fritz Hartnagel kann ich direkt prima leiden. Er mich auch … ich weiß das von Charlo. Sie sagte, wenn Fritz weiß, dass du dabei bist, kommt er bestimmt.« Am 3. Dezember wird Sophie noch deutlicher: »Ich werde Fritz nur geben die selbstverständliche Wärme und Liebe, die er braucht, ich werde sie ihm geben. Ich will nichts von ihm, solange er nicht ganz von allein schenkt. … Ich hab ihn sehr gern … Es ist mir genug, dass ich Fritz glücklich machen darf. Das ist schön.« Sophie Scholl, sechzehn Jahre und sieben Monate alt, ist verliebt.

## DIE ERSTE LIEBE – ALLES SENTIMENTALER QUATSCH?

*November 1937 bis April 1938*

Schon wieder war die Schule unendlich »fad«, wie sich die sechzehnjährige Sophie Scholl im Winter 1937/38 in Briefen bevorzugt über den Unterricht auslässt. Mit der Freundin Annelies Kammerer herumzualbern, die neben ihr in der Bank saß, reichte nicht, die Langeweile zu überwinden. Also schrieben die beiden am 20. November 1937, einem Samstag, gemeinsam einen Brief:

»Lieber Fritz! Die Anneliese scheniert sich, deshalb schreibt die Sofie. (In der Schule). Hiermit schickt Dir die Annelise eine Einladungskarte. Du kommst doch? Jetzt fehlt aber der Lisl und mir noch ein Mann. (kein Ehemann) Wenn Du jemand nettes kennst, kannst Du ihn von der Anneliese aus gern einladen … – Ich lasse jetzt der Anneliese das Wort.

Der Anfang von Sofer ist gar nicht wahr. – Wir wollen nicht streiten, deshalb hören wir auf, Annlis weiß doch nichts Gescheites. – Mit deutschem Gruß (herzlichem Gruß) Sofie Scholl – Heil Hitler. Annlies.«

Am nächsten Freitag fand das Tanzkränzchen bei Annelies Kammerer statt, deren Eltern mit Wein und Sekt für die jungen Leute nicht sparten, Zigarettenqualm nicht monierten und etwas für die damalige Zeit Besonderes besaßen: ein Grammophon nebst Schellackplatten mit moderner Tanzmusik, Foxtrott, Slowfox, Walzer und English-Waltz. Sophie Scholl weigerte sich, die traditionelle Tanzschule zu besuchen wie die meisten Mädchen ihrer Klasse. Sie hatte es nicht nötig, denn sie tanzte auch ohne Unterricht sehr gut und sehr gerne. An jenem Freitag tanzte sie vor allem mit Fritz Hartnagel, dem Adressaten des Schulbriefes vom 20. November.

Als Sophie Scholl am frühen Samstagmorgen mit ihrer Schwester Liesl vom Tanztee nach Hause kam, war unten in der Olgastraße die Glastür abgeschlossen: »Wir haben gezittert und gebebt und dann mutig geläutet. Mein Vater guckte zum Fensterl raus und glaubte, es sei die Gestapo. Er war freudig überrascht, dass nur wirs sind, und wir wurden nicht verschimpft. Am 8. Dezember ist das Kränzchen von Inge. Kommst du? Als mein Partner oder noch besser mit Charlo. … Es ist soo langweilig hier. Sofie Scholl.« Das war Montag, 29. November, während der Physikstunde an den »lieben Fritz« geschrieben. Am Sonntag hatte Sophie Scholl in ihrem Tagebuch festgehalten: »Auf dem Tanzkränzchen war Fritz – es ist alles wieder gut. Ich bin ihm unendlich dankbar, Fritz.«

Fritz Hartnagel, am 4. Februar 1917 in Ulm geboren, war Mitglied in der bündischen Gruppe »Deutsche Freischar«, der 1932 der fünf Jahre jüngere Werner Scholl beigetreten war. So ergab sich ein lockerer Kontakt zur Scholl-Familie, zumal er die gleiche Oberrealschule wie Hans und Werner Scholl besuchte. Nach dem Abitur 1935 entschied sich Fritz Hartnagel, dessen Vater aus einfachen Verhältnissen kam und es als Unternehmer zu Wohlstand gebracht hatte, Berufsoffizier zu werden. Er machte einen erfolgreichen Abschluss an der Offiziersschule in Potsdam und tat ab Frühjahr 1937 in einer Augsburger Kaserne Dienst. An den freien Wochenenden nach Ulm zum Tanzkränzchen zu fahren, war ein Katzensprung, zumal er im Wohnhaus der Eltern weiterhin ein Zimmer besaß.

Ulm war klein. Fritz Hartnagel war mit Charlotte Thurau – »Charlo« – befreundet, Sophie Scholls erster, bewunderter Jungmädelführerin, die längst bei den Scholls ein und aus ging. Auch Annelies Kammerer, die die gleiche JM-Karriere durchlief wie Sophie, kannte »Charlo«, die schon das Abitur hatte und demnächst studieren wollte. Anfang November 1937 nahmen sich Sophie Scholl und Fritz Hartnagel bei den Tanzkränzchen von Annelies Kammerer erstmals bewusst wahr. Für Sophie Scholl lässt sich sagen, dass im November und Dezember Fritz Hartnagel ihre Gedanken und damit die Eintragungen im Tagebuch besetzt. Verbunden mit einer wiederkehrenden Frage: »Was ich von Fritz und Charlo denken soll?« Die Eifersucht nagt am Herzen und soll am 29. November mit einer großmütigen Geste bekämpft werden, als es um das Tanzkränzchen bei Inge Scholl geht: »Kommst Du? Als mein Partner oder noch besser mit Charlo.« Oder riskiert Sophie Scholl in ihrem Brief eine verwegene List, um Gewissheit zu erlangen?

Es sind neue, aufregende, verwirrende Gefühle, die Sophie Scholl empfindet: »Morgen ist das Kränzchen von Inge. Hoffentlich kommt Fritz. Er muss doch wohl kommen … Ich muss mich anstrengen … an mir liegt es. Ich darf und darf nur geben. Es fehlt mir der letzte Schneid dazu. Es ist immer noch eine süße Hoffnung da … Ich muss Fritz morgen Abend sehen … es fehlt mir an Mut. Ich werde so leer.« Noch keine zwei Monate liegt der Brief zurück, in dem eine kecke, selbstbewusste Sophie Scholl ihre Freundin Lisa Remppis auffordert, den Herbsturlaub gefälligst in Ulm zu verbringen. Und nun die Angst, dass er nicht kommt; und dann die Angst, dass ihre süße Hoffnung sich in nichts auflöst, weil sie es nicht schafft, ihn an sich zu binden. Wer bei Annelies Kammerer oder bei Inge Scholl in diesen Wochen zum Tanztee kommt, kennt eine Sophie Scholl, die ihren Jungmädeln sagt, wo es lang geht. Doch plötzlich kehren im Herzen und im Kopf die uralten Rollenbilder wieder. »Es ist mir genug, dass ich Fritz glücklich machen darf. Das ist schön«, hat sie am 3. Dezember geschrieben.

Die Verwirrung muss groß gewesen sein, wenn das Denken, auf das die junge Sophie Scholl stolz war, so sehr in die Hinterhand gerät. Am 10. Dezember stellt sie sich im Tagebuch selbst zur Rede, versucht den Ring der Emotionen zu sprengen: »Charlo war 2 Tage bei uns – Ich weiß nicht, wo ich dran bin ... Ich habe Fritz gern wie keinen Menschen. Was schreibe ich auf – ist doch alles sentimentaler Quatsch.« Doch schon am nächsten Tag schreibt Sophie Scholl an den vier Jahre Älteren einen Brief, in dem die Gefühle Purzelbäume schlagen und es gedanklich kreuz und quer geht, nicht zuletzt, was »Charlo« betrifft: »Sharlo war 2 Tage bei uns. Es wäre nett, wenn sie länger, ein paar Wochen, bei uns gewesen wäre ... Was hast Du gedacht, wie sie plötzlich nicht mehr da war? Na, Hauptsache, es ist ihr nicht schlecht gegangen ... Kommst du in nächster Zeit mal nach hier? In Deinem Urlaub oder sonst? Ich liege nämlich jetzt gerade im Bett. Deshalb schreibe ich mit Blei. ... Und über Neujahr könntest Du kommen, Fritz? Das wäre prima. Wenn möglich Fritz, so komme doch bitte mal vor Weihnachten her, ich würde gern mal was mit Dir sprechen. Wenn Du magst natürlich bloß. Herzliche Grüße Deine Sofie.« Welche Unordnung der Gefühle, und wie eindeutig die Botschaft dahinter.

Drei Tage später, am 14. Dezember 1937, wird Hans Scholl, der seit Anfang November beim Kavallerie-Regiment 18 in Bad Cannstatt seinen Wehrdienst ableistet, in der Kaserne verhaftet und ins Untersuchungsgefängnis nach Stuttgart gebracht. Und damit halten wir den Faden in der Hand, der uns zu der Frage führt, warum Robert Scholl am frühen Morgen des 27. November beim Klingeln an der Haustür nicht seine Töchter, sondern die Gestapo erwartete. Der Schrecken saß noch fest in seinem Gedächtnis: Denn als er am 10. November morgens auf ein Klingeln hin geöffnet hatte, standen mehrere Gestapo-Leute vor der Türe.

Sie durchsuchten die Wohnung, dann nahmen sie Inge, Sophie und Werner Scholl mit ins örtliche Gefängnis. Sophie Scholl schickten sie gleich wieder nach Hause, ihre Festnahme war ein Irrtum. Im Laufe des Vormittags wurden in Ulm rund ein Dutzend Jungen zwischen zwölf und siebzehn Jahren verhaftet, manche mitten im Unterricht. Zwei von ihnen gehörten zu Hans Scholls Truppe, die im Sommer 1936 mit der Kohte auf Lapplandfahrt war. Sie wurden noch am Abend zusammen mit Inge und Werner Scholl auf einem offenen Lastwagen bei Schneetreiben nach Stuttgart gefahren. Zur gleichen Zeit wurde Ernst Reden, der Ende September seinen Wehrdienst in

Ulm beendet hatte, im heimatlichen Köln verhaftet. In allen Fällen lautete der Grund der Verhaftungen »bündische Umtriebe«. Inge Scholl, die keine Führerin im Ulmer BDM mehr war, und ihr Bruder Werner, der sich in der HJ nie um Posten bemüht hatte, kamen nach wenigen Tagen wieder frei, ihnen konnte man nichts nachweisen. Lina Scholl holte ihre Kinder in Stuttgart ab, Vesperbrote und selbstgebackene Plätzchen in der Tasche.

Zur Erinnerung: Die vielfältigen bündischen Jugendgruppierungen der Weimarer Republik, Erben der Wandervogel- und Jugendbewegung aus der Zeit vor 1914, wurden 1933 von den neuen braunen Machthabern aufgelöst oder mit der nationalsozialistischen Hitlerjugend gleichgeschaltet. Doch es waren die Führer der bündischen Jugend, die zwischen 1933 und 1935 die HJ und das Jungvolk der Zehn- bis Vierzehnjährigen, in die nun Millionen Jugendliche drängten, aufbauten und attraktiv machten. Kaum hatte sich die HJ konsolidiert, wurde mit aller Härte gegen bündische Lieder, Fahnen und die beliebte Kohte vorgegangen. Hans Scholl, Führer beim Jungvolk, war überzeugt, seine Vorstellungen vom Nationalsozialismus mit bündischen Traditionen verbinden zu können. Der Kölner Ernst Reden, den er in Ulm kennenlernte, bestärkte ihn darin. Im Frühjahr 1936 verlor Hans Scholl sein Führungsamt, blieb aber im Jungvolk. Mit dem Abitur im Frühjahr 1937 war er ordnungsgemäß aus der HJ ausgeschieden.

Mitglieder der dj.1.11., die vor 1933 auf alle Jungen-Gruppen großen Einfluss hatten, versuchten, internen Kontakt und die Verbindung zu Eberhard Köbel – »tusk«, der in London im Exil lebte –, aufrecht zu erhalten. Ernst Reden hatte mit tusk Briefe gewechselt. Im Herbst 1937 startete die Gestapo eine koordinierte Aktion, um die Reste bündischer Organisationen zu zerschlagen; von Süden bis Norden kam es zu Verhaftungen.

Es war Lina Scholl, die ihren Sohn Hans per Brief über die zeitweilige Verhaftung der Geschwister durch die Gestapo informierte. Hans Scholl antwortete aus der Kaserne in Bad Cannstatt: »Wir wollen uns nicht als Märtyrer fühlen, obwohl wir manchmal Grund dazu hätten. Denn die Reinheit unserer Gesinnung lassen wir uns von niemandem antasten. Unsere innere Kraft und Stärke ist unsere stärkste Waffe. … Ja, wir hatten eine wirkliche Jugend!« Es war nicht leicht, einen Soldaten zu verhaften, denn die Wehrmacht hatte ihre eigene Militärgerichtsbarkeit. Doch am 14. Dezember wurde der neunzehnjährige Hans Scholl in der Kaserne verhaftet und nach Stuttgart ins Gefängnis gebracht. Die Anklage lautete zum einen auf »bündische Umtriebe«, zum zweiten auf »Unzucht« mit einem Untergebenen, gemeint ist ein Junge seiner Jungvolkgruppe, nach Paragraph 175a,2 (Fassung vom 28.2.1935).

Am 17. Dezember suchte Robert Scholl seinen Sohn im Stuttgarter Gefängnis auf. Hans Scholls Brief an die Eltern, am nächsten Tag geschrieben, schildert seine Verzweiflung, »dieses Unglück über die Familie gebracht zu haben«. Er verspricht, »alles wieder gut zu machen«, und dankt seinem Vater: »Er hat mir wieder Hoffnung gebracht. … Ich glaube wieder an meine eigene Kraft; und diese Kraft verdanke ich doch zuletzt nur Euch. Ich fühle jetzt erst ganz den Willen meines Vaters, den er selbst hatte, und den er mir übergab: etwas Großes zu werden für die Menschheit. Ich bitte die Mutter dringend, ihre Fröhlichkeit nicht zu verlieren, die Geschwister haben diese ja so nötig.« In Not und Krise war er wieder da: der unerschütterliche Zusammenhalt der Scholl-Familie. Was auch geschah: Die Solidarität galt immer ohne Abstriche dem eigenen Familienmitglied. Kein äußeres Ereignis, keine inneren Konflikte konnten aus der schützenden Mauer, die alle umgab, einen Stein herausbrechen.

Kinder und Eltern konnten sich aufeinander verlassen. So tief auch die Meinungsverschiedenheiten waren und so heftig die Auseinandersetzungen zwischen den jugendlichen Geschwistern auf der einen und den Eltern auf der anderen Seite über die politischen Entwicklungen seit 1933 und das Engagement in den nationalsozialistischen Jugendorganisationen: Niemals mussten Robert und Lina Scholl befürchten, dass ihre Argumente gegen die herrschende Ordnung von den Kindern nach draußen getragen würden; und niemals mussten die Kinder um die Liebe der Eltern bangen.

In seinem Brief aus dem Gefängnis hatte Hans Scholl gefordert: »Vor allem soll Weihnachten ein Freudenfest in unserer Familie bleiben.« Das war für den Fall gedacht, dass er nicht dabei sein würde. Und so kam es. Erst am 30. Dezember wurde er aus der U-Haft entlassen. Hans Scholl fuhr sogleich heim nach Ulm. Ein verständnisvoller Vorgesetzter in der Armee hatte ihm bis zum 5. Januar 1938 frei gegeben. Der Ski-Urlaub im Allgäu mit den Geschwistern und mit Fritz Hartnagel, den Sophie Scholl ersehnte – »ich freue mich direkt, aus diesem Schlamassel hier mal rauszukommen in den Schnee« –, fiel allerdings aus. Es waren dennoch »schöne und frohe Urlaubstage«, wie Hans Scholl nach der Rückkehr in die Kaserne an die Eltern schrieb. Von den Geschwistern war allein Inge Scholl, die Älteste, von den Eltern über die Anklage in Sachen Paragraph 175 informiert worden.

Ein Brief von Inge an Hans Scholl, am 18. Januar 1938 geschrieben, zeigt, wie alle in der Familie zusammenhalten und zugleich jeder für sich versucht, wieder einen festen Platz im Alltag zu gewinnen: »Gestern Abend waren Werner, Sofie und ich in dem Konzert der NS-Kulturgemeinde. Erst die Tänze von Kodály, ganz bezaubernd. Dann Dvořák und zum Schluss

Tschaikowsky. Wir waren hell begeistert. Man wird einfach im tiefsten aufgewühlt durch solche Musik. Alles andere verschwindet – restlos alles ... Bei uns ist alles soweit in Ordnung. Werner versucht, sich aus allem Chaos einen Weg zu bahnen, und ich werde ihm helfen, wo ich kann. Mutter ist fröhlich und Lisl arbeitet viel fürs Seminar. Sofie hat ein sehr feines neues Bild gezeichnet mit Kohle. Du wirst sicher überrascht sein, wenn du am Samstag kommst. Ich ließ einen Rahmen dafür arbeiten.« Von Robert Scholl, der am Tag zuvor an seinen Sohn Hans geschrieben hatte, erfahren wir, dass Lina Scholl mit Liesl in der Kirche war, während die anderen im Konzert saßen. Als die Mutter nach Hause kommt, fügt sie noch ein paar Zeilen hinzu: »Die Kirche ist aus. Zur Zeit ist hier Volksmission, das gibts nicht alle Tage. Wir wollen diese Zeit auch ausnützen, heute hieß das Thema ›Warum bin ich nicht glücklich‹.« Glaube und Frömmigkeit hatten einen festen Platz im Leben von Lina Scholl, daran hatte sich nichts geändert. Und auch nicht daran, dass sie beides den Kindern vermittelte, ohne aufdringlich zu sein oder Druck auszuüben.

Während des Verhörs durch den Gestapo-Beamten am 18. Februar 1943 gab Sophie Scholl zu Protokoll: »Die Gründe meiner weltanschaulichen Entfremdung vom BDM und damit der NSDAP, etwa im Jahre 1938, liegen in erster Linie darin begründet, dass meine Schwester Inge, meine Brüder Hans und Werner im Herbst 1938 wegen sogenannter bündischer Umtriebe von Beamten der Geheimen Staatspolizei verhaftet und einige Tage bzw. Wochen in Haft behalten wurden. Ich bin heute noch der Auffassung, dass das Vorgehen gegen uns sowie auch gegen andere Kinder aus Ulm vollkommen ungerechtfertigt war.« Aus dieser Aussage ist zu lernen, was den Nachgeborenen so schwer fällt: dass die Realität der nationalsozialistischen Lebenswelt nicht in Schwarz-Weiß-Bildern fassbar ist. Gut und Böse liegen nicht sichtbar und säuberlich getrennt vor unseren Augen. Auch wer zum Gegner der braunen Ideologie wurde, konnte jahrelang Aktionen und Wirklichkeiten nationalsozialistischer Politik grundsätzlich bejahen und nicht erkennen, dass im Geheimen alle Politik auf verbrecherische Ziele zugeschnitten war und jede Aktion eine wirkungsvolle Vorstufe, diesem Ziel näher zu kommen.

Der Bund Deutscher Mädel, in Sophies Fall die Jungmädel, waren kein Sport- und Wanderverein, so sehr Körperertüchtigung, Fahrten und Lieder am Lagerfeuer dazu gehörten. Es ging in diesen Organisationen um weltanschauliche Ausrichtung im Sinne der Nationalsozialisten, und diese Ausrichtung hat Sophie Scholl nach eigener Aussage mehrere Jahre lang bejaht. Einen Grund, sich von dieser Weltanschauung abzuwenden, sieht Sophie Scholl im Rückblick in den Verhaftungen ihrer Geschwister im Herbst

1937, die Angabe 1938 kann nur ein Gedächtnisirrtum sein. Die zeitnahen Tagebucheintragungen und Briefe von Sophie Scholl ab November 1937 bis ins Frühjahr 1938 enthalten allerdings keine Hinweise, keine Berichte über das, was Inge und Werner und auch Sophie selbst im November und Hans Scholl im Dezember 1937 geschah. Nur die Geschichte vom Heimkommen in der Morgenfrühe, von der verschlossenen Tür und dem Vater am Fenster, der die Gestapo vermutete, ist ein indirekter Hinweis in ihrem Brief an Fritz Hartnagel. Im Mittelpunkt jedoch steht das schlechte Gewissen von Sophie und Liesl Scholl über ihr langes Ausbleiben und die Angst vor einem väterlichen Donnerwetter.

Was Sophie Scholl selbst im Nachhinein betont und was in den Geschichtsbüchern zum Wendepunkt stilisiert wird, hatte zum aktuellen Zeitpunkt eine andere Gewichtung. Vielleicht wurde ihr das schon unmittelbar nach ihrer Aussage im Februar 1943 klar. Denn sie legt sofort nach, um andere Akzente zu setzen: »Als weiteren und schließlich als hauptsächlichsten Grund für meine Abneigung gegen die Bewegung möchte ich anführen, dass nach meiner Auffassung die geistige Freiheit des Menschen in einer Weise eingeschränkt wird, die meinem inneren Wesen widerspricht.« Das mindert die Bedeutung der Verhaftungen im November 1937 für den Ablösungsprozess vom Nationalsozialismus deutlich, schließt aber eine spontane Empörung keineswegs aus. Ein Erinnerungsvorrat hat sich eingenistet, dessen Bedeutung sich bei späteren Entscheidungen erst richtig entfaltet.

Wäre die Entfremdung sofort eingetreten und hätte Sophie Scholl einen weiteren Einsatz für die nationalsozialistische Ideologie nicht ertragen, sie hätte von ihrem Amt als Gruppenführerin bei den Jungmädeln zurücktreten können, ohne Aufsehen zu erregen. Auch Inge Scholl, mit zwanzig Jahren dem Jungmädel-Alter entwachsen, hätte sich dieser Gruppierung problemlos entziehen können. Stattdessen geht das Engagement der beiden Schwestern bruchlos im neuen Jahr weiter. »Inge schreibt gerade ein Märchenspiel für die Jungmädel: König Drosselbart. Sie macht das sehr fein. Ich freue mich, dass wir doch auf diese Art etwas tun können.« Das steht Mitte Januar 1938 in einem Brief Sophie Scholls an Fritz Hartnagel. Und am Ende noch einmal: »Jetzt haben wir dann Probe für das Märchenspiel von Inge, ich spiel nämlich den König Drosselbart.« Der Brief demonstriert auch, dass Sophie und Inge Scholl bei den Jungmädeln nach dem Verdacht »bündischer Umtriebe« keineswegs diskriminiert oder isoliert wurden.

Am 13. Januar schreibt Sophie Scholl an Lisa Remppis, die Freundin, der sie nach wie vor ganz vertraut. Der unbeschwerte Ton dieses Briefes verstärkt den Eindruck, dass die November-Vorfälle sie nicht beschweren;

sie sind keiner Erwähnung wert. Anfang und Ende des Briefes erzählen davon, dass sich zwischen dem neunzehnjährigen Hans Scholl und der vierzehnjährigen Lisa Remppis etwas angebahnt hat: »Die Adresse von Hans: Reiter Hans Scholl, 9./Kav. Reg. 18 Bad Cannstatt. Amüsiert Euch gut! Und glaub Hans nicht alles, was er über uns erzählt. Du wärst enttäuscht, wenn Du mich sehen würdest. … An Fasching haben wir nen kleinen Hausball. Pobier, ob Hans Dich mitschleppen kann.« Hans Scholl kannte die beste Freundin seiner Schwester, seit sie im Haus seiner Tante Elise in Backnang auf die Welt gekommen war. Die Familien Scholl und Remppis, samt allen Kindern, waren seit langem befreundet.

Hans Scholl hatte bald nach seinem Einzug in die Bad Cannstatter Kaserne im November 1937 Familie Remppis im nahe gelegenen Leonberg besucht. Mitte März 1938 schreibt er den Eltern: »In Leonberg war ich Samstag abend. Ich habe in Lisa einen Menschen gefunden, den ich ganz lieben kann. Ihr dürft das ja nicht falsch verstehen. Ich weiß, dass Lisa noch ein halbes Kind ist. Ich kann mit ihr nicht philosophieren. Sie ist so natürlich und unverbraucht; und grade das brauche ich.« Sophie Scholl war früher und besser informiert, wie ihr Januarbrief zeigt. Das Thema Liebe und mögliche Komplikationen aufgrund des Altersunterschieds wird bei ihr einen Akkord angeschlagen haben. Sie kann sich gut in die Freundin einfühlen. War sie für den vier Jahre älteren Fritz Hartnagel nicht vielleicht nur ein kleines Mädchen, als Tanztee-Partnerin gerade gut genug? Es klingt durch die Zeilen, dass die sechzehnjährige Sophie Scholl der Vierzehnjährigen die Liebe zu Hans aus vollem, vorurteilslosem Herzen gönnt.

Für den Zeitraum Januar bis Ende Mai 1938 haben sich acht Briefe von Sophie Scholl an Fritz Hartnagel erhalten. Von ihm kein einziger, obgleich sich Sophie Scholl einige wenige Male für einen Brief von ihm bedankt. Ihre Briefe ähneln sehr den ersten, die sie im November und Dezember 1937 geschrieben hat: verkrampft albern, sprachlich schludrig, kreuz und quer durch die Themen springend – wie es Sophie Scholls klarem Denken und ihrem sprachlichen Witz so gar nicht entspricht.

In dieser emotionalen Wirrnis offenbart Sophie Scholl – von denen, die sie kannten, schon früh als verschwiegen bezeichnet – Fritz Hartnagel ihre innersten Gefühle. Als ob sie an einem Fluss steht und versucht, den Menschen am anderen Ufer mit heftigem Winken auf sich aufmerksam zu machen und sich schließlich verzweifelt die Brust aufreißt und ihr offenes Herz zeigt: »Dieser Brief soll zu Deinem Geburtstag sein (ich hab ihn nicht vergessen). Deshalb muss ich Dir wohl einiges wünschen. Also: alles Gute u.s.w. In 4 Jahren hab ich dich dann eingeholt. Hach, nein, stimmt nicht. … Du, Fritz, kommst du nächsten Samstag? … Ich schreib nicht gern Briefe, ich weiß da nichts reinzuschreiben, was mich nicht nachher reut. Du kommst doch sicher bald mal her?« Das war am 2. Februar 1938. Am 26. Februar heißt es: »Du wunderst Dich bestimmt, dass ich Dir son Dreck schreibe. Aber ich muss manchmal was von mir runterschreiben, und wenn es noch so blöd ist. Wenn Dich der Brief ärgert, so zerreiß ihn bitte. … Man sollte nie aus einer Stimmung heraus schreiben. Das tu ich sonst auch nie. Aber darf ichs nicht einmal bei Dir, Fritz? Es erleichtert mich so. Es ist so dumm, dass Augsburg so weit weg ist von Ulm.« Wenige Zeilen zuvor hatte Sophie Scholl ihm einen Traum erzählt und bekannt: »Auf jeden Fall träume ich gerne, ich lebe da in einer seltsamen Welt, in der ich nie ganz froh bin …« Um, über sich selbst erschrocken, fortzufahren: »… aber trotzdem denk jetzt bitte nicht, ich sei schwärmerisch oder sentimental, da wehr ich mich schwer dagegen …«

Krampfhaft bemüht sie sich, ein Gespräch in Gang zu setzen. Doch das Echo bleibt aus, die Fäden werden auf der anderen Seite nicht weitergesponnen. Spätere Briefe werden zeigen: Auch Fritz Hartnagel weiß durchaus mit der Feder umzugehen, kann erzählen und sich in den Adressaten hineindenken. Offenbar hält er sich erst einmal zurück. Schreckt er zurück vor so viel Emotionalität und Jugend? Möchte er Sophie Scholl keine Hoffnungen machen, weil er sich über seine eigenen Gefühle ihr gegenüber nicht im Klaren ist? Bekommt er Angst vor den Erwartungen, die die Sechzehnjährige an ihn stellt?

Mitte Januar ergab sich ein winziger geistiger Austausch. Fritz Hartnagel erwähnt in seinem Brief den Dichter Manfred Hausmann. Endlich ein gemeinsames Thema. Sophie Scholl greift es sofort freudig auf: »Es ist fein, was Du über Hausmann geschrieben hast. Pass mal auf, ich schreib Dir einen Vers aus seiner ›Lilofee‹, der mir gerade einfällt. Das Sündige auf dieser Welt, ich glaube, das ist doch immerdar, wenn jemand für sich selbst behält, und sich nicht hingibt ganz und gar an das, was seine Sehnsucht war.« Ziemlich kess und eindeutig, was die sechzehnjährige Sophie Scholl dem zwanzigjährigen Fritz Hartnagel durch den Mund des Dichters mitteilt. Zwei-, dreimal hat sie mit ihm bis in den frühen Morgen getanzt, beim Kränzchen mit Freundinnen und Freunden, geredet, Briefe geschrieben – weil es in der Schulstunde so fad war. Man hat sich auch getroffen, aber immer mit einer Freundin oder im Kreis der Geschwister. Sophie Scholl ist verliebt, aber noch hat sie keine Zeichen erhalten, dass Fritz Hartnagel ihre Gefühle erwidert. Das verunsichert. Will sie ihn dazu provozieren? Eine Gedichtzeile als Botschaft?

Nach der Poesie wird Sophie Scholl ganz praktisch: »Lieber Fritz, ich würde so gerne etwas tun, dass du dich in Augsburg mehr zu Hause fühlst, nur die Bude nett herrichten oder so. Lachst du mich jetzt aus? Ês ist fein, dass Du am 19. kommst. … Wenn es wärmer wäre, könnte ich ja mal nach Augsburg trampen.« Gedanken sind dazu da, in die Tat umgesetzt zu werden. Mitte April, es sind Osterferien, steht Sophie mit Lisa Remppis vor dem Augsburger Kasernentor. Sie wünschen, den Fähnrich Fritz Hartnagel zu sprechen. Da es schon später Nachmittag ist, können die beiden Mädchen nicht mehr zurück nach Ulm fahren – und ahnen nicht, wie sehr sie damit Fritz Hartnagel in Verlegenheit bringen. Die Übernachtung von weiblichen Wesen in der Kaserne ist streng verboten – aber er fühlt sich für die beiden verantwortlich. Fritz Hartnagel handelt gegen die Vorschriften: Er berät sich mit einem Freund, in dessen Stube er übernachtet, schleust Sophie Scholl und Lisa Remppis abends unbemerkt in seine Stube und am frühen Morgen wieder aus der Kaserne hinaus.

Im Nachhinein ist Sophie Scholl aufgegangen, was sie angestellt haben. Sie fühlt sich als die Ältere doppelt schuldig, weil sie Lisa zu diesem Streich angestiftet hat. Kaum ist die Freundin wieder bei ihrer Familie in Leonberg, schreibt ihr Sophie am 22. April: »Sorge bitte dafür, dass Deine Eltern auf keinen Fall erfahren von der Osterfahrt … Es wäre eine Katastrophe. Was nicht verboten ist, ist erlaubt. Bitte beruhige mich darüber, ich habe schreckliche Angst deshalb. Mit dem guten Ansehen von Fritz wäre es auch vorbei. Bitte Brief verbrennen.«

Im Mai gibt es Gelegenheiten zum Tanzen, und Sophie Scholl nutzt sie, auch wenn Fritz Hartnagel nicht in Ulm ist. Aber sie berichtet ihm davon. Am 5. Mai hat Annelies Kammerer wieder eingeladen: »Ich hab nicht mal Katzenjammer, obwohls bei Kammerers ziemlich zu trinken gab. Mit den Kerls, die da waren, hättest du Dich sicher nicht besonders verstanden; … Wir haben ziemlich getanzt.« Fünf Tage später: »Am Samstag habe ich lang auf Dich gewartet, wie Du nicht kamst, ging ich mit Oskar Stammler zum Maitanz seiner Klasse. … Ich habe wieder mal so richtig getanzt. Das war natürlich ein Fehler, denn jetzt heißt es, ich hätte sehr unsolid getanzt. Ich bin immer viel zu harmlos. Aber es reut mich nichts, dazu war mir der Abend viel zu nett, mögen sie jetzt schwätzen.« Will Sophie Scholl dem »Geschwätz«, das wahrscheinlich Fritz Hartnagel bei seinem nächsten Ulm-Besuch von gemeinsamen Bekannten zu Ohren kommen wird, die Spitze nehmen? Sendet sie wieder eine kaum verschlüsselte Botschaft: So bin ich, ehrlich und direkt; ich habe nichts zu verbergen? Will sie ihn eifersüchtig machen?

Am 6. Mai hatte Familie Scholl mit einer abendlichen Feier Inge, die Älteste, verabschiedet und nach Mitternacht zum Zug gebracht. Sie wird sechs Monate in Lesum bei Bremen in der Familie eines Freundes von Robert Scholl als Hausmädchen arbeiten. Damit entgeht sie dem Risiko, ein halbes Jahr Reichsarbeitsdienst leisten zu müssen, im Lager kaserniert zu sein, beim morgendlichen Flaggehissen anzutreten und im Schulungsunterricht zu sitzen. Ein Riss wird sichtbar: mit den Ulmer Jungmädeln ein Märchen einstudieren – ja, mit Freude; in übergeordneten Institutionen für den Nationalsozialismus Zeit und Arbeitskraft einsetzen – nein, nicht mehr erwünscht.

Sophie Scholl vermisst die ältere Schwester schon im Voraus, wie sie Fritz Hartnagel am 22. April schreibt: »Sie wird mir fehlen, sie war immer meine liebste Schwester, oder wir verstanden uns sehr gut. … Sie passte auch in jeder Beziehung auf mich auf, das weißt Du ja. Wer kümmert sich jetzt um meine Arten und Unarten?« Die Praxis sah dann weniger emotional, eher handfest aus: »Seit Inge weg ist, muss ich auch mehr schaffen. Schaden tut es nichts.« Schon drei Tage früher, am 16. Mai, hatte sie Lisa Remppis geschrieben: »Heute ist Mutter in Stuttgart, ich habe so ein bisschen gekocht. Das ist aber aufregend.«

Der April war extrem launisch gewesen, nicht nur in bezug auf das Wetter. Sie sei »saumäßig schlecht aufgelegt«, meldet Sophie Scholl am 22. April, Schuljahres-Ende, an Fritz Hartnagel. Ihrer Schwester Liesl hatte sie heimlich Briefpapier entwendet und ihr »aus Wut 3 weitere Briefpapiere geklaut. Sie merkt ja doch nichts. Inges Kette biss ich auch kaputt«. Dann kommt Fritz an die Reihe, von dem sie vermutet, dass er ihren Brief nicht aufmerksam liest: »Pass auf, ich würde Dich am liebsten jetzt zwicken oder beißen, dass Du wieder aufwachst. Das tu ich die Annlis in der Schule immer, wenn es fad ist. Wenn Du Zeit und Lust hast, darfst Du mir noch viel langweiligere Briefe schreiben wie ich, ich lese sie trotzdem. Halloh: den vorhergehenden Satz musst Du lesen. Wenn ich mich Dir, Dir mich jetzt vorstelle, dann grinst Du jetzt und deshalb möcht ich Dich ganz fürchterlich verhauen.« In dem Ton und Stil geht es noch eine Weile fort: neckisch, kindisch. Und dann, gegen Ende, sagt sie ohne Umschweife, wohin alle ihre Albernheiten zielen: »Weißt Du was? Jetzt nimmst Du Dir mal Zeit, das kannst Du als Leutnant, und schreibst mir.« Das pubertäre Gefühlschaos ebbt ab, die selbstironische Distanz kehrt zurück: »Gut dass der Brief in einem Cuvert geschickt wird, ich würde ja Dich und mich sterblich (oder unsterblich?) blamieren. Also, adiö, und herzliche Grüße und Aufwiedersehen oder Aufwiederlesen (ich möchte lesen) Deine Sofie.«

Vielleicht hatte auch das Frühjahrszeugnis zu ihrer schlechten Laune beigetragen. Sie zeige »in den Leibesübungen immer gute Leistungen« und »Eifer in den sprachlichen Fächern«, bestätigten ihr die Lehrer. Aber insgesamt erwarte man von Sophie Scholl »mehr Pflichtbewusstsein und straffere Haltung«; Fleiß und Mitarbeit seien nicht befriedigend.

Aus dem Frühjahr 1938 ist noch ein Ereignis zu berichten, das Sophie Scholl in keinem der erhaltenen Briefe erwähnt; auch ein genaues Datum ist nicht überliefert. Einzelheiten hat ihre Freundin Susanne Hirzel überliefert. Sophie und Liesl Scholl, Susanne Hirzel und weitere Führerinnen von Ulmer JM-Gruppen wurden in die Geschäftsstelle der Hitlerjugend bestellt. Aus Stuttgart war eine hohe BDM-Funktionärin angereist. Die Vorgeladenen mussten zusehen, wie die übrigen Ulmer Führerinnen einen Kreis bildeten und sangen: »Wo wir stehen, steht die Treue, / unser Schritt ist ihr Befehl, / wir marschieren nach der Fahne, / so marschieren wir nicht fehl. ... / Wenn wir stürmen, singt die Treue, / und ihr Singen zündet an. / Und wir glühen wie die Fahne, / dass ihr jeder folgen kann.« Sofie Scholl hatte das populäre Lied oft mit allen hier im Raum gesungen. Nun wurde sie mit diesem demonstrativen Ritual ausgegrenzt, allerdings nicht aus der Hitlerjugend. Sie wurde nur als Führerin abgesetzt. Und durfte weiterhin einfaches BDM-Mitglied bleiben. Das war nicht unwichtig, denn ohne die HJ- bzw. BDM-Mitgliedschaft wurde niemand zum Abitur zugelassen.

Wer hofft, hier einen Anhaltspunkt zu finden, an dem sich Sophie Scholls Bruch mit der nationalsozialistischen Ideologie festmachen lässt, wird wieder enttäuscht. Sie selbst hat solchen Deutungen in ihrem Verhör bei der Gestapo im Februar 1943 einen Riegel vorgeschoben, als sie ihre Karriere beim BDM auflistet: 1935 Jungmädelschaftsführerin, 1936 Scharführerin, 1937/38 Gruppenführerin – »Wegen Differenzen mit der Obergauführerin des BDM ... habe ich mein Amt als Gruppenführerin niedergelegt. Bei diesem Zerwürfnis handelt es sich um eine rein innerdienstliche Angelegenheit des BDM ohne jeden politischen Hintergrund«.

Susanne Hirzel nutzte die Gelegenheit, nur noch pro forma Mitglied zu sein, und ging zu keinem Heimabend mehr; nicht so Sophie Scholl. Noch einmal das Protokoll ihre Aussage vor der Gestapo: »Nach meiner Amtsniederlegung ließ ich mich aus der Jungmädelschaft in den BDM übernehmen, wo ich bis kurz vor meinem Staatsexamen als Kindergärtnerin Dienst verrichtete. Den BDM-Dienst habe ich ziemlich regelmäßig besucht.« So unverständlich es ist: Sophie Scholl, die im März 1941 die Kindergärtnerinnen-Prüfung bestand, besuchte bis zum Frühjahr 1941 in Ulm regelmäßig mittwochs die BDM-Heimabende – so sehr es sie langweilte. »Ich danke

Dir schön für Deinen Brief«, schreibt sie am 29. September 1939 an Fritz Hartnagel. »Mir pressierts grad arg, in 5 Minuten muss ich in den Dienst. Ich nehme für alle Fälle ein Buch mit, weil es das letztemal so fad war. Aber meine Pflicht, nicht wahr!« Und schließt: »Alles Gute! Mit deutschem Gruß! (ich gehe doch in den Dienst) Sofie.«

Das ist ein ironischer Schlenker. Sophie Scholl weiß, ihr Verhalten ist widersprüchlich. Wir werden diesem rätselhaften Verhalten wieder begegnen, auch weitere Vermutungen anstellen. Überzeugende Erklärungen werden sich dafür nicht finden.

# EIN SCHÖNER SOMMER, MIT ZWISCHENTÖNEN

*Mai bis August 1938*

Am 9. Mai feierte Sophie Scholl Geburtstag. Dass Fritz Hartnagel Glückwünsche schicken würde, damit hatte sie nicht gerechnet: »Ich war richtig platt, dass Du an meinen Geburtstag, der übrigens mein 18. ist, gedacht hast. Ich bin jetzt 17 Jahre alt.« Auch ihr großer Bruder überrascht sie und schenkt ihr Ölfarben zum Geburtstag. Mit dem Jahreswechsel 1937 auf 1938 nahm das Zeichnen endgültig einen festen Platz in ihrem Leben ein; ein Talent, mit dem Sophie Scholl selbstbewusst umging. Im Januar 1938 erfährt Lisa Remppis, dass ein Bild von Sophie Scholl über dem Klavier hängt. Und Inge berichtet Hans Scholl im gleichen Monat von Sophies Zeichenkünsten

Sophie Scholl musste nicht nachdenken, womit sie die freie Zeit nutzen konnte, die sie durch die Absetzung als Gruppenführerin gewonnen hatte. Vier Tage vor ihrem Geburtstag hatte sie an Fritz Hartnagel geschrieben: »Ich hoffe schwer, dass Du am Samstag kommst. Ich mache Dir einen Vorschlag, bei dem Du der Leidtragende bist: Wenn Du von zu Hause ein Auto kriegst, könntest Du uns nach Geislingen fahren.« Sie wolle nämlich »Kley etwas fragen«. Schüchtern war sie nicht und überzeugt, dass ihr Vorschlag bei Fritz Hartnagel Gehör finden würde. Er durfte, wenn er in Ulm war, jederzeit das elegante Auto seines Vaters fahren, Marke Wanderer, ein Neunsitzer mit Trittbrett. Doch Fritz kam nicht an jenem Mai-Samstag. Und Sophie Scholl ging daraufhin ohne ihn ausgiebig tanzen.

Die Hinweise aufs Zeichnen werden in ihren Briefen immer wieder auftauchen. Schon am 19. Mai meldet sie Lisa Remppis, neben dem Klavier- nun auch Zeichenunterricht zu haben. Robert Scholl, der Sohn eines armen Kleinbauern aus dem Mainhardtswald, ist finanziell in der Lage, alle Talente seiner Kinder zu fördern. Anfang Juni schreibt er seiner Tochter Inge, die ihm im Büro sehr fehlt, er habe über »viele Monate fast immer nur Büroluft geatmet«: »Jetzt endlich bin ich mit meiner Arbeit so weit, dass ich auch leben kann wie andere Menschen.« Doch schon im August bemerkt Lina Scholl in einem Brief an ihre Tochter Inge: »Ich wäre schon froh, wenn Vater etwas entlastet würde, er bekommt immer mehr Arbeit und sollte sich verdoppeln können.« 1938 gab der Steuerberater Scholl in seiner eigenen Steuererklärung 12 212 Reichsmark zum Versteuern an. Um auf den ungefähren heutigen Wert zu kommen, kann man für eine Reichsmark zehn Euro rechnen. Die Scholls waren eine wohlhabende bürgerliche Familie geworden.

Bei aller Großzügigkeit – am Essen wurde nicht gespart, schöne Möbel und Bilder gehörten zur Wohnungsausstattung –, Sparsamkeit blieb weiterhin eine Tugend, selbst wenn das vor allem auf Kosten von Lina Scholl ging. Am 5. Mai hatte Sophie ihrem Bruder Hans geschrieben: »Mutter hat sehr viel zu tun, deshalb schreibe ich Dir.« Und am Ende heißt es: »Mutter knappt immer noch herum, ihr Fuß ist kaum besser.« Eine Woche später erfährt Inge Scholl von Sophie, dass »Mutters Fuß« immer noch nicht besser sei, weshalb sie zu Hause bleibe und auf den Schulausflug nach Reichenau gerne verzichte. Einem Brief vom Vater an Inge Scholl fügt die Mutter am 8. Juni hinzu: »Einen Gruß noch. Den ganz ausführlichen Brief schreibe ich Dir wahrscheinlich am Sonntag, die paar Wochentage über habe ich noch fast die ganze Wäsche zu bügeln und in den Garten muss ich auch noch 1–2mal.« Am 7. August bedauert die Mutter in ihrem Geburtstagsbrief, dass sie Inge nur einen Unterrock anfertigen konnte: »Gerne hätte ich Dir einen Pullover gemacht, doch hatte ich ganz unmöglich Zeit und schon längere Zeit habe ich wieder die Schmerzen im rechten Arm.« Lina Scholl hatte im Mai ihren 58. Geburtstag, Robert Scholl im April seinen 48. gefeiert, Übrigens war es selbstverständlich, dass der Rekrut Hans Scholl seine gesamte schmutzige Wäsche nach Hause schickte und sie umgehend sauber und gebügelt von der Mutter zurück bekam.

Kley und Geyer. Aus den ersten Kontakten zu Albert Kley und Wilhelm Geyer, deren Anfänge im Frühjahr 1938 liegen, entstand eine Freundschaft von Sophie Scholl und ihrer ganzen Familie zu den beiden Künstlern und deren Familien. Sie gehörte zum Leben von Sophie und Hans Scholl bis in ihre letzten Tage im Februar 1943. Albert Kley war Lehrer am Gymnasium in Geislingen und Maler. Wilhelm Geyer, 1927 von Stuttgart nach Ulm übergesiedelt, besaß einen Namen als Erneuerer der religiösen Malerei, hatte Glasfenster, Altäre und Wandgemälde für Kirchen im schwäbischen Raum geschaffen. Seit 1937 seine Bilder aus dem Ulmer Museum entfernt und als »entartet« gebrandmarkt wurden, bekam er so gut wie keine Aufträge mehr.

Sophie Scholl hatte sich darauf gefreut, Pfingsten mit Lisa Remppis in Ulm zusammen zu sein. Ebenso sehr hoffte sie, dass Fritz Hartnagel »allerallermindestens an Pfingsten« kommen würde. Doch Fritz kam nicht, und Lisas Eltern verbaten ihrer Tochter unerwartet den Ulm-Besuch. Sie gingen wohl davon aus, dass auch Hans Scholl zu Hause sein würde. Aber für Sophie Scholl geht die Welt nicht unter, sie nimmt es gelassen und genießt die sommerlichen Temperaturen. Bei aller Liebe zu Fritz Hartnagel: Mit jedem Monat, der seit dem ersten Tanzkränzchen vergeht, kehrt die Besinnung auf die eigene Substanz zurück. Fern im Norden erfährt Inge Scholl von ihrer jüngsten Schwester: »An Pfingsten blieben wir daheim, bis auf einmal Stuttgart. Das heißt: Wir lagen nur an der Iller zum Baden. Einmal waren wir auch mit dem Kanu weg und gondelten in so einem romantischen Altwasser der Donau … Es waren schöne Tage.«

Am 6. Juni, es ist Pfingstsamstag, hatte Sophie Scholl an Lisa Remppis geschrieben: »Ich komme eben von der Iller. Nur darfst Du nicht meinen, ich hätte gebadet. Ich war nämlich in letzter Zeit krank und nicht in der Schule vor Pfingsten. Folglich kann ich nicht baden. Aber ich habe mit Erika gezeichnet. Das war sehr lustig und nett, wir hockten in Hemd und Hose da, und wenn wer vorbei ging, warfen wir schnell eine Jacke um uns.« Erika Reiff, ein wenig älter als Sophie Scholl, ist seit vielen Jahren mit Inge Scholl befreundet und oft in der Olgastraße zu Gast. Im Jahr zuvor hatte Sophie Scholl sie im Tagebuch als »gut bürgerlich und gebildet« charakterisiert, insgesamt »ziemlich grausig«. Besuche mache sie nur wenig bei ihr, aber hinzugefügt, sie wolle »weiter mit ihr zum Baden gehen«. Über die gemeinsame Freude am Zeichnen kommen sich Sophie Scholl und Erika Reiff im Sommer 1938 näher. Sophie revidiert ihr negatives Urteil.

Lisa Remppis erfährt, dass es zwischen Sophie Scholl und Erika Reiff öfters Meinungsverschiedenheiten gibt – »aber wir verstehen uns trotzdem ausgezeichnet«. Beide hätten denselben Geschmack in Bezug auf Dinge und Menschen, weshalb es später zwischen ihnen wohl zu einer Eifersuchtstragödie um einen Mann kommen werde. Wenn Sophie Scholl guter Dinge ist, fehlt in keinem Brief ein Schuss Ironie, der stets die eigene Person mit einbezieht. Neidlos benennt sie, was Erika Reiff auszeichnet. Sie sei ein stilvoller Mensch, man könne von ihr lernen und sich auf sie verlassen – »in jeder Beziehung«. Dann nimmt sie Lisa und sich selbst in die Pflicht: »Wir müssen uns sehr anstrengen, dass wir nicht oberflächlich werden. Ich habe oft gedacht, dazu sind wir zu jung, das kommt mit dem Alter von selbst. Aber man kann nicht früh genug damit anfangen.« Zum Briefanfang, als sie Lisa Remppis empfiehlt: »Lass Dirs ruhig immer gut gehen, dann wirst Du ein glücklicher Mensch«, hatte sie hinzugefügt: »Man sollte nie aufhören an sich selbst zu arbeiten.« Schon ein Jahr zuvor hatte Sophie sich im Tagebuch ermahnt: »Ich will nicht oberflächlich werden.«

Es ist ein nachdenklicher Geburtstagsbrief, den die Siebzehnjährige der zwei Jahre Jüngeren schreibt. Ihre Freundschaft war ein sicherer Hafen,

während Sophie Scholl der Liebeskummer umtrieb. Ihr Brief vom 25. Mai an Fritz Hartnagel lässt allerdings den Schluss zu, dass Sophie Scholls Gefühle in ruhigeres Fahrwasser gelangt sind. Ohne albern oder kokett zu werden, offenbart sie ihm ihre Gefühle: »Ich freue mich richtig, bis Du kommst, glaubst Du das?« Das klingt freier und befreiter als noch Wochen zuvor. Vielleicht hängt es damit zusammen, dass Sophie Scholl buchstäblich mehr ins Freie kommt, je länger es Frühling ist: »Seit einer Viertelstunde bin ich vom Illerwald zurück. Es ist ein ganz herrliches Wetter. Wenn Petrus so weitermacht, gehe ich nächste Woche ins Baden. Ich freu mich schon lange drauf.« Pfingstsamstag sitzt sie am Ufer der Iller, wie Lisa Remppis erfährt: »Draußen bin ich immer in herrlichster Stimmung, habe nach niemandem und nichts Sehnsucht, nur den Wunsch, länger zu bleiben.« Drei Wochen später schildert sie in einem Brief an ihre Schwester Inge einen »feinen Sturm«, der so stark von hinten bläst, »Du kannst Dich bequem zurücklehnen, ohne umzufallen«. Und damit ist sie wieder bei einer Lieblingserfahrung: »Ich gehe schrecklich gern hinaus in letzter Zeit, ich kann so froh sein, wenn die Bäume so groß sind und ich so klein.«

Der Freude, die Sophie Scholl im Frühling und Sommer 1938 am Alleinsein in der Natur erlebt, stellt sie eine konträre Erfahrung gegenüber. Noch einmal aus dem Brief an Fritz Hartnagel vom 10. Mai: »Na, ich werde den Mädchen hier sowieso immer fremder, und im übrigen habe ich meine Familie. Das ist fabelhaft viel.« Am 19. Mai an Lisa: »Glaubst Du, dass mir Ulm allmählich zum Hals heraushängt? In meiner Klasse schauen sie mich an wie ein Wunder. Sie halten mich anscheinend für etwas besonders.

Sie sind mir fremder als je, ich mag mich auch nicht im geringsten um sie kümmern. Ich hab ja meine Familie.« Wieder das gleiche Thema am 6. Juni: »Ich ziehe mich von den Mädchen hier mehr und mehr zurück ... die Schule kommt mir vor wie ein Film, ich sehe zu und bin beim Mitspielen beinah ausgeschaltet, ein seltsames und nettes Gefühl.« Solche Distanzierung von den Klassenkameradinnen und dem spießigen Ulm hatte Sophie Scholl schon im Sommer 1937 ihrem Tagebuch anvertraut, auch das Gefühl, sich überlegen zu fühlen. Es gehört zum Auf und Ab, zu den widersprüchlichen Empfindungen in den Jahren der Pubertät. Und die ist auch mit siebzehn Jahren noch nicht vorbei.

Sie wollte wohl der Freundin, die Pfingsten keinen Besuch bei den Scholls machen durfte, mit ihrem Brief nicht weh tun. Deshalb schrieb sie Lisa Remppis nicht, was Inge Scholl am 8. Juni von ihrem Vater erfuhr: »Hans war bis heute Abend in Urlaub bei uns. Er hat die letzten Tage mit den unsrigen sowie Erika Reiff viel gebadet und ist heute Abend verbrannt und fröhlich abgezogen.« Hans Scholl hatte allen Grund, fröhlich zu sein. Robert Scholl brauchte es seiner Tochter nicht weiter zu erklären, denn auch das steht in seinem Brief: »Wegen Hans hast Du das wichtigste schon erfahren.« Am 2. Juni 1938 hatte in Stuttgart der Prozess gegen Hans Scholl, »wegen bündischer Umtriebe« und Verstoß gegen Paragraph 175, stattgefunden; ebenso gegen Ernst Reden und zwei weitere Angeklagte aus Stuttgart. Lina Scholl war zum Prozess gefahren, um Solidarität mit ihrem Sohn zu demonstrieren, und saß aufrecht in der Zuschauerbank.

Senatspräsident Hermann Albert Cuhorst, der dem nationalsozialistischen Sondergericht Stuttgart von 1937 bis 1945 vorstand, war gefürchtet wegen seiner Launen, seiner fanatischen Einstellung und seiner unumschränkten Machtposition. Angeklagte brüllte er nieder, fällte Todesurteile wegen Kleinigkeiten. Aber diesmal hatte er »einen recht guten Tag«, und weiter erfährt Inge Scholl vom Vater: »Mutter hatte am Tag vorher unter meiner Mitwirkung noch an ihn geschrieben. Ich bin überzeugt, dass dieser Brief die richtige Stimmung vorbereitet und in seiner Auswirkung nicht nur Hans, sondern auch Ernst Reden und den Stuttgartern genützt hat.« Ernst Reden, den Lina Scholl im Gerichtssaal demonstrativ mit Handschlag begrüßte, erhielt drei Monate Gefängnis. Sie waren durch die U-Haft mehr als abgegolten. Doch noch im Gerichtssaal wurde Reden, den man wegen seiner Kontakte zu »tusk« für besonders gefährlich hielt, von der Gestapo verhaftet und für drei Monate widerrechtlich ins KZ Welzheim östlich von Stuttgart eingeliefert.

Das Verfahren gegen Hans Scholl wurde eingestellt. Er fiel unter eine

Amnestie, galt nicht als vorbestraft und konnte deshalb nach Beendigung des Wehrdienstes ein Studium beginnen. Die Amnestie aufgrund des Straffreiheitsgesetzes vom 30. April 1938 hing zusammen mit Adolf Hitlers bis dahin größtem politischen Triumph. Am 12. März 1938 hatten deutsche Soldaten die Schlagbäume zur Republik Österreich beiseite geschoben; die deutsche Wehrmacht, nebst SS und Polizei, marschierte in Österreich ein. Die Glocken läuteten, die Menschen standen dicht an dicht, warfen Blumen und jubelten, als Hitler noch am gleichen Nachmittag die Grenze überschritt und über Braunau, seine Geburtsstadt, nach Linz fuhr. Weiter ging es nach Wien, wo sich Zehntausende auf dem Heldenplatz versammelt hatten, wieder ohrenbetäubender Jubel und Glockengeläut, als Hitler am 15. März auf den Balkon der Hofburg trat: »Als Führer und Kanzler der deutschen Nation und des Reiches melde ich vor der Geschichte nunmehr den Eintritt meiner Heimat in das Deutsche Reich.« Am 10. April bestätigten in einer Volksabstimmung 99,7 Prozent aller Wahlberechtigten im nunmehr »Großdeutschen Reich« nachträglich Hitlers Politik und den »Anschluss« Österreichs. Ernst zu nehmende Einwände oder gar Widerstand von Seiten Frankreichs oder Englands gab es nicht. Italiens faschistischer Herrscher Mussolini, der Duce, hatte sich schon vorher mit dem Einmarsch seines neuen Nachbarn einverstanden erklärt.

Der Taumel der Begeisterung über das neue Deutsche Reich war echt, diesseits und jenseits der nun obsoleten Grenze. Endlich war das kleindeutsche, protestantische Reich, das Bismarck 1871 unter Preußens Führung geschaffen hatte, überwunden. Am 14. März saß Hans Scholl in seiner Kasernenstube in Bad Cannstatt: »Meine lieben Eltern, Da wir nun leider doch nicht mit nach Österreich gefahren sind, finde ich endlich Ruhe, Euch zu schreiben.« Der Einmarsch war auf Geheiß Hitlers seit Monaten militärisch vorbereitet worden und bei den Soldaten ein offenes Geheimnis. Hans Scholl beschrieb, welche »Luftschlösser« er und seine Kameraden vom Kavallerie-Regiment sich gemacht hätten: »Abend in Wien, Promenade an der Donau.« Aber dann hätten vor allem Panzer-Regimenter und bayerische Truppen »die Vergnügungsfahrt mitmachen dürfen«. Warum soll der neunzehnjährige Rekrut Hans Scholl den »Anschluss« weniger positiv beurteilen als der Offizier Claus Schenk Graf von Stauffenberg, der im Sommer 1938 das Elite-Studium an der Kriegsakademie beendete und dem eine glänzende Karriere im Generalstab der Wehrmacht offen stand.

Immerhin verhehlt Hans Scholl seinen Eltern nicht, dass ihm widersprüchliche Gedanken durch den Kopf gehen. Neben der Enttäuschung, nicht beim Einmarsch mit dabei gewesen zu sein, stellt sich Nachdenklichkeit ein: »Aber was wird alles noch kommen? Bei uns wird ja ordentlich mit dem Säbel gerasselt. ... Ich verstehe die Menschen nicht mehr. Wenn ich durch den Rundfunk die namenlose Begeisterung höre, möchte ich hinausgehen auf eine große einsame Ebene und dort allein sein.« Während Vertrauen und Bewunderung zum Führer Adolf Hitler bei der großen Mehrheit ins Maßlose wuchsen, verbunden mit der naiven Erwartung, nun werde ein goldenes friedliches Zeitalter beginnen, sieht Hans Scholl mit diesem Überfall, der ohne Blutvergießen gelang, die Kriegsgefahr steigen.

Fünf Jahre sind vergangen, seit der vierzehnjährige Hans Scholl Tag für Tag das Hitler-Bild wieder aufhängte, das der Vater abgenommen hatte; seit Tränen flossen, wenn Robert Scholl seinen Sohn zur Rede stellte, weil er über Nacht mit der HJ-Gruppe außer Haus war, und Inge Scholl aus Solidarität mit dem Bruder ein nationalsozialistisches Lied auf dem Klavier hämmerte. Jahre, in denen Hans und Inge und Sophie Scholl als überzeugte und schneidige Führer und Führerinnen von Jungvolk und Jungmädeln in Ulm bewundert und gefürchtet waren. Nun ist das Gespräch zwischen Hans Scholl und den Eltern wieder in Gang gekommen, auch das zeigen seine Briefe im Frühjahr 1938. Wann dieser Prozess begann, ist nicht auszumachen. Ein Brief von Robert Scholl an seinen Sohn Hans zum Jahresbeginn 1938 lässt vermuten, dass es später war als bisher angenommen; dass erst der Gefängnisaufenthalt auf beiden Seiten verhärtete Positionen auflöste.

Nach der Untersuchungshaft im Dezember 1937 und einigen Ferientagen in Ulm hatte Hans Scholl am 6. Januar 1938 seinen Dienst bei der Kavallerie in Bad Cannstatt wieder aufgenommen. Am 17. Januar schreibt ihm der Vater und muntert ihn auf: »Lass Dich lieber Hans von den Gedanken an diese unerquicklichen Dinge nicht allzuviel gefangen nehmen, weil Du Dir sonst den frohen Mut zum Dienst schwächst. Wir müssen oft schwerer an den Folgen unseres schwachen Willens tragen, als dies billig erscheint.« Dem Blick nach vorn folgt ein selbstkritischer Blick zurück: »Oft denke ich daran und mache mir deswegen Vorwürfe, dass ich Dir in den letzten Jahren nicht Kamerad und Freund gewesen bin, sondern unsere Wege habe allzusehr getrennt gehen lassen. Wenn sich jemand voller Vertrauen aussprechen kann, kommt man leichter über kritische Zeiten hinweg. Auch der Mensch braucht für Regungen des Gefühls oder des Blutes gewissermaßen Blitzableiter.« Ein väterliches Angebot, das versiegte Gespräch wieder aufzunehmen; Hans Scholl hat es angenommen.

Die gelöste Stimmung zwischen Vater und Sohn, das neu gewonnene Vertrauen war wichtig für alle Geschwister, gerade weil sie so fest zusammenhielten. Die Meinung von Hans beeinflusste Inge und Liesl, Sophie und Werner Scholl. Auch in den Briefen der Eltern an Inge Scholl zeigt sich, dass 1938 über politische Ansichten ein vertrauensvoller Austausch stattfindet. Am 8. Juni schreibt Robert Scholl seiner Tochter: »Politisch hängen über der Welt in letzter Zeit dunkle Wolken. Zum Krieg mit Spanien schwere Spannungen wegen der Tschechoslowakei. Diese Spannung lastet fort und kann sich jeden Tag wieder verstärken. Kommt es zum Reißen, dann bedeutet das zweifellos einen neuen Weltkrieg. ... Ich glaube, dass die Entscheidung ›Krieg oder Frieden‹ spätestens bis Herbst fallen wird. Ein moderner Krieg würde mit der furchtbaren Luftwaffe kaum eine größere Stadt unversehrt lassen. Das Ende wäre wohl anders, als sich die meisten denken.« Es war eine kluge, eine prophetische Sicht.

Ein Brief von Lina Scholl an ihre Tochter Inge, am 29. September 1938 geschrieben, verrät nur wenig verschlüsselt, woher Robert Scholl seine Informationen über die neueste, die Sudetenkrise hatte: »Kannst Dir denken, dass wir nicht taub und blind sind in diesen Tagen. Vater sorgt schon dafür und wir müssen immer hübsch den Mund halten, wenn die Nachrichten kommen.« Die Scholls besaßen ein Radio mit hoher Empfindlichkeit und konnten den Schweizer Sender Beromünster empfangen. Die Reichweite des preiswerten, von den Nationalsozialisten propagierten »Volksempfängers« ging wohlweislich nicht über die deutschen Grenzen hinaus.

Die Nachrichten aus Beromünster waren Gesprächsthema am Familientisch der Scholls, davon kann man ausgehen. Sophie Scholl war gut informiert, auch wenn sie weiterhin sehr mit sich selber beschäftigt war, Stunden allein bei den Bäumen im Illerwald verbrachte, Baden und Zeichnen ihre freie Zeit ausfüllten. Weiterhin war sie auf der Suche, was ihr Weg im Leben sein könnte. Eine Frage, die alle Scholl-Geschwister umtrieb, und wer ein überzeugendes Vorbild entdeckte, an dem man sich ausrichten konnte, nachdem die ideologischen Vorgaben der letzten Jahre brüchig wurden, ließ die anderen daran teilhaben.

Kaum zurück in der Kaserne, schrieb Hans Scholl seiner Schwester Inge im Juni von einer solchen Entdeckung: »Gestern habe ich mir ein Buch über Renée Sintenis gekauft. Ich will es Lisa schenken. Ich las es in einem Atemzug zu Ende. Dieses Werk kann ich Dir nur empfehlen. Es werden hier Anschauungen über die moderne Frau ausgelegt, die ganz herrlich sind.« Der Brief, den Sophie Scholl eine Woche später an Inge Scholl schreibt, zeigt, dass die Bildhauerin Sintenis schon über die Pfingsttage Gesprächsstoff für die Geschwister war. Sophie beginnt mit Selbstkritik: »Ich vergeude meine Zeit noch in jugendlichen Vergnügungen. Aber ich zeichne öfters mit Erika, wir wollen noch viel schaffen diesen Sommer. Ich schaffe eben mal zu, hauptsächlich weil ich es furchtbar gern tue, nicht weil ich es notwendig tun muss. Vielleicht kommt dies mal, vielleicht auch nicht.« Nahtlos geht es weiter: »Ich habe gestern eine Lebensbeschreibung der Renée Sintenis gelesen, es ist fabelhaft, wie sie sich zu ihrem Beruf durchgekämpft hat, weil sich ihr viele äußere Schwierigkeiten in den Weg gestellt haben, mit dem Geld u. s. w.«

Als Sophie Scholl sich für die Tierbildhauerin Renée Sintenis begeisterte, galt deren Arbeit als »entartet«. 1934 war die Künstlerin gezwungen worden, aus der Berliner Akademie der Schönen Künste auszutreten, in die sie 1931 als erste Bildhauerin gewählt worden war. Aus einer bürgerlichen Familie ausgebrochen, hatte die Fünfundzwanzigjährige um 1913 erste Erfolge, Rilke gehört zu ihren Entdeckern und Förderern. Im Berlin der zwanziger Jahre gelang ihr der künstlerische Durchbruch mit Tierplastiken und Skulpturen von Menschen in Bewegung, Sportler, Tänzer. Renée Sintenis – groß, sportlich, Kurzhaarschnitt – gehörte zur alternativen Berliner Kunstszene; sie fiel auf, wenn sie am Morgen im Tiergarten ausritt. Hanna Kiel, deren Biografie über Renée Sintenis 1935 erschien, schildert sie als einen neuen, modernen Frauentyp: »Die bildhauerisch schöpferische Frau gehört allein unserer Zeit, der Gegenwart an. ... Erst eine umwälzend moderne Zeit voll wirtschaftlicher Not holte die Frau aus ihrem Heim und zwang sie in Berufe, und jetzt erst musste sie sich beweisen, konnte ihre Fähigkeiten entdecken und entwickeln ... Fern von ihrem umhegten Bezirk sah sie sich einer Welt gegenüber, mit der es zu kämpfen galt, und nicht wenige versuchten es, diese Welt durch das Mittel der künstlerischen Form zu erkennen und zu erfassen.« Sich über ein künstlerisches Talent kämpferisch die Welt aneignen, selbständig und selbstbewusst: Es ist eine Möglichkeit, die an Sophie Scholls Lebenshorizont auftaucht.

Einen Tag nachdem der Brief an Inge geschrieben wurde, kommt Fritz Hartnagel zu Besuch nach Ulm, trifft sich mit Sophie Scholl und den Geschwistern zu einem Spaziergang. Wie die Stimmung zwischen Sophie und Fritz ist, verraten Sophie Scholls Briefe an die ältere Schwester nicht. Auf dezente Weise erfahren wir darüber ein wenig durch Lina Scholl, als sie ihrer Tochter Inge am 13. Juli nach Lesum schreibt: »Sonntag war er da. Fritz und die 3 Scholls waren in Hartnagels Garten und aßen Beeren genug. Fritz hat eine schwere Zeit – er muss seinen Chef vertreten ... Deshalb ist er so schweigsam. Sofie grämte sich etwas ab, die Fahrt wird ihr in allem wohltun.« Auch wenn Sophie Scholl den Sommer allein oder mit der Freundin Erika genießt und die Zeit mit eigenen Aktivitäten füllt, ihre Gefühle für Fritz Hartnagel haben sich nicht verflüchtigt.

Die Fahrt wird ihr wohltun. Am 19. Mai taucht in einem Brief von Sophie Scholl an Lisa Remppis die Idee auf, in den Sommerferien mit Inge, die ohnehin vorerst im Norden gebunden ist, nach Langeoog oder Helgoland zu fahren. »Da musst du mitkommen«, fordert Sophie die Freundin auf. Am 16. Juni hat die Idee konkrete Formen angenommen: »Liebe Inge, mit der Großfahrt muss es unbedingt was werden, wenn Vater auch bis jetzt nein sagt. Ich spare jeden Pfennig, und habe hier jetzt 19.49 RM (*Reichsmark*). Ich krieg aber mindestens 30 RM zusammen bis zur Fahrt.« Robert Scholl gab schließlich seine Zustimmung und Geld für die Reisekosten. Der Vater von Annelies Kammerer erklärte sich bereit, die jungen Leute mit seinem Auto in den Norden zu fahren. Mitte Juli 1938 stiegen Sophie und Werner Scholl, Lisa Remppis und die Freundin Annelies Kammerer ins Auto. Sophie Scholl saß auf dem Vordersitz, »in viele Sachen eingewickelt, Pillen schluckend«, da sie etwas Halsweh und Fieber hatte. Gießen war die erste Station mit Übernachtung in der Jugendherberge – »Herr Kammerer fährt vorsichtig«. Nach der Rückkehr hat Sophie Scholl Fritz Hartnagel einen launigen Reisebericht geschrieben.

Am zweiten Tag kamen sie bei Inge Scholl in Lesum an. Sie »empfing uns halb hochdeutsch, was Lisa furchtbar zum Lachen reizte«. Es erinnert daran, dass Sophie Scholl ihre schwäbische Sprach- und Lauteinfärbung nie abgelegt hat. Ihre heiter-ironische Bilanz: »Wir genossen alles unsagbar, besonders die Nordsee bis zum Brechreiz.« Letzteres bezog sich auf eine Ausfahrt mit Fischkuttern, die in stürmische See führte. Zuerst amüsierte sich der jugendliche Trupp aus Ulm noch über ein mitfahrendes Ehepaar: »Als nach drei Stunden die Frau anfing sich zu übergeben, da kniffen wir uns vor Freude.« Dann erwischte es Sophie Scholl: »Ich hing noch 5 mal über, dann kamen bloß noch die Magensäfte. Es machte aber garnichts aus, wir waren immer guter Laune.« In Worpswede besuchte Sophie Scholl den bewunderten Dichter Manfred Hausmann. Die Gruppe aus Schwaben wanderte durchs Moor, sang aus vollem Hals, und Sophie Scholl spielte dazu auf der Klampfe. Mitte September wird Lisa Remppis der Freundin nach Ulm schreiben: »Da sitze ich nun in meinem Stübchen und lerne. Und die schönen blauen Sommertage auf Fahrt sind so weit.«

Nach der Rückkehr aus dem Norden hatte auch Sophie Scholl in Lisas Stübchen in Leonberg bei Stuttgart gesessen, da sie den Rest der Ferien bei der Freundin verbrachte. Und sie hatte dort auch einen Brief geschrieben: an Fritz Hartnagel, weil ihr »von einer Stunde auf die andere« bewusst geworden war, dass sich etwas ändern musste in ihrer Beziehung.

## BEFREIUNG AUS DEN WIDERSPRÜCHEN

*August 1938 bis Februar 1939*

»Ich will mir mal einen Ruck geben«, steht in Sophie Scholls Brief an Fritz Hartnagel vom 15. August 1938. Aber sie hat gar keine Wahl: »Ich schreibe Dir das, weil ich es nicht ertragen könnte, irgendwie unwahr zu Dir zu sein.« Die Wahrheit: »In dem Verhältnis, in dem ich zu Dir stehe, kann ich nicht weiter bleiben. ... Ich bin einfach noch zu jung, lach bitte nicht, es ist so, es drückt mich zusammen. ... Ich bin noch nicht erwachsen, bitte nimm mir nichts übel, aber ich kann es noch nicht.« Die Gründe liegen allein auf ihrer Seite, es ist nichts, was sie Fritz Hartnagel vorwirft: »Sei mir bitte nicht böse. Ich habe Dir ja viel zu verdanken. ... Und denke nicht schlecht von mir.« Sie fühlt sich seinen Ansprüchen nicht gewachsen, doch trennen will sie sich nicht von ihm: »Du sollst aber trotzdem noch zu mir kommen und ich zu Dir.« Keine Liebe, aber Freundschaft, so wünscht es Sophie Scholl, so fordert sie es – und am Ende des Briefes: »Schreib mir bitte bald, ich habe bis dahin keine Ruhe. ... Gib mir gleich Antwort, bitte! Ich warte jetzt schon immer.«

Fritz Hartnagel antwortet erst einmal nicht. Als er dann schreibt, hat er einen guten Grund, sich nur auf eines zu konzentrieren: Er liegt in Augsburg im Krankenhaus und hat Typhus. Anfang September steigt das Fieber auf vierzig Grad, er ist erst einmal frei von allen Anforderungen. Hin und wieder kommt ein Brief von ihm. Fritz Hartnagel erzählt von den fröhlichen Seiten seiner Krankheit – »du würdest Dich sicher krank lachen, ich hab mir nämlich einen Vollbart wachsen lassen« – und hofft auf einen Brief von ihr. Kein Wort zu Sophies Brief aus Leonberg.

Einen Schwerkranken darf man nicht bedrängen. Sophie Scholl geduldet sich, schreibt einen Brief nach dem anderen mit Geschichten aus ihrem Ulmer Leben. Und das ist nicht von Traurigkeit geprägt: »Am Dienstag waren wir wieder bei Anneliese um zu lernen. Das haben wir nämlich eingeführt, jeden Dienstag von 5–7 zu lernen. Es wurde ja noch nicht viel draus. Has und Oskar kamen noch und dann haben wir geraucht und getanzt.« Has ist der Spitzname für ihren Bruder Werner. Mit der Schwester Liesl hatte sie am Tag zuvor, dem 14. September, eine Radtour nach Blaubeuren gemacht.

Zehn Tage später, an einem Samstag, kommt Hans Scholl nach Hause, und mit der ganzen Familie wird sein Geburtstag nachgefeiert. Es ist 20 Uhr, Sophie Scholl hat gerade einen Brief an Fritz Hartnagel begonnen. Da geht das Telefon, Annelies Kammerer ruft an, »ihre Mutter habe Wein und Sekt heraufgeholt, stell Dir vor«. Anfang des Monats war sie mit Erika Reiff im Kino, »Jugend« hieß der Film. »Er soll sehr gut sein«, schrieb Lina Scholl ihrer Tochter Inge, »vielleicht gehen wir auch noch hin.« Die Mutter äußerte sich lobend über ihre jüngste Tochter: »Sofie hilft beim Kochen, sie ist gut in der Schule.« Die Siebzehnjährige genießt das Leben, aber sie hat auch den festen Willen, »noch viel zu schaffen«, wie sie ihrer Freundin Lisa Remppis mitteilt.

Anfang Oktober schreibt die jüngste der ältesten Schwester Inge, deren Zeit als Hausmädchen in Lesum mit diesem Monat zu Ende gehen wird, dass sie beide nach ihrer Rückkehr in Ulm private Französischstunden nehmen dürfen: »Ich will mich dann auch sehr anstrengen, damit ich Dich nicht aufhalte.« Außerdem meldet sie voller Stolz: »Denk Dir, ich hab schon eine Weihnachtsarbeit fertig und zwar eine Tischdecke für Mutter. Das hättest Du mir doch nie und nimmer zugetraut. Und jetzt habe ich schon für Erika angefangen, ihr Lieder aufzuschreiben, das wünscht sie sich.« Die Freundschaft zwischen den beiden Mädchen festigt sich: »Meine Samstagabende und Sonntage gehören immer Erika. Wir zeichnen meistens zusammen ... Am 10. Oktober fängt die Ulmer Schule hier an, dazu wollen Erika und ich uns melden.«

Die private »Ulmer Schule« wurde 1919 gegründet und vermittelte Handwerkern eine zusätzliche künstlerische Ausbildung, was Techniken betraf – Holzschnitt, Keramik, Glasmalerei –, und die »Schulung von Geschmack und Auge«. Finanziert wurde die Institution durch Schulgelder und Aufträge, und die Stadt Ulm gab einen Zuschuss. Das blieb auch nach 1933 so, da der alte Direktor sich den neuen Herren anpasste. Aus dem Faltblatt der »Ulmer Schule« von 1935: »Die Leistungen der Alten Garde unserer Anstalt haben sich inzwischen durch Bodenständigkeit und meisterhafte Handwerkskultur, hervorgegangen aus organischer Bindung an Blut und Boden, in ganz Deutschland einen Namen gemacht.« Neben dem Schulunterricht gab es Abendkurse; Sophie Scholl und Erika Reiff belegten einen in Aktmalerei. »Wir malen hier jetzt immer männliche Akte«, erfuhr Lisa Remppis von Sophie Scholl, »obwohl ich viel lieber weibliche malen würde.«

Neben den fröhlichen wie den fleißigen Stunden des Zusammenseins mit Geschwistern, Freunden und Freundinnen nimmt sich Sophie Scholl Zeit für etwas, das ihr immer mehr zum Bedürfnis wird. »Ich gehe auch gerne allein weg, in den Wald«, so und ähnlich steht es viele Male in diesen

Monaten in ihren Briefen. »Ich habe diese Stimmung furchtbar gern – die Birken hingen voller Gold. Alles ist so still und abgeklärt.« Sie sucht die Stille, während sie voller Unruhe auf eine Antwort von Fritz Hartnagel wartet. Sie ist ein Jahr älter geworden und weiß mehr als zuvor, dass es ernst ist. Die verwirrten Gefühle haben sich nicht geglättet, denn es ist kein Spiel. Gerade diese Einsicht hat Sophie Scholl zu der Erkenntnis geführt, die sie in ihrem Brief vom 15. August an Fritz Hartnagel ausgesprochen hat: »Ich bin einfach noch zu jung.«

Am 15. September schreibt Lisa Remppis, dass sie zusammen mit ihrer Klavierlehrerin von Worpswede schwärmt und von einem Buch mit Briefen und Tagebuchblättern der Malerin Paula Modersohn-Becker nicht mehr loskommt. Während der Ferientage in Worpswede hatten Lisa und Sophie erstmals das Werk der Malerin kennengelernt und begeistert Drucke und Karten ihrer Bilder mit nach Hause genommen: »Das Bild ›Knabe und Mädchen‹ steht vor mir. Jeden Tag verstehe ich es besser.« Gleich am nächsten Tag antwortet ihr Sophie Scholl: »Das Bild von dem Jungen und dem Mädchen hängt über meinem Bett, ein sehr wahres Bild. Deshalb hat es mich gleich so berührt, weil ich unbewusst manchmal das auch fühlte. Dazu bin ich zu jung, ich kann solche Aufgaben jetzt noch nicht erfüllen.« Darum: keine Liebesbeziehung, aber eine Freundschaft mit Fritz Hartnagel, den sie nicht mehr missen möchte in ihrem Leben. Dass er auf ihren Brief nicht eingeht, auch als die Krankheit Ende September definitiv überwunden ist, macht es vielleicht sogar unkomplizierter, mit den ungeklärten Gefühlen umzugehen. Fritz komme jetzt nach Ulm zum Erholungsurlaub, schreibt sie Lisa Remppis am 6. Oktober. Man werde wohl zusammen Auto fahren, »obwohl unsere Beziehungen ziemlich locker geworden sind«.

Auto fahren. Kaum wieder in Ulm, stellt Fritz Hartnagel sich bereitwillig als Chauffeur zur Verfügung. Am 9. Oktober geht die Fahrt nach Stuttgart. Dort steigt Lina Scholl aus und fährt mit dem Zug weiter nach Backnang zu ihrer Schwester Elise. Fritz Hartnagel fährt mit Liesl, Werner und Sophie weiter nach Leonberg, um Lisa Remppis zu besuchen. Ansonsten hält sich Fritz Hartnagel während der Ferien fast ausschließlich in der Olgastraße auf. Die Scholl-Familie ist für ihn ein zweites Zuhause geworden.

Eine lockere Beziehung. Am 14. Oktober 1938 ist der Erholungsurlaub für Fritz Hartnagel beendet, und er fährt zurück nach Augsburg. Aus Ulm kommt kein Brief. Diesmal ist Fritz der Erste, der schreibt. Am 19. über seinen Dienstantritt, und wie er abends »ziellos durch Augsburg rennt« und wahllos in einem Kino landet. Keine Antwort. Am 21. folgt der nächste Brief: mit der Schilderung einer »herrlichen, herzbefreienden« Geländefahrt, seiner riesigen Freude auf 150 neue Rekruten, die er anlernen wird – »ich bin wieder mal restlos begeistert von meinem Soldatenberuf«. Dann macht er sich Vorwürfe, »vielleicht interessiert Dich das gar nicht, was ich Dir da vorquatsche«. Schließlich gibt sich Fritz Hartnagel einen Ruck: »Aber ein paar Worte musst Du mir noch erlauben. Weißt du, wenn ich die letzten 8 Tage überdenke, die ich in Ulm verbracht habe, dann überkommt mich eine seltsame Unruhe. Da liegt dieser Brief vor mir, den Du mir vor wenigen Wochen geschrieben hast, und dann kann ich das alles nicht verstehen, dann belasten mich so viele Vorwürfe, so viel Schuld, dann nenn mich einen Lumpen und Verbrecher, verachte mich – hasse mich! Bitte! Du würdest mir viel helfen. Fritz.«

Sechs lange Tage antwortet Sophie Scholl nicht. Am 27. Oktober greift sie zur Feder: »Lieber Fritz! Was soll ich Dir denn antworten? Ich weiß ja, dass ich an einer Schuld ebenso trage wie Du, dass ich zurückgesunken bin, ich weiß – ach, ich weiß nichts mehr.« Sie versteht, wenn er von ihr loskommen will: »Ich werde das tun, was Du möchtest. Aber Gefühle kannst Du von mir nicht verlangen, die man nicht selbst in sich wecken kann. Wir wollen einen Punkt machen hinter alles, was gewesen war. Alles weitere liegt an Dir.«

Vier weitere Briefe wird Sophie Scholl bis in den Januar 1939 an Fritz Hartnagel schreiben, ohne eine Antwort zu erhalten. Sie möchte unbedingt Klarheit haben. Aber während ihre Fragen immer drängender und verzweifelter klingen, wächst im gleichen Maße ihre Einsicht, wie sehr sie selbst ein Teil des Problems ist und es zu einfach wäre, Fritz Hartnagel den Schwarzen Peter zuzuschieben. Sie sei in letzter Zeit in einer bedrückten Stimmung, schreibt sie Lisa Remppis am 10. November 1938, aber sie habe noch unglaublich viel vor, wolle noch vieles schaffen – »ich freue mich in trübster Stunde, dass ich da bin«. Und weiter: »Dieses Gefühl gibt mir immer einen gewissen Halt, es lässt mich nie ganz versinken in die Stimmung, die junge Menschen sicher oft haben und die auch notwendig ist.« Wieder einmal schreibt sie von ihren Spaziergängen im Wald und dem »beglückenden Gefühl, dass ich kleiner bin als die Bäume, winzig klein, dann fühle ich mich glücklich und geborgen und meine, auf alle Menschen verzichten zu können – was natürlich wieder nicht stimmt. Man sehnt sich immer nach einem Menschen, der einen ganz versteht und kennt und tröstet«.

Genau genommen führt Sophie Scholl ein Zwiegespräch zu dritt, denn am gleichen Tag schreibt sie Fritz Hartnagel, sie sei unzufrieden, weil sie das Gefühl habe, »wie wenn noch einiges unklar zwischen uns wäre«. Das möchte sie weghaben: »Wenn ein Schluss sein soll, so soll er doch ganz klar sein ...« Wenn und soll: Die Sprache verrät Sophie Scholls widersprüchliche Gefühle, die sie in ihrem Brief an Lisa Remppis deutlich anspricht. Zugleich versucht sie der Freundin gegenüber einen festen Standpunkt zu gewinnen: »Obwohl ich in letzter Zeit gar nicht mehr so suche, Lisa. Es gibt so viele andere Dinge, die ich mir zu eigen machen muss.« Das klingt nach einer Willensentscheidung, die den Verstand über das Gefühl setzt.

Wenn es so einfach wäre. Sophie Scholl hat sich einen neuen Gedichtband von Manfred Hausmann gekauft, ihrem Lieblingsdichter, der in Norddeutschland zu Hause ist. Ihren Brief vom 10. November an Lisa Remppis schließt sie mit einem Gedicht aus dem Band, das den Titel »Trost« trägt.

Ich möchte eine alte Kirche sein
Voll Weihrauch, Dunkelheit und Kerzenschein.

Wenn du dann diese trüben Stunden hast,
gehst du herein zu mir mit deiner Last.

Du senkst den Kopf, die große Tür fällt zu.
Nun sind wir ganz alleine, ich und du.

Ich streichle dich mit Dämmerung und Rauch,
ich segne dich mit meiner Ampel auch.

Ich fange mit der Orgel an zu singen ...
Nicht weinen, nicht die Hände heimlich ringen!

Hier hinten, wo die beiden Kerzen sind,
komm, setz dich hin, du liebes Menschenkind!

Glück ... Unglück ... alles ist von Schmerzen schwer.
Sei still, versinke, denk an gar nichts mehr!

Die Wölbung oben summt, die Kerzenflammen
schimmern so lautlos hinter dir zusammen.

Vom Orgelfuß die Engel sehn dir zu
und flöten süß und lullen dich zur Ruh.

Ich möchte eine alte Kirche sein
Voll Weihrauch, Dunkelheit und Kerzenschein.

Wenn du dann diese trüben Stunden hast,
gehst du herein zu mir mit deiner Last.

Eine vielfältige Botschaft des Trostes ist das. Sie gilt der fünfzehnjährigen Freundin, die mitten in der Pubertät ist und all jene extremen Stimmungsschwankungen erlebt, in denen sich die siebzehnjährige Sophie Scholl gut auskennt. Sie spricht aber auch sich selber Trost zu, denn die »trüben Stunden« des Dichters hat Sophie Scholl in ihrem Brief aufgenommen und als »trübste Stunden« auf sich bezogen. Nicht der Wille hat in diesem Brief von Sophie Scholl das letzte Wort, sondern ein Gedicht, das der Sehnsucht nach »Weihrauch, Dunkelheit und Kerzenschein« Raum gibt. Damit verschiebt sie am Ende die Gewichte, hin zu einem Menschen, der einen »ganz versteht und kennt und tröstet«. An diesem 10. November 1938 ist die Entscheidung noch offen, so sehr sich Sophie Scholl in ihrem Brief an Fritz Hartnagel Klarheit wünscht. Sie schreibt eben nicht: Es ist Schluss, was mich betrifft ...

Am 22. Dezember stellt Sophie Scholl ein Päckchen zusammen: »Lieber Fritz! Hoffentlich kannst Du auch auf Deiner Bude einen recht schönen Weihnachtsabend haben. Zünde die Wachskerze an, die ich Dir mitschickte, sie riecht wunderbar. Das macht dann schon etwas aus, nicht?« Und dabei bleibt es nicht. Sie schickt ihm kein Gedicht von Manfred Hausmann – nein, gleich das ganze Buch. Sie tut es nicht verschämt wie nebenbei, sondern mit Worten, die tief in ihr Herz blicken lassen: »Die Gedichte von Manfred Hausmann habe ich sehr lieb, und schicke sie deshalb Dir. Du sollst sie öfters lesen, bis Du Dich in seinen Ton hineingefunden hast. Sie berühren Dich sonst vielleicht nicht. Die mir gerade am besten gefallen, habe ich angestrichen ... Ich möchte sehr gerne dabei sein, wenn Du sie liest. Überhaupt möchte ich Dich gerne ein bisschen alleine haben. Es gibt noch so sehr vieles zu klären.« Wenn Fritz Hartnagel das als eine Liebeserklärung gelesen hat, dann hat er recht daran getan. Auch wenn es die Verwirrung bei ihm noch gesteigert hat. Er weiß, wie kostbar Sophie Scholl Bücher sind. Nun erhält er eines aus ihrer kleinen Bibliothek, noch dazu von ihrem Lieblingsdichter, als Unterpfand von Sophies Gefühlen, in der Hoffnung, dass er gleichermaßen davon berührt wird und dass auch das Ungeklärte überwunden werden kann.

Sophie Scholl wird Weihnachten zu Hause sein, und auf das Skifahren und die Berge freut sie sich auch sehr. Hans Scholl wird Weihnachten nicht in Ulm sein; es ist »ekelhaft«, schreibt er den Eltern am 18. Dezember aus Tübingen. Er tut dort Dienst im Reservelazarett, eine Voraussetzung, um

1939 mit dem Medizinstudium beginnen zu können. Für die geplante Skitour über Neujahr mit den Geschwistern hat er jedoch Urlaub bekommen und schickt seine Wünsche vorweg: »Werner möchte ich ans Herz legen, dass er um die Skiausrüstung besorgt sein möge. Alle Skier müssen vom alten Dreck ganz sauber abgekratzt werden und dann frisch geteert werden. Die Riemen einfetten usw. Das andere wird Inge schon regeln.«

Das »andere« ist die Hütte, die für den Aufenthalt gemietet werden muss. In Sophie Scholls mehrfach zitiertem Schulaufsatz über »Kleine und große Feste im Jahreslauf« spiegelt sich auch der Jahreswechsel 1938/39 mit den Geschwistern: »Es kann sein, dass wir das Ende des Jahres in den verschneiten Bergen verbringen dürfen, ein kleiner Kreis von Menschen, die einander nicht fremd sind. Innerhalb dieses so engen Kreises wird der Jahresabend gefeiert, wie es sich gehört: mit einem dampfenden Topf in der Mitte, voll wohlschmeckenden Inhalts, mit Kerzenschein, Fröhlichkeit und Liedern.« Dem Aufsatz hat Sophie Scholl zwei Verse von Manfred Hausmann vorangestellt: »Nun schlagt die Trommeln feste / für alles Glück und Gut. / Und schlagt sie auch mal leise / für unser junges Blut.« Für den Abschluss am »Jahresende« hat sie Zeilen von Rainer Maria Rilke, ihrem anderen Lieblingsdichter, gewählt: »Diesem neuen Jahr reichen wir unsre Hand. / Unser Sehnen muss sein: / Alle Gefühle zu finden, / die uns befrein.« Es gibt noch so vieles zu klären, hatte sie Fritz Hartnagel ins Weihnachtspäckchen geschrieben. Der Dichter weist den Weg.

Das neue Jahr beginnt, und noch kein Zeichen von Fritz Hartnagel. Aber die Fäden sind nicht abgeschnitten, denn am 25. Januar fragt Sophie Scholl bei ihm an: »Kommst Du am Sonntag? Inge möchte gerne nach Lorch … Aber das hat ja auch Zeit, bis noch mehr Frühlingswetter da ist …« Der Ton ist unaufgeregt, kein alberner Witz. Sophie Scholl liegt anderes auf dem Herzen: »Was möchtest Du an mir haben? Du sollst mir das bitte sagen, weil ich mir ja selbst gar nicht im klaren bin. Verstehst Du, ich bin nicht unabhängig von Dir, was ich ja sein sollte und sein möchte, denn es wäre für uns beide doch befreiender.« Sie hat eine Menge nachgedacht, und ihr ist manches klarer geworden, vor allem, dass ihre Gefühle für Fritz Hartnagel auf Kosten ihrer Unabhängigkeit gehen.

Trotzdem macht sie ihm keine Vorwürfe, sondern bekennt sich zu ihrer eigenen Zerrissenheit und bittet um Nachsicht: »Ich bin so ein gräßlicher Egoist, aber egoistisch zu sein ist in dem Fall schwerer. Ob es richtiger ist, das sollst Du mir sagen.« Der Widerspruch ist schnell aufgelöst: Egoistisch zu sein und unabhängig zu bleiben, ist schwerer, weil sie damit gegen die eigenen Gefühle handelt. Und die spricht sie auch direkt aus: »Ich möchte

Dich so gerne dahaben jetzt … Sei doch so gut und lasse mich nicht im Stich. Deine Sofie.« Kann ein Mensch sich mehr öffnen? Fritz Hartnagel antwortet nicht.

Sophie Scholl gibt nicht auf, wird nicht wütend, zeigt sich nicht enttäuscht. Am 25. Januar 1939 schreibt sie aufs Neue, um ihm zu sagen, »wie sehr ich auf einen Brief von Dir warte«. Sie hat keine Angst, sich schonungsloser als je zuvor in ihrer Schwäche zu zeigen. Sie will von ihm wissen, ob er eine Antwort »nicht mehr für nötig« halte, und fügt hinzu: »Ich so sehr, ich hänge ja davon ab. … Du darfst mich doch nicht einfach so hängen lassen.« Sie bittet ihn inständig, ihr vor Sonntag zu antworten. Am Briefende wird dieser Wunsch verständlich: »Ich freue mich auf nächsten Sonntag, bis Du kommst, ich freue mich auch sehr auf den Hohenstaufen. Obwohl ich nicht so sehr viel davon habe, wenn so viele dabei sind.« Steht nicht zwischen den Zeilen geschrieben, welche Antwort ihr Herz sich ersehnt? Dass ihre Aussage vom August 1938, sie fühle sich zu jung, für sie keine Gültigkeit mehr besitzt?

Sophies Brief kam am 1. Februar in Augsburg an. Noch am gleichen Tag antwortet Fritz Hartnagel. Er habe nicht gewusst, wie er ihr antworten solle, weil er nicht auszudrücken wisse, was er selbst nicht begreife: »Ich weiß nur, dass es etwas Großes und Schönes sein muss, das mich bewegt! Ich kann das nicht zergliedern und definieren, denn es ist ein Ganzes, es ist nicht dieses oder jenes, sondern alles. Was ich von Dir haben möchte? Nichts Sofie, gar nichts – nur, was Du mir schenken magst und kannst. Ich will es wahren als mein Heiligstes.« Nun ist es gesagt, und diese Worte werden für Sophie Scholl alles Schweigen aufgewogen haben. Dann offenbart Fritz Hartnagel, der vier Jahre ältere, seine eigenen Ängste: »Nur ob ich Dir wirklich etwas geben kann, ich habe manchmal schreckliche Minderwertigkeitsgefühle Dir gegenüber.« Ein Gefühl, das wahrscheinlich dazu beigetragen hat, dass er seine Antwort immer hinauszögerte. Er, der so lange geschwiegen hat, lässt nichts mehr offen: »Ich wüsste nicht, wie die Woche vergehen würde, wenn ich nicht die Freude auf einen Sonntag hätte, den wir gemeinsam verbringen. Gute Nacht! Dein Fritz.«

Nach fast fünf Monaten, in denen Sophie Scholl beim Nachdenken über ihre Beziehung zu Fritz Hartnagel, hin und her gerissen wurde zwischen Verstand und Gefühl, müssen diese Worte wie eine Befreiung für sie gewesen sein. Sie muss nicht mehr abwägen, nicht mehr ihre Gedanken mit Vorsicht ummänteln und antwortet ihm: »Ich bin ja so froh, dass ich mich bei Dir gehen lassen kann, man hat es manchmal nötig. … Ich bin dir so dankbar, dass Du bis jetzt immer für mich da warst. Das ist das Allerschönste, was Du mir geben konntest, was es vielleicht gibt.« Hatte sie im Oktober 1938 an Lisa Remppis geschrieben, sie wolle ihm helfen, weil er ihr so leid tue, hat sich die Sache im Februar 1939 umgedreht: »Zu wissen, dass jemand da ist. Damit hilfst Du mir ja am allermeisten, dass Du mich lieb hast.«

Sophie Scholl versucht, dem Minderwertigkeitsgefühl von Fritz Hartnagel den Boden zu entziehen. Sie macht ihn groß und sich klein: »Ich bedaure nur, dass ich Dir nichts geben kann, was für Dich wertvoll ist. ... ich komme mir immer vor wie die Nehmende. Hab doch bitte Geduld mit mir. Wenn ich an Dir gewirkt habe, wie (es) nicht richtig war, dann vergib mir bitte. Ich habe Dich so sehr nötig. Deine Sofie.« Und weil nun sie es ist, die fürchtet, nicht die richtigen Worte getroffen zu haben und missverstanden zu werden, fügt sie hinzu: »Lass Dich doch durch diesen Brief nicht abhalten, mir wieder zu schreiben. Ich warte immer auf Deine Briefe. Ich denke sehr viel an Dich.« Sophie Scholl und Fritz Hartnagel haben die Gefühle gefunden und ausgesprochen, die sie befreien, aus dem Schweigen, aus den Widersprüchen.

## EMPÖRUNG ÜBER DAS UNRECHT – WEITERHIN IM DIENST

*Sudetenkrise und Novemberpogrom 1938*

Als Sophie Scholl am 14. September mit ihrer Schwester Liesl von einer Radtour gegen Abend nach Ulm zurückkommt, liegt die Stadt völlig im Dunkeln: »Wir haben schon geglaubt, es sei Krieg, weil soviel Soldatenzüge fuhren u. s. w. Ein Schutzmann in Ulm erlaubte uns, dass wir ohne Licht fuhren, der nächste verbot's wieder. Dann gingen wir noch spazieren, das ist bei Verdunkelung sehr nett.« Die eher amüsiert erzählte Episode ist bis zum Jahresende 1938 in Sophie Scholls Briefen der einzige Hinweis auf die politische Lage nach ihrer Rückkehr aus den Sommerferien. Man könnte meinen, sie lebe auf einer Insel, unberührt von der Katastrophe, an deren Rand Hitler im September Deutschland und Europa führt; ungerührt von der Tragödie, die im November das jüdische Leben der Zerstörung und dem Untergang ein entscheidendes Stück näher bringt.

Am 25. September 1938 meldet Fritz Hartnagel nach Ulm, dass die Krankheit endlich überwunden sei. Der Arzt bestehe aber darauf, dass er mindestens drei Wochen Erholungsurlaub nehme: »Im Grunde hätte ich ja nichts dagegen, aber in Anbetracht der politischen Lage wirst Du meine Kümmernisse verstehen, wenn ich zu Hause sitzen muss.« Er konnte davon ausgehen, dass Sophie Scholl wusste, was er meinte. Eine Woche zuvor, am 17. September, hatte Robert Scholl in einem Brief an Inge Scholl die politische Lage analysiert. Wäre Chamberlain, der britische Premierminister, nicht zu Hitler auf den Obersalzberg gefahren, so Robert Scholl, hätte es nicht nur einen europäischen Krieg gegeben, sondern einen »Weltbrand«. Mehr als eine Atempause für den Frieden sieht er allerdings nicht, auch wenn die Welt nicht mehr so blind sei wie 1914 zu Beginn des Ersten Weltkrieges: »Doch bei Katastrophen sind die Vernünftigen den Tollheiten der Unvernünftigen meist nicht gewachsen.«

Ein Blick zurück in das Frühjahr 1938, als – vor der Öffentlichkeit sorgsam verborgen – die Krise des Herbstes ihren Anfang nahm. Kaum hatte Adolf Hitler im März 1938 mit dem Einmarsch in Österreich und dem »Anschluss« des Landes an das Deutsche Reich seinen bisher größten Triumph gefeiert, legte er die Lunte an das nächste politische Pulverfass. Während die Deutschen ihn als Friedensfürsten feierten, richtete er seine Politik zielgerichtet auf Krieg aus. Am 30. Mai 1938 erhielt die Wehrmacht einen schriftlichen Befehl des Führers: »Es ist mein unabänderlicher Entschluss, die Tschechoslowakei in absehbarer Zeit durch eine militärische Aktion zu zerschlagen.« Spätestens in vier Monaten sollte die Armee die dazu nötigen praktischen Voraussetzungen geschaffen haben. Die Tschechoslowakei war nach dem Ende des Ersten Weltkrieges 1919 aus der gewaltigen Erbmasse der Donaumonarchie Österreich-Ungarn aus mehreren Nationen gebildet worden. Innerhalb der Grenzen des neuen Vielvölker-Staates lebten deutschsprachige Minderheiten in Böhmen und Mähren, die Sudetendeutschen. Sie waren für Hitler der politische Hebel, die gesamte ČSR zu zerstören und dem deutschen Machtbereich zu unterwerfen.

Den ganzen Sommer über lief die nationalsozialistische Propagandamaschine auf Hochtouren. Angebliche Gräueltaten der Tschechen an den Sudetendeutschen, Unterdrückung des deutschen Volkstums, Hilferufe der Unterdrückten nach Befreiung – die Zeitungen überboten sich mit Horrormeldungen. Anfang September 1938 drohte Hitler öffentlich mit Einmarsch, wenn die »Sudetenfrage« nicht in seinem Sinn gelöst würde. England hatte einen Beistandsvertrag mit der ČSR, falls das Land angegriffen würde. Doch die Engländer wollten nicht für die Tschechoslowakei in den Krieg ziehen. Am 15. September flog der fast siebzigjährige britische Premierminister Neville Chamberlain nach München und fuhr unverzüglich zu einer Unterredung mit dem deutschen Reichskanzler in dessen Residenz auf den Obersalzberg. Am 22. trafen sich beide Politiker in Bad Godesberg zu weiteren Verhandlungen. Hitler pokerte, schraubte seine Forderungen immer höher. Die Krise spitzte sich weiter zu. Europa rechnete mit Krieg.

Am 26. hielt Hitler eine Rede im Berliner Sportpalast. Er drohte der ČSR, erklärte im gleichen Atemzug, dies sei die letzte territoriale Forderung, die er in Europa stelle. Von Reichspropagandaminister Joseph Goebbels angeführt, schrie die Menge wiederholt: »Führer befiehl, wir folgen.« Doch am 27. konnte der Diktator am Fenster seines Arbeitszimmers erleben, dass die Mehrheit der Bevölkerung nicht in den Krieg geführt werden wollte. Auf seinen Befehl fuhr die 2. motorisierte Division aus Stettin durch Berlin, vorbei an der Reichskanzlei. Die Menschen standen regungslos am Straßenrand, apathisch, schweigend. Kein Jubel, keine Blumen für die Soldaten. Hitlers Kommentar: »Mit diesem Volk kann ich noch keinen Krieg führen.« Am 28. September stimmte er einer Konferenz am 29. in München zu. Morgens gegen drei Uhr wurde das Münchener Abkommen unterzeichnet; Engländer, Franzosen und Italiener erfüllten alle Forderungen des Deutschen Reiches. Die ČSR, von der Konferenz ausgeschlossen, fühlt sich verraten, zu Recht. Aber sie hatte keine Alternativen. Ab 1. Oktober 1938 besetzen deutsche Truppen die Gebiete der Sudetendeutschen in der Tschechoslowakei.

Auch Claus Schenk Graf von Stauffenberg, inzwischen Offizier im Generalstab, gehörte mit seiner Division zu den Besatzern. Das politische Vabanque-Spiel der Septembertage verurteilte er, aber nur, weil er die deutsche Armee für noch nicht kriegsfähig hielt. Mit der Annexion an sich war Stauffenberg einverstanden.

Robert Scholl konnte sich in diesen Wochen mehr denn je bestätigt sehen; nicht zuletzt gegenüber seinen Kindern. Hatte er doch seit der Machtübernahme der Nationalsozialisten 1933 innerhalb der Familie und gegenüber Freunden und Bekannten mit seiner Meinung nicht hinter dem Berg gehalten: Adolf Hitler ist ein Unglück für Deutschland, denn seine Politik wird in den Krieg führen. Am 6. Oktober antwortet er Hans Scholl, der frustriert über die Ungewissheit während der langen Krisenwochen war und noch ein halbes Jahr als Rekrut vor sich hat: »Ich verstehe, dass das untätige Warten kein Vergnügen ist. ... Immerhin ist die ganze Kriegsgeschichte für diesmal vorüber und Du musst Dich freuen, dass Du im Frühjahr nun aller Voraussicht nach studieren darfst. Dass die Kriegsgefahr für lange Zeit gebannt ist, glaube ich keineswegs. Da darfst Du nur die Reden der letzten Tage hören: Die klingen durchaus nicht friedlich. Das Motto ist: rüsten, nochmal rüsten und noch viel mehr rüsten!« Das waren Worte eines Vaters, der sich wünschte, dass sein Sohn studierte, statt für das Vaterland in einen sinnlosen, ungerechten Krieg zu ziehen, aber darüber seinen kühlen politischen Kopf nicht verlor.

Neben der Aufrüstung mit Waffen war die »geistige Aufrüstung« der Bevölkerung für den Krieg mindestens so wichtig. Hitler wollte weg vom Image eine Friedenskanzlers, mit dem er bisher sein »Endziel« verschleiert hatte. In einer Geheimrede am 10. November 1938 eröffnete er Vertretern der deutschen Presse, die Umstände hätten ihn gezwungen, »jahrzehntelang fast nur vom Frieden zu reden«. Zwar waren es nicht Jahrzehnte, wie Hitler suggerierte, aber immerhin hatten sechs Jahre gereicht, »dass das heutige Regime an sich identisch sei mit dem Entschluss und Willen, den Frieden unter allen Umständen zu wahren«. Eine solche Deutung sei »eine falsche Beurteilung der Zielsetzung dieses Systems«. Hitler forderte die Journalisten auf, »das deutsche Volk psychologisch umzustellen und ihm langsam klarzumachen, dass es Dinge gibt, die, wenn sie nicht mit friedlichen Mitteln durchgesetzt werden können, mit den Mitteln der Gewalt durchgesetzt werden müssen«. Außenpolitische Berichte müssten so verfasst sein, dass »die innere Stimme des Volkes selbst langsam nach der Gewalt« schreie.

Zwei Tage zuvor hatte Heinrich Himmler, Chef der deutschen Polizei und Reichsführer SS, vor maßgeblichen SS-Funktionären eine ebenfalls geheime, programmatische Rede gehalten. In den nächsten zehn Jahren werde es »unerhörte Auseinandersetzungen« geben. Es werde nicht nur ein »Kampf der Nationen« sein, sondern »der weltanschauliche Kampf des gesamten Juden-, Freimaurer-, Marxisten- und Kirchentums der Welt«. Dabei sind für Himmler die Juden »der Urstoff alles Negativen«. Wenn Deutschland und Italien sich behaupten, werden die Juden vernichtet, »das ist ein einfacher Schluss«. Das Ziel »des Führers« sei ein »großgermanisches Imperium«, das größte Reich, »das die Erde je gesehen hat«.

Es war kein Zufall, dass Hitler und Himmler diese Reden gerade in diesen Tagen hielten. Die geplanten kriegerischen Eroberungszüge und die Vernichtung der Juden weltweit bedingten einander; für die nationalsozialistischen Führer war das eine mit dem anderen aufs Engste verknüpft. Ein unvorhersehbares Ereignis gab ihnen Gelegenheit, allen vor Augen zu führen, dass die aggressive Außenpolitik und das gewalttätige Vorgehen im Innern zwei Seiten einer Medaille waren.

Einen Tag vor Himmlers Rede, am Morgen des 7. November 1938, schoss der siebzehnjährige polnische Jude Herschel Grynszpan in der deutschen Botschaft in Paris auf den Diplomaten Ernst vom Rath. Der Junge hatte bis Ende Oktober mit seinen Eltern in Hannover gelebt. Dann wurde er mit den Eltern ausgewiesen und nach Polen abgeschoben, wie alle rund 18 000 polnischen Juden in Deutschland. Am 9. November starb Ernst vom Rath. Den Nationalsozialisten kam dieser Tod wie gerufen, um den bisher schon praktizierten Antisemitismus um eine neue gewalttätige Dimension zu verstärken.

1937 hatte Adolph Eichmann Planspiele gemacht, die Auswanderung der deutschen Juden und ihre Vertreibung aus der deutschen Wirtschaft durch Pogrome zu beschleunigen. Aber erst einmal setzte 1938 – nach 1933 und 1935 – die dritte Welle eines staatlich gelenkten, aggressiven Antisemitismus ein. Immer neue Verordnungen grenzten die Minderheit der deutschen Juden, seit den »Nürnberger Gesetzen« ohnehin Bürger zweiter Klasse, gesellschaftlich aus und beschränkten ihre finanziellen Existenzmöglichkeiten weiter.

Im Juni 1938 erhielten die deutschen Juden einen besonderen Personalausweis; im Juli verloren jüdische Ärzte, Rechtsanwälte und weitere Berufsgruppen ihre Approbation; im August musste jede und jeder die Zwangsvornamen Sara beziehungsweise Israel dem Namen hinzufügen; im Oktober wurde ein rotes J in die Reisepässe gestempelt, und alle Juden wurden von der Krankenkassen-Versorgung ausgeschlossen. Die Liste ist nicht vollständig. Außer den Maßnahmen, die auf Demütigung und Zerstörung des Lebenswillens zielten, bereicherte sich der Staat materiell: Am 26. April 1938 wurde eine Verordnung erlassen, nach der jedes jüdische Vermögen über 5000 Reichsmark bis ins einzelne aufgelistet und den Finanzämtern gemeldet werden musste. Deutschland war durch die nationalsozialistische Politik tief verschuldet, die Wehrmacht verlangte weiter viele Milliarden Reichsmark, um aufzurüsten und erfolgreich Krieg führen zu können. Ein großer Teil des im April 1938 aufgeführten jüdischen Vermögens wurde ab 1939 zwangsweise in Rüstungs- und Kriegsanleihen umgewandelt.

Das »Ulmer Tagblatt« jubelte am 1. Oktober 1938, Ulm werde bald »judenfrei« sein, da es in Kürze keine nennenswerten jüdischen Betriebe mehr gebe. »Arisierung« hieß das Stichwort. Jüdische Bürger wurden gezwungen, ihren Betrieb, ihre Praxis, ihre Immobilie, ihren Besitz an Möbeln, Kunstwerken und vielen Dingen des täglichen Lebens zu einem Preis weit unter Wert an einen »arischen«, nichtjüdischen Deutschen zu verkaufen. Doch die Emigration und der Raub jüdischen Vermögens ging den braunen Machthabern nicht schnell genug. Der Schuss des Herschel Grynszpan auf den deutschen Diplomaten in Paris wurde von den führenden Nationalsozialisten blitzschnell genutzt, um in der Nacht vom 9. auf den 10. November 1938 mit brutalen, gewalttätigen Aktionen gegen die Juden vorzugehen, wie es sie seit dem Mittelalter in Deutschland nicht mehr gegeben hatte.

Am 11. November meldete das »Ulmer Tagblatt« unter dem Titel »Gerechter Volkszorn«, nach dem Tod des deutschen Diplomaten in Paris sei es in zahlreichen Orten zu »spontanen Protestkundgebungen gegen die Juden« gekommen. Auch in Ulm habe sich »der Volkszorn in erster Linie gegen die Synagoge« gerichtet, »in deren Innern … gegen 4.00 morgens heller Feuerschein sichtbar wurde«. Überall hätten die Menschen »ihrer tiefen Befriedigung über die rasche und gründliche Vergeltung an dem frechen jüdischen Pack Ausdruck gegeben«.

Als die Ulmer diesen Artikel lasen, wussten sie, dass er nur die halbe Wahrheit mitteilte. Sofort hatte sich herumgesprochen, was in der Morgenfrühe des 10. November auf dem Weinhof, einem Platz mitten in Ulms Altstadt, wirklich geschehen war. Als Sophie Scholl an diesem Morgen die Schule betrat und in ihre Klasse kam, vergaß sie die Distanz, die sie mittlerweile zu ihren Mitschülerinnen empfand. Eine der Mitschülerinnen erinnerte sich Jahrzehnte später, wie Sophie Scholl voller Empörung erzählte, dass man den Rabbiner am Bart gerissen und durch den Brunnen gezogen habe. Ein Gerichtsverfahren hat im Dezember 1946 die Wahrheit über das Ulmer Pogrom zusammengetragen.

Am nördlichen Rand des Weinhofs stand die Ulmer Synagoge, westlich davon das Rabbinatsgebäude. Das Rabbinat diente rund fünfunddreißig Schülerinnen und Schülern seit Ostern 1936 zwangsweise als jüdische Volksschule, weil es jüdischen Kindern seitdem verboten war, auf die allgemeine Volksschule zu gehen. Auf der Mitte des Platzes befand sich der Christophorus-Brunnen mit einem großen Brunnentrog, der um diese Jahreszeit ohne Wasser war. Die Akten von 1946 erzählen, was dort am 9. November 1938 geschah:

»Auf dem Weinhof versammelte sich nun im Laufe der Zeit eine Menschenmenge von mehreren hundert Köpfen. Die Synagoge wurde erbrochen und an mehreren Stellen gleichzeitig in Brand gesetzt, so dass sie schließlich völlig ausbrannte.« Anschließend wurden die männlichen Juden Ulms aus ihren Wohnungen geholt. »Bei der Ankunft auf dem Weinhof wurden dann die Juden sofort von der tobenden Menge in Empfang genommen und gezwungen, einzeln oder zu zweien in den Brunnentrog hineinzusteigen. Dort wurden sie im Kreis herumgetrieben und von der ... Menge in übelster Weise geschlagen. Wenn die Misshandelten dem Zusammenbrechen nahe waren, ließ man sie aus dem Brunnen wieder heraussteigen, worauf sie von bereitstehenden Polizeibeamten in Schutzhaft abgeführt wurden.« Zur gleichen Zeit wurden bei Ulms jüdischen Geschäften die Schaufenster eingeschlagen, die Waren teilweise demoliert. Neunundzwanzig von den in Schutzhaft genommenen Ulmer Juden wurden ins KZ Dachau gebracht, zwei von ihnen starben dort an den Folgen der Verletzungen. Andere waren so sehr misshandelt worden, dass sie sofort ins Krankenhaus eingeliefert wurden, keiner so schwer wie Julius Cohn, seit 1927 Rabbiner in Ulm.

Ulm war kein Einzelfall. In der Nacht vom 9. auf den 10. November 1938 organisierte die NSDAP reichsweit in Deutschland an Orten mit jüdischer Bevölkerung Pogrome, ausgeführt von SA- und SS-Männern in Zivil, um spontane Aktionen der Bevölkerung vorzutäuschen. Insgesamt 30000 jüdische Männer wurden aus ihren Wohnungen geholt, durch die Straßen getrieben, geschlagen und gedemütigt; erst auf Polizeistationen, dann in die Konzentrationslager Dachau, Buchenwald und Sachsenhausen verschleppt. Fast 100 Männer starben an den Misshandlungen. Etwa 100 Synagogen und mehrere 100 Tempel wurden in Brand gesteckt, die religiösen Gegenstände mit Füßen getreten. Rund 8000 Geschäfte und ungezählte Wohnungen wurden verwüstet und ausgeraubt. In den Städten waren die

Bürgersteige mit den Glassplittern der eingeschlagenen Fenster jüdischer Geschäfte übersät; daher die zynische Bezeichnung »Reichskristallnacht«.

Überall beteiligten sich neben den bestellten Fanatikern unbescholtene Bürger und freundliche Nachbarn an den Gewaltexzessen gegen Menschen und an der blindwütigen Zerstörung von Eigentum. Sie blieben jedoch eine Minderheit. Insgesamt gilt, was die Judenabteilung des Sicherheits-Hauptamtes in Berlin zum Ärger der nationalsozialistischen Anstifter dieser barbarischen Nacht feststellte: »Die Zivilbevölkerung hat sich nur in ganz geringem Maße an den Aktionen beteiligt.« In Prag urteilten die Berichte der Exil-SPD aufgrund geheimer Unterlagen aus dem Reich, »dass die Ausschreitungen von der großen Mehrheit des deutschen Volkes scharf verurteilt wurden«.

Quer durch Deutschland stimmen die Beobachtungen glaubwürdiger Zeugen überein, die von Beklommenheit und erregten Diskussionen berichten, von Menschen, die beim Anblick der brennenden Synagogen »Schande« murmeln. »Es schien den meisten nicht recht«, schreibt Walter Tausk, ein Breslauer Jude, über die nichtjüdischen Deutschen, die den Ausschreitungen zusahen. Sowohl der Vandalismus als auch die Brutalität gegenüber Menschen wurden von der Mehrheit nicht gebilligt. Aber auch das gilt: Es gab keinen sichtbaren, massiven Widerstand gegen ein Ereignis, das aller Humanität Hohn sprach, aller Kultur, auf die Deutschland stolz war. Die beiden großen christlichen Kirchen schwiegen, ließen einzelne Pfarrer, die die Gewalt öffentlich anprangerten und verhaftet wurden, im Stich. Es genügte dem Regime, nach außen von Erfolg zu sprechen, das Schweigen als Komplizenschaft zu verkaufen und weiter entschieden an der »Endlösung der Judenfrage« zu arbeiten.

Am 12. November 1938 zog Hermann Göring, Generalfeldmarschall, Oberbefehlshaber der Luftwaffe und einer der engsten politischen Weggefährten Hitlers, auf einer Konferenz im Berliner Reichsluftfahrtsministerium eine Bilanz des Sachschadens, den der »gerechte Volkszorn« angerichtet hatte. Allein die zerschlagenen Fensterscheiben entsprachen einem Wert von zehn Millionen Reichsmark. Für die anwesenden Beamten, Minister und Versicherungsangestellten stand außer Frage, dass die Juden für die materiellen Schäden des Pogroms haften mussten. Per Gesetz wurden die Versicherungsleistungen der jüdischen Besitzer beschlagnahmt. Der Schadenersatz für das zerstörte Eigentum floss direkt in die Staatskasse. Zusätzlich wurde der jüdischen Gemeinde in Deutschland als »Sühneleistung« eine Sondersteuer von über eine Milliarde Reichsmark auferlegt. Die Opfer mussten für das, was ihnen angetan wurde, auch noch zahlen.

Zudem wurde eine »Verordnung zur Ausschaltung der Juden aus dem deutschen Wirtschaftsleben« beschlossen, die den deutschen Juden zum 1. Januar 1939 das Betreiben von Einzelhandelsgeschäften, das Anbieten von Waren oder gewerblichen Leistungen verbot. Zwar gab es noch keinen Plan zur totalen physischen Vernichtung der Juden. Doch aus der Rückschau lässt sich sagen: Mit der Katastrophe des Pogroms vom 9. auf den 10. November 1938 war der Völkermord vorprogrammiert.

Zwei Briefe schrieb Sophie Scholl an jenem 10. November, nachdem sie aus der Schule gekommen war; einen kurzen an Fritz Hartnagel, einen ausführlichen an Lisa Remppis. In beiden kein Wort über das, was sie am Morgen in der Schule empört erzählt hatte und was sie sicherlich darüber hinaus beschäftigte. Auffallend ist das nicht, denn in der Korrespondenz Sophie Scholls, die seit dem Herbst 1936 überliefert ist, geht sie auf politische Ereignisse nicht ein, auch nicht auf politische Inhalte im Zusammenhang mit ihrer Arbeit bei den Jungmädeln. Steht dahinter eine bewusste Entscheidung? Es gibt nirgendwo auch nur eine Andeutung, diese Frage mit Ja beantworten zu können. Zumindest für den 10. November liegt eine andere Antwort im Bereich des Möglichen.

In beiden Briefen bewegt sich Sophie Scholl ausschließlich innerhalb ihres eigenen Lebens-Horizontes, ihrer Probleme, ihrer Sehnsüchte. Fritz Hartnagel soll ihr helfen, die Unklarheiten in ihrer Beziehung zu beseitigen. Der Brief an Lisa Remppis ist der Versuch, im Gespräch mit ihrer vertrauten Freundin mehr Klarheit über sich selber zu bekommen und einen Ausweg aus den inneren Widersprüchen zu finden, indem sie diese formuliert. Es sind zwei sehr konzentrierte Briefe, in denen es um Entscheidungen geht, die Sophies Zukunft betreffen. Da ist kein Raum für anderes – weder für Belanglosigkeiten noch für einen Meinungsaustausch über politische Ereignisse. Allerdings kommt sie gleich zu Anfang gegenüber ihrer Freundin auf die kleine, die alltägliche Politik zu sprechen, die ihr Leben berührt. Aber diese Spur macht die Sache noch verwirrender.

Es geht um den wöchentlichen Heimabend beim BDM – im Jargon der Zeit »Dienst« genannt –, den Sophie Scholl immer noch besucht, beziehungsweise um die Jungmädel, denen auch die jüngere Lisa Remppis inzwischen beigetreten ist: »Das ist recht, dass Du eifrig in Dienst gehst, ich werd es auch tun. Es ist zur Zeit wieder eine höchst unangenehme Sache im B. D. M. mit Annlies und mir. Was endgültiges weiß ich noch nicht, man muss abwarten. Mit Humor kommt uns alles viel leichter vor.« Kein weiteres klärendes Wort, was ihr und der Freundin Annelies Kammerer vorgeworfen wird; auch nicht in den folgenden Briefen.

Sophie Scholl kennt die Diskriminierungen, unter denen die Juden in Ulm – wie überall – seit Jahren zu leiden haben. Sie selbst hat voller Unverständnis darauf reagiert, dass ihre jüdische Schulkameradin Luise Nathan, blond und blauäugig, nicht zu den Jungmädeln darf – im Gegensatz zu Sophie, die mit dunklem Haar und dunklen Augen überhaupt kein »germanischer Typ« ist. Es geht ihr nicht in den Kopf, dass der Dichter Heinrich Heine verfemt sein soll. Ihre Eltern haben gute Kontakte zu den drei jüdischen Familien, die im November 1938 noch im Haus in der Olgastraße leben. Robert Scholl berät jüdische Kunden in Steuersachen. Wie kann Sophie Scholl nach den Brutalitäten der vergangenen Nacht, die sie entsetzen, ihrer Freundin raten, weiterhin »eifrig in Dienst« zu gehen?

Es gibt in jeder Biografie Fragen, wo weiteres Insistieren oder ausschweifende Überlegungen der Klärung um keinen Deut näher kommen, so sehr man darauf hofft. Man muss die Widersprüche stehenlassen, so unbefriedigend es ist, und so sehr wir uns Aufklärung wünschen.

## ERNSTES STREBEN UND LEBENSFREUDE

*März bis 1. September 1939*

Das Leben ist schön in diesem Frühjahr 1939, denn die Gefühle, zu denen sich Sophie Scholl und Fritz Hartnagel nach langem Zweifeln und Schweigen bekannt haben, sind tragfähig. »Dass hilft mir ja am allermeisten, dass Du mich lieb hast«, hatte Sophie Scholl geschrieben. Und Fritz Hartnagel: »Ich wüsste nicht, wie die Woche vergehen würde, wenn ich nicht die Freude auf einen Sonntag hätte, den wir gemeinsam verbringen.« Ausdrücklich ermuntert er sie am 22. Februar, »nicht aus Rücksichtnahme, oder sonstigen Hemmungen irgendwas zu verschweigen, was Du eigentlich sagen solltest«. Nicht ohne ihr noch einmal sein Inneres zu öffnen: »Du weißt gar nicht, was Du mir gibst, ganz unbewusst vielleicht, aber das ist gerade das Schöne dabei. Du bist echt und unverkünstelt, wie ein junges Pferd, das noch in keine Kandare gezwängt wurde. Und dafür danke ich Dir.«

Fritz Hartnagel versucht, sich fast jedes Wochenende vom Dienst in der Kaserne oder entfernten Fortbildungen loszumachen und nach Ulm zu fahren. Bei den eigenen Eltern ist er ein seltener Gast. »Weißt Du, dieses Milieu bei Euch wirkt einfach erwärmend«, schreibt er am 27. März, in der Hoffnung, am nächsten Sonntag wieder in Ulm zu sein. »Dann kann ich mich auch gleich mündlich bei Deiner Mutter für den guten Kuchen bedanken. Er schmeckt ganz ausgezeichnet.« Um diese Zeit schnallt sich Sophie nach der Schule die Skier an, da rings um Ulm noch Schnee liegt: »Vor den Ulmer Hügeln habe ich nun keine Angst mehr.« Ach ja, die Schule, da gibt es nichts Neues. Am 3. April beginnen die Osterferien, und das Zeugnis sagt wieder einmal das Gleiche: im Unterricht wenig Teilnahme, die Leistungen ungleichmäßig, es fehlt an Pflichtbewusstsein. Aber natürlich reicht es problemlos für die Versetzung in die letzte Klasse vor dem Abitur. Am nächsten Tag fährt Sophie Scholl mit ihrer älteren Schwester Liesl und auf deren Einladung nach Schindelberg im Allgäu. Liesl Scholl hat die Abschlussprüfung als Kindergärtnerin bestanden und dafür von den Eltern als Belohnung fünfzig Reichsmark bekommen. Ihr Ziel: »Skifahren, lesen, nach dem Mittagessen aufs Ohr.«

Leider schmilzt erst einmal der Schnee, weil es wärmer wird. Die Ältere versucht, die Jüngere bei Laune zu halten. Sophie Scholl hat Notizen gemacht: »Am 3. Tag weckt mich Lisl mit falschen und lauten Flötentönen. Ich hätte so gern noch geschlafen.« Dann geht es statt in den Schnee auf eine grüne Wiese: »Wir entblößen uns, soweit es der Anstand erlaubt.« Während die zwei Schwestern die Sonne genießen, werden ihnen die fünfzig Mark gestohlen. Sophie Scholl weiß Rat, ohne die Eltern informieren zu müssen: Einen Tag später ist Fritz Hartnagel in Schindelberg, den Sophie brieflich um eine finanzielle Leihgabe gebeten hatte. Da der Winter zurückkommt, bleibt Fritz drei Tage.

Am Tag fahren sie zusammen Ski, liegen auf schneefreien Bergmatten in der Sonne oder rutschen »auf dem Hintern« die Bergabhänge hinunter und schämen sich anschließend, durchs Dorf zu gehen, da sie einen erkennbar nassen »Hosenboden« haben. Am Abend diskutieren sie, aber nicht nur. In der niedrigen Stube, voller Menschen, Zigaretten- und Pfeifenqualm, macht ein Ziehharmonika-Spieler Musik: »Fritz und ich tanzen einmal vorbei, ganz langsam, während alles ringsum auf uns starrt.« Ob beim Baden oder beim Tanzen: Sophie Scholl versteckt ihren Körper nicht; es macht ihr Freude, sich zu bewegen. Mögen die Spießer denken, was sie wollen. Wieder zu Hause, blickt Sophie Scholl am 18. April in einem Brief wehmütig zurück: »Lieber Fritz, es gefällt mir in Ulm noch gar nicht. Ich merke jetzt erst, wie schön wir es in Schindelberg hatten.« Fritz Hartnagel ist nach dem Kurzurlaub von Augsburg nach München zu einer Ausbildungskompanie versetzt worden. Er antwortet, er habe leider den Zug nach Ulm nicht mehr erwischt, und bestätigt Sophie Scholls Empfindungen über die Tage in Schindelberg: »Dass sie mir gut getan haben, hat sogar der Arzt festgestellt, und der kann doch nur das körperliche Befinden beurteilen. Ich wollte, wir könnten öfters einige Tage zusammen weg sein.« Und hofft fest, am kommenden Sonntag und Montag bei ihr sein zu können.

Am 20. April 1939 gab es kein Dorf und keine Stadt, wo nicht mit Aufmärschen und Paraden, Reden und Flaggen, Glockengeläut und Gebeten Hitlers fünfzigster Geburtstag gefeiert wurde. In Berlin begann um 11 Uhr eine Parade aller Waffengattungen und nationalsozialistischen Organisationen, die Adolf Hitler fast fünf Stunden lang mit ausgestrecktem rechten Arm wie ein Feldherr an sich vorbeiziehen ließ. Das Dritte Reich und sein Führer demonstrierten eine martialische Bereitschaft zum Krieg. »Der Führer wird vom Volk gefeiert, wie nie sonst ein sterblicher Mensch gefeiert worden ist«, triumphierte Joseph Goebbels. Der Größenwahn des Propagandaministers war damals schon lächerlich. Doch Verehrung und Kult von Millionen Deutschen um den »Führer« hatten durchaus religiöse Züge. Kein Regierungschef in Europa konnte es mit Adolf Hitlers Popularität und Ansehen im eigenen Volk aufnehmen. Im Frühjahr 1939 besaß Adolf Hitler die unumschränkte, durch keine Gesetze gebundene, absolute Macht in Deutschland. Er allein entschied über Krieg und Frieden. Nur fünf Wochen zuvor hatte er demonstriert, wohin unter seinem Befehl Deutschlands Weg führen würde.

Bei den Diplomaten, die auf der Tribüne in Berlin dem Truppenaufmarsch ihre Reverenz erwiesen, fehlten die Botschafter von Großbritannien, Frankreich und der USA. Sie waren von ihren Regierungen direkt nach dem 15. März abberufen worden. An diesem Tag war die Morgendämmerung noch nicht gewichen, da überschritt die Reichswehr, wohlvorbereitet für diesen Überfall, die Grenze zur Tschechoslowakei. Gegen 9 Uhr am 15. März 1939 dröhnten die Marschschritte deutscher Soldaten durch Prag, am Straßenrand die weinende, verzweifelte Bevölkerung, die keinen Widerstand wagte. Zu erdrückend war die gewaltbereite Übermacht der Besatzer. Am gleichen Abend noch unterschrieb Adolf Hitler auf der Prager Burg das Dokument über die Einsetzung des »Protektorats Böhmen und Mähren«. Die Tschechoslowakei hatte als Staat zu existieren aufgehört und war durch brutale Machtausübung und gegen alles Völkerrecht zu einer Kolonie Großdeutschlands degradiert worden.

Und wieder schien es, als könne Hitler sich alles erlauben, ohne dass Europas Demokratien einschritten, um seiner Gewalt-Politik Einhalt zu gebieten. Aus Hitlers öffentlichen und geheimen Reden war unschwer zu erkennen, dass Polen das nächste Opfer seiner Eroberungspolitik sein würde. Immerhin gab Großbritannien Ende März eine Garantie-Erklärung für Polen ab und kündigte einen Beistandspakt zwischen beiden Ländern an. Damit war eine rote Linie gezogen. Doch der deutsche Regierungschef setzte weiterhin darauf, dass den Ankündigungen der Westmächte keine Taten folgen würden. Am 3. April wies er die Reichswehr an, einen Krieg gegen Polen vorzubereiten, der mit der vollständigen Vernichtung des Landes enden sollte. Die Militärs nahmen den Befehl mit Begeisterung auf.

Fünf Tage nach der Besetzung der ČSR macht Sophie Scholl Zukunftspläne. Sie berichtet Fritz Hartnagel am 20. März, dass ihre Schwester Liesl an die Ausbildung zur Kindergärtnerin noch eine Ausbildung als Kinderkrankenschwester anhängen werde: »Und ich? Werde nächstes Jahr Kindergärtnerin. Dann habe ich einen Beruf, und kann anfangen, was ich will. Ich bin direkt glücklich über diese Lösung, durch die ich nur ½ Jahr an Zeit verliere.« Fritz Hartnagel ist von diesem »neuen Plan völlig überrascht«. Was ihm Sophie Scholl bei seinem nächsten Besuch in Ulm erklärt hat, wissen wir von Susanne Hirzel. Sie erinnert sich Jahre später, ihre Freundin

Sophie habe ihr eines Tages völlig unerwartet an einer Ulmer Straßenecke erklärt, sie wolle nach dem Abitur nicht zum Reichsarbeitsdienst gehen und sich nicht »nochmal ein halbes Jahr oder länger mit Flaggenhissungen und Gemeinschaftsunterkünften herumärgern, und Du gewiss auch nicht«. Ihre List, diese Pflicht zu umgehen: »Wir müssen einfach etwas Soziales machen oder zumindest so tun, als ob wir das in Zukunft tun würden.« Als »Soziales« bot sich die Ausbildung zur Kindergärtnerin im evangelischen Fröbel-Seminar in Ulm-Söflingen an, die gerade Liesl Scholl durchlief. Dort wurde, bei allen Kompromissen, auf seriöses Lernen abseits der nationalsozialistischen Ideologie Wert gelegt, und Sophie Scholl hatte gern mit kleinen Kindern zu tun.

Sophie Scholls Glücksgefühl, auf dem »Kindergärtnerinnen-Umweg« den nationalsozialistischen Zwängen ein Schnippchen zu schlagen und eine offene Zukunft mit freier Berufswahl vor sich zu haben, ist einer von mehreren Mosaiksteinen, die sich im ersten Halbjahr 1939 zusammenfügen. Sie bilden eine – wenn auch noch unscharfe – Frontlinie, die Distanz und Ernüchterung gegenüber dem Nationalsozialismus und seiner alle Lebensbereiche einengenden Macht markiert und machen sie fassbar. Auch eine Bemerkung im Mai gehört dazu, als Sophie ihrer Freundin Erika Reiff schreibt, sie habe neuerdings besonderes Interesse an der Mathematik – »ich kann machen, was ich will«. Diese Parole passt schlecht zum Monopol der Volksgemeinschaft.

Es sind subtile Signale, die teilweise auch die Scholl-Geschwister untereinander senden. Wer so fest als Familie zusammengewachsen ist, kann sich mühelos und ohne weitere Erklärung mit Codes verständlich machen. Im Mai 1939 gratuliert Liesl Scholl ihrer Schwester Sophie. »Liebe Soffer! Auch Du sollst nicht vergessen werden an Deinem Geburtstage. Hoffentlich gehen Deine Wünsche in Erfüllung. … Ist Dir unsere Erholungsreise auch schon in so weite Ferne gerückt?« Am Ende gibt es einen »Extragruß, ever yours sister«. Im Februar hatte Inge Scholl ihrem Bruder Hans geschrieben: »Wir 3 sisters lesen zusammen den ›Zerbrochnen Krug‹ von Kleist.« Das sind keine Einzelfälle. Immer wieder mischen alle Geschwister englische und französische Bruchstücke in ihre Korrespondenz. Sie tun es spielerisch, ohne eitle Attitüde, vielleicht ein winziger Ausbruch aus vorgegebener Eingrenzung und Deutschtümelei.

Unabhängig vom Schulunterricht waren Werner und Sophie, Liesl, Hans und Inge Scholl an fremden Sprachen als den Trägern fremder Kultur interessiert. Sie haben ihre Englisch- und Französischkenntnisse verbessert, sich gegenseitig angespornt, Literatur im Original zu lesen, sich Zitate in der Originalsprache geschrieben und nach der genauen Bedeutung gefragt. Als Hans Scholl im April 1939 an der Münchner Universität sein Medizinstudium beginnt, schreibt er den Eltern: »Griechisch macht mir Spaß; ich bin in vielen Vorlesungen der einzige Mediziner unter lauter Philosophen.« Später wird er Russisch lernen, und Fritz Hartnagel wird Sophie Scholl fragen: »Woher kannst du eigentlich so gut Russisch?« Von Hans Scholls guten Französischkenntnissen werden wir noch hören.

Ihre mittelmäßigen Zeugnisse waren kein Ausweis für Leistungsverweigerung; Sophie Scholls Lehrerinnen wussten das nur zu gut. Auch nicht ihre kritischen Bemerkungen über die Schule, die im Laufe des Jahres 1939 wieder auftauchen und eindeutiger werden. Im Mai schildert Sophie Scholl ihrer Schwester Liesl, wie sie jeden Morgen beim Aufstehen auf gutes Wetter hofft, um dann »enttäuscht und im Laufschritt zur Schule« zu laufen: »O wie bin ich froh, wenn ich fertig bin mit ihr. Es kommt mir vor, als müsste ich dort durch ein kleines viereckiges Fenster mit braunen Scheiben sehen.« Sophie Scholls Hoffnung auf andere, bessere Zeiten ist unüberhörbar im Frühling 1939, als die Wolken am politischen Himmel zunehmend dunkler werden. Dahinter steht eine bewusste Kraftanstrengung und der feste Wille, sich selbst in die Pflicht zu nehmen. Wie entschlossen sie ist, an sich selbst zu arbeiten, zeigt ihr Brief vom Mai an Erika Reiff, in dem sie sich für die Geburtstagsglückwünsche bedankt. Am 9. Mai 1939 war Sophie Scholl achtzehn Jahre alt geworden: »Diese Wünsche, auch von anderen, sind mir so wichtig geworden, es ist mir, als hätten sie irgendeine Magie. Und Dein Wunsch ist auch ein verpflichtender, denn ich kann mir nicht vorstellen, dass ein zuchtloser Mensch oder ein unreiner, eine starke Freude erleben könnte.« Es sind hohe Ansprüche, die Sophie Scholl an sich stellt.

Immer haben Gedichte sie begleitet. Für die Zeit um 1939 erinnert sich ihre Freundin Susanne Hirzel an ein »uns damals wichtiges Gedicht Rilkes«. Es trägt den Titel »Archaischer Torso Apollos« und endet mit der berühmten Zeile »Du musst dein Leben ändern«. Dieser Weckruf fügt sich in die Einblicke, die Sophie Scholls Briefe uns gewähren – unabhängig von dem Vielen und Wichtigen, das für uns ungesagt und im Dunkeln bleibt: die Gespräche vor allem – mit den Geschwistern und den Eltern, mit Fritz Hartnagel und den wenigen engen Freundinnen; der Gedankenaustausch mit den Malern Wilhelm Geyer und Albert Kley und deren Familien, zu denen sich eine feste Freundschaft entwickelt hat; die Gespräche abseits der Schule mit der Biologielehrerin Frau Dr. Frieß, wenn Sophie Scholl ihr am Nachmittag einen Blumenstrauß bringt. Eines lässt sich von allen diesen Menschen sagen: Sie werden Sophie Scholl ermutigt haben, ihren eigenen Weg zu gehen.

Die Ernsthaftigkeit, mit der Sophie Scholl auf ihr Leben blickt, schließt auch ihre Liebe zu Fritz Hartnagel mit ein. Ihr Geburtstag ist für beide ein erneuter Anlass, auszusprechen, was sie einander bedeuten und wie viel Gutes in dieser Verbindung liegt. Der zweiundzwanzigjährige Fritz Hartnagel, auf dienstlicher Erkundungsfahrt im Zillertal, macht am 8. Mai den Anfang: »Aber da Du morgen Geburtstag hast, sollst du noch wissen, dass ich auch morgen bei Dir sein werde mit meinen Gedanken wie alle Tage.« Ob er etwas Schönes erlebt oder wenn ihn etwas bedrückt, immer erzählt er es ihr: »Liebe Sofie, Du hast mich dadurch vor so vielem bewahrt, und dafür möchte ich Dir danken. Ich wünschte, dass ich Dir noch mehr schenken könnte außer diesem Dank. Schlaf gut in Dein 18. Lebensjahr hinein!«

Dankbarkeit ist das Stichwort, das Sophie Scholl am 10. Mai in ihrem Antwortbrief aufgreift: »Ich bin Dir so unendlich dankbar. Denn ich fühle, dass ich die egoistischere bin von uns beiden, aber ich nehme von Dir so gerne und dankbar. Denn bei wieviel Menschen kann man das, ohne die Furcht, damit Verpflichtungen auf sich zu laden. – Hoffentlich bereust Du das niemals.« Eines ihrer schönsten Geburtstagsgeschenke sei sein Paket mit einer kleinen Plastik gewesen. Sie musste den Tag wegen »Rachenkatharr« im Bett verbringen – immer noch kränkelte sie schnell –, mit dem Vorteil, sich den ganzen Tag an ihrem Gabentisch zu erfreuen.

Himmelfahrt wanderten die Scholl-Geschwister mit den Kindern der befreundeten Arztfamilie Nägele über die Schwäbische Alb. Auf dieser Wanderung am 18. Mai 1939 schlägt Hanspeter Nägele Sophie Scholl vor, seine Übersetzung des »Peter Pan« aus dem Englischen mit Zeichnungen zu illustrieren. »Hoffentlich gelingt's mir«, schreibt sie drei Tage später an ihre Schwester Liesl. (Das Buch mit Sophie Scholls Zeichnungen ist 1989 erschienen.) Pfingsten geht es wieder auf die Alb. Diesmal sind Sophie, Inge und Werner Scholl mit Fritz Hartnagel drei Tage unterwegs. Mal stapfen sie bei strömendem Regen über lehmige Feldwege, mal spielen sie Märchen auf blühenden Wiesen.

Bei aller Lust am Wandern – die achtzehnjährige Sophie Scholl ist eine moderne junge Frau, die einen festen Freund hat, raucht und es sehr schätzt, dass Fritz Hartnagel das elegante Auto seines Vaters jederzeit zur Verfügung steht. Stolz berichtet sie ihrer Schwester Liesl am 19. Juni 1939: »Hab ich Dir schon geschrieben, dass wir letzten Sonntag (vor 9 Tagen) am Bodensee waren. Ich hab vollends das Autofahren gelernt, ich bin ganz allein vom Bodensee nach Ulm gefahren, auch durch die Städte. – Am Bodensee haben die Buben gebadet, während ich das Los der Mädchen verflucht habe, denn es hatte ganz herrliche Wellen.« Die »Buben«, das waren außer Fritz Hartnagel noch Hans und Werner Scholl.

Das Geheimnis des steinernen »Torso Apollos«, wie Rilke ihn beschreibt, liegt in der Schönheit, die er ausstrahlt, obwohl sein Körper verstümmelt und ohne Kopf ist. Sophie Scholl war empfänglich für schöne Dinge, liebte den festlich gedeckten Tisch bei familiären Feiern, sammelte Kunstpostkarten, und ihre Liebe und ihr Talent für die Musik und die Malerei waren eng mit ihrem Sinn für Schönheit verbunden. Als Robert Scholl im Frühjahr 1939 eine neue Wohnung mietet, in einem repräsentativen Jugendstil-Karree direkt neben dem Ulmer Münster, war das nach ihrem Geschmack. »Überhaupt auf die neue Wohnung freut sich alles ganz doll«, erfährt Liesl Scholl Ende Mai von ihrer Schwester Sophie. »Wir werden dann gewissermaßen erhabener über die ganze Menschheit sein. Manche dürfen dann uns besuchen.« Die Scholl-Wohnung lag im 4. Stock, von den westlichen Fenstern sah man direkt auf den Münsterplatz.

Noch im Mai haben Inge und Sophie Scholl sich für ihr neues gemeinsames Zimmer in der Ulmer Niederlassung der Internationalen Möbelfirma Behr einen Stuhl ausgesucht. Behr, gegründet 1912, war führend für moderne Möbel und formschönes Design. Sophie Scholl kann den Stolz auf das neue Möbelstück nicht verbergen: »Er kostet 75 RM, ein Entwurf von Nothelfer. Nun wird's fabelhaft in unserer neuen Wohnung. ... Das ist gar nicht so schlecht, man gewöhnt sich so schnell an die behagliche Wohlhabenheit.« Die Einkünfte vom Steuerberater und Wirtschaftsprüfer Robert Scholl werden 1939 gegenüber 1938 um über 1000 Reichsmark auf insgesamt 13 577 Reichsmark steigen. Sophie Scholl hat die genauen Zahlen sicher nicht gekannt. Aber ihr war klar, dass mit diesem Umzug ihre Familie endgültig zum gut situierten Ulmer Bürgertum gehörte. »Gestern sind wir umgezogen«, schreibt Inge Scholl am 29. Juni 1939 an ihren Bruder Hans in München. »Wir haben schon ziemlich aufgeräumt in unserer schönen Wohnung und freuen uns, wenn Du Sonntag kommst …«

Als der Umzug anstand, wusste Sophie Scholl schon, dass ein großes, schönes Abenteuer auf sie wartete – die Sommerferien fern der Heimat. Die Eltern hatten zugestimmt, dass sie nach Jugoslawien fuhr – zusammen mit Fritz Hartnagel. »Ich kann es noch gar nicht recht glauben, dass es nun wahr werden soll«, schreibt er am 27. Juni. »Zuerst wagte ich den Gedanken gar nicht auszusprechen, Dich zu dieser Fahrt einzuladen. Ich bewundere Deine Eltern.« Es war eine außerordentliche Ausnahme, dass Eltern ihre achtzehnjährige Tochter mit einem zweiundzwanzigjährigen Freund ohne weitere Aufpasserin in die Ferien fahren ließen, noch dazu in eine ferne, wilde Gegend. »Es ist beinahe unfassbar, dass wir beinahe 19 Tage, Stunde für Stunde zusammen verbringen können. Ich freue mich so sehr, dass wir mal längere Zeit zusammen sein können …« Liesl Scholl erfuhr von Sophie: »Stell Dir vor, die ganze Küste mit dem Schiff (ich werde seekrank) die albanische und griechische Grenze entlang. Der Heimweg ist noch unbestimmt, wie es uns am besten gefällt.«

Wir können es kurz machen, im Gegensatz zu den quälend langen Wochen, die Sophie Scholl und Fritz Hartnagel erlebten, gefüllt mit Frust, Anträgen und vielen Gängen zu Ämtern, zur Polizei, zum Untergau der NSDAP, ins Reisebüro. Sophie Scholl brauchte schnell einen Pass, ohne den gab es keine Devisen. Die Reichsführung der Hitlerjugend, ohne die es keinen Pass gab, weigerte sich, das Verfahren zu beschleunigen. Es war dann auch hinfällig, denn am 5. Juli wurde die Devisenausgabe für Jugoslawien gesperrt. Während Fritz Hartnagel dennoch verzweifelt nach einer Chance für seinen Urlaubstraum suchte, blieb Sophie Scholl nüchtern. »Ich tat, was ich konnte«, schreibt sie ihm am 16. Juli. Aber auch: »Ich freu mich, bis wir mal unterwegs sind, denn vorher glaub ich nicht dran, dass es etwas wird.« Sie sollte recht behalten. Am 20. hat sie einen Brief von Fritz Hartnagel in der Post: »Wenn mir die Tränen leichter fließen würden, hätte ich heute sicher geheult, als ich aus dem Reisebüro kam. … Nun hat sich also Dein Pessimismus doch bewahrheitet.«

Sophie Scholl schreibt am gleichen Tag zurück, sachlich, fast emotionslos. Für sie ist keine Welt zusammengebrochen: »Ich bin ja nicht sehr verwundert.« Sie hätte ohnehin keinen Pass bekommen, »da allgemeines Ausreiseverbot ist, d. h. der Jugend wird in dieser kritischen Zeit keine Ausreiseerlaubnis mehr gegeben. Naja, nun wollen wir Jugoslawien endgültig zu Grabe tragen«. Ohne Umschweife stimmt sie der Anfrage von Fritz Hartnagel zu, ob er mit ihr in den Ferien nach Worpswede fahren könne. Er solle gleich am Samstag kommen, »denn in die Schule mag ich nun nicht mehr (obwohl ich noch keine Erlaubnis wegzubleiben habe, es merkt ja niemand.)« Wahrscheinlich am 24. Juli 1939 saßen Sophie und Fritz im Zug nach Norden; in Stuttgart stieß Lisa Remppis dazu. Sie freute sich, wieder mit ihrer alten Freundin ins Moor und zu den Bildern von Paula Modersohn-Becker zu fahren und hatte weitergehende Pläne im Kopf, die sie wohl erst später offenbarte.

Bevor der Urlaub beginnt, noch ein Blick auf weitere Hinweise, die Sophie Scholls politisches Profil wiederum ein wenig deutlicher hervortreten lassen. Am Rande der hektischen Korrespondenz, in der beide ihre Aktivitäten zur Reisevorbereitung koordinieren, nimmt sich Sophie Scholl am 16. Juli Zeit für eine idyllische Skizze: »In meinem Bett, neben dem ich Dir schreibe, liegt der kleine Scheringer. Er hat einen Pudel im Mund, er schläft schon, und im Schlaf zieht er manchmal ein bisschen dran … Es gefällt mir, dass ich ihn heute nachmittag ganz für mich habe.« Der dreijährige Richard Scheringer junior mit seinem Schnuller – »Pudel« – ist der jüngste Sohn von Richard Scheringer und seiner Frau Marianne. Ihr Kontakt zur Familie Scholl reicht zurück in den Herbst 1933 und war – das belegt Sophie Scholls Schilderung – von freundschaftlicher Dauer.

Von Richard Scheringer haben wir schon mehrfach gehört. Er war im »Ulmer Reichswehr-Prozess« 1929 zu Festungshaft verurteilt worden. In diesem Prozess schwor Adolf Hitler, als Zeuge geladen, dass die Nationalsozialisten nur den legalen Weg zur Macht nehmen würden. Im Sommer 1933 aus der Haft nach Ulm entlassen, versucht er in vielen Gesprächen – auch bei den Scholls – Klarheit über die politische Lage und seine eigene Zukunft zu bekommen. Lina Scholl war mit der Mutter von Scheringers Frau befreundet, und Werner, der jüngste Scholl-Sohn, mit ihrem Bruder Hermann. Richard Scheringer zieht mit seiner Frau in die Nähe von Ingolstadt und bewirtschaftet als Bauer den Dürrnhof. Zwischen 1935 und 1936 hilft Werner Scholl im Urlaub bei der Ernte, auch Hans Scholl kommt vorbei. Und wenn die Scheringers mit ihrer stetig wachsenden Kinderschar bei den Schwiegereltern in Ulm zu Besuch sind, werden offensichtlich auch die Scholls besucht. Richard Scheringer ist, bei aller Zurückgezogenheit, seinen kommunistischen Überzeugungen treu geblieben. Der Kontakt der Scholls mit ihm und seiner Familie ist ein winziges Zeichen gegenüber einem Regime, das Kommunisten wie Sozialisten weiterhin mit brutaler Härte verfolgt.

In der letzten Juliwoche fahren Sophie Scholl und Fritz Hartnagel in den Sommerurlaub nach Norddeutschland. Am 9. August 1939 schreibt die achtzehnjährige Sophie Scholl ihrer Schwester Inge aus Worpswede einen Geburtstagsbrief: »Die Zahl Deiner Geburtstage wage ich nicht auszusprechen« – Inge Scholl wird zweiundzwanzig Jahre alt. Sophie Scholl ist unglücklich, weil sie mit ihrem selbstverordneten Ferienpensum – den Zeichnungen für »Peter Pan« – nicht vorankommt. Zum einen habe sie keinen richtigen Arbeitsplatz, aber »dann fehlt mir auch Dein Urteil, ich bin noch schrecklich unselbständig«. Sophie Scholls Urteil über die Malerin Paula Modersohn-Becker jedoch, die in Worpswede verheiratet war, eine lange Zeit in Paris lebte und arbeitete und 1907 in Worpswede starb, hat sich bei diesem zweiten Aufenthalt endgültig gefestigt. Sie ist »hell begeistert, ich verehre sie richtig. Sie hat für eine Frau ungeheuer selbständig gearbeitet, sich in ihren Bildern nach niemand gerichtet«. Da wird, wie bei der Tierbildhauerin Renée Sintenis, ein Gleichklang der Lebensziele spürbar, die für Sophie Scholl Vorbild sind – als Frau selbständig sein, eine Arbeit finden, die sinnvoll ist, wenn nötig gegen die Tradition und gegen gesellschaftliche Zwänge.

Worpswede, wo sie »wegen der Zeichnerei große Sorgen und keine Lust« hat, ist die letzte Station der Ferien. Von Ulm waren die beiden zuerst an die Ost- und Nordsee gefahren. Im Dezember 1939 erinnert Fritz Hartnagel Sophie Scholl in einem Brief an Stationen dieses »gemeinsamen Sommers«: an den Strandkorb in Heiligenhafen, an den Omnibus, wo sie auf seinem Schoß geschlafen hat, an Sylt, wo sie im Dünensand lagen – »es war ein schönes Jahr«.

Fritz Hartnagel musste unerwartet zu seiner Einheit zurückkehren, Sophie Scholl blieb noch in Worpswede. Wenig später ist sie Hals über Kopf abgereist. In der Jugendherberge, wo sie einquartiert war, hatte die Wirtin Sophie Scholl nach Rückkehr von einem Ausflug aufgeregt und misstrauisch befragt. Ein Gast, der kurzfristig ihr Bett belegte, hatte in Sophie Scholls Büchern gestöbert und empört erklärt, die müsse man bei der Partei melden. Am 19. August schreibt sie an ihre Schwester Liesl: »Du staunst, dass ich in Ulm statt in Worpswede bin …« Vielleicht würde sie mit den Eltern, die wie 1938 eine Schweiz-Reise planen, nach Zürich fahren, sie freute sich schon auf die Museen mit ihren Bildern. Doch die Scholls fahren nicht. Robert Scholl wird die politische Sensation richtig gedeutet haben, die unter dem Datum des 23. August 1939 in die Geschichtsbücher eingegangen ist.

An diesem Morgen flog der deutsche Reichsaußenminister Joachim von Ribbentrop nach Moskau, sozusagen in die Höhle des politischen Erzfeindes. Hitler war – gegen alle bisherigen Brandreden – zu einem Zweckbündnis mit Stalin bereit, um beim geplanten Krieg gegen Polen Ruhe an der östlichen Front zu haben. Noch in der gleichen Nacht unterzeichneten die Außenminister Deutschlands und der Sowjetunion einen Nichtangriffspakt auf zehn Jahre. Was sie öffentlich machten: Falls Deutschland Krieg führte, würde Russland die Gegner Deutschlands nicht unterstützen und umgekehrt. Was geheim blieb: In einem Zusatzprotokoll wurden das Baltikum und Polen in russische und deutsche Interessengebiete aufgeteilt – als ob diese Länder in naher Zukunft nicht mehr existieren würden. Was ungesagt blieb, aber nach Bekanntgabe des Übereinkommens Diplomaten, Politikern und interessierten Zeitgenossen in den Ohren dröhnte: Mit diesem Vertrag im Rücken hatte Hitler freie Hand für den nächsten Schritt seiner Gewaltpolitik: Polen zu überfallen. Hinter den Kulissen lief die deutsche Militärmaschinerie auf Hochtouren.

In diesen Tagen wurde Sophie Scholl von einer ehemaligen Ärztin, die Robert Scholls Mandantin in Steuersachen war, zu einem Besuch eingeladen. »Ich war noch einige Tage in Ehingen bei einer alten Dame«, schreibt Sophie Scholl am 26. August an Fritz Hartnagel, »sie ist jetzt schnell in die Schweiz.« Da brauchte man nichts mehr zwischen den Zeilen zu lesen, und es ist nachvollziehbar, dass Sophie Scholl sich große Sorgen um Lisa Remppis machte: »Sie ist mit Hans in Ostpreußen. Wie sie nun wieder herkommt, ist mir noch nicht klar. Und wenn es ihre Eltern erfahren, dass sie mit ihm war, gibt's einen Mordsskandal, den ich mir gar nicht ausdenken mag. Ich habe doch in diesem Fall die Verantwortung für sie, weil sie auf jeden Fall auf das gehört hätte, was ich ihr geraten hätte. Na ja!« Wenn sie da nicht ihren Einfluss auf die alte Freundin überschätzt, denn Lisa Remppis hatte sich mit ihrer heimlichen Fahrt nach Masuren einiges getraut. Dorthin war der Medizinstudent Hans Scholl– während der Semesterferien – zum »freiwilligen Ernteeinsatz« abkommandiert worden.

Die große Mehrheit der Deutschen klammerte sich an den Frieden. Sophie Scholl machte sich keine Illusionen. Darum sorgte sie sich so um Lisa; darum schrieb sie Fritz Hartnagel, dem Berufsoffizier, am 26. August: »Für Dich geht jetzt so recht das Geschäft los. Aber ich habe euer Geschäft nicht gern. Und ich hoffe, dass ihr recht bald damit fertig seid.«

Genau eine Woche später, am 1. September 1939, meldete das »Ulmer Tagblatt« in riesigen Lettern: »Danzig ist heimgekehrt! Gewalt gegen Polens Gewalt.« Das Oberkommando der Wehrmacht gab bekannt: »Auf Befehl des Führers und obersten Befehlshabers hat die Wehrmacht den aktiven Schutz des Reiches übernommen ... Truppen des deutschen Heeres heute früh über alle deutsch-polnischen Grenzen zum Gegenangriff angetreten.« Im Reichstag erklärte Hitler, polnische Soldaten hätten die Grenze überschritten und auf deutschem Territorium geschossen: »Seit 5.45 Uhr wird jetzt zurückgeschossen! Und von jetzt ab wird Bombe mit Bombe vergolten!« Nach der Drohung folgte das Pathos. Er werde wieder nichts anderes sein als der erste Soldat des Deutschen Reiches, und der Soldatenrock sei ihm »der heiligste und teuerste«: »Ich werde ihn nur ausziehen, nach dem Sieg – oder – ich werde dieses Ende nicht mehr erleben.« Tatsächlich hatten um drei Uhr früh am Sonntag rund 1,5 Millionen Soldaten der Heeresgruppen Nord und Süd, seit Wochen in Bereitschaftsstellungen gebracht, von Ostpreußen, Pommern und Böhmen aus die polnische Grenze durchbrochen. Hitlers Kredit bei den beiden westlichen Großmächten jedoch war endgültig aufgebraucht. Sie sahen nicht mehr tatenlos zu, wie ein freies Land überfallen wurde.

Am 3. September 1939 erklärten Großbritannien und Frankreich, die mit Polen durch einen Beistandsvertrag verbündet waren, dem Deutschen Reich den Krieg. Deutschlands politische Führung hatte – in tatkräftiger Zusammenarbeit mit den führenden Generälen und Offizieren der Wehrmacht – den Zweiten Weltkrieg entfesselt.

# BEZIEHUNG AUF DISTANZ – EIN BRÜCHIGES MODELL

*September 1939 bis März 1940*

Die Stimmung war überall gleich – ob bei den Scholls am Ulmer Münsterplatz oder in der Hauptstadt. Als der britische Botschafter Henderson am 5. September 1939 aufgrund des Kriegszustandes die Botschaft Großbritanniens in der Berliner Wilhelmstraße verlässt, beobachtet Helmuth James von Moltke, Jurist im Oberkommando der Wehrmacht, die Szene und schildert sie in einem Brief an seine Frau: »Dieser Krieg hat etwas gespenstisch Unwirkliches. Die Menschen stützen und tragen ihn nicht. Gestern, als Henderson abfuhr, ging ich gerade in der Wilhelmstraße vorbei. Vielleicht 3 oder 400 Menschen standen da, aber kein Laut des Missfallens, kein Pfiff, kein Wort ertönte; man hatte das Gefühl, sie werden jeden Augenblick klatschen.« Niedergeschlagenheit, Apathie macht sich breit.

Die Machthaber spürten es. Das Wort »Krieg« war tabu in den ersten Septembertagen 1939. Als am 3. September der erste Ulmer Soldat, dreiundzwanzig Jahre alt, auf dem Schlachtfeld in Polen für »Führer, Volk und Vaterland« gefallen war, verbreitete sich die Nachricht sofort in der Stadt. Drei Tage später ließ der Ulmer Polizeipräsident eine »Mahnung« veröffentlichen und nannte die, die solche »Gerüchte« verbreiteten, »Volksverräter«. Erst am 20. September durfte die erste Todesanzeige für einen Gefallenen im »Ulmer Tagblatt« erscheinen.

Wenn Sophie Scholl in diesen Septembertagen an Lisa Remppis schreibt »Ich hoffe so sehr, dass der Krieg bald endet. Wie, ist mir einerlei«, spricht sie damit der überwältigend Mehrheit der Deutschen aus dem Herzen. Niedergeschlagenheit, Angst – ja; doch von Apathie ließ sich Sophie Scholl nicht überwältigen. Vielmehr taucht der Krieg für sie alles in ein neues, scharfes Licht. Sie benennt erstmals und sehr deutlich, was sich in Gesprächen mit Eltern und Geschwistern, auch in Stunden des Alleinseins an Gedanken und Überzeugungen angesammelt und geformt hat.

Fritz Hartnagel hatte ihr am 3. September seine Feldpostnummer gemeldet, denn das machte alle Briefe an ihn portofrei. Der Leutnant der Reichswehr war nicht nach Polen, sondern an die potentielle Westfront geschickt worden: »Ich sitze im Schwarzwald und bin Adjutant bei der Nachrichten Abteilung. Wir warten nun stündlich, dass es auch hier bei uns zum Knallen kommt. Wenn wir's auch nicht hoffen wollen, so freuen wir uns natürlich insgeheim darauf.« Zwei Tage später erwidert Sophie Scholl auf die Kriegsfantasien ihres Freundes: »Nun werdet ihr ja genug zu tun haben. Ich kann es nicht begreifen, dass nun dauernd Menschen in Lebensgefahr gebracht werden von andern Menschen. Ich kann es nie begreifen und ich finde es entsetzlich. Sag nicht, es ist fürs Vaterland.« Das ist eindeutig, aber die folgenden Sätze nicht minder: »Wenn es Dir nur immer gut geht. Gelt, Du hast keinen so gefährlichen Posten. ... Ich denke viel an Dich. ... Hoffentlich kannst Du bald schreiben.« Und so wird es bleiben die nächsten Wochen: Verstand und Gefühl prallten aufeinander, denn von beidem besaß Sophie Scholl in reichem Maße.

Der Verstand, unterstützt durch Familien-Gespräche, lässt Sophie Scholl die politische Lage am 19. September kühl analysieren: »Der Hoffnung, dass der Krieg bald beendet sein könnte, geben wir uns nicht hin. Obwohl man hier der kindlichen Meinung ist, Deutschland würde England durch Blockade zum Ende zwingen. Wir werden ja alles noch sehen.« Wer so denkt, lässt sich von den Erfolgen auf dem Schlachtfeld nicht beeindrucken. Obwohl die polnische Armee sich erbittert gegen die Übermacht der Eindringlinge wehrt, wird am 6. September Krakau von den Deutschen besetzt. Am 17. September überfällt die Sowjetunion Polen an seiner östlichen Grenze und besetzt Ostpolen. So war es in einer geheimen Klausel am 23. August 1939 im Nichtangriffspakt mit dem nationalsozialistischen Regime ausgemacht. Erstmals in der Kriegsgeschichte werden Städte auf breiter Fläche bombardiert – von der deutschen Luftwaffe. Vor allem Warschau leidet unter den deutschen Bomben und muss am 27. September kapitulieren. Der Krieg ist entschieden, die Kapitulation der polnischen Rest-Armee am 6. Oktober 1939 nur noch Formsache.

An diesem Tag blickt Sophie Scholl, unbeeinflusst vom propagandistischen Tagesjubel, wiederum in die Zukunft, in die politische und in die persönliche von Fritz Hartnagel, dessen Handwerk der Krieg ist: »Hast Du keine Aussichten, bald mal Urlaub zu erhalten? Es kann ja sein, dass es nun erst losgeht. Es ist beinahe anzunehmen. Einmal muss es ja zu einer Entscheidung führen. ... Vielleicht musst du später noch einmal umsatteln in Deinem Beruf.« England und Frankreich hatten zwar Deutschland den Krieg erklärt, nachdem es Polen überfallen hatte, aber noch waren kriegerische Taten an Deutschlands westlicher Grenze ausgeblieben. Verbunden mit dem erfolgreichen »Blitzkrieg« im Osten, führte das bei der deutschen Bevölkerung zu einem Stimmungsumschwung. Stolz mischte sich mit der festen Erwartung, dass Hitler nun alles tun würde, um mit den Westmächten zu einem friedlichen Ausgleich der Interessen zu kommen. Sophie Scholl teilte diese Hoffnung nicht. Nach ihrer politischen Analyse würden die Westmächte dem Krieg nicht ausweichen – und auf diese »Entscheidung« setzte sie ihre ganze gegenteilige Hoffnung.

So wertfrei das Stichwort »Entscheidung« in ihrem Brief klingt, Hans Scholl hat es in einem Tagebuch-Eintrag am 20. September 1939 klar gedeutet: »Anfangs waren wir froh, dass endlich der Krieg entfesselt worden ist: Er muss die Erlösung von diesem Joche bringen. … Unsere ganze Hoffnung hängt an diesem fürchterlichen Kriege!« Dieses Joch: Das war für Hans Scholl und seine Geschwister 1939 die Herrschaft der Nationalsozialisten, wie es die Eltern Scholl schon 1933 empfunden und vorausgesagt hatten, dass sie in einem Krieg enden würde. Jetzt gehörten alle Mitglieder der Familie Scholl zu einer winzigen Minderheit in Deutschland, die darauf setzte, dass der Krieg die braunen Machthaber um ihre Macht bringen würde. Selbst wenn der Preis ein »Massenmorden« war, so Hans Scholl, das noch lange Zeit dauern würde.

Um diese fürchterliche Hoffnung, zu der es keine friedliche Alternative gab, wird es in den Gesprächen zwischen Sophie und Hans Scholl in den ersten zwei Septemberwochen gegangen sein. Die Schulferien waren wegen des Krieges verlängert, und Hans Scholl verbrachte zu Hause seine Semesterferien, da er noch nicht zu den Soldaten eingezogen wurde. Die beiden waren viele Stunden zusammen, beim Baden an der Iller, beim Zeichnen der alten Häuser am Münsterplatz.

Wie allein Sophie Scholl – und die Familie – mit ihrer Überzeugung war, als die Siegesmeldungen aus Polen kamen, demonstrierten ihr Rundfunk und Zeitungen, Glockengeläut und Fürbitten und die Proklamationen der christlichen Kirchen. Aus dem »Gemeinsamen Wort der deutschen Bischöfe« vom 17. September 1939: »In dieser entscheidungsvollen Stunde ermuntern und ermahnen wir unsere katholischen Soldaten, in Gehorsam gegen den Führer, opferwillig unter Hingabe ihrer ganzen Persönlichkeit ihre Pflicht zu tun. Das gläubige Volk rufen wir auf zu heißem Gebet, dass Gottes Vorsehung den ausgebrochenen Krieg zu einem für das Vaterland und Volk segensreichen Erfolg und Frieden führen möge.« In ähnlichen Worten forderten die evangelischen Kirchen – die »Bekennende Kirche« eingeschlossen – vaterländische Pflichterfüllung, rechtfertigten den Krieg und riefen auf zur »Fürbitte für Führer und Reich«. Mit einem großen Dankgottesdienst im Berliner Dom feierten die Evangelischen am 8. Oktober den Sieg über Polen. Pfarrer Otto Sauter, soeben zum evangelischen Dekan von Ulm gewählt, eröffnete am 11. Oktober 1939 die Sitzung des

Gesamtkirchengemeinderates mit einem Dankgebet »für den raschen und erfolgreichen Ablauf der Ereignisse in Polen«.

Der »erfolgreiche Ablauf« war eine Abfolge von Kriegsverbrechen mit dem Ziel, die polnische Nation auszulöschen. Bei über 700 Einzelaktionen wurden in den ersten Wochen nach Kriegsausbruch über 16 000 polnische Männer und Frauen und Kinder erschossen; rund 7000 polnische Juden wurden ermordet, für die Überlebenden waren Gettos geplant. Von den Deutschen wurden 3000 polnische Soldaten ermordet, von den Sowjets rund 4000 polnische Offiziere in Katyn erschossen und verscharrt. Bis zum Jahresende 1939 hatten SS und Wehrmacht rund 60 000 polnische Ärzte, Lehrer, Priester, Professoren ermordet. Zentralpolen wurde zum »Generalgouvernement Polen« unter deutscher Verwaltung und wie eine rechtlose Kolonie behandelt; es sollte als Reservoir für polnische Arbeitssklaven im Reich dienen, denen jede Bildung vorenthalten wurde. In Ulm trafen im November 1939 polnische Kriegsgefangene ein, die in der Landwirtschaft arbeiten mussten; im Frühjahr 1940 folgten polnische Zwangsarbeiter, Männer und Frauen, für die Industrie. In Kolonnen zogen sie mit ihrer armseligen Habe über den Charlottenplatz, vorbei an Ulmer Bürgern, die den Zug betrachteten. Sie wohnten in Barackenlagern und mussten deutlich sichtbar ein »P« auf ihrer Kleidung tragen.

Das Leid der Polen schrie zum Himmel; die Vernichtung ihres Volkes und ihrer Kultur war ein barbarischer Akt. Aber in Berlin notierte der US-Korrespondent William Shirer in sein Tagebuch: »Ich muss den Deutschen erst noch finden – selbst unter denen, die das Regime nicht mögen –, der irgend etwas schlecht findet an der Zerstörung Polens durch Deutschland.« Warum sollten die Bischöfe und Dekane, die Gott für den Sieg dankten, einsichtiger sein, als einer, der den Feldzug an verantwortlicher Stelle mitgemacht hatte, einen eigenen Kopf besaß, auf seine humanistische Bildung stolz war und in den braunen Herren nicht Seinesgleichen sah?

Vom ersten Tag an war Claus Schenk Graf von Stauffenberg mit seiner Division am Polen-Feldzug beteiligt. Mitte September, in einer Unterkunft südlich von Warschau schreibt er seiner Frau, der Krieg scheine entschieden. Das Land sei trostlos, nichts als Sand und Staub: »Die Bevölkerung ist ein unglaublicher Pöbel, sehr viele Juden und sehr viel Mischvolk. Ein Volk, welches sich sicher nur unter der Knute wohlfühlt. Die tausenden von Gefangenen werden unserer Landwirtschaft recht gut tun. In Deutschland sind sie sicher gut zu gebrauchen, arbeitsam, willig und genügsam.« Bis Ende des Jahres 1939 arbeiteten 500 000 polnische Kriegsgefangene in der deutschen Landwirtschaft. Insgesamt wurden 1,5 Millionen Polen und Polinnen nach

Deutschland verschleppt und mussten als Zwangsarbeiter in der Rüstungsindustrie die deutschen Arbeitskräfte ersetzen, die für die Fortsetzung des Krieges gebraucht wurden. Mitte Oktober war Stauffenberg wieder zurück in der Heimat, fast 300 Mann seiner Division waren in Polen gefallen. Das dämpfte seine Begeisterung über den Feldzug nicht. Stauffenberg war »vom Sieg ebenso berauscht wie die anderen jungen Offiziere«, schreibt sein Biograf Peter Hoffmann.

Und wie reagierte Fritz Hartnagel, der weit vom Schuss im Schwarzwald das Geschehen in Polen verfolgte? Dem Sophie Scholl, die Krieg »entsetzlich« fand, am fünften Kriegstag einen argumentativen Rückweg abschnitt – »Sag nicht, es ist für's Vaterland«. Fritz Hartnagel drückte sich nicht in seiner Antwort vom 13. September: »Du bringst mich in einen großen Konflikt, wenn Du mich nach dem Sinn des Blutvergießens fragst.« Vor zwei Jahren sei er sich darüber noch im Klaren gewesen. Jetzt aber käme er sich vor »wie ein ganz kleiner Junge, der am Anfang seiner Entwicklung steht. Daran bist zum großen Teil Du schuld. Und ich bin froh darum«. Sophies entschiedene Haltung war für ihn keine Überraschung; seine Antwort lässt auf viele Gespräche zwischen den beiden zu diesem Thema schließen, die ihn nachdenklich gemacht haben. Doch für ihn gibt es – zumindest im Augenblick – keinen Ausweg aus seinem Dilemma: »Aber ich kann Dir trotzdem nicht zustimmen, denn ich habe nicht den Mut aus solch einer Ansicht die Konsequenzen zu ziehen.« Der rigorosen Ehrlichkeit Sophie Scholls steht Fritz Hartnagels Offenheit nicht nach.

Sophie Scholl insistiert nicht weiter. Waren bei ihr selbst nicht Jahre vergangen, bevor sie erkannte, auf dem falschen Weg zu sein? Bevor sie umkehrte? Und welche Alternative gäbe es für den Berufsoffizier Fritz Hartnagel? Mitten im Krieg aus der Armee ausscheiden, die gerade hunderttausende von Männern zu den Waffen ruft? Selbstmord wäre das. Sophie Scholl verliert über allem Abscheu vor dem Krieg nicht ihren Verstand und auch nicht ihre Gefühle gegenüber diesem Menschen, der ihr so viel bedeutet. Wie nebenbei deutet sie auf einen Ausweg aus dem Dilemma – wenn die Entscheidung, die sie erwartet, gefallen ist: »Vielleicht musst Du später noch einmal umsatteln in Deinem Beruf.« Sonst kein Wort mehr darüber, jetzt ist anderes wichtig: »Vielleicht kriege ich bald einen Brief von Dir? Sonst muss ich immer denken, du seiest durch einen außerordentlichen Grund verhindert. Also? Ich denke viel an Dich.« Auch ohne weitere Worte läßt Fritz Hartnagel Sophie Scholls kritische Sicht auf die politische Lage nicht mehr los. Am Jahresende 1939 wird er von einem »Fortschritt« schreiben, »wenn man das bisher erlernte als falsch erkennt und deshalb über den Haufen wirft«. Und wieder freimütig hinzufügen: »woran nicht zuletzt, oder überhaupt, Du schuld bist«.

Sophie Scholls Alltag bestand nicht nur aus Briefeschreiben, und war er im Krieg wirklich so viel anders als im Frieden? Der größte Unterschied betraf die Schule: Obwohl das letzte Halbjahr vor dem Abitur anbrach, endeten die Sommerferien erst in der letzten Septemberwoche, und am 6. Oktober begannen schon wieder die Herbstferien. Mathematik und Physik fielen aus, weil die Lehrer im Feld standen. War Unterricht, versuchte Sophie Scholl, das bisher aus fehlendem Interesse Vernachlässigte durch Fleiß aufzuholen. Das war gar nicht so leicht, denn die Mutter verlangte eine Menge an Hausarbeit von ihrer Jüngsten. Fensterputzen, Große Wäsche, Wäsche nähen – es war immer etwas zu tun, Tischdecken und Spülen ohnehin. Und immer wieder stahl sie sich Zeit für den Auftrag, den Hanspeter Nägele ihr im Frühjahr gegeben hatte: »Peter Pan und die andre Illustration mache ich natürlich fertig, denn ich sehe nicht ein, warum man im Krieg nur die grausig ernstesten Dinge tun darf.« Und fährt fort: »Wo doch bei uns sowieso nicht viel vom Krieg bemerkt wird, außer dass man eben nicht so in Fett schwimmt …« Das war am 19. September 1939 und spiegelt die Lebensqualität, der sich die deutsche Bevölkerung in der Heimat – trotz oder besser: gerade wegen des Krieges – erfreute. Genau genommen schwamm sie sogar im Fett.

Adolf Hitler, vier Jahre Soldat im Ersten Weltkrieg, hatte nicht vergessen, wie elendig damals das Los von Millionen Familien war, weil der Ernährer als Soldat im Feld stand. Statt des Arbeitseinkommen gab es Almosen vom Staat, zum Sterben zu viel, zum Leben zu wenig. Vor allem der Hunger während der Kriegszeit war unvergessen. Wollte Hitler seinen Krieg durchziehen, musste die Heimat bei Laune gehalten werden, durfte nicht darben. An diese Überzeugung hielt er sich eisern. Zwar wurden am 28. August 1939 mit der »Verordnung zur vorläufigen Sicherung des lebenswichtigen Bedarfs des deutschen Volkes« Lebensmittelkarten für Nahrungsmittel und Bezugsscheine für Bekleidung eingeführt, die seit dem Frühjahr in den Panzerschränken der Rathäuser lagen. Mit dieser Rationierung sollte eine gleichmäßige Verteilung garantiert und das Hamstern erschwert werden, was längst nicht immer klappte und während der Kriegsjahre zu Engpässen führte. Aber der alleinige Blick auf diese greifbaren Einschränkungen verzerrt das Bild gehörig.

Am gleichen Tag wie die Rationierungen wurde das Einsatz-Wehrmachtsgebührnisgesetz erlassen. Es garantierte Familien, deren Angehörige bei der Wehrmacht dienten, einen staatlichen Familienunterhalt, der sich am Einkommen in Friedenszeiten orientierte. Hinzu kamen jede Menge

Beihilfen für Miete, Ratenzahlungen, Zeitungsabonnements und Lebensversicherungen, um den »Besitzstand« aufrechtzuerhalten, den die Familien sich im Frieden erarbeitet hatten. Das Ziel dieser staatlichen Wohltaten war die »Erhaltung von Wehrwillen und Wehrfreudigkeit« und die »Sicherung der inneren Front«. Die kommunalen Ämter erhielten die Anweisung, die Angehörigen der an der Front kämpfenden Soldaten »mit größtem Verständnis« zu behandeln. In vielen Haushalten war mit dem Kriegsbeginn mehr Geld in der Haushaltskasse als zuvor, und bald flossen zudem die Güter aus den besetzten Ländern nach Deutschland. Außerdem durfte bei Einberufenen und deren Familien nicht mehr gepfändet werden, und der Mieterschutz wurde deutlich verbessert.

Überhaupt ging das Leben weiter wie bisher, bei den Scholls sogar immer noch ein wenig besser, und alle in der Familie waren gewohnt, eine Menge in ihr Leben zu packen. In der weitläufigen Wohnung am Münsterplatz wurden Ende September für 400 Reichsmark Bücherregale eingebaut, und Inge Scholl erfüllte sich endlich einen Wunsch: ein Blüthner-Flügel wurde angeschafft. So konnte man in der Diele Konzerte geben. Das erste schon am 23. September für Cello und Klavier, da die Familie gute Beziehungen zum Ulmer Stadttheater hat. Sophie ist sich der widersprüchlichen Situation bewusst. »Es tut mir leid«, schreibt sie Fritz Hartnagel, »ich komme mir ganz ungerecht vor, wenn wir dies alles noch genießen können, während ihr dauernd in Gefahr seid und nichts dergleichen habt. Hoffentlich nehmt ihr uns das nicht übel.« Ende Oktober schildert sie das Familien-Idyll am runden kleinen Tisch im Wohnzimmer: Es gibt Tee, Hefekranz mit Rosinen, auf den »sogar noch Gesälz geschmiert« wird, »Marmelade« auf Schwäbisch. »Du siehst, noch ganz wie in Friedenszeiten. Hoffentlich geht Dir nichts ab.« Sophie Scholls schlechtes Gewissen war nicht im Sinn der Machthaber. Sie setzten mit Erfolg auf die umgekehrte Wirkung: Die Soldaten an der Front waren beruhigt, dass es den Lieben daheim gut ging und an nichts fehlte.

In den drei Ulmer Kinos lief alles weiter wie bisher. Für Propagandaminister Joseph Goebbels war der Film ohnehin ein »Erziehungsmittel des Volkes«, und gerade Unterhaltungsfilme sollten das Volk »in seinem Lebenskampf stärken« und vom Krieg ablenken. Auch zu Aufführungen im Saalbau oder in der mittelalterlichen Dürftigen Stube gingen die Scholls weiterhin. Alle Konzerte wurden von der Nationalsozialistischen Kulturgemeinde organisiert, die namhafte Solisten für Ulm gewinnen konnte. Für Sophie Scholl blieb die Musik Lebenselixier. Keine Klavierstunde ließ sie aus, beim Üben wurde sie nicht müde, immer waren unter ihren Geschenken auch Partituren – zu Weihnachten 1939 Händel-Orgelkonzerte vierhändig, Walzer und ungarische Tänze von Brahms und Inventionen von Bach.

»Spielst Du noch gerne Bach«, fragt sie Lisa Remppis im Januar 1940. »Er bedeutet für mich immer mehr, ich finde, er ist der beste Erzieher. Andere berauschen, sie heben einen weg in Gefühle. Bei Bach aber muss man große Beherrschung zum Spiel und zur Klarheit aufbringen; der Lohn ist, dass man dabei selbst klar, und das schließt ja beherrscht ein, wird. Ich glaube, ich könnte ihn kaum entbehren.« Klarheit: nichts taucht so oft auf in Sophie Scholls Briefen als Maßstab eigenen Handelns, als Wegmarkierung, als Lebensziel. »Ich möchte ja nichts andres als Klarheit«, schreibt sie Fritz Hartnagel am 15. Januar 1940. Ihre Korrespondenz dreht sich seit vielen Wochen um ihr Verhältnis zueinander. Sophie Scholl hat Ende Oktober 1939, als der Feldzug in Polen abgeschlossen ist und im Westen, wo sich Fritz Hartnagel befindet, alles ruhig bleibt, dieses Thema angestoßen. Als ob die Klarheit, mit der sie seit Ausbruch des Krieges politische Dinge ausspricht, auf ihre persönliche Situation wie eine Rückkoppelung wirkt: Sie fordert eine andere Art der Beziehung. Vielleicht spielen auch die wenigen Tage Mitte Oktober, als Fritz Hartnagel in Ulm auf Urlaub und mit ihr zusammen war, eine Rolle.

Diese gemeinsamen Tage müssen wieder für Monate herhalten. Wo bis Ende August 1939 fast jedes Wochenende viel Nähe brachte, in Ulm, mit Autofahrten oder Wanderungen und viel Zeit für Gespräche und gemeinsames Schweigen, trugen nun ausschließlich geschriebene Worte die Last der Kommunikation. Missverständnisse bleiben nicht aus, Unklarheiten und die Furcht, mit Worten zu verletzen. Trotzdem bestätigen sich Sophie Scholl und Fritz Hartnagel immer wieder, nicht aufzugeben in ihrem Ringen um Klarheit. Sie machen ständig neue Anläufe, die eigenen Gefühle zu Papier zu bringen und zugleich die Sicht und die Empfindungen des anderen richtig zu deuten. Sophie Scholl ist die aktive, die antreibende Kraft. Aus drei Monaten Korrespondenz zwischen Ende Oktober 1939 und Ende Januar 1940 lassen sich bei allen Widersprüchen und Unfertigkeiten, die Sophie Scholl durchaus bewusst sind, auf ihrer Seite zwei Schwerpunkte hervorheben.

Alleinsein. Vergnügt malt Sophie Scholl am 29. Oktober aus, wie sie zusammen mit Fritz ein paar Tage in gemieteten Räumen genießt – gewürzt mit einem ironischen Schlenker: »Und das, was wir zum Essen brauchten, könnte ich kochen. (Eine nette Illusion).« Um dann abrupt das Gegenteil zu beschwören: »Aber nur einige Tage, denn allzulange halte ich's mit einem einzigen Menschen nicht aus. Versteh mich nicht falsch! Aber wenn man mit nur einem Menschen verkehrt, übt dieser einen zu großen Einfluss aus. … Sobald jemand Ansprüche stellt, werde ich, glaube ich, sehr empfindlich.« Weiter geht es mit der Überzeugung, es gebe Stunden des Alleinseins, »die wiegen alle Tage auf, in denen man sich gesehnt hat nach einem Menschen.« Sophie Scholls Schlussfolgerung: »Dann erscheint das Rücksichtslose (versteh das Wort nicht falsch) als das Wahre und Mitleid als Schwäche.« Der Blick auf sich selbst ist ebenso rücksichtslos: »Es ist sehr möglich, dass ich schwach bin.«

Was soll am stundenweisen Alleinsein so rücksichtslos sein? Tut das nicht jeder Beziehung gut? Erst die Fortführung ihres Gedankens am 9. November zeigt, dass Sophie Scholls Ideal sich nicht allein auf äußere Umstände bezieht, sondern innere Sprengkraft besitzt: »Es ist schön, wenn zwei miteinander gehen, ohne sich zu versprechen, wir treffen uns da und da wieder, oder wir wollen immer beieinander bleiben. Sie gehen so einfach ein Stück zusammen, und wenn es sich gibt, dass sich ihre Wege trennen, so geht jedes in seiner Richtung so ruhig weiter.« Es ist, als ob Sophie Scholl eine Türe nach der anderen öffnet und immer tiefere Blicke in ihr Inneres frei gibt. Dazu gehört auch der verwirrende Satz: »ich hab nie jemanden gerner gehabt als Dich, außer mir selbst«. Sie erklärt sofort, was sie damit meint, und stellt zugleich die höchste Hürde auf für ein harmonisches Zusammensein: »Ich kann mich nicht aufgeben für Dich. … Du denkst, das soll sie ja gar nicht. Aber im Grunde müsste sie es eben doch. Um gerade zu sein.« Da ist sie wieder, die Vorgabe der Eltern Scholl für ihre Kinder – gerade und frei durchs Leben zu gehen. Mit dem Krieg hat Sophie Scholl endgültig den Trennungsstrich zu den braunen Machthabern und ihren Zielen gezogen, die Gegnerschaft zum Nationalsozialismus ist besiegelt. Am »Geradesein« aber hält sie fest. (Geht sie auch deshalb weiterhin wöchentlich zum »Dienst« in die Heimabende des BDM?)

Wie konsequent ihr Verstand auch die Positionen darlegt, auf denen Sophie Scholl gegenüber Fritz Hartnagel besteht, ihr Gefühl signalisiert ihr, dass Klarheit allein nicht glücklich macht. Sehnsüchte melden sich, die mit Nähe und Wärme zu tun haben und mit dem Menschen Fritz Hartnagel, mit dem sie beides in schönen Stunden erlebt hat. Er soll wissen, dass ihr diese Erfahrungen kostbar sind – »mich reut gar nichts, was wir miteinander verlebt haben«. Trotzdem fühlt sie sich schuldig, weil sie erst jetzt ausspricht, was sie sich in Gedanken schon tausendmal gesagt. Und ehrlich gesteht sie ihm: »Ich fürchtete mich vor der Leere, die darauf folgen würde, ich fürchtete mich vor dem Verzicht auf Wärme, der es für mich wäre.«

Freundschaft, nicht Liebe. Am 5. Januar 1940 formuliert Sophie Scholl deutlich, worum es ihr geht: »Nein, ich glaube, dauernde Nähe von Dir macht mich schwach. Ich vergesse dann, dass ich nicht nur ein Mädchen sein möchte. … Ich weiß, dass es Schwäche ist, und wenn ich Dir jemals nachgeben sollte, so sollst Du wissen, dass ich in dem Augenblick schwach bin, und so viel oder so wenig wie viele Mädchen, die Du und ich nicht sehr hochschätzen.« Im gleichen Atemzug hofft sie auf ein baldiges Wiedersehen. Am Ende wieder dunkle Ahnungen: »… manchmal habe ich Angst, Dir das nicht geben zu können, was Dir zusteht, oder was Du verlangen könntest. … oft glaube ich, ein andres Mädchen wäre Dir ergebener wie ich. Verstehst Du? Dies kann und will ich nicht … Schreibe mir recht viel von Dir. Und oft! Gelt? Sofie.« Im Konflikt von Verstand und Gefühl behält der Kopf längst nicht immer die Oberhand.

Zehn Tage später versucht sie gegen Ende ihres Briefes die Widersprüche einzuebnen, einem Entweder-Oder auszuweichen. Wieder bittet sie Fritz Hartnagel dringlich, ihr oft zu schreiben, »damit wir als Menschen uns nahe bleiben«. Wieder hofft sie auf ein Wiedersehen und signalisiert, dass für sie der Verzicht auf intime körperliche Nähe herzerwärmende Berührungen nicht ausschließt: »Und wenn Du müde bist, sollst Du meine Hand in der Deinen halten, und Deinen Kopf an meine Schulter legen.« Es ist das gleiche Muster, nach dem sie im August 1938 ihre Beziehung gestalten wollte. Damals funktionierte es knapp zwei Monate. Und wie reagiert Fritz Hartnagel auf die Wechselbäder aus Analyse und Emotionen? Auf das angekündigte Ende ihrer bisherigen Beziehung? Vor allem mit der Bereitschaft, auf ihre Vorstellungen einzugehen – »fühle Dich nicht an mich gebunden, sei rücksichtslos«. Nur wenige Male begehrt er auf, fragt bitter, warum er noch schreiben soll und wozu ein Wiedersehen – »ich verstehe Dich nicht«. Für ihn war bisher »alles Frühling und glücklich und schön«. Fritz Hartnagel akzeptiert die Forderung nach freundschaftlicher Nähe. Nur um eines bittet er: »Aber wir dürfen nicht von Schuld reden.«

Um diese Zeit schreibt Sophie Scholl einen Brief an Lisa Remppis, die Einzige, mit der sie solche Vertraulichkeiten austauscht: »Manchmal sehne ich mich danach, oft sogar, allein zu sein. Oder vielmehr ganz über mich verfügbar zu sein.« Und wieder ist das nur die eine Seite ihrer Sehnsucht: »Ich wollte, wir könnten einmal allein ein paar Tage fort.« Mit der Freundin kann sich Sophie Scholl sogar eine Gemeinsamkeit über den Tag hinaus vorstellen: »Wenn Du fertig bist in der Schule, können wir vielleicht eine Zeitlang zusammen studieren. Ich meine, in derselben Stadt. Man kann sich's herrlich ausmalen. Findest Du nicht?« Und Lisa, dem Einzelkind, erläutert sie, dass ein gelebtes Modell sie geprägt hat: »Ich wollte, ich könnte

Dir das, was ich an meinen Geschwistern Dir voraushabe, ein bisschen ersetzen. Dies lässt sich nicht durch Briefe schreiben. Denn das Wesentliche dran ist ja das Zusammenleben. Ich wollte, das könnten wir.« Das geschwisterliche Zusammenleben erfüllt Sophie Scholls Bedürfnis nach Gemeinsamkeit und Nähe und gibt ihr zugleich das Gefühl, sich dennoch nicht total dafür aufzugeben.

Nur vierzehn Tage zuvor, am zweiten Weihnachtstag 1939, hatte Sophie Scholl ihrer Freundin vom Weihnachtsfest geschwärmt und sie in den Familienkreis einbezogen: »Es war seit 2 Jahren das erstemal, dass wir alle zusammen feierten. Wir haben einen ganz großen und breiten Lichterbaum, und nur mit essbaren Sachen und Äpfeln geschmückt. Als wir Weihnachtslieder sangen, vor der Bescherung, musste ich plötzlich denken, wie nett es wäre, wenn Du dabei stündest. Das ist eigentlich der schönste Augenblick am Heiligen Abend, wenn wir vor der Bescherung alle zusammen stehen und singen. Nachher ist jeder vollauf mit seinen Geschenken beschäftigt, oder auch nicht ganz vollauf. Schön ist es trotzdem.« Sophie Scholls größtes Geschenk war, neben Büchern und Klavierauszügen, eine Skiausrüstung – Hose, Jacke, Stiefel.

Eigentlich sollte es im Januar 1940 mit vollem Einsatz auf das Abitur losgehen. Stattdessen standen »Kohleferien« auf dem Programm: Um in Kriegszeiten Heizmaterial zu sparen, wurde der Unterricht auf maximal zwei Stunden Unterricht am Tag beschränkt. Sophie Scholl ärgerte sich »mal wieder furchtbar«. Dann schwänzt sie die Schule und fährt mit Liesl für ein Paar Tage zum Skifahren auf die Alb, wo Pulverschnee liegt.

Apropos Ärger: Im gleichen Brief vom 31. Januar 1940, der von der Schule und dem Schwänzen erzählt, gibt es ein gehöriges Donnerwetter für Fritz Hartnagel. Er hatte sie zuvor dafür gelobt, auf seine Briefe nicht einzugehen (die waren allerdings noch nicht angekommen): »Du hast als Mädchen wieder instinktiv richtig gehandelt.« Sophie Scholl wehrt sich vehement gegen ein solches Klischee: »… damit sprichst Du mir ja, vielleicht ungewollt, jede Selbständigkeit ab. Instinktiv ist ein sehr unbestimmtes Wort. Es wird sowohl bei Tieren wie bei Menschen (besonders bei Frauen) angewandt, wenn man sichs mit dem Verstand nicht mehr recht erklären kann. – Und daran zweifelst du doch nicht, dass ich mein Hirn auch manchmal zum Denken gebrauche, nicht nur in der Schule.« Auf ihr Denkvermögen lässt Sophie Scholl nichts kommen; zumal sie so erzogen wurde, dass Frauen den Männern darin in nichts nachstehen.

Dann aber geht sie nahtlos über zu Planungen für ein Zusammensein: »Überleg Dir Deinen Urlaub nur immer recht gut. Vielleicht ist's doch besser, Du kommst gleich. Ich würde mich arg freuen.« Und schließt ihren Brief: »Komm bald. Sofie«. Das Planen ist von beiden Seiten schwierig: Sophies Daten fürs Abitur stehen in den Sternen, Fritz muss jederzeit damit rechnen, dass ihn eine Urlaubssperre trifft, weil der Krieg im Westen losgeht. Postwendend antwortet er am 2. Februar auf Sophie Scholls Brief, dass er gleich abfahren könne. Aber dann hätte sie noch Schule, und er möchte ein paar Tage allein mit ihr und ungebunden verbringen: »Was meinst Du? – Ich habe eine leise Angst, so sehr ich mich darauf freue und danach sehne.« Schließlich geht alles ganz schnell. Als Sophie Scholl endlich erfährt, wann die Abiturarbeiten geschrieben werden – in der letzten Februarwoche –, schlägt sie Fritz Hartnagel vor, mit ihm in der ersten Märzwoche Skiurlaub zu machen – statt sich auf das mündliche Abitur vorzubereiten, das anschließend stattfindet. Und so wird es gemacht.

Am 6. März ist sie von den Tagen zu zweit wieder zurück, um sich für das mündliche Abitur am Montag, dem 11. und Dienstag, dem 12. März »mit Schulweisheit anzufüllen«. Längst hat sie darüber hinaus geplant und lässt es Fritz sofort wissen: »Hoffentlich kannst Dus machen und bis spätestens Mittwoch kommen. Am 20. ist nämlich Schlussfeier, da will mich Mutter nicht entschuldigen; ein Fehlen würde natürlich gemerkt, da man feierlich mit Handschlag verabschiedet wird. Am Mittwoch ist der 13., da könnten wir bis 19. abends wegbleiben.« Sophie Scholl zieht alle Register: »Gelt Du, richts doch so ein, Dir ists doch auch recht, wenn wir noch ein bisschen beisammen sind. Denk halt ein einzig Mal: Sofie vor Pflicht ... Ich weiß gar nicht, wie ich ohne diese Hoffnung die letzten grässlichen Schultage überstehen sollte. ... Gelt, du kommst bald. Weißt Du, ich trau Dir nicht so ganz, dass Du recht draufdrückst. Wenn ich Dich aber recht bitte und Dir verspreche, dass ich gewiss netter bin wie das letzte Mal, dann kommst Du vielleicht.« Als ob Fritz Hartnagel seit fast anderthalb Jahren nicht alles täte, um mit ihr zusammen zu sein. Etwas kokett ist der Ton und ein leichtes Augenzwinkern nicht zu übersehen. Sophie Scholl ist bester Laune, der grässlichen Schule zum Trotz.

Am gleichen Tag, dem 8. März 1940, schreibt sie an ihre Schwester Liesl von den vier »fabelhaften Tagen« im Gebirge und speziell von ihrer großen Tour über den Gemstel- und Hochalppass: »Es war arg verharscht, gefährlich auch ein bisschen und vor allem anstrengend. ... Ich bin im Badeanzug aufgestiegen. Getroffen haben wir den ganzen Tag einen = 1 Menschen. Die Gegend ist wunderbar.« Am nächsten Tag ging es auf den Skiern rasant talabwärts: »Es waren lauter leichte Hügel, über die wir fuhren, und ich bin nach jedem ein Stück geflogen. Es war bisher meine schönste Fahrt.«

Die Bergspitzen glühten rosarot, und bevor sie ihre Unterkunft erreichten, standen alle Sternbilder am klaren Himmel.

Zwei Tage zuvor wurde Lisa Remppis wieder zur Vertrauten, die mehr erfährt als die Schwestern. Ihre Beziehung zu Fritz steht im Mittelpunkt von Sophie Scholls Brief: »Ich fühle mich irgendwie für ihn verantwortlich; weißt Du, welches Gefühl es ist, wenn ein Mensch mit seinem ganzen Sein an Dir hängt. Ich habe ihn gern, er ist gut. Und Sinn der Liebe ist es ja nicht, sich von irgend jemand auf eine Höhe hinaufziehen zu lassen.« Ein wenig dozierend klingt das, aber immerhin, es ist von »Liebe« die Rede. Damit Lisa Remppis diesen Begriff nicht falsch deutet, klärt Sophie Scholl sie auf: »Es herrscht so völlige Klarheit zwischen uns, er ist mir gegenüber ganz ohne Ansprüche. Es ist schön. Ich habe mehr die Gefühle einer Mutter als die eines Mädchens für ihn. Er hat sonst niemanden.« Sie hofft, nach dem bestandenen Abitur Geld zu bekommen. Wenn Lisa Remppis Lust hätte, ein paar Tage mit ihr auf der Alb zu wandern – »ich würde das schrecklich gerne tun«. Aber zuerst einmal fährt sie mit Fritz Hartnagel wieder in die Berge.

Mütterliche Gefühle? Am 20. März ist die Abiturfeier; Sophie Scholl war pünktlich zurück in Ulm und saß neben ihrem Physiklehrer. »Meine Mitschülerinnen stellten fest, dass ich dringesessen wäre wie grad vom Himmel runter. So kam ich mir auch vor. Im Himmel wars arg schön gewesen. Oder nicht?« Diese rhetorische Frage an Fritz Hartnagel, der inzwischen mit seiner Einheit nach Gelsenkirchen verlegt wurde, steht in ihrem Brief vom 21. März. Und der beginnt so: »Heute ist Frühlingsanfang. Steckst Du schon wieder fest in Kohlen und Papierstaub? Hast Du einen Augenblick Zeit, an die Mondnacht auf dem Hochalppass zu denken? ... Letztes Jahr haben wir dort schon den Frühling erlebt. Aber dieses Mal war es schöner, gelt? ... Pass auf, in dem Papierchen hab ich 3 Wünsche für Dich (solche, die in Erfüllung gehen!)« Fritz Hartnagel hätte beinahe die drei Wimpern übersehen, die aus dem gefalteten Papier, das im Brief steckte, auf die Bettdecke fielen.

Die Schule – grässlich, fad, scheußlich, das kleine braune Fenster – hatte Sophie nun endgültig hinter sich. Das Abiturzeugnis war vorzeigbar für eine Schülerin, die dank ihrer Begabung mit einem Minimum an Hausarbeit alle Klassen durchlaufen hatte. Sophie Scholl hatte die Reifeprüfung insgesamt »befriedigend« bestanden. Im »Gesamturteil« stand, sie sei eine »ruhige, begabte Schülerin« gewesen, »die meist mit innerer Teilnahme dem Unterricht folgte und selbständig, mit reifem Urteil arbeitete«. Außer zwei »Ausreichend« in Mathematik und Chemie gab es viele »Befriedigend« – neben Englisch, Geschichte, Religion, Physik und Erdkunde erstaunlicherweise auch in Musik; »gut« lautete das Urteil in Deutsch und Französisch.

Am 24. März war Ostern. Lisa Remppis kam, und für zwei Tage fuhren die beiden Freundinnen mit dem Rad bei warmem Frühlingswetter bis nach Zwiefalten. In Obermarchtal wanderten sie im Dunkeln an der Donau entlang; aßen fürstlich in der ländlichen Schlosswirtschaft, – »2 Spiegeleier je, Wurst und Butter, alles ohne Marken und um wenig Geld« – und tranken »vor dem Bettgehen noch einen Glühwein, die Stammgäste alle sahen uns schmunzelnd zu«. Am 2. April kehrte Lisa Remppis zurück nach Leonberg, und Sophie Scholl musste im Steuerbüro des Vaters, in dem ihre Schwester Inge inzwischen fest angestellt war, aushelfen. Im Frühjahr, wenn die Jahresabschlüsse anstanden, wurde über Wochen bis in die Nacht gearbeitet, und die Familie nahm Robert Scholls gereizte Stimmung hin wie die Jahreszeiten.

Am 8. April 1940 begann ein neuer Lebensabschnitt für Sophie Scholl. Sie fuhr erstmals mit dem Fahrrad nach Ulm-Söflingen zum Evangelischen Fröbel-Seminar, um ihre einjährige Ausbildung zur Kindergärtnerin anzutreten. Am Tag darauf hofft sie inständig auf einen Brief von Fritz Hartnagel: »Ich freue mich immer so sehr darauf … Gelt, Du schreibst mir bald wieder … ich hab so ein Bedürfnis danach.« Gegen Ende ihres Briefes heißt es: »Hat's bei Euch schon Blumen? Morgen will ich mir ein Primelsträußchen verehren lassen. Primeln wachsen so viel im Söflinger Pfarrgarten.« Fritz Hartnagel wusste, wer sich im Pfarrhaus und Pfarrgarten von Söflingen bestens auskannte; der »Verehrer« war inzwischen ein häufiger Gast in der Wohnung der Scholls am Münsterplatz. Sein Einfluss auf Sophie Scholl und ihre Geschwister kann gar nicht überschätzt werden.

## NEUE BEZIEHUNGEN FÜRS LEBEN

*Von Otl Aicher, Ernst Reden und der Lebenskraft der Bücher*

Am 29. Oktober 1939 schilderte Sophie Scholl in ihrem Brief an Fritz Hartnagel, was am Sonntag zu Hause los war. Zuerst wurden Schubert-Lieder gesungen, und später »haben wir zusammen aus den Dramen Henry von Heiselers gelesen, Erika und Ottl Aicher waren dabei. Ich bin froh, dass Werner mit Ottl mehr verkehrt als mit den übrigen Tanzstundenherren seiner Klasse. Ottl ist Werner ziemlich überlegen, außerordentlich eigenartig und schweigsam (eine sympathische Eigenschaft). Er kommt oft zu uns.« Otto Aicher, der sich Otl nennt, schreibt in seiner Autobiografie »innenleben«: »ein jahr bevor der krieg begann, kam ich zum ersten mal in die wohnung der scholls, im vierten stock eines jugendstil-geschäftshauses am münsterplatz. Es war ein verregneter sonntagnachmittag, und man las ein theaterstück von henry heiseler ...«

Keine Frage, dass auch Otl Aichers Bericht über seinen ersten Besuch bei den Scholls – wie die Erwähnung bei Sophie Scholl – in den Herbst 1939 verweist. Die eindrucksvolle Wohnung am Münsterplatz ist ein festes Erinnerungsindiz, die Zeitangabe – ein Jahr vor dem Krieg, also 1938 – dagegen ein Irrtum, denn der Umzug der Scholl-Familie von der Olgastraße zum Münsterplatz fand erst im Juni 1939 statt. Die spätere Datierung kennzeichnet den langsamen Annäherungsprozess, der zu einem ungewöhnlichen – im Rückblick darf man wohl sagen historischen – Freundschaftsbund führte. Otl Aicher und Werner Scholl gingen in die gleiche Klasse der Oberrealschule und hatten sich Anfang 1937 angefreundet. Das war möglich, weil Werner Scholl im Gegensatz zu Inge, Hans, Liesl und Sophie Scholl zwangsweise in die Hitler-Jugend eingetreten war und sich dort in keiner Weise engagierte. Denn für alle, die sich mit den Nationalsozialisten einließen, gar Ämter bezogen und so die braune Herrschaft stützten, hatte Otl Aicher nur Hass übrig. Als Inge und Werner Scholl im November und Hans Scholl im Dezember 1937 verhaftet wurden, war das ein Pluspunkt in den Augen von Otl Aicher. Aber bevor er überzeugt war, dass die älteren Scholl-Kinder dem braunen Götzen abgeschworen hatten, musste Zeit vergehen.

Mehrere Faktoren waren zusammengekommen, die ihn immun machten gegen die nationalsozialistische Ideologie. Otl Aicher stilisierte sich in seiner 1985 erschienenen Autobiografie zum »Einzelgänger«: »ich ging immer mit mir zusammen. wir waren immer zu zweit. ... das sprechen mit sich selbst überbrückt nicht nur das alleinsein. ich glaube, besser als das denken hilft es, wahrheiten zu finden, glaubwürdige übereinstimmungen.« Tatsächlich war Otl Aicher bei dieser Suche nicht allein, und hat er sein immenses Wissen und seine Widerstandskraft aus der Verbindung mit anderen Menschen geschöpft.

Da war zuerst die Familie, in die er am 22. Mai 1922 in Ulm-Söflingen hineingeboren wurde, und damit zugleich in ein stabiles katholisches Milieu. Weder die Eltern noch die ältere Schwester oder der jüngere Bruder wurden je Mitglied in einer NS-Organisation. Der Vater, ein Facharbeiter, der sich mit eisernem Willen und Abendschul-Ausbildung 1932 als Heizungsbauer selbständig machte, war überzeugt, dass Hitler Krieg bedeutete. Söflingen, 1905 nach Ulm eingemeindet, war bis zum Beginn des 20. Jahrhunderts rein katholisch, über Jahrhunderte geprägt vom wohlhabenden Klarissenkloster, dessen Äbtissin bis zur Säkularisation 1803 eine machtvolle Herrschaft über rund 4000 Menschen im Ort und in der Umgebung ausübte und Sitz und Stimme im Reichstag hatte. Noch heute dominiert in Söflingen die ummauerte Klosteranlage mit pittoresken Gärten und Häuschen und der barocken Klosterkirche nebst Pfarrhaus und Pfarrgarten. Immer noch klappert die Klostermühle am Blaukanal.

Als nach und nach Evangelische zuzogen, schloss sich das katholische Milieu noch enger zusammen. Das Katholisch-Sein prägte – im Gegensatz zur protestantischen Konfession – den Alltag, die Sonntage und das Lebensgefühl insgesamt. Otl Aicher ist darin aufgewachsen und sozialisiert worden: Gebete bei Tisch, der Gang zur Messe an allen Sonn- und Feiertagen, Mai-Andacht, Prozessionen, Messdienergruppen, Jugendgruppen und am Wahltag die Stimme für die katholische Zentrumspartei. Hinter allem stand die Überzeugung, einer Kirche anzugehören, die im Besitz der Wahrheit und weltweit war. Katholiken wollten gute Staatsbürger sein, aber einem wie Hitler, der Macht über den ganzen Menschen forderte, standen sie misstrauisch gegenüber. Wo das katholische Milieu intakt war, bekam die NSDAP bei den letzten freien Wahl 1932 und 1933 weniger Stimmen als in protestantischen Regionen.

Manchmal kam der Pfarrer bei den Aichers vorbei. Franz Weiß war 1932 mit vierzig Jahren Stadtpfarrer von Söflingen geworden. Vier Jahre hatte er als Freiwilliger im Ersten Weltkrieg an der Front gekämpft, mit dem Eisernen Kreuz 1. Klasse ausgezeichnet. Als Patriot und Katholik sah er in den Nationalsozialisten die Verderber von Staat und Religion, die es offen zu bekämpfen galt. Für den Ulmer NSDAP-Kreisleiter Eugen Maier wurde Pfarrer Weiß, der bei der Heldengedenkfeier den Hitler-Gruß verweigerte, zum »schärfsten Widersacher«, den er durch Hausdurchsuchungen und Provokationen zu zermürben suchte. 1936 entzog das Württembergische Kultusministerium dem unbequemen Geistlichen wegen Kritik an der Rassenpolitik die Erlaubnis zum Religionsunterricht.

Im Frühjahr 1937 versuchte Pfarrer Weiß ein Priester-Netzwerk ehemaliger Frontkämpfer gegen den Nationalsozialismus aufzubauen. Auf eine getarnte Versammlung in Paderborn nahm er den vierzehnjährigen Otl Aicher im Auto mit. Die Priester dort begrüßten den Aufruf zum Widerstand mit starkem Beifall. Auch wenn die Kirche ihre anfängliche Zustimmung zu dieser Aktion wieder zurückzog, blieb der Beifall von Paderborn Otl Aicher ins Gedächtnis gebrannt: »mitten in der braunen flut standen wir auf einem felsen. dieses erlebnis erwies sich als unsinkbares floß. ich konnte, wenn es kritisch wurde, immer wieder darauf zurückspringen.« Für den jungen Aicher wurde Pfarrer Weiß zum Vorbild. (Am Pfarrhaus befindet sich ein steinernes Porträt-Relief, das Otl Aicher Jahrzehnte nach dem Krieg entworfen hat, dem »mutigen Prediger und aufrechten Kämpfer gegen die Diktatur des Dritten Reichs und die Unterdrückung der Religion«.)

In der Söflinger katholischen Volksschule freundete sich Otl Aicher mit Fridolin – Frido – Kotz an; in der Pubertät kam als Dritter im Bund Willi – Grogo – Habermann hinzu, ebenfalls gut katholisch. Es gab nichts, was die Drei nicht gemeinsam erlebten: Skifahrten bei Nacht, Klettern auf höchste Bäume, Wanderungen durch dichte Wälder, Trampen, Experimente, wie lange man im Winter extreme Kälte, im Sommer extreme Hitze aushalten konnte, oder Meditationen über ein grasendes Pferd. Otl Aicher war der Ideengeber, der Motivator. »Mit Otl ist man immer bis zum Äußersten gegangen«, so das Fazit von Willi Habermann. Als Otl Aicher ab Herbst 1939 bei Familie Scholl am Münsterplatz nach und nach Fuß fasste, führte die Freundschaft zu den Scholl-Geschwistern selbstverständlich die beiden alten Freunde mit in den Bund hinein.

Otl Aicher brauchte Menschen, die sich von ihm zu Höchstleistungen antreiben ließen, denen er sein Wissen demonstrieren und die er von seiner Sicht der Welt überzeugen konnte. Er las die vielen Bücher, die er bei Pfarrer Weiß im Pfarrhaus entdeckte, nicht nur für sich selbst – so beeindruckend es war, dass ein Junge in der Pubertät Thomas von Aquin und Augustinus, die Kirchenväter und Nietzsche, Plato und Aristoteles verschlang wie andere seines Alters die Bände von Karl May. Immer auf dem Weg und zugleich überzeugt, die Wahrheit im Gepäck zu haben, fühlte sich

Otl Aicher, noch keine zwanzig Jahre alt, gedrängt, diese Wahrheit anderen mitzuteilen. Je finsterer die Zeiten wurden, desto mehr wuchs daraus eine Aufgabe, die missionarischen Eifer nicht ausschloss.

Ende Februar 1939, während eines Erholungsurlaubs, wurde Pfarrer Franz Weiß aus Württemberg ausgewiesen. Am 6. April, Gründonnerstag, kehrte er dennoch ins Söflinger Pfarrhaus zurück, hielt eine Messe. Am nächsten Tag, dem Karfreitag, wartete nach der Predigt schon der Wagen der Gestapo vor dem Pfarrhaus. Drinnen war unter anderem Otl Aicher mit seinem Vater bereit, ihren Pfarrer mit Gewalt zu schützen. Draußen versuchte eine empörte Menge, das Auto an der Abfahrt zu hindern. Franz Weiß begab sich schließlich freiwillig in die Hände der Gestapo, wurde inhaftiert, am 20. Juni 1939 in Ulm von einem Sondergericht wegen »Heimtücke und Kanzelmissbrauch« zu einem Jahr Freiheitsstrafe verurteilt und sofort ins Ulmer Gefängnis eingewiesen.

Wovon Otl Aicher schon lange überzeugt war, wurde ihm mit diesen Erfahrungen noch einmal zur erlebten Gewissheit: Mit denen, die die Macht hatten in Deutschland, konnte er keine Kompromisse eingehen. Er würde sich weiterhin weigern, in die HJ einzutreten; er würde weiterhin kein Konzert besuchen, das die Nationalsozialistische Kulturgemeinde organisiert hatte, so gut es auch sein mochte. Für Otl Aicher ging es ums Überleben inmitten der braunen Flut. Ein Überleben, das jedoch ohne Freundschaften scheitern würde: »der freund ist der einzige, der einen versteht und trägt, wenn die ganze welt sich von einem abgewendet hat. ... um uns nicht aufzugeben, bestehen zu können, dazu brauchten wir freunde und freundinnen.« In diesen jungen Jahren verfestigte sich bei Otl Aicher ein »bild der freundschaft, das weit über dem der liebe stand«.

Ein weiterer Freund, der Otl Aicher besonders verbunden war, hatte sich im Monat vor dem Kriegsausbruch nach Rom aufgemacht, um an der päpstlichen Universität weiter zu studieren. Der sechsundzwanzigjährige Bruno Wüstenberg war im April 1938 als junger Kaplan aus dem Rheinland in die katholischen Pfarreien Ulm-Söflingen und Ulm-Wiblingen gekommen. Mit Otl Aicher, damals sechzehn Jahre alt, teilte er bald seine Freizeit. Der Ältere versorgte den wissbegierigen Jüngeren mit Büchern und Lektüre-Empfehlungen. Sie feierten gemeinsam Weihnachten und fuhren zusammen ins Gebirge. Sie diskutierten oder schwiegen zusammen beim Schein der Kerze, und es gab eine Nacht, »als in einer Kerze zwei Flammen brannten«.

So steht es in einem Brief, den Bruno Wüstenberg im September 1939 an Otl Aicher schreibt und aus dem eine tiefe Sehnsucht spricht. Der Ältere hebt ihre Männer-Freundschaft in religiöse Dimensionen, um sie fest zu verankern: »Ich werde Dich nie fesseln, da der Freund nicht zwingt wie Erde und Ehe – und doch verbindet, tiefer, viel tiefer. Und immer dann, wenn ich ganz eins bin, ganz einsam wie Christus, ... dann, Du, bin ich zugleich Dir am nächsten.« Ein weiterer Brief Wüstenbergs aus dem Herbst 1939: »Ich liebe Dich. ... Ich liebe Dich nicht wie irgendwen. Und doch gibt es keine Liebe ohne Gefühl. ... Warum quälst Du dich so mit Qualen? Warum machst Du mich so voll Angst? Warum bist Du nicht ganz einfach im Leben? ... Ich liebe Dich. Und ich möchte es über diese ewige Stadt rufen, hier oben von meinem hohen Fenster in den Norden. Dass Du es doch hörst, denn es gibt nichts größeres als die Liebe. Auch wenn Du sie für schlecht erklärst. ... Du solltest nicht immer in letzten Urteilen reden. Du solltest bescheidener sein und auch mehr Ehrfurcht haben vor allen Dingen und besonders den Menschen.« Wenn er Otl Aichers »Kampf gegen das Gefühl« tadelt, trifft sich Bruno Wüstenberg mit Willi Habermanns Erinnerung an den Freund: »Eigenartig sein Verhältnis zu Gefühlen. Voller Gefühl war er gegen die ›Gefühlsmenschen‹.« Das Denken ging Otl Aicher, dem gläubigen Christen, über alles; nur über das Denken konnte es für ihn den Weg zum wahren Glauben geben.

In seiner Autobiografie hat Otl Aicher der Erinnerung an Bruno Wüstenberg keinen Raum gegeben; ausgelöscht, was ihm einst kostbar gewesen sein muss. Auch die engen Freunde Fridolin Kotz und Willi Habermann werden nur mit wenigen Worten bedacht, die ältere Schwester und der jüngere Bruder gar nicht erwähnt. Sie alle passen nicht in den Mythos vom »Einzelgänger«. Tatsächlich ging der Briefwechsel mit Bruno Wüstenberg in den Kriegsjahren weiter, Otl Aicher erzählte dem fernen Freund von seinem Leben. (Bruno Wüstenberg blieb in Rom, arbeitete bis 1966 im Staatssekretariat des Vatikans. Im gleichen Jahr in Köln zum Bischof geweiht, ging er als päpstlicher Nuntius nach Japan, an die Elfenbeinküste, in die Niederlande und starb 1984.)

Wertvoll sind die Briefe Wüstenbergs auch, weil sie das einzige authentische Zeugnis eines Menschen sind, der Otl Aicher in der Gegenwart des Herbstes 1939 schildert, Eigenschaften und Überzeugungen nennt, die für Aicher typisch sind. Bruno Wüstenberg empfindet eine tiefe Zuneigung, ohne sich den kritischen Blick verstellen zu lassen. In diesen Wochen, als der Weggang von Bruno Wüstenberg eine große leere Stelle in seinem Leben hinterlässt und der Krieg ihm schwere Zeiten ankündigt, betritt Otl Aicher erstmals die Wohnung der Scholls am Münsterplatz. Nicht mit großem Hallo, sondern als schweigsamer Gast, »außerordentlich eigenartig und überlegen«, wie Sophie Scholl ihn Ende Oktober 1939 in ihrem Brief an Fritz Hartnagel beschreibt. Ein Prozess der Annäherung beginnt, der auf grundlegende Gemeinsamkeiten aufbauen kann.

Härte. Eigenartig und überlegen, so hätten nicht wenige in den zurückliegenden Jahren Hans, Sophie und Inge Scholl charakterisiert, wenn sie als Führerinnen und Führer ihrer Jungvolk- und Jungmädeltrupps durch Ulm marschierten. Sophie und Hans Scholl trainierten, bis ans Äußerste zu gehen, und trieben ihre Jungen und Mädchen an, Härte zu zeigen gegen sich und andere – nur unter anderen Vorzeichen als Otl Aicher. Robert und Lina Scholl, die Eltern, waren strikte Gegner der Hitlerschen Weltanschauung, wie die Aichers, und Lina Scholl fest in ihrem protestantischen Glauben begründet. Aber außerhalb des Elternhauses gab es kein »protestantisches Milieu«, das den Geschwistern Scholl Argumente gegen den Nationalsozialismus geliefert hätte, im Gegenteil. Die Konfirmanden Hans und Inge Scholl hatten in Stadtpfarrer Oehler eine überzeugende Autorität, die 1933 die neue Zeit begrüßt. In den folgenden Jahren verkündet die evangelische Kirche in Ulm die Zustimmung zu Hitler und seiner Politik laut und hörbar. Einen Pfarrer Weiß gibt es unter den Ulmer Protestanten nicht. Für die Geschwister Scholl bieten die nationalsozialistischen Jugendorganisationen attraktive und überzeugende Orte, Gemeinschaft zu erleben, ihre Ideale praktisch umzusetzen und ihre Fähigkeiten als Führerinnen zu erproben.

Freundschaft. Eine äußere und innere Gemeinschaft, wie sie Otl Aicher mit seinen beiden Freunden verband, hielt auch die Geschwister Scholl zusammen. Und wie Otl der Anführer war, gab es auch bei den Scholls Hierarchien. Im August 1938 schrieb Lina Scholl ihrer ältesten Tochter Inge einen Brief mit »herzlichsten Glück- und Segenswünschen« zum einundzwanzigsten Geburtstag: »Möge im neuen Lebensjahr Gott Dich führen und Deinen Weg mit Blumen der Freude und des wahren Glücks streuen, mögest Du von ihm alles erbitten, was Dir not tut, um als Älteste der Geschwister immer besser das zu werden, was Du jetzt schon bist und das Dich gewiss recht glücklich macht.« Die Älteste und damit Vorbild zu sein, bedeutete Verpflichtung, aus der das wahre Glücklichsein erwuchs. Inge Scholl war penibel, ordentlich und verlässlich, ob es darum ging, die Küche zu putzen – Sophie war meist schneller fertig – oder Wanderungen und Skiferien zu organisieren.

Als die Geschwister nach und nach das Haus verließen, wurde Inge Scholl nicht müde, zu allen mit Briefen, Karten und Päckchen Verbindung zu halten, damit sich das Band, das sie als Geschwisterkreis und Familie umschloss, nicht lockerte. »Vater lässt Dich grüßen und die andern alle –

dieser kleine, treue Gartenzaun Deiner Familie um dich, mein Bruder«, endet am 21. Mai 1940 ihre Kunst-Postkarte mit einem Stilleben von Paula Modersohn-Becker an Hans Scholl. Wenige Tage zuvor musste er als Soldat in den Krieg gegen Frankreich ziehen. Sie war auch die Einzige für lange Zeit, die im Oktober 1939 Hans Scholl, der seit dem Frühjahr Medizin studierte, in München über ein langes Wochenende besuchte. Wer Verantwortung trug, besaß auch Privilegien.

Ein Jahr zuvor, im Oktober 1938, macht sich Inge Scholl nach einem halben Jahr Haushaltsarbeit in Norddeutschland auf die Rückreise nach Ulm. Sie unterbricht die Fahrt in Köln, wo inzwischen Ernst Reden wieder bei seinen Eltern lebt – Hans Scholls Freund, der 1935 als Rekrut nach Ulm kam und bei den Scholls als anregender, kunstsinniger Gast viele Stunden verbrachte. Eine Korrespondenz entsteht. Ernst Reden, Jahrgang 1914, schickt einen eigenen Gedichtband »Vom jungen Leben« an Inge Scholl »in tiefster Verehrung und Dankbarkeit«. Es entwickelt sich, was Inge Scholl später »eine sehr innige Beziehung« nennt. Aus einem Brief von Ernst Reden vom Februar 1939: »Der Einklang von Verstand, Seele und Körper ergibt erst den wahren Menschen. ... Und dabei habe ich solche Sehnsucht nach Dir: nach Deiner Stimme, nach Deinen Händen und nach Dir ganz, du liebe gute Inge.«

Ebenso wie die jüngere Schwester Sophie mit dem Kriegsausbruch am 1. September um Fritz Hartnagel bangt, erfasst Inge Scholl die Angst um den Freund, die sie am 2. September dem Tagebuch anvertraut: »Ich weiß nicht, wo Ernst sich jetzt befindet ... Es gibt keine Minute, in der ich nicht an ihn denke ... Es ist nun Krieg. Man muss sich langsam an diesen Begriff gewöhnen. Man muss möglichst nüchtern sein. Träume können zu einem grausamen Erwachen führen. Und doch – was wären wir ohne Träume?« Im Vergleich zu Sophie Scholl sieht Inge Scholl die Welt weniger analytisch, haben ihre Gefühle im Widerstreit mit der Vernunft meist die Oberhand. Weitere Tagebuch-Bruchstücke vom 6. September 1939: »Ernst – Heidelberg, halber Tag Köln – Briefe-Briefe – kenne Deine Gedichte wie kein zweiter, dieses Dichfassenwollen.« Der Krieg zerstückelt die Leben, die Gefühle, die Sprache. Was verheißungsvoll begann, hat plötzlich eine ungewisse Zukunft. Es ist eine Erfahrung, die Inge und Sophie Scholl jenseits der geschwisterlichen Gemeinsamkeit verbindet. Ernst Reden, über die Beziehung zu Inge Scholl wieder zurück im Kreis der Scholl-Geschwister, wird auch zum Aicher-Scholl-Bund gehören. Nicht zuletzt, weil Otl Aicher ihn zum innigen Freund erwählt.

Bücher. So kompliziert die Beziehung zwischen Sophie Scholl und Fritz

Hartnagel im Winter 1939/40 wurde, Sophie vergaß darüber nicht, Fritz immer aufs Neue zum Lesen anzuhalten und ihn mit Lesestoff zu versorgen. Im November 1939 waren es Gedichte von Eduard Mörike, keine leichte Lektüre: »Aber es ist vielleicht gut, wenn man sich ab und zu die Geduld nimmt, etwas anderes zu lesen … Man muss sich dann zusammennehmen und in eine ganz andere Welt steigen, die einen wahrscheinlich gar nicht interessiert. Ich glaube, man geht nachher doch etwas anders weg davon.« Fritz Hartnagel ist ein dankbarer und sensibler Empfänger der geistigen Kost. Rilke und Manfred Hausmann hat er schon im Gepäck und liest immer wieder darin. Inge Scholl schickt ihm Hesse-Gedichte, Lina Scholl einen Band von Ernst Wiechert. Wenn Sophie Scholl wieder Geld hat, möchte sie ihm »Führung und Geleit« von Hans Carossa kaufen – »wenn Du nur ein bisschen Zeit hast, liest Du es gerne«. Zum vierundzwanzigsten Geburtstag schenkt sie Fritz Hartnagel im Januar 1940 ein Buch, das sie selbst als klärend und erfrischend empfunden hat – den Bestseller »Vorsommer« von Karl Benno von Mechow, erschienen 1933: »Er ist so gründlich und klar durchgeführt. Er ist so beherrscht und sauber.« Klarheit und Beherrschung – das sind die Werte, nach denen Sophie Scholl ihr Leben ausrichtet.

Literatur hat die Kraft, Menschen zu verwandeln und in bedrängten Zeiten zu stärken, davon waren die Scholl-Geschwister überzeugt. Im Juli 1940 schreibt Inge Scholl ihrem Bruder Hans, es sei eine »gewisse Beruhigung und Genugtuung«, dass »Menschen wie Carossa, Jünger und Mechow lebendigen Leibes neben uns stehen«. Die Mehrzahl der zeitgenössischen Schriftsteller, die bei den Geschwistern Scholl hoch im Kurs standen, hatten sich entschieden, im nationalsozialistischen Deutschland zu bleiben und dort zu publizieren. Im Gegensatz zu vielen ihrer Kollegen, die freiwillig oder um der Verfolgung zu entgehen, das Exil gewählt hatten.

Nur wenige Monate nach Kriegsende schreibt Thomas Mann in seinem Exil in Kalifornien in einem Aufsatz, der erklären soll, warum er nicht nach Deutschland zurückkehren würde: »Es mag ein Aberglaube sein, aber in meinen Augen sind Bücher, die von 1933 bis 1945 in Deutschland überhaupt gedruckt werden konnten, weniger als wertlos und nicht gut in die Hand zu nehmen. Ein Geruch von Blut und Schande haftet ihnen an. Sie sollten alle eingestampft werden.« Damit wurde eine erbitterte Auseinandersetzung ausgelöst, die bis heute die Geister trennt. Das ist eine eigene Geschichte. Hans Carossa, Reinhold Schneider, Ricarda Huch, Theodor Haecker, Werner Bergengruen und weitere Schriftsteller, die Thomas Manns Verdikt trifft, wurden mit ihren Büchern von den Scholls sehr bewusst gewählt. Für die Geschichte der Geschwister Scholl gilt festzuhalten, dass sie jene

Schriftsteller, die nach 1945 mit dem negativen Etikett der »Inneren Emigration« belegt wurden, keineswegs mit »Blut und Schande« in Verbindung brachten, sondern als Kraftquelle schätzten.

Dabei ging ihre Liebe zur Literatur und zur Sprache – ihre Lust am Briefeschreiben hängt auch damit zusammen – über nationale Grenzen hinaus. In der Oberstufe sagte Sophie Scholl einer Mitschülerin: »Du musst die russischen Schriftsteller lesen, Tolstoi, Dostojewski, Gogol …« Dass die Geschwister auch außerhalb der Schule eifrig Französisch lernten, hatte mit ihrer Begeisterung für französische Literatur zu tun – für Romane ebenso wie Gedichte. Charles Baudelaire und Paul Verlaine zählten zu Sophie Scholls Favoriten. Auch die deutschen Klassiker waren für sie keine Museumsstücke, ob Hölderlin, Schiller oder Goethe. Man lieh sich gegenseitig die Bücher; aber jedes der Geschwister baute sich zugleich eine eigene Bibliothek auf.

Auch in Otl Aichers Zimmer in der Söflinger Glockengasse 10 stand eine eigene Bibliothek. Die Liebe zu Büchern, die Begeisterung fürs Lesen war ein starkes Band zwischen ihm und den Scholls; aber darin steckte auch eine Menge Konfliktstoff. Das theologische, philosophische und historische Wissen, das der junge Otl Aicher sich angelesen und präsent hatte, war enorm und imponierend. Dagegen verzichtete Aicher bewusst auf Romane und betrachtete literarische Meisterwerke mit größtem Misstrauen. »Inge hat mir neulich gesagt, dass sie viel Rilke liest«, schreibt er Ernst Reden im November 1940, »kannst Du erahnen, wie weh mir das tut – weil sie ihn teilnehmend liest. Man muss über Rilke stehen, um ihn lesen zu dürfen«. Er warte auf den Augenblick, um Inge Scholl das zu sagen – »könntest nicht auch Du ihr einmal zureden?« Schöngeistige Literatur ist für Otl Aicher eine gefährliche Ware. Sie darf nur von Menschen gelesen werden, die sich von ihr nicht berühren, nicht ergreifen lassen – weil sonst das Menschsein gefährdet wäre. Das ist das Gegenteil dessen, was die Scholl-Geschwister unter Literatur verstanden.

Radikal, wie Otl Aicher dachte, galt sein Negativ-Urteil nicht nur den Büchern, sondern der Kunst überhaupt. Dagegen hatte die Welt der Bücher wie die Kunst insgesamt im Leben der Scholl-Geschwister eine zentrale Bedeutung. Nicht mehr Bach auf dem Klavier spielen, keine Konzerte mehr hören, nicht mehr Menschen auf dem Papier in einer Zeichnung fassen, sich nicht mehr an Kunstpostkarten von Paula Modersohn-Becker, von Albrecht Dürer oder Franz Marc erfreuen? Keine Schubert-Lieder mehr einstudieren und mit ihnen den Abend beschließen? Undenkbar für Sophie Scholl, und alle Geschwister hätten ihr zugestimmt.

Kunst war ohne Schönheit nicht zu denken, und die hatte bei den Scholls sichtbar auch im Alltag ihren Platz. Ein eleganter moderner Stuhl, ein festlich gedeckter Tisch, der schöne Blüthner-Flügel – wie sehr das für sie zur Lebensqualität gehört, gesteht Sophie Scholl acht Wochen nach Kriegsbeginn am 29. Oktober 1939 Fritz Hartnagel: »Ich freue mich immer sehr an unsrer schönen Wohnung, und merke jetzt erst, welch ein Verlust es ist, wenn man hier sich einschränken muss. Dies klingt sehr oberflächlich, aber es spielt bei mir eine große Rolle.« Für Otl Aicher ging es nie um Schönheit, immer nur um Wahrheit – im christlich-katholischen Sinn.

Im Rückblick ist es eine amüsante Ironie des Schicksals, dass er bei seinen ersten Besuchen im Herbst 1939 gebeten wurde, in verteilten Rollen mit den Scholl-Geschwistern ein Stück von Henry von Heiseler zu lesen. Ernst Reden hatte Heiseler empfohlen, ein Schriftsteller aus dem Kreis um Stefan George – für Otl Aicher einer von den Dichtern, die nicht auf Wahrheit, sondern auf Schönheit aus waren. Damals übernahm Otl Aicher brav eine Vorleser-Rolle und ist wiedergekommen. Aus der kleinbürgerlichen Enge seines Elternhauses – so jedenfalls fühlte er sich in Söflingen – zog es ihn in die die großzügige, offene Bürgerlichkeit hoch über dem Münsterplatz und zu den Menschen, die dort zu Hause waren.

Otl Aicher ist kein Durchschnitt, das passt zu den Scholls. Doch zum scharfen Profil des Siebzehnjährigen gehört, dass er dezidiert katholisch ist. Zwar beruft Otl Aicher sich auf die Bibel und auf einen Jesus, der den Armen und den kleinen Leuten predigte. Von der Amtskirche hält Aicher gar nichts; sie hat den Test der Zeit nicht bestanden. Das Christentum muss anfangen, von unten nach oben zu denken und nicht, wie bisher, von oben nach unten. Trotzdem: Otl Aichers Glaube, daraus macht er kein Hehl, ruht unerschütterlich auf den Säulen des Katholizismus – den Kirchenvätern Augustinus und Thomas von Aquin. Er bewundert und liest Theologen wie Kardinal Newman, ursprünglich Pfarrer der anglikanischen Kirche in England, der 1845 zum Katholizismus konvertierte und in höchste Kirchenämter aufstieg. Allein auf die Gnade Gottes zu setzen, wie Otl Aicher den Reformator Martin Luther versteht, macht in seinen Augen die protestantische Kirche unfähig, dem Bösen entgegenzutreten, und das habe sie für den Nationalsozialismus anfällig gemacht. Für Otl Aicher ist die katholischen Kirche die Mutterkirche; sie allein – die Una Sancta – hütet die Schätze, die selig machen.

Den protestantischen Scholl-Geschwistern sind solche Gedanken im Frühjahr 1940 fremd. Ihre Mutter hat sie im protestantischen Glauben erzogen, der für die ehemalige Diakonisse Lina Scholl feste Strukturen und Überzeugungen hat und eine lebendige Tradition der Frömmigkeit, die nicht nur die Sonntage, sondern auch ihren Alltag prägt. Auf Gott vertrauen, heißt für sie keineswegs, sich dem braunen Zeitgeist anzupassen, und zu Luthers Theologie vom gnädigen Gott gehört die Freiheit eines Christenmenschen unabdingbar dazu. Bei aller gegenseitigen Sympathie, die neuen Freunde mussten sich erst einmal abtasten, ob sie wirklich auf festem gemeinsamen Grund standen.

Das Vertrauen der Scholl-Geschwister in die schöne Literatur, die Kunst generell, konnte Otl Aicher nicht teilen. Auch musste er ganz sicher sein, dass die Abkehr derer, die wenige Jahre zuvor noch stolz die braune Uniform trugen, vom Nationalsozialismus wirklich radikal war. Umgekehrt hat Otl Aicher in der freundschaftlichen Runde anfangs durchaus eine gewisse Distanz gespürt. Im Dezember 1941 schreibt er darüber an den katholischen Publizisten Carl Muth, der Otl Aicher seit dem Frühjahr als väterlicher Freund verbunden ist. Freundschaftlich sind die Beziehungen des alten Herrn in München inzwischen auch zu Hans und Inge Scholl, und aus Ulm schickt Lina Scholl dem diabetes-kranken Muth nahrhafte Lebensmittel, die in Kriegszeiten rar geworden sind.

Aus Aichers offenherzigem Brief über seine Beziehung zu den Scholl-Geschwistern sei vorläufig nur eine Information zitiert, weil sie blitzartig seine Besuche am Ulmer Münsterplatz in den ersten Wochen und Monaten der Bekanntschaft erhellt. »Ich habe lange um diese Leute gerungen«, schreibt er an Carl Muth, »und zwar anfänglich fast gegen einen Widerwillen und Inge hat mir erst neulich zugestanden, sie vermutete früher hinter meinem Kommen immer den Versuch, sie zur Konversion zu treiben.« Konversion, das würde in diesem Fall den Übertritt der Protestantin Inge Scholl zur katholischen Kirche bedeuten.

## WIDERSTEHEN – NICHT FEIGE SEIN

*April bis August 1940*

Im Himmel war's arg schön, hatte Sophie Scholl nach dem zweiten Ski-Urlaub innerhalb von drei Wochen Fritz Hartnagel in ihrem Brief vom 25. März 1940 zugerufen und drei Wimpern beigelegt. Am 8. April begann im Evangelischen Fröbel-Seminar in Ulm-Söflingen der Alltag. Sophie Scholl hoffte, durch die Kindergärtnerinnen-Ausbildung dem Reichsarbeitsdienst zu entgehen und ab Frühjahr 1941 studieren zu können. Von nun an begann der Morgen mit der Radtour nach Söflingen, und die Tage waren vollgepackt mit Arbeit, einer Mischung aus theoretischem Unterricht und praktischem Training im seminareigenen Kindergarten. Abiturientinnen konnten das Zwei-Jahres-Pensum in der halben Zeit absolvieren.

Emma Kretschmer, die vierzigjährige Leiterin des Fröbel-Seminars war eine interessante Persönlichkeit. In einem schwäbischen Pfarrhaus aufgewachsen, erlernte sie den Beruf der Kindergärtnerin nicht über die traditionelle Diakonissenausbildung, sondern ging auf ein staatliches Seminar. Ab 1924 leitete sie ein Heim für Fürsorgekinder im Vorschulalter. Als 1927 das Evangelische Fröbel-Seminar in Ulm-Söflingen zur Ausbildung staatlich anerkannter Kindergärtnerinnen eröffnet wurde, kam Emma Kretschmer als Lehrerin und baute den Übungs-Kindergarten für die Seminarteilnehmerinnen auf. 1937 übernahm sie die Leitung des Seminars.

Über ihre pädagogischen Fähigkeiten schreibt Susanne Hirzel, die zusammen mit ihrer Freundin Sophie das Seminar besuchte: »Ihr theoretischer Unterricht, zum Beispiel über Oberlin, Fröbel, Montessori, war hervorragend, besonders wichtig war Pestalozzi, dessen ›Stanser Brief‹ gründlich durchgearbeitet wurde.« Emma Kretschmer musste klug sein, um im nationalsozialistischen Staat, der schon bei den Kleinsten mit seiner Weltanschauung ansetzte, den angehenden Kindergärtnerinnen die Ideen eines Friedrich Fröbel, der italienischen Reformpädagogin Maria Montessori und anderen freien Geistern mit auf den Weg zu geben. Für Susanne Hirzel war es einsichtig, dass sie »völlig undurchsichtig« – im Sinne von unangreifbar – auftrat, denn von den braunen Machthabern wurde eine evangelische Ausbildungsstätte 1940 mit großem Misstrauen beobachtet. (1943 musste das Fröbel-Seminar schließen.)

*Im Fröbel-Seminar: links stehend Sophie Scholl*

Unter den vielen Notizen und Aufzeichnungen, die Sophie Scholl während ihrer Ausbildung machte, sind auf einem Blatt zwei Zitate vereint. Das erste stammt von dem evangelischen Theologen und Philosophen Albert Schweitzer, der als Arzt im afrikanischen Gabun ein Krankenhaus gründete und viele Jahre leitete: »Die Ethik fragt nicht, ob dieses oder jenes Leben als wertvoll erhalten oder gefördert werden soll. Das Leben als solches ist das geheimnisvoll wertvolle, dem ich in Gedanken und Tun Ehrfurcht zu erweisen habe.« Schweitzers ethische Grundsätze sind mit der Rassen-Ideologie und ihrer Einteilung in »lebenswertes« und »lebensunwertes« Leben – in den Augen der Nationalsozialisten geistig oder körperlich behinderte Menschen oder solche, die an Erbkrankheiten litten – unvereinbar, geradezu eine Provokation. Mit dem zweiten Zitat berief sich Emma Kretschmer auf einen Kronzeugen, der Schweitzers Gedanken, den sie offensichtlich ihren Schülerinnen ans Herz legen wollte, untermauerte und der über jede Kritik erhaben war: »Ich habe mich immer zu der Auffassung bekannt, dass es nichts Schöneres gibt, als der Anwalt derer zu sein, die sich selbst nicht gut verteidigen können – Adolf Hitler.« Wer würde da widersprechen?

Im Frühjahr 1942 überlegte Lisa Remppis, ob sie nach dem Abitur ins Fröbel-Seminar gehen solle, und bat Sophie Scholl um Rat. Der fällt positiv aus, und Sophie empfiehlt ihr, die Schwerpunkte auf Psychologie und Pädagogik zu legen. Vor allem Psychologie »rührt an die tiefsten Fragen«.

Ihr Urteil im Rückblick über das Jahr in Söflingen: »Es war eigentlich ein dauernder geistiger Streit unter uns, und so etwas ist ungeheuer belebend und fördernd. Allerdings waren wir auch nur wenige Schülerinnen und hatten zum Teil feine und kluge Lehrkräfte.« Sie selbst verhielt sich allerdings keineswegs immer klug und fein.

Eine Mitschülerin erinnert sich an Sophie Scholl: »Bei den ministeriell verordneten Anhörungen der Hitlerreden im Radio las sie stets irgendwelche politisch nicht gerade erwünschten Bücher. Fräulein Kretschmer, die beliebte und kluge Leiterin des Fröbel-Seminars, machte daraus kein großes Aufsehen. Sie forderte Sophie nur auf, die Bücher beiseite zu legen. Doch Sophie las meistens weiter, und Fräulein Kretschmer übersah dezent dieses Verhalten.« Sophie Scholls Provokation war leichtsinnig bis unverantwortlich, denn eigentlich hätte die Schulleiterin die verbotene Lektüre der Partei, Hitlers NSDAP, melden müssen. Manchmal, wird Sophie Scholl später schreiben, saß ihr ein kleines Teufelchen im Nacken, allen Vorsätzen, kühl und gleichmütig zu bleiben, zum Trotz.

Leichtsinnig war auch, worüber sie am 15. Mai ihren Bruder Hans informierte. Die Schilderung der Pfingsttage am Beginn des Briefes war harmlos: »Wir drei Schwestern wanderten zwei Tage lang auf der Geislinger Alb. Da brauch ich Dir nicht zu sagen, wie schön es war.« Am Briefende jedoch stand: »Vater verfolgt den Krieg jetzt durch ein neues Radio (Kurzwellen!).« Wäre dieser Brief der Zensur in die Finger gekommen, hätte das schlimme Folgen für Robert Scholl gehabt. Denn selbst ohne den Hinweis »Kurzwellen« war klar, dass er »feindliche« Sender hörte, was seit Kriegsausbruch verboten war. Wer informiert sein wollte, was wirklich in Deutschland und der Welt geschah, brauchte jetzt ein gutes Radio. Als Sophie Scholl am 9. April 1940 an Fritz Hartnagel schrieb, dass sie zu Hause »mit Unruhe auf eine Veränderung der Lage, Deiner Lage und der Lage aller Soldaten warten«, waren deutsche Soldaten am frühen Morgen in Dänemark einmarschiert und deutsche Kriegsschiffe und Flugzeuge auf dem Weg, Norwegen zu überfallen. Die Norweger wehrten sich erbittert, doch schließlich kamen beide Länder bis zum Kriegsende unter deutsche Besatzung.

Zu Sophie Scholls neunzehntem Geburtstag am 9. Mai kam ein Brief von Schwester Liesl: »My dear Sister Soffer! For your birthday the best wishes.« Und vor der Tür in Ulm stand überraschend Fritz Hartnagel mit einem Strauß Narzissen. Es war ein kurzes, hastiges Wiedersehen, am Abend schon saß er im Zug zurück zu seiner Einheit in Gelsenkirchen. Am nächsten Morgen, dem 10. Mai 1940, begann mit dem Überfall der deutschen Wehrmacht auf die Niederlande, Belgien und Luxemburg nach monatelangem »Sitzkrieg« die Offensive im Westen. Und die deutschen Soldaten marschierten ohne Pause weiter in Richtung Frankreich. Dass am 14. Mai Rotterdam von deutschen Bomben aus der Luft zerstört wurde und dabei 900 Menschen ihr Leben verloren, wer sprach noch davon, als der französische Staat innerhalb von sechs Wochen unter der deutschen Militärmaschine zusammenbrach. Am 14. Juni 1940 wurde Paris erobert, deutsche Soldaten paradierten im Stechschritt die Champs-Élysées herunter. Am 21. Juni kapitulierte Frankreich und unterzeichnete den Waffenstillstand. Das Land nördlich der Loire wurde deutsche Besatzungszone.

Der erste Brief von Fritz Hartnagel nach dem Ulmer Wiedersehen kam am 16. Mai aus den Niederlanden. Zwei weitere Briefe folgten aus Belgien, der vierte wurde am 27. Mai in Nordfrankreich geschrieben. Hans Scholl war mit seiner Einheit am 15. Mai an die Westfront verlegt worden. Am 22. Mai erfuhr Fritz Hartnagel von Sophie Scholl: »Hans schrieb schon 2 Mal, ganz fröhlich. Er ist Meldefahrer, sie werden jetzt in Frankreich sein. … Anscheinend kommt er glänzend mit der Bevölkerung aus (dies ist wichtig für Hans) und macht den Dolmetscher für die ganze Einheit.« Nun war der Krieg auch am Münsterplatz 33 in Ulm angekommen.

Zwischen April und Dezember 1940 schreiben sich Sophie Scholl und Fritz Hartnagel fast siebzig Briefe, und sie reden nicht vom Wetter. Es ist wieder Sophie Scholl, die Themen und Thesen setzt. Entwirrt man das Ineinander von Emotionen und Analysen, dann ziehen sich einige wenige Gedankenstränge durch alle ihre Briefe. Hartnäckig und eindrucksvoll bleibt Sophie Scholl bei ihren Forderungen und bei ihrer kritischen Sicht auf die Politik, auf den Partner und sich selbst. Der Krieg ist mit den Kämpfen in Frankreich und dem Einrücken geliebter Menschen fassbarer geworden als beim Überfall auf das ferne Polen und jetzt erst wirklich ins Zentrum gerückt. Die Politik füllt nun alles Denken aus, setzt sie ständig unter Druck, so dass sie ohne Freude und mit schlechtem Gewissen anderen Dingen nachgeht. Es sei nicht leicht, alle Gedanken an den Krieg zu verbannen, bekennt sie am 29. Mai. »Könnte einem nicht manchmal der Mut vergehen? Oft wünsche ich mir nichts als auf einer Robinson-Crusoe-Insel zu leben.«

Am 17. Juni – Paris wurde drei Tage zuvor von deutschen Truppen erobert – ist sie so von den politischen und militärischen Ereignissen ausgefüllt, dass ihr vor dem Schreiben wieder »unsäglich graust«. Doch sofort korrigiert sie sich: »Das ist aber nur eine Müdigkeit, Faulheit und Leere, die Gott sei Dank überwunden werden muss. Auch mir ist manchmal danach zu Mute, die Waffen zu strecken. Aber, allen Gewalten zum Trotz! Es geht ja im Leben immer auf und ab. Man muss nur warten können.« So lange

Sophie Scholl zurückdenken kann, war die Anspielung auf den Goethe-Vers »Allen Gewalten / Zum Trutz sich erhalten« ein Code-Wort ihrer Familie, wenn unüberwindbare Sorgen sich aufzutürmen schienen. »Feiger Gedanken / Bängliches Schwanken … macht dich nicht frei«, heißt es weiter bei Goethe, »Nimmer sich beugen, / Kräftig sich zeigen, / Rufet die Arme / Der Götter herbei«. Das Stichwort »Allen« genügte schon im Familienkreis, um einen der Scholls wieder aufzurichten.

Aber warum will Sophie Scholl sich nicht beugen? Was ist es wert, sich nicht anzupassen, kraftvoll auf eine andere Zukunft zu setzen? Die überwältigende Mehrheit der Menschen ringsherum erfüllt doch große Freude über den »Blitzkrieg«. Frankreich ist besiegt und damit die »Schande von Versailles«, das schmachvolle Ende des Ersten Weltkrieges ausgelöscht. Als Paris am 14. Juni 1940 erobert wurde, läuten die Glocken; die Schulen – auch das Fröbel-Seminar – geben schulfrei. Bei einer Siegesparade in Berlin werden die Soldaten – und ihr Führer Adolf Hitler, der »größte Feldherr aller Zeiten«, wie ihn die Wehrmacht nun nennt – umjubelt.

Am 30. Juni wird mit einem festlichen Gottesdienst im vollbesetzten Ulmer Münster das fünfzigjährige Jubiläum der Turm-Vollendung gefeiert. In seiner Predigt zieht der württembergische Landesbischof Theophil Wurm eine Verbindung zwischen Ulm und Straßburg, das – wie ganz Elsass-Lothringen – vor knapp zwei Monaten von deutschen Truppen überfallen und besetzt wurde: »Vom Ulmer Münster fliegen heute unsere Gedanken hinüber zum Straßburger Münster, wo am Jahrestag von Versailles der Führer weilte … Wer von uns Älteren hätte geglaubt, den Tag erleben zu können, an dem die Schmach von dazumal getilgt und das tausendfältig vergossene Blut unserer Brüder und Söhne doch noch als Same für die Zukunft sich erwies.« Im Sinne der nationalsozialistischen Propaganda, die vom »perfiden Albion« sprach, benannte der Bischof gegen Ende seiner Predigt England als den gefährlichsten und heimtückischsten Feind des Deutschen Reiches. Wer konnte bei so viel Patriotismus, von den Kirchen abgesegnet, noch beiseite stehen?

Im Dröhnen der Marschmusik, von Orgelklängen gestützt, gegen das Geschrei der Schlagzeilen, die berauschenden Meldungen von der Front und die heroischen Bilder in den Wochenschauen, gegen die Lobreden der geistlichen Führer – alles ist täglich erlebter Hintergrund –, stellt sich Sophie Scholl nicht nur abseits. Sie postuliert, so lange die Politik »so verworren und böse ist, ist es feige, sich von ihr abzuwenden«. Auch das hatte sie am 9. April geschrieben. Fast prophetische Worte, denn noch war in Frankreich kein Schuss gefallen. Aber wer sich von der Propaganda nicht blenden ließ, wusste, dass der deutsche Überfall auf Dänemark und Norwegen die Fortsetzung des blutigen Krieges bedeutete. Warum ist selbst Abseitsstehen nicht ausreichend?

Weil es zum einen um elementare Werte im menschlichen Zusammenleben geht – um Gut und Böse, um Recht und Unrecht. Die alles beherrschende nationalsozialistische Politik ist »böse«, das zu erkennen, braucht es für Sophie Scholl im Frühjahr 1940 keine Fachleute: »Wenn ich auch nicht viel von Politik verstehe, und auch nicht den Ehrgeiz habe, es zu tun, so habe ich doch ein bisschen ein Gefühl, was Recht und Unrecht ist, denn dies hat ja mit Politik und Nationalität nichts zu tun. Und ich könnte heulen, wie gemein die Menschen auch in der großen Politik sind, wie sie ihren Bruder verraten um eines Vorteils willen, vielleicht.«

Weil es zweitens um Gerechtigkeit im Zusammenleben der Völker und Staaten geht, und Gerechtigkeit, so Sophie Scholl am 23. September, »steht immer höher als jede andere, oft sentimentale Anhänglichkeit. Und es wäre doch schöner, die Menschen könnten sich bei einem Kampfe auf die Seite stellen, die sie für die gerechtfertigtere halten«. Fritz Hartnagel, unsicher, was damit gemeint war, hatte sie gebeten, ihre Ansicht zum Begriff »Volk« darzulegen. Für Sophie Scholl ist die Sache klar, längst durchdacht. Während einer Pause im Fröbel-Seminar illustriert sie ihre Meinung mit einem einfachen Beispiel: »Ich hielt es immer für falsch, wenn ein Vater ganz auf seiten seines Kindes stand, etwa, wenn der Lehrer das Kind gestraft hatte. Selbst wenn er es noch so liebte. Oder gerade deshalb.« Nach dieser strengen Gerechtigkeit war Sophie Scholl im Elternhaus erzogen worden. Nun wendet sie das Erlebte aus Überzeugung auf grundlegende politische Spielregeln an: »Ebenso unrichtig finde ich es, wenn ein Deutscher oder Franzose oder was er sein mag, sein Volk stur verteidigt, nur weil es sein Volk ist.« Sie scheut nicht davor zurück, die Logik ihrer Gedanken auf sich persönlich anzuwenden: »In der Schule wurde uns gesagt, die Einstellung eines Deutschen sei eine bewusst subjektive. – Solange sie dabei nicht auch objektiv ist, kann ich dies nicht anerkennen.« Mit dem gleichen Maßstab misst sie nun die vorgegebene politische Lage.

Ende Juni 1940 sind die Kämpfe an der westlichen Front vorüber, Deutschland beherrscht den größten Teil Europas. Nur England weigert sich unter Führung des Premierministers Winston Churchill standhaft, mit dem nationalsozialistischen Regime, das offen mit einer Invasion und massiven Luftangriffen droht, zu paktieren oder gar klein beizugeben. Sophie Scholl wird diesen stolzen demokratischen Mut begrüßt haben, während sie mit den Franzosen hart ins Gericht geht. Denen sei es nur um ihre »gut bürgerliche Ruhe gegangen«: »Es hätte mir mehr imponiert, sie hätten Paris verteidigt bis zum letzten Schuss, ohne Rücksicht auf die vielen Kunstschätze, die es birgt, selbst wenn es, wie sicher war, keinen Nutzen gehabt hätte, wenigstens keinen unmittelbaren.« Auf der intellektuellen Ebene ist es das Gleiche: Ob Sophie Scholl sich selber motiviert, nicht die Waffen zu strecken, oder ob sie sich von den Parisern wünscht, bis zum Letzten gegen die deutschen Eroberer zu kämpfen – entscheidend ist, sich dem totalen Zugriff der Nationalsozialisten nicht zu beugen, sich nicht fatalistisch als Opfer aufzugeben.

Dass es bei diesem Widerstand um den höchsten Einsatz gehen kann, um Kostbareres als Kunstschätze, auch diese Konsequenz ihrer Einstellung legt sie gegenüber Fritz Hartnagel offen. Die Pariser haben sich kampflos ergeben, weil es für sie von unmittelbarem Nutzen war. Man hört förmlich, wie Sophie Scholl beim Schreiben zornig die Stimme hebt: »Aber Nutzen ist heute alles, Sinn gibt es nicht mehr. Ehre gibt es wohl auch nicht mehr. Die Hauptsache, dass man mit dem Leben davonkommt.« Wenn fast alle so denken, stehen Recht und Gerechtigkeit auf verlorenem Posten. Radikal denkt sie in die andere Richtung: Wenn eine Politik böse ist, muss man die Niederlage des eigenen Volkes wünschen, um der Gerechtigkeit zum Sieg zu verhelfen. Zu dieser schmerzhaften Einsicht konnten sich viele aktive Widerständler erst Jahre später durchringen.

Nur sechs Tage vor ihrem Paris-Brief hat Sophie Scholl diesen Gedanken schon einmal formuliert. Sie gibt die weit verbreitete Meinung wieder, die Menschen seien in eine zwiespältige Welt hineingeboren, deshalb müssten sie ihr gehorchen und könnten nicht geradlinig sein. Sie nennt das eine »ganz und gar unchristliche Anschauung« und setzt ihre Überzeugung dagegen: »Wie könnte man da von einem Schicksal erwarten, dass es einer gerechten Sache den Sieg gebe, da sich kaum einer findet, der sich ungeteilt einer gerechten Sache opfert.« Als positives Beispiel fällt ihr Mose ein, der während einer Schlacht der Israeliten Tag und Nacht ohne Unterlass im Gebet seine Arme hob, um von Gott den Sieg zu erbitten. Sobald er die Arme sinken ließ, kamen die Israeliten auf dem Schlachtfeld in Bedrängnis. Sophie Scholl fährt fort: »Ob es wohl auch heute noch Menschen gibt, die nicht müde werden, ihr ganzes Denken und Wollen auf eines ungeteilt zu richten?« Der Kampf für die gerechte Sache kann Opfer fordern. Sophie Scholl verbindet mit diesem Begriff allerdings nicht willenlose Hingabe, sondern höchste Konzentration, schärfstes Denken und unbedingte Entschlossenheit, die zur Tat führen – was den ganzen, ungeteilten Menschen fordert.

Denken hat für Sophie Scholl Vorrang, und sie weiß, dass sie mit diesem

Anspruch gegen das traditionelle Klischee von Weiblichkeit verstößt. Schon die Siebzehnjährige hatte Fritz Hartnagel vehement widersprochen, als er sie lobte, instinktiv wie ein Mädchen gehandelt zu haben. Zwei Jahre später schreibt sie ihm im Zusammenhang mit ihrer Kritik am Verhalten der Pariser Bevölkerung gegenüber den deutschen Angreifern: »Du findest es sicher unweiblich, wie ich Dir schreibe. Es wirkt lächerlich an einem Mädchen, wenn es sich um Politik bekümmert. Sie soll ihre weiblichen Gefühle bestimmen lassen über ihr Denken. Vor allem das Mitleid.« Doch eher macht Sophie Scholl sich lächerlich, als von ihrer Überzeugung abzugehen: »Ich aber finde, dass zuerst das Denken kommt, und dass die Gefühle oft irreleiten, weil man über dem Kleinen, das einen vielleicht unmittelbar betrifft, vielleicht am eigenen Leib, das Große kaum mehr sieht.« Kein besseres Beispiel als Paris: Die Kapitulation brachte der Bevölkerung unmittelbar die Rettung von Leib und Leben und vieler Kunstschätze. Auf lange Sicht hätte Widerstand ein aufrüttelndes Zeichen gegen den Nationalsozialismus werden können, weit über Paris und Frankreich hinaus.

Denk-Modelle sind das eine; Gefühle, die einem auf den Leib rücken und sich gegen alle Theorie wortlos Ausdruck verschaffen, das andere. Am 14. Juni, als die Münsterglocken in die Wohnung der Scholls läuten, weil Paris gefallen ist und Sophie Scholl schulfrei hat, schreibt Inge Scholl an ihren Bruder Hans, der als angehender Mediziner in einem Lazarett in Frankreich eingesetzt ist, wie sehr die Entwicklung den Vater schmerze, und fährt fort: »Auch Sofie leidet, so viel ich fühlen kann, auf ihre Art. Man möchte Massen von Fröhlichkeit und Sommerschwalben haben, um diesem Schmerz zu begegnen. Aber es gelingt mir meistens nicht, am wenigsten zur Zeit bei Sofie. ... Die Straßen glänzen schwarz vor Regen, der große, unendliche Himmel hängt voller Wolken. Aber man ahnt hinter diesen Wolken das Licht. So weiß und klar und unauslöschlich, wie ein klarster Sommermorgen. Ich habe von neuem einen Glauben an unser Schicksal, auch wenn wir oft davor stehen, wie vor einem verschlossenen Haus. Einmal werden wir den Schlüssel finden.«

Um ihre tröstlichen Worte zu verstärken, schließt sie mit einem Gedicht von Hans Carossa: »Ja, du bist Welle vom frühesten Licht, ... Glaub an die Heimat! Betrübe Dich nicht! // Glaub an die Heimat! Sie ist überall. ... Wenn die Seele dann herrlich erschrickt / vor Abgründen, in die kein Auge blickt, / Stürze hinab! Geheiligt Dein Fall, – / Heimat umleuchtet Dich bald überall.« Man erschrickt, wenn man das im Rückblick liest, mit dem Wissen vom Ende Hans und Sophie Scholls. Inge Scholl wird über das Gedicht auch mit Sophie gesprochen haben, die Carossa ebenfalls schätzte. Welchen Trost wollte Inge Scholl mit diesem Gedicht geben? Wahrscheinlich steckt in den Versen ein geschwisterlicher Code, der für Außenstehende ein Geheimnis bleiben muss; vermutlich ziehen sich vom Dichter unsichtbare Fäden zu Gesprächen im Familienkreis. Eine tröstende Deutung darf dennoch gewagt werden: Fest darauf zu vertrauen, von einem guten Geschick getragen – vielleicht sogar auserwählt – zu sein, wie tief die Abgründe auch sind.

Am 21. Juli schreibt Robert Scholl an seinen Sohn Hans: »Der Münsterplatz wird bereits für die Begrüßungsfeier hergerichtet. Es ist ein eigenartiges Gefühl: Sieges- und Heimkehrfeiern – und doch kein Friede und kein Kriegsende. Ich habe das Gefühl, dass die längere Zeit des Krieges noch vor uns steht, die kürzere erst hinter uns liegt. Viel Not und Sorge steht uns noch bevor. Aber auch Hoffnung! Nun müssen wir weiter Geduld haben.« Geduld haben, durchhalten – gegen alle verführerischen Parolen: das ist auch der Kern von Sophie Scholls politisch-moralischer Botschaft an Fritz Hartnagel zwischen Frühjahr und Herbst 1940. Noch einmal aus ihrem Brief vom 29. Mai: »Aber im Grund kommt es ja nur darauf an, ob wir bestehen, ob wir uns halten können in der Masse, die nach nichts anderem als nach Nutzen trachtet …« Nicht die Waffen strecken, nicht den Mut verlieren.

Sophie Scholls Briefe spiegeln ihren Willen, denkerisch und sprachlich Klarheit zu bekommen, eine Diagnose zu stellen und daraus Konsequenzen abzuleiten. Dafür muss sie sich nicht auf Hitler-Reden oder Propaganda-Artikel beziehen. Es geht um einfache Wahrheiten, aber danach zu leben, ist schwer genug in ihrer Zeit. Wenn man die erhaltenen schriftlichen Zeugnisse aus diesen Monaten vorsichtig deutet, ergibt sich eine unterschiedliche Herangehensweise der Geschwister. Im Sommer und Herbst 1940 ist Sophie Scholl radikaler und konsequenter, was ihre Einstellung zum Nationalsozialismus betrifft, als Hans und Inge Scholl. Alle wollen der braunen Flut widerstehen. Sophie Scholl scheint in ihrer durchdachten Entschiedenheit am weitesten voraus zu sein.

Ihre nüchterne, analytische Art, die sich in praktischen Vergleichen ausdrückt – der Vater, der zum Wohle seines Kindes nicht total auf dessen Seite stehen muss –, unterscheidet sich von den poetisch-mystischen Bildern, in die Inge Scholl ihre Hoffnung kleidet, wenn sie ihrem Bruder Hans Trost zu spenden versucht: »Mir scheint, der Krieg führt uns so tief in die Mitte der Dunkelheit hinein, dass unser Wunsch nach Licht zur stetigen, brennenden Sehnsucht wird – und vielleicht zum Segen. Dies letztere – den Segen aus dieser Zeit – wünscht Dir von Herzen Deine Inge.« Aus dem Geburtstagsbrief an Hans Scholl vom 17. September 1940.

In Inge Scholls Briefen an ihren Bruder Hans steckt überdeutlich die Suche nach einem Sinn, vor allem des Krieges. Sie ist überzeugt, dass ihr Schicksal »sich zum Guten wenden wird. Dafür, dass es dich und manch andern besonders schüttelt, wird es euch später auch besonders reifen und bereit machen«. Das war am 19. Juli 1940. Einen Monat später schreibt sie ihm, dass der »Sinn des Krieges offenbar werden« wird: »Ich glaube, dass Du, wenn auch nicht vor der Welt, barmherziger werden wirst. … aus Wunden fließen Kräfte hell und klar.« Hans Scholl war aufnahmebereit für diesen Trost. Am Ende des Jahres wird er Inge Scholl schreiben, sie beide seien sich »während der Kriegsmonate sehr nahe gekommen«. Ihn verbinde mit ihr ein »engeres Band als mit allen andern Menschen«, vom Verhältnis zur Mutter abgesehen.

Inge Scholl wurde im August 1940 dreiundzwanzig Jahre alt, Hans Scholl einen Monat später zweiundzwanzig. Für Hans war Sophie mit ihren neunzehn Jahren die kleine Schwester, auch wenn sie ein herzliches Verhältnis verband und er sie ernst nahm. Er schickte ihr aus Frankreich eine schicke Polobluse und einen blauen Badeanzug und versprach, ihr seinen Hund, der ihm zugelaufen war, mitzubringen. Aber was Hans Scholl bewegte, vertraute er der älteren Schwester an. Sophie Scholl dagegen fühlte eine besondere Verantwortung für den älteren Bruder, seit er an der Front war.

Ende Mai 1940 hatte Lisa Remppis, die Freundin seit Kindertagen, ihr geschrieben, es gäbe seit Ostern eine Verstimmung zwischen ihr und Hans, der sich im Herbst 1937 in die Vierzehnjährige verliebt hatte und seine Gefühle erwidert fand. Sophie Scholl antwortete, diese Verstimmung dürfe keine Rolle mehr spielen. Sie solle Hans schreiben, es sei »vorbei und vergessen« und ihm »die Herzlichkeit geben, die jetzt alle so nötig haben, besonders Hans«. Es komme nur darauf an, »ihnen zu helfen, damit der Krieg ihnen kein bisschen anhaben kann. Dazu sind sicher Mädchen und Frauen notwendig. Wir sind in dieser Beziehung nicht ganz verantwortungslos«. Wie in alten Zeiten fühlte sie sich als weibliches Wesen in der Verantwortung, den Männern die Schrecken des Krieges zu nehmen, mindestens zu erleichtern. Ebenfalls im Juni hatte Inge Scholl an ihren Bruder geschrieben, dass sie an sich arbeiten werde, um in ihrem Innern »die große Ordnung und Klarheit zu schaffen, die ihr Brüder braucht, wenn ihr zurückkommt«. Und sie schloss die ganze Familie in das Bemühen ein. »Bei aller Lüge in der Welt« seien »diese wenigen Menschen bemüht, einen Kreis von Wahrheit um Dich zu bilden«.

Hans Scholl erlebt das Grauen des Krieges vor allem beim medizinischen Einsatz im Lazarett. Er badet aber auch in der Biskaya, reist etliche Male von seinem Quartier wie ein Tourist nach Paris: »Ihr glaubt nicht, wie sehr mich das Pariser Leben anregt«, schreibt er Inge Scholl Anfang August. Und fährt fort: »Aber es ist nichts, das mich zutiefst bewegt. Meine tiefsten Gedanken kämpfen auf anderer Ebene.« Offensichtlich hat er vieles noch nicht genug durchdacht, um Klarheit gewonnen zu haben und sie auszusprechen.

Die schwesterliche Vertrautheit zwischen Sophie und Inge Scholl, die sich in der Wohnung am Münsterplatz ein Zimmer teilen, ist seit dem Krieg noch gewachsen. Beide fühlten sich über die Sorge um den Bruder hinaus besonders verbunden, weil jede um den Freund bangte, der unter den Soldaten war. Ernst Reden wurde, wie Fritz Hartnagel, von allen Geschwistern freundschaftlich aufgenommen. Sophie Scholl hatte ihm Ende April eine Kiste Apfelsinen geschickt, für die er sich überschwänglich bedankte: »Du bist, wie alle anderen ›Scholls‹ auch, viel zu gut zu mir.« Im August kam Ernst Reden auf einen kurzen Besuch nach Ulm. Sophie Scholl absolvierte in diesen Wochen ein vierwöchiges Praktikum in einem Kindersanatorium in Bad Dürrheim und bedauerte sehr, ihn nicht sehen zu können. Nach der Abreise von Ernst Reden schrieb Inge an Sophie Scholl: »Du kannst Dir denken, wie mich Dein Gemälde gefreut hat (ich sehe es immer wieder an) – und wie gut mir Dein Brief getan hat. Ich weiß nicht warum, aber diesmal war mir nach Ernst's Abreise ganz seltsam kleinmütig im Herzen. Abschied war sonst kein Begriff für mich. Nun ist er plötzlich einer geworden, aber erst, nachdem es geschehen war. Ich habe ein Heimweh, gegen das ich mich immer wieder ganz energisch wehren muss. Du Sofie, darfst es ja ruhig wissen.« Heimweh nach dem geliebten Menschen. Das war Sophie Scholl nicht fremd. Doch seit dem Sommer 1940 versuchte sie mit aller Kraft, sich von solchen Gefühlen zu lösen.

# HART WERDEN – KIRCHENVATER AUGUSTINUS TRIFFT EINEN NERV

*April bis Dezember 1940*

Noch einmal der Blick zurück in das Frühjahr 1940. Am 10. Mai gehörten Fritz Hartnagel und seine Einheit zu den Truppen, die Deutschlands westliche Nachbarn überfielen. Nach dem Marsch durch die Niederlande ging es durch Belgien; am 26. Mai war die französische Grenze überschritten. Innerhalb von sechs Wochen würde Frankreich von den deutschen Truppen vernichtend geschlagen sein. Für Fritz Hartnagel bedeuteten die ersten Kriegswochen: zerstörte Städte, tote Soldaten und Zivilisten, Kolonnen von hungrigen und deprimierten Flüchtlingen und Gefangenen. Einmal entkam er nur knapp einer tödlichen Mine. Jede Nacht in einem anderen Quartier, tagsüber geht es im Marschschritt immer tiefer hinein in ein fremdes Land.

In Ulm dagegen herrscht Frieden. Die schöne Wohnung am Münsterplatz, der Unterricht im Fröbel-Seminar mit den praktischen Stunden im Kindergarten, Klavier- und Zeichenstunden, Wanderungen an den Wochenenden – Sophie und Fritz leben in zwei verschiedenen Welten. Es hat eine innere Logik, dass in dem Augenblick, als Sophie Scholl das Unrechtssystem des Nationalsozialismus benennt und sich ermahnt, gegenüber dem Bösen nicht die geistigen Waffen zu strecken, sie schärfer als je zuvor ausspricht, wie sehr der Berufsoffizier Fritz Hartnagel mit diesem System verbunden ist. Und den tiefen inneren Riss in ihrer Beziehung beim Namen nennt.

16. Mai 1940. Sophie Scholl bedauert in ihrem Brief, dass der überraschende Geburtstagsbesuch von Fritz Hartnagel am 9. Mai in Ulm nur einen Tag dauerte: »Überhaupt hätte ich Dir zu erzählen und zu sagen gehabt, was ich Dir alles nicht schreiben kann. Denn unsre Gedanken sind so verschieden, dass ich mich manchmal frage, ob dies denn so nebensächlich ist, was doch eigentlich eine Grundlage für Gemeinschaft sein sollte.« Doch schnell schiebt sie ihre schwerwiegende Kritik beiseite: »Denn nun, da Du und ich nicht der Freundschaft und der Kameradschaft bedürfen, sondern der Liebe, nun ist es wirklich Nebensache.« Ist damit alles wieder in Ordnung? Ein Satz folgt noch, und der hat es wiederum in sich: »Wir wollen uns so halten, bis wieder Zeiten kommen, wo wir wieder allein stehen können.«

Es braucht lange, bis Fritz Hartnagel auf diese Zukunftsperspektive von Sophie Scholl reagiert, zumal in den zahlreichen Briefen Sophies so viel Schönes steht, das ihm die traurige, blutige Gegenwart des Krieges erträglicher macht: Sie sei in Gedanken viel bei ihm, das müsse er doch spüren; sie wünscht sich ein Foto von ihm, das sie immer bei sich tragen kann, und sei es in Uniform, die ihr manchmal »fremd, ja wie gegensätzlich« ist. »Ich denke immer an Dich« – wie oft konnte er diesen Trost lesen. Endlich, am 8. Juni, irgendwo in Nordost-Frankreich, kommt Fritz Hartnagel auf Sophie Scholls Frage vom 16. Mai zurück: »… ich glaube, dass unser Denken nicht so verschieden ist, wie es manchmal den Anschein haben mag.« Er nimmt die Schuld auf sich, dass dieser Eindruck entstehen konnte. Er vertrete bei ihren Diskussionen manchmal die Argumente der Gegenseite, weil sie Teil der Welt sei, in der er täglich lebe und mit der er sich auseinandersetzen müsse: »Du brauchst deshalb nicht glauben, dass ich anders denke wie Du. Ich will ja auch nur wie Du, das Wahre und Gerechte und das Gute und ich glaube wie Du, dass das Erreichen eines höheren Lebensstandards und einer uneingeschränkten Machtausübung nicht das Letzte sein kann.« Der Krieg sei für ihn eine verlorene Zeit, da sie ihn nicht weiterbringe, eine moderate, selbstkritische Antwort.

Nirgendwo in diesen Wochen von Fritz Hartnagel ein Wort, das den Krieg verherrlicht, ihm einen Sinn zu verleihen sucht. Noch am Tag, als Paris erobert wird, hofft er, dass der Krieg bald zu Ende geht. Nicht nur, damit sie wieder zusammen sein können: »Wenn man sieht, wie jeder Kriegstag unermessliche materielle und auch andere Werte zerstört, muss man sich fragen, ob diese Zerstörungen nicht für die gesamte Menschheit einen Verlust bedeuten.«

Um den 20. Juni kommt Fritz Hartnagels harmonisierender Brief in Ulm an. »Wie ich mich immer freue«, ist Sophie Scholls erste Reaktion, um sogleich das Hauptthema aufzugreifen. »Ich glaube es zu gerne, dass du mir, wenn wir auf weltanschauliche und davon schlecht zu trennen, politische Gespräche kommen, aus Opposition widersprichst.« Vielleicht hat Fritz Hartnagel aufgeatmet – zu früh: »Ich aber habe nie aus Opposition gesprochen … im Gegenteil, ich nehme unbewusst immer noch etwas Rücksicht auf Deinen Beruf, in dem Du gebunden bist, das es vielleicht letzten Endes auch ausmacht, dass Du diese Dinge vorsichtiger wägst, vielleicht auch Zugeständnisse machst hierhin und dorthin.« Rücksicht, das war für Sophie Scholl gestern. In der Gegenwart von 1940, als sie ihre Urteile über den Nationalsozialismus in den Briefen an Fritz Hartnagel klar und eindeutig ausspricht, gibt es auch in ihrer persönlichen Beziehung keine Zugeständnisse mehr: »Ich kann es nur nicht verstehen, dass man etwa zusammenleben kann, wenn man in solchen Fragen verschiedener Ansicht, oder doch zum mindesten verschiedenen Wirkens ist.« Das ist ebenfalls klar und eindeutig.

Offensichtlich erkennt Fritz Hartnagel, dass die schriftliche Diskussion dieser Wochen weit über alle früheren Gespräche hinausgeht. Ihre Beziehung insgesamt steht auf dem Spiel. Endlich, am 9. August, hat er Zeit, sich und seinen Beruf zu rechtfertigen: »In letzter Zeit habe ich sehr oft darüber nachgedacht, was Dich in Gegensatz zu meinem Beruf und meiner Arbeit bringt. Ich glaube, Du siehst manchmal im Soldatenberuf nur das Äußere und beurteilst nicht den soldatischen Gedanken an sich, sondern seine sogenannten Vertreter.« Dass Staat und Partei »jedem soldatischen Denken zuwiderhandeln ist kein Grund das Soldatische an sich zu verurteilen«. Fritz Hartnagel sieht im Soldatentum »eine Lebenshaltung« – selbstbewusst und bescheiden, aufrecht und treu, gottesfürchtig und wahrhaftig. »Liebe Sofie«, schließt er, »ich schreibe Dir das, damit wir uns besser verstehen und uns näher kommen können. Ich wünsche, dass Du in Deinen Ferien schon viel Schönes gesehen und erlebt hast. Dein Fritz.« Ein Hinweis darauf, dass Sophie Scholls Leben in diesem Sommer 1940 nicht nur aus Müdigkeit und Denken und Bilanz-Ziehen besteht.

Die Ausbildung im Fröbel-Seminar ist anstrengend, zumal Sophie Scholl nicht – wie während der Schulzeit – mit einem Minimum an Einsatz das Jahr einfach herumbringen will. Davon erzählen ihre seitenlangen Aufzeichnungen des Lernstoffs, die Vorbereitungen auf Spiele im Kindergarten, die Exzerpte aus den Schriften von Fröbel und Pestalozzi, die Skizzen von Kindergarten-Kindern und ihren Eigenschaften. Sie ist sehr bei der Sache und deshalb froh, als Anfang August eine Woche Urlaub mit Lisa Remppis ansteht. Zumal es ihr in den Wochen zuvor nicht gut ging; ständig fragen die Briefeschreiber »Bist du noch krank?«. Am 26. Juli muss sie einen Besuch bei Lisa in Leonberg absagen – »bis heute halbkrank« –, freut sich jedoch schon auf die Fahrt ins Gebirge.

Am 1. August kommen die beiden Freundinnen in Warth in Vorarlberg an. Sophie Scholl schreibt sogleich an Fritz Hartnagel, mit dem sie zweimal im März, rund um das Abitur, hier war: »Ich denke recht oft an Dich und viele Spaziergänge erinnern mich an unsre Skiferien. Das sind sehr nette Erinnerungen.« Sie vergisst auch nicht den Unterschied zwischen den Ferien damals und dem katholischen Pfarrhaus, in dem sie mit Lisa einquartiert ist: »Leben werden wir von Schwarzbrot und Butter und Käse, denn diesmal ist kein Fritz dabei, der ein gutes Essen bestellt wie für Fürsten.« Aber das ist Nebensache: »So sehr habe ich mich schon lange nicht mehr an Blumen gefreut wie heute. Überhaupt war ich schon lange nicht mehr so glücklich ...« Acht Tage später, es ist ihr letzter Ferientag, kommt noch einmal ein glücklicher Brief: »Die Berge werden mir immer lieber und auch die Menschen hier. ... Zudem weht eine herrlich freie Luft hier, in jeder Beziehung. Wie gut können einfache Menschen sein.« Aus den frohen Zeilen spricht der Druck, die meiste Zeit in unfreier Luft zu atmen und jedes Wort abzuwägen, das man mit den Menschen austauscht. Am nächsten Tag sitzen Sophie und Lisa im Zug nach Ulm. Tags darauf, am 10. August, ist Sophie Scholl auf dem Weg nach Bad Dürrheim bei Donaueschingen, wo sie vier Wochen im Kindersanatorium Kohlermann praktische Erfahrungen sammelt, wie es die Ausbildung zur Kindergärtnerin vorschreibt.

Sophie Scholls entspannter Urlaubsgruß kreuzt sich mit dem Versuch von Fritz Hartnagel, ihr das Ethos des Soldatentums näher zu bringen, so wie er es versteht. Er steht mit dieser positiven Deutung nicht allein. Im Frühjahr 1939 hat Claus Schenk Graf von Stauffenberg in einer ausführlichen Korrespondenz mit dem Autor eines Aufsatzes »Vom Wesen des Soldatentums« seine Gedanken zu diesem Thema dargelegt. Der Aufsatz charakterisierte Soldaten als eine Gemeinschaft von »Kampf und Todbereiten«. Durch den Soldaten Adolf Hitler sei die Verschmelzung von Soldatentum und Volkstum gelungen. Stauffenberg dankte dem Autor, der ihm aus dem Herzen spreche, und fügte seine zentrale These hinzu, »dass das Soldatentum und damit sein Träger, das Offizierskorps, den wesentlichsten Träger des Staates und die eigentliche Verkörperung der Nation darstellt«. Im »völkischen Entscheidungskampf um Sein oder Nichtsein der Nation« werde dem Soldatentum die Verantwortung zufallen. Auch aus dieser Tradition heraus wird sich Stauffenberg Jahre später mit anderen Verschwörern gegen den nationalsozialistischen Staat stellen und am 20. Juli 1944 das Attentat auf den Diktator wagen.

So anstrengend die Arbeit mit den Kindern im Bad Dürrheimer Sanatorium ist, Sophie Scholl nutzt am 19. August eine Mittagspause, ihre Meinung zum »Beruf des Soldaten« darzulegen. Die wesentlich bescheidenere Deutung des Soldatentums durch Fritz Hartnagel – die grundsätzlich in Stauffenbergs Richtung geht –, findet vor ihren Augen keine Gnade. Sophie Scholl erkennt schon 1940, wie sehr das gegenwärtige Soldatentum, indem es sich auf allgemeine menschliche Werte beruft, diese pervertiert – denn es ist nun einmal ein Handwerk des Krieges. Kein Soldat kann dem entkommen, auch Fritz Hartnagel nicht: »Soviel ich Dich kenne, bist du ja auch nicht so sehr für einen Krieg, und doch tust du die ganze Zeit nichts andres, als Menschen für den Krieg auszubilden.« Dann wird sie konkret und damit bitter-ironisch: »Du wirst doch nicht glauben, dass es die Aufgabe der Wehrmacht ist, den Menschen eine wahrhafte, bescheidene, aufrechte Haltung beizubringen.« Es ist der gleiche radikale Ansatz, der neue scharfe Ton, der alle gewichtigen Themen in Sophie Scholls Briefen an Fritz Hartnagel seit dem Frühjahr 1940 kennzeichnet.

Auch mit sich selbst geht Sophie Scholl ins Gericht. Nur ein winziger Bruchteil ihrer Handlungen entspräche dem, was sie für richtig hält: »Oft graust mir vor diesen Handlungen, die über mir zusammenwachsen wie dunkle Berge ...« Hinter allem stände eine unendliche Müdigkeit. Aber sie dient ihr nicht als Ausrede: »Ich bitte Dich nur, halte mich nicht für gut, da ich schlecht bin. Tu es meinetwegen, damit ich nicht immer die Angst haben muss, dich einmal schwer enttäuschen zu müssen. Ich erkenne, wie ich bin, und bin zu müde, zu faul, zu schlecht, dies zu ändern.« Allem Mutmachen zum Trotz schließt dieser Brief in tiefer Resignation: »Entschuldige, wenn Dich der Brief verwirrt. Ich kann mich aber nicht immer zeigen, wie ich nicht bin. Sofie.«

Erkennen durch Denken ist ihr Motto, um so mehr in diesen Zeiten einer »bösen Politik«. Träume sind verboten, zumal wenn sie ihre Person betreffen: »Denke manchmal an mich, aber träume nicht von mir.« Sie selbst versucht sich in rigoroser Askese: »Ich arbeite eher zu wenig als zuviel. Noch lange nicht leiste ich das, was ich könnte. Und eines habe ich mir abgewöhnt: das Träumen von Dingen, die mir angenehm sind. Das lähmt.« Hier kommt im Ansatz zum Vorschein, worauf Sophie Scholl in diesen Wochen ihre Hoffnung im Kampf für eine gerechte Sache setzt, so gering sie auch sei: dass es Menschen gibt, die ihr »ganzes Denken und Wollen auf eines ungeteilt richten« – wie einst Mose für sein Volk Israel.

Fritz Hartnagel versteht die Welt nicht mehr. »Ich denke immer an Dich, so wie Du bist, da ich mir nicht vorstellen kann, was an Dir anders sein könnte«, hatte er Sophie Scholl am 6. Juni geschrieben. »Du bist so gut, und ich hab Dich darum lieb.« Aber nachdem Sophie Scholl an seiner Deutung vom Soldatsein – seinem Beruf – kein gutes Haar gelassen hat, ist bei ihm alle Hoffnung auf Klärung im guten Sinn verflogen. Fritz Hartnagel gibt auf und wird, für seine Verhältnisse, Ende August ungewöhnlich deutlich. Er habe »das sehnlichste Bedürfnis«, dass Klarheit zwischen ihnen herrsche. Seit zwei Jahren laste eine drückende Ungewissheit auf ihm. Ginge es nach ihren Worten, sei alles schon oft klar gewesen, wenn er aber dann daran denke, »wie wir uns damals am Gartenzaun bei mir zu Hause verabschiedet haben, dann ist mir wieder alles unklar. Aber dieses ewige ›himmelhoch jauchzend zu Tode betrübt‹ macht müde. Und ich bin schon sehr müde geworden in letzter Zeit«. Der Vorwurf an Sophie Scholl, sie lasse ihre eigene innere Zwiespältigkeit an ihm aus, ist unüberhörbar.

Der Brief traf Sophie Scholl, die doch immer »gerade« sein wollte, tief: »Einen Augenblick hätte ich mich direkt gehen lassen mögen und heulen. … Verzeih, wenn ich Dich nicht zur Ruhe und Klarheit kommen lasse. Nun erst sehe ich, wie viel ich an Dir gefehlt habe.« Es ist der 5. September 1940. Sechs Tage später endet ihr Praktikum in Bad Dürrheim, und sie fährt direkt nach Leonberg zu Lisa Remppis, um sich zu erholen. Ein wichtiges Thema zwischen den Freundinnen wird ihre Beziehung zu Fritz gewesen sein. Am 16. September ist sie wieder daheim und radelt ins Fröbel-Seminar nach Ulm-Söflingen. Am 17. legt Sophie Scholl in ihrem Brief an Fritz Hartnagel alle Karten auf den Tisch. Es geht ihr um ein Experiment mit sich selber, um einen Neuanfang, der zugleich ihre Beziehung zu Fritz Hartnagel auf den Prüfstand stellt.

Der Ton des Briefes hebt sich ab von den vorangegangenen harten Tönen. Am Anfang steht ein Satz, der nochmals indirekt um Vergebung bittet: »Mein lieber Fritz, ich mache Dir wohl oft sehr dunkel?« Weiter geht es mit indirekter Selbstkritik, als sie anmerkt, sie sei in Bad Dürrheim zum ersten Mal in ihrem Leben allein auf sich selbst gestellt gewesen: »Wie leicht konnte ich alles ertragen, weil ich meine Eltern und Geschwister, diesen warmen Kreis, immer als schönen Boden wusste, auf dem ich stand.« Auf einen solchen Boden, Sophie Scholl kennt den familiären Hintergrund von Fritz Hartnagel, konnte Fritz niemals in seinem Leben setzen. Aber für Sophie Scholl ist gerade aus dieser positiven Ausgangslage, die ihr Leben heiter macht, ein Problem erwachsen. Sie habe, schreibt sie ihm, »immer größere Sehnsucht bekommen nach einem Grund, der mir immer ist, unabhängig von jeglichen Einflüssen. Dann erst könnte man die wahre Heiterkeit besitzen. So aber fühle ich mich manchmal verlassen«. So paradox es klingt: Das Urvertrauen, mit dem Sophie Scholl aufwuchs, hat sich in sein Gegenteil verkehrt. So jedenfalls empfindet sie es – und will es ändern.

Nach fünf Monaten eines langen, teils quälenden Briefwechsels schließt sich der Kreis. Die verschiedenen Ebenen ihrer Briefe verbinden sich zu einem sichtbaren Ganzen. Auslöser ist der Krieg. Er hat Sophie Scholl schlagartig bewusst gemacht: Das Böse hat endgültig die Herrschaft übernommen, in Deutschland und bald in ganz Europa. Wer Recht von Unrecht unterscheiden kann, darf nicht mehr abseits stehen. Er darf nicht nach dem Motto handeln, Hauptsache ich komme mit dem Leben davon – oder die Menschen, die ich liebe. Bisher hat sie sich verhalten wie alle in der Masse der Menschen, denen es nur um den eigenen Nutzen geht. Ende Mai hatte sie Fritz Hartnagel geschrieben: »Diese Masse ist so überwältigend, und man muss schon schlecht sein, um überhaupt am Leben zu bleiben.« In diesem Sinn versteht sich Sophie Scholl als »schlechten Menschen«. Wäre sie gut, würde sie im Kampf gegen dieses verbrecherische System ihr Leben riskieren.

Der »warme Kreis der Familie« bindet sie mit tausend Gefühlen. Wenn Sophie Scholl nach ihren eigenen Maßstäben leben und handeln will, muss sie frei und unabhängig sein. Vor allem von Gefühlen, denn die sind letztlich schwankend, wandelbar; sie machen abhängig und verpflichten. Und sie muss sich eine neue Kraftquelle suchen, wenn sie einen Weg einschlägt, der gegen die Mehrheit der Menschen verläuft. Was die Familie für sie bedeutete, war Sophie für Fritz Hartnagel – der feste sichere Boden: »Ich habe Dir wohl ein bisschen den Boden genommen, der Dir Kraft geben sollte, den Trübsinn der täglichen Erlebnisse zu überwinden?« Sie hofft auf sein Verständnis, dass sie bei ihm mit gleicher Härte vorgeht wie bei sich selbst: Sie will ihm nicht mehr als Boden dienen. Er soll sich einen neuen suchen, auf sich allein gestellt durchs Leben gehen – wie sie es für sich selber anstrebt.

Ob das Fritz Hartnagel wirklich klar ist? Große Erleichterung spricht aus seinem Antwortbrief, Sophies sanfter Ton wird dazu beigetragen haben. Seine Hoffnung ist wieder gestiegen. Er freut sich, bald in ihrer »wärmenden Umgebung« zu sein, und vielleicht »können wir nach alledem viel freier zusammen sein«. Es würde sich alles klären, wenn sie »barmherzig zueinander« seien. Er will auf ihre neuen Ziele eingehen: »Wenn mich auch der Schmerz noch manchmal drückt, so ahne ich doch, wenn auch noch ungewiss, einen neuen Boden.« Ob Fritz Hartnagel und Sophie Scholl dasselbe meinen, wenn sie vom »neuen Boden« sprechen?

Am 1. Oktober, kurz vor den Herbstferien, kündigt Sophie Scholl ihrer Freundin Lisa ihren Besuch an. Fritz wolle nach Ulm kommen, aber sie würde lieber mit Lisa Urlaub machen. Und dann noch ein Nachsatz: »Ich bin übrigens fest entschlossen, mit ihm zu einem gültigen Schluss zu kommen. Es ist schwer und grausam. Aber besser als verlogen.« Doch Sophie Scholl muss ihren Besuch absagen. Die Mutter habe ihr verboten, zu Lisa zu fahren, da jetzt Fritz und Hans zu Hause auf Urlaub sind. Das heißt: Sophies Gesellschaft für die zwei Soldaten ist in den Augen von Lina Scholl wichtiger. Hatte nicht Sophie Scholl ihrer Freundin im Sommer geschrieben, es gelte, Hans und den anderen, die im Krieg sind, eine besondere Herzlichkeit zu zeigen – »dazu sind sicher Mädchen und Frauen notwendig«? Das gilt offenbar nicht mehr. Sophie Scholl gehorcht der Mutter, aber sie versucht, nicht vom Pfad der Härte abzuweichen. »Ich staune über meine

Kühle«, kommentiert sie gegenüber Lisa Remppis ihr Verhalten, »es gilt, durchzuhalten«.

Ende Oktober, Lisa ist in den Ferien in Ulm gewesen, schreibt sie an Sophie Scholl: »Du warst übrigens wahnsinnig blöd zu Fritz – wenn ich jetzt Fritz wär – würd ich Dich nehmen und an einen Baum schmeißen oder den Berg hinunter.« Der »gute, sanfte Fritz« sei selber schuld, »leider gefällt ihm das«. Sie aber könne diese Art nicht gut an Sophie leiden: »Wär ich eine ›Groß‹-Psychologin, so wie Balzac, würde ich einmal ein Buch über Mädchen schreiben, wie raffiniert sie sind.« Das war durch die Blume und dennoch sehr direkt gesagt. Sophie Scholl nimmt Lisa Remppis die Kritik nicht übel; sie schätzt es, dass die Freundin ihr nicht nach dem Mund redet.

Mitte Oktober bricht Hans Scholl von Ulm nach München auf, um weiter Medizin zu studieren; seine aktive Soldatenzeit ist vorbei, vorläufig. Fritz Hartnagel muss wieder zurück zu seiner Einheit an die französische Kanalküste, nahe Calais. Als Sophie Scholl ihm am 21. Oktober schreibt, sagt sie unverblümt, sie habe ihm nicht viel zu sagen, es habe sich nicht viel ereignet, seit er weg sei. Dann moniert sie: »Was mir in diesen Tagen gefehlt hat, das waren einige Tage, die mir allein gehört hätten.« Das brauche man, selbst in der Umgebung der liebsten Menschen, so nötig wie Essen und Trinken. Dananch fällt ihr ein, Fritz Hartnagel sei wohl »ein bisschen zu kurz gekommen. Durch meine Schuld. Aber wie sollte es anders gehen?« Ziemlich wortkarg, dieser Brief, und auch die guten Wünsche klingen, als wollte Sophie Scholl den Konventionen Genüge tun. Sie hoffe, dass er in seinem Kreis nette Menschen findet – »aber leider kann ich gar nichts dazu tun«. Es folgt ein Trost, der ebenso sie selbst entlasten soll: »Im übrigen glaube ich, dass Du es in letzter Zeit sehr wohl auch allein aushalten kannst. Ich habe das in Deinen letzten Briefen mit großer Freude gemerkt. Nur wäre es schade, wenn irgendeine Bitternis in Dir zurückbliebe.« Nichts über die Gespräche in Ulm, auf die beide ihre Hoffnungen gesetzt hatten.

Fritz Hartnagel schweigt, keine Briefe. Sophie Scholl allerdings bleibt dran, meldet sich alle zwei Tage. Das Bemühen ist überdeutlich, Normalität herzustellen: »Sieh Dich auch nach einem Hund um, Fritz, den Du mir das nächste Mal bringen kannst.« Ihr Vater erlaube ihr nicht, einen zu kaufen. Dazu ein lockerer Versuch in Selbstkritik: »Aber gelt, dauernd will ich. Ich bin ein grausamer Egoist. Und scheine es immer mehr zu werden.« Vom 26. Oktober hat sich eine Tagebuchnotiz Sophie Scholls erhalten: »Wie schwer ist es doch, das tägliche Tun und Handeln mit seinem Wesentlichen in Einklang zu bringen ... Ich bin zu müde, es zu ändern, wie viele Menschen sind müde. Hätte ich doch immer die Kraft, ganz mich mit ihnen abzugeben. Ich spüre nur noch Pflichten, und die Liebe, sie freudig zu erfüllen, ist mir abhandengekommen.« Am 28. Oktober rafft sich Fritz Hartnagel auf zu einem kurzen Brief: »Ich brauche noch einige Zeit, um die augenblickliche Leere in mir zu überwinden … Aber vielleicht kannst Du verstehen, dass es nicht ganz schmerzlos geht zu unterdrücken, was mir lange Zeit das größte Glück war.« Er hat keine Kraft mehr, weiter um ihre Beziehung zu ringen.

Wieder einmal hatte Fritz Hartnagel erfahren, dass Sophie Scholl sich nicht an die Vorgaben hält, die sie sich – und Fritz – wortreich verordnet hat. Wir wissen es nur, weil sich ein Brief von ihr an Lisa Remppis erhalten hat. Er trägt kein Datum, ist aber auf jeden Fall nach dem Herbsturlaub 1940 geschrieben und auch eine indirekte Antwort auf Lisas heftige Kritik, wie Sophie den »guten, sanften Fritz« behandelt. Sophie Scholl schreibt, sie müsse sehr für die Klausurarbeiten im Fröbel-Seminar schuften und komme kaum zu anderen Dingen, zumal »die Sache mit Fritz« sie sehr in Anspruch nehme. Es sei doch nicht so einfach, wenngleich sich ihre Einstellung nicht geändert habe. Nach dieser Vorrede kommt sie zur Hauptsache: »Es kam in den Herbstferien noch was vor.«

Es ist nicht das erste Mal in ihrer Beziehung zu Fritz Hartnagel, dass Sophie Scholl diese Erfahrung macht: Die schönen Denk-Produkte, die in Gedanken und auf dem Papier so überzeugend sind und Lösungen vorzeichnen, die praktikabel scheinen, wenn man nur genug Willen hat, sind keine Patentrezepte. Die Wirklichkeit, der Mensch mit seinen Gefühlen und Sehnsüchten geht im Denken und im verstandesmäßigen Agieren nicht auf. Aus Sophie Scholls subjektiver Sicht ist sie in den Ferien wieder »schwach« geworden. Mitleid sei Schwäche, hatte sie Fritz Hartnagel einst geschrieben. Der Brief an Lisa Remppis schließt mit dem Hinweis auf ihre inneren Widersprüche, die sie schon lange begleiten: »Ich glaube, ich muss im Ungewissen sein, hungrig, wenn ich etwas lieben soll. Und sehne mich nach Gewissheit – es sind die blödesten Gegensätze …«

Am 4. November packt Sophie Scholl ein Päckchen für Fritz Hartnagel und zeigt ihm, wie sehr sie verunsichert ist: »Denn ich weiß ja gar nicht, wie es Dir geht und wo Du bist. Weil Du so stumm bist. Du machst uns viel Angst mit Deinem Schreiben. … so schreib mir doch! Was ist denn geschehen?« Vorbei ist es mit dem lockeren Ton. Dann weist sie im Dickicht der gegenseitigen Vorwürfe und Verletzungen einen neuen Weg. Sie ist überzeugt, sie können auf eine besondere Weise zusammenbleiben – wenn Fritz Hartnagel sich auf ihre Vorstellungen einlässt. Anknüpfungspunkt ist seine Aussage, er fühle einen neuen Boden; darüber habe sie sich gefreut: »Denn wenn man diesen Boden ahnt, dann tappt man nicht mehr ganz ziellos. Und ich glaube wohl, dass Du in Zukunft weißt, was Du tun musst, wenn Du auf diese Stimme hörst.« Es bleibt dabei: Sophie Scholl will nicht mehr sein Bezugspunkt sein. Ihre Gemeinsamkeit soll außerhalb von ihnen verortet sein: »Denn die Fäden der Beziehung laufen nicht mehr zwischen Dir und mir, sondern zwischen uns und etwas höherem. Und dieser Zusammenhang ist doch der bessere.« Eine Beziehung ohne Gefühle? Zumindest für die nächste Zeit möchte Sophie Scholl sich ihre Gefühle abgewöhnen.

Fritz Hartnagel sieht darin keinen Hoffnungsschimmer. Er ist »in jeder Beziehung auf einem Null-Punkt angekommen«. Verzweifelt gesteht er ihr: »Da ich nicht weiß, zu wem ich beten soll, so bete ich zu Dir, liebe, liebe Sophie.« Da explodiert Sophie Scholl: »Warum besinnst Du Dich nicht auf Dich selbst? Suche Dir doch einen höheren Trost als Träume.« Er soll nicht in jeder freien Stunde an sie schreiben: »Könnte ich Dich so hart machen, wie Du jetzt sein musst.« Sie verliert die Geduld, und fühlt sich zugleich herausgefordert, ihre Vorstellungen noch präziser zu erklären: »Ich glaube auch an ein Miteinander, aber an ein Miteinander von Menschen, wie es eigentlich sein sollte.« Dann wird sie sehr persönlich: »Verlocke mich nicht einem Gefühl nachzugeben (dessen Ziel und Ende ich nicht absehe) und Erkanntes deshalb aufzugeben. Man sollte das Leben eines Mönches führen, ehe man sich hineinstürzt, wohin Gefühl und Begehren wollen.« Die Härte, die sie zeigt, hat nur ein Ziel: »Es ist mein größter Wunsch, Dich dahin zu führen, oder wenigstens einmal Deinen klaren Blick dahin zu lenken, wo für mich das Erstrebenswerte des Menschen ist.« Es ist ein Schlüsselsatz, der die Missverständnisse, die Verwirrungen und Traurigkeiten dieses Briefwechsels im letzten Viertel des Jahres 1940 auf den Punkt bringt und auflöst, ohne dass Sophie Scholl sich dessen bewusst ist. Sie will Fritz Hartnagel auf das gleiche Ziel verpflichten, das sie sich gesteckt hat, und damit sein Bestes. Aber vielleicht sind andere Ziele für ihn besser und erreichbarer?

Auch Sophie und Fritz geht es wie allen, deren Streit eskaliert. »Es liegt wohl ein großes Missverstehen vor uns, aber ich möchte sagen, es liegt an Dir, denn Du kannst oder willst mich nicht verstehen. Glaubst Du denn, dass man zwei Herren dienen kann«, wirft Sophie Scholl Mitte Dezember Fritz Hartnagel vor. Ihren Verweis auf das Mönchs-Ideal hatte er mit dem Vorwurf pariert, sie wolle ganz auf menschliche Wärme verzichten. Nein, sie will nicht auf die Wärme des Menschen verzichten, sagt sie, das sei ein Missverständnis. Aber dann wird es spannend: »Ich weiß nicht, und ich zweifle fast daran, dass ich es je kann. Ich überschätze mich nicht. Aber ich möchte es können.« Und spitzt diesen Wunsch noch weiter zu: »Aber ich glaube, erst an überwundenen Dingen findet man seinen Genuss.«

Gefühl und Begehren: Damit hat Sophie Scholl direkter als je zuvor ausgesprochen, was sie umtreibt. Fritz Hartnagel fühlt sich in diesem Punkt schon lange falsch verstanden: »Vielleicht meinst Du, dass ich nur die körperliche Wärme, etwas Sinnliches bei Dir suche. Wenn ich mich auch manchmal dagegen wehren muss, so ist es doch etwas ganz anderes, was mich an Dich bindet ... etwas seelische Wärme und Herzlichkeit.« Noch einmal benennt Fritz Hartnagel im Dezember offen ihre unterschiedlichen Vorstellungen in Bezug auf Sexualität. Er wehrt sich gegen Sophie Scholls Vorwurf, er wolle »an unserem alten Verhältnis festhalten, oder vielmehr ein solches Verhältnis anstreben, das mir lange Zeit mein sehnlichster Wunsch war. Aber nachdem ich weiß, dass es nicht sein kann, habe ich versucht, es zu überwinden«. Es ist schon vor der Krise des Jahres 1940 ein wiederkehrendes Thema zwischen den beiden gewesen; eines, in dem sich Sophie Scholl ebenfalls Klarheit wünschte, Ziele setzte und verfehlte, hin und her gerissen zwischen – ja, zwischen was? Die Antwort ergibt sich aus einer Frage am Ende ihres Briefes, in dem sie den »Genuss an überwundenen Dingen« preist: »Glaubst Du nicht, dass das Geschlecht könnte vom Geiste überwunden werden?« Eine Frage wie eine Verheißung, eine Erlösung.

Was auffällt in diesen Wochen, weil es zuvor nicht zu Sophie Scholls Wortschatz und Argumentation gehörte, ist das christliche Vokabular und der Bezug auf das christliche Bild vom Menschen. Ihre Beziehung soll über »etwas höheres« laufen, Fritz Hartnagel soll nicht zwei Herren dienen. Am 24. November mahnt sie ihn: »Wie schnell kann man eine scheinbar sichere Heimat bei Menschen verlieren. Man soll unvergängliche Dinge nicht im Vergänglichen suchen.« Wer denkt da nicht an die »ewige Heimat«, die Christen bei Gott und im Jenseits suchen? Das Ideal vom Mönchsleben und die asketische Vorstellung, nur was man überwunden habe, könne wahren Genuss bereiten, erinnern an christliche Vorstellungen von Sünde, Reinigung und Erlösung – an katholische Traditionen.

Hans und Inge Scholl wurden 1933 konfirmiert; Sophie Scholl hatte sich 1937, als es nicht mehr opportun war, für die Konfirmation entschieden. Woher kommt ihre Faszination für Askese und Mönchsleben, Ideale der katholischen Konfession, die protestantischen Vorstellungen entgegenstehen? Lina Scholl, die ehemalige Diakonisse, hat ihren Kindern einen weitherzigen, toleranten Protestantismus vorgelebt. Aber Sympathien für den Katholizismus haben sich bei den Scholl-Geschwistern bisher nicht bemerkbar gemacht. Die Spur führt zu Otl Aicher, jener »außerordentlich eigenartige und schweigsame« Gast, der sich seit dem Herbst 1939 immer häufiger bei den Scholls am Münsterplatz einfand. Bald kein Gast mehr, sondern ein Teil der Familie.

Nachvollziehbar wurde die Bedeutung von Otl Aicher, dem Gleichgesinnten, Anreger und Motivator im Aicher-Scholl-Bund, bisher erst ab dem Jahre 1941, weil es keine früheren Dokumente über seine Beziehungen zur Scholl-Familie und Menschen in deren Umkreis gab. Im Nachlass von Inge Aicher-Scholl hat sich der Beginn des Briefwechsels zwischen Otl Aicher und Ernst Reden und ein Brief erhalten, der die freundschaftlich-geistige Verbundenheit auch mit Sophie Scholl bis in das Jahr 1940 zurückführt. Diese Quellen machen es erstmals möglich aufzudröseln, wo Sophie Scholls Sehnsucht nach einer geistigen Beziehung zu Fritz Hartnagel und ihr Versuch, auf körperliche Liebe zu verzichten, ihren Ursprung hat. Ihre neuen Ideale sind nicht vom Himmel gefallen.

Im Frühjahr 1940 lernte Otl Aicher in der Wohnung am Münsterplatz Ernst Reden kennen, Inge Scholls Freund, zu dem sie eine »innige Beziehung« hat. Zwischen dem Achtzehnjährigen und dem Sechsundzwanzigjährigen entsteht ein intensiver Briefwechsel. Ende August 1940 gesteht der eher wortkarge Otl Aicher dem »guten Ernst« mit pathetischen Worten seine Gefühle: »Du treibst mir Tränen in die Augen … Was kann ich für Dich tun?! Alles scheint mir zu gering.« Ernst Reden, der Protestant aus Köln, der Schöngeist und Suchende, fasziniert Aicher, und zugleich ist er für ihn eine Herausforderung: einen weiteren Menschen für seine Wahrheit zu gewinnen. Im Licht dieser Wahrheit, die nichts anderes als Gott ist, kann Otl Aicher auch Ernst Reden seine Liebe gestehen und in höhere Sphären heben: »Ich liebe Dich nicht, wie die Liebenden bei Rilke; so liebe ich Dich, dass ich um eines Dinges willen an Dir hänge, das über uns beiden steht, und das eben ist die Wahrheit. Anders darf ich keinen Menschen lieben.«

Die Freundschaft aus Liebe zwischen Otl Aicher und Ernst Reden vollzieht sich nicht direkt, sondern nach Aichers Überzeugung über einen anderen: »Gott ist eine Brücke! Auch die unsere möge er sein, neben den etlichen Briefen, die wir schreiben können. … Wir werden uns auch nicht mehr allein lassen können, wenn wir durch Gott Freunde sein werden, und das sei unser Ziel. Immer Dein Otl.« Das Pathos war dem überschwänglichen Gefühl geschuldet, aber ebenso der Theologie des Kirchenvaters Augustinus, der für Otl Aicher die oberste geistliche Instanz bedeutete. Augustinus war an der Wende vom vierten zum fünften Jahrhundert Bischof im nordafrikanischen Hippo und hat, wie kaum eine andere theologische Autorität in der Kirchengeschichte, das christliche Menschenbild und das Verhältnis der Christen zur Sexualität geprägt.

Die »Bekenntnisse« des Augustinus, ein Bestseller quer durch die Jahrhunderte, zeigen einen Mann, der die Sexualität als eine Kraft erlebte, die ihn so prägte, dass sie geradezu zur Obsession wurde, nachdem er sie mit dreiunddreißig Jahren – nach seiner Bekehrung zum Christenum – radikal aus seinem Leben verbannt hatte. Mit siebzehn Jahren hatte Augustinus seine erste sexuelle Beziehung zu einer Frau, mit achtzehn Jahren wurde er Vater und trennte sich erst Jahre später von der Mutter seines Sohnes, weil er die ständigen Tränen und Vorwürfe seiner eigenen Mutter nicht mehr ertragen konnte. Zur vollständigen Kehrtwende in seinem Leben nach der Bekehrung zum Christentum gehört die radikale Absage gelebter Sexualität in der Beziehung zu einem anderen Menschen. Damit die Gläubigen sein rigoroses Christentum auch im Alltag, im Zusammensein mit anderen Menschen praktizieren können, findet der Bischof eine geniale Lösung: »Wenn dir Körper gefallen, lobe Gott um ihretwillen und kehre deine Liebe zu dem, der sie kunstvoll gestaltete, zu ... Wenn dir Seelen gefallen, sollen sie in Gott geliebt werden ... In ihm sollen sie also geliebt werden; zu ihm zieh mit dir, so viele du kannst, und sag ihnen: Lasst uns ihn lieben.«

Die Ähnlichkeit mit Sophie Scholls Formulierungen ist verblüffend. Ihre Liebe über Gott umzuleiten, um sie zu vergeistigen und den Wünschen des Körpers den Weg zu versperren: unter dieser Bedingung hatte sie Ende Oktober 1940 Fritz Hartnagel einen Neu-Anfang vorgeschlagen: »Denn die Fäden der Beziehung laufen nicht mehr zwischen Dir und mir, sondern zwischen uns und etwas höherem. Und dieser Zusammenhang ist doch der bessere.« Sophie Scholls neue Definition von Liebe orientiert sich offensichtlich am Kirchenvater Augustinus – und nicht weniger augenfällig an der Liebe, zu der sich Otl Aicher gegenüber Ernst Reden als Ideal bekennt. In seinen Briefen an ihn wird sie erstmals fassbar.

Dass Augustinus der Leitstern für den jungen Aicher ist, daran besteht kein Zweifel; ebenso wenig daran, dass Otl Aicher seine geistlichen Schätze und seine Vorbilder aus der Glaubenswelt des Katholizismus zunehmend in den Freundschaftsbund mit den Scholl-Geschwistern einbrachte. Es liegt auf der Hand, dass er sein Wissen und seine Begeisterung für Augustinus im Laufe des Sommers 1940 Inge und Sophie Scholl mitteilte. In einem Brief von Inge Scholl gibt es nun für einen intensiven Kontakt zwischen ihm und den beiden Schwestern einen konkreten Hinweis.

Am 19. Juli 1940 schreibt Inge an Hans Scholl: »Lieber Hans, gestern abend war ich mit Otl und Sofie in der Söflinger Kirche zum Orgelspielen.

Nachher, so hatte ich mir vorgenommen, wollte ich Dir schreiben. Aber die Zeit auf der Orgel ging so unmerklich dahin, dass der Brief auf heute morgen aufgeschoben.« Über das Orgelspiel von Sophie und Inge Scholl muss es ein langer Abend geworden sein in der barocken Klosterkirche Mariä Himmelfahrt auf dem ehemaligen Klostergelände in Ulm-Söflingen, in der Pfarrer Franz Weiß viele Jahre predigte, bis er am Karfreitag 1939 von der Gestapo verhaftet wurde. Der imponierende katholische Pfarrer, zu dessen Gemeinde die Familie Aicher gehörte, hatte Otl Aichers Welt- und Menschenbild entscheidend mitgeformt.

Was liegt näher, als dass die Drei in der Kirche, im Pfarrgarten und der weitläufigen Klosteranlage über Gott und die Welt reden und die Ideale, auf die man in diesen Zeiten bauen kann. Otl Aichers Kenntnisse und seine gelebten Überzeugungen sind eindrucksvoll. Das anfängliche Misstrauen bei den Scholl-Geschwistern, der neue Freund wolle sie zum Katholizismus bekehren, ist der Bewunderung gewichen. Da ist einer, der einen »festen Boden« außerhalb aller menschlichen Beziehungen hat, das Christentum katholischer Prägung – das ist einfach beneidenswert. Die Scheu der Protestanten, sich in einer katholischen Kirche wohlzufühlen, ist verflogen. Inge und Sophie Scholl haben mehr als einmal in diesem Sommer mit Otl Aicher in Mariä Himmelfahrt zum Orgelspiel gesessen. In ihren Brief an Hans Scholl packt Inge Scholl eine kleine Mundharmonika: »Wenn wir dann an der großen Orgel sitzen, denken wir an Dich und Deine kleine Mundorgel.«

Bei aller Überzeugungskraft, die Otl Aicher entfalten konnte: Sophie Scholl ist keine, die ihren Verstand vor lauter Begeisterung ausschaltet. Das Denken hat Vorrang, diese Einstellung gehört zu ihrer Persönlichkeit. Sie lässt sich Lebens-Werte nicht kritiklos überstülpen. Wenn sie sich das radikale augustinische Liebes-Ideal zu eigen macht und von Fritz Hartnagel Gleiches fordert, dann steht eigene Überzeugung dahinter. Nachdem sie schon mehrmals versucht hatte, ihre Beziehung zu Fritz Hartnagel zu verändern, was sich in der Realität des Zusammenseins nicht bewährte – ich bin zu jung, ich will mich nicht aufgeben für Dich –, muss das, was Otl Aicher ihr vermittelte, bei Sophie Scholl einen tiefen Widerhall gefunden haben. Als ob die Neunzehnjährige endlich den richtigen Schlüssel zu einem wichtigen Raum ihrer selbst gefunden hatte.

Am 27. Dezember 1940 schreibt Fritz Hartnagel einen langen Brief an Sophie Scholl. Er hat viel Zeit an diesem zweiten Weihnachtstag. Mit Sophie, ihren Geschwistern, Freundinnen und Freunden über den Jahreswechsel gemeinsam in die Ski-Ferien zu fahren, hat er abgelehnt, weil er sich diesmal »wie ein Fremder« vorkommen würde. Noch einmal stellt er die Missverständnisse und ihre unterschiedlichen Meinungen gegeneinander. Ja, auch er ist überzeugt, dass »die Liebe nur Sinn hat, wenn etwas Höheres darübersteht«. Sophie Scholls wegweisende Gedanken sind nicht ohne Einfluss geblieben. Aber dass eine Freundschaft »nur Schwäche ist«, will er nicht akzeptieren. Am Ende jedoch schmelzen seine Forderungen zu einer anrührenden, verzweifelten Bitte: »Liebe Sofie, wenn es Dir möglich ist, dann mach bitte dieser Ungewissheit und diesen Zweifeln ein Ende, ganz gleich welches.«

Was er nicht weiß: dass Sophie Scholl am 13. Dezember an Lisa Remppis geschrieben hat, wie sie den Stand ihrer Beziehung zu Fritz Hartnagel nach dem Auf und Ab der letzten Wochen beurteilt. Ihm sei die endgültige Trennung inzwischen bewusster geworden und soviel sie sehe, gereiche ihm das zum Guten: »Man sieht viel tiefer, wenn man für seine Sehnsucht nicht Zuflucht bei einem Menschen sucht.« Da sie mit Lisa offen reden kann, fügt sie hinzu, es handle sich um eine »gewisse Kraftprobe«. Sophie Scholl nimmt einen Lichtstreifen am Horizont ihrer Beziehung wahr. Die bittere Medizin, die sie Fritz Hartnagel verabreicht hat – in der Überzeugung, für sie und ihn das Beste zu tun –, zeigt nach ihrem Eindruck Wirkung. Sie muss nur bei ihrem Härte-Konzept bleiben, nicht schwach werden. Dann wird die Kraftprobe in ihrem Sinn entschieden. Die »endgültige Trennung« bedeutet für sie nicht »aus den Augen, aus dem Sinn«, sondern eine neue Verbindung von Mensch zu Mensch, in der jeder dem anderen seine Freiheit lässt.

Mit diesem optimistischen Ausblick geht Sophie Scholl in ein neues Jahr – sie fühlt keine Müdigkeit, sie will leben. Lisa Remppis soll ihren Eltern sagen, die Scholls hätten eine Unterkunft für die Ski-Ferien gefunden. Berge, Sonne, Schnee und der Rausch der Abfahrt ins Tal. Inge, Hans, Werner und Otl würden auf jeden Fall dabei sein, und Sophie hofft fest, dass Lisa mitkommt – »ich freue mich sehr darauf«.

## DEM HÖHEREN ZIEL ENTGEGEN

*Januar bis März 1941*

Gut zwei Wochen nach der Rückkehr von der Ski-Hütte war Lisa Remppis noch ganz erfüllt von dem gemeinsamen Beisammensein in den Bergen, ohne genau sagen zu können, warum: »Mir ergeht's eigentlich auch so wie Dir, die Tage im Gebirge haben einem irgendetwas gegeben, was nur uns gehört, man kann es wohl erzählen, aber verstehen vermag niemand recht, was denn so Besonderes daran gewesen sei, und gerade das gibt solchen Halt.« In der Zwischenzeit war sie in Stuttgart im Konzert, wo eine Mozart-Symphonie gespielt wurde: »Da ist mir alles wieder aufgegangen, unser Aufstieg am letzten Tag und dann die Abfahrt, es war, als sei die ganze Begeisterung, die wir empfunden haben, in Musik ausgedrückt.« Sophie Scholl, an die Lisas Brief am 19. Januar 1941 gerichtet ist, hatte drei Tage zuvor Fritz Hartnagel von den Ski-Ferien auf 1800 Meter Höhe im Lechtal berichtet. Inge, Hans, Sophie und Werner Scholl mit Otl Aicher und Willi Habermann hatten eine Hütte für sich allein, ernährten sich von Tee und Brot und übten tagsüber im tiefen Schnee »heftig« Telemark, den schneidigen norwegischen Ski-Stil. Hinaus in die frische Luft ging es morgens relativ spät, weil sie am Abend spät ins Bett kamen. Dann saßen alle zusammen um den Tisch und lasen gemeinsam das »Tagebuch eines Landpfarrers« des französischen Schriftstellers Georges Bernanos, 1938 in deutscher Übersetzung erschienen.

Das »Tagebuch« ist keine leichte Kost. Es erzählt von einem jungen Priester, der die Pfarre eines Dorfes betreuen soll, das im Elend versinkt. Seine kirchlichen Vorgesetzten glauben nicht an das, was sie verkünden. In Welt und Kirche ist das Böse mächtig. Wie kann er, krank, einsam und immer wieder von Verzweiflung und Ängsten geschüttelt, etwas ausrichten? Äußerlich ist er ein Versager. Doch unerschütterlich hält der Landpfarrer an drei Dingen fest, die ihm Sicherheit und Geborgenheit geben, jenseits von Menschen und Dingen: am Gebet, auch wenn ihn beim Beten völlige Leere umgibt; an seinen körperlichen Leiden als Sühne für die Sünden anderer; am Glauben an Gott, der die absolute Liebe ist. Sophie Scholls Urteil über dieses Buch steht fest: »Ich jedenfalls möchte es einmal besitzen.« Und weil Fritz Hartnagel in Frankreich stationiert ist, empfiehlt sie ihm ironisch:

»Wenn Du von ihm etwas bekommen könntest … Er erscheint in Deutschland nimmer, da er ein lebender Franzose ist.«

»Das Tagebuch eines Landpfarrers« ist ein Meisterwerk der modernen französischen Literatur. Georges Bernanos zählte zu den angesehenen Schriftstellern einer Bewegung, die in Frankreich seit Beginn des 20. Jahrhunderts unter der Bezeichnung »Renouveau Catholique« Theologen, Künstler und Intellektuelle zusammenführte; viele von ihnen konvertierten zum Katholizismus. Sie kämpften für einen erneuerten Katholizismus und erhofften für ihr Land, dessen Entchristlichung sie beklagten, eine Art katholische Wiedergeburt.

Der Renouveau Catholique wurde zur tragfähigen Brücke, auf der sich die Scholl-Geschwister, ohnehin von französischer Literatur begeistert, mit Otl Aicher zu gemeinsamer Lektüre und zum intensiven Gedankenaustausch treffen konnten, auch wenn sie aus verschiedenen Richtungen kamen. Kein Zufall war, dass Otl Aicher die Gesprächspartner über diese Bücher unmerklich in eine bestimmte geistige Richtung lenkte. In den dreißiger Jahren fanden die Autoren des Renouveau Catholique auch großes Interesse bei Katholiken in Deutschland, die sich eine erneuerte, aufgeschlossene Kirche wünschten, ohne sich dem Zeitgeist anzupassen. Im Bücherschrank des Söflinger Pfarrers Franz Weiß und bei seinem Freund, dem Kaplan Bruno Wüstenberg, hatte der wissbegierige jugendliche Otl Aicher entsprechende Lektüre gefunden. Das traf sich bestens mit seiner Begeisterung für Thomas von Aquin, denn die theologischen Vertreter des Renouveau Catholique holten die Vorstellungen des einflussreichen mittelalterlichen Dominikanermönches über Gott und die Welt ins 20. Jahrhundert und positionierten ihn als Stützpfeiler eines »neuen Christentums«.

Keiner war darin unermüdlicher und mit seinen Büchern erfolgreicher als Jacques Maritain. Der Philosophie-Professor konvertierte 1906 mit seiner Frau Raïssa vom Protestantismus zum Katholizismus. Mit seinen Studien zum Thomismus und den sonntäglichen Zusammenkünften in seinem Haus in Meudon bei Paris, wo sich zu literarischen Lesungen, Diskussionen und spiritueller Einkehr das intellektuelle Paris traf, löste Maritain in Frankreich eine Thomas-Renaissance aus. Für Otl Aicher wurde der katholische Philosoph, der unter dem Begriff »Humanisme intégral« eine neue christliche Gesellschaftsordnung entwarf, zum Hausheiligen und zur obersten geistlich-geistigen Autorität.

Mit Freude wird Aicher Hans Scholls Lektüre-Vorschlag »Tagebuch eines Landpfarrers« für die Jahreswende im Schnee zugestimmt haben. Über die französische Schiene weckte er bei den Scholls verstärktes Interesse für die Autoren des Renouveau Catholique, die theologischen Schriften inbegriffen. Wie gut das bei Sophie Scholl funktionierte, zeigt die Bücher-Wunschliste, die sie am 21. Februar 1941 an Fritz Hartnagel schickt. Er liegt mit seiner Einheit immer noch an der französischen Kanalküste bei Calais und soll in den Buchläden nach folgenden Autoren suchen: Paul Claudel, Francis Jammes, Georges Bernanos, Sertillanges. Der französische Dominikanermönch Antonin-Gilbert Sertillanges (1883–1948), Professor für Moralphilosophie, gehört zu den führenden »Thomisten« des 20. Jahrhunderts, die Thomas von Aquin als einen Lebensführer durch die Wirren und Bedrängnisse der modernen Zeit deuteten.

Sophie, Inge, Hans und Werner Scholl wussten damals sicherlich nicht, dass der Theologe Sertillanges, aber ebenso Schriftsteller wie Bernanos und Claudel mit dem Anspruch Maritains übereinstimmten, in dem erstrebten »neuen Christentum« sei für die protestantischen Kirchen kein Platz: »Es gibt nur eine integrale religiöse Wahrheit, es gibt nur eine katholische Kirche.« Sie konnten auch nicht ahnen, dass Maritain dem größten protestantischen Theologen des 20. Jahrhunderts, Karl Barth, der dem Widerstand gegen den Nationalsozialismus eine fundierte theologische Grundlage gab, einen »primitiven Protestantismus« vorwarf. Dafür wird der Schluss vom »Tagebuch eines Landpfarrers« dem protestantischen Glaubensverständnis der Scholl-Geschwister sehr vertraut gewesen sein. Der schwerkranke Landpfarrer, der das Böse als eine mächtige und reale Kraft in der Welt erlebte und mit Gebet und Demut bekämpfte, nimmt alle Kraft zusammen, um mit seinen letzten Worten die Summe seines Lebens und Sterbens zu ziehen: »Alles ist Gnade.« Martin Luther hätte es nicht besser sagen können.

Am 27. Februar trägt Inge Scholl in ihr Tagebuch ein: »Il faut avoir l'esprit dur et le cœur tendre«, eine Formel, auf die man sein Leben bringen sollte. »Man muss einen harten Geist und ein weiches, zärtliches Herz haben« – Otl Aicher hatte diese Formel bei Jacques Maritain gefunden und als Wegweiser ausgegeben. Bei der Scholl-Familie galt der Goethe-Vers »Allen Gewalten zum Trotz sich erhalten« als interner Code. Das Maritain-Motto wurde zum Fixstern, zum Mantra des Aicher-Scholl-Bundes, der im Frühjahr 1940 die entscheidenden Schritte in eine Richtung nahm, die der achtzehnjährige katholische Aicher den protestantischen Scholl-Geschwistern vorgab. Harter Geist und weiches Herz – es war eine Formel für das politische wie das private Leben. Mit Härte dem Bösen der Zeit widerstehen, ohne zu verhärten. Hartnäckig nach der geistigen Wahrheit suchen, dabei sich und andere nicht schonen. Auch für Sophie Scholls persönliche Lebenssituation war das Motto wie gemacht: Mit Beginn des neuen Jahres

predigte sie Fritz Hartnagel wiederum Härte, ohne deshalb ihre Beziehung »als Menschen« aufgeben zu wollen.

Ihre ganze Liebe an einen Menschen zu hängen oder »vielmehr mich ganz mit ihm zu teilen, das bringe ich jetzt nicht fertig«, schreibt sie ihm am 6. Januar 1941. Um versöhnend hinzu zu fügen: »Ist es denn nötig? – Deshalb muss ich nicht ein Einsiedlerleben anstreben.« Der nächste Absatz bringt eine radikale Steigerung. Eine Freundschaft »aus reiner unbegründeter Zuneigung« könne es für sie nicht geben. Sie kenne »keine Zuneigung oder Liebe oder wie Du sagen willst, zu einem Menschen mehr«. Sofort jedoch nimmt sie die Schärfe heraus: »Nimm es mir nicht übel. Ich glaube, man kann die Menschen auch anders lieben. Dies will ich versuchen.« Schon der Auftakt des Briefes stand im Zeichen einer versöhnlichen Geste. Es sei unnötig, wenn nicht gar falsch von ihr gewesen, eine neue Form für ihr zukünftiges Miteinander zu suchen. Wenn sie Geduld hätten, würde ihnen diese Form eines Tages von selber zufallen.

Bei diesem ausgeglichenen Ton bleibt sie in den folgenden Briefen. Sophie Scholl erzählt unbeschwert vom Ski-Urlaub, von der vielen Arbeit im Seminar, wo im März die Abschlussprüfungen fällig sind. Von einem Violinkonzert, das sie mit Hans Scholl besuchte, um anschließend mit der befreundeten Sängerin Olga Habler noch bis morgens zwei Uhr zusammen zu feiern: »Dies tut mir manchmal auch gut …« Ihr Vater prognostiziert das Kriegsende noch für das laufende Jahr; sie hoffe lieber nicht darauf, um nicht enttäuscht zu werden. Als es heißt, sie müsse wahrscheinlich doch im April zum Arbeitsdienst, fügt sie hinzu: »Etwas daran wird mir gewiss gefallen.« Ihre neue Beziehung ist auf einem guten Weg: »Vielleicht können wir uns noch einmal treffen, bevor es im Frühjahr wieder lebhafter wird? Aber es wird auch so gehen, wenn wir uns bemühen.« Es dauert nur wenige Tage, und ihr Wunsch geht überraschend in Erfüllung. Fritz Hartnagel ist in Ulm und kann für drei Wochen Urlaub machen.

Als es am 21. Februar morgens zurück in die Kaserne geht, wird er von Inge Scholl am Ulmer Bahnhof verabschiedet. Sophie ist ohnehin schon spät dran für den Seminar-Unterricht und mit dem Rad unterwegs nach Söflingen. Und dann noch dieses Malheur, das sie Fritz am gleichen Abend brieflich schildert: »In die Schule kam ich, unsretwegen, eine Viertelstunde zu spät, und musste noch mit dem Rad heimrasen, da ich allerhand wichtiges vergessen hatte. Aber manchmal ist anderes wichtiger.« Im Unterricht sei sie wie aufgedreht gewesen – »frag einen Psychologen was Überkompensation ist, dann hast Du ungefähr meine Stimmung«.

Was sie kompensieren musste: »Alle Tage vorher wartete nach der Schule ein Abend mit Dir auf mich, jetzt nimmer, komisches Gefühl.« Dann meldet sich die »andere« Sophie Scholl: »Ich hatte mich schon zu sehr an Deine Wärme gewöhnt. Das ist auch eine Gefahr.« Um anschließend zu gestehen: Sie hätte gerne etwas von ihm, das sie unauffällig immer bei sich tragen könnte. Auch das bleibt nicht kommentarlos stehen: »Das sind allerdings die ersten heftigen, dem Abschiede entsprungenen, sehr subjektiven Gefühle, die ich selbst nicht einmal alle billigen kann.« Kommt sie da wieder zum Vorschein, die rigorose Sophie Scholl, die Härte zeigen muss?

Nein, sie hat nur noch einmal ihre Vorstellungen benannt, die sie Fritz Hartnagel während des Urlaubs ausführlich darlegte und über die sie Einverständnis erzielen konnten. Er weiß, was gemeint ist. Und damit ist das Thema für Sophie Scholl auch erledigt. Ihr Brief strahlt frohe Zuversicht aus: »Leb Dich gut ein, denk an mich, auch an das, was wir gesprochen haben. Verzeih mir auch alles, was ich Unrechtes an Dir getan habe, auch während Deines Urlaubs.« Und schon geht der Blick in die Zukunft: »Ein Inserat wegen der Hütte wollen wir aufgeben. Ist's recht?« Fritz Hartnagel musste nach seiner Rückkehr sofort eine Dienstreise nach Münster und Amsterdam antreten. Meistens saß er im Auto und hatte viel Zeit zum Nachdenken. Es war eine schöne Zeit: »Liebe Sofie, ich dank Dir für alles, was du mir in meinem Urlaub gegeben hast, vor allem neuen Mut und Zuversicht.« Er habe an das gedacht, »was wir miteinander gesprochen haben. Ich glaube, wir sind viel weiter gekommen«. Sie sind wieder gemeinsam auf dem Weg, wenn auch auf andere Weise als je zuvor. Dass ist die beglückende Erfahrung, die beide mit in die trennenden Monate genommen haben. Weil sie in ihren Briefen sorgsam miteinander umgehen, sind sie auch mit sich selbst in der Balance. Vorbei ist es mit Sophie Scholls Selbstanklagen – ich bin müde, faul, schlecht –, und Fritz Hartnagel muss sich nicht klein machen.

Es gibt kein Misstrauen mehr, keine Missverständnisse. Das macht frei, Gefühle zu zeigen. Auch für Sophie Scholl, die so viel Wert auf Unabhängigkeit legt: »Ich bin im Grunde so froh, dass nun jedes Gefühl in mir so ungezwungen ist für Dich, nun, nachdem wir uns freigemacht haben.« Sie fühlt sich bestätigt, ohne aufzutrumpfen: »… und wenn man auch oft Sehnsucht bekommt nach Wärme und Geborgenheit bei dem andern, so ist es doch herrlich, seine Freiheit zu fühlen, in einer kalten, aber klaren Luft.« Es ist ein Widerspruch, aber ein produktiver: »Und doch fühle ich mich Dir näher verbunden wie zuvor, nun, da wir ganz frei einander gegenüber treten können.« In dieser Freiheit schreibt Sophie Scholl ihrem Fritz am 28. Februar einen wunderschönen Liebesbrief. Sie suche in ihrer »Abgeschafftheit« in Gedanken bei ihm Halt: »Denn ich weiß ja, dass ich auf Dich bauen kann, dass Du mich liebst. Deshalb müssen wir uns ja nicht binden. Ich merke, wie ich Dich von neuem, anders, lieb gewinne. Ich habe Dich gern um des Guten willen, das in dir ist …« Fritz Hartnagel soll wissen, dass sie mit ihm kein Spiel getrieben hat, als sie tiefgehende Veränderungen in ihrer Beziehung forderte: »Denn nun bist Du, und erst jetzt, richtig gewillt, zu mir zu finden.«

Fritz Hartnagel hat Sophie Scholls Bedingungen akzeptiert, ohne Abstriche und ehrlichen Herzens. Das gibt auch ihm die Freiheit, offen zu sprechen. Um ganz ehrlich zu sein, schreibt er Mitte März, es sei »das Geschlecht«, das bei ihm »oft eine erschreckend große Rolle« spiele. Damit kommt er auf einen wesentlichen Punkt ihrer Gespräche und Übereinkünfte zurück. Nach dem Urlaub in Ulm sei zwar die Versuchung dieselbe, aber die Umstände seien andere, er fühle mehr Halt: »Mir ist es, als ob wir gemeinsam dagegen ankämpfen würden, als ob Du bei mir wärest und mir beistehen würdest, das Gute zu tun.«

Einen sehr persönlichen Brief hat Sophie Scholl nach dem Urlaubsende geschrieben, aber nicht abgeschickt. Darin heißt es, sie habe zusammen mit Inge gebadet – »Wir verstehen uns immer gut beim Baden« – und erstmals mit ihr über Fritz gesprochen. Es liegt ihr daran, dass die nächsten

Menschen sich kein falsches Bild von ihr machen. Allerdings habe sie nicht den Mut gehabt, ihrer Schwester über die wirklichen Veränderungen in der Beziehung zu erzählen. Die Einzige, mit der sie offen über sich selber spricht, ist und bleibt Lisa Remppis. Als die Freundin ihr Anfang des Jahres schreibt, zwischen ihr und Hans Scholl sei es nun endgültig aus, empfiehlt Sophie Scholl ihr, sie könnte mit Hans »bewusst auf einer ganz anderen Ebene anfangen (wie bei mir und Fritz)«. Daraufhin antwortet ihr Lisa »etwas belustigt von wegen der Freundschaft mit Fritz«: Ob das nicht »ein klein wenig Sprüche« seien. Wenn man einmal Schluss gemacht hat, könne es nach ihrer Meinung keine Freundschaft mehr geben. Sophie soll ihr aber nicht böse sein, »ich kann Dir doch sagen, was ich denke, nicht wahr?«

Lisa Remppis kann es. Sophie Scholl fühlt sich herausgefordert, noch genauer zu sagen, worum es geht. Die Zeit reiche ihr nicht, sich in der Sache mit Fritz zu rechtfertigen. Allerdings sehe Lisa die Dinge zu sehr aus dem Blickwinkel des letzten Herbstes. Damals hatte sie der Freundin offenbart, es sei »noch etwas vorgekommen«, obwohl sie sich doch eigentlich trennen wollte. Im Frühjahr 1941 jedoch gilt: »Denn alles Sinnliche, was sehr roh gesagt, doch der Hauptanziehungspunkt zwischen uns (zwischen Mann und Frau überhaupt ist), habe ich ja ganz ausgeschaltet, wenigstens in Taten. Und ich versuche es auch in Gedanken und Gefühl. Es wird mir schon gelingen. Alles andere ist rein eine Sache des Willens.« Der Unterschied zum Herbst ist entscheidend: Diesmal weiß sie Fritz Hartnagel auf ihrer Seite. Einmal in dem Bemühen, sich von »allem Sinnlichen« frei zu machen, und zweitens diese Freiheit zu nutzen für ein ganz großes Ziel. Denn davon hat Sophie Scholl nicht abgelassen, seit dieser Wunsch in ihr übermächtig wurde und die Krise in ihrer Beziehung auslöste.

Anfang März 1941 stellt sie Fritz Hartnagel wieder die gleiche Frage, allerdings in einem anderen Ton: »Sollte man überhaupt Geborgenheit, Sicherheit bei einem Menschen suchen? Sollte der Gegenstand dieser Sehnsucht nicht ein anderer sein?« Wie sehr dies inzwischen eine rhetorische Frage ist, zeigt die Antwort von Fritz Hartnagel: »Nun, nachdem wir uns verbunden fühlen (nicht gebunden), nachdem kein Misstrauen mehr zwischen uns ist, nun erst können wir uns ganz dem widmen, um was es uns eigentlich geht.« Die Forderung aus dem Rilke-Gedicht, die Sophie Scholl schon als Schülerin imponierte – »Du musst dein Leben ändern« –, hat Fritz Hartnagel bereitwillig und sensibel angenommen.

Das geistige Neuland, das er betritt, ist ihm fremd. Aus protestantischem Hause, ohne sonderlich gläubig zu sein, verlässt sich Fritz Hartnagel auf Sophie Scholls Lektüre-Empfehlungen. Am 16. März meldet er ihr seine

Bucheinkäufe: »Der Mensch im Denken der Zeit von Hans Pfeil, die Bekehrung des Aurelius Augustinus von Romano Guardini, dann ein Buch von Thomas von Aquin …« Katholischer geht es nicht, wobei Pfeil und Guardini zu den Theologen gehören, die seit den zwanziger Jahren eine Reform der katholischen Kirche und eine Öffnung hin zur modernen Welt fordern. Vielleicht ist das bisherige Desinteresse Fritz Hartnagels in religiösen Dingen ein Vorteil: Der Protestant hegt keine Abneigungen gegenüber dem Katholizismus. Vorsichtig schreibt er über seine neuen Erfahrungen: »Mir ist es, als wollte ich ein in lauter kleine Stückchen zerrissenes Blatt Papier wieder zusammensetzen …« Aber eines Tages, davon ist er überzeugt, wird er das ganze Blatt vor sich sehen. Den Tag beendet er mit Gedanken an Sophie Scholl. Sie führen ihn fort aus seinem Soldatenleben in eine andere Welt, eine Welt, die von ihr ausging. Für Fritz Hartnagel ein schöner, ein tröstlicher Gedanke.

Wohin Fritz Hartnagel geführt werden soll, nimmt ein wenig Konturen an durch einen Brief vom 1. April, in dem Sophie Scholl ihrer Freundin Lisa zu erklären sucht, was sich in ihrer Beziehung – neben dem Verzicht auf »Sinnliches« – verändert hat. Zum einen stehe Fritz »am Anfang einer neuen Erkenntnis«, die folgenschwer für seinen Beruf sei. Sie hätte es als »Unrecht und scheußlichen Egoismus angesehen«, ihn in diesem Umdenkungsprozess allein zu lassen. Eine zweite Entwicklung jedoch ist mindestens so folgenschwer: »Du bist zu wenig verbunden, um so ganz zu erkennen, womit wir gerade beschäftigt sind, das heißt Inge, Has und ich. Aber aus dem Winterlager wirst Du es so etwa ersehen haben. Und dass Otl dabei nicht wegzudenken ist, weißt du auch. Es ist sehr schade, dass Du nicht bei uns bist. Du könntest mich ganz anders verstehen.«

Die Geschwister Inge, Werner (Spitzname Has) und Sophie Scholl, die noch zu Hause leben, und Otl Aicher, der inzwischen jeden Tag in die Wohnung am Münsterplatz kommt, haben sich einem gemeinsamen geistigen Projekt verpflichtet: sich den radikalen Glauben des »Landpfarrers« für ihr Leben zu erschließen, und in dieser Anstrengung fühlen sie sich auf eine besondere Weise verbunden. Ihr geistiger Anführer ist Otl Aicher. Ihn prädestiniert zu dieser Rolle, dass er schon besitzt, was die anderen Drei erstreben: einen festen Glauben – in der katholischen Kirche verankert; ein großes Wissen, bei wem die Wahrheit auf die vielen Fragen, die am Weg auftauchen, zu finden ist; eine Glaubwürdigkeit, nicht mit den bösen Mächten dieser Zeit zu paktieren, die alle Scholl-Geschwister mit Hochachtung erfüllen muss und mit Scham, wenn sie an ihre langjährigen Aktivitäten im Zeichen des Hakenkreuzes denken. (Unerklärlich wie die Jahre zuvor:

Die bald zwanzigjährige Sophie Scholl ging bis zum März 1941, als sie ihre Kindergärtnerinnen-Ausbildung beendete, regelmäßig in die wöchentlichen BDM-Abende.)

Otl Aicher hält sich seit dem Februar 1941 mehr denn je bei den Scholls am Münsterplatz auf. »Du kannst Dir denken, welchen Staub die Sache aufgewirbelt hat, aber trotzdem habe ich meine Freude und auch meinen Stolz behalten, es war nur schwer diesen Stolz immer in Gott verankert zu wissen«, schreibt er am 4. Februar 1941 an Willi Habermann. Die Sache: Weil er sich weiterhin weigert, in die HJ einzutreten, wird er vom Abitur ausgeschlossen, das im Frühjahr 1941 anstand. Aichers Eltern, denen es gelungen war, in keine einzige nationalsozialistische Organisation einzutreten, baten ihn flehentlich, »irgendwo einzutreten«, um seine Zukunft nicht zu verbauen. »Nein«, war die Antwort, »lieber klopfe ich Steine von Söflingen nach Ehrenstein.« In ihrer Not gingen die Eltern dorthin, wo ihr Sohn längst zu Hause war: zu Robert und Lina Scholl am Münsterplatz, und baten um Unterstützung. Doch was die einen unglücklich machte, war für die anderen eine Auszeichnung. »Seien Sie doch stolz auf so einen Sohn«, bekamen die Aichers von Robert Scholl zu hören.

Der achtzehnjährige Werner Scholl dagegen konnte der Unterstützung seiner Eltern sicher sein, als er 1940 aus der HJ austrat. Obwohl die HJ-Pflicht mit achtzehn Jahren endete, bekam er – wie sein Freund Otl – Schwierigkeiten am naturwissenschaftlich-mathematischen Zweig der Kepler-Schule. »Bei Werner ist es sehr unsicher, ob er das Abitur machen darf, da er nicht mehr in der H. J. ist«, informierte Sophie Fritz Hartnagel. Mit Stolz auf die eigenen und ein wenig Verachtung für Otl Aichers kleinmütige Eltern fährt sie fort: »Otl ist es schon endgültig verweigert worden. Man darf's nicht tragisch nehmen. (Unsre Eltern sind Gott sei Dank vernünftiger als Otls Eltern.)« Aber zwei politisch unsichere Kantonisten in einer Abiturklasse, das hätte kein gutes Licht auf die Kepler-Schule geworfen. Werner Scholl darf das Abitur machen.

Ähnlich selbstbewusst wie an Willi Habermann schreibt Otl Aicher mehrere Briefe über »die Sache« an seinen Freund Bruno Wüstenberg in Rom und beruft sich auch auf die moralische Unterstützung durch die Scholls. Der zehn Jahre ältere Wüstenberg hatte sich während seiner Zeit als Kaplan in Söflingen mit dem jungen Aicher befreundet und studierte seit dem Herbst 1939 an der päpstlichen Universität. Bruno Wüstenberg, der seine sehnsüchtige Liebe zu Otl Aicher in manchem Brief in Worte gefasst hat, rät dem jungen Freund dringend, das Abitur zu machen, um anschließend studieren zu können. Wüstenbergs Brief vom 13. Februar

1941 ist ein rares Zeugnis, weil er einen Blick von außen auf Otl Aicher wirft und zugleich ein hartes Urteil über dessen Freundschaftsbeziehungen fällt: »Wenn einer seinen Eltern trotzt, seinen Lehrern, der Umwelt, seinen Freunden, die ihn lieben, dann muss dieser, um ein Recht zu dieser Handlung zu haben, ein Genie sein oder er ist ein verblendeter Trotzkopf. Ich bin gezwungen Dir zu sagen, dass Du kein Genie bist. Es geht hier nicht um die Frage, ob ich Dich verstehe, so wie Du meinst, wie Dich der sogenannte Has und seine Schwestern verstehen. Aber auch das ist noch ein Trugschluss, da man diesen Deinen Freunden … die Unbefangenheit absprechen muss, weil sie nichts sind als Deine Kreaturen, die gar nicht eigen denken, sondern so wie Du jedesmal willst.«

Sophie Scholl sah Otl Aicher in einem anderen Licht. An Lisa Remppis schreibt sie in diesen Wochen: »Unbewusst halte ich allen Menschen Otl Aicher gegenüber.« Solches Vergleichen aber sei nicht gut, und sie wolle sich in Zukunft in Acht nehmen. Er wäre noch weiter in ihrer Achtung gestiegen, hätte sie gewusst, dass seine Radikalität für etwas verantwortlich war, das wie ein Unfall aussah. Als Sophie Scholl ihrer Freundin Lisa im Dezember 1940 mitteilte, wer alles zum Skifahren mitkomme, war unter den Namen auch Otl Aicher. Ohne weitere Angaben oder Aufregung fügte sie hinzu: »Otl kann nicht Skifahren, denn er verlor 3 Finger (das heißt: sie bleiben steif. Und sind noch nicht so weit.)« Damit war die Angelegenheit für sie erledigt.

Am 16. April 1941 notiert Inge Scholl, der Erinnerungen an das Ski-Lager kamen, im Tagebuch einen Dialog mit Otl Aicher vom gleichen Tag: »Ob ich gedacht hätte, er hätte sich die Finger extra abgeschlagen – Nein – Ich habe es aber getan.« Willi Habermann, der in den Bergen dabei war, wusste es die ganze Zeit. Er hatte am 3. Dezember 1940 einen Brief von Otl Aicher bekommen: »… ich habe mir nämlich drei Finger abgeschlagen …« Er habe genau berechnet, in welchem Winkel ihm einer der Heizkörper im Geschäft seines Vaters auf die linke Hand fallen müsse, um genau die Finger zu verletzen, die er nicht zum Modellieren brauche. Aber solange Aicher daraus ein Geheimnis machte, schwieg sein Freund Habermann selbstverständlich. Der Sinn dieser Selbstverstümmelung? Der Achtzehnjährige ging davon aus, dass der Krieg noch nicht an sein Ende gekommen war und er dem Einsatz als Soldat für ein verbrecherisches Regime nicht entgehen würde. Mit drei steifen Fingern hoffte er, zumindest dem Dienst an der Front – und damit an der Waffe – zu entkommen. Denn so intensiv sich die Ulmer Gleichgesinnten auch zusammenschlossen, sie vergaßen die Welt draußen nicht.

Die politische Situation zum Jahresbeginn 1941 war voller Ungewissheit. Nervöse Spannung lag in der Luft. Die Deutschen hofften, dass der Krieg im dritten Jahr sein Ende finden würde. Hitler, mit seinem untrüglichen Gespür für Stimmungen, versuchte, mit Reden das Vertrauen in seine Politik aufrecht zu erhalten. Im Februar 1941 und wiederum im März signalisierte er einen baldigen Sieg über England, was die Menschen, ihren Sehnsüchten entsprechend, als baldigen Frieden deuteten. Hitler hatte keine Skrupel, Friedenshoffnungen zu wecken, während die Militärmaschine auf einen neuen Krieg vorbereitet wurde.

Worüber der Führer des Deutschen Reiches die Öffentlichkeit im Ungewissen hielt: Die »Schlacht um England« war Ende September 1940 erfolglos abgebrochen worden. Die deutschen Luftangriffe, im August begonnen, Anfang September auf London konzentriert, hatten die Briten unter Führung ihres Premierministers Churchill nicht mürbe gemacht. Sie waren zum Widerstand um jeden Preis entschlossen. Jetzt suchte Hitler auf anderem Wege die Entscheidung. Am 18. Dezember 1940 erging die Weisung Nr. 21 an die Wehrmacht, alles vorzubereiten, um Russland in einem schnellen Feldzug zu besiegen. Sei erst der Feind im Osten vernichtet, werde England aufgeben. Hitlers Ausführungen vor hohen Militärs am 8./9. Januar 1941 auf dem Berghof waren der Auftakt zu einer erneuten ideologischen Instrumentalisierung und die Rechtfertigung eines Überfalls auf die Sowjetunion, mit der man seit dem Sommer 1939 verbündet war. Dass dies nur als taktisches Manöver gedient hatte, um Polen in Ruhe zu erobern, legte Hitler nun offen, und ebenso freimütig erklärte er den kommenden Krieg gegen die Sowjetunion zu einem »Vernichtungskrieg«. Der Kampf gegen den »jüdischen Bolschewismus« müsse mit unerbittlicher Härte geführt werden. Es ging um Rassenkampf und Lebensraum. Die Gesetze »soldatischer Kameradschaft«, wie sie gegen den Feind im Westen noch gegolten hätten, seien im Osten aufgehoben.

Alle diese Vorbereitungen blieben im Dunkeln, zumal Joseph Goebbels, Herr über die Propagandamaschine, beschlossen hatte, die Stimmung in der Bevölkerung nicht mit psychologischen Vorbereitungen auf neue Kämpfe zu verunsichern. Die Deutschen sollten vorerst bei Frühlingslaune gehalten werden. Was unverblümt mit allen demagogischen Mitteln weiterging, war der Versuch, die Ausgrenzung und Verachtung der jüdischen Minderheit unumkehrbar zu machen. Ab Januar 1941 lief in Ulm der Film »Jud Süß«. Das »Ulmer Tagblatt« schrieb, dass über die biografische Komponente hinaus der Film die Juden als jene »Rasse deute, die in ihrer Gier nach Geld und Macht, nach Zersetzung und Herrschsucht nur einen Weg kennt, den des Verbrechens«. In den besetzten Ländern scheute man sich nicht, in der Öffentlichkeit mit Gewalt vorzugehen – gegen die Juden und ihre Sympathisanten.

Am 28. Februar 1941 erfuhr Sophie Scholl von Fritz Hartnagel, was er bei einer Dienstfahrt nach Amsterdam erlebt hatte: »In Amsterdam war gerade Belagerungszustand, da die Zivilbevölkerung gegen die Judenverhaftungen, die in den letzten Tagen vorgenommen wurden, demonstrierte. Die Straßenbahnen und ein Großteil der Geschäfte streikte. Die SS ging mit Waffengewalt gegen die Menschenansammlungen vor, wobei es 20 Tote gegeben haben soll. Die Bevölkerung ist natürlich äußerst erbittert.« Eine Woche später kommentierte Sophie Scholl den Vorfall: »Übrigens, dass man überall (wie in Amsterdam) radikal vorgeht, finde ich nur gut. Es verwirrt die Erkenntnis der ganzen Sache weniger, als wenn man hier etwas gutes, dort was schlechtes findet, und nicht weiß, welches nun das wahre ist.« Sie blieb ihrem radikalen Ansatz treu, aus dem heraus sie schon die kampflose Übergabe von Paris durch die Franzosen im Juni 1940 kritisiert hatte: Man muss handeln und Taten provozieren, die das Böse der nationalsozialistischen Herrschaft sichtbar machen – egal, ob es sich um Kunstwerke handelt, die zerstört werden, oder um Menschen, die ihr Leben lassen. Nur wenn Klarheit besteht, kann man hoffen, dass Menschen sich gegen die Verbrechen auflehnen oder zumindest beginnen, sich Gedanken zu machen. Es geht nicht um den Nutzen, sondern um den Sinn einer Tat. Um so erstaunlicher ist, dass auch Sophie Scholl ihr Handeln in einem zentralen politischen Punkt nicht hinterfragte, sondern – wie alle Deutschen in der Heimat – hemmungslos vom Eroberungskrieg im Zeichen des Hakenkreuzes profitierte.

Einer der ersten Briefe Fritz Hartnagels, nachdem er mit seiner Einheit am Überfall auf die Niederlande beteiligt war, endete mit einem Thema, das untrennbar mit seinem Soldatenleben in den besetzten Ländern verbunden ist: »Ich habe die 2 Paar Strümpfe gekauft. Wir dürfen aber vorerst keine Päckchen wegschicken. Schreib mir, was Du brauchen kannst, bevor alles ausverkauft.« Sophie Scholl reagiert verblüfft auf dieses Angebot: »Kann man denn vom besetzten Gebiet überhaupt Päckchen schicken …?« Aber wenn es so ist, und »Du erwischt ein paar Schuhe, bin ich arg froh«. Sie nennt die Schuhgröße und fügt noch hinzu: »Überhaupt kannst Du mir derartig nützliche Dinge schicken, soviel Du magst (Rechnung natürlich mit), da ich ja auch bedürftige Schwestern habe.« Das Päckchen-Verbot wurde sehr bald aufgehoben, und Fritz Hartnagel war großzügig. Kaffee, Tee, Pralinen, Seife, Zigaretten, Strümpfe, Schuhe und Kleidungsstücke kamen regelmäßig mit der Post nach Ulm, ohne Rechnung.

Als deutsche Finanzbeamte im besetzten Belgien mit Entsetzen feststellten, dass in kürzester Zeit Millionen Reichsmark von Verwandten und Freunden an die Soldaten überwiesen wurden für Einkäufe von Waren, die es in Deutschland nicht oder kaum gab, schlugen sie Alarm. Der Geldabfluss sei katastrophal, die erlaubten Beträge müssten drastisch gesenkt werden. Doch von dieser sachlichen Kritik wollte in Berlin niemand etwas wissen. Es ging darum, die Heimatfront bei guter Laune zu halten, um jeden Preis. Das war die politische Leitlinie von ganz oben, von der während des gesamten Krieges nicht abgewichen wurde. Die Modalitäten wurden allerdings geändert. Die Soldaten wechselten ihr Geld nun am Standort, und so floss es zurück nach Deutschland, während die Währungen der besetzten Länder ruiniert wurden.

Den Generälen nach siegreichen Schlachten Orden zu verleihen, reichte nicht mehr. Der durchschnittliche Deutsche, die kleinen Leute, sollten handgreiflich erfahren, dass der Krieg sich lohnte, zumindest erträglich war. Wohltaten wurden von den Nationalsozialisten gezielt eingesetzt, um ihre Herrschaft zu sichern. Dass diese Methode auch bei nachdenklichen Menschen, die dem Regime feindlich gesinnt waren, funktionierte, beweisen die Scholls. Auch Hans Scholl, der in Frankreich eingesetzt war, schickte bis zu seiner Rückkehr im September 1940 eifrig Tee und Kaffee, Schokolade, Seife und Bücher oder aus Paris einen Kupferstich, Badeanzug und ein Polohemd für Sophie, von dem sich sofort Werner Scholl ein gleiches Exemplar wünschte. Als von Fritz Hartnagel aus Amsterdam eine ungarische Jacke aus weißer Wolle mit blauer Stickerei ankam, geniert sich Sophie Scholl für ihre »unverschämte Bitte«, fragte aber doch an, ob er auch noch einen weißen Wollstoff für den Faltenrock zur Jacke beschaffen könne. Und fügte hinzu, dass sie eigentlich ein Paar Schuhe viel nötiger habe, Größe 39, weil sie außer den Skistiefeln keine wasserdichten besitze und dauernd Erkältungen bei Regenwetter habe.

Fritz Hartnagel konnte großzügig sein. Hitlers Soldaten wurden gut bezahlt, auch das war ein Baustein der »Gefälligkeitsdiktatur«. Anfang März schlägt Fritz Hartnagel vor, Sophie Scholl – »falls es mit Deinem Studium klappt« – für die Dauer des Krieges sein monatliches Gehalt, etwa 200 Reichsmark, zu überweisen. Sie müsse sich dadurch keineswegs gebunden oder verpflichtet fühlen, ohnehin verdiene er im Krieg nahezu 500 Reichsmark (rund 5000 Euro). Sophie Scholl dankt ihm und möchte ein andermal darüber reden.

War es so schwierig zu erkennen, dass Hitlers Eroberungs- und Vernichtungskrieg auch ein Krieg war, der die besetzten Länder ausraubte, ihre

Währungen und Volkswirtschaften ruinierte? Zumal sich die deutschen Soldaten von den Nahrungsmitteln ernährten, die eigentlich den Einheimischen zustanden. In kürzester Zeit gab es von Holland bis Frankreich Schwarzmärkte, die Inflation stieg, die Einheimischen wussten nicht mehr, wie sie satt werden sollten. »Doryphores« – Kartoffelkäfer – nannten die Franzosen bitter jene deutschen Soldaten, die schwer bepackt vom Gare de l'Est heimwärts fuhren. Der junge Heinrich Böll, an der französischen Kanalküste stationiert, packt an einem Nachmittag in seiner Unterkunft elf Pakete und schreibt am Ende seines Begleitbriefes: »In Paris könnte ich dann überhaupt noch manches Schöne kaufen ...« Was für Böll gilt, betrifft ebenso die Scholls: An diesem Teil des verbrecherischen Systems partizipierten sie, so sagen es ihre Briefe, ohne schlechtes Gewissen.

Ganz verdrängen ließ sich der Krieg allerdings an der Heimatfront nicht mehr. Am 1. März 1941 flogen die Bomber der britischen Royal Air Force einen ersten Luftangriff auf Köln. Mindestens 25 Menschen starben, und 150 Häuser wurden zerstört. Schon im Februar hatte die Evakuierung von Kindern aus dem Ruhrgebiet, mit und ohne Mütter, für Wochen und Monate in bombensichere Gegenden wie Württemberg begonnen. Lina Scholl war bereit, ein »Rheinlandkind« aufzunehmen. Am 25. Februar ging Sophie Scholl zum Bahnhof, um es abzuholen. Später im Söflinger Seminar macht sie in einer Pause einen Briefentwurf: »Ich war heut morgen ein bisschen enttäuscht, als statt des erwarteten 3jährigen ein bald 8jähriges ankam. Er hat aber ein so nettes Gesichtchen, so nette Augen, dass ich schon ausgesöhnt bin. Als er kam, fassungslos schluchzend, da bekam ich geschwind eine große Wut auf den Krieg, aber natürlich zwecklos.« Otl Aicher, der aufgrund des Abitur-Verbots viel freie Zeit hat, verstand sich gut mit dem kleinen Winfried aus Essen.

Je länger der Krieg dauerte, je mehr kriegerische Pläne die Herrschenden machten, um so mehr Soldaten wurden gebraucht. Männer, die im Berufsleben fehlten – in den Ämtern, den Fabriken, auf den Bauernhöfen. Der Reichsarbeitsdienst (RAD), ursprünglich nur für junge Männer verpflichtend, zog immer mehr Mädchen und junge Frauen ein, um die Lücken in der Arbeitswelt zu füllen. Je näher die Abschlussprüfungen in Ulm-Söflingen rückten, desto zahlreicher wurden Sophie Scholls Seufzer. »Ich würde so gerne an Ostern zu studieren anfangen«, schrieb sie am 29. Januar 1941 an Lisa Remppis. Sie wusste, wie groß das Fragezeichen hinter ihrem Wunsch war. Um dem RAD mehr weibliche Arbeitskräfte zuzuführen, verlangten immer mehr Universitäten von angehenden Studentinnen den RAD-Nachweis. Wer schließlich eingezogen wurde, das war – wie bei vielen Institutionen im nationalsozialistischen Staat – reine Willkür; Aufbegehren war nicht nur zwecklos, sondern gefährlich.

Anfang März sah Sophie Scholl noch »ein wenig Aussicht zum Studieren« und versuchte, sich die Gegenwart nicht von der ungewissen Zukunft verdüstern zu lassen. Am 7. März 1941 wanderte sie mit Susanne Hirzel, die ein Jahr mit ihr in Söflingen die Ausbildung durchlaufen hatte, den ganzen Tag lang auf der Alb. Am Abend schrieb sie an Fritz Hartnagel: »Wir blieben, wo's uns gefiel, liefen, wie's uns gefiel, tranken Most und aßen Spiegeleier und lebten herrlich und in Freuden. – Meine Prüfung hab ich hinter mir und sehe einigermaßen erwartungsvoll meiner Zukunft entgegen. ... ever yours Sofie.« Am 22. März erhielt sie ihr Abschluss-Zeugnis. Sophie Scholl hatte insgesamt »Gut bestanden« und war nun befähigt, »als Kindergärtnerin und Hortnerin in Familien, Kindergärten, Horten und Kinderheimen tätig zu sein«. Gleichmäßig waren die Noten verteilt: »Gut« in allen theoretischen Fächern – Erziehungskunde mit Seelenkunde, Hort- und Heimkunde, dem schriftlichen Prüfungsaufsatz – und »Befriedigend« in den praktischen Fächern – der Arbeit im Hort, die häusliche Kinder- und Krankenpflege. Ein »Sehr gut« gab es für Deutsch und Jugendschrifttum – dagegen für Volks- und Staatskunde nur ein »Befriedigend«.

Von der schlechten Nachricht, die am gleichen Tag eintraf, erfuhr Fritz Hartnagel als Erster und auch, wie entschlossen Sophie Scholl war, sich auf keinen Fall ihre innere Freiheit nehmen zu lassen: »Ich muss in den Arbeitsdienst. Ich habe mich aber mit dieser nächsten Zukunft schon zufrieden gegeben. Ich versuche immer so schnell wie möglich zu akklimatisieren (auch in und an Gedanken), damit erreicht man die größte Unabhängigkeit von allen, angenehmen und unangenehmen Umständen.« Wie oft hatte sie Fritz beschworen, sich keinen Stimmungen zu überlassen.

Am 23. März packte sie gut gelaunt Päckchen, zusammen mit ihrer ältesten Schwester, auch für Fritz Hartnagel ist eins dabei. Es war Sonntag und sie hatte vor, noch einen Spaziergang zu machen: »Dann hol ich mir ein Zweigchen, denn die Blattknospen brechen in der Zimmerwärme innerhalb einiger Tage auf und heraus schlüpfen so nette Frühlingsblättchen.« Aus dieser Idee entwickelte sich ein guter Rat für ihren Fritz: »Mach Dir nur nicht zu viel Arbeit, der Krieg läuft auch so weiter. Und noch viel mehr als der Krieg läuft weiter, Gott sei Dank, zum Beispiel der Frühling. Herzliche Grüße Sofie und Inge.« Nur drei Tage zuvor hatte Inge Scholl in ihr Tagebuch geschrieben: »Sofie darf ich nicht vernachlässigen, die meine Liebe braucht. Es ist oft schwer, gut zu ihr zu sein, weil sie in den letzten Tagen so gleichgültig ist. Aber ich weiß ja, diese Gleichgültigkeit ist nichts andres als Abgeschafftsein. Und ich dumme, störrige Schwester darf mich dadurch nicht gehen lassen. Sofie hat mein Lächeln, mein Bereitsein verdient … Sie ist so eine zarte, empfindliche Seele und so verschwiegen.« Wären Sophie Scholl diese Zeilen vor die Augen gekommen, sie hätte wohl Widerspruch eingelegt und von Missverständnissen gesprochen.

Es kommt einiges zusammen, das diesen Missverständnissen Nahrung gibt. Schon von Natur aus sind die beiden Schwestern verschieden. »Verträumt« nennt Inge Scholl sich selbst, auch »empfindlich« wäre eine treffende Bezeichnung. Schnell kommen ihr die Tränen, davon zeugt ihr Tagebuch. Sich gegen Gefühle mit Gleichgültigkeit zu wappnen, wie Sophie Scholl den »kühlen Gleichmut« einer Rose zum Ideal erheben – das ist ihr fremd. Ein weiterer, bedeutender Unterschied liegt in der Geschwister-Folge. Inge Scholl ist die Älteste. Diese Rolle ist ihr zur zweiten Natur geworden, so haben die Eltern sie erzogen: Vorbild zu sein, für alle Verantwortung zu tragen, zurückzustehen, auszugleichen. Am 11. Mai 1941 wird sie über ihre Beziehung zu den Geschwistern in ihr Tagebuch schreiben: »Ich habe dann Angst, ihnen nicht gerecht zu werden.« Sophie hatte als die jüngste Tochter solche Lasten nicht zu tragen.

Hinzu kam eine enge Verknüpfung mit dem Elternhaus, die Inge Scholl in eine berufliche und private Abhängigkeit brachte. Hans Scholl studierte, Sophie strebte – mit Zustimmung der Eltern – das gleiche Ziel an; Liesl war nach ihrer Ausbildung zur Kindergärtnerin zur Weiterbildung seit 1939 aus dem Haus; Werner wünschte sehnlichst, nach RAD und Soldatsein, studieren zu können. Nur Inge Scholl, musisch begabt, eine gute Klavierspielerin, war fest an die Eltern, an das familiäre Umfeld gebunden. Seit dem Herbst 1937 arbeitete sie im Steuerbüro ihres Vaters, das einen Teil der großen Wohnung am Münsterplatz einnahm. Der Vater hatte diesen beruflichen Weg für seine Älteste beschlossen, in jener fernen Zeit, als sie noch begeisterte Führerin ihrer Jungmädel war. Inge Scholl wurde seine rechte Hand; es war angenehm, vom Büro nur wenige Minuten bis zum eigenen Zimmer zu brauchen, immer da zu sein, wenn die Geschwister, die auszogen, nach Hause kamen. Jedoch ein Gedanke an Aufbruch und Ausbruch aus der familiären Enge, an Veränderungen, nach denen Sophie Scholl sich sehnte, verbot sich von selbst. Aber mit Otl Aicher hatte unerwartet der eingefahrene Alltag eine Wendung genommen. Da war ein Mensch, der sich Inge Scholl ganz zuwandte.

Am 24. Februar 1941 schreibt Hans Scholl den Eltern, er werde nächstes Wochenende nach Ulm fahren und berichtet stolz, es sei ihm gelungen, zwei Bände »Zauberberg« von Thomas Mann zu erstehen. Schlusssatz: »Es ist fein, dass Ottl ein bisschen beim Vater arbeiten kann.« Robert Scholl hatte es nicht nur bei Worten belassen – »Seien Sie doch stolz auf so einen Sohn« –, sondern Otl Aicher Arbeit in seinem Büro angeboten, seit der wegen des Abitur-Verbots Mitte Februar nicht mehr zur Schule ging. So war Otl Aicher fast täglich bei den Scholls am Münsterplatz, und es war Inge Scholl, mit der er die meiste Zeit verbrachte. Sophie Scholl war vollauf mit Vorbereitungen für die Prüfung beschäftigt.

Am 27. Februar begleitet Inge Scholl Otl Aicher zum Abschied die Treppe hinunter. Was dann geschieht, hat sie im Tagebuch festgehalten: »Ich glaube, Du kannst nicht beten, Inge, hast es noch nie gekonnt. Ich ging wieder die Treppe hinauf, ohne Otl. Die Tränen kamen, stürzten aus meinen Augen. Wenn ich nicht beten kann, Gott, aber weinen kann ich ›bis ins innerste Herz‹. … Ich weine viel in letzter Zeit.« Mitte März dann die Wiedergutmachung: »Otl hat mir sein Gebetbuch gezeigt.« Es enthielt Bilder und Zeichnungen, aber damit sei es nun vorbei, erklärte ihr Otl: »Inge wenn ich bete, dann bete ich ins Leere hinein.« Otl Aichers Vertraulichkeit, sie in seine innersten Bezirke blicken zu lassen, macht alle Tränen vergessen. »Dieses Wunder von einem Menschenkind«, notiert Inge Scholl.

Mitte April ein ähnliches Erlebnis: »Am Samstag Blumen holen für Vaters Geburtstag mit Otl und Grogo. Da sagte Otl ein Wort, das mir entsetzlich weh getan hat: ›Es ist überhaupt im Grunde genommen egoistisch, nur einen Menschen zu lieben.‹« Eine zarte und empfindliche Seele – für Inge Scholl trifft es zu. Zu Otl Aichers gezielten Provokationen stellt sich der Begriff »Kraftprobe« ein, mit dem Sophie Scholl ihr Verhalten gegenüber Fritz Hartnagel beschrieb: Den Partner bewusst bis an die Schmerzgrenze herausfordern, um dessen Eigenkräfte zu mobilisieren, ihn aufzurütteln. Er soll unabhängig von Stimmungen und Gefühlen Härte zeigen – um eines höheren Zieles willen.

Und es funktioniert auch bei Inge Scholl. Anfang März hatte der knapp neunzehnjährige Otl Aicher seinem Freund Willi Habermann, Spitzname »Grogo«, geschrieben, Inge habe ihm ins Gesicht gesagt, »sie wolle sich nicht zu sehr von mir beeinflussen lassen, sie wolle nicht haben, dass sie nur aus Anhänglichkeit mir gehorche«. Erfreut kommentiert Aicher: »Du kannst Dir denken, wie mir diese klare Haltung imponiert. … Ich habe keine Sorge mehr um sie, sie hat nun den Weg, auf dem sie alles leisten wird. … Sie liest mit Ernst Reden und mir jeden Abend aus Augustinus, wie ihn Przywara ausgesucht hat, und dies Buch wird ihr bestimmt den letzten Schliff geben, wenigstens im groben. Wir werden schließlich Freunde werden, die sich hassen, weil sie sich lieben mit einer Liebe, die in Gott ihren Angelpunkt hat.«

Ernst Reden verbanden seit dem Oktober 1938 zarte Bande mit Inge Scholl. Über sie hatte er Otl Aicher kennengelernt, der ihm Ende August 1940 schrieb: »so liebe ich Dich, dass ich um eines Dinges willen an Dir hänge, das über uns beiden steht, und das eben ist die Wahrheit. Anders darf ich keinen Menschen lieben.« Auch nicht Inge Scholl – und im Sinn dieser Liebe, »die in Gott ihren Angelpunkt hat«, ist es egoistisch, nur einen Menschen zu lieben. Aicher schreibt seine Liebes-Erklärung an Ernst Reden am 16. April 1941, dem gleichen Tag, an dem er Inge Scholl mit schmerzlicher Härte provoziert. Aber immer hält Otl Aicher neben den Demütigungen auch Auszeichnungen bereit, zum Beispiel den Augustinus-Bund.

»Inge Scholl liest jeden Abend mit Ernst Reden und mir aus Augustinus«, hatte er Willi Habermann Anfang März mitgeteilt. »Mit diesem Buch verhält es sich so«, wird Inge Scholl am 11. Mai in ihr Tagebuch schreiben. »Otl hat mir einmal an einem der wesentlichsten Abende gesagt, dass er mir ein Buch bestellt habe ...« Es war das Buch des Jesuiten Erich Przywara: »Augustinus. Die Gestalt als Gefüge«, erschienen 1934. Ein anspruchsvoller Gang durch die gesamte Geistesgeschichte des christlichen Europa, als roter Faden die Theologie des Kirchenvaters Augustinus. Weiter im Tagebuch Inge Scholl: »Dabei sagte mir Otl, dass er Ernst dieses Buch gesandt habe und dass sie beide vereinbart hatten, unter allen Umständen *jeden* Tag darin zu lesen. Ich sagte ihm, dass ich mich dieser Vereinbarung anschließen wolle.« Im Ur-Bund, den Otl Aicher mit Ernst Reden geschlossen hatte – die Augustinus-Lektüre als geistiges Band –, wurde Inge Scholl im Februar 1941 die Dritte. Damit bildeten die Drei einen Extra-Zirkel neben dem Vierer-Bund, zu dem sich nach der Bernanos-Lektüre im Gebirge Sophie, Werner und Inge Scholl und Otl Aicher zusammengetan hatten.

Einer fehlt – ist etwa Hans Scholl aus diesen Konstellationen herausgefallen, die sich auf die Suche nach einer höheren, der höchsten Wahrheit gebildet hatten? Die Antwort auf diese Frage hängt zusammen mit einem Blick auf die beiden Paare Sophie Scholl–Fritz Hartnagel und Otl Aicher–Inge Scholl. Beim genaueren Hinsehen fallen verblüffende Parallelen auf, wobei die männlichen und weiblichen Rollen spiegelverkehrt sind.

Sophie Scholl und Otl Aicher nehmen in ihren Beziehungen jeweils ähnliche, wenn nicht identische Standpunkte ein. Beide sind starke Persönlichkeiten, die Denken vor Gefühl setzen und von sich und ihren Partnern Härte fordern. Selbstbewusst, sind sie von ihrem Ziel und ihren Methoden überzeugt und deshalb kompromisslos, weil sie darin auch für den anderen das Beste sehen. Fritz Hartnagel und Inge Scholl ist Härte fremd, sie sind verletzlich, setzen auf Wärme und Gefühle. Weniger selbstbewusst, beugen sie sich der Autorität ihrer Partner, die sie nicht verlieren wollen. Sowohl Sophie wie Inge Scholl haben in diesen Wochen Anlass, sich mit ihrem Bruder Hans zu beschäftigen. Ihre jeweiligen Reaktionen zeigen ein weiteres Mal, wie verschieden die beiden Schwestern sind.

Nachdem Lisa Remppis ihr mitgeteilt hatte, dass es zwischen ihr und Hans endgültig aus sei, kommt Sophie Scholl in ihrer Antwort auf ihren Bruder zu sprechen: »Hans ist von uns am unausgerichtetsten. Das kann gefährlich werden, man muss ihn immer ein bisschen hüten – dazu hat er ja Schwestern.« Die Briefe, die Sophie mit Hans Scholl während seiner Zeit als Soldat in Frankreich gewechselt haben, sprechen von herzlicher Zuneigung. Doch die jüngere Schwester lässt sich den kritischen Blick – auch und gerade auf geliebte Menschen – nicht von Gefühlen trüben. Sie scheut sich nicht, ein klares Urteil abzugeben, zumindest auf den ersten Blick. Auf den zweiten ist sie erstaunlich nachsichtig, wenn sie die Schwestern für das Wohlergehen des Bruders mitverantwortlich macht. Allerdings nimmt sie es auf die leichte Schulter. Der dritte Blick führt Sophie Scholl zwei Sätze später unerwartet zu Otl Aicher: »Unbewusst halte ich allen Menschen Otl Aicher gegenüber …« Und damit ist indirekt, aber deutlich, der Faden der Kritik an ihrem Bruder wieder aufgenommen.

Das war Mitte März 1941. Ende des Monats kommt Hans Scholl auf ein paar Tage Urlaub nach Hause. Es ist ein Abschiedsbesuch; am 1. April soll er zu seiner Kompanie nach Polen einrücken. Inge Scholl, und nicht nur ihr, ist das Herz schwer. »Er ist doch so jung«, schreibt sie am 30. März in ihr Tagebuch. Um dann über ihr Verhältnis zu dem ein Jahr jüngeren Bruder nachzusinnen: »Es geht mir oft so seltsam mit ihm. Meine Verträumtheit … wird in seiner Gegenwart zum verwerflichen Übel.« Mal verstehe sie sich gut mit ihm, dann wieder gebe es Gespräche, die eine Kluft aufreißen und wie ein Stachel für sie sind. Kennzeichen dieser Einschätzung: sich selbst klein zu machen, ihre »Verträumtheit« als »verwerfliches Übel« zu brandmarken, kein kritisches Wort über den Bruder.

Als die Freundschaft zu Otl Aicher tiefer wurde, geriet Inge Scholl zwischen zwei Autoritäten, an die sie beide durch intensive Gefühle gebunden ist. Sie hofft auf gutes Einverständnis zwischen beiden – zwischen Hans Scholl und Otl Aicher. Und versucht, ein wenig nachzuhelfen, indem sie den zweiundzwanzigjährigen Hans, Medizinstudent in München, mit allerhöchsten Ansprüchen auf geistigem Gebiet, mit Otls Meinungen über Gott und die Welt und dessen Wissen zum Thema Religion bekannt macht.

Die beiden Männer sind unterschiedliche Typen. Der elegante Hans Scholl füllt sofort jeden Raum, den er betritt. Er genießt es, im Mittelpunkt angeregter Diskussionen zu stehen, die er dank rhetorischer Beschlagenheit und breit gefächerter Kenntnisse spielend beherrscht. Er sprudelt von spontanen Ideen. Otl Aicher dagegen, so Inge Scholls liebevoll gemeinte Beschreibung Jahre später, war ein grober Klotz, als er zu den Scholls kam. Ein Einzelgänger, der lieber durch die Wälder streifte, als in Gesellschaften zu glänzen; der schweigend beobachtete und um keinen Preis sich dem schönen Schein ergeben wollte. Inge Scholl lag daran, diese Ungleichheiten einzuebnen. Otl Aicher, der für sie immer wichtiger wurde, sollte unter ihren Geschwistern vorbehaltlos das gleiche Ansehen genießen wie ihr Freund Ernst Reden.

Als Hans Scholl auf Urlaub in Ulm ist, gibt Inge Scholl ihm den »Sonnengesang« des Franziskus zu lesen, den Otl Aicher ihr wenige Wochen zuvor mitgebracht hatte. Am 1. April kann sie zwei gute Nachrichten im Tagebuch notieren: Hans muss nicht nach Polen, er kann vorerst weiterstudieren. Und dann: »Er sagte: Der Sonnengesang ist herrlich. Einfach wunderbar. Genugtuung um Otls willen.« Großes Aufatmen. Doch diese Methode kann sich auch ins Gegenteil wenden.

Am 5. Mai ist Hans Scholl wieder in Ulm. Die Familie feiert den sechzigsten Geburtstag von Lina Scholl. Inge Scholl hatte ihren Bruder in den Wochen zuvor auf die Satiren des katholischen Publizisten Theodor Haecker aufmerksam gemacht, den Otl Aicher sehr schätzte. Bei Kaffee und Kuchen kommt Hans Scholl auf Haeckers Buch zu sprechen – und drückt sein Missfallen aus. »Es ist eben ganz und gar vom katholischen Standpunkt aus geschrieben«, zitiert ihn Inge Scholl noch am gleichen Abend im Tagebuch, »und das ist falsch. Thomas Mann wollte doch zum Beispiel nichts anderes als gute Romane schreiben.« Inge Scholl war »vollkommen niedergeschlagen«. Dabei hatte Hans Scholl richtig geurteilt: Theodor Haecker, vom Protestantismus zum Katholizismus konvertiert, nahm einen dezidiert katholischen Standpunkt ein. Niemand um den runden Tisch konnte ahnen, dass schon im nächsten Jahr Theodor Haecker eine große, gar nicht zu unterschätzende Rolle im Leben der Scholl-Geschwister spielen würde.

Im Frühjahr 1941 hielten Hans Scholl und Otl Aicher noch Distanz zueinander, auch wenn es von Seiten Scholls eine durchaus freundschaftliche war. Otl Aicher hatte noch den schneidigen HJ-Führer in Erinnerung. Wie tief ging die Umkehr? Aber die Scholl-Geschwister waren ein fester emotionaler Block, der sich nicht auseinanderdividieren ließ. Bei aller Kompromisslosigkeit, die Otl Aicher für sich in Anspruch nahm: Wollte er Inge

Scholl und ihre Schwester Sophie auf Dauer für seine Vorstellungen und Ziele gewinnen, musste er auch Hans Scholl überzeugen. Bei ihm waren Geduld angesagt, Zurückhaltung und langsame Annäherung.

Immer massiver griff die Politik in das Leben des Einzelnen, versperrte den Horizont der Zukunft immer mehr. Zur gleichen Zeit, als Sophie Scholl erfuhr, dass statt Studium der Arbeitsdienst auf sie wartete, wurde den Soldaten Urlaubssperre verkündet. Fritz Hartnagel konnte es erst gar nicht begreifen: »All meine Hoffnungen auf einen Urlaub haben sich zerschlagen. ... Ich lebe die ganzen Tage nur von der Hoffnung auf diesen Urlaub.« Sein einziger Trost, schrieb er Sophie Scholl am 20. März, sei, dass er sich mit ihr verbunden wisse und wieder zu ihr zurückkehren dürfe.

Kaum hatte er sein Abitur hinter sich, wurde der achtzehnjährige Werner Scholl Ende März zum Arbeitsdienst in ein Lager bei Biberach eingezogen. »Mit mir kannst Du Ostern nicht mehr rechnen,« informierte Sophie Scholl ihre Freundin Lisa Remppis. Beide hatten sich auf die gemeinsamen Ferien gefreut. Am Palmsonntag schrieb Lina Scholl ihrem Sohn Werner: »Vorhin ging Sofie fort; es ging alles noch gut.« Was sie Werner brieflich noch mit auf den Weg gab, wird sie auch Sophie ans Herz gelegt haben: »Denkst Du auch daran, dass heute die Karwoche begonnen hat und wir diese Woche Karfreitag feiern?«

Am 6. April 1941 saß Sophie Scholl, die im Mai zwanzig Jahre alt würde, im Zug. Ihr Ziel: das RAD-Lager Schloss Krauchenwies im Landkreis Sigmaringen. Sechs Monate würde sie von zu Hause fort sein; so lange wie nie zuvor.

## IM ARBEITSDIENST (1) – WURSCHTIGKEIT UND KALTE DUSCHEN

*April bis Juli 1941*

Das Schlösschen am Ortsrand von Krauchenwies hatte schon bessere Tage gesehen. Seit 1595 lebten für fast dreihundert Jahre die Grafen von Hohenzollern-Sigmaringen in dem schmucken frühklassizistischen Bau und ließen im 19. Jahrhundert ringsherum auf fünfzig Hektar Land einen weitläufigen englischen Landschaftspark anlegen. Bald darauf zogen sie fort, und für das Rentamt im zehn Kilometer nördlich gelegenen Sigmaringen wurde die fürstliche Immobilie zur Last. Erfreut unterzeichneten die Beamten im April 1940 einen Mietvertrag mit dem Reichsarbeitsdienst, der von nun an den größten Teil des Schlosses als Reichsarbeitsdienstlager nutzte. »Stadtmädels werden der Bäuerin unentbehrlich«, schreibt »Verbo Sigmaringen« – die ehemalige »Hohenzollerische Volkszeitung« – zur feierlichen Eröffnung am 9. Mai 1940. Insgesamt kamen zu dem jeweils halbjährigen Dienst rund sechzig bis achtzig »Arbeitsmaiden« ins Schloss. Sophie Scholl teilte mit zehn jungen Frauen ein Zimmer, konnte in den ersten Wochen vor Kälte nicht einschlafen, es gab keine Heizung im Schloss. Immerhin war sie froh, in einem der oberen Betten zu schlafen – wegen der vielen Mäuse.

Zweierlei hat Sophie Scholl in Krauchenwies von sich gefordert. »Ich bin froh«, schreibt sie Lisa Remppis am 13. April, »dass ich mich schlecht eingewöhne.« Drei Tage zuvor hatte sie ihrer Schwester Liesl mitgeteilt, sie »pflege ihr Wurschtigkeitsgefühl, das bisher eher Fassade war, aufs Fürsorglichste«. Wer es mit einem übermächtigen Feind zu tun hat und überleben will, ohne sich verbiegen zu lassen, ist immer aufs Neue gefordert, diesen Widerspruch auszuhalten und für sich selbst kreativ umzusetzen; sich nicht anzupassen, aber sich auch mit Gleichmut zu panzern.

Nach dem Wecken morgens um 6 Uhr stand als Erstes Frühsport auf dem Programm. Dann wurde rund um den Fahnenmast ein Kreis gebildet und zum Hitlergruß glitt langsam die Hakenkreuz-Fahne nach oben; ein Lied beendete das Ritual. Geordnet ging es zum Frühstück und anschließend an die Arbeit – in uniformierter Kleidung. In der Freizeit musste ebenfalls Uniform getragen werden. Der Tag wurde bis 18 Uhr mit mehr oder weniger sinnvollen Büro- und Organisationsarbeiten ausgefüllt, nur vom Mittagessen unterbrochen. Nach dem Abendessen ging es weiter: Singen oder Volkstanz, Basteln oder Spiele; immer kam noch die weltanschauliche Schulung obendrauf. Bevor endlich freie Zeit angesagt war, wurde die Fahne mit gleichem Ritual wie morgens eingeholt. Nachdem die jungen Frauen auf diese Weise rund zwei Monate kaserniert und gedrillt waren, folgte der Außendienst: Arbeit auf Bauernhöfen, in Haushalten und in kleinen Betrieben in der Umgebung.

Das Ziel der schönen heilen RAD-Welt beschreibt ein nationalsozialistisches Handbuch: »Die weibliche Jugend soll unbedingt den Segen spüren, den diese wahrhafte ›Volksschule‹ den jungen deutschen Menschen für ihr ganzes ferneres Leben spendet, Ziel ist die nationalsozialistische Erziehung zur richtigen Arbeitsauffassung und Volksverbundenheit im Geist einer gemeinsamen Weltanschauung ... Haustochter, Abiturientin, Verkäuferin, Fabrikarbeiterin – sie werden in wahrer Volksgemeinschaft vorgebildet zur künftigen deutschen Frau und Mutter.« Die große Mehrheit der Frauen, die den RAD durchlaufen haben und nach 1945 über ihre Erfahrungen befragt wurden, hatten positive Erinnerungen. Mit den politischen Parolen konnten sie leben, weil sie die sechs Monate im Lager als Freiheit von Elternhaus oder Arbeitsplatz erfuhren. Unbeschwert genossen sie die Gemeinschaft mit Gleichaltrigen, das Leben auf dem Land. So sahen es im Rückblick auch Frauen, die mit Sophie Scholl im Lager Krauchenwies waren. Sie erinnerten sich an eine fröhliche Zeit und dass ihnen Sophie Scholl fremd blieb, weil sie selten lachte, meist ernst war und Distanz wahrte.

Am 20. April 1941, »Führers Geburtstag«, über den es in Sophie Scholls RAD-Pass heißt, »Auf den Führer vereidigt«, schreibt sie an Hans Scholl: »Ich habe ein dickes Fell, an dem alles abläuft, was ablaufen soll.« »Unabhängig sein von Menschen und Dingen« nannte sie als Motto gleich im ersten Tagebuch-Eintrag und fügte selbstkritisch hinzu, sie verlange oft von Fritz Ähnliches, ohne selbst konsequent danach zu handeln.

Gleichmütig zu ertragen suchte sie auch die Menschen um sich herum, versuchte sogar, ihnen gerecht zu werden. Dass die Schlafkameradinnen spöttische Bemerkungen machten, wenn Sophie Scholl in der knappen freien Zeit am Abend in ihre Bücher schaute, statt sich an deren Zweideutigkeiten zu beteiligen, sah sie anfangs noch mit Nachsicht. Die Mädchen seien nicht »besonders ordinär«, schrieb sie Mitte April an Lisa Remppis, »nein, es sind ganz gewöhnliche tüchtige Mädel, und dies halbe Gesprächsthema ist wahrscheinlich für sie das wichtigste«. Doch schon zwei Wochen später bricht es aus ihr heraus: »Der einzige, allerbeliebteste und häufigste Gesprächsstoff sind die Männer. Manchmal kotzt mich alles an. Jetzt zum Beispiel. ... Trotz allem, es ist ein recht gutes Erziehungsmittel für mich.«

Das empfahl auch der Bruder Hans in seinem »Wochenbrief« vom 5. Mai dem »lieben Schwesterlein«: »Aber es gilt natürlich aus dem wenigen das Beste herauszuholen. Eine Erziehung ist diese Anstalt, wenn auch im negativen Sinn, das heißt man erzieht sich selbst dadurch, dass man sich über die Sache stellt und sie nicht ernst nimmt, und das tust Du ja.« Die zweite eiserne Regel für Sophie Scholl im Lager lautete deshalb: sich nicht daran gewöhnen.

Keinesfalls wollte Sophie Scholl zum bösen Spiel eine gute Miene machen. Wurstigkeit und Gleichmut durften nicht in Gleichgültigkeit umschlagen. Sich daran nicht zu gewöhnen, bedeutet: die äußere Anpassung auf das Nötigste beschränken und keinen Anlass zu Reibungen geben. Dabei innerlich jedoch auf Distanz bleiben, was sich auch in Äußerlichkeiten zeigt und manifestiert. Zwei Stützen bilden vorläufig Sophie Scholls tägliches Abhärte- und Durchhalte-Programm: die kalte Dusche am Abend und die Lektüre ihrer Wahl, wenn nötig unter der Bettdecke. Der zweite Punkt konnte nur dank der unerklärlichen Großzügigkeit der Gruppenführerin gelingen, denn im Lager durfte man keine eigenen Bücher haben. Was Sophie Scholl im Gepäck mitbrachte – die Bibel, Augustinus, Thomas Mann –, entsprach ohnehin nicht dem nationalsozialistischen Kanon. Doch als Fräulein Recknagel davon erfuhr, beließ sie die Bücher im Spind. Es war der Beginn einer offensichtlichen Bevorzugung. Am 25. April meldete eine glückliche Sophie Scholl nach Hause, sie sei von der Führerin ins Büro versetzt worden. Dort zeichnete sie Osterkarten und eine Griechenlandkarte, um den siegreichen Zug der deutschen Wehrmacht bei den politischen Schulungen besser verfolgen zu können. Im Büro war es warm.

Fräulein Recknagel hatte offensichtlich ein gutes Gespür, dass auf Sophie Scholl, auch wenn sie in der Bibel las, Verlass war. Unter den neidvollen Blicken der anderen Frauen bekam Sophie Scholl in der zweiten Aprilhälfte ein Fahrrad nebst Wurststullen-Proviant ausgehändigt. Sie war die Erste, die das Gelände seit der Ankunft verlassen durfte, um im zehn Kilometer entfernten Sigmaringen Karton einzukaufen. Die Privilegien trübten jedoch Sophie Scholls Blick nicht: »Es ist wirklich trostlos hier«, schreibt sie am 1. Mai an Hans Scholl, »wenn man nicht hin und wieder auskneifen könnte, wäre es sogar geisttötend.« Sie ist gerade ausgekniffen, sitzt im Park und könnte sich »ein Jahr lang allein mit dem Himmel unterhalten ... Dieser Park ist mir ein gewisser Trost. Ich hoffe, dass ich ihn Dir bald einmal zeigen kann. Übrigens freue ich mich immer mehr aufs Studieren, und bin glücklich, dass ich schon ein Sechstel meiner Zeit hinter mir habe.« Der größte Trost jedoch blieben die Bücher.

Manchmal kommt sie auch in der Mittagspause zum Lesen, zum Beispiel am 10. April in Thomas Manns »Zauberberg«. Am Abend schreibt sie über die Mann-Lektüre ins Tagebuch: »Ich glaube, er ist nicht so ganz zu verwerfen, oder besser beiseite zu stellen, wie Otl das tut. Es ist sehr exakt gedacht. Und vor allem *gedacht*. Ich glaube, das weiß Otl nicht.« Wem es wie Otl Aicher in der Literatur einzig und allein um Wahrheit geht, dem kann die Figur des Hans Castorp im »Zauberberg« nicht gefallen, der auf seiner Suche nach einem letzten Sinn nur »Glaubenslosigkeit und Aussichtslosigkeit« findet. Otl Aicher ist der Experte für die letzten Dinge, für Thomas von Aquin und Augustinus. Doch wenn es um Literatur geht, kennt Sophie Scholl sich aus und stützt sich auf ihr eigenes Urteilsvermögen. Auch in Krauchenwies ist Rilke dabei, und im Juni wird Lisa Remppis ihr schreiben: »Wenn Du die Verlaine-Gedichte bei Dir hast, musst Du das eine lesen ›il pleut doucement sur la ville‹.« Die Freundin weiß, wie sehr Sophie Scholl französische Lyrik schätzt.

Unangefochten nimmt einer bei der täglichen Lager-Lektüre, vor allem am Abend, den ersten Rang ein: Augustinus, der Kirchenvater, Bischof und einflussreicher Theologe. Sophie Scholl liest das Augustinus-Buch des Jesuiten Erich Przywara, »Gestalt und Gefüge«, mit dem Otl Aicher erst Ernst Reden und dann Inge Scholl durch das Versprechen täglicher Augustinus-Lektüre in einen Bund verflochten hat.

Es war Inge Scholl, die dafür sorgte, dass dieser Bund um Sophie erweitert wurde. Sie steckte ihr den Augustinus-Band ins Gepäck für Krauchenwies. Am Abreisetag, noch bevor Sophie Scholl im Lager angekommen war, gab Inge in Ulm eine Karte an die Schwester auf die Post. Sie habe vergessen, ihr zu sagen, sie solle sich nicht mit den Einleitungen im Augustinus-Buch abgeben: »Lies Abschnitt für Abschnitt, du wirst viel davon haben.« Außerdem berichtete sie ihr, dass Otl, Ernst und sie täglich »unter jeglichen Umständen« darin lesen – »und jetzt bist auch Du in den geheimen Verbund einbezogen«. Inge Scholl vertraut der Jüngeren an, sie habe im Augustinus-Text »den Ur-Heimat-Grund« ihrer Seele gefunden und wünscht, dass Sophie ähnlich empfinden möge.

Eine Pflicht war die tägliche Augustinus-Lektüre für Sophie nicht, vielmehr eine Herzensangelegenheit, und vieles war ihr durch die Gespräche mit Otl Aicher bekannt. Die geistige Liebe, für die Augustinus warb und die Sophie in ihrer Beziehung zu Fritz Hartnagel zu praktizieren suchte, war kein Selbstzweck, sondern Mittel zu dem Ziel, nach dem sich Sophie

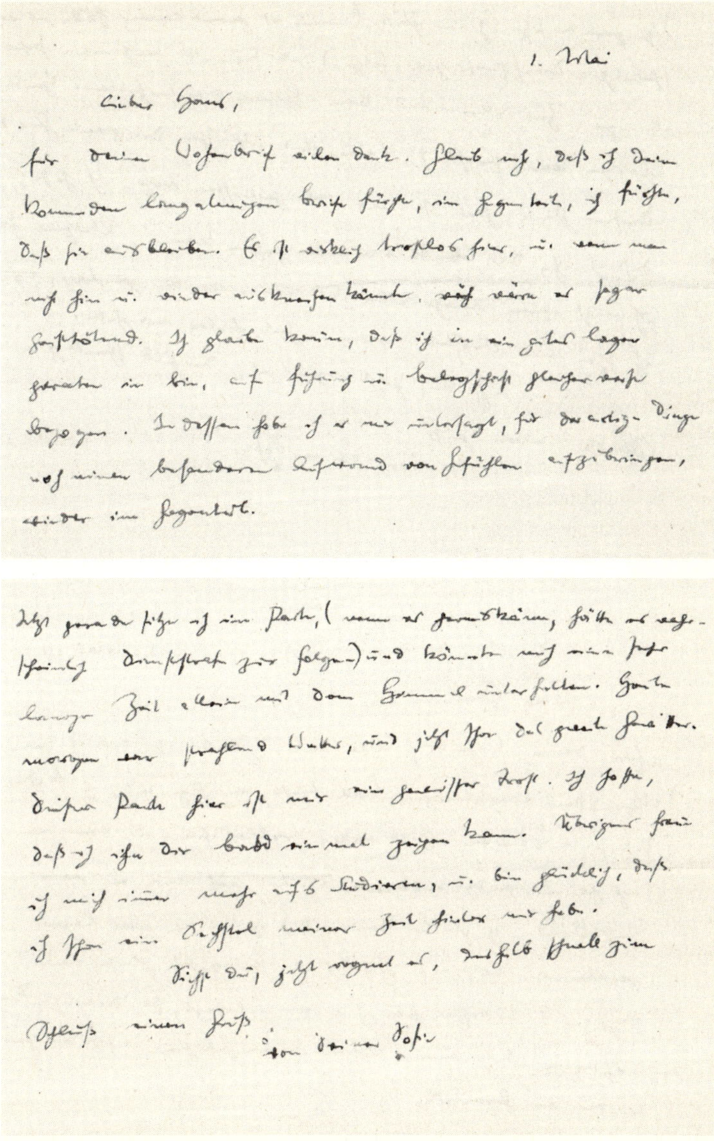

*Brief Sophie Scholls vom 1. Mai 1941 aus Krauchenwies an Hans Scholl*

Scholl so sehr sehnte. Sie habe, hatte sie Fritz im Oktober 1940 geschrieben, »immer größere Sehnsucht bekommen nach einem Grund, der mir immer ist, unabhängig von jeglichen Einflüssen«. Ihre Familie, »der schöne warme Kreis«, genügte ihr nicht mehr. Weil sie diesen Grund nicht besaß, fühlte sie sich manchmal verlassen. Wer verlassen ist, hat Angst; wer Angst hat, wird von Unruhe beherrscht. Augustinus sah in der »fleischlichen Begierde« des Menschen die Ursache für Schmerz und Irrtum, Getriebenheit und Furcht. In dem Augenblick, wo der Mensch sich von seiner Begierde abwendet und umkehrt, ist der Weg zu Gott frei, kehrt Ruhe ein in sein unruhiges Herz. Der Kirchenvater hat eine grandiose Verheißung: »Was an dir schon verfiel, wird wieder aufblühen, von all deiner Schwermut wirst du geheilt werden, was dir zu entgleiten drohte, wird wieder in eine feste Form gebracht und unlöslich an dich gebunden werden.« Der Gott des Augustinus bot die unerschütterliche ewige Sicherheit, nach der Sophie Scholl auf der Suche war. Ein Brief von Sophie Scholl aus Krauchenwies an Lisa Remppis: »Habe ich Dir schon geschrieben, dass ich allabendlich Augustinus lese? Da steht geschrieben: Du hast uns geschaffen hin zu Dir, und unruhig ist unser Herz, bis es ruht in Dir.«

Am 9. Mai 1941 wurde Sophie Scholl im Lager zwanzig Jahre alt. Die erste freudige Überraschung an diesem Morgen ist der Anruf der Mutter. »Er sollte eigentlich meinen verspäteten Geburtstagsbrief etwas abschwächen«, wird Lina Scholl ihrer jüngsten Tochter am Abend schriftlich bekennen. »Es war aber auch ein Trost, wieder mal Deine Stimme zu hören.« In dem Brief vom Tag zuvor an das »liebe Geburtstagskind« steht: »Gott beschütze und segne Dich in Deinem neuen Lebensjahr und schenke Dir alles Gute, das auch für Dein leibliches und seelisches Wohl gut ist. Er schenke Dir die ganze Fülle des Schönen, des Glücks, der Hoffnung, dessen Du mit Deinen nun 20 Jahren aufzunehmen bereit und fähig bist. Und besonders beschütze er Deine Gesundheit nach seiner Güte und Liebe, damit Du da und dort Deine Pflicht treu erfüllen kannst.« Am Nachmittag des 9. feiert die klein gewordene Familie in Ulm mit einem Rhabarberkuchen und trinkt in ihrer Abwesenheit auf Sophies Wohl. Zum Schluss des Briefes hatte die Mutter eine vorsichtige Anfrage: »Ich freue mich auch, Dich einmal wiederzusehen, ob ihr wohl am Muttertag freibekommt? Nun, wenn nicht, dann ist ja Pfingsten nicht mehr weit.« Drei Wochen wären das noch hin. Doch es kommt anders.

Zwei Tage später, am 11. Mai 1941, notiert Inge Scholl in ihr Tagebuch: »Sofie ist gestern mittag ganz überraschend gekommen. ... Sie ist so munter, so guter Dinge, dabei so klar und frisch in ihren Gedanken und Gesprächen und keine Sprosse ist ihr zu hoch. Ich habe das sichere Gefühl ... dass sie das rechte Verhältnis zum Arbeitsdienst hat und dass sie so am sichersten durchkommen und sich ganz und gar bewahren wird.« Eigentlich gab es einen »Reise-Sonntag« erst nach zwei Monaten Lagerleben. Vorher war jedes Wiedersehen mit den Eltern verboten. Es bleibt, die bisherigen Lebensbeschreibungen auch in diesem Detail zu korrigieren: nicht erst am ersten Juni-Sonntag, sondern schon am 10. Mai 1941 durfte Sophie Scholl das Lager Krauchenwies für eine Fahrt nach Ulm verlassen. Was diese »gänzlich unerwartete« Heimfahrt für sie bedeutet, hat sie Lisa Remppis am 15. Mai berichtet: »Jetzt kommt mir das allerdings schon traumhaft vor, aber sicher ist es wirklicher und wichtiger gewesen als der ganze Arbeitsdienst bis jetzt. Muss abbrechen, es ist Appell.« Nach dem Appell fügt Sophie Scholl noch hinzu: »Zu Deinem Büchlein habe ich die Zeit noch nicht gefunden. Ich bin froh, wenn ich zu meinen vorgenommenen Augustinusabschnitten komme.«

In der zweiten Maihälfte begann der Außendienst. Endlich konnte Sophie Scholl der Freundin etwas Positives berichten. Sie arbeite bei einem Bauern – »und der ganze Arbeitsdienst hat nun ein anderes Gesicht«. Mit dem Fahrrad fährt sie rund acht Kilometer durch einen lichten Wald bis Sigmaringendorf – »so richtig glücklich«. Nach mündlicher Überlieferung tut sie dort beim Ortsbauernführer Dienst. Vielleicht heißt es deshalb in ihrem Brief an Inge Scholl vom 3. Juni: »Von meinem Bauern lieber mündlich.« Den Haushalt zählt sie noch auf – »2 Pferde, Fohlen, 11 Kühe, Jungvieh – außer mir noch ein Knecht, eine halbblöde 15jährige Tochter, ebensolcher 17jähriger Sohn, Zottelhund, viele Hühner«.

Als erstes muss sie Unkraut auf dem Feld jäten, es ist heiß. Doch das kümmert Sophie Scholl nicht; sie sieht die Landschaft, den Himmel und das aufziehende Gewitter, »ein wunderbarer Anblick hinter den Tannenwipfeln.« Nach drei Wochen Landarbeit schreibt sie ihrer Schwester Liesl, sie habe »schon so braune und dicke Arme wie eine Magd«, sei abends so müde wie nie, »aber es ist ein ganz schönes Gefühl«. Sophie Scholl fühlt sich wohl bei der Arbeit im Stall und »in dem ganzen Dreck des Hofes« und isst mit allen aus einer Schüssel. »Das wohlige Müdesein am Abend« sei eine Versuchung, erfährt Lisa Remppis. Doch sich im Lager wohlzufühlen, gehört nicht zu Sophie Scholls Programm. Der abendlichen kalten Dusche wird eine zweite am Morgen hinzugefügt. Das Wochenende am 7./8. Juni darf sie heimfahren. »So habe ich mich noch nie auf zu Hause gefreut. Vor allem auf Inge«, schreibt sie der Freundin.

Die älteste Schwester. Der Arbeitsdienst bedeutete die zweite längere

Trennung für die Schwestern, nach dem halbjährigen Aufenthalt von Inge Scholl 1937 in Norddeutschland. Nur vier Tage nach der Ankunft im Lager macht sich die bald zwanzigjährige Sophie Scholl im Tagebuch Gedanken, wie unterschiedlich sie beide auf Dinge und Menschen reagieren: »Seltsam – sobald ich von Inge entfernt bin, habe ich einen viel innigeren Kontakt mit ihr. Da ist sie mir richtig Schwester – noch mehr Freundin. Ich freue mich schon sehr auf ihre Briefe.« Mit Lisa Remppis kommt sie sich viel näher, wenn sie zusammen sind. Das liege wohl daran, dass sie »mit manchmal hässlich nüchternen Augen« sehe. Die Schwester Inge dagegen »sieht alles kindlich, manchmal schwärmerisch und viel zu sehr mit ihrer ganzen Seele.« Sie reagiere »mit einem Aufwand an Gefühlen auf alles«. Dafür habe sie aber auch kein so »ekelhaftes Teufelchen« wie Sophie, das die Wirkung auf andere beobachte. Sie könne sich dieses »Teufelchen« nur schwer abgewöhnen, fügt Sophie Scholl selbstkritisch hinzu: »Dieser Zwiespalt oder besser diese Zwiespältigkeit verdirbt mir viel und macht mich schlecht, gemein.«

Fast in jedem Brief, den Inge Scholl nach Krauchenwies schicken wird, weist sie Sophie auf Stellen im Augustinus-Buch hin, zum Beispiel am 2. Mai: »Lies doch einmal Seite 194/195 Nr. 123, 124, 125. Das hat mir sehr eingeleuchtet.« Dann wird Inge Scholl persönlich und nutzt den Kirchenvater, um sich selbst zu zeigen und damit indirekt der verschwiegenen Schwester Mut zu machen: »Wenn ich abends versuche zu beten, dann ist es mir, als zerfalle ich in tausend Splitterchen. (Es ist ja auch seltsam, an Gott zu beten, zu dem einem der unumstößliche Glaube fehlt. Ich tue es aber trotzdem, vielmehr ich versuche es.)« Es klingt, als ahne Inge Scholl, dass Sophie Scholl in ähnlicher Situation ist und begierig auf positive Erfahrungen: »Wenn ich aber in meinem Gebet dann an Euch denke, eben an meine mir nächsten und liebsten Menschen in der Ferne, und für Euch zu beten versuche, dann ist es, als gehe ein Bündel von feinen Strahlen zu Euch hin und ziehe Euch für einen kurzen Augenblick zu mir, mitten ins Herz.« Ist das eine tröstliche Einladung, auch beim Beten durchzuhalten? Sophie Scholl jedenfalls scheint von solchen Briefen berührt zu sein, sie nicht unter dem Kriterium »schwärmerisch« abzulegen. Wie sonst ist die ausdrückliche Vorfreude auf die Schwester zu verstehen und dass sie nach dem Besuch an Hans Scholl schreibt, sie habe in Ulm »eine gute Stärkung meiner selbst« erfahren.

Doch die Stärkung durch Gespräche muss jetzt, wo die Geschwister erstmals alle getrennt und für sich alleine durchs Leben gehen, den größten Teil der Zeit durch Briefe ersetzt werden. Das ist eine Herausforderung, die alle Scholls freudig meistern, seit jeher von Sprache und Literatur, von der Kraft präzise formulierter Gedanken wie poetischer Schilderungen angetan und darin geübt. Die Geschwister korrespondieren alle miteinander – Sophie und Inge, Sophie und Hans, Sophie und Werner, Sophie und Liesl, aber ebenso Inge und Hans, Inge und Werner, Werner und Hans, Hans und Liesl … Ernst Reden nicht zu vergessen, der mit Inge und Otl korrespondiert. Auch Otl Aicher und Sophie Scholl wechseln Briefe. Der Briefwechsel zwischen Sophie Scholl und Fritz Hartnagel geht ebenso weiter. Selbstverständlich korrespondieren die Eltern – genauer: die Mutter – mit allen Kindern. Werner Scholl, der Jüngste, ist der Schweigsamste von allen. Im Juli 1941 schreibt ihm Lina Scholl, sie habe nicht einmal Zeit zum Backen, aber Briefe schreiben werde sie trotzdem, »denn Du musst mit uns verbunden bleiben, deshalb kann es auch vorkommen, dass ich Dir manches 2 mal erzähle. Das musst Du mir zugute halten. … Auch möchten wir öfter etwas von Dir hören, es ist mir die wertvollste Post, wenn von Dir etwas dabei ist.« Der Grund für die eher seltenen Briefe des Achtzehnjahrigen: dass ihm Drill und Stumpfsinn des Arbeitsdienstes noch mehr zusetzen als Sophie.

Sich gegenseitig Mut machen, die Ideale ansprechen, denen sie treu bleiben wollen, und sich Lektüre zu empfehlen, sind die roten Fäden in diesem beeindruckenden brieflichen Netzwerk. Die Hinweise auf den christlichen Glauben als Quelle, aus denen sich ihre Kraft speist, sind unüberhörbar. Am 8. Mai 1941 schreibt Hans Scholl »A ma petite soeur!« zum Geburtstag: »Ich möchte Dir wünschen, dass diese Zeit in Deinem Gesichte keine allzu tiefen Spuren hinterlasse. Wir wollen uns daran erinnern, dass es Sphären des menschlichen Geistes gibt, die zeitlos sind und das alles umfassende Netz der modernen Naturwissenschaften ist unser schönstes Arbeitsgebiet. Da sind wir auf Gottes Spuren.« Der Wunsch des Bruders nahm die nächste Zukunft fest und tröstlich in den Blick. Er wusste, dass Sophie Scholl Biologie studieren wollte.

Inge Scholl beschäftigt sich in ihren Briefen besonders ausführlich mit Glaubensfragen und betont zugleich, wie sehr auch sie noch auf dem Weg ist. Ihr »ganzes Verhältnis zu Gott, den Menschen und den Geschehnissen« sei noch im »Werde-Zustand«, schreibt sie Hans Scholl am 9. Juni, »sozusagen mit Gas oder Nebel zu vergleichen, der sich verfestigen will«. Deshalb sei sie sehr vorsichtig, »anderen etwas Unfertiges schwarz auf weiß zu geben«. Um fortzufahren: »Nun aber zur Sache …« Diesmal geht es um den Glauben, den Inge Scholl so definiert: »Glaube ist die Fortsetzung des Verstandes in Richtung zu Gott und den Geheimnissen, die mit ihm verbunden sind.« Da der Verstand Gott nur in beschränktem Maße erkenne, müsse der Glaube die Kluft überwinden, damit der Mensch bei Gott ankommt.

Diesmal ist Inge Scholls Ausgangspunkt ein Sonntagsspaziergang, bei dem sie, ihr Bruder Hans und der Vater »um das Christentum und die Existenz Gottes stritten«. Robert Scholl argumentierte, dass »vom Glauben, also von der Religion her, dem Verstand eine Grenze gesetzt« werde. Noch im Nachhinein zeigt Inge Scholl heftige Emotionen: »Nie, nie kann dies der Fall sein.« Robert Scholl stand dem Christentum und dem Glauben an einen persönlichen Gott fern. Dass wussten nicht nur seine Kinder, sondern Lina Scholl schon aus der Zeit, als sie noch die Diakonisse Lina Müller war. Aber Robert Scholl verfocht keinen aggressiven Atheismus, sondern schätzte philosophisch-theologische Diskussionen. Er stellte nie den Glauben und die praktizierte protestantische Frömmigkeit seiner Frau in Frage und dass die Kinder in diesem Glauben erzogen wurden. Es war ein Glaube, der im Wort Gottes, in der Bibel, fest verankert war und sich im Alltag bewähren musste.

Lina Scholl glaubte fest an Gottes guten Plan. Ende Mai, als noch ungewiss war, welche Außendienst-Stelle Sophie Scholl bekommen würde, wünschte sie ihr, dass sie zu einem Bauern käme. Sie solle für alles Interesse zeigen: »Vielleicht kommst Du ja auch in ein Haus, da ein guter Geist wohnt, wo Du heimisch werden kannst. Es möge Dir alles zum Besten dienen, was ja denen versprochen ist, die Gott lieben.« Es war auch ein Hinweis, fern von Daheim nicht nachzulassen in der Liebe zu Gott. Zugleich lag der Mutter das Schicksal der jungen Männer, namentlich das von Fritz Hartnagel, auf der Seele, die nicht wussten, ob sie als Soldaten aus diesem Krieg je wieder lebend nach Hause kommen würden. War das Gottes Wille, oder hatte er sich längst von der Welt abgewandt? In einem Brief an Werner Scholl vom 13. Juli 1941 bekennt sie: »Wenn ich nicht die Bibel hätte und daraus klar und unzweideutig erfahren könnte, dass Gott wahrhaft noch da ist, und es im Herzen spüre, ich käme nicht durch. Aber so wird *trotz allem* sein Reich hinausführen und einmal den Frieden schaffen auf Erden.« Eigentlich hätte es der Hervorhebung nicht bedurft, um Werner Scholl auf den Familien-Code aufmerksam zu machen: Allen Gewalten zum Trotz sich erhalten! Und da Hans Scholl gerade in Ulm ist, setzt er dem Bruder in Frankreich noch einen »herzlichen Händedruck« ans Briefende – »cordiale poignée de mains«.

Als Lina Scholl diesen Brief schrieb, hatte sich das blutige Rad des Krieges, das die Nationalsozialisten im September 1939 in Bewegung setzten, wieder mehrfach gedreht. Gemäß der inneren Logik einer Politik, die auf Eroberung und Raub, Rassenkampf und Vernichtung ausgerichtet war, konnte es keinen Stillstand, keinen Frieden geben. Ende April 1941 hatte

Sophie Scholl nach längerer Pause wieder einen Brief von Fritz Hartnagel erhalten – aus Vukovar. Als Anfang des Monats die Wehrmacht in Jugoslawien einmarschierte, war er mit seiner Einheit aus Münster dabei. Wieder ging alles blitzartig: Griechenland wurde besiegt, ein unabhängiges Kroatien unter faschistischer Führung etabliert, Serbien kam unter deutsche Verwaltung.

Um die Situation, über die man im Lager in Krauchenwies jubelt, politisch richtig einschätzen zu können, fragt Sophie Scholl bei den Eltern an: »Hoffentlich erhalte ich von Vater oder sonst jemand von Euch einen Brief, wie hoch man das Stimmungsbarometer wegen der Kapitulation Griechenlands stellen darf. Hier ist's enorm hoch.« Das Bild vom Barometerstand war nach der Familien-Vereinbarung die unverfängliche Einschätzung, ob die nationalsozialistische Herrschaft sich weiter auf dem Vormarsch befand oder ihrem Ende entgegenging.

Am 13. April 1941, Ostersonntag, hatte Robert Scholl seinen fünfzigsten Geburtstag gefeiert. »Im engen Familienkreis in schöner Harmonie«, wie er einen Tag später an Sophie Scholl schreibt. Mit dem Dank für ihren Geburtstagsbrief verbindet er einen Rückblick auf sein Leben. Die Verwertung »so vielen Suchens, Irrens und Reifwerdens« könne erst in künftigen Jahren möglich sein. Auch werde er immer »der gleiche Sucher« sein, »Stillstand wäre Rückschritt«. Dann kommt er auf Sophies »Barometer-Anfrage« zu sprechen. Entgegen seiner Einschätzung am Jahresanfang sei er nun der Meinung, »dass der Krieg doch etwas länger dauert«. Seine Grundüberzeugung ändert sich nicht: »Das Barometer ist vorübergehend für die Oberflächlichen etwas gestiegen und es kann in nächster Zeit vielleicht noch etwas steigen. Aber der Umschwung kommt mit unausbleiblicher Konsequenz. An der Entwicklung in Richtung eines gewissen Zieles wird sich durch Zwischenepisoden überhaupt nichts ändern, so wenig sich in einem Flusslauf durch Seiten und Rückwasserstau bei einem Hochwasser etwas ändert.« Geduld haben, nicht aufgeben, sich nicht blenden lassen – gerade mal zwei Monate später war Robert Scholls Rat von überraschender Aktualität.

Am 22. Juni 1941 setzte sich eine Kriegsmaschinerie in Bewegung, wie sie Europa noch nie erlebt hatte. Drei Millionen deutscher Soldaten – drei Heeresgruppen mit 153 Divisionen –, 600000 Kraftfahrzeuge, 500000 Pferde und 3350 Panzerwagen überfielen die Sowjetunion, die mit Hitler-Deutschland verbündet und auf diesen Angriff, trotz vielfacher Warnungen und einer Armee von fünf Millionen Rotarmisten, nicht vorbereitet war. Wieder das gleiche Bild: Die deutschen Soldaten marschieren von Sieg zu Sieg – Minsk, Smolensk, Kiew werden eingenommen. Hitlers Ziel, die Sowjetunion in vier Monaten zu vernichten, scheint außer Frage. Am 8. September war Leningrad eingeschlossen. In Gesprächen malt der Führer aus, wie Moskau und Leningrad dem Erdboden gleichgemacht würden. Am 19. September 1941 meldete das »Ulmer Tagblatt«: »In breiter Front siegreich nach Osten.«

Wie in keinem der Kriege an der westlichen Front ging es diesmal um totale Vernichtung des Gegners und um einen Raubkrieg, der rund 21,2 Millionen Menschen in der Sowjetunion die Lebensgrundlage entziehen würde. In Vorbereitung des Feldzuges hatte sich in Berlin eine Gruppe von Staatssekretären zusammengesetzt und in einer Aktennotiz vom 2. Mai 1941 nüchtern kalkuliert: »Der Krieg ist nur weiterzuführen, wenn die gesamte Wehrmacht im 3. Kriegsjahr aus Russland ernährt wird. Hierbei werden zweifellos zig Millionen Menschen verhungern, wenn von uns das für uns Notwendige aus dem Lande herausgeholt wird.« Im nationalsozialistischen Edeljournal »Das Reich« schrieb Propagandaminister Joseph Goebbels, der Krieg im Osten werde »für einen vollgedeckten Frühstücks-, Mittags- und Abendtisch« im Westen sorgen. Es sei zudem ein Krieg um Rohstoffe, und die seien die Voraussetzungen zur Lösung der sozialen Frage bis hin zum Bau von Volkswagen und Traktoren, Theatern und Kinos bis ins letzte Dorf hinein.

Als Hitler am Morgen des 22. Juni 1941 im Radio verkündete, dies sei der größte Aufmarsch, den die Welt je gesehen hätte, saß Sophie Scholl mit Inge Scholl und Otl Aicher in einer Pension in Krauchenwies beim Frühstück. Die beiden waren am Samstag gekommen, um Sophies freies Wochenende mit ihr zu verbringen. Nach der Rückkehr schrieb Inge Scholl am 26. Juni an die Schwester: »Nun kommt es mir schon wieder sehr lange her, dass wir mit Dir in dem schönen Park spazierengegangen sind. Sind wohl inzwischen die Erdbeeren reif geworden? Vergiss sie nicht! – und dann möchte ich Dir gern noch etwas sagen: Es ist so schön, dass Du so mit Leib und Seele gesund sein willst.« Wenn die Lagerzeit vorbei sei, »dann kann es gar nicht anders sein, als dass Du aufrecht und gerade weiterwächst«. Kalte Duschen und Lesestoff, der den Geist beschäftigt: Nach Inge Scholls Eindruck scheint dieses Rezept bei Sophie Scholl tatsächlich alle Durchhalte-Kräfte mobilisiert zu haben.

Einen Tag nach dem Überfall auf die Sowjetunion schreibt Sophie Scholl an ihren Bruder Hans: »Heute habe ich so das Gefühl, als wäre es Zeit zum Schlussmachen mit dem R.A.D. Was blüht wohl Dir in der nächsten Zeit? Wir leben doch in einer interessanten Zeit. Ab und zu erfahre ich auch, was geschehen ist.« Harmlose Zeilen auf den ersten Blick, vielleicht ein wenig irritierend. Wer den Code kannte und das politische Geschehen aus gleicher Gesinnung heraus betrachtete, erkannte in den Worten eine besondere Botschaft. Sie ist hoffnungsfroh, fast hochmütig und geht davon aus, dass auch Hans überzeugt war: Was nach Triumph aussah, war in Wahrheit der endgültige Schritt zum Untergang. Der Überfall auf die Sowjetunion musste scheitern, so berauschend die anfänglichen Siege auch sein würden. Dieses Scheitern nach außen würde das verbrecherische braune System so schwächen, dass ein entscheidender Stoß im Inneren die nationalsozialistische Herrschaft beenden würde. Nie mehr Arbeitslager, nie mehr Uniformen und verlogene Lieder. Nie mehr den Zwang, jedes Wort abzuwägen. Eine Zukunft in Freiheit war nicht mehr so fern. Wirklich, man lebte in interessanten Zeiten.

Doch wie isoliert und einsam war, wer im Sommer 1941 auf die Hoffnung des Scheiterns setzte, macht ein Blick auf den Mann klar, der im Juli 1944 die tödliche Widerstands-Tat riskierten würde. Im September 1941 wird Claus Schenk Graf von Stauffenberg durch einen Mittelsmann gefragt, ob er mitmachen würde, die Zeit nach dem Sturz der braunen Machthaber vorzubereiten. Stauffenberg lässt Helmuth James Graf Moltke, der auf seinem Gut Kreisau mit Gesinnungsgenossen solche Zukunftspläne diskutiert und die Anfrage gestellt hatte, mitteilen: »Zuerst müssen wir den Krieg gewinnen. Während des Krieges darf man sowas nicht machen, vor allem nicht während eines Krieges gegen die Bolschewisten. Aber dann, wenn wir nach Hause kommen, werden wir mit der braunen Pest aufräumen.« Bei den Scholls in Ulm, angeführt von einem Vater, der den unbedingten Kriegswillen der Nationalsozialisten schon 1933 voraussah und verurteilte, hatte man sich längst an radikalere Gedanken gewöhnt und hing keinem falschen Patriotismus mehr an.

Zurück zu Sophie Scholls locker-tiefgründigem Satz: »Wir leben doch in einer interessanten Zeit.« Ist nicht vorstellbar, wie für Sekunden in Sophie Scholl das Gefühl aufkommt, zu denen zu gehören, die gebraucht werden, wenn der Alptraum vorbei ist? Weil man den Verführungen und Verfehlungen abgeschworen hatte, sich nicht an das Unrecht gewöhnte und – im Rahmen des Möglichen – gerade durchs Leben gegangen war. Sich nicht gemein machte mit den vielen, die nicht nach dem Sinn, sondern nur nach dem Nutzen fragten. Das Gefühl der Überlegenheit, zu den Wenigen und nicht zu den Vielen zu gehören, verband die Scholl-Geschwister – in jener anderen, fernen Zeit, als man in brauner Uniform marschierte ebenso wie heute, in der Kriegs-Gegenwart, wo es keine Gemeinsamkeiten mit den Herrschenden mehr gab, sondern nur Verachtung.

Zum Geburtstag hatte Werner Scholl seiner Schwester Sophie tröstend geschrieben: »Ein berechtigter Stolz, nicht zu sein wie die andern, kann helfen.« Und von Inge Scholl hörte Sophie: »Es hängt eben alles an diesem Salz der Erde, wozu auch wir gehören, Du und ich.« Ihr seid das Salz der Erde, ihr seid das Licht der Welt: Die Sätze Jesu gelten seinen Jüngern am Ende der Bergpredigt – Versprechen und Anforderung zugleich. Was für eine Verantwortung und was für ein Anreiz, durchzuhalten. »Jetzt sind es nur noch 67 Tage. Ich freue mich über jeden Tag, der verging. So rückt die Freiheit, die seit Deinem letzten Brief mir noch viel verlockender winkt, doch immer näher, allen Gewalten zum Trotz«, schreibt Sophie Scholl ihrem Bruder Hans Mitte Juli nach München, wo sie nach sechs Monaten Arbeitsdienst im Lager Krauchenwies endlich studieren möchte. Ihre Freundin Erika Reiff, mit der zusammen sie in den dreißiger Jahren in der Ulmer Schule abendliche Zeichenkurse besuchte und die wie ein Mitglied der Scholl-Familie war, sah sich in diesen Tagen in München um, ob sie nicht auch dort studieren wollte.

Am 16. Juli schreibt Erika Reiff an Sophie Scholl, sie werde nicht nach München gehen. Längst Verdrängtes war dort ans Licht gekommen. Sie hatte auch Hans Scholl getroffen und gemerkt, dass er ihr nicht gut tat: »Du weißt, dass mir Hans sehr viel bedeutet hat, die ganze Zeit, seit wir uns kennen.« Fast nimmt sie Sophie Scholl mit in Haftung: »Und Du darfst jetzt bitte nicht stolz sein auf Deinen Bruder. Denn ich weiß, dass ihm die Mädchen nachlaufen, ich weiß, dass er die Menschen überhaupt so zu nehmen weiß, dass sie ihm anhängen. Aber ich bin ihm nicht nachgelaufen und ich füge mich auch nicht.« Da spricht ein innerlich verletzter Mensch, und Sophie Scholl antwortet einfühlsam und ehrlich.

»Ich hätte mich gefreut, mit Dir in München zusammenzukommen«, beginnt sie. Erika Reiff wäre ihr ein »ruhiger Pol« gewesen, ihre »Selbstlosigkeit« sei selten. Dann kommt Sophie zum Thema: »Ich bin kein Schwärmer. Ich bin mir bewusst, in welche Welt ich durch Hans eintrete.« Sie werde in München ihr »Herz manchmal fest an seinen Platz« stellen müssen, um seinen Stimmungen nicht zu folgen: »Hans ist ein Chamäleon.« Er »taumelt ruhelos von einem zum andern«, man müsse ihn stetig begleiten. Sie mache sich kein Idealbild, müsse sich vielmehr hüten, ihn nicht ungerecht zu beurteilen: »Man muss ihn sehr behutsam und gerecht behandeln.« Aber sie habe in den letzten Jahren »mehr Urteilskraft« gewonnen und schließt: »Ich freue mich, wenn wir reden können. Wann?« Bei allem schwesterlichen Verständnis und allem Abwägen, das waren eindeutig kritische Worte über den Bruder.

Der war schon am 13. April in einem Brief an Lisa Remppis ein Thema gewesen: »Von Hans habe ich einen sehr netten Brief erhalten. Ich glaube, es wäre ganz fein, wenn wir zusammen studieren könnten, denn ich werde mich vor Hans nicht gehen lassen. (Übrigens möchte ich das vor niemandem mehr.) Und er will es vor mir auch nicht. Das ist doch das beste Erziehungsmittel. Ich würde übrigens lieber über ihn reden als über ihn schreiben. Denn er ist kein so einfaches Kapitel. Ich habe sogar regelrecht das Bedürfnis, gerade Dir gegenüber. Na ja.« Es war dies die Fortsetzung einer Bemerkung über den Bruder in einem Brief vom März, als Sophie erfahren hatte, dass es zwischen Lisa und Hans endgültig aus war. Damals hatte sie Hans Scholl als den »unausgerichtetsten« von allen Geschwistern bezeichnet.

Kein einfaches Kapitel. Nicht nur, dass die Mädchen ihm nachliefen. Seine Beziehung zur sechzehnjährigen Lisa Remppis war noch nicht beendet, da begann Hans Scholl einen intensiven Briefwechsel mit Rose Nägele aus Stuttgart, die samt vier Geschwistern und Eltern seit vielen Jahren zum Freundeskreis der Scholl-Familie gehörte. Ostern 1941 lieh er sich bei Inge Scholl 20 Reichsmark, um mit Rose Ski-Fahren zu können. Im April macht Hans Scholl im Münchner Odeon-Theater die Bekanntschaft mit Traute Lafrenz, einer Medizinstudentin, die soeben von Berlin an die Isar gewechselt ist. Die beiden verlieben sich und werden sehr schnell ein Paar in diesem Münchner Frühling.

Kritik an den Geschwistern zu üben, ist für Sophie Scholl unproblematisch, weil die Solidarität und der Zusammenhalt innerhalb der Familie unverbrüchlich sind. Kein besserer Beweis für die festen Familienbande als ihre Korrespondenz während der Lagerzeit in Krauchenwies. Aber darüber vernachlässigt Sophie Scholl ihre Beziehung auf die Ferne zu Fritz Hartnagel nicht. Vom 20. April hat sich ein Briefentwurf an ihn erhalten, den sie wohl nicht abgeschickt hat: »Mein lieber Fritz! Erlaube mir diesmal diese Anrede.« Sie erzählt von ihrem Spaziergang im Park um Schloss Krauchenwies und dem schönen abendlichen Frühlingshimmel – »da wäre ich so gerne noch ein Stück mit Dir gegangen, so sehr gerne«. Dann lässt Sophie Scholl gemeinsame Momente aus der Erinnerung auftauchen – das Alpenglühen im Gebirge, ihre Fahrt an die Nordsee, aber auch einen Spaziergang an der Donau, wo sie »hässlich und gemein« zu ihm war. Besonders froh ist sie über ihren gemeinsamen Urlaub im Februar – »wenn auch manches lieber ungeschehen wäre, so hat es doch zu der Verständigung geführt, die ich schon lange herbeisehnte. Mein lieber Fritz, nun freue ich mich, wenn ich an Dich denke und bin oft voller Hoffnung«.

# VERÄNDERTE BEZIEHUNGEN UND EIN ENDE MIT SCHRECKEN

Anfang Juni 1941, heil zurückgekommen aus dem Balkan-Krieg, schreibt Fritz Hartnagel aus einer Kaserne in Münster einen Brief an Sophie Scholl. Plötzlich geht ihm durch den Kopf, wie wenig er von ihr weiß – »trotz allem, was uns verbindet«. Er wisse nicht einmal mit Bestimmtheit, »ob Du das, was ich suche, schon gefunden hast, oder ob es auch für Dich darin noch ungelöste Fragen gibt ...« Kein Vorwurf solle das sein, nur ein Wunsch, weil es doch auch für ihn Bedeutung habe.

Fritz Hartnagel erhält auf seine Anfrage keine Antwort. Zweierlei kommt da zusammen: Zum einen ist Sophies Furcht groß, jemand anders als der Adressat könnte ihren Brief lesen. Mehrfach beschwört sie Lisa Remppis, der sich Sophie Scholl wie sonst niemandem anvertraute, ihren Brief zu vernichten. Und diese Furcht hängt zusammen mit der Verschwiegenheit über das, was sie im Innersten bewegt. Sophie Scholl will nicht zu viel Gefühl zeigen, wo ihr das Denken doch so wichtig ist. Einem Tagebuch hat Sophie Scholl im Frühling und Sommer 1941 allerdings bruchstückhaft ihre Gedanken und Gefühle anvertraut.

Am Palmsonntag 1941 war sie im Lager Krauchenwies angekommen. Die erste Woche war fast vorbei, als sie am Abend, alle Mädchen saßen im lustigen Trubel zusammen, »geschwind aufschaute« und durchs Fenster den Abendhimmel sah, »durch die kahlen Bäume den gelben Horizont. Da fiel mir plötzlich ein, dass Karfreitag war. Der so seltsam ferne, gleichmütige Himmel machte mich traurig.« Sophie Scholl kam sich zweifach ausgeschlossen vor, von den lachenden Menschen und von dem unbeteiligten Himmel. Ein Wunsch kommt in ihr auf: »Ich möchte gerne einmal in die Kirche, nicht in die evangelische, wo ich kritisch den Worten des Pfarrers zuhöre. Sondern in die andere, wo ich alles erleide, nur offen sein muss und hinnehmen.« Die andere, das war die katholische, in der sie in Ulm-Söflingen mit Inge Orgel gespielt hatte – und die ihnen Otl Aicher, der in dieser Kirche seit Kindheitstagen wie zu Hause war, buchstäblich und im übertragenen Sinne geöffnet hatte. Aber diese Sätze, so oft zitiert, haben einen Nachsatz, ebenso oft ausgelassen: »Ob dies aber das rechte ist?« Sophie Scholl traut ihrer spontanen Regung nicht. Sie wird darüber nachdenken.

Zwei Tage später ein weiterer Eintrag: »Heute war Ostern. Wie aber habe ich bisher Ostern begangen? Wenn ich nur allein sein könnte. Jetzt werde ich noch lesen. Die ganze Ostergeschichte. Und dann noch Augustinus. Nebenher spielt die Ziehharmonika. Die Mädchen tanzen dazu.« Ein Hauch von Wehmut kommt auf in Erinnerung an die Osterfeste mit der Familie – ein festlicher Tag, bis weit zurück in die Kindheit in Forchtenberg. Aber jetzt sind Gefühle fehl am Platz. Disziplin ist angesagt und Beschäftigung mit den heiligen Texten; bloß kein Versinken in der Erinnerung, kein Selbstmitleid.

Während Sophie Scholls Beziehung zu Fritz Hartnagel in diesen Wochen auf ruhige Bahnen zuläuft, erfährt die Beziehung zwischen Otl Aicher und Inge Scholl eine entscheidende Wende. Am 21. Juli kehrt Inge Scholl aus einem zweiwöchigen Urlaub zurück. Acht Tage davon ist sie mit Otl Aicher im Karwendel-Gebirge gewandert. Sie haben viel gelesen, schreibt sie an Sophie Scholl: »Hölderlins ›Hyperion‹, Piepers Büchlein ›Die Klugheit‹ ... und Garrigou-Lagrange ›Der Sinn für das Geheimnis‹ – das wird Dich interessieren.« Das schmale Bändchen des katholischen Theologen und Thomas-Experten Josef Pieper wanderte unter den Scholl-Geschwistern von Hand zu Hand. Auch der Name des französischen Dominikanerpaters Réginald Garrigou-Lagrange, von 1909 bis 1960 Professor an der päpstlichen Universität in Rom, einflussreicher Kenner und Förderer der Theologie des Thomas von Aquin, wird Sophie Scholl nicht mehr unbekannt gewesen sein.

Dass außer Lektüre-Stunden noch anderes geschah, erfährt nach ihrer Rückkehr Ernst Reden – der Freund, dem Otl Aicher im Frühjahr 1941 seine Liebe bekannt hatte – eine Liebe, für die Gott der Angelpunkt war. Auch Ernst Redens Beziehung zu Inge Scholl, die im Herbst 1938 begann, hatte mit Freundschaft und Liebe zu tun. »Gestern den ganzen Tag an Dich gedacht, mit Dir wird der Atem ganz leicht und ich spüre wieder, dass ich lebe«, hatte er ihr im Juli 1940 geschrieben. Doch es ist wohl auch eine Beziehung mit Komplikationen: »Du darfst es mir nicht übel nehmen, wenn ich Dir wieder einmal sage, dass Du Deine ganze Freiheit hast ... Ich bin vielleicht zu einsam, um glücklich zu machen – Du darfst deshalb nicht auf mich warten, du gute. Du musst einmal Mutter vieler Kinder werden. Es ist gleich, ob ich der Vater dann bin.« Am 20. Juli 1941, nach dem Urlaub mit Otl Aicher, schreibt Inge Scholl an Ernst Reden, sie wolle »um der Klarheit willen nicht länger schweigen«. Für die Zukunft soll es heißen – nicht Liebe, aber Zuneigung: »Mein lieber, lieber Ernst, nicht einsam sollst Du Dich fühlen, sondern geborgen und sicher in meiner Zuneigung – nicht nur in meiner, sondern auch in Otl's.« Ernst Reden antwortet, er fühle sich »jetzt freier«, es habe sich »alles wundervoll gelöst«.

Das Leben geht weiter, unabhängig von Krieg und Zerstörung. Noch war beides fern von Ulm. Doch immer stärker zog die Sorge um die Männer im Feld bei den Familien ein. »Weißt Du etwas von Fritz«, fragte Lina Scholl am 18. Juli ihre Tochter. »Frau Hartnagel bekommt es mit der Angst zu tun, weil gar keine Nachricht kommt. Es ist ja dort die Hölle los; wenn man so allerlei hört, so müsste man glauben, es komme keiner durch.« Dort: das ist die Front im Osten, an der drei Millionen deutsche Soldaten seit dem 22. Juni 1941 angetrieben werden, den russischen Feind zu vernichten. Und Fritz Hartnagel ist einer unter den drei Millionen. Lina Scholl fühlt mit Sophie und hat für sie den Trost ihres Glaubens: »Trotz allen Gefahren gibt es eine sichere Mauer Gottes, sie weiß die zu schützen, die Gott anvertraut sind … Es ist freilich ein ernstes Gefühl, jemanden, der einem nahe steht, in Todesgefahr oder schon dem Tod verfallen zu wähnen. Aber auch hier heißt es: Wenn Du glauben wirst, so wirst Du die Herrlichkeit Gottes sehen.« Ob Sophie Scholl glauben konnte?

Ende Juni meldet Fritz Hartnagel Sophie, er sei mit seiner Fernmelde-Truppe bis nordwestlich von Minsk vorgestoßen – Moskau heißt das Ziel. Es ist ein ernüchternder Brief, der von »oft recht scheußlichen Bildern, die einem längs der Vormarschstraße begegnen« spricht, von nur wenigen Stunden Schlaf. Fritz weiß, was Sophie Scholl wichtig ist, und was auch er sich wünschen würde. Aber dieser Krieg ist anders als der im Westen und der auf dem Balkan, die schon hinter ihm liegen: »Zu einer Beschäftigung für mich selbst, wie lesen, werde ich in diesem Feldzug nicht kommen …« Mitte Juli meldet er ihr, er habe Briefe und ein Päckchen erhalten, eine ungeheure Freude. Geschlafen habe er in den vergangenen drei Wochen nur zwei Nächte. Trotzdem analysiert er nüchtern die Lage: »Der Feldzug gegen Russland wird wohl noch einige Wochen dauern, denn der Russe wehrt sich sehr hartnäckig, und dann sind es bis Moskau von hier auch immer noch etwa 700 Kilometer.«

Es folgt ein nachdenklicher Gruß mit Blick auf die Lage der dörflichen Bevölkerung: »Ich glaube nicht, dass sie für die Befreiung vom Bolschewismus diese Dankbarkeit erweisen. Denn für diese Menschen wird es in ihrer Armseligkeit immer gleich sein, ob sie vom Zar oder Stalin oder Hitler beherrscht werden.« Man müsse bei allen Kriegen nach dem Nutzen für den Einzelnen fragen – eine revolutionäre These für einen Berufsoffizier im Dienst des nationalsozialistischen Deutschland. Sich nicht an die entmutigende Situation gewöhnen und darauf setzen, dass der Schrecken ein Ende haben wird: Dieser Vorsatz verbindet Fritz Hartnagel über Tausende von Kilometern mit Sophie Scholl. Die Verbindung mit ihr ist seine Kraftquelle. »Ich freu mich, bis alles vorbei ist«, schreibt er ihr am 1. August, »Dein Arbeitsdienst und ›mein Krieg‹. Meine Gedanken suchen ihre tägliche Zuflucht bei Dir, oder bei uns, wie Du es nennen willst.«

Am 1. August 1941 hatte Sophie Scholl noch zwei Monate Arbeitsdienst in Krauchenwies vor sich. Zu einigen wenigen Mädchen waren – entgegen den ersten negativen Eindrücken – engere Kontakte entstanden, in gemeinsamer Ablehnung des Lagerlebens begründet. Gemeinsam ließen sich Zwang, Ödnis und Uniformierung leichter ertragen, und hier und da gelang es, der Unfreiheit ein Schnippchen zu schlagen: »Gestern abend saßen Gisela und Gerda und ich noch rauchenderweise hinter einem Heuhaufen, aus kindischem Oppositionsgefühl, und diese Tat gibt einem doch, so lächerlich sie auch ist (aber eine *Tat* ist es) ein Gefühl des Götz von Berlichingen. Wenn nicht vorn, dann eben hintenrum …« Das schrieb Sophie Scholl am 23. Juni nach Ulm. Rauchen war den Mädchen im Lager streng verboten. Es blieb nicht bei diesem einen Freiheits-Erlebnis, zumal die alte Freundin Annelies Kammerer sie mit feinen Zigaretten versorgte. Und mit jedem Tag, den Sophie Scholl im Kalender strich, rückte eine ganze andere Freiheit näher. »Mit Glück«, schrieb Werner Scholl seiner Schwester ins Lager, »können wir Drei im September zusammen studieren.«

Am 2. August bedankt sich Sophie Scholl bei Hans Scholl, dass er ihr ein Buch als Geburtstagsgeschenk für Inge besorgt hat. Doch ihre Gedanken sind – das wird der Bruder verstehen – woanders: »Heute stehe ich noch ganz unter dem niederschmetternden Eindruck, die die neueste Schreckensbotschaft auf mich gemacht hat: wir müssen noch ein halbes Jahr Kriegsdienstpflicht ableisten, in Lagern, betreut vom R.A.D., der auch unsere Freizeit gestalten will. Ich bin gewillt, jede einigermaßen erträgliche Krankheit oder sonst etwas auf mich zu nehmen, was mich von diesem Schicksal befreit. Überleg Dir auch, was ich tun könnte.« Einziger Lichtblick für den Augenblick: Sophie Scholl kann am kommenden Sonntag nach Hause fahren. Sie hofft, dass Hans auch da sein wird und schließt: »Deine schwergeprüfte Schwester«. Von Ironie diesmal keine Spur. Es war ihr bitter ernst.

## ARBEITSDIENST (2) – DIE UNGEWISSHEIT ZERMÜRBT

*August bis Oktober 1941*

Am 29. Juli 1941 unterzeichnete Adolf Hitler den Erlass, dass Mädchen und junge Frauen, die sechs Monate Arbeitsdienst abgeleistet hatten, anschließend auf weitere sechs Monate zum Kriegshilfsdienst verpflichtet werden konnten. Dadurch sollten männliche Arbeitskräfte – die vor allem in der Wehrmacht mehr denn je gebraucht wurden – freigesetzt werden. Als Inge Scholl am 6. August den neuen Erlass in der »Frankfurter Zeitung« las, setzte sie sich sogleich hin, um Sophie Scholl ein paar tröstende Worte zu schreiben, obwohl die jüngste Schwester am 10. August in Ulm erwartet wurde:

»Häng Dich doch nicht zu sehr an die Sache. Mach es Dir nicht allzu unmöglich. Sieh, es ist soviel offensichtlicher Unsinn in unserer Zeit, hinter dem doch im Ganzen ein Sinn steckt. ... Ich meine, Dir sind doch Deine Flügel (soweit man bei Menschen von Flügeln reden kann) im letzten Jahr so schön stark geworden. Nun versuche doch, sie auszuspannen und Dich darüber zu schwingen über das, was Dir da so unsinnig in den Weg kommen will.« Unabhängig davon würden sie alles versuchen, Sophie vor diesem neuen Schrecken zu bewahren.

Die älteste Schwester stieß mit ihrer Ermutigung auf offene Ohren. Als Sophie Scholl am 11. August, einen Tag nach der Rückkehr von ihrem Ulm-Besuch, aus Krauchenwies an Lisa Remppis schreibt, klingt ihr Brief wie ein Widerhall ihrer ermutigenden Gespräche mit Inge und Hans Scholl und den Eltern in der Wohnung hoch über dem Münsterplatz. Der kurze Besuch habe gereicht, ihr »Persönlichkeitsbewusstsein« zu stärken – »bitte nicht gleich an Überheblichkeit denken«, fügt sie aus Erfahrung hinzu. Wieder einmal habe sie gelernt, »sich nicht an Wünsche zu hängen«. Dann kommt Sophie Scholl auf den Krieg zu sprechen und dass sie es als ungerecht empfindet, in einer Zeit leben zu müssen, die »vom Weltgeschehen ganz ausgefüllt« sei. Um sich sofort zu korrigieren: »Aber das ist natürlich Unsinn, und vielleicht sind uns wirklich heute Aufgaben, nach außen und mit der Tat zu wirken, gestellt. Obwohl es scheint, als bestünde unsere ganze Aufgabe darin, zu warten. Das ist schwierig, und oft möchte einem die Geduld vergehen, und man möchte sich ein anderes, leichter erreichbares und erfolgreicheres Ziel stecken.« Man hört es förmlich, das Motto der Scholl-Familie: allen Gewalten zum Trotz.

Die Freundin antwortet postwendend: »Wie kannst du denken, dass ich an Überheblichkeit denke, wenn Du schreibst, dass Dein Selbstbewusstsein gestärkt würde.« Das Gefühl sei so schön, wenn man zu einer Gemeinschaft gehöre, »nicht nur bloß äußerlich, sondern ganz tief und fest. Im Krieg ist es für uns alle notwendig, dass wir irgendwo von etwas Sicherem wissen.« Dann zitiert die Siebzehnjährige den Schluss von »Hermann und Dorothea«: »Wir wollen halten und dauern, fest uns halten und fest der schönen Güter Besitztum. Denn der Mensch, der zur schwankenden Zeit auch schwankend gesinnt ist, der vermehret das Übel und breitet es weiter und weiter« – und fügt hinzu: »Hat Goethe nicht vollkommen recht?«

Am 23. August führt Sophie Scholl den Dialog mit der Freundin fort. Man habe sich eigentlich schon an den Krieg gewöhnt, und nun liege er plötzlich so schwer wie nie auf allen: »Ich glaube, jetzt erst können wir uns bewähren – und bewahren.« Sie habe oftmals ein »herrliches Gefühl, wie vor einer sportlichen Leistung, wo Du alle Deine Muskeln mit einem siegesfreudigen Gefühl von Dir beherrscht weißt. Ich spüre Kräfte in mir. – Allerdings nicht immer. Aber es kommt ja auf den Willen an, und allmählich kenne ich meine Stimmungen, um sie richtig einzuschätzen.« Das Training hatte sich gelohnt, und dazu waren alle Widrigkeiten gut: sich unabhängig zu machen von seinen Stimmungen.

Ähnliches spiegelt sich in Inge Scholls Brief vom 20. August: »Liebe Sofie! Für Deinen Brief danke ich Dir herzlich. Du hast recht, das ist das Wesentliche, dass Du dich als freier Mensch fühlst, gerade dann, wenn man Dich fesseln will. Das ist ein guter Satz und man sollte ihn rot unterstreichen und durchs ganze Leben leuchten lassen.« Frohgemut kommt die Schwester auf das zu sprechen, was im Eigentlichen ihr Leben bestimmt: »Du, wenn ich so den neuen Kierkegaard ›Tagebücher‹ (von Haecker übertragen) aufschlage und darin einen der kurzen Abschnitte lese, kommt mir der frohe Gedanke, dass uns da ein herrliches Goldbergwerk zugänglich gemacht worden ist.« Falls Sophie wirklich noch sechs Monate ins Lager müsse, werde sie ihr Kierkegaard mit »auf den Weg geben, so wie im ersten den Augustinus«. Eine Woche zuvor hatte Otl Aicher an Ernst Reden geschrieben, er habe Kierkegaards Tagebücher gelesen und sei »so entzückt«. Er solle sich dieses Buch unbedingt kaufen.

So widerwärtig die Vorstellung war, dieses Lagerleben noch einmal sechs Monate ertragen zu müssen, so erfreulich war der Außendienst, zu dem Sophie Scholl im August jeden Morgen das Schloss verließ, um in

Krauchenwies gegenüber dem Rathaus das kleine Häuschen der Familie Krall zu betreten. Wilhelm Krall und seine Frau waren schon fort zur Arbeit – er in einer Munitionsfabrik, sie kümmerte sich »um ihr bisschen Landwirtschaft« und nahm dazu ihre zehnjährige Tochter mit. Den Säugling, im März geboren, übernahm Sophie Scholl – baden, füttern, Windeln waschen. Dann machte Sophie Scholl die Wohnung sauber und kochte das Mittagessen. Nach dem Essen gingen Mutter und Tochter wieder an die Arbeit, und Sophie Scholl spülte, stopfte Strümpfe und mürbe Wäsche und kümmerte sich um den Haushalt. Die Kralls waren arm, aber »sehr sehr nett« zu Sophie Scholl. Jeden Tag bekam sie ein bis zwei Liter Milch: »Es ist sehr gemütlich, und ich fühle mich äußerst wohl.« Das abendliche Lesen hat sie deshalb nicht aufgegeben, und es ist nicht nur Augustinus. »Bücher bedeuten mir hier mehr als sie mir überhaupt jemals bedeuteten«, schreibt sie an Liesl und lässt sich aus Ulm einen Band Rilke-Gedichte schicken.

Ebenfalls eine große Wohltat war eine Entdeckung, die Sophie Scholl Anfang August zusammen mit ihrer Lager-Freundin Gisela Schertling gemacht hatte: »Abends ging ich dann ein bisschen fort, mit meiner Kameradin, ins Dorf, und da kommen wir plötzlich auf den Gedanken, Orgel zu spielen. Als wir die Erlaubnis und den Schlüssel vom Pfarrer hatten, spielten und sangen wir, bis wir ins Bett mussten.« Damit nicht genug, nahmen sie sich am Sonntagmorgen die Freiheit, gegen das »Kirchgangverbot« beim RAD zu verstoßen: »Am nächsten Morgen gingen wir schon um ½ 7 Uhr zur Frühmesse, … nachher gingen wir nochmal ins Bett. Und nachmittags orgelten wir wieder.« Das schrieb Sophie Scholl am 29. August an ihre Schwester Liesl.

Die Stunden in der Kirche wurden ihr immer wichtiger, »ein wunderbarer Gegensatz zu dem ganzen anderen Treiben«. So oft es ging, holte sie sich mit Gisela Schertling bei Pfarrer Karl Ehinger die Schlüssel zur katholischen Kirche St. Laurentius. Einmal spielten die beiden »4händige Stücke von Händel und Bach«. Aber sie machten sich auch sehr früh am Morgen auf, um zum katholischen Gottesdienst zu gehen. »Ich möchte sehr gerne einmal in die Kirche, nicht in die evangelische … Ob dies aber das rechte ist?«, hatte sie sich Karfreitag im Tagebuch gefragt. Zumindest war es nichts Unrechtes mehr.

Die ein Jahr jüngere Gisela Schertling hatte es aus Thüringen ins schwäbische Arbeitslager verschlagen. Sophie Scholl schreibt Ende August ihrem Bruder Werner Scholl, sie habe sich dem »Mädel nicht auf Grund einer Zuneigung (obwohl sie mir sofort angenehm auffiel) sondern auf Grund von einigen Gesprächen« angeschlossen: »Unser Verhältnis ist doch sehr sachlich und von Gefühlen frei und soll's auch so bleiben. Es könnte sonst an Nutzen verlieren.« Haben Gefühle keinen Nutzen? Sind sie lästig, belastend? Je älter sie wird, desto distanzierter scheint Sophie Scholl über Gefühle zu denken.

Am 27. August 1941 schickte Robert Scholl ein Gesuch zur »Entlassung der Arbeitsmaid Sophie Scholl« an die RAD-Führerin in Krauchenwies sowie an die Bezirksleitung RAD Württemberg in Stuttgart. Die Bitte wurde begründet mit dem schlechten Gesundheitszustand von Lina Scholl, deren »Leben und Gesundheit« gefährdet seien, wenn sie nicht durch ihre Tochter Sophie bei der Hausarbeit entlastet würde. Neben dem achtjährigen Winfried aus Essen hatte die Familie Mitte August noch ein »Flandernkind« aus Antwerpen und ein Ferienkind aufgenommen. Lina Scholl kümmere sich um einen umfangreichen gepachteten Gemüsegarten und habe seit Jahren keinen Urlaub gehabt. Das beigefügte ärztliche Gutachten attestierte Magen- und Darmstörungen, schwere Koliken, starke Abmagerung, eine schwere Schwächung des Allgemeinzustandes. Der Arzt hatte kein Gefälligkeitsgutachten ausgestellt, die sechzigjährige Lina Scholl war ziemlich krank. »Ich kann die Arbeit nicht mehr schaffen«, schreibt sie, die ganz und gar nicht wehleidig ist, am 24. August an Werner Scholl. »Ich komme gar nicht mehr zum Lesen. Es kommt vor, dass ich manchen Tag gar nicht mehr in die Bibel schaue.«

Zur Ungewissheit über ihre eigene Zukunft kam für Sophie Scholl die Sorge um Fritz Hartnagel hinzu. Sie brauchte nur seine Briefe zu lesen, um zu wissen, dass die jubelnden Schlagzeilen der Zeitungen, die dröhnenden Siegesmeldungen im Radio der Realität an der Front im Osten nicht entsprachen. Am 1. August schreibt Fritz Hartnagel, der Vormarsch sei ins Stocken geraten. Er hofft, dass es bald weiter geht. Aber nicht, weil er im Siegesrausch ist, sondern damit »dieser Feldzug ein schnelles Ende nimmt. Dass ich es von ganzem Herzen herbeisehne, wirst Du verstehen«. Fritz Hartnagel, der Berufsoffizier, ist nicht von Propaganda-Parolen oder nationalsozialistischer Weltanschauung infiziert. Sein Denken und sein Fühlen nehmen unverfälscht wahr, was um ihn herum geschieht. Er frage sich, »wie sollen wir da nur wieder zurückkommen«. Der Weg nach Moskau sei noch weit, und der Russe kämpfe »äußerst zäh und verbissen«. Ihn dauert »das Los der Bevölkerung, die nichts zu essen hat«. Ihm graut davor, »dass wir den Winter hier verbringen sollten«. Doch er hofft, »auch dies schadlos zu überstehen«.

Woraus zieht er seine Hoffnung in einer Situation, die andere depressiv oder zynisch werden ließ? Wenn man darauf angewiesen wäre, schreibt

Fritz Hartnagel an Sophie Scholl, »den Trost nur im Weltlichen zu suchen, dann könnte man den Mut verlieren. Ich beginne allmählich zu ahnen wohin mein, oder unser beider Weg führt, wenn ich ihn auch noch nicht ganz verstandesmäßig begriffen habe«. Es ist unübersehbar: Was Sophie Scholl angestoßen hat bei Fritz Hartnagel, trägt Früchte.

Am 4. September 1941 wird das Gesuch, Sophie Scholl vom Kriegshilfsdienst freizustellen, um der kranken Mutter zur Hand zu gehen, abgelehnt. »Natürlich geben wir die Sache noch nicht auf. Mutter hat schon selbst nach Stuttgart geschrieben«, meldet Inge Scholl der Schwester nach Krauchenwies. Da Sophie am Sonntag in acht Tagen in Ulm sein werde, könne dann alles besprochen werden: »Spreize nun Deine Flügelchen fest aus, wie die kleinen Tannen ihre jungen Äste. Und lass dich gut grüßen von allen, besonders von Deiner Inge.« Wie wird Sophie Scholl auf die schlechte Nachricht reagieren?

Sie macht sich keine Illusionen – und erlaubt sich Gefühle. »Jetzt bleibe ich also noch ein halbes Jahr in der Zwangsjacke«, schreibt sie umgehend an Hans Scholl, »eigentlich hätte die Zeit bis jetzt schon genügt, um meine Abscheu und meine Verachtung dafür ganz reifen zu lassen. Das ist nicht eine Phrase, sondern ein bloß zu oft empfundenes Gefühl.« Sie ist entschlossen, dass es dabei nicht bleibt: »Aber seltsam, jetzt spüre ich so recht, dass mich nichts zwingen wird, ein herrliches Stärkegefühl habe ich manchmal. Und meine Oberen so recht zu hintergehen, meine Freiheit heimlich zu genießen, bereitet mir tiefes Vergnügen.« Wie so oft in kritischen Situationen, schenkt Sophie Scholl der Blick auf die Natur die Gewissheit anderer Wirklichkeiten: »Der Herbst ist schön. Über den Wäldern in der Ferne liegt schon ein anderer Dunst, und morgens liegt schon der Reif auf der Wiese. ... Es gibt viel, viel schönes hier, mir reicht es lang. Und da ich ja viel wichtigere Dinge zu denken und zu tun habe, kümmert mich das Lager wenig und alles, was drin- und dranhängt.« Die Freiheit hängt nicht an äußeren Dingen oder an Menschen. Wer sich von ihnen frei machen kann, erfährt jene Sicherheit, die einem niemand nehmen kann, und fühlt sich nicht mehr verlassen.

Am 14. September ist Sophie endlich daheim in Ulm – und hat bei der Abreise aus dem Lager erfahren, dass sie vierzehn Tage fortbleiben darf, Sonderurlaub. Was für eine unbändige Freude, wieder teilzuhaben an einer anderen Welt. Inge Scholl berichtet dem Bruder Werner: »Sofie ist nun für zwei Wochen da und nimmt Mutter und auch mir mit großer Ruhe und Umsicht die übermäßig viele Arbeit aus der Hand.« Und die Mutter schreibt dem Jüngsten am 23. September: »Sofie ist noch bei uns und ich kann mir gar nicht vorstellen, wie es ist, wenn sie fort müsste. Heute wurde wieder ein Gesuch gemacht an den R.A.D. in Stuttgart, der Arzt schrieb wieder ein Gutachten über meinen Gesundheitszustand.« Neben der Arbeit im Haushalt bleibt Sophie Scholl Zeit für ein privates Leben, das sie im Lager so sehr vermisst hat. Abends geht sie mit Inge Scholl in die Französisch-Stunde, und dann ist da noch jemand, der sich danach sehnt, mit ihr zusammen zu sein. Einen Tag vor ihrer Abfahrt nach Ulm hatte Sophie Scholl Lisa Remppis mitgeteilt: »Ich glaube, Fritz ist in Ulm, ich bestellte ihn wenigstens dorthin. Er ist zur Zeit in Weimar und reist in den nächsten Tagen nach Afrika ab.«

Fritz Hartnagel konnte es selbst kaum begreifen: Am 2. September, immer noch bei Smolensk stationiert, hatte er den Funkspruch bekommen, sich umgehend bei der Heeresgruppe Mitte zur »Sonderverwendung« einzufinden. Zwei Tage später verließ er Russland in einer JU 52 – das Donnern der Front war zu hören –, landete in Ostpreußen, und weiter ging es mit dem Zug über Berlin nach Weimar. Da saß er nun mit dem Befehl, einen Nachrichtenzug aufzubauen, und in rund vierzehn Tagen sollte es weitergehen nach Libyen zum deutschen Afrika-Korps. Mit welchen Gefühlen sie sich wiedersahen, sieben Monate nach dem gemeinsamen Urlaub, als in vielen Gesprächen der Grundstein für ein neues Miteinander gelegt wurde, darüber gibt es keinerlei Zeugnisse. Aber es gab viel zu erzählen. Zum Beispiel, dass für Familie Scholl inzwischen München nahe an Ulm gerückt war.

Am 24. August, ein schöner Spätsommertag, klingelten Inge und Hans Scholl an dem »bescheidenen Haus« in München-Solln. Carl Muth, der dreiundsiebzig Jahre alte Hausherr, öffnete und führte die beiden zu einer Bank im Garten, dicht neben einem Beet voll blühender Rosen. Eine buchstäblich bewegende Freundschaft beginnt, deren Bedeutung für die weitere Biografie von Hans, Sophie und Inge Scholl gar nicht überschätzt werden kann. Es ist an der Zeit, mehr über Carl Muth zu erfahren und über seinen Freund Theodor Haecker, zu dem Inge und Hans Scholl ebenfalls engen Kontakt bekommen.

Wenn der jugendliche Otl Aicher in den dreißiger Jahren ins Söflinger Pfarrhaus ging, um sich bei Pfarrer Franz Weiß neue Lektüre auszuleihen, gehörten die vielen Bände »Hochland« dazu, eine Zeitschrift, die Carl Muth seit 1903 herausgab. Und unter den Büchern im Pfarrhaus waren auch solche von Theodor Haecker, der ebenfalls für das »Hochland« schrieb. Die Zeitschrift war in den zwanziger Jahren eine Bühne für katholische Intellektuelle geworden, die – wie Muth und Haecker – aus dem Getto römisch-katholischer Kultur- und Fortschrittsfeindlichkeit ausbrechen wollten. Sie öffneten sich der modernen Zeit – was Literatur, Philosophie, die Kunst und die Wissenschaften betraf –, während der Vatikan für solche Entwicklungen bisher nur Verurteilungen bereit hielt. Durch ihr positives Eintreten für die Moderne gewann die katholische Kultur-Zeitschrift gute Autoren, machte Auflage und kämpfte mit ihren Beiträgen für die erste deutsche Republik.

Theodor Haecker, Jahrgang 1879, fiel schon vor dem Ersten Weltkrieg durch sein Talent für Satire und Polemik auf, und die Zeitgenossen verglichen ihn mit Karl Kraus. Nach seiner Konversion zum Katholizismus 1921 übersetzte er Kierkegaard aus dem Dänischen ins Deutsche und wandte sich dem Thema Christentum und Kultur zu. Er publizierte regelmäßig im »Hochland« und veröffentlichte Bücher, die unter Interessierten Aufsehen erregten, wie »Satire und Polemik«, »Schöpfer und Schöpfung«, »Was ist der Mensch?«. Hatte Hans Scholl den von Otl Aicher eingeführten Haecker noch im Frühjahr 1941 für dessen »katholischen Standpunkt« in »Satire und Polemik« kritisiert, lernte er ihn im Laufe des Jahres durch weitere Lektüre mehr und mehr schätzen. Haecker gehörte zu den Intellektuellen der Weimarer Republik, die Hitler und den Nationalsozialismus kompromisslos bekämpften. Am 20. Mai 1933 wurde Theodor Haecker für einen Tag von der Gestapo in Haft genommen. 1936 erhielt er Rede-, 1938 totales Schreib- und Publikationsverbot.

Im »Hochland« wurde nach dem März 1933 der Kampf gegen Hitler und seine Bewegung verdeckt weitergeführt, auf einem intellektuellen Niveau, dem der Zensor nicht folgen konnte. Niemals fiel im »Hochland« der Name Hitler, kein Artikel beschäftigte sich je mit dem Nationalsozialismus. Die Gegenwartskritik fand statt im Gewand antiker Geschichte, mittelalterlicher Konflikte zwischen Kaiser und Papst und Verfassungsdiskussionen des 19. Jahrhunderts. Die Auflage stieg bis 1939 auf 20000. Im April 1941 musste Carl Muth das »Hochland« einstellen, er bekam kein Papier mehr. Otl Aicher schätzte das »Hochland«, Haecker kam als Autor für ihn gleich nach Thomas von Aquin. Anfang 1941 schickte er einen Aufsatz an Muth und hoffte, er würde ihn im »Hochland« publizieren. Muth lehnte ab, aber er lud den Achtzehnjährigen ein, ihn in Solln zu besuchen. Noch bevor Otl Aicher nach München fuhr, schrieb er an seinen Freund Willi Habermann: »Oh, ich bin so froh, dass ich nun einen Mann gefunden habe, der mir ein Vater sein könnte.« Es entwickelte sich ein vertrautes Verhältnis zwischen den beiden. Aicher besucht den Sommer über immer wieder Carl Muth, trifft dort Theodor Haecker und übernachtet meist bei Hans Scholl in dessen Studentenzimmer. Seine Begeisterung für Muth wird Hans, aber auch Inge Scholl angesteckt haben.

Hans Scholl, kommunikativ und wissbegierig, suchte den Kontakt zu Menschen, die ihm etwas bedeuteten. Als er mit Inge Scholl am 24. August 1941 auf der Bank im Garten von Solln saß, hatte Carl Muth nicht viel Zeit für seine beiden Gäste. Aber zu einem kurzen Gespräch kam es doch noch, über Pascal und den Dichter Stefan George. In ihrem Rückblick auf diese Begegnung hat Inge Scholl nach dem Krieg über Carl Muths »Anmut und Würde« geschrieben, über seine »beglückende Bereitschaft zu Vertrauen, Hingabe, Verständnis«. Zweifellos hat er die beiden an jenem heiteren Nachmittag in seinen Bann geschlagen. »Dieser Mensch kann einen wahrhaft begeistern«, sagte Hans Scholl auf dem Heimweg. Sie würden Muths herzliche Einladung, wiederzukommen, gewiss annehmen.

Die Rückkehr ins Lager Ende September muss für Sophie Scholl nach den schönen Tagen in Ulm ein Schock gewesen sein. Am 3. Oktober schrieb sie an Lisa Remppis: »Nun sitze ich wieder hier und drücke mich mit viel Erfolg um die Arbeit. Ein faules, langweiliges, unzufriedenes Dasein. Allmählich werde ich schwermütig.« Eine Entscheidung über das zweite Gesuch der Eltern war noch nicht gefallen: »Immer noch habe ich nicht ganz die Hoffnung aufgegeben, dass ich loskomme, um meiner kranken Mutter zu helfen.« Doch langsam verflüchtigte sich der hochgemute Durchhaltewillen. Die Ungewissheit zermürbte. Sophie Scholl erlebte, dass nicht alles mit dem Kopf gesteuert werden konnte. In diese Stimmung kommt ein Brief von Inge Scholl, geschrieben am 2. Oktober.

Es ist ein froher Brief, noch in Gedanken an das schöne Zusammensein mit der Schwester: »Ich glaube, wir sind uns in diesen 14 Tagen so nahe gekommen wie noch nie (es sei denn auf Fahrten früher und auf ganz andere Art.) Der Gedanke an Dich ist mir geradezu wie eine wärmespendende Stelle in meinem Innern. Welches Glück, einen solchen Menschen als Schwester zu haben. Und Sofie, lass uns immer weiter bemühen um das Eine, die große Seligkeit.« Eine Aufforderung, die auf gemeinsame Augustinus-Lektüre schließen lässt in den Urlaubstagen. »Denn wenn ich Dich, meinen Gott, suche, suche ich das selige Leben«, heißt es in den »Bekenntnissen«. Der Wegweiser scheint endgültig auf die Suche nach Gott gestellt.

An diesem Tag hatte es für Inge Scholl einen Abschied gegeben: »Otl ist nun heute fortgezogen und hat, das darfst Du wohl wissen, einen großen leeren Raum hinterlassen in mir. Aber es ist so ganz ohne Bitterkeit, dieses leere Gefühl, denn er hat ja so bereitgestellt und vorbereitet für diesen Raum.« Tags zuvor hatten die beiden noch eine Wanderung gemacht, und beim Blick in die Landschaft gespürt, »wie viel herrliche Freiheit und welche Möglichkeiten uns Menschen auferlegt ist«. Otl Aicher, immer auf dem Sprung, den Gleichgesinnten neue Aufgaben zu stellen, Anregungen für das geistige Training zu liefern und die Kommunikation untereinander zu stärken, hat eine Idee für die Zeit, wo er bei den Soldaten ist und überhaupt ihr ganzer Kreis ziemlich auseinandergerissen: ein »Rundbrief« soll die gemeinsamen Lese- und Diskussionsstunden ersetzen. Inge Scholl ist ganz beseelt: »Also – Sofielein, nimm Dir manchmal Bleistift und Papier zur Hand und schreib' nieder, was Dir so an schönen und klaren Gedanken kommt über die Dinge, die uns wichtig sind. Lass sie nicht einfach wieder fortgehen. Ich glaube, er könnte vielen in unserem Kreis von Nutzen sein, dieser Rundbrief.« Otl Aicher, der in einer Kaserne in Ludwigsburg auf die Front vorbereitet wird, hat viel Schreibpapier mitgenommen.

Einmal in Schwung, gibt die Ältere der Jüngeren weitere Aufgaben. Zum einen, was ihre Schwester Liesl betrifft: »Schreib Du ihr Sofielein, so oft es geht.« Dann wird Inge Scholl Sophie Ernst Redens Adresse geben: »Man muss voller guter Fürsorge für ihn sein.« Inge Scholl kann nicht ahnen, dass ihr Brief Sophie Scholl in einer gänzlich veränderten Stimmung antrifft. Ihre frohen Zeilen werden nicht gerade das Richtige für die schwermütige Sophie Scholl gewesen sein, noch weniger die liebevollen Aufforderungen, sich um andere zu kümmern. Auch Familie konnte anstrengend sein, einengend; wo die Zwanzigjährige sich so danach sehnte, ihr Leben frei gestalten zu können, und ihre ganze Kraft für sich selber brauchte.

Das Wochenende 4./5. Oktober 1941 fährt Inge Scholl zu Sophie nach Krauchenwies. Ob es einen Notruf gegeben hat? Zurück in Ulm, resümiert Inge Scholl im Tagebuch die Familiensituation: »Mutter lange Zeit matt und leidend. Vater erstickt fast an Arbeit. Sofie darf nicht fort vom Kriegshilfsdienst. Auch war sie so niedergedrückt, als ich sie letzten Samstag und Sonntag besuchte. Ach, was heißt niedergedrückt? Sie gestand mir, dass ihr die vergangene Woche beim geringsten Anlass die Tränen gekommen seien. ›Ich habe noch einmal an alles gedacht – und da habe ich halt weinen müssen.‹« Tags zuvor hatte Inge Scholl zwei Briefe geschrieben. Einen an Otl Aicher mit der Information, dass Sophies »Freiheitsgesuch« noch nicht entschieden sei, sie aber vorläufig einen Kindergarten in der Nähe von Donaueschingen übernehmen solle. Der andere Brief ging ins Lager Krauchenwies: »Ach Sofie, was soll ich bloß mit Dir anfangen? Du bist mir recht ein wenig Sorgenkind geworden. Aber komm' am Sonntag, es wird sich schon manches zurechtfinden beim Beisammensein.«

In der Zwischenzeit ist Sophie Scholl von Krauchenwies in die RAD-Unterkunft bei Blumberg umgezogen, dicht an der Schweizer Grenze, am Ostrand des südlichen Schwarzwalds gelegen. Von dort soll sie mit dem Fahrrad zum Kindergarten ins Dorf Fürstenberg fahren, südöstlich von Donaueschingen, den sie allein führen wird. Aber erst einmal fährt sie am 11. Oktober, einem Samstag, wieder nach Ulm. »Sofie spielt Klavier, es ist Abend«, schreibt Inge Scholl am Sonntag in ihr Tagebuch. Die Schwester kann ein paar Tage bleiben; am Mittwoch kommt die Aufforderung, zurück nach Blumberg zu fahren. In all diesem Hin und Her wurde einer bisher nicht greifbar, der eine Stütze für Sophie Scholl hätte sein können. Ist Fritz Hartnagel mit seiner Einheit inzwischen in Afrika gelandet? Er sollte ja nur vierzehn Tage in Weimar Zwischenstation machen, und die waren seit dem 5. September längst verstrichen. Nein, er steckt in diesen Wochen in ähnlicher Ungewissheit wie Sophie Scholl. Er ist auf dem Sprung, kann nichts planen. Aber es kommt kein Befehl zum Abmarsch. Es ist, als ob man in der riesigen Kriegmaschinerie ihn samt seinem Auftrag vergessen hätte.

Am 26. Oktober taucht Fritz Hartnagel in einem Brief von Inge Scholl an Otl Aicher auf, als Erklärung dafür, dass Sophie Scholl schon wieder in Ulm ist: »Sofie ist gerade da, sie hat auf Antrag von Fritz Urlaub bekommen.« Es ist zu vermuten, dass er angegeben hat, mit seiner »Verlobten« einige Tage verbringen zu wollen. Das wurde einem Soldaten, der von der Front kam und auf dem Weg zum nächsten Einsatz war, nicht abgeschlagen.

Fritz Hartnagel wird die Pause vom Krieg in Weimar und Ulm genossen haben. Am 25. Oktober 1941, einem Samstag, haben die beiden Inge Scholl nach Aulendorf in einen »sehr erlesenen, kleinen Buchladen« begleitet. Der Maler Wilhelm Geyer, Freund der Familie, hatte Inge Scholl Mitte Oktober auf diese Buchhandlung aufmerksam gemacht, wo »sämtliche Werke Newmans und sonst noch einige rechte Sachen« zu finden seien, wie Inge Scholl verklausuliert an Otl Aicher schrieb. Mit Newman war der englische Kardinal John Henry Newman gemeint. Wer im nationalsozialistischen Deutschland 1941 die Predigtbücher dieses Theologen im Sortiment hatte, führte keine gewöhnliche Buchhandlung.

Das Besondere der Rieckschen Buchhandlung beginnt bei den Besitzern – Josef Rieck, der als angehender Mönch das Kloster Beuron verließ, um Buchhändler zu lernen, und seiner Frau Erika, einer Kommunistin aus Berlin. 1938 entschieden sie sich für einen Start im oberschwäbischen Aulendorf, Bahnknotenpunkt mit schnellen Verbindungen in alle Himmelsrichtungen und doch unauffällig in der Provinz gelegen. Sie machten ihren Umsatz als Versandbuchhandlung und mit einem Sortiment, das hochgeistige Literatur versprach, die – darin dem »Hochland« gleich – in Wahrheit gut getarnte geistige Nahrung war, um mit Anstand zu überleben, vielleicht sogar, um aus Büchern Kraft zum Widerstand zu schöpfen. Seit dem 25. Oktober 1941 standen die Scholls als Kunden in der Rieckschen Kartei.

Als Inge Scholl ihren Bruder Hans, der zurück nach München fuhr, am 20. Oktober auf die Bahn gebracht hatte und zurück in der Wohnung am Münsterplatz war, schrieb sie zuerst an Carl Muth. Dann informierte sie in einem zweiten Brief Otl Aicher, dass sie Muth »Hans' Hilfe zum Ordnen seiner Bibliothek angeboten habe. (Hans sagte mir, Du hättest ihm erzählt, dass er seine Bibliothek neu ordnen wolle.)« Die Aktivitäten der ältesten Schwester – nicht ohne Hintersinn eingefädelt – haben Erfolg. Nur zwei Wochen später erfährt Otl Aicher: »Hans arbeitet schon einige Tage in Muths Bibliothek und er ist hell begeistert, wie Du Dir denken kannst ... Ich erhoffe mir für Hans einiges aus dieser Begegnung, das Dir und mir das Wichtigste ist. Muth ist ein Prellbock für Hans mit seinem wilden Saus, einer, dem es in erster Linie um Gott geht ... Wenn ich nur den wunderbaren Menschenstrom Hans in ein richtiges Bett lenken könnte.« Vielleicht war der Bruder ein Gesprächsthema zwischen den Schwestern Inge und Sophie. Beide machten sich Sorgen um Hans, sahen ihn auf einem falschen Weg. Unausgerichtet, Chamäleon – das waren Sophie Scholls kritische Worte gegenüber Lisa Remppis und Erika Reiff. Inge Scholl dachte wohl ähnlich.

Jeder Aufenthalt in Ulm führte Sophie Scholl schärfer vor Augen, wie unfrei sie war und wie sehr sie ihr Leben im Dienst einer menschenverachtenden Ideologie vergeudete. Sie musste erfahren, dass es eine Grenze dessen gab, was sie an sich abperlen lassen konnte. Am 23. Oktober wird auch das zweite Gesuch der Eltern, Sophie vom Arbeitsdienst freizustellen, abgelehnt; damit sind sechs weitere Monate in der »Zwangsjacke« unausweichlich. Und vielleicht ist der Kindergarten in Fürstenberg nur eine Zwischenstation zu einer noch öderen Arbeit. Vorbei ist es mit der Überzeugung von Anfang September, das Lager kümmere sie wenig, es gebe viel wichtigere Dinge zu denken und zu tun. Immerhin war der Antrag von Fritz Hartnagel auf eine Woche Urlaub für Sophie Scholl erfolgreich. Am 25. Oktober fährt sie wieder von Blumberg nach Ulm.

Am 30. Oktober ist große Aufregung bei den Scholls am Münsterplatz. Sophie hatte am Abend zuvor Fritz Hartnagel, dessen Urlaub zu Ende ging, auf seiner Rückfahrt nach Weimar noch bis Augsburg begleiten und dann sogleich nach Ulm zurückfahren wollen. Doch sie wurde, schreibt Inge Scholl spät am Abend an Hans Scholl, »heute morgen nicht in ihrem Bett gefunden und wir haben den ganzen Tag auf sie gewartet«. Gegen Abend meldete sich Fritz Hartnagel per Telefon: »Sophie hätte nimmer allein nach Hause fahren wollen«, da sie starkes Kopf- und Bauchweh hatte. »Ihr übliches«, worunter sie alle vier Wochen leide. Daraufhin hätte er sich noch zwei Tage dienstfrei geben lassen. Direkter gesagt: Sophie Scholl und Fritz Hartnagel hatten die Nacht in Augsburg verbracht. Inge Scholl schließt ihren Brief an den Bruder: »Dein Schwesterlein ist wieder gefunden.« Das klingt erleichtert, versehen mit ein wenig Augenzwinkern. Sie konnte nicht ahnen, dass mit jedem Kilometer, der Sophie Scholl und Fritz Hartnagel am 31. Oktober 1941 weiter auseinander brachte – Sophie ins südliche Blumberg und Fritz ins mitteldeutsche Weimar –, sich dieser Augsburger Aufenthalt als »schreckliche Verfehlung« tiefer in ihre Seelen grub.

## KRIEGSHILFSDIENST (1) – WOCHENENDEN MIT FRITZ IN FREIBURG

*November bis Dezember 1941*

Kaum zurück in Weimar, schreibt Fritz Hartnagel am 1. November 1941 an Sophie Scholl: »Ich glaube, gerade dieser Augsburger Tag mit seinen schrecklichen Verfehlungen, die uns fast verzweifeln ließen, er brachte mich (uns) weiter. Ich kann Dir noch nicht genau sagen, warum und wie und wohin. Ich glaube einfach, dass wir den Weg aus diesem Abgrund finden werden.« Am 4. November kamen zwei Briefe von Sophie Scholl, der erste trug eine besonders schön gemalte Anschrift, »wie zum Zeichen, dass ein neuer Abschnitt in unserer Beziehung begonnen hat«. Auch der zweite Brief gab ihm die Gewissheit, er müsse sich, trotz allem, was vorgefallen war, nicht von ihr getrennt fühlen.

Die meisten Briefe Sophie Scholls an Fritz Hartnagel zwischen Frühjahr 1941 und November 1942 sind im Krieg verloren gegangen. Aber seine Briefe spiegeln viel von dem wider, was sie ihm erzählt und was sie denkt. Dazu hat sich einiges aus dem Tagebuch erhalten, das Sophie Scholl in Blumberg führte. Am 5. November 1941 notiert sie, »wem kann ich noch unter die Augen treten?« Und gibt sich gleich die Antwort: »Nur dem, der alles Schlechte an mir kennt. Alles zu bekennen, dafür bin ich zu feige. Gebt mir Zeit, mich zu bewähren.«

Ähnlich wie zwölf Monate zuvor ist die Beziehung zwischen Sophie und Fritz zum Jahresende 1941 in eine schwere Krise geraten. Doch diesmal löst sie nicht Streit und Schärfe aus, sondern auf beiden Seiten tiefe seelische Erschütterungen. Von Trennung als Alternative ist keine Rede. Die Rollen haben sich total verkehrt. Im November/Dezember 1940 war Fritz Hartnagel »in jeder Beziehung auf dem Nullpunkt« und sah »keinen Weg mehr« zu Sophie Scholl, während sie ihn mit aller Härte provozierte. Selbstsicher hatte sie an ihre Freundin Lisa Remppis geschrieben, sie habe alles Sinnliche ausgeschaltet und alles andere sei reine Willenssache. Gemessen an diesen Vorgaben waren die Stunden in Augsburg, die den Abschied von Sophie Scholl und Fritz Hartnagel hinauszögern sollten, eine Bewährungsprobe, die Sophie Scholl nicht bestanden hat. Noch am 31. Oktober ist sie von Ulm zurück nach Blumberg gefahren, um endgültig ihren Kriegshilfsdienst für die kommenden sechs Monate anzutreten. Seitdem fühlt Sophie Scholl sich schlecht. Im Tagebuch ist von Müdigkeit die Rede, sie will nur schlafen und hat Heimweh.

Fritz Hartnagel dagegen sieht ihre »Verfehlung« als Herausforderung. Er ergreift die Initiative, gibt in seinen Briefen die Richtung des Handelns vor und spricht in den nächsten Wochen deutlich aus, worum es geht: »... dem Geschlechtlichen einen Sinn geben.« Es »in Demut als ein Geschenk Gottes empfangen, und selbst geben in Liebe zu dem andern«. Fritz Hartnagel hat die Bücher, die Sophie Scholl ihm empfohlen hat, sorgfältig gelesen, in öden Kasernenstunden ebenso wie an der russischen Front. Was er anfangs nur als Bruchstücke wahrnahm, hat sich für ihn zu einem Bild gerundet: ein Bild von Gott und vom Christentum, das ihm Sicherheit bietet in haltlosen Zeiten.

Als Sophie Scholl ihm am 5. November »einen Brief aus Schwäche« schreibt, geht Fritz Hartnagel mit theologischen Argumenten freundlich-entschieden zum Gegenangriff vor: »Ich kann nicht glauben, dass dies Schwäche sein soll, die Sehnsucht nach der Liebe eines anderen.« Wenn der Mensch fähig ist, einen anderen gläubig zu lieben, sei dies eine Gabe, die Gott geschenkt hat. Er geht noch weiter: »... oder ist es nicht eigentlich Gottes Liebe, die durch uns wirkt?« Eine solche Liebe des Nächsten abzuschlagen, bedeute doch, sich den Gaben Gottes, ja seiner Liebe zu entziehen. Für Fritz Hartnagel folgen aus der theologischen Logik sogleich irdische Konsequenzen: »Ich glaube, wir müssen jede sich irgendwie bietende Gelegenheit für ein Zusammensein ausnützen, solange ich noch in Deutschland bin. ... Die Zugverbindungen nach Freiburg sind ganz günstig.« Weil Soldaten in Zukunft ihren Sonntagsurlaub nur innerhalb eines Radius von hundert Kilometern verbringen dürfen, hat er seine Eltern telegrafisch gebeten, ihm umgehend Zivilkleidung zu schicken. Schon am 5. November hatte Sophie Scholl aus Blumberg ihren Eltern geschrieben: »Nächsten Sonntag treffe ich mich mit Fritz in Freiburg.«

So einleuchtend die theologischen Argumente sind, die Fritz Hartnagel anführt, um die sinnlich-körperliche Dimension ihrer Beziehung aufrecht zu erhalten, vielleicht hat etwas anderes Sophie Scholl noch tiefer berührt: Fritz Hartnagel war fromm geworden – und er beruft sich ausdrücklich auf sie: »Wenn wir gemeinsam diesen Schritt tun würden, zu dem Du mir geraten hast, einfach einmal zu glauben – fromm zu sein. Sofie, vielleicht können wir einmal auch zusammen beten.« Das Beten ist ihm ganz wichtig geworden, taucht immer wieder auf in den Briefen dieser Wochen. Ende November beklagt er, dass sie »immer wieder auf so augenfällige Weise abrutschen in die Sünde«. Das einzige wirkliche Heilmittel dagegen: »Wir müssen beten, öfters beten, denn solange das Gebet noch in Erinnerung ist, (das heißt doch der Wille zum Guten) kann man auch nichts Schlechtes tun.«

Die meisten November-Wochenenden verbringen sie in Freiburg. Am 5. Dezember werden sie sich wieder treffen, nachdem Sophie Scholl die Silberne Hochzeit der Eltern mitgefeiert hat. Wenn Fritz Hartnagel in Weimar den Zug um 9 Uhr 56 schaffte, kam er um 21 Uhr 14 in Freiburg an, wo ihn Sophie Scholl am Bahnsteig erwartete. Sie hatte von Blumberg eine wesentlich kürzere Fahrt. Am Sonntagabend trennten sie sich auf dem Bahnhof um 17 Uhr 27 oder um 18 Uhr 55. Um sich Nachfragen beim Buchen des Doppelzimmers zu ersparen, hatte Fritz Hartnagel ein Paar einfache Eheringe gekauft. Im Laufe des November zeigten Fritz Hartnagels Briefe Wirkung – und sein eigenes Verhalten. Am 17. November schreibt Sophie Scholl an Lisa Remppis, sie sei gestern mit Fritz in Freiburg gewesen; er sei aufgeschlossen, beinahe verwandelt: »Ich schäme mich immer mehr, dass er mir einmal lästig war, weil er vielleicht nicht so geistreich und eindrucksvoll war wie andere. … Er verwirklicht seine Erkenntnisse, soweit es einem Menschen in seiner Schwachheit möglich ist.« Sophie Scholl muss es wie ein Wunder vorgekommen sein.

Fritz Hartnagel hatte das Gelobte Land erreicht, während sie noch durch die Wüste wanderte. Er konnte beten, und gewann daraus seine Zuversicht und seine Kraft. Er hatte erreicht, wonach Sophie Scholl sich gerade in den Monaten November und Dezember 1941 verzweifelt und vergeblich sehnte; worum sie mit ihrem Gott rang wie Jakob mit dem Engel. Im Zentrum ihrer Tagebuch-Eintragungen steht das Beten, als die wichtigste Etappe auf dem Weg zu Gott.

Am Tag nach ihrer Ankunft in Blumberg – der 1. November war ein Samstag – hatte Sophie Scholl ihre RAD-Unterkunft verlassen und saß bei der Familie von Hildegard Schüle, die sie im Lager Krauchenwies kennengelernt hatte und die in Blumberg zu Hause war. Dort machte sie ihre Tagebuch-Eintragung: »Eigentlich kam ich her, um nachher in der Kapelle Orgel zu spielen, oder um bloß in der Kapelle zu sein. Ich würde so gern an Wunder glauben. Ich würde so gern glauben, dass ich durch das Gebet Kraft bekomme. Allein kann ich nichts.« Sophie Scholl, durch die Mutter seit Kindertagen mit der Bibel vertraut, denkt an den Propheten Jeremia: »Ich möchte, wie jener Prophet, Gott um ein sichtbares Zeugnis seiner selbst befragen. Oder ist das gar nicht mehr nötig. Ich möchte mich selbst ausbreiten wie ein Tuch, dass er darin seinen Tau sammle.« Nachmittags geht sie doch noch in die Kapelle, »angeblich, um Harmonium zu spielen«. Tatsächlich kniete Sophie Scholl sich nieder und versuchte zu beten. Doch weil sie befürchtete, Hildegard Schüle könne kommen, vor der sie »ihr Verschwiegendstes nicht preisgeben« wollte, betete sie hastig, als wollte sie »etwas erzwingen«, und stand bald wieder auf.

Es ist die Erfahrung der Ohnmacht, die sich in ihrer Suche nach Gott und in ihrer Sehnsucht nach der Kraft des Gebetes bündelt. Am 12. Dezember notiert sie den Psalm, den sie 1939 in dem von ihr sehr geschätzten Buch »Vorsommer« entdeckt hatte: »Gib Licht meinen Augen, oder ich entschlafe des Todes, und mein Feind könnte sagen, über den ward ich Herr.« Und fährt fort: »Ich will mich an Ihn klammern, und wenn alles versinkt, so ist nur er, wie schrecklich, wenn er einem fern ist.« Entgegen allen Beteuerungen, sich nicht von der Willkür des Arbeitsdienstes, der jetzt nur einen anderen Namen trägt, beeinflussen zu lassen, hatte sie am 6. November ins Tagebuch geschrieben: »Nun komme ich wieder weg von hier. Diese ewige Schieberei, dieses Ungewisse ist nervenaufreibend.« Noch keine Woche dauerte ihr Dienst im Kindergarten von Fürstenberg, als man ihr sagte, sie müsse demnächst in einen Kinderhort nach Blumberg wechseln. Verwundert schreibt die Mutter ihr am 11. November: »Allerdings war ich sehr erstaunt über Deine Versetzung, wo doch damals die Abschlagung unsers Gesuches damit begründet wurde, dass Du selbständig einen Kindergarten zu führen hättest.« Dann jedoch zitiert sie erfreut aus dem Brief von Sophie Scholl: »Nun schreibst Du aber den Satz: ›Ich habe mich umstellen gelernt.‹ Wenn Du dabei auch dies gelernt hast, Dinge nicht von ungefähr zu nehmen, sondern daraus zu lernen, auch dies, es aus Gottes Hand anzunehmen und nicht erbittert zu werden, so hast Du schon viel gelernt.« Ein frommer Rat, aber er setzt voraus, dass Sophie Scholl Gott gefunden hat und an seinen unerforschlichen Ratschlüssen nicht zweifelt.

Es folgt der praktische Teil des Briefes, denn Weihnachten ist nicht mehr weit. Sophie Scholl, obgleich von ihrem Arbeitsdienst bis in den Abend beansprucht, wird aus der Geschenke-Pflicht nicht entlassen. Lina Scholl denkt und plant für ihre jüngste Tochter: »Ich dachte, Du könntest zum Beispiel für Inge Übersöckchen zu Weihnachten stricken, auch Liesl kann sie brauchen. Das ist sicher sehr gewünscht.« Sie werde schon einmal weiße und braune Wolle kaufen. Dann zählt Lina Scholl auf, was Sophie Scholl Cousins und Cousinen schenken könnte – Kleider, Strümpfe, Schürzen, Höschen. Anschließend eine interessante Information: »Vielleicht bekomme ich auch etwas für die Kinder Krall, jedenfalls für den Kleinen, da schreibst Du mir noch, welches Alter er hat, dann darfst Dus schenken.« Der Kontakt zur Familie Krall in Krauchenwies, wo Sophie Scholl im August den Säugling und den ganzen Haushalt versorgt und sich sehr wohl gefühlt hatte, war geblieben, und Lina Scholl war immer großzügig, Menschen zu helfen, denen es schlechter ging.

Wenig später kommt die Wolle in Blumberg an – mit genauen Anweisungen der Mutter: »Wenn Du Liesl ein paar Bettschuhe strickst, dann nimmst du die weiße Wolle und dazu noch 2 von den beiliegenden Farben dazu, dann ist die Wolle 5fach. Blau, Orange und rot habe ich noch je 1 Knäuel … Fängst ja Nadel 16 M. an, strickst ein schönes Börtchen, etwa 12 cm, und dann wie am Strumpf, Ferse u.s.w. … Strickst sie nicht zu lang, pass sie Deinem Fuß an, dass sie gut anliegen. Die Kakaofarbe würde mir gut zu Söckchen gefallen … Ich will Hans ein paar Hüttenschuhe stricken …« Und so geht es mit dem Thema Wolle noch eine Weile weiter. Am Briefende wieder eine Neuigkeit: »Die Äpfel sind nun auch fort, ich bin froh, Prof. Muth bekam 1 Kiste.« Nicht nur, dass Hans Scholl seit Ende Oktober fast täglich in der Bibliothek von Carl Muth in München-Solln arbeitete. Die Scholls in Ulm versorgten den Professor, der unter Diabetes litt, jetzt regelmäßig mit frischen Lebensmitteln.

Die Weihnachtsaufträge von der Mutter waren längst nicht das einzige, was an den Abenden in Blumberg nach der Arbeit erledigt werden musste. Da war einmal der Briefkontakt mit den Geschwistern – Hans, Inge, Werner, Liesl –, dann der mit Lisa Remppis. Der Brief-Austausch mit Fritz Hartnagel war zum Ritual geworden: Sophie schrieb jeden Montag, und er am Freitag, vor der Abfahrt nach Freiburg, so dass sie zum Wochenbeginn einen Gruß von Fritz in der Post hatte. Als Inge Scholl »Sofielein« die Adresse von Ernst Reden schickt, ist die wortlose Bitte unüberhörbar; Sophie Scholl erledigte auch diese Anforderung. Am 9. November bedankte sich Ernst Reden bei ihr für eine Kinderzeichnung, die er neben ein Bild von Paula Modersohn-Becker gehängt habe: »Das Deinige mag ich besonders gern; es ist stark an Gefühl und Menschlichkeit.«

Dank Otl Aichers Ideenreichtum sind Inge, Sophie und Hans seit Anfang Oktober in unterschiedlicher Arbeitsintensität mit einem neuen Projekt verbunden: dem »Windlicht«, einer Art Rundbrief, um die Gleichgesinnten über alle Trennungen hinweg zusammenzuhalten. Inge Scholl übernahm die Koordination und das Abschreiben von Texten. Alle Empfänger sollten etwas zum Inhalt beitragen – einen Aufsatz, einen Witz, eine Zeichnung, ein Gedicht, ein Zitat, eine Buchbesprechung. Inge Scholl hatte sich sogleich an ihre jüngste Schwester gewandt: »Also – Sofielein, nimm Dir manchmal Bleistift und Papier zur Hand …« Ende Oktober schreibt Inge Scholl an ihren Bruder Hans in München: »Ich sende Dir hier den ersten Aufsatz für den geplanten Rundbrief ›Das Windlicht‹, dass Du ihn Dir einmal durchlesen kannst. … Otl schreibt, ob Du nicht einen Aufsatz beifügen möchtest.« Auch Hans Scholl versprach eigene Arbeiten.

»Für das ›Windlicht‹ soll ich das Weihnachtsheft bemalen. Wenn Otl wüsste, wie leer ich bin, wie inhaltslos so ein Bild werden würde. Wenn es Gott nicht gut mit mir meint. Ich will dran glauben.« Das schreibt Sophie Scholl am 6. November 1941 in ihr Tagebuch und am gleichen Tag, noch im Kindergarten von Fürstenberg, einen Brief an Otl Aicher: »Bis mein Putzwasser heiß ist, reicht es zu der notwendigsten Antwort auf Deinen Brief. Ich würde gerne zu dem Weihnachtsheft malen. Die Zeit würde ich schon finden. Ich selbst bin zwar ganz ausgetrocknet … Nur, etwas anderes als illustrieren werde ich nicht können.« Sie sei jetzt ganz allein in ihrem Kindergarten, fügt sie hinzu. Und das Putzen gehört auch zu ihrer Arbeit. Sie könne zwar nicht so tun, wie sie wolle – »trotzdem habe ich's gut«. Sie genießt den langen täglichen Weg zwischen Blumberg und Fürstenberg am Morgen und am Abend – »ganz allein zwischen den verschneiten Feldern und Hügeln, die noch in der Dämmerung liegen. Das ist schön und lässt keine schlechten Gedanken aufkommen«.

Am 18. November schickt Sophie Scholl eine Zeichnung für das Titelblatt des Weihnachtsheftes an Inge Scholl mit der Bemerkung, sie wisse nicht, wie die Farben im Tageslicht aussehen, sie habe tagsüber keine Zeit zum Malen. Dann bittet sie um den Aufsatz von Willi Habermann zum Gegenlesen. Ende des Monats schickt Otl Aicher ihr seinen Aufsatz, den er in der Stube seiner Kaserne in Ludwigsburg geschrieben hat. Zwar habe er eine Leidenschaft für lange Sätze, die er sich nicht nehmen lassen will. Aber sie soll »Stellen finden, die man anders und besser ausdrücken kann«. Am 7. Dezember bedankt er sich bei Sophie Scholl für die Mühe, die sie sich gemacht habe, »um die Stellen anzugeben, die nicht ganz in Ordnung sind«.

Der harte Kern der »Windlicht«-Redaktion ist erfüllt von einem Arbeits- und Leistungsethos, das man – trotz aller Sympathie für die katholische Ausrichtung der Theologie – protestantisch nennen kann. Hüttenschuhe stricken, Briefe schreiben, Zeichnungen entwerfen, Aufsätze korrigieren und möglichst selber schreiben – der Katalog der Anforderungen an Sophie Scholl ist eine Überforderung der Zwanzigjährigen, die mehr als alle anderen »Windlicht«-Beteiligten einem rigorosen Arbeitsplan in einer fremden Umgebung, die politische Anpassung verlangt, ausgeliefert ist. Alle, die sie liebt, zerren an ihr, wollen etwas, und Sophie Scholl fühlt sich verpflichtet, jeder Bitte nachzukommen. So ist sie erzogen worden, das verlangt sie von sich. Je öfter sie mit Fritz Hartnagel in Freiburg das Wochenende verbringt, um so mehr muss ihr zu Bewusstsein gekommen sein, wie sehr sie sich bei ihm ausruhen kann. Da ist einer, der sie umsorgt, und der keine Anforderungen an sie stellt.

Otl Aicher dagegen treibt Sophie Scholl immer aufs Neue zu intellektuellen Leistungen an, fast könnte man es Exerzitien nennen. Noch einmal sein Brief vom 7. Dezember: »Dir selber möchte ich den Rat geben, schreib in Deiner freien Zeit viel Aufsätze, nur für Dich oder mühe Dich ab, einen Gedanken, der zu lesen Dir Schwierigkeiten bereitet, klar niederzuschreiben, nachdem Du ihn einigermaßen verdaut hast. Mir hat diese Methode sehr viel genützt. Man bekommt dadurch einen viel intensiveren Blick.« Angesichts von Sophie Scholls Arbeitspensum von freier Zeit zu sprechen, verrät, wie wenig Fantasie Otl Aicher aufwendet, sich in ihre Situation zu versetzen. Aber sein Lehrplan für Sophie Scholl ist noch nicht erfüllt. Da sie kritisch sei und die Dinge so sehe, wie sie sind, solle sie diese Gabe nutzen: »... nimm so etliche Dinge unter Deine Lupe wie vielleicht den Grund, warum ein Konzertabend heute schon einen Geschmack an sich hat oder sonst etwas anderes.« Außerdem gesteht er ihr etwas, das ihm bei Inge Scholl sicher nicht in den Sinn gekommen ist. Sie solle in diesen Aufsätzen »solche Bemerkungen bringen, die mich – jetzt kann ich es Dir ruhig sagen – früher manchmal zaudern ließen und meine Sicherheit für Augenblicke raubten«. Den Brief beschließt er mit »Dein dankbarer Otl«. Im vorangegangenen hieß es: »Ich bin viel bei Dir und ein dauernder Gruß begleitet Dich.« Der Neunzehnjährige fühlt sich berufen, aus denen, die mit ihm verbunden sind, das Beste herauszuholen. Immer bis an die Grenze gehen – und darin waren ihm die Scholl-Geschwister ja Gleichgesinnte.

Die Tagebuch-Eintragungen von Sophie Scholl im November und Dezember 1941 verraten, dass sie hart an ihrer Grenze ist. Heimweh, Leere, Müdigkeit und Verzweiflung hingen auch mit ihrer physischen Erschöpfung zusammen; mit dem Versuch, es allen, die ihre Zeit und ihre Kraft in Anspruch nahmen, recht zu machen. Sich selbst fordert Sophie Scholl weiterhin das gewohnte geistige Pensum ab, damit ihr Geist nicht träge wird. Am 10. Dezember schickt sie eine Frage an Otl Aicher, die ihr auf der Seele liegt. Er habe in seinem »Windlicht«-Aufsatz geschrieben, »die Natur sei ein Schemel für Menschen, um zu Gott zu gelangen«; hat sie ihren Zweck erfüllt, versinkt sie wieder im Nichts. Sophie Scholl, den Blick in die leicht verschneiten Felder gerichtet, darüber der winterliche Himmel, macht dieser Gedanke vom Untergang der Natur traurig, mehr noch: »Ich finde es unvorstellbar.« Alles, woran sie sich freut, soll vergehen? Nebenbei fragt sie noch: »Wer ist eigentlich Nikolaus von Kues?« Otl Aicher geht das Herz auf, weil Sophie Scholls Brief lang und voller Fragen war: »... und so etwas macht mir immer Freude.«

Den Schemel-Vergleich erklärt er mit dem Hinweis auf kleine Kinder: Sie erhalten einen Schemel, damit sie aus dem Fenster schauen können. Sind sie groß genug, brauchen sie den Schemel nicht mehr. Genau so verhält es sich mit der Welt. Für Otl Aicher gibt es überhaupt keine Zweifel: »Und es ist nun einmal geoffenbart, dass die Welt untergeht und logisch ist dem rein gar nichts entgegenzusetzen. Ja wenn man die Natur als eben einen Schemel betrachtet, ist es durchaus in Ordnung und sei sie noch so wunderbar.« Der überzeugte Katholik Otl Aicher hat eine leichtfüßige Art, seinen Glauben auf andere zu übertragen: »... und ich glaube bestimmt, Du wirst diesen Gedanken lieb gewinnen, wenn Du dir beim Anblick der Berge sagst, das alles ist um Deinetwillen geschaffen.« Noch ein kurzer Absatz, ob das Nichts wirklich von Gott geschaffen sei, und weiter geht es zu Nikolaus von Kues, Kardinal, Philosoph, Mathematiker, der an der Schwelle zur Neuzeit lebte.

Wer nur die Briefe dieser jungen Menschen liest – Otl ist mit neunzehn Jahren der Jüngste, die vierundzwanzigjährige Inge Scholl die Älteste –, der könnte meinen, sie lebten wie auf einer Insel, wüssten nichts von der kriegerisch-bedrohlichen Wirklichkeit. Doch das, worüber sie schreiben, weil es sie bewegt, ist eng mit ihrer Lebenswirklichkeit verbunden. Otl Aicher wird in einer Kaserne in Ludwigsburg für den Einsatz an der Front ausgebildet. Fritz Hartnagel kann jeden Tag wieder an die Front kommandiert werden, ob in Nordafrika oder Russland. Hans Scholl studiert zwar, doch er ist in München zu einer Studentenkompanie eingezogen worden und kann jederzeit in den Krieg ziehen müssen. Werner Scholl ist im Oktober zurückgekommen vom Arbeitsdienst in Frankreich und wurde sofort eingezogen, um in einer Ulmer Kaserne das Kriegshandwerk zu lernen. Sophie Scholl kann nur hoffen, dass im März 1942 ihre Zwangsverpflichtung endet. Die Zeit ist zu kostbar, um in den Briefen über diesen Alltags-Hintergrund, von dem alle wissen, zu reden. Dazu genügt ein kritischer Blick in die Zeitungen, um neben aller Propaganda-Lügen untrügliche Zeichen für die wirkliche Lage zu entdecken.

In den Zeitungen stieg die Zahl der Todesanzeigen gefallener Soldaten drastisch. Zwar waren bis in den Herbst drei Millionen Soldaten der Roten Armee gefangen genommen. Aber dagegen standen rund 830 000 deutsche Soldaten, die im gleichen Zeitraum in Russland gefallen und verwundet waren oder vermisst wurden. Im Vergleich: Der gesamte Frankreich-Feldzug hatte 27 000 deutschen Soldaten das Leben gekostet. Die Machthaber, immer auf gute Stimmung an der Heimatfront bedacht, spürten, sie mussten gegensteuern. Am 4. Oktober 1941 berichtete das »Ulmer Tagblatt«: »Ein Jubel ohnegleichen erfüllte den Sportpalast, als der Führer am Eingang erschien.« Dann zitierte die Zeitung aus der Rede, die Hitler gehalten hatte: »Seit zwei Jahren führt das deutsche Volk seinen Befreiungskampf gegen die jüdisch-plutokratischen Mächte der Zerstörung und des Unfriedens ... Aber auch dieser Kampf wurde nicht von mir gewollt ...« Hitler tat alles, die Verantwortung für seinen Eroberungs- und Ausbeutungskrieg der »jüdischen Weltverschwörung« anzulasten. Doch die Menschen im Berliner Sportpalast und an den Lautsprechern der Radios warteten nur auf eine Botschaft. Das wusste Hitler, und er lieferte sie: »Ich spreche das hier heute aus ... dass dieser Gegner bereits gebrochen ist und sich nie mehr erheben wird.« Da ließen sich die Zweifler wieder beschwichtigen. Aber der Eindruck, nun könne bald Frieden werden, war von kurzer Dauer.

Im Oktober 1941 wussten ein kleiner Kreis im Oberkommando der Wehrmacht und Hitlers engste Mitstreiter, dass alle Pläne, vor dem gefürchteten russischen Winter »den Russen« besiegt zu haben, in den unendlichen Weiten des Landes und den Unbilden des Wetters, angesichts eines verbissen um jeden Meter russische Heimaterde kämpfenden Gegners und aufgrund der fahrlässigen Vorbereitung der deutschen Truppen zerstoben waren. Pathetisch forderte Hitler zum Beginn des 3. Kriegs-Winterhilfswerks die Heimat zu Opfern auf als »Dank und Anerkennung für die unübertrefflichen Leistungen des deutschen Soldaten«. Wollsachen aller Art, Decken, Mäntel und Skier sollten gespendet werden. Für die Bevölkerung war es ein Schock: Die Führung hatte keine Vorsorge für einen Winterkrieg getroffen. Doch die große Mehrheit setzte ihre Hoffnung um so mehr auf »den Führer«; Hitler würde es schon richten.

In Ulm war die entschiedene Reaktion der Scholls »Wir geben nichts«. Fritz Hartnagel konnte das, bei aller Distanz zum nationalsozialistischen Regime, nicht nachvollziehen. Es ging doch um deutsche Soldaten, die – schlecht ausgerüstet – ohne diese Spenden Erfrierungen und dem Tod ausgesetzt waren, deren Überlebenschancen zumindest sehr gemindert würden. Aber Sophie Scholl argumentierte unnachgiebig: Wer gegen dieses Regime war, konnte nur ein Ziel haben – dass dieser Krieg mit einer Niederlage der deutschen Armee endete. Nur unter dieser Voraussetzung würde die Bevölkerung bereit sein, Hitler und seinen Helfern endgültig das Vertrauen zu entziehen und sich von einer verbrecherischen Politik zu lösen. Von diesen Verbrechen erfuhren die Scholls sehr konkret Mitte November in ihrer Wohnung am Münsterplatz. Sophie Scholl wird es ein Wochenende später erfahren haben, als sie nach Hause kam.

Eugen Grimminger war zum Sonntagnachmittags-Kaffee aus Stuttgart gekommen und berichtete etwas, das alle bewegte. Robert Scholl und Eugen Grimminger hatten sich 1918 kennengelernt. Da war der siebenundzwanzigjährige Robert Scholl Bürgermeister in Ingersheim, das zum Oberamt Crailsheim gehörte, und dort arbeitete der sechsundzwanzigjährige Grimminger in der Verwaltung. Die Männer trafen sich 1936 wieder, als beide einen Kurs in Stuttgart besuchten, um öffentlich zugelassener Bücherrevisor zu werden. Eugen Grimminger war auf dem Weg zur Freiberuflichkeit, weil der württembergische Verband Landwirtschaftlicher Genossenschaften ihn entlassen hatte. Der Grund: Eugen Grimmingers Frau Jenny war Jüdin. Das Wiedersehen führte zu bleibenden freundschaftlichen Kontakten der Familien.

Was Robert Scholl am 16. November erfuhr, hat er noch am gleichen Abend an seine Frau geschrieben. Lina Scholl war auf Verwandtenbesuch in der alten Heimat zwischen Backnang und Steinbrück: »Heute Nachmittag war Herr Grimminger von Stuttgart da. Er hat mit uns Kaffee getrunken, ging jedoch bald wieder zurück. Er könne seine Frau nicht lange allein lassen, weil sie zur Zeit ganz von Sinnen sei. Seine Schwägerin, eine Witwe mit vier unmündigen Kindern müsse kommende Woche ohne ihr Hab und Gut nach Polen oder Russland. Hans sagte schon gestern, dass die Juden aus München schon vorige Woche nach dem Osten geschafft worden seien.« Robert Scholl fährt fort: »Von den hiesigen weiß ich nichts. Im Osten haben sie, wie man sagt, keine Wohnung, keine Betten und kein Essen. Und das jetzt zu Beginn des grimmigen russischen Winters! Wie lange dauert solcher Schrecken noch?«

Eine gravierende Station auf dem Weg der Schrecken war der 13. September 1941. An diesem Tag wurde eine Polizeiverordnung über die »Kennzeichnung der Juden« bekannt gemacht: »Juden, die das sechste Lebensjahr vollendet haben, ist es verboten, sich in der Öffentlichkeit ohne einen Judenstern zu zeigen. Der Judenstern besteht aus einem handtellergroßen, schwarz ausgezogenen Sechsstern aus gelbem Stoff mit der schwarzen Aufschrift ›Jude‹. Er ist sichtbar auf der linken Brustseite des Kleidungsstücks fest aufgenäht zu tragen.« In München notierte am gleichen Tag der mit Carl Muth befreundete Schriftsteller Theodor Haecker, von den Nationalsozialisten mit Schreib- und Publikationsverbot belegt, in sein Tagebuch, ab dem 19. September müsse jeder Jude einen gelben Stern, »den Stern Davids, des großen Königs, aus dessen Geschlecht der Menschensohn,

Jesus Christus, die zweite Person der Trinität, dem Fleische nach geboren ist, tragen. Es könnte die Zeit kommen, dass die Deutschen im Ausland auf der linken Seite ihrer äußeren Kleidung ein Hakenkreuz, also das Zeichen des Antichrist, tragen müssen.«

Doch was die Machthaber mit dieser Diskriminierung bezweckten, – die totale Isolierung der Juden innerhalb der Bevölkerung – trat wieder nicht ein. Die nichtjüdische Bevölkerung reagierte in weiten Teilen negativ und zeigte ihre Solidarität mit den Juden in aller Öffentlichkeit durch unerwartet zahlreiche Gesten. Eine spürbare Einschüchterung der Bevölkerung erreichte erst Joseph Goebbels mit seinem Artikel im »Reich« am 16. November, vielfach nachgedruckt und im Radio verbreitet. Am Ende des Artikels wird indirekt ein Kontaktverbot mit Juden ausgesprochen, dessen Übertretung mit KZ-Haft bis zu drei Monaten bestraft würde. »Die Juden sind schuld am Kriege ... Jeder Jude ist ein geschworener Feind des deutschen Volkes ... Wer mit ihm noch privaten Umgang pflegt, gehört zu ihm« – und wird auch so behandelt. Damit galt auch die kleinste Geste der Solidarität als Kriegssabotage. Auf eine diffuse, kaum fassbare und gerade deshalb bedrohliche Weise wurde jeder Deutsche in den Völkermord an den Juden mit hineingezogen.

Hinter den Kulissen verknüpfte sich in diesen Wochen endgültig der Vernichtungskrieg im Osten mit der Vernichtung der europäischen Juden. Schon der Beginn des Russland-Feldzuges am 22. Juni 1941 hatte im Zeichen der Vernichtung der Juden gestanden. Dem Einmarsch der Wehrmacht in die Sowjetunion folgten vier Einsatzgruppen der SS. Die Zusammenarbeit war genau geregelt, klappte reibungslos und reichte bis zur aktiven Teilnahme der Soldaten an den Mordaktionen. Allein das Einsatzkommando 3 ermordete in den überfallenen Gebieten bis September insgesamt 56 459 Juden, davon 26 243 Frauen und 15 112 Kinder.

Mitte September stimmte Hitler in einem Gespräch mit Heinrich Himmler, von Joseph Goebbels tatkräftig unterstützt, der Deportation deutscher, österreichischer und tschechischer Juden nach Osten zu. »Abtransport« lautete die Sprachregelung. Als bald die Stimmung in der Bevölkerung sank, weil die Armee in den Weiten Russlands im Stellungskrieg stecken blieb, kam die »Judenfrage« gerade recht, um von den Problemen des Feldzuges abzulenken und ein neues »Schlachtfeld« zu eröffnen. Ab 15. Oktober 1941 wurden gut 17 000 Berliner Juden – von insgesamt noch 67 000 – gezwungen, alles hinter sich zu lassen und die Züge »zur Ansiedlung im Osten« zu besteigen. Die systematische, organisierte Deportation der Juden aus dem Reich hatte begonnen.

Aus dem Zusammenhang zwischen Deportation und Wohnungsnot aufgrund der Luftangriffe machte der Oberfinanzpräsident von Köln kein Geheimnis. Die »Aussiedlung der Juden« habe in seinem Bezirk am 21. Oktober begonnen, »zwecks Freimachung von Wohnungen für Fliegergeschädigte in den Städten Köln und Trier«. Er verfügte anschließend, dass auch »der Hausrat der ausgesiedelten Juden ... in erster Linie den Fliegergeschädigten zugute« kommen sollte.

»Im Rahmen der gesamteuropäischen Entjudung gehen zur Zeit laufend Eisenbahntransporte mit je 1000 Juden aus dem Altreich, der Ostmark und dem Protektorat Böhmen und Mähren nach dem Reichskommissariat Ostland. Württemberg und Hohenzollern ist daran zunächst mit einem Transport von 1000 Juden beteiligt, der am 1. 12. 1941 von Stuttgart abgeht. ... Der für die Beförderung der Juden vorgesehene Eisenbahnzug fährt fahrplanmäßig am 1. Dezember 1941 zwischen 8 und 9 Uhr von Stuttgart ab.« Es sind diese Gestapo-Richtlinien vom 18. November 1941, die der Schwägerin von Eugen Grimminger und ihren Kindern zum Verhängnis wurden. Und auch 20 Ulmer Juden von den 116, die noch in der alten Reichsstadt leben, 8 Männern und 12 Frauen, bringen sie einen schrecklichen Tod. Am 28. November müssen sie sich am frühen Morgen im Ulmer Schwörhaus einfinden, werden von Schutzpolizei bewacht und in einem Omnibus zum Sammellager am Stuttgarter Killesberg gefahren. Mitnehmen durften sie einen oder zwei Koffer, insgesamt nicht mehr als fünfzig Kilo; Bettzeug und für zwei Personen eine vollständige Matratze »ohne Kopfteil«. Empfohlen wurde warmes Überzeug und »ordentliches Schuhwerk«. Das Vermögen wurde bis auf fünfzig Mark Reisegeld eingezogen; die Wohnungen wurden versiegelt. Es dauerte nicht allzu lange, und der Hausrat wurde an nichtjüdische Deutsche versteigert, die Wohnungen anderweitig genutzt.

Mit der Reichsbahn wurden die Ulmer Juden, zusammen mit den übrigen Juden aus Württemberg, von Stuttgart nach Riga verschleppt. Wer arbeitsfähig war, hatte eine kurze Lebensfrist; alle Juden dieses Transportes sind entweder in den nahen Wäldern erschossen worden oder im Getto von Riga umgekommen. In Deutschlands Städten wie auf dem Land blieben die Deportationen nicht geheim. Sie geschahen »vor aller Augen« am hellichten Tag. Sogar Fotos existieren. Jeder kannte einen, der davon gehört oder es gesehen hatte; der in seinem Freundes- oder Familienkreis davon betroffen war wie die Scholls. Die anschließenden Auktionen in den leeren »Judenhäusern« waren gut besucht, das Interesse am Mobiliar wie an den Wohnungen selbst groß.

Am 14. November, zwei Tage vor Eugen Grimmingers Besuch, war

Inge Scholl in einem langen Brief auf das eingegangen, was Sophie Scholl bei einem Wochenendbesuch zu Hause in Ulm ausgelöst hatte: »Das Gespräch, das wir an jenem Sonntagmittag beim Essen begonnen hatten, über das Beten und das wir in der Nacht nach oder während des Fliegeralarms noch einmal aufnahmen, hat mich sehr beschäftigt und eine neue Türe aufgestoßen. Da habe ich Dir auch zu danken, denn mit Deinem berechtigten, natürlichen Satz, – dass Gott ungerecht sei, wenn er nur jenen helfe, die zu ihm beten und für die gebetet wird, oder wenn er ihnen mehr helfe als den andern, – war eine große Frage an mich gerichtet gewesen ... Denn es geht doch hier um etwas sehr Entscheidendes für uns. Wenn wir nämlich weitergehen mit diesem Satz, dann müssen wir ja überhaupt vom Beten ablassen, dann müssen wir uns sagen: Gott tut, was er für gut hält, ob ich ihn bitte oder nicht. ... und die Fürbitten vor allem würden vollkommen ausfallen.«

Was Inge Scholl skizziert, entspricht der radikalen Theologie, die der Kirchenvater Augustinus entwickelte und auf die sich – in gleicher Radikalität – Martin Luther beruft: Nicht durch Werke – wie zum Beispiel Gebet und Fürbitten – kommt der Christ zu Gott, sondern allein durch die Gnade Gottes. Dass Inge Scholl beim Grübeln über die Frage ihrer Schwester sich lange »wie vor einer verschlossenen Tür« fühlte und kein Schlüssel passte, ist nicht verwunderlich. Denn wie Gnade und Vorherbestimmung Gottes, wie Glaube und gute Werke eines Christen zueinander stehen, einander bedingen oder auch nicht, das hat die klügsten Köpfe und frommsten Beter durch die ganze Geschichte des Christentums begleitet und zu sehr unterschiedlichen Antworten geführt.

Inge Scholl jedoch brauchte nicht allzu lange zu suchen. Denn der Katholik Otl Aicher, der seinen Augustinus so liebte, versagte ihm gerade in diesem Punkt die Gefolgschaft und wählte sich nicht ohne Grund Thomas von Aquin als zweiten Stützpfeiler seines Glaubens. Der Kirchenvater aus Italien hat die Zauberformel gefunden, um die Gnade Gottes mit dem freien Willen des Menschen zu verknüpfen. Auf diesen theologischen Rettungsanker hat Otl Aicher viele Male die Gleichgesinnten im Aicher-Scholl-Bund hingewiesen, die noch auf dem Weg zum Glaubenkönnen waren. Erleichtert hat Inge Scholl sich nach dem sonntäglichen Gespräch daran erinnert und gibt diese Lösung an Sophie Scholl weiter: »Wie ein Lichtstrahl ist mir auf einmal der Satz des Thomas gekommen ›Die Gnade setzt die Natur voraus‹. Damit ist die Fürbitte voll und ganz gerechtfertigt, ja dringend notwendig.« Ebenso das Gebet, und wenn man für einen Menschen betet, so hält man »die Natur dieses Menschen der Gnade Gottes hin, weil ich sein eigenes Hinhalten und Öffnen noch verstärken möchte«.

Immer differenzierter wird Inge Scholls Argumentation, immer länger der Brief. Zur »Ergänzung« zitiert Inge Scholl noch ausführlich ihre Eintragung im Tagebuch zum gleichen Thema. Als auch das getan ist, fährt sie freudig fort: »Doch ich bin damit noch nicht zu Ende mit Nachdenken und Erfahren.« Und kommt auf Otl Aicher zu sprechen, dem sie über das sonntägliche Tischgespräch nebst ihrem Lösungsvorschlag geschrieben hat. Aicher wiederum hat ihr dazu ein Buch in seiner Bibliothek empfohlen: »O Sofie, es ist wunderbar. ... Es wird auch Dir sein wie köstliche Speise. Ich schicke es Dir mit ... Aber lies es lieber zweimal durch! Beachte besonders Seite ... nein, beachte alles, alles! ... Wie muss Dir dabei ums Herz werden.« Inge Scholls Brief schließt fast hastig: »Am 1. Advent kommst Du?« Wie ist Sophie Scholl wohl ums Herz gewesen, als sie diesen Brief gelesen hat?

Der Freundin Lisa Remppis vertraut sie drei Tage später, ohne einen konkreten Anlass zu benennen, ihre Gefühle gegenüber der ältesten Schwester an: »Vor dem Zusammensein mit Inge (ich merke immer mehr, wie gern ich sie habe) fürchte ich mich fast ein bisschen.« Sie sei nervös und habe »nicht die Frische und Festigkeit, die ich brauche, um ihr zu begegnen. Und manchmal habe ich das Bedürfnis, mich mit jemandem auszusprechen. Mit wem anders als mit Dir?« Der Brief klingt wie ein Selbstgespräch Sophie Scholls, mit dem sie auf Inge Scholls Brief reagiert: Natürlich liebt sie ihre Schwester innig. Auch wenn Inge Scholl anders ist – schwärmerisch, mit einem Aufwand an Gefühlen. Was Inge Scholl über das Beten schreibt, ist gut gemeint. Sie will Sophie helfen auf ihrem Weg zu Gott.

Doch Sophie Scholl geht eine andere Straße. Weder kluge Argumente noch Autoritäten sind ihr eine Hilfe. Inge Scholl setzt in ihrem Brief die Existenz eines Gottes voraus, der es gut mit den Menschen meint. Sophie Scholl ist weit von einem solchen Glauben entfernt. Sie setzt nicht auf theologische Kapazitäten. Sie sehnt sich nach dem Gespräch mit einem Menschen wie Lisa – vertrauensvoll, unangestrengt, ohne Verpflichtung. In Inge Scholls Briefen an Sophie schwingt bei aller Liebe die Verantwortung mit, die die Ältere gegenüber der Jüngeren fühlt – für Sophie Scholl ein bedrängendes, einengendes Gefühl. Fast wie eine Verpflichtung, Inge nicht enttäuschen zu dürfen und deshalb ihre Argumente annehmen zu müssen. Welten liegen zwischen den Schwestern, wenn Inge Scholl Sophie immer mal wieder als »Sofielein« anspricht oder ihr am 8. Dezember schreibt: »Ich bin froh, dass Du das unbeeinflussbar Schöne und Natürliche immer wieder finden kannst, und Dir trotz allem Deine harmlose Kindlichkeit bewahrt hast.« Die zwanzigjährige Sophie Scholl ist weder harmlos noch kindlich.

## GOTT IST FERN

### *Einsam unter den Bekehrten*

Ein Jahr ging seinem Ende entgegen, das wie keines zuvor Sophie Scholl aus allen Sicherheiten gerissen hat. Aus dem gemeinsamen Winterlager in der Berg-Hütte tief im Schnee war sie Anfang Januar 1941 zuversichtlich und mit hohen Erwartungen in den Alltag zurückgekehrt. Die Abende bei gemeinsamer Lektüre im »Tagebuch eines Landpfarrers« mit Hans und Inge Scholl und Otl Aicher; ab Frühjahr im Lager Krauchenwies die tägliche Lektüre im »Augustinus«, die sie über Raum und Zeit hinweg mit Otl, Inge und Ernst Reden verband: Alles gab ihr das gute Gefühl, zusammen mit Gleichgesinnten auf dem Weg zu sein. Auf dem Weg zu Gott, zur letzten unerschütterlichen Sicherheit. Und nun, am Ende des Jahres, wenn sie in Blumberg ein wenig Zeit für sich selber und einen stillen Platz fand, vielleicht in der Kapelle, und verglich: Wie weit war sie gekommen auf diesem Weg und wie standen die anderen Menschen, die sie liebte und denen sie vertraute, zu Gott?

Lina Scholl. Die Mutter, deren festen Glauben Sophie Scholl die längste Zeit ihres Lebens erfahren konnte, hat auch in diesen schrecklichen Jahren ihre Zuversicht nicht verloren. Das Leid der Menschen und das Unrecht ringsum geht Lina Scholl tief zu Herzen. Sophies Mutter muss zusehen, wie die Zukunft ihrer Kinder immer dunkler wird; ihre Söhne wahrscheinlich in den Krieg ziehen werden. Doch der tägliche Blick in die Bibel lässt sie immer aufs Neue die unzweideutige Gewissheit spüren, und Lina Scholl sagt und schreibt ihren Kindern, was der Apostel Paulus der christlichen Gemeinde in Rom verkündet hatte: »Dass denen, die Gott lieben, alle Dinge zum besten dienen ...« Und im November 1941, zum 25. Hochzeitstag, schreibt sie an Robert Scholl über die Kinder, dass sie »zur Zeit je länger, je fester werden in ihrem Glauben an den wahren Gott und in ihrer Lebens- und Weltanschauung«.

Hans Scholl. Er ist einer von denen, die einen großen Glaubens-Sprung gemacht haben. Zahlreich sind dafür die Quellen zum Jahresende. In der zweiten Jahreshälfte sind Hans Scholl und Otl Aicher sich näher gekommen, befördert durch die Besuche von Otl Aicher bei Carl Muth in München, wo er oft bei Hans Scholl übernachtete. Die gemeinsame Arbeit am

»Windlicht« hat ab Oktober den Briefwechsel verstärkt. Am 3. Dezember fragt Hans Scholl bei Otl Aicher an: »Mich hat in den letzten Tagen ein bedeutendes Ereignis stark beschäftigt. Das Grabtuch von Turin. ... Ob ich es wagen dürfte, im ›Windlicht‹ darüber zu schreiben?« Hans Scholl ist überzeugt, dass sich in diesem als Reliquie verehrten Tuch, durch die Fotografie sichtbar gemacht, das wahre Abbild Christi erhalten hat.

Mitte Dezember 1941 sendet Hans Scholl seinem guten Freund aus Ulmer Jungvolk-Tagen, Alfred Reichle, Weihnachtsgrüße: »Du wirst frohen Herzens Weihnachten feiern im Hinblick auf das Licht. ... Je dunkler die Schatten, desto größer die Sehnsucht einzelner Menschen nach dem Licht.« Die »einzig helle Stelle« sei »Christus – Hintergrund, Wegweiser, Ziel ist er«. Am 21. Dezember erinnert Otl Aicher in einem Brief Hans Scholl an seinen neuen, starken Glauben: »O Hans, Du hast mir im Verborgenen viel Freude bereitet und ich bin gottfroh, dass wir uns gefunden haben. Du kannst Dir wohl kaum denken, wie dankbar ich dieses Weihnachten feiern kann. Ich hatte aber auch viel Angst um Dich gehabt, doch wohl gerade deshalb ist nun die Freude so groß.«

Als Hans Scholl den Brief erhält, sitzt er in Ulm und schreibt seine Weihnachtsgrüße an Carl Muth, in dessen Haus und Bibliothek in München-Solln er seit fast zwei Monaten täglicher Gast gewesen ist. Viele Stunden haben der alte, weise, fromme Professor und der Medizin-Student neben dem Ordnen der Bücher im Gespräch verbracht. Hans Scholl möchte »einige Wort des Dankes« an ihn richten, »die sich leichter schreiben als sagen lassen«: »Ich bin erfüllt von der Freude, zum ersten Mal in meinem Leben Weihnachten eigentlich und in klarer Überzeugung christlich zu feiern.« Die Spuren der Kindheit seien nicht verweht, nicht die Lichter und das strahlende Antlitz der Mutter. Aber er habe sich »in einer gehaltlosen Zeit in nutzlosen Bahnen« gequält, an deren Ende »immer dieselbe Leere« stand. Zwei »tiefe Erlebnisse« und der »grauenhafte Krieg« hätten ihn noch einsamer gemacht: »Eines Tages ist dann von irgendwoher die Lösung gefallen. Ich hörte den Namen des Herrn und vernahm ihn. In diese Zeit fällt meine erste Begegnung mit Ihnen. ... Dann ist es wie Schuppen von meinen Augen gefallen. Ich bete. Ich spüre einen sicheren Hintergrund und ich sehe ein sicheres Ziel. Mir ist in diesem Jahr Christus neu geboren.« Hans Scholl ist ein Bekehrungserlebnis widerfahren, wie es – unter vielen Gläubigen quer durch die Jahrhunderte – auch Augustinus in seinen »Bekenntnissen« beschreibt.

Inge Scholl. Von einem solchen Spontan-Erlebnis kann seine Schwester Inge Scholl nicht erzählen. Doch ihr Eifer, Gott näher zu kommen – mit

Gebeten und geistlicher Lektüre – ist unermüdlich, und sie fühlt sich auf einem guten Weg. Wenn sie Sophie Scholl – aber auch den Brüdern Hans und Werner – ausführlich über Gott, den Glauben und das Gebet schreibt und zu sie überzeugen sucht, steht dahinter eine persönliche Erfahrung.

Fritz Hartnagel. Er zählt nicht direkt zum Aicher-Scholl-Bund, ist jedoch von allen als Gleichgesinnter respektiert, obwohl er als Berufsoffizier in Hitlers Wehrmacht dient. Zu Weihnachten bekommt er das erste Exemplar vom »Windlicht«, nichts könnte besser demonstrieren, wie sehr Inge und Hans Scholl, aber auch Otl Aicher ihm vertrauen. Bei ihm kann Sophie Scholl, blickt sie auf das Jahr 1941 zurück, ebenfalls einen Durchbruch im Glauben feststellen, wenngleich einen unspektakulären. Fritz Hartnagels Glaube ist gewachsen durch Lektüre, hartes Bemühen und den festen Willen, über die Liebe zu Sophie Scholl zu Gott zu finden. Jeder Brief seit seiner Rückkehr von der Front in Russland nach Weimar zeugt von seiner fundierten und zugleich unkomplizierten Frömmigkeit.

Jetzt ist er es, der Sophie Scholl ermahnt: »Liest Du auch noch jeden Abend ein paar Seiten in ›unseren‹ Büchern, oder in der Bibel?« Die Bilanz seines Weges führt zu Gott und zu Sophie, »denn dass ich überhaupt begonnen habe nach der Wahrheit zu suchen, das verdanke ich Dir …« Daraus zieht er eine doppelte Wahrheit: »Drum sollte immer, wenn wir in Liebe vereinigt sind, Gott gegenwärtig sein, und wo wahre Liebe ist, ist er es auch.« Fritz Hartnagel hat einen Glauben gefunden, der ihn froh macht: »Solange ich Gott treu bleibe, muss ich auch Dir treu bleiben. Ach Sofie, welch beglückende Kraft ist das, die von nichts anderem abhängt als von Gott!« Widerstreitende Gefühle müssen seine Briefe bei Sophie Scholl ausgelöst haben. Zum einen Stolz, denn schließlich hat ihr Konzept, Härte zu zeigen, Erfolg gehabt; außerdem Freude, dass Fritz Hartnagel, der bald wieder an der Front dem Tod ausgesetzt sein wird, über den Glauben so viel Zuversicht gewonnen hat. Aber auch Schuld und Versagen drücken sie. Sie ist hin und her gerissen zwischen ihrer Liebe, ihrer schmerzlichen Lust an Provokationen und den Zweifeln, ob nicht doch der »Geist alles Geschlechtliche« besiegen soll und die körperliche Vereinigung ein Hindernis auf dem Weg zu Gott ist.

Sophie Scholls Tagebuch während der Monate in Blumberg ist nicht durchgehend und ordentlich mit Datum geführt. Es gibt einzelne Zettel, lose Blätter, die sie mit »Sofie« unterschrieben hat, als wollte sie die Bedeutung dieser Eintragung hervorheben. Eine geht von einer nächtlichen Begegnung zwischen ihr und Fritz Hartnagel aus: »Daran will ich denken, wie er, eine Stufe unter mir, nachts im Treppenhaus in meine Hände geweint hat, wie etwas in ihm zerbrochen ist und er vor Jammer laut geschluchzt hat. Daran will ich denken, wie lieb er mich hat, wie er sich stumm gewunden hat unter meinen tausend teuflischen Einfällen, die alle ersonnen wurden, ihn zu quälen, meine Macht über ihn zu fühlen, meine Stärke, um nachher umso süßer meine Schwachheit auszukosten. Ich habe ihn umarmt, er aber hat mich geliebt …« Sie hat versagt, in mancher Beziehung, und definiert aufs Neue ihr Ziel: »Könnte ich abstreifen, was mich noch so befangen macht, was meine Lust erregt, was mir überflüssige Unruhe schafft.« Dies sagt die gelehrige Schülerin des Kirchenvaters Augustinus, für den allein der totale Verzicht auf »Begierde«, auf körperliche Lust, zur Ruhe führt, die letztlich in Gott ihren Fixpunkt findet.

Dann geht die Eintragung weiter mit dem Text, der bisher ausschließlich publiziert wurde: »Da verliert sich das Herz in dieser kleinen Unruhe und vergisst seinen großen Heimweg. Unvorbereitet, an nichtige niedrige Spielereien hingegeben, könnte es von seiner Stunde überrascht werden, um kleiner Freuden willen die eine große verkauft haben. Ich erkenne es, mein Herz erkennt es nicht.« Es ist eine Meditation über das Herz, die Sophie Scholl ausbreitet und die zu der Erkenntnis führt: »Mir bleibt die Traurigkeit, die Unfähigkeit und Ohnmacht, und eine geringe Hoffnung.« Um dann in ein Gebet überzugehen: »O, Und wenn mein Herz tausendmal an den Schätzen hängt, und sei es bloß die Liebe zum süßen Leben, reiß mich los, gegen meinen Willen, denn ich bin zu schwach, es zu tun, vergälle mir alle Freuden, lass mich elend sein und Schmerzen fühlen, bevor ich meine Seligkeit verträume.« Auch Sophie Scholl wird gebeutelt vom uralten Dualismus zwischen Geist und Fleisch, Leib und Seele, Verstand und Herz.

Zu Beginn ihrer Blumberg-Eintragungen hatte Sophie Scholl sich von Gott ein Zeichen gewünscht und auf den Propheten Jeremia verwiesen, der Ähnliches von Gott forderte. Gut möglich, dass der Prophet des Alten Testamentes – neben dem »unruhigen Herzen«, von dem Augustinus spricht – der Bibelleserin auch Anstoß gegeben hat zu ihrer Herz-Meditation. »Es ist das Herz ein trotzig und verzagt Ding; wer kann es ergründen«, heißt es bei Jeremia im 17. Kapitel. Das Thema lässt Sophie Scholl nicht los. Am 12. Dezember 1941 schreibt sie an Lisa Remppis: »Vielleicht ist es gut, wenn wir ganz arm werden, um für einen weniger vergänglichen Reichtum bereiter zu werden. Denn sucht man nicht, da einem soviel genommen wird, noch Ersatz? Und merkt dann, dass man sich durch zuviel zerstreuen ließ und sein Herz an unwürdige Dinge hängte. Vielleicht muss man erst entdecken, dass man ein Herz hat. Das ist seltsam.« Sein Herz zu entdecken, bedeutet, sich zu seinen Gefühlen zu bekennen. Eine Kehrtwendung für

Sophie Scholl, deren Warnung vor Gefühlen – für sich und andere – mit den Jahren immer stärker geworden war.

Mitte November hatte sie Lisa geschrieben, »ich freue mich so sehr, bis Du mich einmal besuchst«. Für Weihnachten wurde ein Wiedersehen verabredet, immer heftiger sehnte Sophie Scholl sich danach, sich aussprechen zu können. Am 12. Dezember kam die Absage. Lisa Remppis hat einen neuen festen Freund, mit dem sie Weihnachten verbringt. Am gleichen Tag schreibt Sophie Scholl in ihr Tagebuch: »Der Brief, den ich heute von Lisa erhielt, hat mich den Tränen nahe gebracht.« Ihre Antwort an die Freundin, noch vom gleichen Tag, war gefasst, doch auf nüchterne Weise traurig. Zwar verstehe sie, dass es Wichtigeres gebe als ein Wiedersehen, das ihr, Sophie, dennoch sehr am Herzen liege: »Wie fern sind wir uns doch geworden ... Denn im Wesentlichsten war es bis jetzt doch nur eine festgehaltene Freundschaft, die uns verband ... Ich weiß nicht, ob Du an unserer Freundschaft ebenso zähe festhalten willst wie ich.« Lisa Remppis antwortet umgehend und signalisiert, wie sehr ihr an der Freundschaft mit Sophie Scholl liegt.

Trotzdem war es für Sophie Scholl eine schmerzliche Erfahrung: Wieder war ein Stück Sicherheit bei den Menschen weggebrochen. Aber zugleich stellt sich die letzte Sicherheit, die Gewissheit eines liebenden Gottes, von der alle die Menschen, die ihr nahe waren, inzwischen ausgingen, bei Sophie Scholl nicht ein. Nach dem langen Brief, in dem Inge Scholl mit aller Macht versuchte, ihrer jüngeren Schwester das Beten und seine heilsame Wirkung nahe zu bringen, entwarf Sophie Scholl einen Antwortbrief. Sie könne ihre Sorgen und ihre Verzweiflung nicht einfach in Gottes Hand legen, bekannte sie: »... denn wenn ich beten will und überlege mir, zu wem ich bete, da könnte ich ganz verrückt werden, da werde ich dann so winzig klein, ich fürchte mich direkt ... Überhaupt fühle ich mich so ohnmächtig, und bin es wohl auch. Ich kann um nichts anders beten, als um das Betenkönnen.« Es beginnt schon damit, dass sie wie mit Blindheit geschlagen sei, wenn sie Gott denke: »Ich habe keine, keine Ahnung von Gott, kein Verhältnis zu ihm. Nur eben, dass ich das weiß.« Und wiederum gilt: Es hilft nur das Beten. Sophie Scholl hat diesen Entwurf nicht abgeschickt.

Vielleicht fühlte sie sich nicht wirklich verstanden mit ihrer existenziellen Verzweiflung. Sophie Scholl versuchte, sie auszuhalten – ohne wie Inge Scholl ständig Ausschau zu halten nach theologischen Begründungen. Sie verachtete dieses Vorgehen nicht, war wissbegierig. Aber dieses Wissen half ihr nicht aus ihrer Glaubens- und Gottes-Not, im Gegenteil. Sie machte die Erfahrung, dass vor Gott alles Wissen samt dem kritischen Verstand, auf den sie so stolz war, in die Irre führt. Die Tagebuchnotiz vom 12. Dezember beginnt mit dem 13. Psalm, den sie so liebt: »Gib Licht meinen Augen, oder ich entschlafe des Todes, und mein Feind könnte sagen, über den ward ich Herr.« Der Bitte an Gott folgt die Anforderung, die sie an sich selber stellt, unabhängig von ihrer Erfahrung: »Ich will mich an Ihn klammern, und wenn alles versinkt, so ist nur er, wie schrecklich, wenn er einem fern ist. … alles, was ich früher besaß, das kritische Sehen, ist mir verloren gegangen. Bloß meine Seele hat Hunger, o das will kein Buch mehr stillen.« Es waren Abgründe, in die Sophie Scholl blickte.

Sophie Scholl kannte die Klagen des Propheten über einen abgewandten, unnahbaren Gott, und auch, welche Antwort Jeremia von höchster Stelle bekommen hat: »Bin ich nur ein Gott, der nahe ist, spricht der Herr, und nicht auch ein Gott, der ferne ist?« (Kapitel 23). Die dunkle Nacht der Gottesferne haben viele Menschen vor Sophie Scholl erlebt, manche haben es aufgeschrieben. Zu ihnen gehört Martin Luther, der Reformator, der bei seiner Suche nach einem gnädigen Gott ähnliche Erfahrungen machte und dies auch preisgibt: »Ich selbst habe es mehr als einmal bis in die Tiefe und den Abgrund der Verzweiflung wahrgenommen. … Der Mensch ist ein Abgrund, ungesichert alles, woran wir uns halten. … Da bleibt nichts anderes als der nackte Schrei nach Hilfe, ein schreckliches Seufzen, das nicht weiß, wo Hilfe zu finden ist.« Das ist die schlimmste aller Erfahrungen: »Gott ist da, aber er zeigt sich nicht.« Der ferne, der verborgene Gott wurde zur Grundlage von Luthers Glauben und Luthers Theologie. Weil Angst, Schrecken und Traurigkeit den Mönch in Wittenberg nicht davon abhielten, mit Gott zu ringen, machte er schließlich die gleiche Erfahrung wie der Prophet. Auch diese tröstliche Zusage Gottes wird Sophie Scholl bei Jeremia gelesen haben: »Denn wenn ihr mich von ganzem Herzen suchen werdet, so will ich mich von euch finden lassen …« (Kapitel 29). Und endlich führt alles Suchen zu der Erfahrung, dass Gott ein Gott der Liebe ist: »Ich habe dich je und je geliebt, darum habe ich dich zu mir gezogen aus lauter Liebe.« (Jeremia, Kapitel 31). Es ist der Grabspruch, den Lina Scholl für ihr jüngstes Kind, die mit neun Monaten in Forchtenberg verstorbene Thilde, ausgesucht hatte.

Auch in Sophie Scholls Notiz über den schrecklich fernen Gott deutet sich die Wende an. Den Tränen nahe, ausgelöst durch die Absage von Lisa Remppis, kommt ihr die bittere Erkenntnis, der Freundin durch Briefe nicht mehr nahe zu sein. Aber es folgt ein großer Trost: »Ich muss mit aller Liebe an sie denken.« Liebe – das ist das erlösende Stichwort, dass das unruhige Herz in ruhige Bahnen lenken wird: »Wenn ich jemand sehr liebe, das merke ich eben, dann kann ich nichts Besseres tun als ihn in mein Gebet einschließen. ... was kann ich Besseres tun, als mit dieser Liebe zu Gott zu gehen? Gebe Gott, dass ich Fritz auch in seinem Namen lieben lerne.« Sophie Scholl ist entschlossen, nicht aufzugeben. Auch wenn sie im Vergleich zu dem gefestigten Glauben der Menschen, die sie liebt, sich erst am Anfang eines langen Weges fühlt. Die Angst und die Traurigkeit sind noch nicht gewichen.

Am 22. Dezember geht wieder ein Brief aus Blumberg an Lisa Remppis. Der Ausblick auf die Feiertage in Ulm macht Sophie Scholl geradezu übermütig: »Zweimal werden wir noch wach, heißa, dann ist Weihnachtstag.« In etlichen Kindergärten und Horten habe sie schon Vorweihnachten gefeiert, heute Abend gehe es in den »Adler« zum Bürgermeister: »Wie herrlich, dass ich heimkann, der Aufenthalt hier kostet Nervenkraft.« Nicht nur Nervenkraft: »Heute morgen habe ich 150 Stühle und 20 Tische abgewaschen, heute mittag geht der Putz weiter.« Aber wenigstens ihren guten Willen für einen Weihnachtsbrief wolle sie zeigen. Der Brief schließt: »Denke ein bisschen liebevoll an mich, ich bin sehr empfänglich dafür.«

Das ist der Alltag, und nicht zu knapp. Es gehören dazu die Gespräche mit Bürgermeister oder Kolleginnen, bei denen Sophie Scholl vorsichtig sein muss; nicht sagen darf, was sie denkt. Natürlich muss sie beim Gang durch Blumberg Bekannte mit »Heil Hitler!« grüßen. Von den Wochenenden mit Fritz Hartnagel weiß sie, dass im Osten seit Anfang Dezember die Gegenoffensive der Roten Armee begonnen hat. Aus jedem Lautsprecher in Blumberg dröhnte es am 11. Dezember 1941, dass Hitler den USA den Krieg erklärte habe. Nun hatten die Nationalsozialisten buchstäblich zum Weltkrieg gemacht, was sie im September 1939 mit dem Überfall auf Polen auslösten. Sophie Scholl wird es sehr beschäftigt haben: Welche Folgen hat die neue politische Lage für ihre Brüder, für Fritz Hartnagel, für Otl Aicher? Und was bedeutet es für ihre Zukunft? Noch mehr Zwangsarbeit und keine Hoffnung, je in überschaubarer Zeit studieren zu können?

Mit dem Schrei nach dem fernen Gott war am Jahresende 1941 auch immer die Frage nach dem gerechten Gott verbunden, die Sophie Scholl zu Hause am Mittagstisch gestellt hatte. Sie wurde nur noch dringlicher. Ihre Suche nach Sicherheiten beschränkt sich nicht auf einen inneren Raum privater Frömmigkeit. Jeder Schritt, den Sophie Scholl seit dem Examen als Kindergärtnerin tut, in den Lagern von Krauchenwies und Blumberg, erinnert sie an Zwang und Unfreiheit, die ihr Leben prägen. Sie muss es nicht aufschreiben, die verbrecherische Politik des Nationalsozialismus ist für sie immer prägend und präsent. Und ebenso ihr Vorsatz, gegenüber den weltlichen Mächten zumindest eine innere Freiheit zu bewahren. Glaube und Leben sind bei Sophie Scholl aufs Engste verwoben.

Einer fehlt noch beim Blick auf den Kreis der Gleichgesinnten und ihre Beziehung zu Gott: Otl Aicher. Er ist kein Suchender; ihm ist der Glaube zur ersten Natur geworden. Ein Glaube, der für ihn, bei aller Kritik an der Institution und ihren Repräsentanten, dennoch ausschließlich in den Inhalten und Riten der römisch-katholischen Kirche seinen vollen Wahrheitsgehalt entfaltet. Und wer sich im Besitz der vollen Wahrheit wähnt, will er nicht Menschen, die er liebt und schätzt, zum gleichen Ziel führen?

Am 28. Dezember 1941 bedankt sich Otl Aicher bei Carl Muth für dessen Briefe und Bücher: »Die größte Freude machte mir aber die Nachricht, dass Sie mit Inge und Sofie Briefwechsel haben und dass ihr Bruder Hans viel bei Ihnen ist, denn das sind sehr brave Leute und sie werden viel, sehr viel Nutzen haben aus dieser Begegnung … Solche wahrhaftigen Leute tun dem Christentum gut, vollends, da es jetzt wieder seine Stunde hat.« Dann führt Otl Aicher aus, das Christentum sei für die Scholl-Geschwister lange Nebensache gewesen, habe sie eher befremdet. Das ist anders geworden, aber es würden »noch manche Tage vergehen, bis der Glaube und die Liebe völlig ihr Herz ergriffen« hätten. Damit es dazu kommt, verspricht der Neunzehnjährige seinen ganzen Einsatz und bittet Carl Muth, der ihm seit der ersten Begegnung im Frühjahr ein väterlicher Freund geworden ist, den »lauteren Seelen« auf diesem Weg zu helfen.

Dann erläutert Otl Aicher nicht ohne Stolz seine eigene Rolle bei der Hinwendung der protestantischen Scholl-Geschwister zu Gott und dass es nicht allein um Gott geht: »Ich habe lange um diese Leute gerungen und zwar anfänglich fast gegen einen Widerwillen, und Inge hat mir erst neulich zugestanden, sie vermutete früher hinter meinem Kommen immer den Versuch, sie zur Konversion zu treiben. Und im letzten Grund hatte sie auch recht und sie weiß auch nur zu gut, dass sie einmal diesen Schritt zu gehen hat, aber ich habe von diesen Dingen nie gesprochen …« Das waren offene Worte – Konversion zum Katholizismus ist das Ziel.

Carl Muth erfährt, dass Inge Scholl Otl Aicher ihre »sehr große Angst vor kommenden Entscheidungen« anvertraut und wie er sie beschwichtigt hat, »dass es zum großen Teil nur die äußere Tradition ist, die die Katholiken über die Protestanten erhebt«. Genau genommen ist es eine Notlüge, denn Otl Aicher macht gegenüber Muth kein Geheimnis daraus, dass er dies gegenüber Inge Scholl nur angeführt habe, »um eine Konversion hinauszuschieben, bis die Idee der Kirche in ihr so sehr Gestalt gewonnen hat, dass sie *freiwillig* und in Freude diesen Schlussschritt gehen wird«.

Der Übertritt von Inge Scholl zum Katholizismus ist für Otl Aicher nur eine Zwischenetappe seiner Mission. Carl Muth soll mithelfen, das Endziel zu erreichen: »Und dass diese Gestalt in all ihnen gewinne, bitte ich Sie, helfen Sie, nicht um meinetwillen, sondern allein, damit ihre Seelen auch einmal die Freude des Friedens besitzen.« Die Idee der Kirche soll in allen Scholl-Geschwistern Gestalt annehmen. Um es deutlich zu sagen: Geht es nach Otl Aicher, sollen Inge und Hans, Sophie und Liesl und Werner Scholl eines Tages zum Katholizismus übertreten, denn für den Katholiken Aicher verkörpert sich die Idee der Kirche nur in der römisch-katholischen Institution. Die Idee des Neunzehnjährigen, dass der Vierundsiebzigjährige dabei mithelfen kann, ist plausibel und gut begründet. Muth brauche sich nicht sehr anzustrengen, um die Freunde zu beeinflussen – »ob der gewaltigen Fülle Ihres Lebens und Ihrer getanen Arbeit«. Otl Aicher wirbt am Jahresende 1941 mit Eifer für seine Idee: »Allein Ihr Name, wenn er hinter einer vertrauenden Anteilnahme steht, ist für sie eine hilfreiche Stütze.«

Carl Muth ist kein Eiferer für seinen Glauben, dafür ist er viel zu gebildet. Die römische Kirche hat ihm als Herausgeber des »Hochland«, das für einen reformfreudigen Katholizismus stand, viele Schwierigkeiten gemacht. Das hat Carl Muth ausgehalten. Doch es änderte nichts an seiner Überzeugung, als Katholik im wahren Glauben und in der einzig wahren Kirche zu leben und diesen Glauben den Menschen zu wünschen, die er schätzte.

Sophie Scholl kannte Carl Muth bisher nur vom Hörensagen durch ihre Geschwister und Otl Aicher. Das allein reichte, um ihn zu einer Autorität zu machen. Und ein kleiner Brief kam hinzu. Den hatte Muth ihr geschrieben, als Sophie Scholl im Herbst in Krauchenwies eine Kiste Äpfel für ihn organisiert hatte. »Ich staune«, schreibt sie ins Tagebuch, »dass er die Zeit und Liebe fand, sich auch mir zuzuwenden … Er muss ein sehr gütiges Herz haben, dass solche kleinen Menschen, die ihn nur durch ein ganz äußerliches Geschäft berühren, Platz darin finden. Dies kann ich gar nicht genug schätzen, das allein verpflichtet mich schon, gut zu werden.«

## KRIEGSHILFSDIENST (2) – IM ZEICHEN DES KREUZES

*Januar bis März 1942*

Nach den Weihnachtstagen mit der Familie und dem großen geschmückten Weihnachtsbaum beginnt für Sophie Scholl das neue Jahr in der Gemeinschaft der Geschwister und Gleichgesinnten um einen Herd, in dem das Holz lodert und kracht, in der Coburger Hütte auf fast 2000 Meter im Zugspitzgebiet. Draußen treibt der Wind den Schnee um die Mauern, aber die drinnen kann das nicht schrecken. Am 28. Dezember 1941 haben Hans, Inge und Sophie Scholl mit den Münchner Studentinnen Traute Lafrenz und Ulla Claudius – beides Freundinnen von Hans Scholl – und Wulfried, dem Enkel von Carl Muth, im Schneetreiben den Aufstieg zur Hütte geschafft, nachdem sie tags zuvor umkehren mussten. Seitdem üben sie tagsüber mit den Skiern am Hang, wenn der Sturm es zulässt, und am Abend, wenn die nassen Ski-Sachen an der Stange über dem Herd hängen, und das Abendessen hinter ihnen liegt, rücken sie eng zusammen. Zuerst ein Lied, das den harmonischen Gleichklang der Versammelten noch verstärkt, dann folgt die Lektüre. Dostojewski, der russische Mystiker und Christussucher, stand schon lange in der Scholl-Bibliothek, diesmal war »Der Doppelgänger« an der Reihe. Am Silvester-Abend wird Novalis vorgelesen, »Hymnen an die Nacht«. Traute Lafrenz nennt in ihrem Hütten-Bericht für das »Windlicht« das Werk des Romantikers ein »jubelndes Bekenntnis eines großen Christen«.

Auf Vorschlag von Inge Scholl hatten sie zudem den Briefwechsel zweier Franzosen mitgenommen, beide eng mit der Bewegung des Renouveau Catholique verbunden. Der Dramatiker Paul Claudel, geboren 1868, hatte zwischen 1907 und 1914 mit dem zwanzig Jahre jüngeren Publizisten Jacques Rivière korrespondiert. »Ich will die Antwort«, hieß der Titel des 1928 auf Deutsch erschienenen Dialogs. Die Suche nach einer Antwort, bei der der Jüngere den Älteren um Hilfe bat, endete 1913 mit dem Übertritt des protestantischen Rivière zum Katholizismus. Nach der Rückkehr schreibt Inge Scholl am 2. Januar 1942 an Otl Aicher, dass »Hans, Sofie und Traute« von diesem Buch sehr beeindruckt waren. Traute sei zeitweilig vor die Hütte gegangen und habe heftig geweint.

An einem Abend entzündete sich im Schein der Kerzen eine Diskussion an der Frage, ob der Mensch seinen geistigen Hunger aus sich selbst heraus stillen könne – vielleicht aus dem Reservoir der Musik, der Dichtung, der Kunst. In ihrem Brief an Otl Aicher berichtet Inge Scholl, dass ihr Bruder Hans – »zu meiner Freude« – dem entschieden widersprochen habe: »Die Kunst kann niemals diesen Hunger stillen!« In Bezug auf den russischen Dichter Gogol habe er gesagt: »Was ist das schon? Schön geschrieben, das ist alles. Aber darauf können wir verzichten.« Alles, was aus dem Menschen komme, könne nur hinweisen »auf das Brot«. Die Stimmen der Dichter, die die Scholl-Geschwister für die langen Hütten-Abende ausgesucht hatten, wiesen die Richtung. Die »himmlische Freiheit, die selige Rückkehr«, die »Befreiung in ewiger Nacht«, von der die Hymnen des Novalis jubeln, haben nur ein Ziel: »Unverbrennlich steht das Kreuz – eine Siegesfahne unsers Geschlechts.« Auf diese Ausrichtung ihrer gemeinsamen Tage – fern vom Getriebe der Welt – verwies Hans Scholl seine Schwester Liesl am 6. Januar 1942. Sie hatte nicht mitkommen können. Deshalb schreibt er ihr über das Ski-Lager, das nicht das erste der Scholl-Geschwister an einer Jahreswende war. Der Brief von Hans Scholl schließt: »Nur eines unterscheidet dieses Zusammensein gründlich von früheren. Die Hinrichtung auf die Not der Zeit, das Kreuz und die Erlösung.« Die Not der Zeit: Das Suchen und Beten geschah nicht im religiösen Elfenbeinturm. Es war auch in der Stille der Berge untrennbar mit der Welt, mit den Ereignissen, die um sie herum geschahen und die sie teilweise sehr persönlich betrafen, verbunden.

Alle Scholl-Geschwister fühlten sich verpflichtet, über den Tag hinaus zu sehen und sich auf den Weg zu machen. Das klingt auch in den Glückwünschen an, die Hans Scholl zum 23. Geburtstag Ende Februar an Liesl richtet. Als Ziel gibt er vor: »Je höher wir steigen, desto tiefer die Abgründe, und beides, die Höhen und Tiefen des Geistes umspannen unser Menschsein. Wer den Abgrund nicht sieht, fällt hinein; wem aber kein Licht leuchtet, der sucht vergeblich und seine ermüdeten Augen dienen ihm nutzlos. Das Licht zu finden auf unserem Wege ist jetzt unsere Aufgabe.« Das Licht ist die Wahrheit inmitten einer Welt voller Lüge.

Sophie Scholl hatte noch ein paar Tage Urlaub am Jahresbeginn. Während Inge Scholl am 1. Januar 1942 direkt nach Ulm zurückkehrte, fuhr sie mit den übrigen »Münchnern« in die Stadt an der Isar, nach Solln. Sophie Scholl war Gast von Carl Muth, dem sie nun erstmals persönlich begegnete. Am 2. Januar 1942 schickte Carl Muth eine Fotografie des Turiner Grabtuchs an Otl Aicher: »Anbei das Antlitz Christi vom Turiner Grabtuch. Noch nie hat sich ein Betrachter in das große Bild in dem Hauptwerk, das ich habe, so vertieft, wie heute Sophie Scholl. Es hat mir Eindruck gemacht. Sie scheint ein sehr innerliches und ernstes Mädchen zu sein.«

In München vergisst Sophie Scholl bei der Abreise ihre geliebte Blockflöte. Traute Lafrenz schickt sie ihr am 8. Januar nach Blumberg, und weil sie »garnichts, rein garnichts« habe, das sie dazu legen könne, stellt sie ihrem Brief ein berühmtes Novalis-Gedicht in Schönschrift voran – »Ich sehe Dich in tausend Bildern / Maria, lieblich ausgedrückt; / doch keins von allen kann Dich schildern / wie meine Seele Dich erblickt. …« Eine Erinnerung an die gemeinsamen Tage im Gebirge, die Kraft geben soll für Gegenwart und Zukunft. Zugleich denkt Traute Lafrenz mitfühlend an das, was Sophie Scholl über ihre Situation in Blumberg erzählt hat, und fragt, ob sie »den Anfangskatzenjammer« hinter sich habe und die Tage schon zähle.

Wie nie zuvor in diesem zweiten Arbeitsdienst zählte Sophie Scholl die Tage, bis sie Ende März 1942 das Lagerleben hinter sich lassen konnte. Sie hatte die Verschlechterung schon befürchtet, weil eine neue, unangenehme RAD-Führerin – eine hundertfünfzigprozentige – die alte ablöste, mit der das Leben nach Feierabend erträglich gewesen war. Die Neue verlangte auch nach der Kinderhort-Arbeit ständigen Dienst, sogar am Sonntag. Briefe mit direkten Aussagen von Sophie Scholl haben sich nicht erhalten, aber Inge Scholls Antworten an die Schwester sagen genug. 9. Januar 1942: »Denke nicht viel an Deine für Dich so bedrückenden Umstände. Es wäre schlimm, wenn Gott uns nicht darüber halten könnte. Denk während Deiner Tage viel an ihn und über Dinge nach, die Du über ihn erfährst. … Gott wird Dir den starken, gesunden und frohen Gegendruck geben gegen das, was auf Dich drückt. Ich glaube fest daran. Denke viel an ihn und an Dich selbst, oder besser gesagt: über Dich selbst zu ihm hin.«

Am 17. Januar schickt Inge Scholl ein Päckchen, damit Sophie einen guten Start in die neue Woche hat. Sie erzählt, dass Werner, in einer Ulmer Kaserne stationiert, nach München gefahren ist und mit Hans Scholl bei Muth einen Leseabend erlebte. Es las der deutsche Übersetzer aus Werken des englischen Kardinals Henry Newman, dessen Predigten für alle Scholl-Geschwister zur ständigen Lektüre gehörten. Ein Ereignis, aus dem Inge Scholl Ermutigung schöpft, die sie gleich weitergibt: »Ach Sofie, wenn ich denke, welche Menschen uns umgeben und welche Aufgabe wir gerade in dieser Zeit zu erfüllen haben, dann meine ich fast, wir schöpfen aus dem Vollen.« Der Gedanke führt sie zurück zu einem Erlebnis vom Abend zuvor. Sie war in einen kleinen Kreis geladen – »fast lauter Mönche« –, in dem ein Schriftsteller aus seinem Zyklus über Engel vorlas: »Da war von einem Engel die Rede, der an den Abgründen der Menschen steht, nicht, um zurückzuhalten und zu schützen, sondern unbarmherzig gegen die, die nicht wagen, über den Abgrund zu springen; sie tragen aber diejenigen über den Abgrund, die den Sprung gewagt hatten.« Inge Scholl sieht darin für sich und die Geschwister einen Hinweis: »Ach Sofie, ein feiner Gedanke hinter dem Gedicht. Ich wollte, ich könnte ihn euch abschreiben.«

Drei Tage später gelingt Inge Scholl eher Seltenes: ein kurzer Brief, ohne theologische Begründungen, ohne Rückgriff auf gelehrte Autoritäten. Einfach nur der Versuch, mit Gefühlen schwesterlichen Trost zu spenden: »Ich freue mich, wenn du bald wieder kommst. Aber ich freue mich auch so auf Dich und an Dir. Ich hab dich ja lieb.« Schon am 17. Januar, einem Samstag, hatte Inge Scholl gefragt: »Wann kommst du wieder auf Besuch?« Es war das zweite Wochenende in diesem Monat, das Sophie Scholl für ihr Zusammensein mit Fritz Hartnagel reserviert hatte. Diesmal wieder in Freiburg, zuvor hatten sie sich auch in Blumberg getroffen. Vor die Wahl gestellt, ist für Sophie Scholl offenbar das Zusammensein mit Fritz Hartnagel unkomplizierter, entspannender als ein Besuch zu Hause. Obwohl sich das Problem des alten Jahres, die Differenzen zwischen ihr und Fritz Hartnagel über das Ausleben ihrer Liebe, auch im neuen Jahr einstellt.

Fritz Hartnagel schreibt Sophie Scholl im ersten Januarbrief 1942, er sei bei ihr »froh und unbeschwert wie noch nie bei irgendeinem anderen Menschen« und empfinde es als »überwältigend, dass wir so lieb und innig beisammen sein können«. Doch schon am 15. Januar zitiert er aus dem Brief des Apostels Paulus an seinen Freund Timotheus, dass »alles Geschöpf Gottes gut und nichts verwerflich ist, was mit Danksagung empfangen wird«. Liebevoll und geduldig antwortet Fritz Hartnagel auf Sophie Scholls Bedenken und Empfindungen und versucht, sie zu überzeugen: »Kannst Du so nicht auch meine Umarmung empfangen, ohne dass sie Dich von Gott trennt, sondern vielleicht sogar zu ihm hinführt?« Wieder fällt auf, dass es nicht um Vorwürfe von Seiten Sophie Scholls geht. Fritz Hartnagel schließt: »Suche und bete mit mir um den richtigen Weg zwischen uns. Liebend Dein Fritz.« Am 19. Februar freut sich Fritz Hartnagel über ein unerwartetes Telegramm von Sophie Scholl: »Habe Sonntag frei!« Er hofft nur, dass es mit den Zugverbindungen nach Donaueschingen klappt, wo er nach Blumberg umsteigen muss.

Es fällt auf in Ulm, dass Sophie nicht mehr so oft nach Hause kommt und wenn, nur kurz. Niemand macht ihr offene Vorwürfe. Doch ein wenig tadelnd klingt es im Brief der Mutter, die sich Ende Januar Sorgen macht: »Meine liebe Sofie! Vielleicht bist Du, seit Du wieder in Blumberg bist, durch die verschiedenen Bahnfahrten und eiligen Besuche daheim, die so wie so selten sind, körperlich und seelisch etwas müde!« Es komme ihr fast vor, »als ob Deine Jugend solch rasche Reisen nicht vertrüge, und eine Art Unruhe in Dir schaffen, besonders, wenn man, wie Du, beides ein wenig hinausziehen und genießen möchte«. Zugleich schreibt sie selbstkritisch, »dass die Mutter nicht alles tadellos vorbereitet hat«. Lina Scholl, die im Mai 1942 einundsechzig Jahre alt wird, möchte »gerne wieder von vorne anfangen«, gesteht sie ihrer jüngsten Tochter, »nicht nur im Haushalt von A bis Z, sondern auch im Gehorsam der innern Stimme, des Rufes von Gott, das ist ja schließlich der Anfang aller Dinge«. Was am Briefanfang etwas kleinlich klingt, entpuppt sich als der Versuch, Sophie Scholl Trost in ihrer schwer erträglichen Blumberger Situation zuzusprechen.

Für die ehemalige Diakonisse ist es »ein großes Wunder, dass Gott uns führt und sorgt, dass das Leben jedes einzelnen Menschen einen Sinn hat und seine Linie in der Welt gezeichnet ist«. Sie fügt ohne Wenn und Aber hinzu: »Von Gott aus ›gut‹.« Naiv ist Lina Scholl nicht in ihrem Glauben, sie weiß, »da ist der große Gegenspieler Gottes, der in solch ein feines Netz seine Unordnung bringen möchte«. Aber er kommt nicht weit, denn Gott und Menschen reichen sich die Hand »zu unserm Heiland ... Wieviel bringt seine große Liebe in Ordnung und wie gleich viel vergibt er«. Damit ist die Mutter am Ziel ihres Briefes angelangt: »Schließlich ist auch Dein Aufenthalt in Blumberg kein blinder Zufall oder Tücke der Menschen, weil ja Gott auch Dein Leben führen will und vielleicht diese Station eingezeichnet hat.« Lina Scholl kennt die zweifelnden Fragen, die Sophie Scholl an Gott und seine Gerechtigkeit stellt. Dieser Brief ist wie die Zusammenfassung ihrer Antworten. Noch einmal geht sie auf den Arbeitsdienst ein, der Sophie ein Jahr ihres Lebens kostete. Argumentierend versucht sie, die Tochter im überkommenen Glauben zu halten: »Selbst wenn jeder vernünftige Mensch sagt, es ist verlorene Zeit. Wo kämen wir hin, wenn wir so rechnen würden, was müssten da die denken, die lange krank sind und dabei jung.« Sophie soll die »Gemeinschaft der Liebe und Freundschaft«, die »Ihr Jungen untereinander und miteinander habt«, als großes Glück ihrer Jugend sehen.

Einen »großen und verwunderlichen Brief« habe sie geschrieben, bekennt die Mutter am Schluss. Sie nimmt die Anfragen ihrer Tochter an ihren Glauben ernst, aber sie will das Gespräch nicht darauf einengen. Glaube und Welt gehören für Lina Scholl zusammen. Eine Woche später gibt sie wieder einmal die väterlichen Auskünfte über das politische »Barometer« an Sophie weiter: »Die Politik geht auf und ab, soll ich Dir ausrichten. Die Soldaten haben durch die Kälte viel zu leiden, es gibt viele Erfrierungen. Vielleicht ist dies Jahr für manche ein Jahr der Entscheidungen, man sieht nicht durch und ist dazu machtlos.« Fast hatten die Deutschen sich an diesen Feldzug gewöhnt, auch wenn er ganz anders ablief als die vorangegangenen. Die Briefe der Soldaten von der russischen Front nach Hause klangen ernüchternd. Und mit der politischen Großlage hing auch Sophie Scholls Schicksal zusammen: »Ob du loskommst – diese Frage müssen wir auch mit Dir teilen, man weiß nicht, was in der Luft hängt.« Angesichts dieser Ungewissheiten kommt Lina Scholl wieder auf das einzig Gewisse zurück: Gott führt auch auf krummen Wegen zum Ziel.

Am Morgen des 5. Februar, so steht es in Inge Scholls Tagebuch, ist ein Brief von Sophie Scholl in Ulm angekommen: »Sie schreibt sehr gedrückt und fast ein wenig hilflos. O wie weh das tut, nicht all das Hässliche mit ihr teilen zu dürfen. Wie brennend gern würde ich sie ablösen.« Lina Scholl versucht in ihrem Brief am Abend der Tochter Trost und Rat zu spenden: »Überlass jetzt ihm, seiner großen Liebe, das Ziel. Bete. Es wird wieder Frühling nach diesem kalten Winter, es wird auch einmal wieder die Friedenssonne scheinen, wenns auch noch einige Winter dauern soll.« Was Lina Scholl selbstverständlich voraussetzt, ist für Sophie Scholl eine schmerzliche Anfrage. Am 12. Februar notiert sie in ihr Tagebuch: »Ja, was ich am wenigsten an Gott begreife, ist seine Liebe. Und doch, wüsste ich nicht von ihr! O Herr, ich habe es sehr nötig, zu beten, zu bitten.« Die ganz tiefe Verzweiflung über den fernen Gott hat sich gelegt, die extreme Unruhe ist einer kleinen Zuversicht gewichen: »Ich kenne Gott ja noch gar nicht …, aber er wird mir das verzeihen, wenn ich ihn bitte.«

Könnte es sein, dass Sophie Scholl weniger nach Hause fährt, weil sie sich – bei aller Liebe – von der Mutter und der Schwester bedrängt fühlt, die sie beide auf ihre Weise im Glauben stärken wollen? In ihrem Brief vom 4. Februar schreibt Inge Scholl der Schwester, sie habe begonnen, »bei Thomas den Band 6 zu lesen ›Wesen und Ausstattung des Menschen‹, … Vielleicht kann ich Dir einmal, wenn ich damit fertig und alles in mir aufgegangen und wachgerufen ist, mehr über das Wesen der Seele schreiben«. Damit nicht genug: »Und wenn Du dann mit dem Studium beginnst und viel Zeit hast, würde ich Dir raten, Dich auch hinter diesen Band zu machen. Dann legen wir zu dem Augustinus auf den Nachttisch noch den Thomas.« Sophie Scholl wird sich erinnern, dass die Schwester in Gedanken schon die Tagebücher Kierkegaards auf Sophies künftigem Nachttisch gestapelt hatte. Inge Scholl ist von einer unnachgiebigen Entschlossenheit auf dem Weg zur Seligkeit: »Ich selbst verzichte zur Zeit gern auf alles andere, auch auf das Klavierspiel, denn brennend gern möchte ich mit den grundsätzlichen Fragen ins Reine kommen.«

Mitte Januar berichtet Sophie ihrer Freundin Lisa, was eine Musik im Radio bei ihr ausgelöst hat. Es war ein »herrlich klares, stolzes und lebensfrohes Quartett aus der Zeit Bachs, von solcher Unsentimentalität und wunderbaren Härte (da fällt mir das Wort ein: Il faut avoir l'esprit dur et le cœur tendre). Das ist gut. Musik bringt es am ehesten fertig, mein stumpfes Herz in Aufruhr zu bringen. Und das ist ja nötig, Voraussetzung für alles andere«. Die Musik wird zum Gradmesser für das, was die Machthaber Sophie Scholl vorenthalten: »Dann hatte ich (in der Umgebung, in der ich mich befand) ein solches Verlangen, dieselbe klare Luft zu atmen, wie jene Menschen, die das Stück geschaffen haben.« Musik hat die Kraft, den geistigen Mangel zu ersetzen: »Und schon dies Verlangen hat genügt, mich ein bisschen aus dem umgebenden Schlamassel, einem zähen Brei, einem feindlichen Brei gleich, herauszuheben. Ich will versuchen, wieder in der Kirche Orgel spielen zu dürfen.« Wie schon im Lager Krauchenwies wird der Kirchenraum zur Zuflucht, wo sie auftanken kann.

Die Briefe an Lisa Remppis gehören zu den raren direkten Aussagen von Sophie Scholl, die wir aus diesen Monaten haben. Das meiste über sie muss abgeleitet werden aus den Briefen ihrer Mutter, ihrer Schwester und von Fritz Hartnagel. Sie alle versuchen in ihren Antworten, auf Sophie Scholls Situation einzugehen. Doch Vorsicht ist geboten. Es ist kaum auseinanderzuhalten, wieweit die Wiedergabe von Sophie Scholls Situation von den Problemen und Stimmungen derer eingefärbt ist, die auf ihre Briefe antworten. Ob Inge Scholl zum Beispiel, die alles mit dem Gefühl angeht, aus den Schilderungen der Schwester anderes herausliest als das, was gemeint ist. Kann sie einen Menschen, der Härte und Unsentimentalität über alles schätzt, wirklich verstehen? Interpretiert Inge Scholl die Briefe Sophie Scholls vielleicht dramatischer, als sie sind? Niemand, der zurückblickt auf das Leben von Sophie Scholl, kann diesem Dilemma entkommen. Keine Deutungen mehr zu wagen, wäre die falsche Alternative. Wir müssen nur im Hinterkopf behalten, wie dünn in manchen Zeiten das Geflecht der Lebenswirklichkeit ist, das eine Biografie Sophie Scholls – selbst mit den vielen bisher unbekannten Dokumenten – knüpfen kann.

Manchmal gibt es einen dunklen Fleck, der sich kaum aufhellen, kaum rational deuten lässt. Der Name »Waldemar Gabriel« taucht in den bisherigen Versuchen, das Leben der Sophie Scholl zu beschreiben, nicht auf. Doch was auf den ersten Blick wie ein Geheimnis anmutet, darüber hat sie Fritz Hartnagel und ihrer Freundin Lisa Remppis geschrieben. Ihre Familie war informiert, und im Oktober 1942 wird Waldemar Gabriel für ein paar Tage Gast der Familie Scholl in Ulm sein. Das Wissen über diesen jungen

Mann erschöpft sich in wenigen Daten: siebenundzwanzig Jahre alt, Soldat an der russischen Front, seine Mutter lebt im saarländischen Elversberg. Mit dem ihr bis dahin unbekannten Waldemar Gabriel, das ergibt sich aus seinen Briefen, beginnt Sophie Scholl im Februar einen Briefwechsel. »Erstaunt und erfreut« sei er über ihren Brief vom 12. Februar, schreibt Waldemar Gabriel am 20. des Monats. Er bittet sie um Informationen: Wie alt sie sei, »schildern Sie ihren Werdegang«. Eine gewisse Ursel Osthof wird erwähnt, die die Korrespondenz offenbar vermittelt hat. Über Ursel Osthof wird Gabriel im nächsten Brief schreiben: »Von unsern Briefen braucht jene nichts zu wissen und Sie werden ja auch nicht eifersüchtig sein, wenn ich ihr noch weiterhin schreibe.« Von Sophie Scholl findet sich nicht die geringste Erklärung, warum sie sich zu all ihrer Arbeit, zu der Korrespondenz mit Eltern, Geschwistern, Freunden und Freundinnen, noch diese Aufgabe auflädt. Ist es die verzweifelte Sehnsucht, angesichts der Kriegsmaschinerie nicht tatenlos zu bleiben? Wenigstens auf diese Weise – unabhängig von Fritz Hartnagel – am Leben eines Menschen teilzunehmen, der an der Front steht? Ihm mit ihren Briefen ein winziges Stückchen Abwechslung, geistige Unterhaltung in seine Militär-Öde zu bringen? Das Rätsel lässt sich mit den vorhandenen Dokumenten nicht lösen.

Aber mit ein paar Briefen immerhin wird Waldemar Gabriel uns das Jahr 1942 über begleiten. Und auch von Sophie Scholl haben sich aus dem Sommer und Herbst Briefe erhalten. Der Unbekannte ist ein eloquenter, gebildeter Zeitgenosse, etwas zynisch, der sich dennoch einfühlend in Sophie Scholls Leben einklinkt. Die wenigen Briefe sind kostbar, weil sie – aus wohlwollend-kritischer Distanz – die einzigen Dokumente eines unbefangenen Beobachters von Sophie Scholl in dieser Zeit sind. Erstaunlich ist, wie offen sich Sophie Scholl in diese Korrespondenz eingebracht hat. Vielleicht konnte sie sich mit dem Unbekannten freier austauschen als mit denen, die ihr durch Emotionen und gemeinsame Erfahrungen seit langem verbunden waren. Es ist eine muntere, anregende Diskussion, die zwischen den beiden entsteht, da sie gemeinsame Interessen entdecken.

Auf seine Anfrage vom 20. Februar hat Waldemar Gabriel umgehend eine Antwort bekommen. Am 1. März bedankt er sich für Sophie Scholls Brief und das Foto, das sie beigelegt hat. Sie ist gleich zur Sache gekommen und hat ihm von den Büchern geschrieben, die ihr wichtig sind. Sein Kommentar: »Ich kann aus Ihren Seiten erkennen, dass Sie katholisch sind. Ich bin auch ein Erzkatholik.« Theodor Haecker ist ihm bekannt, an Kierkegaard habe er sich geschult: »Wenn Sie nun wissen, wie Kierkegaard mit der Kirche und dem heutigen Christentum verfährt, dann kennen Sie auch meine Einstellung.« Er kennt auch seinen Augustinus. Dann kommt er auf Persönliches zu sprechen. »Biologie ist ein Fach, das mir gefällt« – Sophie Scholl wird ihm von ihrem Studiums-Wunsch geschrieben haben. »Auch Ihre Geschwister sind mir schon lieb, die Sie mir ja noch vorstellen wollen.« Und es folgt die Bitte, sie solle »nicht mehr so reden, als stünde ich hoch über Ihnen«. Er habe sich auf diesen Briefwechsel eingelassen, weil »Sie eben mit dem ersten Brief mich gefangen haben. Wie, wieso, warum und wie lange, weiß ich nicht. Doch wollen wir ehrlich den Kampf ausfechten. Mir ist ein wenig Bange um uns beide dabei«. Es treffen sich zwei, die sich mit offenem Visier begegnen und Vergnügen an geistiger Auseinandersetzung haben.

Kein Brief ist ein klarer, ungetrübter Spiegel. Und jeder, der ihn liest, bringt unweigerlich sich selber und seine eigene Geschichte mit ins Bild. Um so mehr gilt dieser Vorbehalt für einen unbekannten Brief von Sophie Scholl, in dem sie der ältesten Schwester ihr Herz über sich selbst, aber auch über das Böse in der Welt ausschüttet. Das jedenfalls ist der Eindruck von Inge Scholl. Am 23. Februar 1942 antwortet sie auf diesen Brief, er habe sie »berührt als das zärtlichste Sehnsuchtslied eines gefangenen Vögeleins an den fernen Wald«. Dann hebt sie etwas den pädagogischen Zeigefinger: »Man darf mit seinem eigenen Leid oder Schmerz ... keinen Kult machen, deshalb schreibe ich Dir darüber nicht viel jetzt.« Aber sie ist froh, dass die Schwester sich bei ihr ausspricht – endlich – und hat auch Trost für sie.

Sie entwirft das Bild von Seelen, die wie Vasen seien, nur dass sie auch unten keinen Boden hätten. »Wenn nun das Leid der Welt, der Menschen, in solchem Maße ansteigt wie in solchen Zeiten«, dann steige das Leid der Welt in diesen Vasen ebenso in die Höhe – »und fließt über in Gott«. Das wiederum führt Inge Scholl zu dem, was der »gütige alte Herr« ihr einmal geschrieben habe, als sie ihm ihre Traurigkeit klagte. Carl Muth habe die Traurigkeit gerechtfertigt als »Sühne für all das Unrechte und Böse, das in Blindheit oder bewusst geschehe«. Es folgt ein persönliches Bekenntnis: »Ich habe das zunächst nicht begreifen können. Aber mit der Zeit, dem Sprung in Gottes Arm, mit dem Ja zu dem, gegen das ich so ratlos war, habe ich es begriffen.«

Sophie Scholl zog das Denken dem Schwärmen vor; sie wollte nicht sentimental sein. Wie wird sie es aufgenommen haben, wenn Inge Scholl sie auffordert: »Du glaubst doch auch, Sofie, ... dass für Gott die Liebe, die aus dem Leid entsteigt und das Leid, das aus der Liebe entspringt, wie ein unsäglich schöner Opferduft sind?« Inge Scholl wird noch persönlicher. Sie wisse ganz bestimmt, »dass auch Du den goldenen Grund der Hoffnung und der kaum erklärbaren Freude haben wirst, vielleicht schon hast, den ich nun habe«. Es folgt eine Abhandlung über Engel, inspiriert von ihrem Besuch bei Carl Muth in Solln, der nur eine Woche zurücklag. Ein wenig sträubt sich der angestammte protestantische Glaube noch gegen die Engellehre, aber auch da ist Inge Scholl auf dem Rückzug. Carl Muth hatte ihr erklärt, jeder Mensch habe seinen Schutzengel, ob er daran glaube oder nicht. Inge Scholls Angebot für Sophie: »Wenn es uns nun auch nicht notwendig erscheint, einen Engel zu haben, wo wir doch Christus haben, vielleicht steckt doch ein großer Trost und tiefer Sinn dahinter. Denk Sofie: Du hast einen Engel. Und wenn Du abends müde und verzagt in Dein Bett steigen willst und noch vor dem Einschlafen kniest und betest: es kniet jemand neben Dir.« Die Eindringlichkeit, mit der Inge Scholl Ende Februar 1942 für ihre Sicht des Glaubens bei der jüngsten Schwester wirbt, hat gute Gründe. Noch in dieser letzten Februarwoche wird Inge Scholl dem Menschen ihres tiefsten Vertrauens offenbaren, was für sie zum »goldenen Grund der Hoffnung« geworden ist.

Am 3. März 1942 bedankt sich Otl Aicher in einem Brief bei Carl Muth, »dass Sie sich so sehr um die Menschen annehmen, an denen ich schon versuchte, die wahre Quelle ihrer Freude aufzugraben«. Dann bricht es förmlich aus ihm heraus: »Und wissen Sie, was mir Inge neulich geschrieben hat: es bestünde nun nichts mehr für sie, was ihre Heimkehr zur Mutter Kirche hemmen könnte! Oh ich könnte jubeln ...« Überschwänglich beteuert der knapp Zwanzigjährige, dass er »für die letzten Konsequenzen der Wahrheit« gerne sterben würde, besinnt sich dann aber darauf, dass die Mission an seinen Freunden – allen Scholls – noch nicht beendet ist. Er würde doch »gerne noch in dieser Welt bleiben, um ihnen wenigstens das zu geben, was mich selig macht ...« Es ist verständlich, dass Otl Aicher von Inge Scholls Ankündigung, zur katholischen Kirche übertreten zu wollen, überwältigt ist. Er sieht darin eine Bestätigung von höchster Stelle und höchstem Wohlwollen für ihn, den gläubigen Katholiken: »Gott, der Unaussprechliche, liebt mich.« Und er teilt die frohe Botschaft am gleichen Tag auch seinem Freund Willi Habermann mit.

Es geschah gar nicht so selten, dass Otl Aicher Briefe von Inge Scholl in voller Länge seinen Freunden weitergab. Fast als wären es Trophäen, die von seinem Einfluss kündeten. Er zitiert Habermann wörtlich, was Inge Scholl zu einem möglichen Übertritt schreibt: »Nichts wüsste ich mehr, das mich abhalten sollte. ... Ich bin diesem Schritt so nahe.« Es fehle ihr nur noch »ein besonderer Befehl Gottes«. Wird Inge Scholl anderen, die ihr nahe stehen, Hans oder Sophie, davon erzählen, welche Richtung ihr

Glaube genommen hat? Diese Frage beantwortet ein Eintrag in ihrem Tagebuch vom 29. Juni 1942. Da überlegt Inge Scholl, was die Auswirkungen ihrer Konversion zum Katholizismus auf die Geschwister und die Mutter wären. Und beschließt, ihre Absicht noch geheim zu halten. Otl Aicher wird der einzige Geheimnisträger bleiben.

Es ist erstaunlich, was sie alle aus ihrer Zeit herausholen. Inge arbeitet im Steuerbüro ihres Vaters, und da sind vor allem im Frühjahr Überstunden die Regel. Hans ist ein fortgeschrittener Medizinstudent, und die Semester werden, bei gleichem Unterrichtsstoff, wegen des Krieges immer kürzer. Sophie muss nach der Arbeit mit den Kindern noch den Hort putzen, bevor am Abend die RAD-Führerin ihr die wenige Freizeit mit Aufgaben vollpackt. Aber es gilt: Trotz alledem! Zumal Otl Aicher von der Kaserne in Ludwigsburg aus Druck macht, die Produktion des »Windlicht« nicht zu vernachlässigen. In den Briefen von Inge an Sophie Scholl ist neben allem Austausch in geistig-religiösen Dingen und den Berichten über gelesene Bücher meist auch von praktischer Arbeit für das »Windlicht« die Rede. Sophie Scholl soll Texte in schöner Schrift schreiben, Illustrationen machen, Aufsätze der anderen kritisch lesen. Hans Scholl gelingt es, Carl Muth zu gewinnen, der Aufsätze und Übersetzungen beisteuern wird.

Immer enger wird der Kontakt zwischen Carl Muth und den Scholls. Am 14. Februar 1942, einem Samstag, war Inge Scholl in München angekommen, und Hans Scholl begleitete sie nach Solln. Bis Montag wurde sie bei Carl Muth gastlich aufgenommen. Lange Gespräche führen die beiden. Muth nimmt sich viel Zeit, zeigt Inge Scholl seinen Hausaltar; Bücher überall. Inge Scholl ist überwältigt. Am Montagmorgen, dem 16. Februar, fährt sie zurück, im Koffer etliche Exemplare vom »Windlicht«. Auf dem Weg vom Ulmer Bahnhof in die Wohnung am Münsterplatz begegnet Inge Scholl ihrem Vater; doch er ist nicht allein. Sie hat es später beschrieben: »Ich treffe Vater zufällig in der Platzgasse, ... hinter ihm ein Gestapobeamter. Vaters Gesicht ist fahl. Seine Augen grüßen mich.« Robert Scholl ist unter Bewachung auf dem Weg zu einer Vernehmung im Untersuchungsgefängnis.

Als Inge Scholl in der Wohnung ankommt, sind die Gestapo-Leute noch nicht abgezogen. Samt Köfferchen muss auch sie zu einer Befragung mitkommen. In den Gestapo-Unterlagen ist festgehalten, es sei »bezeichnend für die ganze Einstellung der Familie Scholl, dass seine Tochter erzählte, sie und ihre Geschwister hätten bei einer Fahrt ins Gebirge ihre 2 – 3 Skier dort gelassen, und nur die Bindungen mitgenommen, da sie die Forderung, die Skier an die Wehrmacht abzuliefern, gemein finden würden und den Verdacht hätten, dass daraus Brennholz gemacht würde«. Die »Windlicht«-Exemplare werden einbehalten, weitere Untersuchungen nicht angeordnet.

Vier Tage später, am Freitag, schreibt Lina Scholl an ihre Tochter Sophie. Sie ringt um einen Einstieg: »Nun ist beinahe wieder die Woche geschlossen, und wenn wir wüssten, dass Du morgen kommst, hätte ich Dir heute nicht geschrieben. Es fällt mir schwer, Dir heute etwas mitteilen zu müssen, was für uns alle schmerzlich ist. Seit Montag schon stehen wir Drei unter Druck. Da kam die Gestapo, verhaftete erstens Vater und 2. durchsuchten sie Inges Bücher … bei Inge hatten sie es auf ein Windlicht abgesehen.« Sophie erfährt dann von ihrer Mutter, wie es zu dieser Aktion kam. Ihr Vater war von seiner engsten Mitarbeiterin denunziert worden. Ihr Gewissen habe sie getrieben, Informationen aus Robert Scholls Gesprächen mit ihr weiterzugeben – »In zwei Jahren ist in Deutschland ein Chaos und die Bolschewisten haben Berlin besetzt … Hitler ist die größte Gottesgeißel …«. Zudem habe er sich negativ über den Russland-Feldzug geäußert. Die Mitarbeiterin gab das Gespräch an den Untergau weiter, der informierte die Kreisleitung der NSDAP und diese wiederum die Gestapo. Robert Scholl wurde noch am gleichen Tag nach seiner Vernehmung aus der Haft entlassen und konnte vorläufig weiterarbeiten. »Liesl wollten wir noch nicht schreiben, weil sie vor ihrer Prüfung steht und nicht so stark ist wie Du.«

Robert Scholls Bemerkungen werden nicht folgenlos sein. Die Gestapo leitet ein Verfahren in die Wege. Wie eine dunkle Wolke hängt diese Drohung von nun an über der ganzen Familie. Dabei hatte sich das alte Jahr erfolgreich verabschiedet und das neue gut angefangen für Robert Scholl und die Seinen. Das Einkommen im Steuerbüro war von 13 399 Reichsmark 1940 auf 14 270 Reichsmark im Jahre 1941 gestiegen, eine stattliche Summe. Im September 1941 hatte Robert Scholl beantragt, zur nächsten Steuerberater-Prüfung zugelassen zu werden. Die Finanzbehörde in Stuttgart hatte den Antrag nach Berlin geschickt mit der Empfehlung »beruflich zuverlässig, schriftgewandt und zum mündlichen Vortrag befähigt«. Was die »politische Zuverlässigkeit« betraf, meldete die NSDAP-Gauleitung Württemberg-Hohenzollern: »keine Bedenken.« Am 24. November 1941 erschien Robert Scholl um 9 Uhr morgens im Dienstgebäude des Oberfinanzpräsidenten in Stuttgart zur dreitägigen Prüfung. Am 5. Februar 1942 kam ein Brief vom Oberfinanzpräsidenten: »Sie haben die Steuerberatungs-Prüfung bestanden.« Und jetzt, knapp zwei Wochen später, die Gestapo-Vernehmung.

Doch für die Scholl-Familie gilt: Trotz alledem! »Wir stehen geschlossen bei Vater und untereinander, es mag kommen, was will. Diese Zeit geht auch vorüber«, heißt es in dem Brief von Lina Scholl an Sophie. Am Ende hat Inge Scholl noch hinzugefügt: »Sofie, Du brauchst in keiner Weise den Kopf hängen zu lassen wegen äußerer Dinge. Wie es auch gehen mag, wir werden es schaffen. … Trotzdem kann ich es kaum erwarten, bis Du kommst.« Am 28. Februar 1942 fuhr Sophie Scholl für zwei Tage nach Hause. Würde aus Schikane vielleicht ihr Arbeitsdienst verlängert? Im nationalsozialistischen Staat hatte längst die Willkür das Recht ersetzt. Am 6. März wird der Gauhauptamtsleiter in Stuttgart dem Herrn Oberfinanzpräsidenten schreiben. Es ging um Robert Scholl, der »inzwischen zu schweren Beanstandungen in politischer Hinsicht Anlass gegeben hat. Ich mache gegen die Zulassung des Scholl als Steuer-Berater erhebliche politische Bedenken geltend.« Ein Lichtblick für die Familie waren die Kunden von Robert Scholl. Sie stellten sich hinter ihren Steuerberater.

Kaum zurück in Blumberg, bittet Sophie Scholl die Mutter, Salbe zu besorgen. Sie habe ein schmerzhaftes Furunkel auf der Brust. Es sei noch viel los im Dienst, »jeden Sonntag was anders«. Ich kann die nächsten Wochenenden nicht nach Hause kommen, sollte das signalisieren. Wahrscheinlich wurde es Sophie Scholl einfach zu viel mit der Fahrerei, und da war ja auch noch Fritz, der jederzeit wieder aus Weimar wegberufen werden konnte. Unmissverständlich schloss sie den Brief: »Ich freue mich um so mehr, wenn diese 25 Tage vollends herum sind.« In diesen Tagen informiert Lina Scholl ihren Sohn Werner, wie es Sophie geht: »Sie ist reif für die Heimat, denn das Jahr war lang und oft nicht leicht. Sie wird wohl daheim bleiben und teilweise im Büro helfen, denn wer weiß, ob die Studentinnen noch länger studieren dürfen, wenn der Krieg noch weitere Opfer fordert.«

Am 10. März schreibt Sophie den Eltern, hoffentlich sei der Schnee weg, bis sie nach Ulm kommt: »*Ich freue mich riesig.*« Was sie dann tun werde? »Ich bin zu allem bereit … wenn ich nur wieder frei bin. Ob ich nun zu Hause helfe oder gleich studieren kann.« Zum Schluss noch der Hinweis auf eine willkommene Abwechslung: »Nächsten Sonntag werde ich mit Otl zusammen verbringen. Hoffentlich klappt alles.« Die Mutter antwortet umgehend, schickt herzliche Grüße an Otl und von Inge eine Information, die Otl Aicher freuen würde: »Ich soll Dir vorläufig schreiben, dass das 4. Windlicht das Thema hat: Das Schweißtuch von Turin. Du wirst es dann illustrieren.« Obwohl der Besuch der Gestapo in der Scholl-Wohnung gerade mal drei Wochen zurücklag und auch dem »Windlicht« gegolten hatte, war es Otl Aicher gelungen, alle Bedenken und Ängste, nicht zuletzt von Inge Scholl, zu zerstreuen. Die kleine Redaktionsmannschaft, inklusive Sophie, würde weitermachen und Hans Scholl im Laufe des März seiner

Schwester Inge, die vollauf im Steuerbüro gebraucht wurde, die »Windlicht«-Arbeit abnehmen.

Ebenfalls am 10. März 1942 schickt Sophie Scholl ein Telegramm an Otl Aicher und korrigiert ihre Ankunft: »Erst 21.52.« Tags zuvor hatte sie ihm geschrieben: »Samstag, 14.3. in Münster, Zug 19.20 – Hoffentlich sehen wir uns, Deine Sophie. Erwarte Dich am Bahnhof – sei vorsichtig!« Als Zwischenstation vor der Abfahrt an die russische Front war Otl Aicher ins Elsass verlegt worden. Ursprünglich war ausgemacht, dass Erika Reiff, die inzwischen in Freiburg studierte, zusammen mit Sophie Otl Aicher im elsässischen Münster besuchen würde. Dann erfuhr Sophie Scholl von Aicher, dass Erika Reiff schon wieder in Ulm sei: »Wenn du kannst, kommst du allein nach Münster. Meiner Ansicht nach musst du über Freiburg – Breisach – Kolmar ins Münstertal fahren.« Überzeugt, dass Sophie kommen würde, gab er weitere Anweisungen: »Falls Du schon früher in Münster bist, kannst Du vielleicht nach ein paar Zimmern sehen … Wenn Du glaubst, dass es in Sulgau, das 6 km oberhalb Münster liegt, besser zu wohnen ist, kannst Du auch dort Zimmer suchen. … Wenn mir nun etwas zustoßen sollte, komme ich eben später zum Bahnhof und warte dort. Aber bei der riesigen Freude, die ich ob dieses Sonntages jetzt schon habe, glaube ich kaum, dass mich etwas aufhalten kann, zu kommen.« Otl Aicher kam mit dem Fahrrad. Die Strecke quer durch die Vogesen von Epinal über den Col de la Schlucht betrug rund siebzig Kilometer.

In seiner Autobiografie »innenseiten des krieges«, nennt Otl Aicher ein Kapitel »sophie in Münster«: »sophie hatte ein gesicht, wie ich gesichter mag. sie hatte eine frisur, wie mir frisuren gefallen, sie hatte einen körper, wie ich körper mag. den kopf neigte sie ein wenig schräg nach hinten, blinzelte gegen die sinkende sonne, und hatte einen gang mit leicht vorgeschobener hüfte, die füße etwas auseinandergestellt (wie ich). die dunklen haare von ihrem bubikopf fielen auf die geneigte seite.« Siebzehn Seiten hat Otl Aicher aus der Rückschau viele Jahre später über die Zeit mit Sophie Scholl am 14. und 15. März 1942 geschrieben: »es blieben uns der samstagabend, die nacht und der nächste morgen. dann mussten wir wieder zurück. … so blieben wir die ganze zeit in einem kleinen gasthof in der eckbank am fenster und hatten kaum zeit, einmal über die wiese zu gehen. ein gast kam selten, und die wirtin mochte denken, wir seien auf hochzeitsreise, so gut kochte sie für uns.« Siebzehn Seiten im nachträglichen Gespräch mit einem Menschen, den er liebte und in dessen Schicksal, wie Otl Aicher im Herbst 1943 schreiben wird, er tief verflochten war.

Das Kapitel ist eine Hommage an Sophie, eine Erinnerung an viele Gespräche in den dreieinhalb Jahren, die er sie kannte. Ein Denkmal, das ganz und gar nicht museal ist, sondern die Würdigung einer außerordentlichen jungen Frau. Es ist ein Querschnitt durch Philosophie und Christentum. Die Fragen Sophie Scholls nach dem ungerechten großen Gott beantwortet Otl Aicher mit dem Hinweis auf den »kleinen Gott«, der sich um Einsame und Leidende kümmert. Es geht um die Unmöglichkeit eines christlichen Staates, die falsche Frömmigkeit der Kirchen und um Otl Aichers Lieblingsphilosophen, den Franzosen Jacques Maritain. Irgendwann spät an diesem Abend wollten die Wirtsleute das Lokal schließen.

Otl Aicher im Rückblick: »wir nahmen unser gepäck, waren auch nicht betrübt, dass man uns keine einzelzimmer offerieren konnte ...« Die beiden setzen sich aufs Doppelbett und diskutieren über Gedichte von Willi Habermann, die im »Windlicht« abgedruckt werden sollen. Um drei Uhr morgens wurde die Müdigkeit übermächtig, und sie »kuschelten« sich ins große Bett: »fetzen der gespräche und die wärme eines nahen körpers strömten durch die träume bis in einen lichthellen morgen. berührungen brauchten nicht stattzufinden. sexualität kann menschen auf einer ebene binden, die ihre volle freiheit beeinträchtigt. der respekt vor der freizügigkeit und unbelasteten selbstverfügung eines jeden über sich selbst ließ uns so verfahren. mit unserm spitzen verstand, mit der freude, in den kalten wassern der logik zu baden, misstrauten wir der list der natur.« Als eine List der Natur hat Otl Aicher an anderer Stelle die Sexualität der jungen Jahre bezeichnet. Am nächsten Morgen bleibt nicht mehr viel Zeit. Otl Aicher begleitet Sophie Scholl zum Bahnhof. Der Zug lässt auf sich warten: »da ich die pausen nicht mag, die beim abschied auf bahnsteigen entstehen, verabschiedete ich mich und schwang mich auf mein rad.«

Zurück in der Kaserne, schreibt Otl Aicher am 17. März an Sophie Scholl: »Liebe Sofie, die Heimfahrt war noch prima und hat die beiden Tage noch vervollkommnet, besonders ob ihrer Härte, die über alles noch einen Schimmer von großem Wert legte, der Schimmer von einem großen Beginnen, da nicht viel solchen Wert besitzt, dass sich die Mühe dieser Fahrt lohnt.« Was folgt, ist die Schilderung einer heroischen Fahrt: von Regen durchnässt, vorbei an steilen Abgründen, dazu bald im Dunkeln und ohne Licht, »wie auf einem wilden Gaul, so sauste ich durch die Kurven«. Das schafft nur ein Teufelskerl wie der fast zwanzigjährige Aicher und findet auch noch Vergnügen daran: »Vor lauter wildgewordener Lust fing ich noch die tollsten Lieder an in die Nacht hinauszuschreien, damit mich der Teufel vom Roche du Diable nicht aufhalte.« In vier Stunden bewältigt er die rund siebzig Kilometer.

Angekommen, gab es eine unangenehme Überraschung: »Am Kasernentor wurde mir dann gleich eröffnet, dass die ganze Batterie wegkommt nach dem Osten …« Otl Aichers erster Gedanke gilt seinem Lieblingsprojekt: »Es ist jetzt also so weit, dass du die Umschläge zum ›Windlicht‹ beschriften musst oder gar bemalen, sofern es geht.« Offenbar hatte Sophie Scholl für diesen Fall ihre Zustimmung gegeben, Otl Aichers Arbeit zu übernehmen. Aicher ist das jedoch nicht genug: »Damit du jetzt schon ein wenig die Formen in Deine Bewegung bekommst, schick ich Dir ein Blatt mit Buchstaben mit.« Und weiter geht es mit Anforderungen: »Vielleicht kannst Du auch jetzt so nebenher mal eine Skizze für einen Umschlag machen, etwa eine Vignette zum Münsterbau für das Münsterheft usw.« Sophie Scholl, die nicht weiß, wie sie mit ihrer Arbeit in Blumberg über die Runden kommen soll, muss Schriften und Skizzen üben – für ein dünnes Heft, das an ein halbes Dutzend Freunde verschickt und höchstwahrscheinlich von der Gestapo mitgelesen wird. Ach ja, das ist immer noch nicht alles: »Und dann vergiss auch den Brief über die Musik nicht!« Eine Reaktion von Sophie Scholl auf diesen Brief gibt es nicht. Auch über die Stunden in Münster hat sich von ihrer Seite nichts erhalten. Ein großes Beginnen: wozu?

Inge Scholl, Otl Aicher in Liebe und Freundschaft verbunden, kennt seinen Brief an Sophie nicht, dennoch ist sie aufgeschreckt. Am 18. März schreibt sie in ihr Tagebuch: »Von Sofie erhielt ich einen Brief mit einem Bild Otl's, das er mir vor längerer Zeit auch gesandt hat. Sie schrieb mir, sie wolle es mir schenken, falls ich es noch nicht besitze. Ich muss sagen, ich habe es nicht gerade mit klaren Gefühlen aufgenommen. Mein Stolz regte sich und vielleicht auch etwas anderes. Von Sofie war es jedenfalls lieb und großartig. Ich werde es ihr wieder senden und dasselbe, das ich besitze, möglichst gut aus meiner greifbaren Nähe tun.« Einen Tag danach bekommt Sophie Scholl einen Brief von ihrer Schwester: »Es ist zu lieb von Dir, dass Du mir das Bild von Otl schenken wolltest. Doch nun besitze ich es schon und will es Dir gleich wieder zurückgeben. Ich freu mich für Dich und für Otl (und für mich!), dass der Sonntag in Münster so schön war.« Sie war zur gleichen Zeit spazieren, ihre Gedanken seien zu den beiden gewandert, und in Gedanken an sie habe sie sich über den blauen Himmel gefreut.

Dass Otl Aicher wahrscheinlich nach Russland muss, habe sie so bedrückt, »dass mir ganz schwindelig wird«. Aber man bekomme das rechte Verhältnis zum Schmerz und zur Angst, »wenn wir uns an Gott klammern. An Gott klammern aber nenne ich die letzte und mühevollste Möglichkeit des Willens, alles andere muss die Gnade tun.« Dann macht sich Inge Scholl Gedanken über ihre schwesterliche Beziehung. Sie sei froh, wenn Sophie wieder in Ulm ist: »Wir wollen dann eben uns üben, unsere Eigenarten zu tragen und in die Liebe einzuschließen, unsere Unarten uns aber gegenseitig abzubitten.« Sie fürchte »solche Dinge« zwischen ihr und Sophie – »und das ist doch lächerlich!« Dieser Absatz steht ziemlich unvermittelt am Ende des Briefes, der mit einem Ereignis beginnt, dass Inge Scholls Gefühle verletzt hat – primär durch Otl Aicher. Das aber kann sie nicht ansprechen.

Vielleicht suchen sich in diesem Brief Gefühle eines diffusen Unbehagens ein Ventil, das unbewusst auch Sophie Scholl einschließt. Inge Scholl weiß, wie sehr Otl Aicher ihre jüngste, kluge, gut aussehende Schwester schätzt. Und nun haben die beiden »einen Sonntag« – der tatsächlich einen Abend und eine Nacht umfasste, auch das weiß Inge Scholl – zusammen verbracht. Der Verweis auf ein diffuses Gefühl kommt nicht von ungefähr. Am 5. Februar hatte Inge Scholl ihrem Tagebuch anvertraut, »dass die meisten Briefe Sofies in mir irgendwie etwas reizen. Ich muss sehr auf mich achten und in mir suchen, was da schuld ist und woher dies kommt. Ich möchte dieser Schlange nämlich geradezu auf den Giftkopf treten. Ich möchte nichts als Liebe in mir haben.«

So arglos wie Sophie Scholl die Fotografie von Otl Aicher an ihre Schwester geschickt hatte, so wenig wird sie über Inges Brief vom 18. März gegrübelt haben. Sie hat andere Sorgen. Von Fritz Hartnagel kommt die schockierende Information, dass er nicht nach Afrika, sondern demnächst wieder nach Russland an die Front müsse. Die beiden hatten gerade ein gemeinsames Wochenende in Weimar geplant. Das müssen sie streichen. Aber Fritz Hartnagel hoffte verzweifelt, Sophie Scholl noch einmal am kommenden Sonntag, dem 22. März, besuchen zu können: »Mir will es scheinen, als hinge von diesem Sonntag das ganze nächste halbe Jahr ab. Aber das ist natürlich nicht so, habe ich doch nun alles in mir, was ich dafür brauche, um es zu bestehen, nun weiß ich das Ziel und finde immer Halt, wenn ich nur mit ganzem Herzen will.« Deshalb will er zuversichtlich sein, selbst wenn sie sich nicht noch einmal treffen können.

Es hat vorerst kein Wiedersehen gegeben. Am 29. März 1942 kommt Fritz Hartnagel mit seiner Truppe in Le Mans an, rund hundert Kilometer südwestlich von Paris; eine Zwischenstation auf dem Weg an die russische Front. Noch auf dem Bahnhof schickt er Sophie Scholl einen Gruß: »Hoffentlich dauert es nicht zu lange, bis ich ein Briefchen von Dir in Händen habe. … Ach Sofie, Du bist für mich das Fensterchen, durch das ich in eine andere Welt schaue, mach es mir auf, so weit und so oft Du's kannst.« Für Fritz Hartnagel gibt es kein Entkommen aus der Maschinerie des Krieges. Sophie ist seine Hoffnung auf ein anderes Leben. Sie wird durch diese Entwicklung in ein Wechselbad der Gefühle getaucht. Hier die Angst um Fritz Hartnagel, dort die Freude, endlich wieder ein Stück Freiheit zu erlangen und den Zwängen des Arbeitsdienstes zu entrinnen. »In 8 Tagen fahre ich heim. Ich kann Dir nicht sagen, wie das ist«, schreibt sie Lisa Remppis am 20. März.

Die »Beurteilung« trägt das Datum vom 26. März 1942 und ist unterzeichnet vom Kreisamtsleiter in Donaueschingen. Sophie Scholl wird bestätigt, im Rahmen ihres Kriegshilfsdienstes im Oktober 1941 zuerst »in Fürstenberg zur selbständigen Führung eines Kindergartens eingesetzt« worden zu sein. Dann sei sie in den Kinderhort Blumberg gewechselt, »wo sie die Führung einer Gruppe übernahm«. Sie könne »sehr gut mit Kindern umgehen und sich das Vertrauen der Kinder erwerben«. Das hätte gereicht. Doch die Beurteilung geht noch weiter: »Künstlerisch ist Fräulein Scholl äußerst begabt. In ihrer Arbeit ist sie sehr gewissenhaft.« Sophie Scholl hat Eindruck gemacht. Am 27. März 1942, es ist ein Freitag, ist Sophie Scholl nach dreizehn Monaten erzwungenem Arbeitsdienst mit Sack und Pack wieder zu Hause in Ulm. Endlich frei. Aber in welcher Welt sie lebt, wird ihr bei der Rückkehr drastisch vor Augen geführt. Am gleichen Tag sehen die Scholls von ihrer Wohnung am Münsterplatz, wie fünf Glocken aus dem berühmten Geläut des Ulmer Münsters mit schwerem Gerät abgenommen und vor das Hauptportal gerollt werden. Der Gemeinderat hatte die staatliche Anweisung ohne weiteren Protest zur Kenntnis genommen. Eines der schönsten Geläute Süddeutschlands, das zum Lob Gottes gerufen hatte, wird für Instrumente des Krieges eingeschmolzen.

## STUDENTIN IN MÜNCHEN – STUDIUM NEBENSACHE

*April bis Juli 1942*

Eine Verschnaufpause gibt es nicht für Sophie Scholl. Sie hilft im Büro des Vaters mit aus und geht der Mutter im Haushalt zur Hand. Am Morgen des zweiten Ostertages findet sie Zeit für einen Brief an Lisa Remppis, weil sie ihre Arbeit geschafft hat: »Das Frühstücksgeschirr ist gespült, die Betten gemacht und die Weincreme auch …« Das Wichtigste zuerst. Ihrer alten Freundin kann sie gestehen, dass sie die »Umstellung von dem Allein- und Auf-Sich-Gestellt-sein wieder hinein in einen Freundeskreis« als »gewaltig und anstrengend empfindet«. Wie gerne würde Sophie Scholl mit Lisa einige Zeit fortziehen, »ganz unbeschwert, zu Rad oder zu Fuß«. Wenn die Hauptarbeit im Büro vorüber ist, in einem Monat, ist sie frei und hofft, dass auch Lisa Remppis dann Zeit und Lust hat.

Der zweite ausführliche Komplex des Briefes gilt einem Ereignis ganz früh am Ostersonntag. Sie war mit Inge Scholl in der katholischen Kirche von Ulm-Söflingen, die sie vom Orgelspielen im Sommer 1940 mit Inge und Otl Aicher gut kennt, und hat zum ersten Mal die Osterliturgie miterlebt. Sie nennt es einen »wirklichen Gottesdienst« im Gegensatz zum »Vortrag« in der evangelischen Kirche und bekennt der Freundin, sie habe »sehr Bedürfnis nach dieser Art des Gottesdienstes«. Trotzdem gilt auch an diesem Morgen: Sophie Scholl stürzt sich nicht in ihr Gefühl, sondern beobachtet sich selbst auf Distanz. Sie empfindet das Hinknien zwar als richtig, hat aber dennoch »Hemmungen«, sie könnte von Bekannten gesehen werden. Vor allem aber würde das Schauspiel erst dann zu einem tiefen inneren Erlebnis, wenn man den Glauben hat. Sie jedoch lässt sich ablenken und ist deshalb »nie ungeteilt dabei«. Der Gang in die katholische Kirche als Experiment, dessen Ausgang offen ist.

Im Zentrum aller Familien-Überlegungen steht, wie man am besten vorgeht, damit Sophie Scholl studieren kann. Die Befürchtung, dass sie wieder zwangsverpflichtet wird, ist nicht unbegründet. Hans Scholl plädiert am 22. April dafür, mögliche staatliche Willkür zu ignorieren: »Ich fürchte jedoch, dass Du, im Falle dass Du ganz zu Hause bleibst, auch nicht ungeschoren davon kommst. Um all diese Probleme noch einmal gründlich mit den Eltern und mit Dir zu besprechen, werde ich am Samstag nach Hause fahren und Dich am Sonntagabend am besten gleich nach München mitnehmen.« Der ältere Bruder fühlt sich für seine kleine Schwester verantwortlich, und seine Argumente überzeugen. Noch ehe der April 1942 zu Ende geht, fährt Sophie Scholl als angehende Studentin nach München. Zwar hat sie noch kein Zimmer, aber Carl Muth nimmt die Tochter der Scholls gerne auf. Endlich kann er sich ein wenig für die vielen Ess-Pakete revanchieren. Am Ankunftstag begleitet Traute Lafrenz, deren Liebes-Beziehung zu Hans Scholl inzwischen ein Ende gefunden hat, Sophie Scholl in ihr Übergangs-Quartier nach München-Solln.

Dann geschieht etwas Unerwartetes: Fritz Hartnagel bekommt einen kurzen Heimaturlaub, bevor er mit seiner Truppe von Frankreich nach Russland an die Front verlegt wird. Er trifft sich mit Sophie Scholl in Tübingen, von dort reisen die beiden weiter ins vertraute Freiburg und übernachten wie an so vielen Wochenenden seit Oktober 1941 im »Freiburger Hof«. Vielleicht geht es auch noch weiter nach Konstanz. Am Montag, dem 4. Mai, verabschieden sie sich. Sie müssen mit einer langen Trennung rechnen. Sophie fährt nach München, Fritz wird erst am nächsten Tag in Freiburg einen Anschluss-Zug nach Frankreich bekommen. Er geht deshalb für eine weitere Nacht in den »Freiburger Hof« und erfährt so, dass Sophie Scholl ihr Nachthemd vergessen hat. Er wird es nachschicken.

Am 9. Mai 1942 wird Sophie Scholl in München einundzwanzig Jahre alt. Aus Ulm schickt ihr Inge Scholl einen Brief mit einer getrockneten Winde, die sie im Gummibaum in Robert Scholls Büro entdeckt hatte. Die Pflanze bekam Otl Aicher, der ebenfalls im Mai Geburtstag hat. Gern hätte die älteste Schwester aus einem der Gedanken, die sich »während der Tage wie Falter« auf ihre Stirn setzten, eine Geburtstags-Geschichte gemacht, denn »Mai und Mädchen und München und Muth, das reimt sich zu einem Märchen zu gut«. Aber die Arbeit, dieses Ungeheuer, lässt ihr keine Zeit. Und eigentlich brauche Sophie gar keinen Brief von ihr, da sie »bei diesen guten Menschen wohnen und leben kann, da bist Du an der Quelle des Wortes selber«. Das ist, theologisch gesprochen, fast blasphemisch, mag Carl Muth noch so fromm und eindrucksvoll sein. Schnell korrigiert Inge Scholl sich – »ich meine sehr nahe an der Quelle«. Das Ende des Briefes klingt wie eine Beschwörung: »Sofie, ich glaube, so gut wie jetzt haben wir uns noch nie verstanden. Das ist für mich eine große Freude.« Inge Scholl schreibt es nicht zum ersten Mal. Sie will der »Schlange« endgültig den »Giftkopf« zertreten, die keine Chance haben soll, die Geschwister auseinander zu bringen.

Ein Brief von Fritz Hartnagel lässt wiederum wie im Rückspiegel kurze Eindrücke von Sophie Scholls ersten Tagen in München auftauchen. Als er ihr am 10. Mai aus Le Mans schreibt, liegen ihm zwei Briefe von ihr vor. Sein Seufzer – »ach könnte ich nur etwas dazu beitragen, Dir ein friedliches und volles Herz zu schenken« – deutet an, was Sophie Scholl beklagt hat. Es folgt sein Vorschlag, sie solle für ein paar Tage wegfahren und »die Einsamkeit suchen«, die ihr mangelt, weil es wichtiger sei, »festen Grund zu finden«, als »irgendein Wissen« in sich einzupfropfen. Übrigens macht sich Fritz Hartnagel in Frankreich sofort wieder ans Einkaufen. Er hat von Sophie Scholl Aufträge für Schuhe und Stoff und beklagt, dass es erstere nur in kleinen Nummern gibt, und letzterer sei »meist ganz miserables Zeug«. Er will versuchen, in Paris Besseres zu bekommen. Sein größter Wunsch: sie noch einmal »2 oder 3 Tage« zu treffen. Und tatsächlich geht sein Wunsch in Erfüllung.

Drei Monate später, am 21. August, wird Fritz Hartnagel aus seinem Quartier tief in Russland, nahe beim Fluss Don, an Sophie Scholl schreiben: »Gestern war es ein viertel Jahr, dass wir in München voneinander Abschied nahmen.« Ungefähr vom 16. bis zum 20. Mai 1942 hatten Sophie Scholl und Fritz Hartnagel in München noch einmal Zeit füreinander. Während sich seine Kompanie langsam auf den Weg von Frankreich nach Russland machte, konnte sich Fritz Hartnagel einen Abstecher in die Stadt an der Isar erlauben. Nur zwei kurze Hinweise in Fritz Hartnagels Briefen geben Zeugnis von diesen Tagen. Keine Erinnerung schwingt mit, was die beiden getan, gesprochen, gefühlt haben. Das ist ungewöhnlich für Briefe von der Front, in denen regelmäßig Rückblicke auf Schönes in der Vergangenheit über die Schrecken der Gegenwart hinwegtrösten und ein enges Band über die weite Entfernung in Raum und Zeit knüpfen sollen. In Fritz Hartnagels Briefen ist von der Münchner Begegnung nicht weiter die Rede. Als ob er nicht an ihr Geheimnis rühren will: die Kostbarkeit gemeinsamer Tage im Bewusstsein eines Krieges, der Fritz Hartnagel mehr denn je in tödliche Gefahren bringen wird.

Noch während sie zusammen sind, am 18. Mai, geht Sophie Scholl in die Universität, um sich immatrikulieren zu lassen. Sie wählt als Studienfächer Biologie und Philosophie. An den Hochschulen hatte sich seit Kriegsbeginn das Verhältnis zwischen den Geschlechtern dramatisch verändert. Waren 1939 nur 15,9 Prozent aller Studierenden Frauen, betrug ihr Anteil im Jahre 1942 rund 43 Prozent. Die nationalsozialistische Politik hatte es aufgegeben, Mädchen vom Studium fernzuhalten, weil der Platz der Frau angeblich ausschließlich bei Ehemann und Kindern sei. Der Akademikermangel war eine stärkere Realität als jede Ideologie. Ab 1940 wurden sogar Frauen, die wegen ihrer Heirat 1933 aus dem Beamtenverhältnis entlassen worden waren, wieder zurückgeholt. Insgesamt wurde Studieren wieder attraktiv für junge Frauen, so dass die Zahl der weiblichen Studierenden in den Hörsälen auch absolut stieg und nicht nur, weil die männlichen Studierenden an die Front mussten. Noch ein paar Vergleichszahlen zwischen 1939 und 1941: Der Frauenanteil unter den Studierenden stieg bei den Juristen von 1,3 auf 10 Prozent; bei den Medizinern von 16,6 auf 29,8 Prozent; in den Naturwissenschaften von 12,5 auf 52,9 Prozent und in den Kultur- und Geisteswissenschaften von 31,2 auf 74,9 Prozent. Das bedeutet: In den Fächern, die Sophie Scholl wählte, war die Mehrheit der Studierenden Frauen.

War Sophie Scholl nicht bewusst, dass das Fach Biologie mehr als jedes andere von nationalsozialistischem Gedankengut geprägt war? Hier versuchte man die Fantasien von »auserwählten Rassen« und »gutem arischen Blut« wissenschaftlich zu belegen. War es ihrer bewunderten Biologielehrerin, Fräulein Dr. Frieß, wirklich gelungen, die Unterrrichtsanweisung von 1935 zu umgehen? Diese Anweisung machte Biologie zum wichtigsten Schulfach und nannte als Lernziel, dass »kein Knabe und kein Mädchen die Schule verlässt, ohne zur letzten Erkenntnis über die Notwendigkeit und das Wesen der Blutreinheit geführt zu sein«. In Sophie Scholls Briefen gibt es nicht den kleinsten Hinweis, was ihre Arbeit an der Universität betrifft. Nur wenigen ist es aufgefallen. Am 17. Juni fragt Waldemar Gabriel in seinem Brief: »Welche Vorlesungen hören Sie eigentlich?« Und in einem Brief vom 23. Juni fasst sich Sophie Scholls Schwester Liesl ein Herz: »Überhaupt muss ich Dich wieder einmal ausfragen: ich höre nur von Philosophierereien, Teetrinken, Segeln und an sich ist doch Dein Studium auch nicht gerade Nebensache und vielleicht doch ein konkretes Ding?«

Die Treffen und Abendgesellschaften, Ausflüge und Konzerte, von denen Sophie Scholl berichtet, haben unterschiedliche Ausgangspunkte. Da ist einmal Carl Muth in München-Solln, dessen umfassende Bibliothek Hans Scholl seit Ende Oktober ordnet und der zum väterlichen Freund wird. Das Fundament ihrer Freundschaft ist der Abscheu vor dem Nationalsozialismus und seiner verbrecherischen Politik und die Überzeugung, dass nur eine Niederlage Deutschlands in diesem Krieg einen wahrhaften Neubeginn bringen kann. Für diese neue Zeit gilt es, sich unter Gleichgesinnten zusammenzutun. Außerdem ist Muths pädagogischer Eifer geweckt, diesem wissbegierigen, allem Religiösen gegenüber aufgeschlossenen Menschen den Weg zur Wahrheit weisen, die für ihn im katholischen Glauben liegt. Ende Februar 1942 schreibt er stolz an Otl Aicher, Hans Scholl werde durch ihn »katholische Menschen großen Formats kennenlernen«. Da war Hans Scholl gerade vom katholischen Professor Alfred von Martin eingeladen worden, dessen Buch »Nietzsche und Burckhardt« Inge Scholl im Oktober 1941 in der Rieckschen Buchhandlung in Aulendorf bestellt hatte. Eine Schrift, die verdeckt für einen christlichen Humanismus und gegen die Un-Werte des Nationalsozialismus Stellung nahm.

Bei Professor Martin lernte Hans Scholl den ehemaligen Justizbeamten Josef Furtmeier kennen; der wiederum gab dem jungen Mann eine Empfehlung für den Architekten Manfred Eickemeyer, der ein Atelier in der Leopoldstraße hatte. Er bekam Aufträge im deutschen Generalgouvernement in Polen und unterhielt ein Büro in Krakau. Eickemeyer informierte Hans Scholl über die Verbrechen der Nationalsozialisten in Polen, insbesondere die Ermordung der Juden. Im April machte Professor Muth Hans Scholl mit Sigismund von Radecki bekannt, der ein ausgefallenes Leben vorzuweisen hatte: gelernter Bergbau-Ingenieur, Schauspieler, Zeichner, Schriftsteller, Kritiker, in den zwanziger Jahren zum Katholizismus übergetreten. Längst hatte Hans Scholl den Nachbarn von Carl Muth kennengelernt: Werner Bergengruen, ebenfalls konvertiert, war einer der auflagenstärksten Autoren außerhalb der nationalsozialistischen Dichterriege, dessen Bücher als geistige Nahrung gegen den braunen Zeitgeist verstanden wurden – »Am Himmel wie auf Erden«, »Der Großtyrann und das Gericht«. Sie alle, mit denen man offen reden konnte, lebten in München oder am Rand der Stadt. Ein Tee am Nachmittag oder ein kleines Abendessen war schnell arrangiert; manche Treffen fanden regelmäßig statt. Zu vielen ging Hans Scholl im Sommersemester 1942 nicht mehr allein, sondern zusammen mit seiner Schwester Sophie. Die Geschwister sahen sich fast täglich. »Hans ist ein guter Bruder für mich«, schrieb Sophie Scholl am 30. Mai an Lisa Remppis, »ich gewinne ihn immer lieber.« Und teilte ihre Münchner Adresse mit: Mandlstraße 1 I; endlich hatte Sophie Scholl ein eigenes Zimmer.

An einem Freitagnachmittag treffen die beiden Geschwister bei Carl Muth Sigismund von Radecki. Hans Scholl gewinnt ihn für eine Lesung am 4. Juni im kleinen Kreis. Von Muths Haus in Solln fuhren die Geschwister zu Josef Furtmeier, da wurde – so Sophie Scholl an ihre Freundin Lisa – »ein dreistündiges, pausenloses und anstrengendes Gespräch geführt«. Die Gespräche mit Furtmeier, den sie den »Philosophen« nannten, fanden regelmäßig, meist einmal pro Woche statt. Der fünfundfünfzigjährige Furtmeier, Pazifist, war 1933 in München aus dem Justizdienst entlassen worden. Als Autodidakt hatte er sich ein eindrucksvolles Wissen in Geschichte, Archäologie, Theologie, Philosophie, Literatur und den Naturwissenschaften angeeignet. Furtmeier war unverheiratet, dennoch kein Eigenbrötler, ein intelligenter Querdenker und scharfer Kritiker der katholischen Kirche.

Er hob nicht die Hand zum Hitler-Gruß und trat keiner NS-Organisation bei. Seine Gegnerschaft zu den braunen Machthabern gründete sich auf nüchterne Analysen. Während seine Freunde Carl Muth und Theodor Haecker im Frühjahr 1942 davon ausgingen, der Krieg würde bald mit der erhofften Niederlage enden, warnte Furtmeier: Bis zum Kriegsende sei es noch ein langer Weg.

Sonntag, 31. Mai – Hans und Sophie Scholl machen einen Ausflug nach Passau und einen Abstecher nach Grattersdorf im Landkreis Deggendorf. Sie besuchen Max Schwarz, seit 1938 Pfarrer an St. Ägidius, und richten Grüße von Carl Muth aus. Schwarz, der in Rom an der päpstlichen Universität promovierte und dort 1905 zum Priester geweiht wurde, war eher Theologe als konzilianter Gemeindepfarrer, deshalb unter seinen geistlichen Brüdern nicht sonderlich beliebt. Der Nationalsozialismus war für Max Schwarz eine anti-christliche Ideologie, die Einteilung der Menschen in »Rassen minderen Wertes« unvereinbar mit dem Christentum. Er hielt mit seiner Meinung nicht hinter dem Berg, blieb jedoch erstaunlicherweise von den Machthabern unbehelligt. Die beiden Scholl-Besucher beeindruckte er nachhaltig. Am 25. Juni besuchten sie ihn wieder. Briefliche Kontakte wurden geknüpft.

Mittwoch, 3. Juni – Sophie und Hans Scholl sind erstmals zu einer literarischen Abendgesellschaft bei Professor Viktor Mertens, Mediziner, und seiner Frau Dr. Gertrud Mertens, Sängerin und Pianistin, eingeladen. Ebenfalls seine erste Einladung hatte Professor Kurt Huber erhalten, der an der Münchner Universität Vorlesungen und Seminare für Philosophie, Musikpsychologie und Volksliedkunde anbot, die fakultätsübergreifend Studenten anzogen. Huber bot kritische Wissenschaft, keine nationalsozialistischen Phrasen. Er sprach frei, mit Witz und Ironie, manchmal jenseits des Erlaubten. Er hatte keine Hemmungen, den jüdischen Philosophen Spinoza positiv zu zitieren, machte höchstens die Anmerkung: »Er ist Jude, Vorsicht, dass man sich nicht vergiftet«.

Im Mittelpunkt des Abends bei Mertens stand ein religiöser Text, doch die anschließende Diskussion geriet bald auf politisches Terrain. Vielleicht trug dazu bei, dass in der Nacht vom 30. auf den 31. Mai 1942 das alte Köln durch einen Großangriff der britischen Luftwaffe ausgelöscht worden war. Fast 500 Menschen starben im brennenden Inferno, über 1000 wurden verletzt, rund 3300 Häuser wurden zerstört. In München waren sich die Eingeladenen über die »Zerstörung der inneren Werte« schnell einig. Aber was dagegen tun? Eine verfängliche Frage, auf die Hans Scholl mit Ironie parierte: »Wir mieten uns eine Insel in der Ägäis und machen weltanschauliche

Kurse.« Die Provokation belebte den Gedankenaustausch. Ob man nicht jetzt äußeren Widerstand leisten könne? Nein, das sei sinnlos, man müsse sich auf »geistige Gegenwehr« beschränken, meinten die einen. Professor Huber entgegnete mit erregter Stimme, man müsse etwas tun, »und zwar heute noch«. Hans Scholl stimmte ihm unverhohlen zu. Seit diesem Abend saßen auch Sophie und Hans Scholl in Professor Hubers überfüllten Lesung über »Leibniz und seine Zeit«. Manchmal gingen sie anschließend zu ihm ans Pult, und man unterhielt sich etwas.

Donnerstag, 4. Juni – Hans Scholl hat etwa zwanzig Personen zu einem Abend mit Sigismund von Radecki in das Atelier des Architekten Eickemeyer im hinteren Gartenteil des Grundstückes Leopoldstraße 38 eingeladen. Eickemeyer ist selten anwesend, da die meiste Zeit des Jahres in Polen. Nach seiner Bekanntschaft mit Hans Scholl vertraute er ihm die Schlüssel an zur beliebigen Nutzung. Radecki las Essays, Gedichte, Übersetzungen. »Er spielt alles, was er liest«, schrieb Sophie Scholl zwei Tage später den Eltern. »Was haben wir gelacht! ... Nachher waren wir noch zu fünft mit ihm auf meinem Zimmer. Leider fährt er für drei Monate weg, nachher aber ist er bereit, allerhand mit uns zu machen.« Dem Medizinstudenten Hans Scholl gingen die Ideen nicht aus, Menschen zusammenzubringen, die auf ein anderes Deutschland hofften und sich Gedanken machten, wie das aussehen könnte.

Dienstag, 23. Juni – Nicht dass es in den Tagen seit dem 4. Juni keine Termine gegeben hätte – Besuche bei Muth, ein Konzert in Schloss Schleißheim und mehr. Doch die abendliche Gesellschaft in der Villa von Dr. Schmorell, dem Vater von Hans Scholls gutem Freund Alexander – meist Schurik genannt –, gehört zu den monatlichen Fixpunkten des Semesters. Für Hans Scholl schon seit über einem Jahr, für Sophie Scholl, seit sie im Mai nach München gekommen ist. Seit dem Februar 1942 wird bei Schmorells in der Benediktenwandstraße 12 in München-Harlaching »Der seidene Schuh« des französischen Schriftstellers Paul Claudel mit verteilten Rollen gelesen. Im Hause Schmorell lernte Hans Scholl Christoph – Christl – Probst kennen. Der vierundzwanzigjährige Probst, ebenfalls Medizinstudent in München, ist verheiratet, hat eine Frau und zwei Kinder und lebt in Lermoos bei Garmisch.

Sophie Scholls Ruhepunkt ist ihr winziges Zimmer in der Mandlstraße am Englischen Garten. Als eine schlauchartige Fortsetzung des Flurs hat Inge Scholl es beschrieben. Darin stehen ein Schrank, ein Tisch, ein Bücherregal, und der Blick durchs Fenster geht auf grüne Bäume. Die bucklige Couch, mit einer orangefarbenen Decke verschönert, dient gleichzeitig als

Bett. Oft jedoch war Sophie Scholl nicht hier. Sie macht, wieder einmal, eine zwiespältige Erfahrung. Wenn Fritz Hartnagel schon in der ersten Maihälfte aus ihren Briefen den Wunsch nach Alleinsein herausliest, um wie viel mehr muss sich diese Sehnsucht im Trubel der folgenden Wochen gesteigert haben. »Hier habe ich jeden Tag etwas neues zu verdauen,« schreibt sie am 30. Mai an Lisa Remppis. Sie möchte mehr für sich sein, »denn es drängt mich danach, durch ein äußeres Tun das in mir zu verwirklichen, was bisher nur als Gedanke, als richtig Erkanntes in mir ist.« Den Bedenken folgt sogleich der positive Aspekt: »Aber ich bin doch froh, wenn ich aufnehmen kann. Wenn ich auch noch auf schwankendem Boden stehe.«

Was Sophie Scholl als richtig erkannt hat, bleibt ungesagt, und jede Vermutung darüber steht auf schwankendem Boden. Aber eindeutig ist die Zielrichtung: sich nur in Gedanken fortzuentwickeln, reicht Sophie Scholl nicht; aus dem Denken muss Handeln werden, eine sichtbare Tat. Diese Forderung an sich selbst ist nicht erst auf dem Hintergrund der Münchner Aktivitäten entstanden. »... vielleicht sind uns wirklich heute Aufgaben, nach außen und mit der Tat zu wirken, gestellt,« hatte sie im August 1941 aus dem Lager in Krauchenwies an Lisa Remppis geschrieben. Beide Brief-Aussagen erinnern an den 22. Vers im Brief des Jakobus, den Sophie Scholl, besonders schätzt: »Seid aber Täter des Worts und nicht Hörer allein, wodurch ihr euch selbst betrügt. ... Wer aber durchschaut in das vollkommene Gesetz der Freiheit und darin beharrt und ist nicht ein vergesslicher Hörer, sondern ein Täter, der wird selig sein in seiner Tat.« Und hat die Freiheit auf seiner Seite.

Die Begegnungen in München haben Sophie Scholl noch keine letzten Gewissheiten gebracht, aber den Drang zur Tat gefestigt und verstärkt. Dabei kommt das Alleinsein, das Sophie Scholl seit den Jugendjahren liebt – am Ufer der Iller sitzen und dem Fluss zuschauen, lange Spaziergänge durch die Wälder um Ulm machen –, zu kurz. Andererseits genießt sie die Abwechslungen des Studentenlebens, das sich mehr in Abendgesellschaften, Ausflügen, Konzerten, langen Spaziergängen im Englischen Garten und intensiven Gesprächen abspielt als in Hörsälen und Seminaren.

Während ihre Schwester Liesl die vielen außeruniversitären Aktivitäten verblüfft registriert, kritisiert Waldemar Gabriel in einem Brief vom 17. Juni Sophie Scholls stolze Berichte darüber: »Sie haben einen großen Kreis jetzt um sich und rühmen ihn. Ich kenne zu wenig von diesem Milieu dort. Doch sehe ich fast mit Bedauern, wie Sie zu vielen Eindrücken preisgegeben werden und der Begriff ›Gesellschaftskultur‹ vielleicht einen zu großen Wert einnehmen wird.« Es ist der interessierte Blick eines Fremden, der von Sophie Scholls Leben nichts kennt als ihre punktuellen Erzählungen aus den ersten Wochen und Monaten in München und einige wenige biografische Einzelheiten. Gabriels Eindrücke sind ungewohnt und rar, da kritische Einschätzungen über Sophie Scholl von außerhalb ihres Kreises fehlen, die zeitgleich stattfanden und nicht Jahre später formuliert werden, vom Ballast der Erinnerungen und vom tödlichen Ende her beschwert und geprägt. Ungewöhnlich ist auch, wie vertraut Sophie Scholl dem Fremden von ihren Unternehmungen berichtete und offenbar nichts ausließ. »Sie werden mich ja etwas teilhaben lassen an Ihrem Erleben in München und mich im tiefen Wald bisweilen besuchen, wie jenen Pfarrer im Böhmerwald«, heißt es im gleichen Brief.

Es wirkt anregend und befreiend auf Sophie Scholl, einem Fremden, der die Verwurzelungen und die Widersprüche ihrer Biografie nicht kennt, von sich zu erzählen, als gebe es nur das Heute. Am 24. Juni nimmt sie Gabriels Stichwort von der »unerlösten Natur« auf und widerspricht dieser These des Apostels Paulus, weil für sie in der Natur immer die »größte Harmonie« erklingt. Sie erzählt vom vergangenen Sonntagabend, als sie »in ein stilles großes Gebirgstal hineinschritt, umspült von der lauen Abendluft«. Es zeichneten sich nur noch die großen Linien ab, und da »schienen alle Dinge, mit denen ich sonst mich abquälte, von mir abzufallen wie unnützes Laub, und mit einem ganz anderen Maßstab begann ich zu messen, was mich bewegte«.

Für Sophie Scholl ist es der Mensch, der sich außerhalb dieser Harmonie gestellt und damit die Ordnung gestört hat. Die Folgen sind schrecklich: Die Dinge, die Maschinen, sind dem Menschen keine Diener mehr, sondern werden zu Zerstörern. »Das Gebrüll der beleidigten Erde« scheint den »unbeirrbaren Frieden« zu übertönen. Wer hört da nicht das Donnern der Kanonen an der Front, das Dröhnen der Bomber, die ihre tödliche Fracht abwerfen? Wer denkt nicht an das verbrecherische System, das für diesen Krieg verantwortlich ist? Sophie Scholl jedoch will sich dieser zerstörerischen Logik nicht beugen: »Aber ich kann es nicht glauben, ohne dabei unterzugehen.« In eine positive Sprache gewendet: Sophie Scholl würde sich selber verraten und moralisch untergehen, wenn sie nicht den festen Glauben hätte, dass dieses verbrecherische, kriegerische System besiegt und der Frieden und die natürliche Ordnung der Dinge wiederhergestellt werden können. Sie ist in kämpferischer Stimmung an diesem 24. Juni 1942. Sie will das, was sie als wahr erkannt hat, nicht aufgeben. Dieser Schritt ist unumkehrbar. Und sie hat es ja schon für sich und andere formuliert: dem Gedanken muss die Tat folgen.

Am 26. Juni fährt Sophie Scholl übers Wochenende nach Hause; das erste Mal, seit sie zwei Monate zuvor nach München aufgebrochen war. Ein winziger Bruchteil aus den Ulmer Gesprächen hat sich in Inge Scholls Tagebuch erhalten. Seit längerem führt sie ein Tagebuch, das ein innerer Monolog mit Gott ist; eine Gewissensprüfung, die die eigenen Gefühle, Gedanken und Vorgehensweisen skrupulös hinterfragt und als Gebete formuliert. Am Abend des 29. zeichnet sie eine Begebenheit vom Vortag auf: »Ja, gezittert habe ich inwendig, als Sofie gestern mit der Messe anfing. Mir wurde auf einmal bewusst, dass ich mit dem vor mir liegenden Schritt, in die Mutter Kirche zurückzukehren, meine ganze Geschwisterschar mit mir ziehen werde.« Es war im Februar, als die Protestantin Inge Scholl an Otl Aicher geschrieben hatte, es gebe nun kein Hindernis mehr für ihren Übertritt zum Katholizismus – den sie so direkt nie benannte. Am 28. Juni glaubt sie, aus Sophie Scholls Frage nach der katholischen Messe den gleichen Wunsch herauszuhören: »Es ist tatsächlich bei Sofie derselbe Drang und Anstoß wie bei mir: die Fülle der Segnungen durch die Messe, besonders durch die Kommunion, die dadurch hereinströmende Gnade ist es, nach der wir uns hinsehnen. Es ist ja unsere Kirche (sie ist gar keine Kirche) eine Dürre, gegenüber dieser Fülle.«

Der Verweis auf »unsere Kirche«, die protestantische, die sie – aus katholischem Blickwinkel – schon nicht mehr als Kirche anerkennt, lenkt ihren Blick auf Lina Scholl: »Und der Gedanke macht mich bang um Mutters Willen. Denn sie hängt mit einer blinden Anhänglichkeit an ihrem Überkommenem. Einen Augenblick lang hatte ich das Gefühl, als verließen wir da unsere gute Mutter. Aber das ist es ja nicht. Doch ich wäre froh, lieber Gott, wenn es ohne Stachel bei ihr gehen würde. Ich muss meine Absicht noch so geheim halten wie das zarteste Liebesgeheimnis.« Für Inge Scholl ist es im Sommer 1942 nur noch eine Frage der Zeit, wann alle ihre Geschwister – und damit auch Sophie Scholl – die katholische Kirche als die wahre, die »Mutterkirche« anerkennen werden. Die fromme Protestantin Lina Scholl hält sie für blind und uneinsichtig, im Glauben ihrer Eltern gefangen.

Zwei vorangehende Tagebuch-Gebete vom Juni deuten an, dass ihre jüngste Schwester in vielfacher Hinsicht ein Thema für Inge Scholl ist und das schwesterliche Verhältnis von ihr aus nicht ohne Spannungen. Am 18. Juni bittet sie Gott: »Hilf Du dem Verhältnis zwischen Sofie und mir.« Am 22. Juni: »Nimm mir den falschen Ehrgeiz gegenüber Sofie. Sieh, dass ich sie so liebe, dass ich mir nichts sehnlicher wünsche, als dass auch sie diese schimmernde Freude im Herzen tragen darf.« Gibt es Beweise für

Inge Scholls Deutung vom 29., dass auch Sophie Scholl auf dem Weg in die katholische Kirche sei, oder war es Wunschdenken?

Am 29. Juni schreibt Sophie Scholl in München ein Gebet in ihr Tagebuch. Wieder ist es der Versuch, zu Gott durchzudringen, ihm ein Herz hinzuhalten, »das tausend Wünsche von Dir fortziehen«. Weil sie sich immer wieder von Gott abkehrt, bittet Sophie Scholl, »reiß mich mit Gewalt zu Dir«. Dahinter steht die Gewissheit, »dass ich nur bei Dir glücklich bin«. Das Beste sei noch der Schmerz, den sie empfindet, weil sie so entfernt von ihm ist. Im November 1941 war ihr Gebet von Angst, Furcht und Ohnmacht geprägt. Gott war schrecklich fern, sie selbst ein Nichts. Auch im Juni 1942 fühlt sie sich oft »tot und stumpf«, doch der tiefste Punkt scheint überwunden. Gott ist eine Realität geworden, wenngleich immer noch als ein »großes Unbekanntes«. Aber er ist da, und er hat sie beim Namen gerufen: »Ich weiß ja, dass Du mich annehmen willst, wenn ich aufrichtig bin, und mich hören wirst, wenn ich mich an Dich klammere.« Der schlimmste Mangel, den sie fühlt, ist der Mangel an Gefühl. Es ist, als ob sie empfindungslos dahinlebt, in sich eine große Leere. Das ist ihre intensivste Bitte: »Lieber brennenden Durst, lieber will ich um Schmerzen, Schmerzen, Schmerzen beten, als eine Leere zu fühlen … Ich möchte mich aufbäumen dagegen.« Das Gebet endet auf einer kämpferischen Note.

Wie im November 1941 ringt Sophie Scholl mit ihrem Gott. Es ist wieder eine sehr persönliche Auseinandersetzung, in der sie sich wie damals auf den Grund geht. Aber in den zurückliegenden Monaten hat sich die Bitterkeit verflüchtigt. Sie ist kein Nichts, und Gott ist nicht mehr fern. Ihre Bitten sind keine verzweifelten Schreie mehr. Sophie Scholl trägt sie vor Gott mit der Zuversicht, dass ihre Sehnsucht nach ihm wachsen wird. Gott wird sich nicht abwenden, er wird ihr taubes Herz öffnen, so dass sie »hinfinden kann zu einer Ruhe, die lebendig ist in Dir«.

Die Gefühle und alle Sinne ansprechende Liturgie der katholischen Messe berührt die Denkerin Sophie Scholl inzwischen tiefer als der protestantische Gottesdienst. Sie liest viele theologische Bücher, ausschließlich von katholischen Autoren. Es ist der Katholik Otl Aicher, der Sophie Scholl – und ihren Geschwistern – die entscheidenden Lektüre-Hinweise gibt, vom Renouveau Catholique schwärmt und alles Protestantische fern hält. Und wie soll Sophie Scholl im katholischen München auf Protestanten treffen, die ihr moderne protestantische Theologen wie Dietrich Bonhoeffer oder Karl Barth nahe bringen? Es ist schade und den Umständen geschuldet: Sophie Scholl hat, ohne sich dessen bewusst zu sein, einen gewichtigen Mangel an Kenntnissen in Sachen Protestantismus und protestantischer

Theologie. Eindrucksvolle protestantische Persönlichkeiten kommen im Umkreis ihrer Biografie nicht vor. Dafür, wiederum in München, viele Protestanten, die zum Katholizismus übergetreten sind: von Radecki, Haecker, Bergengruen, Professor Martin.

Aber Sophie Scholls Glaube, wie er sich in den Tagebuch-Überlieferungen äußert, hat nichts mit konfessionell-theologischen Auseinandersetzungen oder Abgrenzungen zu tun. Thomas von Aquin taucht in ihren Gebeten nicht auf. Sie bittet, im Gegensatz zu Inge Scholl, weder Engel noch Heilige um Hilfe. Es geht Sophie Scholl – sehr protestantisch – um ihre direkte Beziehung zu Gott. Wenn Inge Scholl in ihrer Tagebuch-Eintragung vom 29. Juni insinuiert, dass es auch Sophie Scholl zur »Mutter Kirche«, das heißt zum Katholizismus, zieht, gibt es dafür keine Beweise, keine Aussage von Sophie Scholl. Nirgendwo zeigt sich im Sommer 1942 in ihren Aufzeichnungen oder Briefen eine solche Hinwendung. Der Kirchenvater Augustinus hat mit seinen »Bekenntnissen« Einfluss auf Sophie Scholls Sicht vom Leben und von Gott. Kaum ein Theologe jedoch hat Augustinus so beim Wort genommen wie Martin Luther. In ihren Gebeten steht Sophie Scholl allein vor ihrem Gott.

Aber in der Welt ist sie nicht allein. Immer wieder finden Fritz Hartnagels Briefe aus Russland den Weg zu ihr. Er leidet unter den Kasino-Abenden, wo seine Kameraden sich sinnlos betrinken und wüste Witze reißen, nicht weniger als unter dem Krieg. Und informiert Sophie Scholl am 26. Juni über das Schreckliche, das er an einem solchen Abend erfahren hat. Sein Kommandeur erzählte »mit zynischer Kaltschnäuzigkeit von der Abschlachtung sämtlicher Juden des besetzten Russland«. Um so sehnsüchtiger wartet Fritz Hartnagel auf Sophie Scholls Briefe: »Oh liebe Sofie, Du machst mich so froh mit Deinen Briefen. Da ist mir's, als ob Du ganz nahe bei mir wärst und mein Herz fängt an zu klopfen als ob ich Dich in meinen Armen halten würde und unsere Gedanken sich in Liebe vereinen, wie in den seligsten Stunden unseres Zusammenseins.« Die Erinnerungen, die mit diesen Briefen in den Weiten Russlands Gegenwart werden, sollen ihm helfen, all das Schreckliche auszuhalten.

Welcher Gegensatz zum Münchner Studentenleben. Mitte Juli wollte Sophie Scholl sich nach langer Zeit wieder mit Lisa Remppis in Ulm treffen. Vielleicht auch, um einen letzten Rest Verstimmung aus dem Weg zu räumen. Lisa Remppis hatte Mitte Juni ihrer ältesten Freundin eine gedruckte Verlobungsanzeige geschickt, ohne ein persönliches Wort hinzuzufügen. Sophie Scholl ist den Tränen nahe. »So etwas von einem nächsten Menschen zu erhalten,« schreibt sie in ihr Tagebuch. Aber dann passte das Treffen, das Lisa Remppis vorschlug, nicht in ihren Zeitplan. »Heute erfuhr ich, dass Du morgen nach Ulm kommen willst,« schreibt Sophie Scholl am 10. Juli an Lisa. »Nun ist es zu einer Verständigung zu spät. … Ich bin gerade mitten im Zeichnen – mit einem Freund zusammen halte ich mir ein Modell und wer weiß, ob sich diese Gelegenheit wieder so günstig bietet.«

Der Freund ist Alexander Schmorell, Medizinstudent mit ähnlich vielseitigen künstlerischen Begabungen wie Sophie Scholl und eng mit Hans Scholl befreundet. In der Villa seines Vaters fanden die literarisch-philosophischen Abende unter Gleichgesinnten statt. Mit Alexander Schmorell teilte sich Sophie Scholl in der Harlachinger Villa ein Modell; er modellierte, sie zeichnete. Mit den Stunden wuchsen ihre Gefühle für den schlanken, stets elegant gekleideten jungen Mann. Traute Lafrenz hat ihn beschrieben: »Er war einfach wunderbar, sehr gefühlvoll, unglaublich begeisterungsfähig, ein junger Mensch mit viel positiver Ausstrahlung.« Schmorell, 1917 in Russland geboren, sprach fließend Russisch, da ihn, nach dem frühen Tod seiner russischen Mutter, eine russische Kinderfrau in München aufgezogen hatte. Dorthin war der Vater, ein angesehener Mediziner, aus Russland zurückgekehrt. Die Liebe zu seiner mütterlichen Heimat, sein fester orthodoxer Glaube und ein starkes Unabhängigkeitsgefühl machten ihn immun gegen die Verführungen des Nationalsozialismus. Dass er zur Wehrmacht eingezogen wurde und einen Eid auf den »Führer« leisten musste, steigerte noch seinen Hass auf das braune Regime.

Sophie Scholl schloss ihren Brief an Lisa mit der Nachricht: »Zur Zeit ist Inge hier, bei Professor Muth.« Inge Scholl war tags zuvor, am 9. Juli, in München angekommen und würde bis zum 18. bleiben. Sie nahm am Studentenleben von Sophie und Hans Scholl teil, ging mit den Geschwistern in Konzerte und Lokale. Der Aufenthalt war für Inge Scholl allerdings nicht so sorglos, wie es nach außen schien. Noch am Tag ihrer Ankunft schüttete sie Ernst Reden in einem Brief ihr Herz aus: »Seit der Berührung mit der Gestapo im Februar ist mein Herz zuweilen solchen starken Überschwemmungen von Angst ausgesetzt, dass jeder Versuch, mir selbst Mut zuzusprechen, wie eine Seifenblase ist. … Nie hätte ich gedacht, nachdem die Angst in meiner Kindheit in seltsamster Form sich in mir ausgetobt hatte, nun noch einmal in inniger Weise von ihr gerüttelt zu werden.« Die Angst kam nicht von ungefähr in ihr hoch, nachdem die Geschwister Hans und Sophie sie am Münchner Bahnhof abgeholt und nach Solln begleitet hatten. Ihr unsichtbares Gepäck wog schwerer als das, was sie sichtbar mit sich trug. Kurz nach dem Krieg hat Inge Scholl in ihren »Erinnerungen an

München« aufgeschrieben, mit welcher Belastung sie im Juli 1942 ihren Urlaub antrat:

»In Ulm hatte man mir kurz zuvor von zwei Seiten anonym zugesandte Flugblätter mit seltsam fragenden Augen gezeigt, die in München abgestempelt waren. Ich wagte sie nicht einmal zu lesen, um nicht aus dem Stil die volle Gewissheit zu bekommen, dass sie von Hans seien. ... Aber hat man Macht über seine Ängste und Gedanken? Mit aller Gewalt wollte ich es, bei den Folgen aus solchen Dingen, nicht wahr haben, dass sie von Hans seien, und doch ließ sich die Spur einer hartnäckigen und hellsichtigen Ahnung nicht wegfegen.« Auch wenn Inge Scholl es nicht ausspricht, war Sophie in diese Ängste eingeschlossen. Am zweiten Urlaubs-Vormittag in Solln kommt der Schriftsteller Werner Bergengruen, um seinen Nachbarn Carl Muth und den Gast aus Ulm zu besuchen. Er erzählt von Flugblättern mit brisantem Inhalt und der Überschrift »Die Weiße Rose«. Er und seine Frau hätten sie sogleich abgeschrieben, die Abschriften anonym an Bekannte adressiert und möglichst unauffällig in Münchner Briefkästen geworfen. Sophie Scholl, die an diesem Morgen aus der Stadt gekommen war, lachte, zugegeben eine seltsame Reaktion. »Aber Kind!«, entfuhr es Carl Muth. »Sofielein«, ein Kind, das man nicht ernst nahm? War das Lachen vielleicht eine spontane Ersatzhandlung, wie sie bei Menschen vorkommt, die ein Ventil für ihre untergründige Anspannung brauchen?

Die unerwartete Erwähnung der Flugblätter, die Inge Scholl schon von Ulm her bekannt waren – dazu Sophies Lachen –, müssen ihre diffuse Angst und Beklemmung noch gesteigert haben. Gewiss, Sophie Scholl hatte seit jeher einen skurrilen Humor. Inge Scholl wurde daran erinnert, als sie in den nächsten Tagen mit Sophie und Traute Lafrenz von Solln aus einen Spaziergang durch die schöne Landschaft machte. Auf der mit wildem Wein überdachten Terrasse eines Ausflugslokals ließen sie sich nieder und bestellten drei Mal Kaffee mit Milch: »Ah, da kam er ja schon ...! Drei Tässchen mit dampfendem, bis auf den Grund durchsichtigen Braunschwarz standen auf dem Tablett, jedoch – fehlte nicht noch die Milch?« Die drei Frauen lachen schließlich über ihre naive Erwartung, noch ein paar Tropfen Magermilch zu ergattern. »Gebt euch doch zufrieden,« sagt Traute Lafrenz, »die nächste Etappe wird heißes Wasser sein.« Sophie Scholl erweitert den Blick in die Zukunft: »Wenn wir dies einmal unseren Enkelkindern erzählen, werden sie uns antworten: Oma schneid' net auf. Aber unsere Kinder werden sich vielleicht untereinander rühmen: Ätsch, mein Vater war im Konzentrationslager, meine Mutter hat im Gefängnis gesessen ...«

Am 10. Juli las der Schriftsteller Theodor Haecker vor einem Kreis von rund zwanzig Personen im Atelier auf dem Grundstück Leopoldstraße 38 aus seinen Werken, obwohl er seit 1936 totales Redeverbot hatte. Hans Scholl, der den Freund von Carl Muth inzwischen gut kannte, hatte ihn eingeladen und den Abend organisiert. Dem Dreiundsechzigjährigen wird das Treffen mit den Studentinnen und Studenten gut getan haben, die fasziniert seinem Vortrag lauschten. Als Haecker gegangen war, blieben alle noch zusammen und tranken Tee. Sophie Scholl, die neben ihrer Schwester saß, sagte unvermittelt: »Der hat ein demütiges Gesicht, bei dem weiß man bestimmt, dass er fromm ist.« Inge Scholl fuhr allein zurück nach Solln. Am nächsten Tag war sie wieder mit Sophie und Hans verabredet. Die Drei wollten am Bahnhof ihren jüngsten Bruder Werner noch einmal treffen, der über München an die Front nach Russland fahren sollte. Doch der Zug nahm einen anderen Weg. Einen Ersatz für das Stück Butter, das er für die Geschwister im Gepäck hatte, schickte Lina Scholl mit der Post nach München und schrieb dazu, Werner sei nun »diesem Verderben preisgegeben, aber Gott kann ihn retten«.

Statt zum Bahnhof gingen Inge, Hans und Sophie Scholl in die Vorlesung von Professur Kurt Huber über »Leibniz und seine Zeit«. Am 16. Juli war Inge Scholl mit den Geschwistern in der Schmorell-Villa, wo am Abend wieder eine Lesung in verteilten Rollen stattfand, immer noch »Der Seidene Schuh« von Paul Claudel. Wo man sich in diesen Tagen auch traf, irgendwann fielen die Stichworte »Flugblätter« und »Weiße Rose«. Eine Diskussion über das Für und Wider solcher Aktionen begann, in die sich Hans Scholl und Alexander Schmorell ab und an einmischten, nachhakten, nachfragten.

Inge Scholl konnten die Gesprächsfetzen nicht entgehen, nicht die Blicke, die hin und her wanderten, nicht die Vermutungen, die ungesagt im Raum standen. Sie wusste aus vielen Diskussionen in Ulm mit Hans und Sophie Scholl, wie entschieden ihre Gegnerschaft zum Nationalsozialismus war und wie sehr es sie bedrückte, nur passiv zuzuschauen. In diesen schönen Julitagen in München mussten bei Inge Scholl die Vermutungen wachsen, dass ihre Geschwister etwas mit den Flugblättern der »Weißen Rose« zu tun hatten. Und mit den Ahnungen wuchsen die Ängste. Am 13. Juli fasst Inge Scholl in Solln im Tagebuch ihre Empfindungen in einem Gebet zusammen: »Vater, o nimm mich auf. Sieh diese Angst, die sich wie eine Last auf meine Seele wälzt … es ist nicht zu ertragen, o lass mich Deine Nähe fühlen. … Hans – Deinen Engel lass ihn um ihn sein. Hilf Du, dass ich ihm das rechte Wort sagen kann.«

Drei Tage später, nach der Claudel-Lesung, gehen Inge und Hans Scholl noch lange gemeinsam durch den lauen Sommerabend. Sie führen ein intensives Gespräch, über Kultur und Glauben, über die Macht und das Böse. Es wäre eine gute Gelegenheit, nach den Flugblättern zu fragen. Aber Inge Scholl findet das rechte Wort nicht. In ihren »Erinnerungen an München« schreibt sie, dass sich die Informationssplitter in ihrem Kopf »je nach Gesichtspunkten und Zufälligkeiten aus einer Mücke jäh zu einem Elefanten aufblähen konnten. Und doch hatte ich eine rätselhafte Scheu, Hans einfach einmal offen darüber zu befragen«. Es ist an der Zeit, die Geschichte der ersten vier Flugblätter im Sommer 1942 zu erzählen, die den Titel »Die Weiße Rose« trugen und damit in die Geschichte eingegangen sind.

Zwischen dem 27. Juni und dem 12. Juli 1942 haben Hans Scholl und Alexander Schmorell von München aus an rund hundert Personen nacheinander vier Flugblätter per Post verschickt. Beide haben den Text der Flugblätter heimlich im Zimmer von Alexander Schmorell in der väterlichen Villa in München-Harlaching mit der Schreibmaschine auf Matrizen getippt und anschließend auf einem Vervielfältigungsapparat abgezogen. In seinen Vernehmungen nach der Festnahme am 18. Februar 1943 sagte Hans Scholl aus, dass er den Anstoß zu dieser Aktion gegeben und Schmorell sofort seine Mitarbeit angeboten habe. Das erste und vierte Flugblatt habe er allein geschrieben, Schmorell vom zweiten und dritten Flugblatt je den zweiten Teil beigesteuert. Die Zielgruppe waren bürgerliche Intellektuelle, die man zum Widerstand gegen das nationalsozialistische Regime aufrütteln wollte – Professoren, Buchhändler, Ärzte, Schriftsteller –, aber auch Verwandte, Freunde und Studienkollegen. Hans Scholl hatte die Idee, einige Flugblätter an Gasthäuser und Cafés zu schicken: »Ich wollte dadurch erreichen, dass sie populär werden, denn ich hoffte, dass die Wirte es an ihre Gäste weitererzählen.«

War Sophie Scholl in die Aktion involviert? Wenn nicht, erfuhr sie anschließend, dass ihr Bruder einer der Verfasser war? In ihrer Vernehmung nach der Festnahme hat Sophie Scholl zu diesem Komplex drei Aussagen gemacht. Im Sommer 1942 habe sie mit ihrem Bruder die ersten Gespräche über mögliche Widerstandsaktionen geführt: »Es war unsere Überzeugung, dass der Krieg für Deutschland verloren ist, und dass jedes Menschenleben, das für diesen verlorenen Krieg geopfert wird, umsonst ist.« Im Juli sei der Gedanke an Flugblätter aufgetaucht. Doch erst im Dezember 1942 hätten sie und ihr Bruder den Entschluss gefasst, »ein Flugblatt in größerer Zahl herzustellen und zu verbreiten«. Was die Flugblätter der »Weißen Rose« vom Sommer 1942 betraf, erklärte Sophie Scholl: »Ich muss ganz entschieden bestreiten, sowohl mit der Abfassung, der Herstellung oder

Verbreitung dieser Schrift auch nur das Geringste zu tun zu haben.« Zuvor hatte sie zugegeben, dass Traute Lafrenz ihr »etwa Mitte Juli« 1942 während einer Vorlesungspause ein Flugblatt zum Lesen gegeben habe. Ihr Bruder habe daneben gestanden, aber »weder durch Mienen, Gebärden oder Bemerkungen erkennen lassen, dass er mit dieser Schrift, das heißt mit der Herstellung und Verbreitung, irgendetwas zu tun hatte«. Wenige Tage später habe sie den Bruder gefragt, wer wohl als Verfasser in Frage komme. Er habe geantwortet, »es sei nicht gut, nach dem Verfasser zu fragen, weil man diesen dadurch nur gefährde«.

Die gleiche Frage hatte Traute Lafrenz Hans Scholl gestellt. Sie war fest überzeugt, das er dahinter steckte: »Der Inhalt der Flugblätter erschien mir sofort als Reflexion all unserer Gespräche. Ich entdeckte sofort die Literatur, die wir gelesen hatten, zum Beispiel von Schiller. Wir hatten ja viel über Staatsbildung gesprochen und darüber, wie ein richtiger Staat aussehen sollte.« Sollte Sophie Scholl diese Ähnlichkeit entgangen sein? Sollte sie sich wirklich nicht darüber mit Traute, die sie fast täglich sah, bei der sie oft zum Mittagessen war, ausgetauscht haben? Alles spricht dafür, dass Sophie Scholl davon ausging: ihr Bruder war in die Herstellung der »Weiße-Rose-Flugblätter« eingebunden. Ebenso naheliegend ist, dass Hans Scholl ihr beim Nachfragen seine Urheberschaft zugegeben hat. Mit letzter Klarheit allerdings wird sich dieser Komplex nicht klären lassen.

Eine Überlieferung allerdings ist mit Sicherheit Fiktion und von keinen Fakten gedeckt. Inge Scholl beschreibt in ihrem Buch »Die Weiße Rose«, wie Sophie Scholl mitten in der Nacht auf dem Schreibtisch in Hans Scholls Zimmer ein Buch entdeckt, in dem das Schiller-Zitat markiert ist, das im Flugblatt auftaucht. (Übrigens hatten die beiden im Sommersemester keine gemeinsame Wohnung.) Als er zurückkommt, stellt sie ihn zur Rede. Er wiegelt ab, da erwidert sie: »Aber Hans. Allein schafft man so etwas nicht.« Hätten Hans und Sophie Scholl zu ihren Lebzeiten ihrer Schwester Inge von dieser Szene berichtet, hätten sie damit Inge Scholl in die Aktion »Weiße Rose« eingeweiht. Inge Scholl jedoch hat zeitlebens erklärt, vom aktiven Widerstand ihrer Geschwister durch Flugblätter erst mit der Verhaftung von Sophie und Hans Scholl und dem Prozess am 22. Februar 1943 erfahren zu haben. Nach der Verhaftung hat Inge Scholl ihre beiden Geschwister nicht mehr gesehen.

Die Frage bleibt, ob Sophie Scholl im Verhör die Wahrheit sagte, als sie jede Tätigkeit an der Flugblatt-Aktion »Die Weiße Rose« im Sommer 1942 abstritt. Dabei darf eines nie vergessen werden: Logik hilft bei der Deutung von Gestapo-Verhören nicht weiter. Es ging bei den Vernehmungen von Sophie und Hans Scholl nicht nur um ihr eigenes, sondern um das Leben von anderen Menschen, die in die Aktion involviert waren oder zu Unrecht von der Gestapo verdächtigt wurden. Sie waren nach ihrer Festnahme einem Staat ausgeliefert, der kein Rechtsbewusstsein kannte und dem die Menschenwürde nichts bedeutete. Die Geschwister mussten sich – und das bei getrennten Vernehmungen – in die Gedanken der Gestapo hineinversetzen, vor jeder Aussage abwägen, wie sie aufgefasst würde und was sie auslösen konnte. Eine unbedachte oder gut gemeinte Aussage konnte katastrophale Folgen für andere haben. Wenn sie falsche Fährten legten, mussten die immer in sich plausibel sein. Es gibt eine, bisher vernachlässigte Spur, dass Sophie Scholl – entgegen ihrer Aussage – schon im Frühjahr die Möglichkeit in Betracht zog, Flugblätter herzustellen.

Gleich nach dem Krieg gab Fritz Hartnagel zu Protokoll, Sophie Scholl habe ihm während einer Bahnfahrt im Mai 1942 – es muss sich um den Wochenendurlaub Tübingen–Freiburg–Konstanz gehandelt haben –, einen Bezugsschein für einen Vervielfältigungsapparat gegeben. Damit sie ihn nutzen könne, sollte er ihn mit einem Wehrmachtsstempel versehen. Danach befragt, erzählte ihm Sophie Scholl etwas über die geplante Verwendung. Die hatte Fritz Hartnagel so gründlich verdrängt, dass er sich später nicht mehr daran erinnern konnte. Wohl aber an den folgenden Dialog: »Bist Du Dir im Klaren, dass dies Dich den Kopf kosten kann?« – »Ja, darüber bin ich mir im Klaren.« Zudem bat Sophie ihn um 1000 Reichsmark »für einen guten Zweck«. Die erhielt sie, den Bezugsschein steckte Fritz Hartnagel ein. Gesprochen haben sie an diesen und den wenigen gemeinsamen Tagen in München, die Fritz von der Front in Russland trennten, nicht mehr darüber.

Fritz Hartnagels Erinnerung wird von einem untrüglichen Beweis bestätigt – einem Brief vom 31. August 1942 aus dem fernen Russland, den er mit der Bemerkung schließt: »Den gewünschten Bezugsschein kann ich nur unter Schwierigkeiten erhalten, ich habe immer noch Bedenken und weiß nicht, ob der Zweck eventuelle Unannehmlichkeiten rechtfertigen würde.« Sophie Scholls Bitte im Mai um den Bezugsschein und Geld hat nur Sinn, wenn sie zuvor mit ihrem Bruder Hans über eine Flugblattaktion gesprochen hat. Dass Hans Scholl die Flugblatt-Idee im Juni mit Alexander Schmorell realisiert, ohne Sophie Scholl einzuweihen, spricht nicht dagegen.

Als Inge Scholl am 18. Juli zurück nach Ulm fuhr, stand schon fest, dass Hans Scholl und seine Freunde, die in München als angehende Mediziner in einer Studentenkompanie zusammengefasst waren, bald an der russischen Front Dienst tun mussten. Am 19. Juli, einem Sonntag, schreibt Sophie Scholl eine Kunstpostkarte, auf der Vorderseite ein Stillleben mit Blumen und Früchten von Cézanne: »Dies wird für längere Zeit der letzte Gruß aus München sein. In meinem Zimmer sieht es wüst aus, das färbt auch auf mich ein bisschen ab, ich bin froh, wenn ich in Ulm bin. Mein Bruder muss übermorgen nach Russland (mein jüngerer ist ihm bereits vorausgegangen) ebenso die meisten Freunde. Wie wird unser nächstes Zusammentreffen sein? In diesem Jahr wird noch eine Entscheidung fallen. Mit jede Fiber seines Wesens wartet man auf sie. Dir alles Gute! Deine Sophie Sch.« Es gibt weder Adresse noch Anrede, vielleicht war Waldemar Gabriel gemeint. Am nächsten Tag schickt sie ein Telegramm an Hans Scholl, der übers Wochenende nach Bad Tölz gefahren war: »Du kommst Mittwoch nach Krakau – Sophie.«

Dann ging alles sehr schnell. Am 23. Juli kamen alle, die sich im vergangenen Semester an einem der vielen anregenden Abende zu Lesungen, Konzerten und Gesprächen begegnet waren, ins Eickemeyer-Atelier in der Leopoldstraße, um Abschied zu feiern. Auch Professor Kurt Huber und Manfred Eickemeyer waren eingeladen. Hans Scholl und Alexander Schmorell regten die Diskussion an. Sollte man in der Heimat passiven Widerstand leisten? Sollte man als Soldat an der Front wirklich schießen und Menschen töten, auch wenn er ein Feind war? Die Meinungen waren geteilt, und wie immer diskutierten fast ausnahmslos die Männer. Sophie Scholl und Traute Lafrenz, beide gewiss nicht ohne Meinung und nicht um Worte verlegen – sie schwiegen meist. Nicht aus Schüchternheit, sondern weil das auch im Jahre 1942 und unter jungen modernen Menschen die Rolle der Frauen war. Und wäre es klug gewesen, in diesen Zeiten die Emanzipation zu proben?

Dazu gehört ins Bild: »Sophie und ich haben im Anschluss daran aufgeräumt und sauber gemacht.« Das sagte Traute Lafrenz Jahre später in Erinnerung an das Abschiedsfest. Am nächsten Morgen, sammeln sich die Medizin-Studenten am Münchner Ostbahnhof zur Abfahrt. Fotos werden gemacht. Sie zeigen Sophie Scholl mal lachend, mal ernst; mal die Blume im Haar, mal in der Hand. Vier Stunden dauert die Warterei. Vier Tage später wird Sophie aus Ulm an Lisa Remppis schreiben: »Jedes kleine Wort und jede kleine Gebärde des Abschieds ist noch so lebendig in mir; ich hätte nicht geglaubt, dass ich so an ihnen allen, vor allem an Hans, hänge. Hoffentlich können wir uns bald alle gesund wiedertreffen.« Dass Sophie Scholl zum Abschiednehmen am Bahnhof war, hatte sie Traute zu verdanken: »Es gab nämlich nur ein Fahrrad. Sophie wollte dorthin und ich natürlich auch. Ich sagte schließlich zu ihr: ›Ach, geh du doch, ich bleib hier. Nimm das Fahrrad und fahre zum Bahnhof.‹ Schade war, dass ihr dann unser einziges Fahrrad am Ostbahnhof gestohlen wurde.«

Am Samstag, dem 25. Juli, fährt Sophie Scholl nach Hause. Das Semester ist zu Ende, aber die Semesterferien sind nicht frei. Der obligate »Rüstungseinsatz«, meist mehrwöchige Arbeit in einer Fabrik, wartet auf sie. Aus den Radios dröhnen wieder die Siegesfanfaren. In Russland sind Kertsch und Charkow eingenommen. Die deutschen Truppen rücken weiter vor. Die deutsche U-Boot-Flotte meldet Erfolge im Atlantik, und in Nordafrika schlägt Feldmarschall Erwin Rommel die Engländer. In Ulm erhielt Sophie Scholl einen Brief Fritz Hartnagels: »Wir befinden uns mitten im Vormarsch Richtung Stalingrad und stehen zur Zeit etwa 150 km vor dem östlichsten Donbogen.« Sie und die Familie waren dank seiner Briefe gut informiert. Das hatte Sophie Scholl nicht gehindert, im Juli ihre Hoffnung auf ein baldiges »Ende« in ihrem Sinn nach Osten zu schicken, verbunden mit der Hoffnung auf ein Wiedersehen. Am 1. August bekommt sie dazu eine Einschätzung von Fritz Hartnagel: »Du bist arg optimistisch, wenn Du meinst, dass ich bis zu Deinem Semesterbeginn wieder bei Dir gewesen bin.« Er liefert sogleich eine militärische Einschätzung hinzu: »Die zur Zeit laufenden Operationen dauern bestimmt noch bis Einbruch des Winters an, und wer weiß, ob wir dann den Winter über aus Russland herausgezogen werden ... Und an Urlaub aus Russland heraus ist kaum zu denken.«

Fritz Hartnagel bedrückt, was manchen anderen mit Stolz erfüllen würde: »Ich wurde heute zum Hauptmann befördert!« Sophie könne sich seine zweifelhaften Gefühle denken: »Nun bin ich wieder eine Stufe weiter in ein System gedrängt, dem ich am liebsten den Rücken kehren möchte. Ich komme mir vor wie eine Puppe, die nach außen darstellt, was sie innerlich gar nicht ist.« Genau zwei Jahre sind es her, als Fritz Hartnagel im August 1940 bei aller Kritik an der Wehrmacht schrieb, er »sehe im Soldatentum eine Lebenshaltung« und stolz war »auf das Soldatische an sich«. Damals muss ihm die kritische Antwort von Sophie Scholl kalt und gnadenlos vorgekommen sein.

Angestoßen und ermutigt von Sophie Scholl, ist Fritz Hartnagel einen langen Weg gegangen, und nicht vergebens. Mitten in der russischen Steppe, bei brütender Hitze, täglich vom Tod bedroht, schreibt er: »Wie beruhigend ist es, dass ich ein Gut doch wenigstens ahne, das mir niemand nehmen kann, das mich über alles in eine Glückseligkeit erhebt, wenn ich es mir mit ganzem Herzen erstrebe. Wenn auch so vieles ausweglos erscheint, so kann ich doch in froher Hoffnung leben. In meinem Hoffen und Wünschen und Bitten bist Du meine liebe Sofie mit eingeschlossen wie ich selbst.« Auch Sophie Scholl war im Sommer 1942 von Hoffnung erfüllt. Weil sie Menschen in München kennengelernt hatte, die den Zustand unter der

*24. Juli 1942 am Münchner Ostbahnhof: hinter dem Zaun Sophie Scholl, Alexander Schmorell rechts, Hans Scholl dritter von rechts*

nationalsozialistischen Herrschaft unerträglich fanden. Die umgetrieben wurden von der Frage: Können, müssen wir etwas dagegen tun? Und weil die »Flugblätter der Weißen Rose« ein sichtbares Zeichen gesetzt hatten.

Flugblätter der Weißen Rose, I
*Daher muss jeder einzelne seiner Verantwortung als Mitglied der christlichen und abendländischen Kultur bewusst in dieser letzten Stunde sich wehren so viel er kann … Leistet passiven Widerstand – Widerstand – wo immer ihr auch seid, verhindert das Weiterlaufen dieser atheistischen Kriegsmaschine, ehe es zu spät ist, ehe die letzten Städte ein Trümmerhaufen sind, gleich Köln, und ehe die letzte Jugend des Volkes irgendwo für die Hybris eines Untermenschen verblutet ist. … Der Staat ist niemals Zweck … Aus Goethe »Des Epimenides Erwachen«: Und das schöne Wort der Freiheit / Wird gelispelt und gestammelt, … Freiheit! Freiheit! Freiheit!*

Flugblätter der Weißen Rose, II
*Aber wenn diese Katastrophe uns zum Heile dienen soll, so doch nur dadurch: Durch das Leid gereinigt zu werden, aus der tiefsten Nacht heraus das Licht zu ersehnen, sich aufzuraffen und endlich mitzuhelfen, das Joch*

*abzuschütteln, das die Welt bedrückt. ... die Tatsache, dass seit der Eroberung Polens dreihunderttausend Juden in diesem Land auf bestialische Weise ermordet sind. Hier sehen wir das fürchterlichste Verbrechen an der Würde des Menschen ... Ein jeder will sich von einer solchen Mitschuld freisprechen, ein jeder tut es und schläft dann wieder mit ruhigstem, bestem Gewissen. Aber er kann sich nicht freisprechen, ein jeder ist schuldig, schuldig, schuldig!*

Flugbätter der Weißen Rose, III
*Jeder einzelne Mensch hat einen Anspruch auf einen brauchbaren und gerechten Staat, der die Freiheit des einzelnen als auch das Wohl der Gesamtheit sichert. ... Wir wollen versuchen ihnen zu zeigen, dass ein jeder in der Lage ist, etwas beizutragen zum Sturz dieses Systems ... Der Sinn und das Ziel des passiven Widerstandes ist, den Nationalsozialismus zu Fall zu bringen und in diesem Kampf ist vor keinem Weg, vor keiner Tat zurückzuschrecken ... ein Sieg des faschistischen Deutschland in diesem Kriege hätte unabsehbare, fürchterliche Folgen. ... Sabotage in rüstungs- und kriegswichtigen Betrieben ... Sabotage in allen Zweigen der bildenden Künste, die nur im geringsten im Zusammenhang mit dem Nationalsozialismus stehen und ihm dienen. ... Opfert nicht einen Pfennig für Straßensammlungen.*

Flugblätter der Weißen Rose, IV
*Täglich fallen in Russland Tausende. ... Hitler aber belügt die, deren teuerstes Gut er geraubt und in den sinnlosen Tod getrieben hat. ... man muss mit rationalen Mitteln den Kampf wider den nationalsozialistischen Terrorstaat führen; wer aber heute noch an der realen Existenz der dämonischen Mächte zweifelt, hat den metaphysischen Hintergrund dieses Krieges bei weitem nicht begriffen. ... Hat Dir nicht Gott selbst die Kraft und den Mut gegeben zu kämpfen? Wir müssen das Böse dort angreifen, wo es am mächtigsten ist, und es ist am mächtigsten in der Macht Hitlers. ... Novalis: »... Nur die Religion kann Europa wieder aufwecken und das Völkerrecht sichern und die Christenheit mit neuer Herrlichkeit sichtbar auf Erden in ihr friedenstiftendes Amt installieren.« ... Vergesst auch nicht die kleinen Schurken dieses Systems, merkt Euch die Namen, auf dass keiner entkomme! ... Wir schweigen nicht, wir sind Euer böses Gewissen, die Weisse Rose lässt Euch keine Ruhe! Bitte vervielfältigen und weitersenden!*

## SICH AUF DIE SEITE DER SIEGER SCHLAGEN

*August bis Oktober 1942*

Die geschrumpfte Scholl-Familie – die Eltern, Inge und Sophie – saß am 27. Juli 1942 beim Sonntagmorgenkaffee in der schönen Wohnung am Münsterplatz, als die Post kam. Sophie Scholl freute sich über einen Brief von Lisa Remppis, Robert Scholl erhielt ein Schreiben vom Gericht, in dem ihm als Prozesstermin der 3. August mitgeteilt wurde. Robert Scholl war wegen »Heimtückevergehens« vor dem Sondergericht für den Oberlandesgerichtsbezirk Stuttgart unter Leitung seines Senatspräsidenten Hermann Albert Cuhorst angeklagt. Die Verhandlung fand in Ulm statt. Der Staatsanwalt hatte sich Zeit gelassen seit dem Verhör durch die Gestapo Mitte Februar. Die Anklageschrift warf Robert Scholl vor, mit seinen Äußerungen gegenüber seiner Mitarbeiterin »das Vertrauen des Volkes zur politischen Führung zu untergraben«. Seine »Bezeichnung des Führers als ›Gottesgeißel‹« sei »böswillig im Sinn des § 2 Absatz 2 des Heimtückegesetzes«. Das 1934 erlassene Gesetz gegen »heimtückische Angriffe« auf das Wohl des Reiches, die Regierung und die NSDAP sah im Höchstfall lebenslanges Zuchthaus, sogar die Todesstrafe vor.

Sophie Scholl antwortete Lisa Remppis noch am gleichen Tag, weil sie auf gemeinsame Ferientage im Herbst hoffte: »Allerdings, wie es bis dahin um uns steht, weiß ich nicht, denn in einer Woche ist die Gerichtsverhandlung wegen der Sache mit meinem Vater, und wir dürfen kaum Hoffnung hegen, dass er danach noch einmal heimkehren darf. Mein Studium werde ich dann vorläufig aufgeben.« Als Reaktion auf den Gerichtsbrief verabredete sich Sophie Scholl mit Traute Lafrenz in München. Gemeinsam räumten sie die Zimmer von Hans und Sophie auf und entfernten alles, was in den Augen der Machthaber verdächtig sein könnte. Ganz anders die Reaktion von Inge Scholl. So bedrückt und ohnmächtig fühlte sie sich und so mächtig war ihr Bedürfnis nach Trost, dass sie noch am Sonntag, als die Vorladung gekommen war, wieder nach Solln fuhr. Im Korb Pflaumen, Eier und was Lina Scholl sonst an Nahrhaftem für Carl Muth entbehren konnte. Inge Scholl traf den Freund im Garten an, zusammen mit Theodor Haecker. Sie blieb bis zum nächsten Morgen und fuhr mit »Mut und Gelassenheit« nach Ulm zurück.

Als das Gericht am 3. August zusammentrat, leugnete Robert Scholl die Gesprächswiedergaben im Großen und Ganzen nicht, versuchte aber, ihnen eine andere Deutung zu geben. Ob Richter Cuhorst, der wegen seiner harten und willkürlichen Urteile gefürchtet war, sich an den Sohn des Angeklagten erinnerte, der im Juni 1938 vor ihm gestanden und den er erstaunlich milde beurteilt hatte? Auch Robert Scholl kam – verglichen mit sonstigen Urteilen der Unrechtsjustiz – glimpflich davon. Das »bisherige tadelfreie Vorleben« wurde berücksichtigt, und es sei nicht erwiesen, »dass der Angeklagte aus grundsätzlich staatsfeindlicher Einstellung heraus gehandelt« habe. Eine »gewisse eigenbrödlerische, wirklichkeitsfremde Haltung« wurde ihm zugebilligt, »und er mag auch über das Schicksal seiner bei der Wehrmacht stehenden Söhne beunruhigt gewesen sein«. Als ob der Richter eine mögliche Kritik am Urteil im Keim ersticken wollte, hieß der letzte Satz: »Eine Gefängnisstrafe von 4 Monaten erschien erforderlich, aber auch ausreichend.« Robert Scholl konnte erst einmal als freier Mann nach Hause gehen. Mitte August erfährt Robert Scholl, dass er seine Strafe am 24. August antreten muss. Er fährt nach Stuttgart zu Eugen Grimminger und bittet ihn, während der Haftzeit sein Ulmer Steuerbüro mit zu betreuen. Von Grimminger hatten die Scholls im November 1941 erfahren, dass von Stuttgart aus Juden in den Osten deportiert wurden.

Am 23. August, es ist ein Sonntag, trifft in der Wohnung am Münsterplatz die Nachricht ein, dass Ernst Reden an der Front in Russland gefallen ist. Als Sophie Scholl, die zu Hause ist, davon erfährt, soll sie – so die Überlieferung – gesagt haben: »Schluss. Jetzt werde ich etwas tun.« Am nächsten Tag schließen sich hinter Robert Scholl die Gefängnistore in der Thalfingerstraße. Er darf einmal im Monat einen Brief schreiben, zwei erhalten und zweimal Besuch empfangen. An den täglichen Leibesübungen muss er nicht teilnehmen und bekommt die Sondererlaubnis, die »Frankfurter Zeitung« lesen zu dürfen.

Am 2. September schreibt Lina Scholl den ersten Brief an ihren Mann im Gefängnis. Am Anfang wirkt sie etwas streng: »Genügend zu essen, ist jetzt Deine Pflicht, die Einfachheit der Aufmachung darf dich nicht davon abhalten, auch nicht die Sorgen.« Dann geht es hinüber in andere, emotionale Regionen: »Auch meine Gedanken sind meist bei Dir, an irgendeinem Platz des Herzens ist es sogar wie ein Ruhepunkt. Und abends besuchen wir Dich oft, machen einen Rundgang und werfen die Frankfurter ein.« Manchmal nimmt Sophie Scholl ihre Blockflöte mit und spielt vor den Gefängnismauern »Die Gedanken sind frei …«. Über die jüngste Tochter berichtet die Mutter dem Vater: »Sofie ist munter, sie darf schon 5 Uhr Schluss machen.

Daheim badet sie jeden Abend und geht früh zu Bett. Ihr Darm ist besser.« Es kommt eine Menge zusammen für Sophie Scholl: am 23. Ernst Reden gefallen, seit dem 24. der Vater im Gefängnis, und ungefähr um dieses Datum beginnt Sophie Scholl den verhassten »Kriegshilfsdienst« in der Schraubenfabrik Constantin Rauch. (Die bisherige Überlieferung, Sophie Scholl habe in der Rüstungsfabrik Vernor gearbeitet, wird durch einen Ausweis der Fabrik Constantin Rauch widerlegt, Sophie Scholl »ist berechtigt, um 17 Uhr den Betrieb zu verlassen«.) Ist Sophie Scholl wirklich munter?

Drei Tage nach dem Prozess, am 6. August, schreibt sie in ihr Tagebuch: »So schwach bin ich, dass selbst das von mir Erkannte nicht in meinem Leben wahr und wirksam wird …« Es gelinge ihr nicht, sich Gottes Willen zu überlassen: »Und doch möchte ich es und bin glücklich bei dem Gedanken, dass er es ist, der alles regiert.« Sie bittet Gott um ein mitleidiges Herz: »Ein Kind kann mitleiden, aber ich vergesse oft die Schmerzen, die mich erdrücken müssten, die Schmerzen der Menschen.« In ihrer Eintragung vom 9. August spricht sie von »seltsam bedrückenden Gefühlen«, die ihre Träume beherrschen. Zugleich wundert sie sich über »fromme Leute«, die um die Existenz Gottes fürchten, weil Menschen versuchen, seine Spuren auszulöschen. Sie spüre, dass alles in Gottes Hand liegt und will sich keiner Untergangsstimmung hingegeben. Jeder Mensch müsse jederzeit damit rechnen, von Gott zur Rechenschaft gezogen zu werden: »Eine Bombe könnte uns heute Nacht alle vernichten. Und dann würde meine Schuld nicht kleiner, als wenn ich mit der Erde und den Sternen untergehen würde.« Es dominiert der Wille, nicht zu verzweifeln, und über dem eigenen Unglück nicht das Leid der anderen zu vergessen. Möglich wird es, weil Sophie Scholls Glaube gewachsen und der ferne Gott näher gekommen ist. Sie kann ihn spüren, und das hat Folgen für die Lebensplanung. In einem Brief vom 31. August freut sich Fritz Hartnagel mit Sophie Scholl »auf die neue 2-Zimmer-Wohnung« in München. Keine Rede mehr davon, das Studium aufzugeben. Sophie Scholl hat nach dem milden Urteil für ihren Vater schon für das Wintersemester geplant.

Jeden Abend baden, früh ins Bett gehen: Sophie Scholls Disziplin in diesen Wochen erinnert an ihr Lagerleben beim Arbeitsdienst, als sie der massiven Freiheitsbeschränkung ihre eigenen Strukturen entgegensetzte. Auch jetzt hat der staatlich verordnete Kriegshilfsdienst sie wieder im Griff. Sie muss am Morgen früh raus; die Schraubenfabrik liegt etwas außerhalb von Ulm. Auch jetzt ist sie entschlossen, den äußerlichen Widrigkeiten zu trotzen. Eine fast aufmüpfige Stimmung durchzieht ihren Brief an den Vater, den sie dem Schreiben der Mutter vom 2. September beilegt. Sie habe nie Sorge gehabt, »dass Dein guter Mut durch Deine sogenannte Strafe gebrochen werden könnte«. Sie ist überzeugt, »dass diese Zeit für Dich notwendig ist und in einem uns noch unbekannten Sinne sogar das Beste für Dich«. Was dann folgt, erinnert an den Aufruf im vierten »Flugblatt der Weißen Rose«, wo es heißt: »Vergesst auch nicht die kleinen Schurken dieses Systems, merkt Euch die Namen, auf dass keiner entkomme!« Sie werde »nicht das kleinste Wort derer vergessen, die es soweit gebracht haben«, verspricht Sophie Scholl ihrem Vater. Das ist ein kaum verhüllter Blick in eine andere Zukunft, wenn Menschen wie Robert Scholl nicht mehr im Gefängnis sitzen, dafür aber die, die jetzt die Macht haben.

So offen wie der Brief bis dahin ist, schildert sie auch die Erfahrungen ihrer Fabrikarbeit. Sophie Scholl findet es »entsetzlich, dass viele Menschen täglich 10 Stunden ihres ganzes Lebens von dieser geist- und leblosen Beschäftigung in Anspruch genommen sind«. Wieder ein kurzer doppeldeutiger Blick in die Zukunft: »Doch der Betrieb ist ja kriegsmäßig und nachher wird sich das ändern. Hoffentlich. Mich hat das Schicksal so vieler doch tiefer berührt, als wenn ich bloß von außen geurteilt hätte.« Die Mutter hatte in ihrem Brief schon geschrieben, dass Sophie Scholl auch von einem Einzelschicksal berührt wurde: »Ein russisches 16jähriges Mädchen arbeitet neben ihr, der bringt sie ein Pausenbrot, weil die keines bekommen.« Im Oktober 1942 arbeiten etwa 1000 Zwangsarbeiter und -arbeiterinnen in Ulm. Über den ganzen Krieg sind es insgesamt rund zehn Millionen Menschen, die aus ihrer Heimat nach Deutschland verschleppt wurden, um Zwangsarbeit zu verrichten. An Lisa Remppis schreibt Sophie Scholl, dass die Russinnen, die in der Fabrik arbeiten, »viel kindlicher« sind als die deutschen Arbeiterinnen, »das ist ein schöner, rührender Zug an ihnen«. Den Brief an den Vater schließt sie mit den Grüßen von vielen Freunden, die alle an einer Mauer von Gedanken um ihn bauen: »Du spürst doch, dass du nicht allein bist, denn unsere Gedanken, die reißen die Schranken und Mauern entzwei: die Gedanken –!«

Auch Inge Scholl hat dem Brief von Lina Scholl an den Vater einen eigenen hinzugefügt. In den Zeilen der jüngsten und der ältesten Tochter spiegeln sich die unterschiedlichen Temperamente und Lebensgefühle. Auch Inge Scholl tröstet den Vater, aber auf einer anderen, geistlichen Ebene. Sie möchte »ganz viel Ungemach« auf sich nehmen, »wenn Deine Leiden dadurch gemindert würden«. Allerdings »kämen wir nie so tief mit dem wahren Sinn des Lebens in Berührung, wenn uns der Schmerz erspart bliebe«. Dann nimmt sie auf, wie Robert Scholl in seinem ersten Gefängnisbrief sein Leid deutet: »Dass Du es hinnimmst für vergangene Fehltritte. Und nicht allein Dir, lieber Vater, auch für die Verschuldung der Mitmenschen darf dieses persönliche Leid eine Sühne sein, eine Abbuße.« Inge Scholl leidet intensiv mit dem Vater. Das Provokative, Vorwärtsgerichtete, das Sophie Scholls Zeilen auszeichnet, ist ihre Sache nicht. Inge Scholl blickt nach innen, Sophie Scholl vergisst die Welt draußen nicht. Ganz selbstverständlich setzt sie sich an des Vaters Stelle, wenn es darum geht, die politische Situation zu beobachten: »Nun, da Du nicht mehr da bist, der uns immer auf dem Laufenden hält, höre ich gewissenhaft die Nachrichten und stehe oft vor der Karte Europas.« Als sich die Gelegenheit ergibt, in Ulm in eigener Verantwortung aktiv zu werden, handelt Sophie Scholl.

Von seiner Frau erfährt Robert Scholl am 2. September, »dass Sofie bei Suses Eltern zu Mittag essen darf, bin ich froh, auch Obst bekommt sie jedesmal.« Der Vater von Susanne Hirzel, Sophies Freundin seit »Jungmädel«-Tagen, ist Pfarrer an der Ulmer Martin-Luther-Kirche. Durch die Mittagessen während der Fabrikpause ist Sophie Scholl täglich im Pfarrhaus, und der Kontakt zwischen ihr und Susanne Hirzels jüngerem Bruder Hans wird enger. Der Achtzehnjährige macht sich Gedanken über den Staat, der ihn nach dem Abitur 1943 sogleich zum Wehrdienst einziehen und in den Krieg schicken wird. In den Weihnachtsferien 1941/42 hatte er Klärung bei Hans Scholl gesucht. Auf einem langen Winterspaziergang lässt Hans Scholl keinen Zweifel daran, dass sie in einer Diktatur leben, die Freiheit und Menschenwürde nicht achtet. Aber zu diesem Zeitpunkt, so Hans Hirzel viele Jahre später, habe Hans Scholl Widerstand abgelehnt. Man dürfe nicht »ins Rad der Geschichte« greifen. Im Sommer 1942 findet Hans Hirzel in seiner Ulmer Post das erste »Flugblatt der Weißen Rose«, abgestempelt in München – und vermutet sogleich Hans Scholl hinter dieser Aktion. Er fährt am 23. Juli nach München, um mehr zu erfahren, und landet unversehens in der Abschiedsfeier im Atelier Eickemeyer, bevor Hans Scholl am nächsten Tag mit anderen Medizinstudenten zum Einsatz nach Russland verbracht wurde.

Eines Tages nach dem Mittagessen im Pfarrhaus fragt ihn Sophie Scholl, ob er bereit sei, einen Vervielfältigungsapparat zu kaufen, um »Flugblätter« herzustellen. Hirzel sagt »ja«. Sie gibt ihm achtzig Reichsmark, für die Hans Hirzel unter Angabe eines falschen Namens tatsächlich einen Vervielfältigungsapparat erstand. Sophie Scholl hatte genug eigenes Geld: Im Mai hatte ihr Fritz Hartnagel in München 1000 Mark gegeben. Als er von Roberts Scholls Gefängnisaufenthalt erfuhr, überwies er Sophie Scholl sogleich 250 Mark. Vielleicht gab Fritz Hartnagel mit seinem Brief vom 31. August den letzten Anstoß, tatsächlich auszuführen, worauf Sophie schon lange in Gedanken vorbereitet war. Er hatte es abgelehnt, ihr den gewünschten Bezugsschein zu besorgen. Wohlweislich hatte er in seinem Brief nicht ausgesprochen, was Sophie Scholl mit dem Bezugsschein legal erwerben wollte: einen Vervielfältigungsapparat. Sophie Scholl zögerte nicht, mit dem Anwerben von Hans Hirzel ohne Rücksprache mit Hans Scholl eigenständig zu handeln. Ihre Tatkraft lässt vermuten, dass in Gesprächen mit dem Bruder im Juli in München weitere Flugblatt-Aktionen angedacht worden waren.

Im September wird Fritz Hartnagel klar, dass er einen weiteren Winter in Russland bleiben muss. Beim Planen der Quartiere kommt er bis Stalingrad: »Es war wohl der erschütterndste Eindruck von Elend und Trostlosigkeit, den ich in diesem Feldzug gewonnen habe.« Tausende von Flüchtlingen, alte Männer, Frauen und kleine Kinder, ohne Unterkunft, ohne irgendetwas zum Essen. Das Holz, das die deutschen Soldaten dringend zum Bauen von Unterkünften brauchen, ist längst abgebrannt. Am 16. September schreibt er Sophie Scholl, was im Nachhinein prophetische Worte sind: »Unser Schicksal hat sich nun schon mit ziemlicher Sicherheit entschieden. … Wahrscheinlich bleiben wir in der Gegend von Stalingrad. Ich hab mich schon einigermaßen damit abgefunden.« Als Lina Scholl ihn um ein Gnadengesuch für Robert Scholl bittet, damit er nicht vier Monate absitzen muss, schickt Fritz Hartnagel es umgehend mit Luftpost an Sophie Scholl: »Vier Monate ist eine lange Zeit, wenn ich mir vorstelle, dass es gerade heute vier Monate sind, dass ich von Dir Abschied nehmen musste.« Die ungeschminkten Briefe von der Front im Osten müssen Sophie Scholls Überzeugung gefestigt haben, dass der Krieg seinem Ende zugeht und die Niederlage die braunen Machthaber von ihren Thronen fegen wird.

Während die Briefe des kriegserfahrenen Fritz Hartnagel, ungeachtet der ziemlich hoffnungslosen Umstände, Zuversicht ausstrahlen, waren die Briefe, die Werner Scholl aus Russland nach Hause schickte, bedrückend. »Es sitzt mir seit Tagen eine ganze müde Stumpfsinnigkeit in den Gliedern und draußen regnet es unaufhörlich. Ich bin so verzagt«, schreibt der Zwanzigjährige am 18. September an Sophie Scholl. Er reagiert auf die Freiheitsbeschneidung des Soldatenlebens mit »Hassausbrüchen«, mit »körperlichem Ekel«. Für Werner Scholl gibt es nur einen Lichtblick, den »großen Tröster«, der alles Ungemach »durch ein überirdisches Licht tausendmal aufgehoben« hat. Er schließt: »Das sollte unser einziger Stolz sein, dass wir uns seine Kinder heißen dürfen.« Als der Brief in Ulm ankam, war Sophie Scholl von den Zwängen des Krieges wieder befreit. Unerwartet endete ihre

Arbeit in der Schraubenfabrik schon nach vier Wochen am 19. September 1942. Jetzt hatte sie frei bis zum Semesteranfang im November.

In der letzten Septemberwoche legt Sophie Scholl dem Brief der Mutter an den Vater ins Gefängnis ein paar Zeilen bei. Sie plant, im Oktober mit Schwester Liesl nach München zu fahren und Professor Muth in Solln ein wenig zu helfen. Danach wollen die beiden in ein verlassenes Bauernhaus im Bregenzer Wald fahren, »um an der Ordnung der Natur ein Gegengewicht für all das Schreckliche, das geschieht, zu finden«. Nicht umsonst liebt Sophie Scholl die Berge ganz besonders: »Beim Anblick der stillen Großartigkeit dieser Berge und ihrer Schönheit wollen einem die Gründe, die die Menschen für ihre unheilvollen Taten vorbringen, lächerlich und verrückt erscheinen, und man bekommt den Eindruck, sie wären gar nicht mehr Herr über sich und ihre Taten, sondern würden von einer bösen Macht getrieben.« Die Natur, vor allem im Gebirge, hält für Sophie Scholl einen großen Trost bereit: »Beim Anblick aber eines Abendhimmels über den Bergen und bei dem sanften Klang der Glocken erhebt sich ein andres Menschenbild vor mir.«

Zwei Wochen später, am 10. Oktober, sitzt Sophie Scholl im Garten hinter dem Häuschen von Carl Muth, staunt mit »sprachlosem Herzen« über die herbstliche Pracht und findet es »beinahe furchterregend, dass alles so schön ist. Trotz des Schrecklichen, das geschieht«. In ihrem Brief an Lisa Remppis bekennt sie, dass sich in ihre Freude an allem Schönen etwas Unbekanntes dränge, »eine Ahnung nämlich von einem Schöpfer«. Ihn preisen die »unschuldigen erschaffenen Kreaturen mit ihrer Schönheit«. Der Mensch allein könne hässlich sein, »weil er den freien Willen hat, sich von diesem Lobgesang abzusondern«. Dann kommt Sophie Scholl auf eine Idee zu sprechen, an der sie, leicht variiert, schon im Frühjahr Gefallen gefunden hat. Man könnte meinen, schreibt sie im Herbst 1942, der Mensch brächte es jetzt fertig, den Gesang der Natur zum Lobe Gottes »zu überbrüllen mit Kanonendonner und Flüchen und Lästern«. Aber sie hat eine tröstliche Botschaft: »Doch dies ist mir im letzten Frühling aufgegangen, er kann es nicht, und ich will versuchen, mich auf die Seite der Sieger zu schlagen.« Sophie Scholl spricht es nicht aus, aber dahinter steht: Es muss Menschen geben, die für diesen Glauben, der auch ein anderes Menschenbild umfasst als das der Nationalsozialisten, eintreten. Und was muss man fürchten, wenn man weiß, auf der Seite der Sieger zu sein?

Am 7. Oktober durfte Lina Scholl ihrem Mann wieder ins Gefängnis schreiben. Sie dankte ihm für seinen letzten Brief, »zur Zeit ist er bei Sofie in München«. Es gebe viel zu tun bei Herrn Professor Muth. Er sei sehr herzleidend, es gebe viele Besuche und Telefongespräche und seine Haushälterin renne dauernd in die Stadt. Liesl Scholl helfe kurzfristig bei einer bekannten Familie, wo im nächsten Monat das sechste Kind ankomme. Deshalb müsse ihre Fahrt mit Sophie in den Bregenzer Wald ausfallen. Die gibt nicht auf, Liesl zu überreden und schreibt am 13. Oktober eine Kunstkarte von Cézanne aus Solln: »Eben kam Mutters Doppelbrief. Sag ihr bitte meinen herzlichsten Dank, ich bin sehr froh darüber, ich war ganz leergebrannt. Willst du nicht doch noch ein paar Tage kommen? Ich habe noch eine ganze Woche zu tun.« Es wird ein neues Gefühl für Sophie Scholl gewesen sein, allein durch München zu streifen und in der Stadt jene Ruhe zu finden, nach der sie sich während des Semesters manchmal gesehnt hatte.

Einmal während der Arbeit bei Carl Muth ging sie ins nahe Harlaching, um im Zimmer von Alexander – Schurik – Schmorell nach Büchern zu sehen. Alexander Schmorell tat seit dem 23. Juli mit Hans Scholl und anderen Medizinstudenten in Lazaretten im Osten Dienst. Anfang August hatte Sophie Scholl in Ulm eine Seite aus ihrem Tagebuch gerissen, »weil sie von Schurik handelte«. Das empfand sie aber sogleich als zu dramatisch und fügte gelassen hinzu, sie werde Gott bitten, ihm den richtigen Platz in ihrem Herzen zuzuweisen. Nachdem sie am 10. Oktober morgens in der Schmorell-Villa war, reagierte sie am Abend bei der Eintragung ins Tagebuch wesentlich heftiger. Vor Monaten habe sie gedacht, ihre Zuneigung zu Alexander Schmorell sei größer als zu manchem anderen gewesen. Nun ekelte Sophie Scholl sich vor sich selbst: »Aber wie verlogen war dieser Wahn von Anfang an.« Ihre Eitelkeit habe sie verleitet, einen Menschen besitzen zu wollen, der bei anderen in hohem Ansehen stand. Jetzt motiviert sie ihr persönliches Versagen zur Umkehr: »Ich wünsche die Möglichkeit herbei, um mich anders zu bewähren.«

Ihre Gedanken scheinen ständig auf einer anderen Ebene zu kreisen, um das Private mit dem großen Ganzen zu verbinden. Sie kann den Anblick der schönen Natur, von der sie in Solln umgeben ist, nicht freudig genießen. Er erfülle sie mit sanfter Traurigkeit, schreibt Sophie Scholl ins Tagebuch, denn für sie ist es »ein unschuldiges Hineingezogenwerden in eine Schuld, in meine Schuld.« Susanne Hirzel ist ein Satz von Sophie Scholl vor allen anderen im Gedächtnis geblieben: »Ich will nicht schuldig werden.«

Einen radikalen Entschluss gefasst zu haben, schließt nicht aus, dass sich Ängste und Alpträume einstellen. In den Schrecken, die sich vor Sophie Scholl auftun, und den verzweifelten Fragen, auf die sie keine Antwort weiß, gibt es keine Trennung zwischen innen und außen, zwischen dem Privatem und dem Politischen im weitesten Sinn. Für Sophie Scholl sind ihr persönliches Heil und ihre Gott-Suche verwoben mit dem Schicksal der anderen. Am 9. Oktober, während sie noch in Solln bei Carl Muth aushilft, geht es in ihrem Brief an Otl Aicher um ungelöste Fragen, die Himmel und Hölle betreffen. Die Aussage von Theodor Haecker, dass »im Himmel und in der Seligkeit alle Tragik gelöst« sei, kann sie nachvollziehen: »Nur – warum ist in der Hölle alle Tragik gelöst? Wie kann ich glücklich sein, wenn ich Brüder unglücklich weiß.« Es geht ihr ein Satz aus dem »Tagebuch eines Landpfarrers«, das der Aicher-Scholl-Bund zum Jahreswechsel 1940/41 auf einer Ski-Hütte gelesen hatte, durch den Kopf: »Die ewige Verdammnis ist das Nicht-mehr-lieben-Können.« – »Vielleicht«, fragt sie Otl Aicher, »ist es auch das Nicht-mehr-geliebt-Werden?« Für sie sei diese Frage »schrecklich und ausweglos, vielleicht kann die Antwort darauf nur geglaubt werden – weil die Hölle ein ebenso großes Geheimnis ist wie der Himmel«.

Fast abrupt beendet sie das Thema, als ob sie genug von sich preisgegeben hätte: »Ich merke, dass mein Brief aus lauter ›Vielleicht‹ besteht. Kannst Du mir helfen, dieses Vielleicht zu beseitigen?« Doch diese »schreckliche Frage« lässt sie keineswegs verzweifeln. Denn auch wenn es keine eindeutige Antwort gibt, gilt für Sophie Scholl im Oktober 1942: »Warum sollte ich an einer Wahrheit zweifeln, bloß weil sie mir noch verborgen ist?« Das Denken hat Vorrang vor den Gefühlen. Alle Überlegungen Sophie Scholls im Sommer und Herbst 1942 gehen von einer Gewissheit aus, die Verzweiflung nicht zulässt. Auch in einem langen Brief, der Fritz Hartnagel Ende Oktober Mut machen soll, taucht jene Vision wieder auf, die Sophie Scholl seit dem Frühjahr mehrfach beschworen hat: auf Seiten der Sieger zu sein. Der Brief ist eine Kostbarkeit; einer der wenigen Sophie Scholls, die sich aus diesen Monaten erhalten haben. Er wurde an die Absenderin zurückgeschickt, weil er Fritz Hartnagel in den Kriegswirren an der Ostfront nicht erreichte.

Sophie Scholl geht in diesem Brief auf eine Diskussion ein, von der Fritz Hartnagel ihr berichtet und die ihn deprimiert hatte. Im Offizierskasino an der russischen Front brüsteten sich seine Kollegen mit der nationalsozialistischen Parole, dass der Sieg des Stärkeren über den Schwächeren ein Naturgesetz sei und dass nur aus dem Tod Leben entstehen könne. Um dieses »Gesetz« – »schrecklich und entartet« – zu widerlegen, verweist Sophie Scholl auf den Brief des Apostels Paulus an die christliche Gemeinde in Rom. Ihr geht das Herz auf vor Begeisterung: »Fritz, lies dieses Kapitel unbedingt selbst durch, nach diesem Brief, oder jetzt gleich. Und lies den herrlichen Satz zu Beginn: Denn das Gesetz des Geistes, der da lebendig macht in Christo Jesu, hat mich frei gemacht von dem Gesetz der Sünde und des Todes.« Sophie Scholl hat fast Mitleid mit ihren Gegnern: »Sind jene nicht arm, entsetzlich arm, die dies nicht wissen und glauben?« Dann dreht sie die Argumentation um: »Ja, wir glauben auch an den Sieg des Stärkeren, aber der Stärkere im Geiste.« Es folgt die Vision, dass dieser Sieg sich in einer »anderen als unserer Welt« durchsetzt – doch im gleichen Atemzug korrigiert Sophie Scholl sich: »… nein, dies wird er hier schon …«

Argument wird auf Argument gehäuft, um die staatstragende Ideologie zu widerlegen und auf dem Höhepunkt wieder das Private mit dem Politischen zu verbinden: »O, wie wirst Du aufatmen, wenn dies alles hinter Dir ist, wie werden wir alle aufatmen, wenn es soweit ist. Es wird nicht mehr zu lange dauern. Bekommst Du an Weihnachten wohl Urlaub? … Ich würde mich ja sehr freuen.« An Urlaub zu denken war allerdings optimistisch. Aber aus Sophie Scholls Worten sprach innerste Überzeugung. Bald wird der Alptraum, diese menschenverachtende Zeit, hinter uns liegen. Diese Gewissheit ist der Schlussstein in Sophie Scholls Überlegungen, der alles zusammenhält und eine Tat des Widerstands rechtfertigt, ja notwendig macht.

Werner Scholl war in Russland auf einem Hauptverbandsplatz als Sanitäter eingesetzt, und der Zufall wollte es, dass er dort im August seinen Bruder Hans traf. Fast ein Jahr später, im Juni 1943, schrieb Werner Scholl seinen Eltern, wie Hans ihn über die Verurteilung des Vaters informierte, ihm die Hand auf die Schulter legte und sagte: »Du darfst das, auch wenn es ernst ist, nicht zu schwer nehmen, es geht das nur seine Zeit lang. Wir sind das unserer Haltung schuldig, dass wir das leichter ertragen als die andern.«

Am 5. Oktober bekam Lina Scholl vom Vorstand des Strafgefängnisses Briefe zurück, die sie und Inge Scholl an Robert Scholl geschrieben hatten. Derartig »zusammengedrängte Briefe« seien nicht zulässig: »Der Zensurbeamte hat noch anderes zu tun, als solch schwer leserlich geschriebene Briefe zu entziffern.« Zurück ging auch die »Frankfurter Zeitung« – »wird nicht mehr zugelassen«. Lina Scholl war eine kluge und mutige Frau. Sie versuchte, in ihrer Antwort das verhasste System mit seinen eigenen Waffen zu schlagen; ihren Mann nicht weiteren Schikanen im Gefängnis auszusetzen, aber auch, sich nicht schweigend allem zu beugen. Ihre Tochter bitte um Entschuldigung wegen der unvorschriftsmäßigen Zeilen, antwortete sie am 7. dem Herrn Amtmann. »Es ist mir jedoch unverständlich, dass Sie nun meinen Mann für die Ungeschicklichkeit der Tochter büßen lassen, indem Sie ihm die FZ, die zu seiner Fachliteratur gehört, entziehen lassen.« Er könne doch nicht rückgängig machen, was er beim Gefängnisantritt freiwillig gewährt habe – »es sei denn auf höhern Befehl«. Das war eine kalkulierte Drohung, der gleich die Versicherung folgte, man sei doch »stets den Verordnungen des Gefängnisses gewissenhaft nachgekommen«. Der Brief tat seine Wirkung. Robert Scholl durfte die »Frankfurter Zeitung« wieder lesen.

Am 17. Oktober ging von Ulm ein Brief an Lisa Remppis: »War bis gestern in München. Ich habe heute einen Besuch, von dem ich Dir schon erzählte.« Der Besuch war Waldemar Gabriel. Die Korrespondenz war von beiden Seiten über die Monate gepflegt worden. Er hatte im September Heimaturlaub ins saarländische Elversberg bekommen, war Anfang Oktober ins französische Verdun verlegt worden und erhielt nochmals ein paar freie Tage für eine Reise nach Ulm. Ein wenig steht darüber in einem weiteren Brief von Sophie Scholl, den Fritz Hartnagel nicht erhalten hat. Er ist vom 4. November und kündigt ihm ein Adventspäckchen mit Adventskranz an, den sie schon vor Wochen geflochten habe: »Das Tannenreis zu holen hatte mir Waldemar Gabriel geholfen im Klosterwald. Abends haben wir dann in der Diele viele Kränze gemacht und, trotz Oktober, Weihnachtslieder gesungen.« Sophie Scholl zählt einige Pluspunkte zu Gabriels Gunsten auf: An ihm sei alles sehr ernst zu nehmen; er ist klug, so sehr, dass sie bisher in Diskussionen mit ihm keinen Sieg erringen konnte. Dazu sei sie zu dumm und könne zu wenig auf seine spöttische Art eingehen.

Offensichtlich findet zwischen beiden der geistige Wettkampf statt, den Waldemar Gabriel zum Anfang des Briefwechsels prophezeit hatte. In den Ulmer Diskussionen hat Sophie Scholl zu ihrem eigenen Erstaunen jedoch nicht das »Gefühl einer Niederlage und er nicht das eines Siegers«. Dabei habe sie gar nicht oft mit ihm geredet, sondern »ihn in der Hauptsache Inge überlassen«. Bei der anschließenden Beobachtung klingt Stolz mit: »Trotzdem, habe ich den Eindruck, nicht wirkungslos an ihm vorübergegangen zu sein.« Gleichgültig war ihr der fremde Briefpartner nicht: »In Beziehung zu einem neuen Menschen zu treten ist doch ein großes und wichtiges Ereignis, eine Kriegserklärung und Liebeserklärung zugleich.«

Am Briefende wendet sie sich Fritz Hartnagel zu. Sie habe in letzter Zeit viel nachgedacht, welchen Beruf er nach dem Krieg ergreifen könne. Seine Idee, eine Hühnerfarm zu gründen, findet sie gut – wenn das Geld dann noch einen Wert hat. Allerdings würde sie eher einem Bauernhof zuneigen. Allzu weit will sich Sophie Scholl aber nicht von der Gegenwart entfernen: »Doch vorerst drücken Dich und mich andere Sorgen. Und froh sind wir beide, was kommen mag, und der gemeinsame Grund, auf dem wir stehen, ist das stärkste Band, das uns zusammenknüpft.« Weit liegt die Zeit zurück, als sie darum gerungen haben, einen gemeinsamen Grund zu finden. Längst sind Schmerz, Enttäuschungen und Missverständnisse einer verlässlichen Innigkeit gewichen.

Am 21. Oktober schickte der Oberstaatsanwalt beim Landgericht Stuttgart ein Schreiben an das Strafgefängnis Ulm »mit der Bitte um Eröffnung an den Verurteilten«. Er bezieht sich auf die Gnadengesuche von Lina Scholl, Werner und Hans Scholl und Hauptmann Fritz Hartnagel und bewilligt eine »bedingte Strafaussetzung hinsichtlich restlicher 2 Monate ab 23. Oktober mit Bewährungsfrist bis 23. Oktober 1945.« Am 23. Oktober wird Robert Scholl nach zwei Monaten Haft von seiner Frau Lina und den Töchtern Inge und Sophie vor dem Gefängnis abgeholt. Beglückt schildert Sophie Scholl in einem Brief an Waldemar Gabriel, dass mit dem Vater Rituale zurückgekehrt sind, die sie vermisst hatte: Er sitzt wieder oben am Tisch, sie macht ihm morgens das Wasser warm zum Rasieren und hört aus dem Badezimmer seinen Gesang. Er sagt laut vor sich hin »Allen ...« – und die Familie ergänzt lautlos den bewährten goetheschen Mutmacher-Code: ... Gewalten zum Trotz sich erhalten! Dass er sie mehr als zehnmal täglich »Schlammerle« nennt, nimmt ihm Sophie Scholl nicht übel.

Am meisten beeindruckt die jüngste Tochter, dass Robert Scholl nach diesen zwei Monaten in Unfreiheit »vollständig unverbittert, ja unbeschwert« sei. »Glaubst Du,« fragt sie Waldemar Gabriel, »Gott muss ihn nicht besonders lieb haben, dass er ihm diese Kraft und Güte verleiht?« Im Grunde habe der Vater noch im Gefängnis versucht, »auch diese Menschen zugänglich zu machen für das Wahre und Gute«. Das vorbildliche Verhalten des Vaters wird von Sophie Scholl übersetzt in eine allgemein gültige Regel: »Wer mehr weiß, als andere, muss demütiger sein – seine Verantwortung und Anforderungen sind größer.« Vielleicht wollte sie Waldemar Gabriel ein wenig aufstacheln. Jedoch mindestens so sehr hat Sophie Scholl dies am 25. Oktober 1942 für sich selbst aufgeschrieben.

## SICH DEN MUT NICHT NEHMEN LASSEN

*November bis Dezember 1942*

Für den Abend des 7. November 1942 war Hans Scholl in Ulm angesagt. Am 24. Juli hatte Sophie Scholl ihn mit den befreundeten Medizinstudenten am Münchner Ostbahnhof zum Einsatz in Russland verabschiedet. Natürlich freute sie sich auf die wohlbehaltene Rückkehr des Bruders, wie sie am Morgen dieses Tages an Fritz Hartnagel schrieb, und malte sich das kommende Semester in der gemeinsamen Münchner Wohnung aus. Doch es war keine ungetrübte Freude: »Die Unsicherheit, in der wir heute dauernd leben, die uns ein fröhliches Planen für den morgigen Tag verbietet und auf alle die nächsten kommenden Tage ihren Schatten wirft, bedrückt mich Tag und Nacht und verlässt mich eigentlich keine Minute.« Am unerträglichsten für Sophie Scholl und am schwersten auszuhalten war, dass die ohnehin kleinen Freiheitsräume immer enger wurden und dass die Zukunft kaum eine Hoffnung zuließ, sich offen und mit ganzem Einsatz für ein selbstgewähltes Ziel zu engagieren. Stattdessen musste sie ihre Kraft und Aufmerksamkeit für Dinge einsetzen, »die es nicht wert waren, dass man den kleinen Finger ihretwegen krümmt«. Und nicht weniger bedrückend: »Jedes Wort wird, bevor es gesprochen wird, von allen Seiten betrachtet, ob kein Schimmer der Zweideutigkeit an ihm haftet. Das Vertrauen zu anderen Menschen muss dem Misstrauen und der Vorsicht weichen.« Fritz Hartnagel konnte sie ihre Gedanken und Gefühle anvertrauen und einem kleinen Kreis von Gleichgesinnten. Aber wie wenige waren das.

Und für die Wenigen war es lebensgefährlich, sich zu vernetzen oder auch nur sich Mut zuzusprechen. Sophie Scholl konnte deshalb nicht ahnen, wie verbreitet ähnliche Gefühle bei denen waren, die Ähnliches durchlitten. »Wir sind stumme Zeugen böser Taten gewesen, wir sind mit vielen Wassern gewaschen, wir haben die Künste der Verstellung und der mehrdeutigen Rede gelernt, wir sind durch Erfahrung misstrauisch gegen die Menschen geworden und mussten ihnen die Wahrheit und das freie Wort oft schuldig bleiben …« So steht es im »Rechenschaftsbericht«, den der lutherische Pfarrer Dietrich Bonhoeffer am Jahresende 1942 für sich und seine Mitstreiter im aktiven Widerstand gegen die nationalsozialistische Herrschaft niederschreibt.

Bonhoeffer, der wegen »volkszersetzender Tätigkeit« Redeverbot hatte, entschied sich 1940, »ins Rad der Geschichte einzugreifen«, und wurde Mitarbeiter im zwielichtigen Abwehrdienst des nationalsozialistischen Regimes. Mit dieser Tarnung, gestützt von einer Gruppe Gleichgesinnter im Abwehramt, informierte Bonhoeffer auf seinen »Dienstreisen« protestantische Kirchen im Ausland und in den besetzten Gebieten über den Widerstand gegen Hitler und brachte den Verschwörern wichtige Nachrichten zurück. Im Sommer 1939 hatte er einem Freund geschrieben: »Die Christen in Deutschland stehen vor der fürchterlichen Alternative, entweder in die Niederlage ihrer Nation einzuwilligen, damit die christliche Zivilisation weiterleben kann, oder in den Sieg einzuwilligen und dabei unsere Zivilisation zu zerstören. Ich weiß, welche dieser Alternativen ich zu wählen habe …« Es war der gleiche schmerzliche Schluss, den Sophie Scholl für sich gezogen hatte und der in den »Flugblättern der Weißen Rose« im Sommer 1942 vertreten wurde: keinen Pfennig für das Winterhilfswerk, mit dem der Krieg nur verlängert wurde; auf die Niederlage setzen und sich die Hoffnung auf eine andere Zukunft nicht nehmen lassen. Das verbindet alle, die dem Hitler-Staat widerstehen, in welcher Form auch immer.

In seinem »Rechenschaftsbericht« nennt Dietrich Bonhoeffer solchen Optimismus »eine Lebenskraft, eine Kraft der Hoffnung, wo andere resignieren, eine Kraft, den Kopf hoch zu halten … eine Kraft, die die Zukunft niemals dem Gegner lässt, sondern sie für sich in Anspruch nimmt«. Auch in Sophie Scholls Brief vom 7. November an Fritz Hartnagel ist die Klage über das bedrückende Misstrauen in die Menschen nur die eine Seite. Sie wird, wie bei Bonhoeffer, abgelöst von einem entschiedenen Optimismus: »Doch nein, ich will mir meinen Mut durch nichts nehmen lassen, diese Nichtigkeiten werden doch nicht Herr über mich werden können, wo ich ganz andere unantastbare Freuden besitze. Wenn ich daran denke, fließt mir Kraft zu, und ich möchte allen, die ähnlich niedergedrückt sind, ein aufrichtiges Wort zurufen.« Es ist eine Kraft, die zu Taten führt. Mit der Rückkehr des Bruders am 7. November muss Sophie Scholl darüber nicht mehr alleine nachdenken.

Wieder zu Hause in Ulm, wird Hans Scholl erst einmal von Russland erzählt haben, von der Ambivalenz der Gefühle, denen er dort ausgeliefert war. Die unermessliche Weite des Landes bedeutete ihm Aufbruch aus der Enge des alten Europa und ließ ihn zugleich spüren, wie sehr er in der abendländischen Kultur verwurzelt war. Tiefe Schwermut wurde abgelöst von befreienden religiösen Erfahrungen. Als Hans Scholl von der Verurteilung des Vaters erfuhr, hatte er nach Hause geschrieben: »Ich glaube an die unermessliche Kraft des Leides. Das echte Leid ist wie ein Bad, aus dem der Mensch neu geboren hervorgeht. ... Wird nicht Christus stündlich tausendfach gekreuzigt? Und werden die Bettler und Kranken nicht heute wie immer von allen Schwellen verstoßen? Dass die Menschen gerade das nicht sehen, was sie zu Menschen macht: die Hilflosigkeit, das Elend, die Armut.« Hans Scholl und seine Münchner Kommilitonen waren in Sanitätslazaretten, etwa zehn Kilometer hinter der Front, eingesetzt. Das Elend der Bevölkerung und die unmenschliche Behandlung der russischen Gefangenen durch ihre deutschen Bewacher waren schrecklich genug. Aber sie sahen keine Deportationen, und Kampferfahrungen wie Fritz Hartnagel machten sie nicht. Aber sie sahen sich durch die Alltags-Erlebnisse in Russland in der Verachtung eines Systems bestätigt, das zwischen Menschen und Untermenschen unterschied und die Welt unter sein Joch zwingen wollte. Die Bereitschaft zu weiteren Widerstand-Aktionen festigte sich; neue Pläne jedoch wurden in Russland nicht geschmiedet.

Sophie Scholl wird ihren Bruder umgehend informiert haben, dass sie Hans Hirzel als aktiven Ulmer Außenposten gewonnen hatte. Hätte Hans Scholl das Vorgehen seiner Schwester missbilligt: ein Gespräch mit Hirzel und die Angelegenheit wäre problemlos wieder aus der Welt geschafft gewesen. Stattdessen sind mit der Rückkehr von Hans Scholl nach Ulm Aktivitäten zu verzeichnen, die auf Pläne schließen lassen, dass man den Widerstand über München hinaus tragen und Kontakt zu anderen ähnlich gesinnten Gruppen aufnehmen will.

Am 14. November fahren Hans Scholl und Alexander Schmorell nach Chemnitz. Dort treffen sie Falk Harnack. Der promovierte Theaterwissenschaftler arbeitete als Spielleiter am Nationaltheater in Weimar; seit 1941 Soldat, war er nach Einsätzen in Griechenland in Chemnitz stationiert. Der neunundzwanzigjährige Harnack war eng befreundet mit einer Münchner Freundin von Alexander Schmorell. Sie wird den Kontakt hergestellt und Schmorell erzählt haben, dass Harnacks älterer Bruder Arvid einer Widerstandsorganisation angehörte. Sie war im August 1942 von der Gestapo aufgedeckt worden, und 117 Verhaftete warteten in Berlin auf ihren Prozess. (Es war die Gruppe Harnack–Schulze–Boysen, von der Gestapo als »Rote Kapelle« etikettiert, obwohl unter den Mitgliedern sehr unterschiedliche politische Richtungen vertreten waren. 46 von ihnen wurden zum Tode verurteilt und hingerichtet; Arvid Harnack und seine Frau am 22. Dezember 1942.) Der Termin in Chemnitz verlief für die beiden Studenten enttäuschend. Sie hatten Falk Harnack gemeinsame Aktionen vorgeschlagen, darunter die Herstellung von Flugblättern. Er lehnte ab. Man verabschiedete sich, ohne weitere Abreden zu treffen. Vielleicht sind Hans Scholl und Alexander Schmorell direkt nach Ulm weitergefahren. Am 19. November schreibt Sophie Scholl an Lisa Remppis, »Alex« sei bei ihnen, mit seinem strahlendem Lächeln, seinem »Kinderherz«. Daneben hat sie eine schlechte Nachricht: Ihrem Vater sei heute verboten worden, seinen Beruf weiter auszuüben.

Das Schreiben des Oberfinanzpräsidenten von Württemberg an Robert Scholl verschanzt sich hinter der Partei: »Die NSDAP hat Ihnen die politische Zuverlässigkeit abgesprochen – Ich nehme daher die Zulassung als Steuerberater zurück.« Als Grund nennt das Schreiben, Robert Scholl habe »gehässige, hetzerische Äußerungen über leitende Persönlichkeiten gemacht«. Robert Scholl weiß, dass er in diesem Staat kein Recht bekommen wird. Aber ganz ohne Widerworte will er das Unrecht nicht akzeptieren. Erst am 29. Dezember 1942 schickt er die Zulassungsurkunde zurück. Auf seinen Briefbogen, das Wort »Steuerberater« schwarz durchgestrichen, tippt er mit der Schreibmaschine, ohne Anrede und ohne Gruß: »Ich bin mir nicht bewusst, gehässige, hetzerische Äusserungen über leitende Persönlichkeiten gemacht zu haben. Richtig ist vielmehr, dass ich im Januar 1942 zu einer meiner Angestellten … bei einer vertraulichen, geistigen Aussprache unter vier Augen gesagt habe, ich halte Hitler für eine Gottesgeißel.« Im Büro des Präsidenten wurde nur vermerkt: »Zu den Akten«.

Wahrscheinlich am 26. November sind Hans Scholl und sein Freund Alexander Schmorell nach Stuttgart zu Eugen Grimminger gefahren. Sie haben ihm von den »Flugblättern der Weißen Rose« erzählt, von weitergehenden Plänen, und sie haben ihn um Geld gebeten. Ein gefährliches Manöver, denn wer von solchen Dingen hörte, war verpflichtet, sie anzuzeigen. Warum Grimminger? Die Spur führt zu Sophie Scholl mit der in Ulm offensichtlich über größere Widerstands-Projekte gesprochen wurde, ungeachtet der erfolglosen Reise nach Chemnitz. Denn für Projekte brauchte man Geld. Den Namen »Grimminger« kann nur Sophie Scholl in die Debatte geworfen haben. Sie allein hatte ihn genauer kennengelernt, während ihr Vater im Gefängnis saß und Grimminger zweimal die Woche nach Ulm kam, um im Steuerbüro von Robert Scholl die wichtigsten Arbeiten zu erledigen. Sie hatte ihn sogar mehrmals um Briefumschläge gebeten, die er bereitwillig von Stuttgart mitbrachte. Sophie Scholls Einschätzung, dass Eugen Grimminger Gegnern des Hitler-Staates gewogen war, erwies sich als richtig. Eugen Grimminger versprach seinen Besuchern finanzielle Hilfe; sie sollten wiederkommen.

In ihrem Brief vom 23. November erzählte Inge Scholl Otl Aicher, dass sie am Samstag zusammen mit Sophie in der Dämmerung in den Klosterwald gegangen war. Sie hätten sich auf einem Hochsitz niedergelassen, und Sophie habe auf ihrer Flöte Lieder gespielt: »Es war so wunderbar, dass ich am Schluss, als Sofie ihre Flöte in die Hülle steckte, bat, mit mir zu beten. Ich musste Scheu und Herzklopfen überwinden. Wir standen auf und Sofie sah mich an – so wie vor 12 Jahren als Kind, mit einem Schimmer im Gesicht, wie ein Kind drei Tage vor Weihnachten. So haben wir flüsternd das Vater Unser gesprochen …« Inge Scholl kommentiert gefühlvoll: »Sofie ist die, die Dir und mir vielleicht am nächsten steht. Ihre Liebe und Frömmigkeit sitzt allerdings tief und verborgen … Ach, Otl, was war dies für ein seliger Abend.«

Wie viel Inge Scholl ist in diesem Blick auf Sophie? Sophie Scholl hat viele Gesichter. Im Januar wird sie Fritz Hartnagel schreiben, sie fühle sich in Ulm, wo sie von bedingungsloser Liebe umgeben ist, wie ein »harmloses, ausgelassenes Kind«. Aber gewiss nicht durchgängig und nicht in den Stunden, wenn sie die Mächte, die sie von nun an tatkräftig herausfordern will, in ernüchternder Schrecklichkeit wahrnimmt. Sie macht sich nichts vor: Sie sind eine Bedrohung, vor der selbst eine Flucht in die tiefsten Tiefen der Meere keine Rettung bringt. Ihrer ältesten Schwester zeigt sie das andere Gesicht nicht. Fritz Hartnagel offenbart sie das Wechselbad der Empfindungen, die sie in diesen Wochen durchlebt.

Es sind Erschütterungen, die den Kern ihrer Person angreifen. Am Anfang ihres Briefes vom 18. November steht die flehentliche Aufforderung, füreinander zu beten, »denn wir sind arme Kinder, schwache Sünder«. Sophie Scholl erklärt mit einem Vergleich, warum sie Fritz Hartnagel nichts anderes schreiben kann: »… weil es erschreckend lächerlich ist, wenn ein Versinkender, anstatt um Hilfe zu rufen, beginnt, über irgendein wissenschaftliches, philosophisches oder theologisches Thema sich auszulassen, dieweil die unheimlichen Schlingarme der Wesen auf dem Meeresgrund ihm Beine und Arme umklammern und die Wogen über ihm zusammenschlagen; bloß deshalb, weil ich Angst in mir habe und nichts als Angst und mich nur nach dem sehne, der mir diese Angst abnimmt.« Sophie Scholl macht sich keine Illusionen; sie ist in Bezug auf das menschenverachtende Regime kein naives Kind. Ihre Angst hat sehr reale, nüchterne Gründe, und auch ihre Überzeugung, dass nur eine Zuflucht jenseits der irdischen Gewalten sie davon befreien kann.

Ist es verwunderlich, dass Sophie Scholl in dieser existenziellen Angst »Gott nicht einmal beim Gebet spürt«? Dass er ihr wieder ganz fern ist und sie »in ein Nichts« versinkt? Am entsetzlichsten ist für sie das Gefühl, gar nichts zu empfinden. Doch sie ist fest entschlossen, sich an Jesus Christus zu klammern, wie an ein Seil, das ihr Gott zugeworfen habe. Zum Schluss wendet sie sich noch einmal direkt an Fritz Hartnagel: »Ich bitte Dich: denke an mich in Deinem Gebet; ich will Dich auch nicht vergessen. Deine Sophie.« Die verzweifelte Leere, das Nicht-Spüren-Können Gottes, ist nur der eine Teil ihrer Geschichte. Am Anfang des Briefes freut sie sich, dass Fritz Hartnagel entschlossen ist, seine innere »Öde« zu überwinden, und wirft sich selbst dafür in die Waagschale: »... und wenn ich könnte, würde ich Dich immer mehr aufhetzen gegen die Gleichgültigkeit, die über Dich kommen könnte, und ich wünsche, die Gedanken an mich wären ein steter Stachel gegen sie.« Sophie Scholl ist am 18. November 1942 schonungslos bei sich selbst, ihren Ängsten und ihren persönlichen Hoffnungen auf einen gnädigen Gott. Doch darüber vergisst sie wiederum nicht die Welt, in der sie lebt, und diejenigen, die ihr nahe sind. Mit Fritz Hartnagel ermahnt sie auch sich selber, dass die äußeren Einflüsse ihr nicht gleichgültig sein dürfen. Hetzt auch sich selbst auf gegen die Gleichgültigkeit und verlangt auch von sich, etwas zu tun, damit es anders wird.

Indem sie Fritz Hartnagel ihre Ängste offenbart, befreit sie sich ein Stück weit davon. Die Waage neigt sich zugunsten der Hoffnung auf eine bessere Zukunft. Die Ängste werden bleiben, aber sie beherrschen die Einundzwanzigjährige nicht. Am Tag nach diesem Brief erhält der Vater das Berufsverbot. Noch am 19. November informiert sie Fritz Hartnagel darüber. Das hat konkrete Gründe, denn er hatte ihnen schon zuvor finanziell geholfen. Sophie Scholl kommt sich zwar »unverschämt« vor, doch nun korrigiert sie seine gut gemeinte Sparbuch-Idee: »... verstehst du, dass wir das Geld aus Deinen Händen und nicht aus den Händen Deiner Eltern, die in dieser Hinsicht von Dir so verschieden sind, annehmen möchten. Wir hatten damals ausgemacht, dass Du *uns* monatlich etwas überweisen lässt, anstatt Deiner Sparkasse.«

Auch was das Berufsverbot ihres Vaters betrifft, bleibt sie rational: »Das ist natürlich wieder ein Schlag. Wenn man nicht damit rechnen könnte, dass der Krieg innerhalb absehbarer Zeit zu Ende ist, wäre es sogar ein sehr schmerzlicher, denn mit einem Buchhaltergehalt (diesen Posten könnte mein Vater allenfalls noch ausfüllen) kann man keine so große Familie ernähren, Kinder studieren lassen und dazuhin noch eine teure Wohnung halten. Doch im Hinblick auf das Kriegsende möchte mein Vater wegen diesem Jahr, oder wie lange es noch gehen mag, die Wohnung nicht aufgeben.« Wenn der Vater diese politische Diagnose stellt, dann ist für Sophie Scholl darauf Verlass. Und es gab Fakten, die die Hoffnung untermauerten.

Wer ausländische Sender hörte, der wusste: Am 7. November waren die westlichen Allliierten erfolgreich an der Küste Nordafrikas gelandet. Das nächste Ziel einer Invasion würde Europa sein. Am 19. November trat im Osten die Rote Armee zur Gegenoffensive an. Die Wehrmacht, sonst schnell mit Erfolgsmeldungen bei der Hand, schwieg. Ach ja, Sophie Scholl hatte noch etwas vergessen. Der Brief an Fritz Hartnagel war schon mit herzlichen Grüßen abgeschlossen, da fügt sie hinzu: »Kannst Du mir nicht einmal einen Pack Briefumschläge beschaffen?« Eine seltsame Bitte an einen Soldaten, der sich mitten in der Schlacht um Stalingrad befindet. Aber die Sorgen um das Wohlergehen der Familie sind nicht ihre letzten Gedanken. Die Entschlossenheit, Widerstand zu leisten, ist immer präsent – ganz praktisch und konkret. Wer Flugblätter in großem Stil verschicken möchte, kann gar nicht genug Briefumschläge haben.

Am 28. November reist Sophie Scholl mit Adventskranz und Nahrungsmitteln zum Semesterbeginn nach München. Hans Scholl hat sich schon in der neuen gemeinsamen Wohnung in der Franz-Joseph-Straße 13 eingerichtet. Sie liegt im Garten hinter dem Haupthaus, nur wenige Minuten vom Atelier des Architekten Eickemeyer in der Leopoldstraße entfernt, wo im Sommer Hans Scholl abendliche Gesprächsrunden organisiert hatte. Am 29. schreibt Sophie Scholl an die Eltern, sie hätten »einen langen Abend Einzug gefeiert« und fühlten sich ganz daheim in der neuen Wohnung.

30. November – Sophie Scholl beantwortet einen Brief von Inge Scholl. Sie bereut, dass sie einen Streit beim Frühstück am Abfahrtstag nicht sofort bereinigt hat. Sie möchte der ältesten Schwester »nahe sein« und will nicht ins Bett gehen, »ohne vorher die Hand zu nehmen, die Du mir gereicht hast«. Sie fügt hinzu, am Adventsabend sei Christoph – Christl – Probst – da gewesen: »Er übt einen guten Einfluss auf Hans aus, Otl würde sich sicher mit ihm verstehen.« Otl Aicher bleibt für Sophie Scholl der Mensch, an dem sie Maß nimmt, für sich und andere. Bruder Hans scheint ein Gesprächsthema für die beiden Schwestern zu sein und kein einfaches; sie machen sich Sorgen. Am 12. November hatte Inge Scholl in ihrem persönlichen Gebetbuch Gott vorgetragen: »Hans, lenke Du ihn. ... Lass mich demütig gegen ihn sein.« Sie fürchtet, er habe immer noch nicht von dem Abschied genommen, was ihm den Weg zu Gott versperrt.

1. Dezember – Sophie Scholl meldet sich mit einer Karte bei ihrer Freundin Susanne Hirzel, die in Stuttgart an der Musikhochschule studiert: »Liebe Suse! Ich werde am Donnerstag den 3. Dezember nach Stuttgart kommen, bist Du da anzutreffen? Das wäre sehr nett. Wann ich ankomme, weiß ich noch nicht, ich rufe Dir (!) dann an. Herzlichen Gruß, Sophie.«

2. Dezember – »Bei Hans sitzen wir spät und lange zusammen, denn Christl wird jetzt wegfahren. Gespräche über den Aufbau, manche Gedanken sind mir neu«, schreibt Willi Graf unter diesem Datum in München in sein Tagebuch. Es ist an der Zeit, ihn und Christoph Probst vorzustellen. Zusammen mit Sophie und Hans Scholl und Alexander Schmorell werden sie im Sinn der »Weißen Rose«, wenn auch nicht mehr unter diesem Namen, versuchen, die Menschen aufzurütteln, einem verbrecherischen Staat Widerstand zu leisten. (Auch Professor Kurt Huber wird sporadisch mit ihnen zusammenarbeiten, davon später.)

Willi Graf, Jahrgang 1918 und im Saarland aufgewachsen, war als Medizinstudent im Frühjahr 1942 in die Münchner Studentenkompanie eingezogen worden. Im Juli hatte er in sein Tagebuch notiert: »Hans Scholl kennengelernt. Hoffentlich komme ich noch oft mit ihm zusammen.« Willi Graf war durch die katholische Jugendbewegung geprägt worden. Es gelang ihm, der Hitlerjugend nicht beizutreten und trotzdem Abitur zu machen. Graf war ein kritischer Katholik, der sich bewusst von den »Unmöglichkeiten« seiner religiösen Erziehung frei machte. Seiner Schwester Anneliese schrieb er im Frühjahr 1942: »Ich behaupte, dass dies garnicht das eigentliche Christentum war, … das uns zur Nachahmung empfohlen wurde. In Wahrheit ist Christentum ein viel schwereres und ungewisses Leben, das voller Anstrengung ist und immer wieder neue Überwindung kostet, um es zu vollziehen.« Lieber als in medizinische Bücher vertiefte sich Graf in theologische Werke; Literatur und Musik waren für ihn Lebenselixier.

Nachdem er Hans Scholl näher kennengelernt hatte, ging er zu den literarischen Abenden in der Schmorell-Villa und den Diskussionen im Atelier Eickemeyer. Der vierundzwanzigjährige Graf war ein ernster, einsilbiger Teilnehmer. Seine Tagebuch-Eintragungen lassen erkennen, dass er am 2. Dezember über die »Weiße-Rose-Flugblätter« aufgeklärt wurde und sich entschloss, bei weiteren Aktionen mitzumachen. Dass seine Schwester Anneliese ab dem Wintersemester in München studierte, begrüßte er. Dass Frauen an Widerstands-Planungen und Aktionen teilnahmen, entsprach nicht seinem Rollenverständnis. Doch er akzeptierte, dass Hans Scholl seine Schwester in den Kreis der Verschworenen einbezog. Sophie Scholls Name allerdings taucht in Grafs Tagebuch-Eintragungen nicht auf; »bei Scholls« ist sein äußerstes Zugeständnis. Anneliese Graf hatte keine Ahnung von den Untergrund-Aktivitäten ihres Bruders.

Christl – Christoph – Probst, Jahrgang 1919, war ebenfalls Medizinstudent und mit Alexander Schmorell befreundet. 1941 heiratete er; im Dezember 1942 war Probsts Frau mit ihrem dritten Kind schwanger. Christoph

Probst gehörte einer Studentenkompanie der Luftwaffe an und war Anfang Dezember von München nach Innsbruck versetzt worden. Die Tagebuch-Notiz von Willi Graf spricht dafür, dass auch Probst am 2. Dezember über die geheimen Aktivitäten und zukünftigen Pläne informiert wurde. In die aktive Flugblatt-Arbeit der folgenden Wochen band man ihn nicht ein, um ihn mit seiner jungen Familie nicht zu gefährden. Bei seinen Besuchen in München jedoch wurde er in alles eingeweiht. Um die Wende vom November zum Dezember schlug Hans Scholl ihm vor, den Text für ein Flugblatt zu entwerfen.

Am 3. Dezember fahren Hans und Sophie Scholl von München nach Stuttgart. Während Hans erst in die Privatwohnung, dann ins Büro von Eugen Grimminger geht, um mit ihm erneut über finanzielle Unterstützung zu reden, trifft sich Sophie mit Susanne Hirzel in ihrem Studentenzimmer. Sie weiß, dass sie der Freundin aus BDM-Tagen, deren Bruder Hans sie schon gewonnen hat, vertrauen kann. In »ganz leisen« Worten, erinnert sich Susanne Hirzel Jahre später, habe Sophie Flugblätter erwähnt, mit denen ein kleiner Kreis in München die Bevölkerung aufklären wolle. Sophie erzählte von anregenden Abend-Vorträgen und lud die Freundin ein, dazu doch einmal nach München zu kommen. Es war verabredet, dass Hans Scholl im Café »Rosenstöckl« auf die beiden wartete. Susanne Hirzel hat überliefert, dass Sophie Scholl auf dem Weg dorthin immer offener zu ihr redete: »Ich bin entschlossen, etwas zu tun. Wenn jeder nur eine Meinung hat gegen dieses System, aber nicht handelt, so macht er sich schuldig. … Ich jedenfalls will nicht schuldig werden.« Und dann wurde Sophie Scholl sehr konkret: »Wenn jetzt Hitler daherkäme, und ich eine Pistole hätte, würde ich ihn erschießen. Wenn es die Männer nicht machen, muss es eben eine Frau tun.« Radikal klingt das, aber es entspricht der Geradlinigkeit, mit der Sophie Scholl durchs Leben ging. Es ruft ihre heftige Rüge für Fritz Hartnagel ins Gedächtnis, dass sie nicht »intuitiv weiblich« handle, sondern »ihr Hirn auch manchmal zum Denken brauche«.

Die beiden Freundinnen trafen Hans Scholl in bester Laune an. Im Zug wird er Sophie Scholl berichten, dass Grimminger 500 Reichsmark für ihn hatte und noch mehr Geld besorgen wird. Im Café aß er Kirschkuchen und spuckte übermütig die Kerne auf den Teller. Sie sprachen über dies und jenes. Einen Satz von Hans Scholl merkte sich Susanne Hirzel: »Dann werden es die Spatzen von den Dächern pfeifen.« Sie verstand nicht, was er meinte, fragte aber nicht nach.

Am nächsten Tag, dem 4. Dezember, steht in Willi Grafs Tagebuch: »Abends sitzen Anneliese und ich bei Scholls, wir sprechen von Büchern und den Menschen, deren Leben dahinter steht.« Auch Praktisches aus dem Studentenalltag wird besprochen. Willi Graf hat Sophie Scholls Zimmer vom Sommersemester in der Mandlstraße übernommen. Seine Schwester Anneliese wohnt vorläufig in einer Schwabinger Pension. Als in der Mandlstraße auch für sie eine Unterkunft gefunden wird, zieht Anneliese Graf die letzten Tage vor dem Umzug, vom 14. bis 18. Dezember, auf Einladung der Scholls zu den Geschwistern in die Franz-Joseph-Straße. Im Rückblick macht Anneliese Graf eine ehrliche Bilanz über ihr Verhältnis zur gleichaltrigen Sophie Scholl auf: »Ich habe sie gekannt, aber nicht wirklich erkannt. Im persönlichen Bereich waren wir uns letztlich fremd ...« Das auf den ersten Blick unscheinbar wirkende Mädchen »mit seinem jungenhaften, kindlichen Gesicht und dem unverkennbar schwäbischen Akzent« habe sie nicht sonderlich beeindruckt. Dabei war Sophie Scholl eine liebenswürdige Gastgeberin. Traf man sich nachmittags in der Schollschen Wohnung, habe sie »mit sanften Bewegungen unentwegt Tee in einem Samowar zubereitet und uns serviert«.

Bescheiden und still sich im Hintergrund halten, das war charakteristisch für die Studentin Sophie Scholl, wenn sie zusammen mit ihrem Bruder in den befreundeten Münchner Kreisen auftrat. Als Studentin trug sie die Haare nicht mehr kurz, sondern eine Durchschnittsfrisur mit schulterlangem Haar, in das sie manchmal eine Blume steckte. Diese Auffälligkeit erlaubte sie sich noch. Insgesamt jedoch war die Münchnerin Sophie Scholl äußerlich eine andere als die junge selbstbewusste Frau, die früher als ihre beiden älteren Schwestern einen festen Freund hatte; die rauchte und Auto fuhr, die sich gern von Fritz Hartnagel ein schönes Kleid oder eine schicke Jacke schenken ließ. Die als Schülerin in keine Tanzschule ging, weil ihr das zu spießig war, aber eine begeisterte und gute Tänzerin war, so dass sich manches Mal die Zuschauenden das Maul zerrissen. Die Spaß hatte an radikalen, provokativen Handlungen. Sie alberte auch gerne herum, machte sich einen Jux mit anderen und konnte sich dabei kaum das Lachen verkneifen.

Diese »ältere« Sophie Scholl gehört nach Ulm, in die Zeit vor dem Arbeitslagerdienst in Krauchenwies und Blumberg. In den Lagern brauchte sie alle Kraft, um klug Distanz zu halten: sich nach außen ein dickes Fell anschaffen und im Innersten sich dem Zwang, der Uniformität und den Phrasen nicht beugen. Wer nicht mit ihr die Ulmer Zeit vor 1941 erlebt hatte, sondern nur die ernste Studentin kannte, wie Anneliese Graf, dem blieb Sophie Scholl fremd. Auch Traute Lafrenz, die nach dem Ende ihrer Beziehung zu Hans Scholl Kontakt zur Familie hielt, Sophie Scholl Ostern

1942 in Ulm erlebte und oft mit ihr in München zusammen war, fand keinen Draht zu ihr. Die Welt der Sophie Scholl, sagte sie mit dem Abstand vieler Jahre, würde ihr für immer verborgen bleiben.

Dass Sophie Scholl sich in München im Hintergrund hielt, hatte auch mit ihrem Bruder Hans zu tun. Seit sie beide im Wintersemester in einer gemeinsamen Wohnung lebten, galt mehr denn je: Wo Hans Scholl sich befand, war der Mittelpunkt. Anneliese Graf und Traute Lafrenz schildern es ähnlich: Hans Scholl war dank seiner Eloquenz und seines Wissens im Zusammensein mit andern der Vorwärtsdrängende und Überzeugende. Er war spontan und witzig. Er brachte Menschen zusammen, und er war einer, der auf Frauen höchst attraktiv wirkte. Was die einen begeisterte, nannten andere – auch Freunde – waghalsig, leichtsinnig, unüberlegt. Manche empfanden Hans Scholl als verbissen, von Unruhe getrieben.

Sophie hatte schon vor der Münchner Zeit das Schillernde wahrgenommen, das ihren Bruder umgab und das ihr widerstrebte. Doch er war ein Teil der Familie, ihre Solidarität bedingungslos. Wenn sie versuchte, Einfluss zu nehmen und Hans ein wenig zu lenken, dann nur unter vier Augen. Und vergessen wir es nicht: Noch überließen Studentinnen die öffentlichen Diskussionen den Männern. Noch waren Geschlechterklischees Allgemeingut. Im Vergleich dazu war Hans Scholl ein moderner Mann, der für Sophie Scholl kraft seiner Autorität einen Platz in der verschworenen Gruppe der Widerständler durchsetzte.

Einen Menschen gab es, der im Wintersemester neu zur Gruppe um Hans und Sophie Scholl stieß, aber Sophie sehr vertraut war: Gisela Schertling, Studentin der Kunstgeschichte und Germanistik. Die beiden hatten sich im Lager Krauchenwies kennen und schätzen gelernt. Mit Gisela Schertling entdeckte Sophie Scholl die Kapelle in Krauchenwies zum Orgelspielen. Damals, im August 1941, hatte Sophie ihrem Bruder Werner geschrieben, es werde mehr als eine Arbeitsdienst-Bekanntschaft bleiben, gerade weil ihr Verhältnis »sehr sachlich und von Gefühlen frei« sei. Nach dem Lageraufenthalt hatten beide die Entfernungen mit Briefen überbrückt. In München sahen sich Sophie Scholl und Gisela Schertling fast täglich. Im Dezember nahm Sophie die Freundin einmal mit hinaus nach Solln zu Professor Muth, wo sie Grammophonplatten abholte. Das war eine Auszeichnung.

Sophie Scholl hat für das Wintersemester Vorlesungen bei dem Biologen Karl von Frisch, dem Physiker Walther Gerlach, dem Mathematiker Georg Faber, dem Philosophen Kurt Huber und dem Archäologen Ernst Buschor belegt. Mit Gisela Schertling, Traute Lafrenz, Willi Graf, gelegentlich auch Hans Scholl, ging sie in Professor Hubers Leibniz-Vorlesung. Ob sie auch

Vorlesungen anderer Professoren besuchte, darüber gibt es keine Hinweise. Von zu Hause bekam sie pro Monat 150 Reichsmark, indirekt von Fritz Hartnagel mitfinanziert. Das war für damalige Verhältnisse keine kleine Summe.

Im November, Dezember, als die Planungen für Flugblätter mit großer Auflage begannen, erhielt Sophie Scholl innerhalb der kleinen verschworenen Gruppe zwei Aufträge. Sie führte die Kasse und das Kassenbuch. In ihrem Notizbuch trennte sie säuberlich zwischen Ausgaben – »A«, rechte Seite – und Einnahmen – »E«, linke Seite. Zum andern war vor allem sie zuständig für die Beschaffung von Briefumschlägen und Briefmarken. Beides stand in Kriegszeiten nicht in beliebigen Mengen zur Verfügung. Sophie Scholl durfte nicht auffallen und musste gute Gründe haben, sollte sie wegen ihrer Käufe in Verdacht geraten und befragt werden.

Nur die kurzen Tagebuch-Eintragungen von Willi Graf lassen ahnen, dass den Dezember über die Gespräche zwischen den Eingeweihten vor allem um eines geht. Und Sophie Scholl war dabei, auch wenn Graf ihren Namen nicht zu Papier bringt. Am 10. Dezember schreibt er: »Am Abend bin ich bei Hans. Wir reden und planen, was zu tun sei. Balalaika- und Klampfenspiel.« Auch ins Konzert gehen Sophie und Hans Scholl, Alexander Schmorell, Willi Graf mit seiner Schwester Anneliese und Christoph Probst, wenn er in München ist, meist gemeinsam. Graf notiert einen Klavierabend mit Edwin Fischer und eine »Messias«-Aufführung, die alle tief beeindruckt. Das wichtigste Thema ist dann aber tabu.

Immer noch schweigt die nationalsozialistische Propaganda-Maschine zum Feldzug in Russland und vor allem zum Stichwort »Stalingrad«, wo die Wehrmacht doch im Oktober schon Siegesmeldungen ankündigte. Tatsächlich war die gesamte 6. Armee mit rund 250 000 Soldaten im Kessel von Stalingrad von der Roten Armee eingeschlossen. In der Bevölkerung wucherten die Gerüchte, die Stimmung sank. Sophie Scholl wird Fritz Hartnagels Briefe aus der Kampfzone sofort den anderen mitgeteilt haben. Nüchtern und ohne jedes Pathos schildert er die schreckliche Realität von Stalingrad: »Wir mussten am 22. 11. fluchtartig unseren Flugplatz vor den Russen räumen … Nun stehen wir den Russen schon 14 Tage gegenüber, es waren oft furchtbare Tage.« Eindrucksvoll, wie Fritz Hartnagel in allem Elend und tödlicher Gefahr auf seinen Glauben baut: »Ich will mich immer bemühen, mich über all das Furchtbare, all den Wahnsinn zu erheben, dorthin, wo ich sicher bin, was auch um mich vorgehen mag.«

Am gleichen Tag, dem 9. Dezember, bedankt sich Werner Scholl, ebenfalls in Russland eingesetzt, bei seiner Schwester Sophie für Brief und

Päckchen. Der »Ekel« vor dem Soldatenleben ist diesmal der Freude über die Weihnachtsbotschaft gewichen: »Nun klingt aus allem die vorweihnachtliche Stimmung, bei dem Flackern des Feuers und beim Gang unter dem kalten Himmel. Das wird hier wie überall dasselbe sein bei Menschen, denen das Fest mehr bedeutet als die Umgebung, in der es gefeiert wird. Singen es nicht die Engel über die ganze Welt, das uralte Lied in den Hüttlein, auf deren Dächern Schnee liegt oder eine Äquatornacht ihre Schwüle strömen lässt. ... Wie froh dürfen wir darüber sein, zu der Pilgerschaft der Drei Mohren-Könige zu zählen, die ihren Stern erblickt haben.« Es war tröstlich für die Familie und die Geschwister, dass Werner, wie Fritz Hartnagel, inmitten der Schrecken des Krieges Halt und Zuversicht in der christlichen Botschaft gefunden hatte. Die innere Kraft von Fritz und dem zwanzigjährigen Werner wird für Sophie Scholl ein Ansporn gewesen sein, die Planungen für eine Tat entschlossen weiterzutreiben.

In der zweiten Dezemberhälfte fuhr Sophie Scholl noch einmal mit Hans nach Stuttgart, um von Eugen Grimminger Geld abzuholen. Sie hatte gehofft, dabei Lisa Remppis zu treffen – »Zu Hause weiß man es nicht!« –, aber es klappte nicht. Die beiden hatten sich monatelang nicht mehr gesehen. Der Brief, mit dem Sophie Scholl ihre Fahrt nach Stuttgart ankündigte, begann mit dem Satz: »Schon lange und vergeblich warte ich auf etwas von Dir.« Eine Begegnung mit der vertrauten Freundin hätte Sophie gut getan. Doch unabhängig von kleinen persönlichen Traurigkeiten lief die große Sache weiter. Die zweite Jahreshälfte 1942 hatte die Entscheidung gebracht. Für Sophie Scholl gab es kein Zurück.

In den Weihnachtsferien würde Alexander Schmorell nach Ulm kommen, um zusammen mit Hans und Sophie Scholl noch einmal mit Hans Hirzel zu sprechen. Hirzel bekam große Mengen Briefumschläge und wurde informiert, dass Ende Januar eine Aktion starten solle. Ob er mit dem von Sophie Scholls Geld gekauften Vervielfältigungsapparat die Flugblätter drucken könne, wenn man ihm eine Matrize mit Text überbringe? Hans Hirzel brachte Einwände vor, der Apparat funktioniere nicht recht, das sei ein Risiko. Dann werde man ihm die Flugblätter bringen, und er würde für die Verbreitung sorgen. Hans Hirzel stimmte zu. Was er nicht zu sagen wagte: Er hatte den Vervielfältigungsapparat eines Tages, als die Angst, entdeckt zu werden, übermächtig war, von der Donaubrücke in den Fluss geworfen.

Wahrscheinlich war es in den Weihnachtsferien, als Sophie Scholl mit Hans Hirzel einen Code vereinbarte, falls man dem andern per Brief, Telefon oder mündliche Übermittlung unverfänglich Gefahr signalisieren wollte. Nach der Erinnerung seiner Schwester Susanne hatte Hans Hirzel zuerst Hans Scholl um eine solche Vereinbarung gebeten. Der aber hatte abgewinkt. Sophie Scholl jedoch fand das eine gute Idee. »Hans hat Halsweh« hieß die eine Parole, und als weitere Warnung schlug Sophie Scholl den Code vor, das Buch »Machtstaat und Utopie« sei vergriffen. Die feine List war typisch für Sophie Scholl: jenes Buch des Freiburger Historikers Gerhard Ritter vorzuschlagen, das auf subtile Weise die Unrechts-Strukturen des braunen Staates bloßlegte und das sie im Sommer während ihrer mittäglichen Pausen von der Fabrikarbeit schon Hans Hirzel zur Lektüre empfohlen hatte.

Nach ihrer Verhaftung im Februar hat Sophie Scholl in den Vernehmungen durch die Gestapo klar benannt, was sie und die anderen zum Handeln bewogen hat: »Es war unsere Überzeugung, dass der Krieg für Deutschland verloren ist, und dass jedes Menschenleben, das für diesen verlorenen Krieg geopfert wird, umsonst ist.« Man musste etwas gegen das sinnlose Blutvergießen unternehmen. Als »weiteren und hauptsächlichsten Grund« für ihre Abneigung gegenüber dem Nationalsozialismus führte sie an, »dass nach meiner Auffassung die geistige Freiheit des Menschen in einer Weise eingeschränkt wird, die meinem inneren Wesen widerspricht«. Das Ziel: »Ich war mir ohne weiteres im Klaren darüber, dass unser Vorgehen darauf abgestellt war, die heutige Staatsform zu beseitigen und dieses Ziel durch geeignete Propaganda in breiten Schichten der Bevölkerung zu erreichen.«

Während Sophie Scholls Zeit zu einem großen Teil mit »Propaganda-Arbeit« gefüllt war, vernachlässigte sie das Briefeschreiben nicht. Das Private wurde dem Politischen nicht geopfert. Es kostete Kraft, eine so breite Korrespondenz aufrecht zu erhalten. Doch es muss Sophie Scholl viel bedeutet haben, mit denen in Verbindung zu bleiben, die ihr nahestanden – Fritz Hartnagel, Lisa Remppis, ihr Bruder Werner, auch Waldemar Gabriel gehörte inzwischen dazu, um nur die wichtigsten zu nennen. Und Otl Aicher. Er war im Spätherbst in Russland an Gelbsucht erkrankt und wurde, wegen der großen Ansteckungsgefahr, in ein Lazarett weit hinter der Front eingewiesen. In einem verwegenen Unternehmen gelang es ihm, unbehelligt immer weiter nach Westen transportiert zu werden. Otl Aicher landete schließlich im November in einem Lazarett im österreichischen Bad Hall, von katholischen Schwestern treu umsorgt. Er hatte gute Aussichten, nach der Genesung ein paar Urlaubstage zu erhalten.

Am 1. Dezember hatte ihm Sophie Scholl nach Bad Hall geschrieben: »Jedenfalls werde ich nach Ulm kommen, wenn Du dort bist. Und Du ja auch nach München – Ich freue mich sehr, dass Du kommst, denn ich habe manches auf dem Herzen. Vielleicht brauchst Du dann gar nimmer zurück.« Da war sie wieder, die verschlüsselte Erwartung auf ein baldiges Ende des schrecklichen Krieges und auf ein neues Leben in Freiheit. Da Otl Aicher sich von neuem ansteckte, musste er weitere Wochen in Bad Hall verbringen. Am 11. Dezember kündigt Sophie Scholl ihren Besuch an: »Ich habe vor, am übernächsten Samstag-Sonntag, ich glaube, es ist der 19. und 20. zu Dir zu kommen. Ist es recht?« Über seinen letzten Brief habe sie sich sehr gefreut. »Den gestrigen Tag haben wir bei Professor Muth verbracht. Was werden wir uns alles zu erzählen haben.«

Am 20. Dezember 1942 schreibt Willi Graf ins Tagebuch: »Spät noch zu Hans und Alex; wir trinken Tee und Cognac, reden und planen.« Es ist der letzte Tag vor den Weihnachtsferien. Willi Graf wird, nach Absprache mit der Gruppe, über die Feiertage in seine saarländische Heimat reisen und versuchen, dort Gleichgesinnte für weitergehende Flugblatt-Aktionen zu gewinnen. Sophie Scholl ist bei dieser letzten Besprechung im alten Jahr in der Franz-Joseph-Straße nicht mehr dabei. Sie hat sich an diesem Tag auf den Weg nach Bad Hall gemacht.

## ZWEI SCHWESTERN – ZWEI PAARE

*Jahreswende 1942/43*

Anfang November hatte Sophie Scholl in ihrem Nachttisch einen ungeöffneten Brief von Waldemar Gabriel entdeckt, nach seinem Besuch in Ulm geschrieben. Er hatte – als kleine Anspielung? – einen Kamm hineingelegt. Freimütig-ironisch bedankte sie sich: »Ich besitze oder besaß keinen … von dieser traurigen Seite kennst Du mich ja schon.« Eine gute Woche später, am 13. November, sitzt sie wieder über einem Brief an Waldemar Gabriel, aber diesmal von Empörung erfüllt. Obwohl ihr der Kopf brummt und es schon spät am Abend ist, muss Sophie Scholl noch dringend etwas loswerden – »vielleicht kommt noch eine klarere Abrechnung nach, wenn wir das nicht mündlich erledigen können«. (Sie erwartete ein Wiedersehen mit Gabriel in München.) Der Anlass: Sophie Scholl hatte Waldemar Gabriel einen Michelangelo-Aufsatz von Otl Aicher geschickt, und seine Deutung fand keine Gnade vor ihren Augen: »Ach Waldemar, mit welchem Recht bezeichnest Du Otl als einen modernen Heiden? … Ich selbst halte Otl für einen Christen, und er hat auf mich nicht nur gewirkt durch das, was er sagte, sondern durch das, was er ist. Man spürt in ihm das Wirken des Geistes, wie ich es von keinem anderen erlebt habe.«

Sophie Scholls Verteidigung – fast könnte man sagen »Heiligsprechung« – Otl Aichers hat eine Parallele in einem Brief von Inge Scholl an Carl Muth. Sie könne immer wieder nur über Otl staunen, hatte sie dem Freund im Mai geschrieben, »weit entfernt von aller Verliebtheit und – Gott bewahre mich davor – Vergötterung«. Es sei der Geist, der ihn heraushebt und segnet. Otl Aicher habe »von Kindheit an ein bewusst und unbewusst unter Gottes Wirken gestelltes Leben« geführt. So ähnlich sind sich die beiden Briefstellen, dass man vermuten darf, die Schwestern haben sich mehr als einmal über den geliebten und bewunderten Menschen ausgetauscht.

Nun würde Sophie Scholl ihn wiedersehen, neun Monate nach ihrem letzten Treffen im elsässischen Münster. Damals, Mitte März 1942, hatten sie einen langen Abend und die Nacht verbracht. Otl Aicher hatte ihr nach der Rückfahrt mit dem Rad in die Kaserne geschrieben, der »Schimmer von einem großen Beginnen« habe über ihrem Zusammensein gelegen. Wieder, wie in Münster, gibt es über das Treffen in Bad Hall nur Otl Aichers Zeugnis, aufgezeichnet Jahrzehnte später in seiner Autobiografie »innenseiten des kriegs«. Der Rückblick beginnt launig mit Otl Aichers guter Stellung bei den Lazarettschwestern, weil er in der Küche »die allerschönsten salzburger nockerln« herstellte und ihnen auch sonst zur Hand ging: »so durfte ich, als sophie zu besuch kam, auch längere ausgangszeiten in anspruch nehmen und konnte bei der rückkehr … den kücheneingang benutzen. und auf dem balkon meines krankenzimmers baute ich aus matratzen eine nicht einzusehende sitzecke, die es erlaubte, meinen besuch auch über die sperrstunde im haus zu haben.« Ob in der Balkonecke oder in einem oberösterreichischen Gasthof: Die beiden reden und reden.

Sophie Scholl erzählt von dem Münchner Kreis, den Otl Aicher bald bei einem Besuch kennenlernen soll. Sie will wissen, ob er Angst habe, weil er sich dank seiner Gelbsucht in das Lazarett nach Bad Hall geschmuggelt habe, und ob die Militärpolizei hinter ihm her sei. Otl Aicher beruhigt. Er hat sich ordnungsgemäß bei seinem Truppenteil in Russland mit der Bad Haller Adresse gemeldet. Stalingrad ist ein Thema: die Hoffnung, dass die Herrschaft des Bösen mit dieser Niederlage zusammenbricht, und die Angst, dass geliebte Menschen – Fritz Hartnagel zum Beispiel – dafür mit dem Leben bezahlen müssen. War das dann ein sinnloser Tod? Und wie schnell würde das Ende des verhassten Regimes wirklich kommen? Während Aicher nicht an eine schnelle Invasion der Amerikaner und Alliierten in Europa glaubt, ist Sophie Scholl überzeugt, sie wird bald kommen.

Mit einer Frage verknüpfte Sophie Scholl Politik und Christentum. Wie es komme, dass gerade katholische Länder eine so starke Affinität zum Faschismus hätten? Über Thomas von Aquin gehen sie zurück bis zu Aristoteles, den sie so schätzten wegen seiner vernunftgeprägten Philosophie. Aber der Grundsatz seiner Staatslehre – »Gemeinnutz geht vor Eigennutz« – war durch die nationalsozialistische Ideologie gründlich diskreditiert. Die Sicherstellung der Freiheit des Einzelnen müsse oberstes Staatsgesetz sein. An diesem Punkt erzählt Sophie Scholl, so Otl Aicher, von ihrem Bruder Hans: »… er habe beim jungen Schiller, als auch der noch Republikaner war, eine Stelle gefunden … er hatte einmal den Mut gehabt zu schreiben, der Staat sei dazu da, den Zweck der Menschheit zu erfüllen, nämlich die Ausbildung aller Kräfte, die im Menschen liegen«. Mit dem Hinweis auf das Schiller-Zitat betritt Sophie Scholl sensibles Gelände. Es stand im ersten »Flugblatt der Weißen Rose«. War das die Gelegenheit, Otl Aicher einzuweihen in die Aktivitäten und Pläne der Münchner Freunde?

Dazu befragt, hat Otl Aicher im Rückblick erklärt, er habe nie eine Andeutung über die Münchner Widerstandspläne erhalten (Vinke: Das kurze

Leben der Sophie Scholl). Ein Brief von Otl Aicher an Carl Muth legt offen, dass diese Auskunft nicht haltbar ist. Otl Aicher schreibt am 31. Oktober 1943 an den Menschen, der für ihn wie ein Vater war, über Sophie Scholl: »Ich weiß auch, wie ich selbst in diesen Tod verflochten bin. Sie hat mir in Bad Hall alles dargelegt, ohne dass ich auch nur im Entferntesten hätte auf diese Dummheit schließen können.« Diese Dummheit: Das kann sich nur auf das Auslegen der Flugblätter in der Münchner Universität am Vormittag des 18. Februar 1943 beziehen, das zur Verhaftung von Sophie und Hans Scholl und ihrem Tod führte. Auf solch ein riskantes Unternehmen allerdings musste Otl Aicher nicht kommen, als er von Sophie Scholl generell informiert wurde.

Zwei Tage hatten die beiden in Hall für sich, dann ist Sophie Scholl weiter nach Ulm gefahren. Am 24. Dezember nicht unter dem häuslichen Weihnachtsbaum mit den Eltern zu feiern – undenkbar für die Scholl-Kinder, wenn man es eben einrichten konnte. Auch Hans war aus München gekommen. Spät am Abend schrieb Sophie einen Brief an Lisa weiter – »der Lichterbaum ist erloschen«. Sie dankt ihr für die Geschenke. Dann kommt sie auf ihren Vater zu sprechen, dem »die Existenz endgültig genommen« sei. Man werde sich halt einschränken und neue Wege finden: »Hoffentlich kommt bald die Zeit, die Kräfte wieder voll und freudig zu entfalten. Trotz der vielen Sorgen ist er guten Mutes.«

Als Weihnachtsgeschenk bekommt Lisa Remppis ein Bild, das Sophie Scholl vor einem halben Jahr gemalt hat. Es zeigt Inge Scholl im Profil bei einem Bach-Konzert in der Ulmer Dreifaltigkeitskirche. Sophie erläutert liebevoll das Bild: in Inges Gesicht spiegeln sich die kurzen Nächte und die Müdigkeit der langen Arbeitsstunden, aber auch die Wirkung der Musik. Zum Schluss bedauert Sophie Scholl noch einmal, dass sie neulich auf der Durchreise nach Stuttgart Lisa nicht angetroffen habe, und wiederholt: »Es weiß übrigens niemand von dieser Reise.«

An diesem Weihnachtstag erfährt Inge Scholl von Sophie, dass Otl Aicher ihr in Bad Hall mehrere von Inges Gebetsheften gezeigt und zum Lesen gegeben habe. Inge Scholl hatte lange überlegt, bevor sie Otl Aicher ihre sehr persönlichen Aufzeichnungen anvertraute. Am nächsten Tag, dem 25. Dezember 1942, schreibt sie in ihr Gebetsheft, in dem sie Gott als ihren Gesprächspartner direkt anspricht: »Und zwischen Sofie und mir ist in der letzten Zeit eine große Spannung gewesen. Ich will Dir auch sagen, dass es mir von Otl einfach unverständlich gewesen wäre, Dinge, die zwischen ihm und mir waren, wie zwischen Eheleuten, dass er die ohne mein Mitwissen einem Dritten gegeben hätte, dazu einem Dritten, der immer oder viel bei mir ist. So habe ich denn Sofie gefragt – ich habe schon Herzklopfen und mich selbst überwinden müssen – ob ihr Otl das andere Heft auch zum Lesen gegeben habe.« Sophie antwortet, er habe ihr »einige Stellen daraus vorgelesen. Zum andern sei sie aber noch nicht gekommen«. Inge Scholl bittet die Schwester, mit dem Lesen zu warten: »Sie war ganz demütig – Hans holte sie zum Schlafen – Über mich kam Friede.«

Vielleicht war Sophie Scholl eher betroffen als demütig, mit ihren Erzählungen von Bad Hall Inges Gefühle verletzt und tiefes Misstrauen ausgelöst zu haben, das in Wahrheit Otl Aicher galt. So wie nach Sophies Besuch in Münster, als sie Inge Scholl ahnungslos ein Foto von Otl Aicher schickte, das er Sophie gegeben hatte und von dem Inge Scholl schon lange einen Abzug besaß. Als Sophie Scholl am 24. Dezember ein Bild von Inge an Lisa Remppis schickt, scheint sie nichts von den Spannungen gespürt zu haben, die die Schwester ihr gegenüber angesammelt hatte. In den Tagen um und nach Weihnachten 1942 wird daraus eine komplizierte Geschichte, die zum einen Inge Scholl und Otl Aicher betrifft. Soweit Sophie Scholl darin vorkommt, ist sie ein Teil ihrer Biografie. Allerdings ist in diesen angespannten Tagen nur Inge Scholls Stimme hörbar. Sophie Scholl hat kein Wort darüber verlauten lassen. Und Otl Aichers Briefe an Inge Scholl sind noch immer gesperrt.

Die Heftigkeit, mit der Inge Scholl auf Otls Vertrauensbruch reagiert, lässt darauf schließen, dass sie nicht zum ersten Mal von Enttäuschung und Eifersucht geplagt wird. Zur Erinnerung: Im Sommer 1941 hatte Inge Scholl Ernst Reden, mit dem sie »innig« verbunden war, mitgeteilt, dass sie nun mit Otl Aicher in »Freundschaft und Liebe« zusammengehöre. Für Familie und Freunde waren Inge und Otl seitdem ein Paar. Am 26. Dezember 1942, nach einem weiteren Gespräch mit Sophie, schreibt Inge Scholl in ihr Gebetsheft, dass es ihr immer aufs Neue weh tue, auch wenn ihr Geist »schon oft darüber Herr geworden« sei: »Dass Otl mit Sofie dieselben Zärtlichkeiten haben könnte wie mit mir. Otl versteht dies ja nicht. Sofie hat mir gerade erzählt, dass Otl einmal die Nacht über aus der Kaserne und zu ihr gekommen sei. Nun weiß ich aber, dass dies gar nichts zu sagen hat und dass ich nichts darüber denken brauche.« Sie beruhigt sich damit, dass es sich bei Otl um »kindhaft menschliche Liebe« handelt, und Sophie traut sie »soviel Kraft, Reinheit und Sanftmut zu, dass sie das Rechte auch hier finden wird«. Aber Inge Scholl ist auch so ehrlich, Gott zu gestehen, dass ihr »Vertrauen zu den Menschen einen starken Riss bekommen hat« und dass sie »für die liebsten Menschen böseste Vermutungen« habe. Die Frage, die sich ihr stellt: »Soll ich über all das Otl gegenüber schweigen?«

Ihre Antwort: Sie müsse »dieses Opfer schweigend bringen. Ich will nicht sentimental werden, Vater«.

Einen Tag später, am 27. Dezember, antwortet sie auf einen Brief von Otl Aicher. Darin hatte er von Sophie Scholls Besuch in Bad Hall erzählt, sie mit einem Herbstmond im November und Inge mit dem Frühlingsmonat Mai verglichen. »Mein lieber Otl«, schreibt sie, »dagegen verwahre ich mich mit aller Entschiedenheit. Du kennst Sofie noch zu wenig.« Wenige Abschnitte später tritt sie noch einmal dem Bild entgegen, das Otl Aicher von ihrer jüngsten Schwester entworfen hat: »Ganz entschieden wehre ich mich dagegen, dass Sofies Leben nicht Blüte tragen kann wie das Meine ...« Auch auf den Besuch in Bad Hall geht sie ein: »Dass Du Dich Sofie so nahen hast dürfen und dass ihr wertvolle Tage zusammen hattet, da will ich mich mit Euch freuen.« Sofie habe ihr »so manches« erzählt. Er dürfe ihr aber glauben, dass sie mit ihr »über Dich, was Dich zutiefst bewegt« nicht gesprochen habe. Die Freude klingt distanziert, fast gequält, und trotz des selbst auferlegten Schweigegebots lässt sie Otl Aicher durch die Blume wissen, welches Verhalten seinerseits sie gar nicht goutieren würde.

Was Inge Scholl nicht anspricht, was sie aber wohl auch wurmt: Sophie Scholl hatte sich die Freiheit zu einem mehrtägigen Besuch bei Otl Aicher genommen. Inge Scholl hat Otl Aicher seit dem Frühjahr 1942, als er nach Russland musste, nicht mehr gesehen. Und ist offenbar so sehr im Steuerbüro von Robert Scholl beschäftigt, dass sie nicht nach Bad Hall fahren kann – oder es nicht wagt.

Der Übergang ins neue Jahr wird auch innerhalb der Familie von einem Missklang begleitet. Seit Hans Scholl 1941 festen Anker im Christentum geworfen hat – »mir ist in diesem Jahre Christus neu geboren –, fordert er immer wieder seinen Vater mit der Frage heraus: »Gibt es einen persönlichen Gott?« Robert Scholl ist nicht davon überzeugt. Mitte Januar 1943 erfährt Otl Aicher von Inge Scholl: »Hans hat schon wiederholt heftige Diskussionen mit Vater gehabt ... Mit solch' einem außerordentlich leidenschaftlich geführten Kampf zwischen Vater und Hans begann das Jahr 1943, nachdem wir zuvor um Mitternacht mit den Gläsern angestoßen hatten.« Was Lina Scholl seit Beginn ihrer Beziehung zu Robert Scholl tolerierte, will Hans Scholl nicht akzeptieren, und Inge Scholl nennt die Überzeugungen ihres Vaters »Vorurteile«. In Sophie Scholls Briefen gibt es keine Hinweise darauf, dass sie die Einstellungen ihres Vaters in diesem Punkt kritisiert haben könnte. Sie hat den Silvester-Streit miterlebt, aber sich offensichtlich nicht an den Attacken ihres Bruders beteiligt.

Für den zweiten Tag des Jahres 1943 hat sich Inge Scholl zwei Dinge vorgenommen. Sehr früh am Morgen geht sie in eine katholische Kirche, um »klar und still« zu werden. Tags zuvor hatte sie einen Brief von Otl Aicher bekommen, über den sie ihm schreiben wird: »Dein Brief war mir wie ein Hineingeschossen werden in einen finsteren Wald, wo ich selbst nicht gewusst hätte mich herausfinden.« Nach dem Kirchgang jedoch und den Eintragungen in ihr Gebetsheft, »um vor Gott noch einmal alles festzulegen«, fühlte Inge Scholl sich stark genug, Otl Aichers Brief zu beantworten. Sie rechtfertigt sich gegenüber der Kritik an ihrer Person, die sie tief schmerze. Es wird ein sehr langer Brief, der sie schließlich zu Sophie Scholl führt und ihrem eigenen Platz in dem Dreieck Sophie – Otl – Inge.

Noch einmal kommt Inge Scholl auf Aichers vorletzten Brief zurück, als er die beiden Schwestern verglichen hatte: »Ich habe auch bei dem Vergleich Sofies mit einem Herbstmond nicht übersehen und vergessen, dass der November Dein Lieblingsmonat ist. ... Doch selbst wenn Du bei Deinem Vergleich nicht an Deine Vorliebe für den November gedacht hättest, ich hätte es doch bemerkt.« Und nun zieht Inge Scholl die Konsequenz aus den unguten Gefühlen und Spannungen, die sie seit Sophie Scholls Rückkehr aus Bad Hall quälen: »Wenn es so sein sollte, Otl, dass Sofie jetzt diesen nächsten Platz bei Dir einnimmt, dann will ich mich doch keinen Augenblick sträuben, in den Hintergrund zu treten. Ich würde Dich von dort aus weiter lieben. Denn ich will ja nur mich in Gottes Willen hineinknien, sonst nichts.« Ihr ist wichtig, ihr Verhältnis zu ihrer jüngsten Schwester deutlich zu machen. Es würde unter einer solchen »Platzverschiebung« nicht leiden: »Sofie habe ich schon immer ganz besonders geliebt, eine Zeitlang fast wie eine Mutter, bis dann die Altersunterschiede verwischt wurden und sie eine starke Selbständigkeit erreichte. Die innige Beziehung zwischen uns aber hat sich erhalten, und ich glaube, dass ich sie verstehe, soweit man das von einem Menschen sagen kann.«

Es folgt noch ein Blick auf Hans Scholl, da Otl Aicher beunruhigt war wegen eines sehr offenherzigen Briefes, den er ihm geschrieben hatte. Er brauche sich keine Sorgen zu machen, schreibt ihm Inge Scholl, Hans habe ihr gegenüber keine Bemerkungen gemacht, »und wenn er wirklich sein Vertrauen so in Deine Hand gelegt hat, bin ich heilfroh«. Im Vergleich zu Sophie verberge sich »seine Verschlossenheit nicht hinter einer Kühle, sondern hinter jener Gefälligkeit, von der Du schreibst. ... man muss ihn schon ab und zu in die Enge treiben, wo er sich klar für etwas entscheiden muss, und das kannst du wohl besser noch als ich«. Damit hatte Inge Scholl die erste Aufgabe dieses 2. Januar 1943 erledigt.

Eine Woche später schaute sie auf den Nachmittag des 2. Januar zurück und schreibt in ihr Gebetsheft: »Letzten Sonntag mit Sofie beim Spaziergang ausgesprochen – da löste sich das Eis ... Ich danke Dir für Sofie ... Sofie ist mir wiedergeschenkt worden. Ich brauche keine Angst mehr um das Verhältnis zwischen uns zu haben ... O welch wunderbares, liebes Menschenkind!« Am 8. Januar war Sophie Scholl wieder zurück nach München gefahren. Das erklärt den letzten Satz: »Segne Sofie! Fast habe ich Heimweh nach ihr. Und Otl!« Für Inge Scholl war die Welt wieder im Lot. Im Hin und Her der Briefe und durch einen kurzen Besuch von Otl Aicher in der Wohnung am Ulmer Münsterplatz hatte sich geklärt, dass Inge Scholl weiterhin den Platz an seiner Seite einnehmen würde. Am Abend des 6. Januar 1943 schreibt sie ihm und zitiert aus seinem letzten Brief: »Und nun bitte ich Gott, dass dieses neue Getrenntsein von Dir, ein ›strahlender Beginn‹ werden möge.«

Zurück zu Sophie Scholl, der ein gutes Verhältnis zu ihrer ältesten Schwester sehr wichtig ist. Aber gab es nicht einen Menschen, dem ihre Gedanken in diesen Tagen zwischen den Jahren mehr als jedem anderen gehörten? Der ihr Gedenken und ihre Gebete, ihre Ermutigung und ihre Liebe brauchte, auch wenn er tausende von Kilometern entfernt war? Ob Sophie Scholl am Abend einschlief oder morgens erwachte, nie konnte sie sicher sein, dass Fritz Hartnagel in den furchtbaren Kämpfen um Stalingrad noch am Leben war. In dieser extremen Anspannung und Herausforderung durchziehen die Briefe Sophie Scholls, aus Ulm an Fritz Hartnagel geschrieben, zwei Koordinaten, nach denen ihr Leben ausgerichtet ist, die ihr Halt und Trost und sogar ein Gefühl reiner Freude geben.

Zum einen ist sie unerschütterlich in ihrem Vertrauen auf Gott und darin, dass sie beide in seiner Liebe geborgen sind, so furchtbar es auch in der Welt ringsum zugehen mag. »Du weißt ja, was ich für Dich wünsche«, schreibt sie am 26. Dezember. »Dies alles lege ich in die Hand, die unsre ohnmächtige Liebe mächtig werden lässt.« Und am vorletzten Tag des Jahres 1942: »Doch wenn du diese Zeit nur überstehst, das Wie ist dann nicht so wichtig, oder besser, darum habe ich keine so große Sorge, denn ich weiß ja, dass Dich der Gedanke an den, der Dich führt, ruhig machen kann.« Wenn Sophie Scholl am 3. Januar 1943 ihren Brief mit »Und nun Gott befohlen!« schließt, dann ist das keine Floskel.

An diesem Tag spricht sie gegenüber Fritz Hartnagel auch einen Wunsch aus, den sie sonst nur ihrem Tagebuch anvertraut hat: »Oftmals bin ich unglücklich, dass alles Leid nicht durch mich geht, so wenigstens könnte ich einen Teil meiner Schuld abtragen an denen, die unverdient so viel mehr leiden müssen als ich.« Sophie Scholl vergisst nicht, dass im Vergleich zu ihr – Berufsverbot für den Vater, ein Jahr Zwangsaufenthalt in Arbeitsdienstlagern, Freund und jüngster Bruder an der Front in Russland – viele Menschen physisch und psychisch wesentlich mehr unter diesem System gelitten haben, gequält und ermordet worden sind. Daran fühlt sie sich mitschuldig. Nicht weiter schuldig zu werden, wie sie ihrer Freundin Susanne Hirzel im Dezember in Stuttgart sagte, gilt der Gegenwart und der Zukunft: durch Taten das Ende des Nationalsozialismus und seiner Machthaber – und damit das Ende des Leids – zu beschleunigen.

Eine Frage, für die es bisher keinen Anknüpfungspunkt gab, taucht auf: Führt das Stichwort Schuld nicht auch in eine Vergangenheit, in der Sophie Scholl nicht nur keineswegs gelitten, sondern aktiv in das nationalsozialistische System eingebunden war? Andere junge Menschen dafür begeistert und als Jungmädel-»Führerin« nicht wenige Jahre Verantwortung getragen hat? Kann es sein, dass Sophie Scholl, die so kritisch gegenüber sich selber ist, diese Zeit verdrängt hat? Wieder eine Frage ohne Antwort. In den schriftlichen Hinterlassenschaften, den Briefen und Aufzeichnungen der Kriegsjahre – auch denen von Inge und Hans Scholl – wird dieser Teil ihrer Vergangenheit nicht erwähnt. Als sei es ein Tabu gewesen, an das keiner der Beteiligten rühren durfte oder zu rühren wagte.

Den Glauben an einen gnädigen Gott hatte Sophie Scholl sich in den vergangenen drei Jahren neu erschlossen und erkämpft. Er engte ihren geistigen Horizont nicht ein und stand nicht im Widerspruch zu dem, was vor allem anderen ihre Persönlichkeit ausmachte und wozu sie sich immer wieder bekannte: das Denken. Auch gegenüber Fritz Hartnagel hatte sie seit Beginn ihrer Beziehung auf dem eigenen Denken beharrt. Sie hatte ihn in Krisenzeiten herausgefordert, nicht den Gefühlen zu trauen, sondern hart zu bleiben. Das hatte zu schmerzhaften Missverständnissen geführt, doch die lagen hinter ihnen. Sophie Scholl war glaubwürdig, wenn sie Fritz Hartnagel zum Jahresende 1942 in den Kessel von Stalingrad schrieb: »Hast Du noch zu lesen? Ich möchte Dich immer wieder dazu anspornen, und wenn es noch so sauer ist. Wir haben ja unsern Verstand zum Denken bekommen, das ist eine Arbeit, aber kein Gefühl wird sie uns ersparen können.« Und sie fährt fort: »Die Zeit wird auch nimmer so fern sein, wo Du nicht mehr durch äußere Umstände von einer rechten Arbeit abgehalten bist.«.

Es ist die große Hoffnung, die Sophie Scholl seit dem Herbst mit dem Umschwung des Krieges verbindet und in ihren Briefen als Mutmacher artikuliert. Sie ist damit in ihrem Kreis nicht allein. Zum einen kann sie sich auf die politische Einschätzung des Vaters stützen. Und aus ihren Gesprächen mit Carl Muth weiß Sophie Scholl, dass er und sein Freund Theodor Haecker – den sie, der Münchner Kreis und Otl Aicher als Autorität verehren – vom baldigen Sturz des Bösen überzeugt sind. Am 1. Januar 1943 schreibt Theodor Haecker in seine heimlich geführten »Tag- und Nachtbücher«: »Nun hört man schon deutlich das Heulen und Winseln der Dämonen in ihren Phrasen der Angst. Es ist das Heucheln der Amokläufer vor dem Ende.« Zwei Tage später heißt es: »der Anfang vom Ende ist da«. Sophie Scholl darf davon ausgehen, dass sie keinem diffusen Gefühl nachgibt, wenn sie Fritz Hartnagels Lebenskraft mit dieser Hoffnung nährt.

Das Denken hat für Sophie Scholl wesentlich mit Klarheit zu tun, aber auch mit Schönheit. Beides erlebt sie, seit jungen Jahren, intensiv in der Musik. »Ich habe mir aus dem Radio eine schöne alte Musik hergeholt«, schreibt sie Fritz Hartnagel am 30. Dezember 1942, »eine Musik, die die Sinne beruhigt, die mit ordnender Hand durch das verwirrte Herz geht. Diese Schönheit kann niemals schlecht sein, sie atmet ja das Leben eines reinen Geistes, und eines klaren, manchmal mathematisch klaren Geistes«. Sie will die moderne Musik nicht schmähen, aber die brauche Bilder, sei nicht von so abstrakter Klarheit wie Bach oder Mozart.

Unruhig ist unser Herz, bis es ruht in Dir: Seit Sophie Scholl im Frühjahr 1941 in Krauchenwies bei der täglichen Abendlektüre den Kirchenvater Augustinus für sich entdeckte, ist ihr dieses Gebet unzählige Male durch Kopf und Herz gegangen; es wird ein tröstlicher Begleiter bleiben. Aber Sophie Scholls Glaubensverständnis macht das Denken und die Schönheit nicht zu Handlangern der Religion. Die Schönheit der Musik kann aus eigener Kraft Ruhe in ihr unruhiges Herz und Ordnung in die verwirrten Gefühle bringen. Musik überschreitet die Grenze zwischen Geist und Sinnen, zwischen Denken und Gefühl. Oder: hebt sie auf, lässt sie verschwinden. Die Widersprüche fügen sich zu einem Ganzen. Denn es ist ja nicht so, dass Sophie Scholl Gefühle ausschließt, gering achtet. Sie möchte nicht von ihnen überwältigt werden, sondern im Gleichgewicht bleiben: »O ich glaube wohl, dass das Elend stumpf machen will, doch denke daran: Un esprit dur, du cœur *tendre*!« Mit dieser Botschaft macht sie Fritz Hartnagel in ihrem Brief vom 3. Januar 1943 Mut, auch wenn die Umstände auf schreckliche Weise dagegen sprechen. Doch Sophie Scholl beschwört nur, was auch sie um jeden Preis bewahren will, um nicht abzustumpfen – einen harten, einen klaren Geist und ein weiches, ein zartes Herz.

## EINE FRAU UND DREI MÄNNER: DAS RISKANTE UNTERNEHMEN BEGINNT

*8. bis 28. Januar 1943, München*

Die Zeit der Reden ist vorbei. Am 8. Januar 1943 fährt Sophie Scholl zurück nach München. In der letzten Januarwoche soll das Flugblatt versandfertig sein, und diesmal ist es nicht nur für den engen Münchner Raum gedacht. In tausendfacher Ausführung soll es auch Menschen in Süddeutschland und Österreich aufrütteln. Trotz aller Arbeit ist die kleine Gruppe der Eingeweihten entschlossen, ihr Studentenleben im alten Stil fortzuführen. Am Bahnhof wartet schon Hans Scholl und nimmt seine Schwester »mit Rucksack und Köfferchen« ins Konzert; wieder einmal spielt der Pianist Edwin Fischer Beethoven. Auch an den Gesprächsrunden in der Leopoldstraße hält Hans Scholl fest. »Später sitzen wir noch lange im Atelier als Gäste und reden viel, fast zuviel«, schreibt Willi Graf am Abend des 8. Januar in sein Tagebuch. Der Architekt Manfred Eickemeyer, der Hausherr, wird am 12. Januar wieder für Monate in sein Krakauer Büro fahren. Er hat zugestimmt, dass während seiner Abwesenheit der mit den Scholls befreundete Ulmer Maler Wilhelm Geyer im Atelier wohnen und arbeiten kann. Hans Scholl hatte die Idee, als er erfuhr, dass der Künstler im Auftrag einer Münchner Firma Glasfenster für die St. Margareta-Kirche im schwäbischen Margrethausen entwerfen soll.

Am 9. Januar ist Willi Graf vormittags in der Franz-Joseph-Straße zum Kaffee. »Am Nachmittag«, heißt es im Tagebuch, »mit Hans zu Besuch in Gräfelfing. Das Gespräch ist lebendig und grundsätzlich.« In Gräfelfing am südwestlichen Stadtrand lebte Professor Kurt Huber mit Frau und Sohn. Willi Graf besuchte wie Sophie Scholl, Gisela Schertling und Traute Lafrenz im Wintersemester regelmäßig Hubers Leibniz-Vorlesung, Hans Scholl eher unregelmäßig. Aber darum ging es nicht an jenem Nachmittag. Die Historiker sind uneins, ob der Professor, der ein »Flugblatt der Weißen Rose« im Sommer in seiner Post fand, schon im Dezember 1942 oder erst im Januar 1943 in den Kreis der Eingeweihten aufgenommen wurde. Entscheidend ist, dass Kurt Huber zwar nicht in die praktische Flugblatt-Arbeit eingebunden war, aber spätestens am 9. Januar zustimmte, bei Bedarf seinen Rat einzubringen.

Wenn Willi Graf oder Alexander Schmorell zum Kaffee oder Tee in die Franz-Joseph-Straße kommen, um über das Projekt zu reden, mischt Sophie Scholl sich in die politischen Diskussionen generell nicht ein – so jedenfalls ist die Überlieferung. Es ist jedoch nicht vorstellbar, dass sie keinen Kommentar abgab, wenn sie die Freunde über Fritz Hartnagels Briefe von der Stalingrad-Front informierte. Ein wichtiger Beitrag, vor allem jetzt, wo in den offiziellen Verlautbarungen zwar das Sieger-Pathos verebbte, aber ein anderer Mythos aufgebaut wurde: vom »heldenmütigen Abwehrkampf« und dem »ergreifenden Heldenopfer«, das zum »Ausgangspunkt eines neuen deutschen Siegeswillens« werden sollte.

Gerade weil sie die Entwicklung an den Fronten, die Parolen der Machthaber und die Stimmung in Deutschland beobachteten, waren Hans und Sophie Scholl, Alexander Schmorell und Willi Graf überzeugt, dass die Zeit für ein Flugblatt günstig war: Die Fronten kamen ins Wanken, die Stimmung in der Bevölkerung sank. Die nationalsozialistische Propaganda griff skrupellos zur letzten Karte und nahm die Bevölkerung offen mit in Haftung für die Staats-Verbrechen. »Selbstverständlich können wir den Krieg verlieren, wenn wir nicht alle Kräfte für den Einsatz mobilisieren«, lautete am 4. Januar 1943 die Durchhalteparole von Joseph Goebbels. Mit der unausgesprochenen, aber deutlichen Drohung: Wenn wir den Krieg verlieren, werden die Sieger mit euch so umgehen, wie wir jetzt mit den Unterlegenen und Ausgestoßenen. Der Führererlass vom 13. Januar über den »Umfassenden Einsatz von Männern und Frauen für die Aufgaben der Reichsverteidigung« verlangte, dass sich alle Männer vom 16. bis 56. und alle Frauen vom 15. bis 50. Lebensjahr zum Arbeitseinsatz melden mussten. Wiesen nicht alle Anzeichen auf das Ende des Krieges und den Zusammenbruch des Systems hin?

Als Schmorell bis Mitte Januar einen Vervielfältigungsapparat besorgen soll, wird er Sophie Scholl fragen, wie viel Geld dafür in der Kasse ist. Sie muss in alles eingeweiht sein, als sie nach der Rückkehr von Ulm mit der praktischen Arbeit beginnt. Allein oder mit Hans Scholl kauft sie Matrizen, Saugpapier, Umschläge und Briefmarken. Einmal auch mit Traute Lafrenz, die Bescheid wusste. An einem sonnigen Tag im Januar schlenderten die beiden durch die Ludwigstraße. Am Straßenrad stand ein Pferdewagen, das Pferd schnaubte vor Vergnügen. Traute Lafrenz: »›Ha, Kerrle‹, sagte Sophie Scholl und klopfte ihm lachend den Hals – dann stand sie mit der gleichen Einfachheit, dem gleichen frohen Gesicht im nächsten Schreibwarenladen und verlangte Briefumschläge«. Mitte Januar lagerten im Zimmer von Hans Scholl rund 10000 Blatt Papier, 2000 Umschläge, über 1000

Briefmarken und 20 Matrizen. Waren die Flugblätter im Sommer 1942 in der Schmorell-Villa hergestellt worden, so sollte diesmal die gesamte Produktion bei den Scholls in der Franz-Joseph-Straße stattfinden.

Extrem zeitraubend war die Adressensuche. Für die vier »Weiße-Rose-Flugblätter« im Sommer 1942 hatten Hans Scholl und Alexander Schmorell die Adressen von Freunden, Bekannten und Verwandten gewählt und ansonsten das Münchner Telefonbuch genutzt. Jetzt, wo der Radius viel weiter gesteckt war, saß Sophie Scholl – wie auch Hans Scholl und Alexander Schmorell – stundenlang im Deutschen Museum. Dort waren die Telefonbücher des »Großdeutschen Reiches«, zu dem seit Frühjahr 1938 auch Österreich gehörte, einsehbar. Wahllos schrieben sie Adressen aus den Städten ab, die auf ihrem Flugblatt-Plan standen: Augsburg und Frankfurt, Salzburg, Linz und Wien. Die Adressen in Stuttgart wollte Hans Hirzel von Ulm aus besorgen. In Ulm selbst sollten keine Flugblätter mehr auftauchen; die Gefahr war zu groß war, dass die Scholl-Familie verdächtigt wurde. In Sophie Scholls Notizbuch entdeckte die Gestapo nach ihrer Verhaftung 272 Augsburger Adressen und 14 aus München. Sie sagte während ihrer Vernehmung aus, man habe insgesamt 14 Tage gebraucht, um alle Kuverts mit Adressen zu beschreiben.

Sie müssen angespannt und müde gewesen sein, zumal Hans und Sophie Scholl, in deren Wohnung alle Fäden zusammenliefen und die Arbeits-Gespräche stattfanden. Trotzdem organisierte Hans Scholl für den 11. Januar wieder einen Gesprächs-Abend im Atelier Eickemeyer. Man feierte den Einzug von Wilhelm Geyer, der regelmäßig von Dienstag bis Freitag Atelier und Wohnung nutzen würde. Als er am Wochenende danach wieder zu Hause in Ulm ist, berichtet er seiner Frau, es sei über Kunst und Musik, Kirche und Staat diskutiert worden. Da das Atelier keine Kochgelegenheit hatte, würde Geyer das Frühstück bei den Scholls einnehmen, es war ein Weg von wenigen Minuten, und sich auch an vielen Abenden mit ihnen zum Essen verabreden. Der Zweiundvierzigjährige war ein Stück Heimat im Münchner Getriebe. »Seine Anwesenheit wirkt sehr beruhigend, er strahlt direkt eine Atmosphäre des Vertrauens aus«, schreibt Sophie Scholl am Tag nach Geyers Einzug an Inge.

13. Januar 1943 – Aus dem Tagebuch von Sophie Scholl: »Sobald ich allein bin, verdrängt eine Traurigkeit jede Lust zu einer Tätigkeit in mir. … Die schlimmsten Schmerzen, und wären es nur körperliche, sind mir tausendmal lieber als diese leere Ruhe.« Aus dem Tagebuch von Willi Graf: »Besuch bei Hans, auch am Abend bin ich wieder dort, wir beginnen wirklich mit der Arbeit, der Stein kommt ins Rollen.« Es ist ein Spannungsbogen auf

engstem Raum. Nur wenige Schritte liegen zwischen Sophie Scholls Zimmer und dem ihres Bruders, wo an diesem Tag und Abend vier Personen – Willi Graf, Alexander Schmorell, Hans und Sophie Scholl – tätig sind. An zwei Schreibmaschinen sitzen die Geschwister und tippen Adressen auf die Briefumschläge, die wiederum müssen mit Briefmarken versehen werden. Vielleicht wird erstmals die Anzahl der Adressen abgeglichen, die jeder im Deutschen Museum hat aufschreiben können; denn davon hängt ab, wie viel Flugblätter in welchen Städten verteilt werden können.

Bei über 5000 Flugblättern sind Briefmarken ein wesentlicher Kostenfaktor. Briefe, die innerhalb einer Stadt versandt werden, brauchen nur 8-Pfennig-Marken; die nach außerhalb kosten 12 Pfennig Porto. Sie machen sich ans Rechnen: Ist es günstiger, wenn eine von ihnen mit dem Zug nach Salzburg fährt, dort die Salzburg-Adressen einwirft und damit pro Brief 4 Pfennig gespart werden können? Wiegt das Risiko, unterwegs bei einer Kontrolle erwischt zu werden, die Kostenminderung auf? Sophie Scholl gibt Hans Hirzel in Stuttgart Anweisungen für ihre konspirative Korrespondenz. Will er sie über seine Vorbereitungen informieren, schreibt er an Gisela Schertlings Adresse und der fingierte Absender enthält das Codewort »Zollhaus«. Ein solcher Brief wurde von Gisela ungeöffnet an ihre Freundin Sophie weitergeleitet. Umgekehrt schreibt Sophie Scholl bei Bedarf an einen Freund von Hans Hirzel und setzt als Erkennungszeichen den Anfangsbuchstaben F vom zweiten Vornamen hinter den ersten.

Am 14. Januar spricht auch Willi Graf in seinem Tagebuch von Müdigkeit und Unruhe. Er beschäftige sich viel »mit dem Plan«: »Ob das der richtige Weg ist? Manchmal glaube ich es sicher, manchmal zweifle ich daran.« Von Zweifeln schreibt Sophie Scholl nichts in ihrem Tagebuch. Es sind Traurigkeit und eine große Leere, die mit der Aktivität im Zimmer des Bruders gleich nebenan korrespondieren. Wie einige Male zuvor wünscht sie, diesen »entsetzlichen Zustand« mit körperlichen Schmerzen zu überwinden. Von Optimismus, gar Hochstimmung über die geheime Tätigkeit kann keine Rede sein. Der Wunsch zu leiden: Ist es ihr Weg, Zweifel zu verarbeiten und gegen Resignation – oder besseres Wissen – anzukämpfen?

Auch die Angst, schuldig zu werden, verlässt Sophie Scholl nicht. Ebenfalls am 13. Januar schreibt sie an ihre Freundin Lisa über Waldemar Gabriel: »Das ist ein schwieriger Briefpartner, am liebsten würde ich die Feder hinwerfen und rufen: ich mag nicht mehr.« Ihre Briefe seien wie in leere Luft gerichtet, sie überlege, einfach Schluss zu machen. Doch dann kämen ihr, »wie Du Dir denken kannst, tausenderlei Bedenken, einen Menschen gänzlich fahren zu lassen. Denn es wäre ja möglich, dass ich damit eine

Schuld auf mich lüde«. Was hatte Sophie Scholl sich vorgenommen? Sie spricht vom »Überzeugen wollen« – aber »er will nicht«. Was ihr Ziel bei diesem von ihr angestoßenen Briefwechsel ist, deckt sie nicht auf.

Am Nachmittag des 13. Januar war es auf einer Feier im Deutschen Museum zum 470. Jubiläum der Ludwig-Maximilians-Universität zu einem Eklat gekommen, wie ihn keine andere Universität im Dritten Reich erlebte. Für die Münchner Studentenschaft herrschte Anwesenheitspflicht, die per Stempel quittiert wurde, verbunden mit der Drohung, bei Abwesenheit im kommenden Semester nicht mehr studieren zu dürfen. Schon während der Rede des Gaustudentenführers machte ein Teil der Studentinnen, die man geschlossen auf die Empore verwiesen hatte, ihrem Unmut über die Zwangsveranstaltung durch Zwischenrufe und Beifall an völlig falschen Stellen Luft.

Der Studentenführer hatte die Studentinnen in seiner Einleitung als »geistige Wühlmäuse« bezeichnet. Der zweite Redner, Gauleiter Paul Giesler, ging vor den rund 1200 Studenten und 300 Studentinnen zum Frontalangriff über. Eine freudige Überraschung nannte er die Soldaten, die als Studierende den Saal füllten. Eine »unangenehme« Überraschung dagegen seien die Studentinnen, die er erblickte. Er könne nur hoffen, sie würden ihr Glück »möglichst bald in Gestalt eines Mannes mit Kraft und Saft finden«. Aus Sicht des Gauleiters seien es höhere Töchter, die sich den Pflichten des Krieges entziehen wollten. Ein Teil der Studentinnen auf der Empore verließ unter lauten Protesten den Saal. Sie sprachen sich draußen ab, kamen zurück und störten von nun an die Rede durch Pfiffe, Trampeln, Scharren. Am Ende zitterte der Gauleiter vor Wut, schloss seine Rede mit den Worten »Wer gegen Adolf Hitler steht, fällt«, und befahl umgehend dem anwesenden Polizeipräsidenten, die Demonstrantinnen zu verhaften.

Damit eskalierte die Situation vollends. Sicherheitskräfte versuchten die Studentinnen im Hörsaal festzuhalten und gleichzeitig die Studenten zum Ausgang des Deutschen Museums hinauszudrängen. Die Studenten, viele in Uniform, fühlten sich in ihrer »Soldaten- und Offiziersehre« gekränkt und wollten zudem als Kavaliere ihren Kommilitoninnen zu Hilfe eilen. Es kam zu Handgreiflichkeiten, selbst Gestapo und Polizei wurden heftig angegriffen. Die Studenten blieben im Museum und skandierten »Wir wollen unsere Frauen wieder!«, während im Hörsaal die Frauen festgehalten wurden. Einige Studentinnen wurden zum Verhör zur Gestapo gebracht, aber noch in der Nacht freigelassen. Der Versuch der Gestapo, ein »bewusstes Komplott gegen den Gauleiter« nachzuweisen, scheiterte. Aber das Ereignis blieb Studenten- und Stadtgespräch.

Auch für Sophie und Hans Scholl, Alexander Schmorell und Willi Graf bestand Anwesenheitspflicht. Aber sie hatten sich für den Abend des 13. Januar anderes, Wichtigeres vorgenommen. Von einem zweiten Grund berichtete Wilhelm Geyer später in seinen Gestapo-Verhören. Er kam am späten Nachmittag bei den Scholls vorbei. Auf die Frage, warum sie nicht zum Festakt ins Deutsche Museum gingen, erklärten sie, »im Fall von Unstimmigkeiten« würden sie als Erste in den Verdacht kommen, die Urheber zu sein, »da sie innerhalb der Studentenschaft oder der Studentenkompanie politisch verdächtig seien«. Geyer hat mehrfach ausgesagt, dass die Geschwister sich seit dem Jahresanfang 1943 von der Gestapo überwacht fühlten. Anhaltspunkte oder Hinweise dafür haben sich nirgendwo gefunden. Der Skandal im Deutschen Museum ist kein Auslöser und kein Antreiber für die Flugblatt-Aktivitäten gewesen. Der Zeitplan stand seit Ende Dezember fest. Aber die Ereignisse im Deutschen Museum haben die Vier in ihrer Hoffnung bestärkt, die Studenten für Aktionen gegen das Regime gewinnen zu können. Sie hätten die Auffassung vertreten, »dass die meisten der Studenten revolutionär und begeisterungsfähig sind«, sagte Sophie Scholl in ihrem Verhör, »sich vor allem aber etwas zu unternehmen getrauen«. Sie fügt allerdings hinzu, die Studenten seien keineswegs »in Revolutionsstimmung gegen den heutigen Staat«.

Das Aufbegehren der Studentinnen wurde nicht in das Januar-Flugblatt aufgenommen, wohl aber in das folgende. Das spricht dafür, dass am 13. schon ein Entwurf vorlag. Um die Monatsmitte bittet Hans Scholl Professor Huber auf einen Besuch in die Franz-Joseph-Straße. Er legt ihm zwei Entwürfe zur Begutachtung vor: einer von ihm, einer von Alexander Schmorell. Den von Schmorell lehnt Huber grundsätzlich ab, er habe »kommunistisch klingende Aufforderungen«. Scholls Entwurf beurteilt er positiv und empfiehlt für den zweiten Teil einige Änderungen. Hans Scholl entscheidet Tage später, dass diese Version genommen wird; Rücksprache mit Huber oder Schmorell hält er darüber nicht.

Nach seiner Verhaftung wird Hans Scholl zu Protokoll geben, er habe dieses Flugblatt ganz allein geschrieben. Sophie Scholl dagegen erklärte bei ihrer Vernehmung, »mein Bruder hat es zusammen mit mir verfasst«, und sie meinte damit einen Probe-Entwurf. Hans Scholl wollte vor der Gestapo alle Verantwortung auf sich ziehen, das ist nachvollziehbar. Versuchte Sophie Scholl, um ihren Bruder zu entlasten, die Hälfte der Verantwortung auch auf ihre Schultern zu laden – obwohl es nicht den Tatsachen entsprach? Es leuchtet nicht sehr ein, auch wenn es, wie so vieles in diesen Tagen, nicht nachweisbar ist. (Weder Sophie noch Hans Scholl haben in ihren Vernehmungen Professor Huber erwähnt, in der Hoffnung, ihn aus der Sache herauszuhalten.)

Selbst wenn der Entwurf allein von Hans Scholl stammt: dass er ihn – und ebenso die Schlussfassung – Sophie Scholl nicht zum kritischen Gegenlesen vorgelegt und nicht mit ihr unter vier Augen darüber diskutiert hat, widerspricht den Gepflogenheiten der Geschwister und dem Ansehen, das Sophie nicht nur innerhalb der Familie für ihren kritischen Verstand und ihre literarische Begabung hatte. Otl Aicher, Hans und Inge Scholl schickten ihre Aufsätze für das »Windlicht« vorweg an Sophie zum Begutachten. Hans Scholl wusste, dass ihr zurückhaltendes Auftreten im Studenten-Kreis in München nur eine Seite seiner jüngsten Schwester war. Er kannte ihren politischen Kopf aus vielen Diskussionen in der Familie. Und das zeichnet das Flugblatt vom Januar 1943 aus: Es ist wesentlich politischer und stringenter formuliert als alle vier Schreiben, die im Sommer 1942 als »Flugblätter der Weißen Rose« von Hans Scholl und Alexander Schmorell in Umlauf gebracht wurden.

Auf Matrize getippt und abgezogen wurde das Flugblatt in den Tagen nach dem 20. Januar 1943. Bei dem neuen Vervielfältigungsapparat der Firma Geha musste die Farbwalze nicht mehr von Hand geführt werden; er hatte einen Kurbelmechanismus, der eine gleichmäßige Umdrehung der Matrize möglich machte, so dass in zwei bis drei Stunden mehrere tausend Flugblätter gedruckt werden konnten. Auch das geschah spätabends im Zimmer von Hans Scholl. Sophie Scholl und die drei Männer lösten sich an der Maschine ab, ebenso beim anschließenden Falzen und Einstecken der Blätter in die Kuverts, die dann noch verschlossen werden mussten.

Das alles kostete Zeit. Doch über aller Arbeit und Anspannung versuchten die Vier, auf die schönen Seiten des Lebens nicht zu verzichten. Am 19. Januar, einem Dienstag, schrieb Hans Scholl an Otl Aicher: »Wir sind eben aus dem Gebirge zurückgekehrt, braungebrannt und voll neuen Mutes. Am Sonntag kann ich aus Gründen, die ich Dir lieber erzähle als schreibe, nicht aus München wegfahren.« Am gleichen Tag berichtet Sophie Scholl einem gemeinsamen Freund der Geschwister, Alfred – Bobbi – Reichle, von diesem Ausflug: »Es liegt Schnee im Gebirge und die Sonntage verbringen wir in der herrlichen Sonne, die die weißen Hänge von allen Seiten einstrahlt. So geht es uns unverdient gut. Doch wie anders könnte man dies alles erleben, wenn nicht der ewige Druck des Krieges auf einem lasten würde. Oft scheint es mir schwerer, zuzusehen, wie andere leiden, als selbst zu leiden.« Sophie Scholl teilt nicht die Hochstimmung ihres Bruders, den die vielfachen Aktivitäten – Ski-Ausflug und Fortsetzung der Flugblattarbeit am Wochenende – mit Optimismus erfüllt. Sophie Scholl leidet, obwohl sie nicht mehr nur zuschaut.

Die Stimmungen, die sich im Brief Sophie Scholls an Alfred Reichle niederschlagen, sind keine Zufallsmomente. Er beginnt mit einer Entschuldigung, dass sie sich so spät für das Weihnachtspäckchen bedankt – »doch es fehlt mir jeder Antrieb zum Schreiben«. Dann erzählt sie, dass die meisten Abende mit Gesprächen ausgefüllt sind – »wohl würde man manchmal die Einsamkeit vorziehen«. Leer, ohne Freude an irgendwelchen Tätigkeiten, wehmütig, weil sie keine Stunden mehr für sich alleine hat, geplagt von Schuld, das Leiden der anderen in diesem Krieg nicht mindern zu können – diese Gefühle ziehen sich als roter Faden durch Sophie Scholls Briefe.

Auch Otl Aicher, immer noch im Larazett von Bad Hall, bekommt einen Brief an diesem 19. Januar: »Ich bin gerade nicht beieinander, etwas, das mir bis jetzt vollständig unbekannt war. Meine Gedanken springen hierhin und dahin, ohne dass ich richtig über sie gebieten könnte …« Sophie Scholl erklärt ihren Zustand mit Kopfschmerzen. Ob sie das wohl selber glaubt? Zwei Wochen später wird sie an Lisa Remppis schreiben: »Ich befinde mich in einem Zustand der Zerstreutheit, den ich selbst ganz schlecht an mir kenne … und bin oft geneigt, es auf Kopfschmerzen zu schieben, doch das ist natürlich niemals der Grund.« Auch hier gibt sie keine Vermutung über den wahren Grund preis.

Zurück zu ihrem Brief an Otl Aicher. Unvermittelt kommt Sophie Scholl auf »eine ewige Ordnung, in der der eine höher steht als der andere« zu sprechen, »wogegen ich mich früher so heftig gesträubt habe«. Das findet sie »plötzlich gar nicht mehr so absurd, sogar ganz richtig«. Früher hätte sie bei sich Ehrgeiz eher vermisst, nun verwirft sie ihn »ganz und gar« und klagt sich an, früher Gutes getan zu haben, »um in den Augen anderer für gut zu gelten … oder einen guten Menschen einzuholen«. Wieder ein abrupter Schnitt: »Oder glaubst Du, was ich hier zusammenschreibe, ist falsch?« Sie habe dauernd »kleine Reibereien« mit sich selber und »rudere im Trüben herum«, von wenigen Augenblicken abgesehen, wo sie klarer sieht.

Was ist los mit Sophie Scholl? Vom Architekten Manfred Eickemeyer, dem Besitzer des Ateliers in der Leopoldstraße, stammt die Erinnerung, dass Hans Scholl ihn einmal im Januar 1943 um zwei Uhr nachts zu einem Spaziergang im Englischen Garten abgeholt habe. Später habe er Scholl gefragt, ob er nie schlafe. Hans Scholl antwortete, Sophie und er würden sich Spritzen geben, um wach bleiben zu können. Es gibt keinen Grund, diese Aussage zu unterschlagen oder zu tabuisieren. Sophie und Hans Scholl, die den größten Anteil an der Flugblatt-Arbeit haben, sind physisch und psychisch erschöpft: zu wenig Schlaf, überarbeitet, der Stress, mit ihren verbotenen Aktivitäten nicht aufzufallen, vor den Eltern und Geschwistern und den Freunden in München seit Jahresbeginn endgültig ein Doppel-Leben zu führen. Vielleicht das Gefühl zu haben, schon im Visier der Gestapo zu sein. Dazu gingen sie fast jeden Abend ins Konzert, fuhren ins Gebirge – um wie zum Trotz das Leben zu spüren. Sophie Scholl ist noch keine zweiundzwanzig Jahre alt.

Dass der vierundzwanzigjährige Hans Scholl, der angehende Mediziner, seine Erschöpfung und die seiner Schwester in diesen Wochen mit einem wirksamen Mittel zu bekämpfen suchte, ist nicht abwegig. In einer Zeit, in der Unmengen von Psychopharmaka geschluckt werden, mutet es eher seltsam an, dass hier ein Tabu aufrechterhalten wird. Für eine Abhängigkeit gibt es keinerlei Hinweise, im Gegenteil. Mit der Kraft, die junge Menschen zu mobilisieren vermögen, haben Sophie Scholl und ihr Bruder in den folgenden Wochen ihre Aktionen durchgeführt – meist in der Nacht, gegen alle Erschöpfung und Anspannung und mit dem Wissen, sich in tödliche Gefahr zu begeben. Nach der Verhaftung durchsteht Sophie Scholl die stundenlangen Gestapo-Verhöre mit größter Konzentration.

Sophie Scholl ist aktiv – einerseits. Andererseits empfindet sie ihr Tun als minimal, als zu gering gegenüber dem Schrecklichen, das Fritz Hartnagel seit vielen Wochen erleiden muss. Mit jedem Brief von ihrem Bruder Werner, gerade mal zwanzig Jahre alt und an der russischen Front eingesetzt, erfährt sie, wie deprimiert er von Krieg und Kommiss ist. Auch sein Schicksal macht Sophie Scholl das Herz schwer. Zwei Menschen von Millionen, die nicht über ihr Leben bestimmen können und womöglich für ein verbrecherisches System einen sinnlosen Tod sterben.

Am 17. Januar schreibt Fritz Hartnagel: »Wir haben sehr schlimme Tage hinter uns. Seit 8 Tagen sind wir in ständigem Rückzug aus Stalingrad. Seit 8 Tagen sind wir bei 30° Kälte im Freien gelegen, ohne eine Möglichkeit uns aufzuwärmen. … Ich selbst habe beide Hände erfroren, davon 2 Finger mit Erfrierungen 3. Grades. … Die Lage hier ist ziemlich hoffnungslos. Wenn mich nicht ein anderes Schicksal ereilt, vor dem ich mit Gottes Hilfe oft auf wundersame Weise bewahrt worden bin, dann bleibt vielleicht nur noch die russische Gefangenschaft. … Und wenn wir unsere Hoffnung nicht an dieses Leben hängen, was kann uns dann schon genommen werden? Ich will beten und nochmals beten in diesen Tagen, und auch Du und alle Lieben sind darin innigst eingeschlossen. … auch um einen Gruß an meine Angehörigen möchte ich Dich bitten, falls ich nicht mehr dazu kommen sollte. Ich bleibe Dein Fritz.« Das ist bewegend und eindrucksvoll. Sophie

Scholl, die ihre letzte Hoffnung wie Fritz Hartnagel auf die Verheißungen des christlichen Gottes setzt, bezieht daraus ihren Trost. Aber ist es verwunderlich, dass die Traurigkeit in diesen Tagen und Wochen ihre beständige Begleiterin wird? Dass eine Leere und Lähmung sie ergreift, gegenüber der Größe des Leidens und der Verbrechen?

Noch etwas muss frustrierend für sie gewesen sein. Die Siebzehnjährige konnte wütend werden, als Fritz Hartnagel ihre weibliche Intuition lobte und damit Sophie Scholl das Denken absprach, auf das sie so stolz ist. Im kleinen Kreis der Widerständler waren das Denken und das Wissen der Einundzwanzigjährigen in politischen Diskussionen und grundsätzlichen Entscheidungen nicht gefragt – mochte Hans Scholl auch den klaren Verstand seiner Schwester schätzen und unter vier Augen für die Sache nutzen. An diese Rollenverteilung hielt sie sich, denn diesen Preis kannte Sophie Scholl, als sie sich zum Mitmachen entschied. Auch wenn sie dank ihres Bruders einen Platz in der männlichen Verschwörer-Gruppe bekam, was die praktische Arbeit betraf.

Sophie Scholl musste sich klein machen, obwohl sie dazu nicht erzogen worden ist und in den vergangenen Jahren ihre Führungsqualitäten unter Beweis gestellt hatte. Weil es ihrem jetzigen Leben so fern scheint und auch keine Rolle in ihrer Korrespondenz spielt, vergisst man es nur zu leicht: Sophie Scholl, die zurückhaltende Studentin, hatte eine Menge Erfahrungen hinter sich – sie ist eine ausgebildete Kindergärtnerin; sie hat während der Monate im Lager Krauchenwies einen Haushalt mit einem Säugling geführt; in Fürstenberg einen Kindergarten geleitet und in Blumberg im Kinderhort selbständig gearbeitet. Nicht zu reden von den verantwortlichen Posten, die sie jahrelang bei den Jungmädeln hatte. Jetzt muss Sophie Scholl schweigen und den Samowar bedienen, wo sie vielleicht gerne an der politischen Diskussion beteiligt wäre oder einen kritischen Einwand zu den geplanten Aktionen gemacht hätte. Aber nun nutzt sie ihren Verstand, um gute Gründe zu finden, den »Ehrgeiz« früherer Jahre als etwas Schlechtes abzutun. Das Unbewusste jedoch folgt seinen eigenen Gesetzen und gehorcht keinem Schweigegebot.

So wenig Zeit sie hatte, Sophie Scholl ließ die brieflichen Fäden zu Menschen, die ihr wichtig waren, nie abreißen. Am 20. Januar war ihr Bruder Werner an der Reihe: »Heute habe ich wieder einen Brief von Dir erhalten, doch reicht es mir jetzt nicht zur Antwort, denn in 10 Minuten treffen wir uns in dem Atelier, das Geyer zur Zeit bewohnt. Dort will der Lektor der französischen Fakultät über Claudel sprechen.« Den zwanzigjährigen Werner, der den Krieg kaum ertragen kann und so gerne studieren würde, wird sie nicht mit ihren eigenen trüben Gedanken beschweren. Aber ein wenig kann Sophie Scholl ihm ehrlich von ihrer Stimmung vermitteln und ihn Anteil nehmen lassen an ihrem Münchner Leben: »Beinahe jeder Abend ist so irgendwie ausgefüllt. Vieles wird uns geboten, und ich bedaure es, dass Du nicht dabei bist. Und doch weiß ich nicht, ob Dir Deine Einsamkeit, von der ich einen kleinen Teil brauchen könnte, nicht eben soviel nutzt für das Wachstum Deiner Seele.«

Der bisher unbekannte Brief Sophies an Werner Scholl, der erstmals den 20. Januar als Termin für ein weiteres Ateliergespräch ans Licht bringt, führt deutlich vor Augen, auf wie dünnes Eis sich jeder begibt, der versucht, ein Fakten-Gerüst über die Aktivitäten der vier Menschen zu erstellen, die im Januar und Februar 1943 in der Nachfolge der »Weiße-Rose-Flugblätter« mit ihren studentischen Mitteln Widerstand leisteten. Abgesehen von Willi Grafs kurzen verschlüsselten Anmerkungen in seinen Tagebüchern – weder Sophie noch Hans Scholl noch Alexander Schmorell haben Aufzeichnungen über die Planung und Herstellung der Flugblätter und den Ablauf der Aktionen hinterlassen. Niemand war anwesend bei ihren Gesprächen oder bei ihrer Arbeit am Vervielfältigungsapparat, beim Falzen der Flugblätter und anderen Aktivitäten, von denen wir noch hören werden. Ungeklärt ist auch die genaue Anzahl der postfertigen Flugblätter geblieben, weil Hans und Sophie Scholl und Alexander Schmorell in den Verhören unterschiedliche Angaben machten – von 9500, 6000 beziehungsweise 3500 bis 4500 ist die Rede.

Die Rekonstruktion dieser Wochen und Tage beruht ausschließlich auf dem, was die Angeklagten in den Vernehmungen nach ihrer Verhaftung erzählt haben. Dabei standen vor allem Sophie und Hans Scholl und Christoph Probst, die als Erste verhaftet wurden, unter dem ungeheuren Druck, möglichst wenig über die direkten »Mittäter« preiszugeben und in nächster Linie auch alle anderen zu schützen, die als Freunde und Bekannte in den Verdacht der »Mittäterschaft« geraten könnten. So schrecklich es klingt: Nach der schnellen gemeinsamen Hinrichtung von Sophie und Hans Scholl und Christoph Probst konnten die anschließend im Umkreis der »Weißen Rose« Verhafteten in den Verhören vieles den Getöteten anlasten, das nicht der Wahrheit entsprach, aber keinen Schaden mehr anrichtete. Es werden Lücken und Unsicherheiten im Leben von Sophie Scholl in Bezug auf die Taten und ihre Mitwirkung bleiben; Daten, die nicht zusammenpassen, und Fragen, auf die es keine Antworten gibt. Allerdings kann einiges aufgrund der bisher unbekannten Briefe geklärt oder widerlegt werden, manches steht plötzlich in einem anderen Licht. Die Fakten und Informationen der

Briefe sind – im Vergleich zu den Gestapo-Vernehmungen – unbeeinflusst und zwanglos niedergeschrieben, ein unschätzbarer Vorteil.

Sophie Scholls Brief vom 20. Januar an Werner Scholl korrigiert zwei bisherige Annahmen: Das Flugblatt kann wegen der Ateliergespräche schwerlich vom 20. auf den 21. Januar auf Matrize geschrieben und mit dem Vervielfältigungsapparat tausendfach abgezogen worden sein. Das muss in den folgenden Nächten passiert sein. Wenn das zutrifft, hat Willi Graf bei dieser Arbeit die meiste Zeit nicht mitgeholfen, denn er trat spät in der Nacht des 20. Januar eine Reise nach Köln, Saarbrücken, Straßburg und Freiburg an, um Gleichgesinnte für gemeinsame Aktionen und eine Verbreitung des Flugblatts zu gewinnen. Verraten hat ihn niemand, aber außer einem alten Freund lehnten alle Angesprochenen eine Mitarbeit ab. Graf war rechtzeitig am 24. zurück, um die letzten Kuverts für die allererste Flugblatt-Aktion zu füllen und Briefmarken aufzukleben. Am 23. Januar hatte Sophie Scholl verschlüsselt an Hans Hirzel geschrieben, er solle sich am Abend des 25. auf dem Bahnhof in Ulm einfinden.

25. Januar 1943 – Am Nachmittag stieg Sophie Scholl in München in einen Schnellzug nach Augsburg. In ihre Aktentasche und einen Rucksack hatte sie an die 2000 Flugblätter gepackt, etwa 250 davon in Umschlägen und mit Augsburger Adressen versehen. Da ihr für einen Teil der Briefe die Marken fehlten, kaufte sie in Augsburg rund 100 Marken zu 8 Pfennig. Wären die Kuverts in München eingeworfen worden, hätte man 12-Pfennig-Marken benötigt. Sophie Scholl klebte die fehlenden Marken auf, warf die 250 Sendungen in zwei verschiedene Briefkästen und fuhr gegen Abend weiter nach Ulm. Entgegen der Verabredung war Hans Hirzel nicht am Bahnhof. Da Sophie Scholl sich auskannte, ging sie, immer noch schwer beladen, in die Ulmer Weststadt, zum Pfarrhaus der Martin-Luther-Kirche. War schon die Fahrt im Zug mit den Flugblättern im Gepäck wegen der vielen Kontrollen äußerst riskant, wird Sophie Scholl mit gesenktem Kopf durch Ulms Straßen gelaufen sein, in der Hoffnung, keinem Bekannten zu begegnen. Im Pfarrgarten traf sie Hans Hirzel, übergab ihm die Flugblätter und ging schnellstens zum Bahnhof zurück.

Als Sophie Scholl wieder im Zug Richtung München saß, konnte sie tief durchatmen. Sie hatte nichts mehr im Gepäck, und dass sie – im Fall einer Kontrolle – von den Eltern in Ulm zurück zum Studium nach München fuhr, war absolut unverdächtig. Was festzuhalten bleibt: Es war Sophie Scholl, die innerhalb der riskanten Gesamtaktion den Anfang machte mit einem riskanten Einzel-Unternehmen. Auf der Etappe München–Augsburg–Ulm hätte etliches schief gehen können. Wäre Sophie Scholl verhaftet

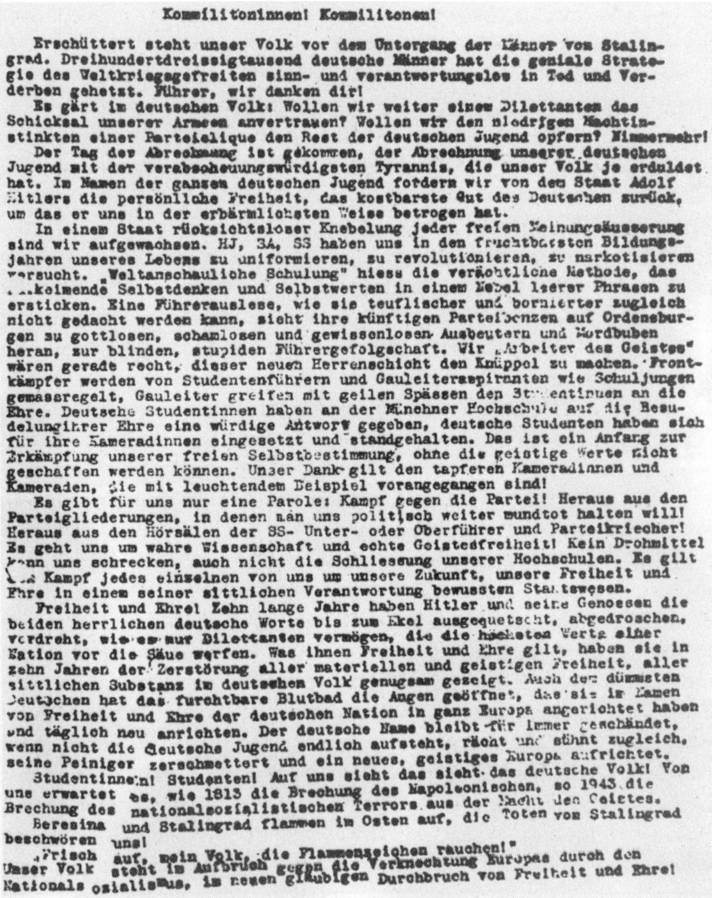

Kommilitoninnen! Kommilitonen!

Erschüttert steht unser Volk vor dem Untergang der Männer von Stalingrad. Dreihundertdreissigtausend deutsche Männer hat die geniale Strategie des Weltkriegsgefreiten sinn- und verantwortungslos in Tod und Verderben gehetzt. Führer, wir danken dir!

Es gärt im deutschen Volk: Wollen wir weiter einem Dilettanten das Schicksal unserer Armeen anvertrauen? Wollen wir den niedrigen Machtinstinkten einer Parteiclique den Rest der deutschen Jugend opfern? Nimmermehr!

Der Tag der Abrechnung ist gekommen, der Abrechnung unserer deutschen Jugend mit der verabscheuungswürdigsten Tyrannis, die unser Volk je erduldet hat. Im Namen der ganzen deutschen Jugend fordern wir von dem Staat Adolf Hitlers die persönliche Freiheit, das kostbarste Gut des Deutschen zurück, um das er uns in der erbärmlichsten Weise betrogen hat.

In einem Staat rücksichtsloser Knebelung jeder freien Meinungsäusserung sind wir aufgewachsen. HJ, SA, SS haben uns in den fruchtbarsten Bildungsjahren unseres Lebens zu uniformieren, zu revolutionieren, zu narkotisieren versucht. „Weltanschauliche Schulung" hiess die verächtliche Methode, das aufkeimende Selbstdenken und Selbstwerten in einem Nebel leerer Phrasen zu ersticken. Eine Führerauslese, wie sie teuflischer und bornierter zugleich nicht gedacht werden kann, zieht ihre künftigen Parteibonzen auf Ordensburgen zu gottlosen, schamlosen und gewissenlosen Ausbeutern und Mordbuben heran, zur blinden, stupiden Führergefolgschaft. Wir „Arbeiter des Geistes" wären gerade recht, dieser neuen Herrenschicht den Knüppel zu machen. Frontkämpfer werden von Studentenführern und Gauleiteraspiranten wie Schuljungen gemassregelt, Gauleiter greifen mit geilen Spässen den Studentinnen an die Ehre. Deutsche Studentinnen haben an der Münchner Hochschule auf die Besudelung ihrer Ehre eine würdige Antwort gegeben, deutsche Studenten haben sich für ihre Kameradinnen eingesetzt und standgehalten. Das ist ein Anfang zur Erkämpfung unserer freien Selbstbestimmung, ohne die geistige Werte nicht geschaffen werden können. Unser Dank gilt den tapferen Kameradinnen und Kameraden, die mit leuchtendem Beispiel vorangegangen sind!

Es gibt für uns nur eine Parole: Kampf gegen die Partei! Heraus aus den Parteigliederungen, in denen man uns politisch weiter mundtot halten will! Heraus aus den Hörsälen der SS- Unter- oder Oberführer und Parteikriecher! Es geht uns um wahre Wissenschaft und echte Geistesfreiheit! Kein Drohmittel kann uns schrecken, auch nicht die Schliessung unserer Hochschulen. Es gilt den Kampf jedes einzelnen von uns um unsere Zukunft, unsere Freiheit und Ehre in einem seiner sittlichen Verantwortung bewussten Staatswesen.

Freiheit und Ehre! Zehn lange Jahre haben Hitler und seine Genossen die beiden herrlichen deutsche Worte bis zum Ekel ausgequetscht, abgedroschen, verdreht, wie es nur Dilettanten vermögen, die die höchsten Werte einer Nation vor die Säue werfen. Was ihnen Freiheit und Ehre gilt, haben sie in zehn Jahren der Zerstörung aller materiellen und geistigen Freiheit, aller sittlichen Substanz im deutschen Volk genugsam gezeigt. Auch dem dümmsten Deutschen hat das furchtbare Blutbad die Augen geöffnet, das sie im Namen von Freiheit und Ehre der deutschen Nation in ganz Europa angerichtet haben und täglich neu anrichten. Der deutsche Name bleibt für immer geschändet, wenn nicht die deutsche Jugend endlich aufsteht, rächt und sühnt zugleich, seine Peiniger zerschmettert und ein neues, geistiges Europa aufrichtet.

Studentinnen! Studenten! Auf uns sieht das deutsche Volk! Von uns erwartet es, wie 1813 die Brechung des Napoleonischen, so 1943 die Brechung des nationalsozialistischen Terrors aus der Macht des Geistes.

Beresina und Stalingrad flammen im Osten auf, die Toten von Stalingrad beschwören uns!

„Frisch auf, mein Volk, die Flammenzeichen rauchen!"

Unser Volk steht im Aufbruch gegen die Verknechtung Europas durch den Nationalsozialismus, im neuen gläubigen Durchbruch von Freiheit und Ehre!

worden, hätte – abgesehen von ihrem eigenen Überleben – Gedeih und Verderb der Freunde zuerst einmal an ihrem klaren Verstand und ihren guten Nerven bei den Verhören gehangen.

26. Januar 1943 – Am nächsten Morgen war Alexander Schmorell an der Reihe. Auf seinem Reiseplan standen Salzburg, Linz und Wien. Die eingesparten Portokosten machten die Reisekosten wett, und die Gestapo wurde auf eine falsche Spur geführt, was die Gruppe mit Genugtuung erfüllte: als ob es sich um ein weit verzweigtes Widerstands-Netzwerk handle, das

in mehreren Städten aktiv ist. Nach Sophie Scholls Angaben im Verhör waren für Salzburg 200, für Linz 200 und für Wien 1000 versandfertige Flugblätter gepackt, dazu 300 für Frankfurt am Main. Schmorell kam ohne Komplikationen bis Wien, übernachtete dort und gab die Wiener sowie die Frankfurter Ladung in die Post. Von der Idee, nach Frankfurt zu fahren, war die Gruppe abgekommen, so Sophie Scholl in ihrem Verhör, »weil das Fahrgeld nach Frankfurt mehr ausmachte, als wir an Porto hätten sparen können«.

27. Januar 1943 – Während Alexander Schmorell zurück nach München fährt, macht sich am gleichen Nachmittag Hans Hirzel nach der Schule auf den Weg von Ulm nach Stuttgart, mit gefährlicher Fracht im Koffer. Er hat in seiner freien Zeit seit der Flugblatt-Übergabe durch Sophie Scholl mit seinem Freund Franz Müller auf der Empore der Martin-Luther-Kirche, gut versteckt hinter der Orgel, 600 Kuverts beschriftet und mit Briefmarken beklebt, die Flugblätter gefalzt und eingetütet. In Stuttgart ruft er seine Schwester Susanne an, trifft sich mit ihr, weiht sie ein und bittet um ihre Mitarbeit. Seine Zeit wird nicht reichen, alle Kuverts auf verschiedene Briefkästen zu verteilen. Er muss den 21-Uhr-Zug zurück nehmen, damit die Eltern keine misstrauischen Fragen stellen.

Susanne Hirzel überlegt nicht lange, endlich kann sie auch etwas tun. Während ihr Bruder wieder nach Ulm fährt, verteilt Susanne Hirzel in kleinen Mengen die Kuverts auf Briefkästen quer durch Stuttgart. Gegen zwei Uhr morgens ist es geschafft. In ihrem Zimmer öffnet sie den allerletzten Brief, um zu lesen, was sie heimlich verteilt hatte: »Nachdem ich das getan hatte, warf ich ihn mit großer Genugtuung in meinen noch warmen Ofen – jetzt war jedes Flugblatt weg! Nun wollen wir mal sehen!, dachte ich noch bei mir.«

Um diese Zeit waren im Atelier Eickemeyer in München wahrscheinlich die Folgen des Gesprächs-Abends schon beseitigt, zu dem Hans Scholl wieder einmal Freunde, Freundinnen und Bekannte eingeladen hatte. Und wieder provozierte er die Gesprächsrunde mit seinen Fragen. Am 27. Januar kam er »auf die Härte und Grausamkeit des Krieges und das Judenproblem zu sprechen« und fragte, »ob die katholische Kirche nicht dagegen auftreten müsse«? Hans Scholl, war wie alle aus dem kleinen Kreis der Flugblatt-Aktivisten übermüdet und angespannt und wusste, die folgende Nacht würde lang und risikoreich werden. Aber wahrscheinlich war es keine Alternative, einmal auszuschlafen, statt permanent unter Menschen zu sein. Das Stimmungs-Hoch durfte nicht absacken und die geistige Wachsamkeit nicht abschlaffen.

28. Januar – Am Abend steht ein Cello-Konzert auf dem Programm, »sehr ordentlich« nennt es Willi Graf in seinem Tagebuch. Und außerdem: »Heute arbeiten wir angestrengt. ... Die Nacht sieht mich spät im Bett.« Genau genommen war es schon nach Mitternacht, wahrscheinlich ein Uhr morgens am 29., als Hans Scholl, Willi Graf und Alexander Schmorell nach ihrer »Streu-Aktion« noch einmal kurz in der Franz-Joseph-Straße zusammenkommen. Sophie Scholl war informiert und hatte ihren Bruder gebeten, mitmachen zu dürfen. Aber Hans Scholl war dagegen und so blieb Sophie Scholl zuhause.

Die drei Männer waren etwa um 23 Uhr losgezogen, jeder mit rund 500 Flugblättern ausgestattet. Sie hatten jeder einen Stadtteil übernommen, wo sie beim Gang durch die nächtlichen Straßen die Flugblätter in Hauseingänge, Tore und sogar Hinterhöfe legten. Die Bereitschaft zum wesentlich erhöhten Risiko hatte zwei Gründe. Der praktische: Die Briefmarken waren ausgegangen. Aber zweitens hofften die Vier, mit diesem Schritt in die Öffentlichkeit »auf die breite Volksmasse einzuwirken«, so Sophie Scholl im Verhör. Im Gegensatz zu den vier »Flugblättern der Weißen Rose« vom Juni/Juli 1942, die sich in Anrede und Sprache bewusst an eine intellektuelle Elite wendeten, tritt das Flugblatt vom Januar 1943 mit seinem Anspruch und seinem Inhalt deutlich anders auf. Es will mehr.

Das beginnt mit der Überschrift »Flugblätter der Widerstandsbewegung in Deutschland. Aufruf an alle Deutsche!« und endet mit der Forderung »Unterstützt die Widerstandsbewegung, verbreitet die Flugblätter!« Weiter gefasst über alle gesellschaftlichen und politischen Lager konnte der Aufruf nicht sein. Er ist prägnant formuliert und passt auf eine DIN-A-4-Seite. Er verzichtet auf Versatzstücke aus dem bildungsbürgerlichen Zitatenschatz und beschwört nicht die Macht des Bösen oder den apokalyptischen Untergang. In der Nachfolge der »Weiße-Rose-Flugblätter« wird der Aufruf vom Januar 1943 als fünftes Flugblatt gezählt. Was ihn mit den vorangegangenen verbindet, ist der eindeutige Hinweis auf die deutsche Schuld und die Aufforderung, den Nationalsozialismus zu bekämpfen. Was ihn von den vorangegangenen unterscheidet, ist eine deutlich politische Ausrichtung – auf einen »vernünftigen Sozialismus« und auf ein »neues Europa«, ja geradezu auf globale Gerechtigkeit.

*Hitler kann den Krieg nicht gewinnen, nur noch verlängern. Seine und seiner Helfer Schuld hat jedes Mass unendlich überschritten. ... Deutsche! Wollt Ihr und Eure Kinder dasselbe Schicksal erleiden, das den Juden widerfahren ist? Sollen wir auf ewig das von aller Welt gehasste und ausgestossene Volk sein? Nein! Darum trennt Euch von dem national-*

*sozialistischen Untermenschentum! Beweist durch die Tat, dass Ihr anders denkt! ... Trennt Euch rechtzeitig von allem, was mit dem Nationalsozialismus zusammenhängt. ...*

*Ein einseitiger preussischer Militarismus darf nie mehr zur Macht gelangen. Nur in grosszügiger Zusammenarbeit der europäischen Völker kann der Boden geschaffen werden, auf welchem ein neuer Aufbau möglich sein wird. ... Das kommende Deutschland kann nur föderalistisch sein. ... Die Arbeiterschaft muss durch einen vernünftigen Sozialismus aus ihrem Zustand niedrigster Sklaverei befreit werden. Das Trugbild der autarken Wirtschaft muss in Europa verschwinden. Jedes Volk, jeder einzelne hat ein Recht auf die Güter der Welt! Freiheit der Rede, Freiheit des Bekenntnisses, Schutz des einzelnen Bürgers vor der Willkür verbrecherischer Gewaltstaaten, das sind die Grundlagen des neuen Europa.*

## DIE ZUKUNFT: PLÄNE WIE URWALDBLUMEN

*29. Januar bis 14. Februar 1943, München und Ulm*

Wenn die Männer bei ihren nächtlichen Protest-Aktionen unter sich bleiben wollen, dann macht Sophie Scholl eben ihre eigene Münchner »Streu-Aktion«. In ihrem Gestapo-Verhör erklärte Sophie Scholl, sie habe etwa zwischen dem 31. Januar und dem 6. Februar bei ihren »Besorgungen in der Stadt in 4 oder 6 Fällen Flugblätter der Widerstandsbewegung in Telefonkabinen, parkenden Autos etc. abgelegt«. Zu diesem Zweck hatte sie einige Flugblätter in der Handtasche, »um bei günstigen Gelegenheiten davon Gebrauch machen zu können«. Das war sogar noch riskanter als die gemeinsame nächtliche Aktion ihrer drei Gesinnungsgenossen, denn bei Sophie Scholl stand niemand Schmiere, und es geschah am helllichten Tag.

Die Idee zu einem solchen Unternehmen muss Sophie Scholls gehobener Stimmung entsprungen sein, die mit dem Gefühl von Leere und Antriebslosigkeit abwechselte. Es ist ein Auf und Ab, das sich in ihren Briefen spiegelt. Ganz oben auf der Haben-Seite stand weiterhin die Überzeugung, dass der schreckliche Krieg seinem Ende zuging und sich eine neue Zukunft öffnete: »Wir sind alle sehr hoffnungsvoll, was die Kriegsdauer betrifft«, schreibt Sophie Scholl ihrem Bruder Werner am 29. Januar 1943. »Die Monate, die vor uns liegen, scheinen so vollgepfropft mit Entscheidungen zu sein, dass man ordentlich herausgerissen wird aus dem alten Trott.« Voller Optimismus ruft sie ihm zu: »Bleib so lange noch gesund und lass Dirs gut gehen.« Nicht nur von der Schwester hört Werner Scholl solche Töne. Den Eltern antwortet er am 9. Februar auf ihren Optimismus: »Mögen sich Eure Hoffnungen auf ein baldiges Kriegsende erfüllen. Ich bin hier trotz allem noch etwas skeptisch.«

Ist die Stimmung gut, hat Sophie Scholl kein Problem damit, dass es in der kleinen Wohnung in der Franz-Joseph-Straße zugeht wie in einem Taubenschlag. In ihrem Brief an Werner skizziert sie mit leichter Hand den Trubel. Wilhelm Geyer, der Malerfreund aus Ulm, »wohnt bloß wenige Minuten von uns weg, und ist die meiste Zeit, da er nicht arbeitet, bei uns. Doch wir sind nicht nur zu Dritt. Ein steter Gast ist eine Freundin von Hans, die ich im Arbeitslager gewonnen habe, und seit einigen Tagen Lisl«. Die enge Freundin von Hans Scholl ist seit Jahresbeginn Gisela Schertling, mit der sich Sophie im Lager Krauchenwies angefreundet hatte. Seit dem Wintersemester ist die Einundzwanzigjährige in München und studiert Deutsch, Geschichte und Kunstgeschichte. Liesl, die ältere Schwester Elisabeth Scholl, ausgebildete Kinderkrankenschwester, ist auf ein paar Urlaubstage nach München gekommen.

Aber Sophie Scholls Aufzählung der täglichen Besucher ist noch nicht am Ende: »Du musst noch Alex und Willi dazu zählen, dann könnte es so etwa stimmen.« Kein Wunder, dass sie »die Stunden des Alleinseins, die man einfach braucht«, oft erst am Abend findet, »wenn man müde ins Bett sinkt«. Aber selbst da ist Sophie Scholl oft nicht allein. Die Wohnung hat kein Gästezimmer, also teilt sich weiblicher Übernachtungsbesuch mit Sophie Scholl die Schlafcouch, wie in diesen Tagen Schwester Liesl. Auch Gisela Schertling bleibt öfters über Nacht in der Franz-Joseph-Straße – und nicht immer im Zimmer von Hans Scholl. Sophie Scholl nimmt die Unbequemlichkeiten gelassen: »Meistens liegt jemand neben mir, doch das stört nicht. Die Dunkelheit und die Stille bilden eine Kammer, wo man rückhaltlos seine Gedanken auf das richten kann, was einem not tut, wie die Luft, die man atmet.« Sophie Scholl muss sich sehr gut konzentrieren können, um sich trotz dieser Verhältnisse einen Raum des Alleinseins, was ihr seit jungen Jahren wichtig ist, zu schaffen.

Elisabeth Scholl ist spätestens am 27. Januar nach München gekommen. Das Wiedersehen feierten die Schwestern am Abend mit einem Glas süßen Sekt und indem sie sich gegenseitig Gedichte vorlasen. Rilke, Manfred Hausmann, Carossa, Verlaine, Baudelaire: Seit den ersten Schritten in das Reich der Literatur sind Gedichte heimatliche Orte für Sophie Scholl, Kraftquellen für Geist und Herz und Leben. Ein lyrisches Gedicht, schreibt sie in November 1939 an Fritz Hartnagel, sei etwas, das einen »direkt betrifft«. Als Siebzehnjährige schickte sie Lisa Remppis das Gedicht »Trost« von Manfred Hausmann, weil es ihr genau das bedeutet: »Ich möchte eine alte Kirche sein, / voll Stille, Dämmerung und Kerzenschein …«. Gegen Ende der Schulzeit gehörte Rilkes Gedicht »Archaischer Torso Apollos« mit seiner markanten letzten Zeile zu den Wegweisern, die Sophie Scholl fest ins Gedächtnis gebrannt waren: »Du musst Dein Leben ändern.«

Am Abend des 27. Januar 1943, zwei Tage nach ihrer riskanten Fahrt mit den Flugblättern über Augsburg nach Ulm, entschied sich die Einundzwanzigjährige für ein Gedicht von Eduard Mörike – »Denk es, o Seele«:

Ein Tännlein grünet wo,
  Wer weiß, im Walde,
  Ein Rosenstrauch, wer sagt,
In welchem Garten?
Sie sind erlesen schon,
Denk es, o Seele,
Auf deinem Grab zu wurzeln
Und zu wachsen.

Zwei schwarze Rösslein weiden
  Auf der Wiese,
Sie kehren heim zur Stadt
In muntern Sprüngen.
  Sie werden schrittweis gehn
  Mit deiner Leiche;
  Vielleicht, vielleicht noch eh
  An ihren Hufen
Das Eisen los wird
Das ich blitzen sehe!

Eine Woche später, am 2. Februar, schreibt Sophie Scholl an Lisa Remppis: »Fast müsste ich mich schämen über diesen Brief, doch warum sollst du nicht wissen, wie es um mich steht … Ich schreibe dies ja auch nur *Dir*, und am liebsten ist es mir, wenn du den Brief nicht aufbewahrst.« Oftmals über die Jahre hatte sie diese Bitte an das Ende ihrer Briefe an Lisa gesetzt. Diesmal erinnert sie die Freundin an Wünsche aus der Jugend-, vielleicht sogar Kinderzeit, als sie am liebsten ein Stück Rinde von einem Baum gewesen wäre. Heute würde sie sich hüten, »diesem Gefühl der Müdigkeit, die im Nichtsein ihre Erfüllung sucht, nachzugeben«. Sie sei nämlich dauernd von einer Traurigkeit befallen, die ihr fast lieb zu werden drohe. Aber es sei eine Sünde, den eigenen Schmerz zu pflegen. Da ist wieder jene Seite in Sophie Scholl, die glaubt, nur mit äußerster Härte die eigenen Gefühle beherrschen zu können. Sie zitiert Lisa Remppis den Satz einer unbekannten Mystikerin: »Wenn ich Gott preise, so empfinde ich nicht die geringste Freude. Ich preise ihn, weil ich ihn preisen *will*.« Sophie Scholls Kommentar: »Ich verstehe diesen Satz sehr gut.« In aller Traurigkeit ist das Vertrauen auf ihren Willen geblieben, der für Sophie Scholl nicht nur eine eiserne Anstrengung ist. Der Wille verkörpert das Bedürfnis, sich einen Schutzraum zu erhalten, der allen Unsicherheiten und Gefühlsschwankungen entzogen ist.

Den Brief an Lisa Remppis schreibt sie in München. Drei Tage zuvor, am 30. Januar, hatte sie mit Elisabeth noch andere Pläne, wie die Eltern erfahren: »Nächsten Montag wollen wir auf den Dürrnhof fahren. Ich komme dann mit Lisl am Donnerstag abend oder Freitag heim. Wie lange meine Freiheit dauert, weiß ich ja noch nicht.« Wilhelm Geyer war wie üblich an diesem Wochenende in Ulm, deshalb noch die Bitte an die Mutter, ihm etwas Bohnerwachs mitzugeben, wenn er am Dienstag zurück ins Atelier nach München kommt, »damit meine Böden wieder ein anderes Aussehen bekommen«. Nebenher bereitete Sophie Scholl gerade das Abendessen vor, während Hans Scholl seiner Schwester Elisabeth das Deutsche Museum zeigte.

Meine Freiheit: Sophie Scholl musste, wie alle Studentinnen, damit rechnen, aufgrund der Kriegslage wieder zum Arbeitsdienst eingezogen zu werden. Auf den Dürrnhof: Dort, bei Ingolstadt, lebte seit 1934 Richard Scheringer mit seiner Familie, dessen Ulmer Schwiegermutter mit Lina Scholl befreundet ist und dessen Schwager Hermann und Werner Scholl Schulfreunde waren. Kontakte, die Bestand hatten. Werner Scholl war Gast auf dem Dürrnhof, Sophie Scholl übernahm gerne in Ulm einen Scheringer-Säugling, wenn dessen Eltern in der Stadt waren. Man befand sich unter Gleichgesinnten, was die Einstellung zum Hitler-Staat betraf. Richard Scheringer, der 1929 im berühmten Ulmer Reichswehrprozess zu Festungshaft verurteilt worden war, weil er als Berufsoffizier in der Reichswehr für die NSDAP geworben hatte, versuchte, als Bauer auf dem Dürrnhof Scheringer abseits politischer Agitation mit seiner Familie zu überleben und hoffte auf andere Zeiten.

Anfang 1943 gab es sieben kleine Kinder auf dem Dürrnhof, professionelle Hilfe durch die Kinderpflegerin Elisabeth Scholl war den Scheringers sehr willkommen. Am 27. Januar hatte Inge Scholl an ihren Bruder Werner geschrieben: »Lisl ist gerade in München bei Hans und Sofie. Sie muss jetzt bald auf den Dürrnhof, wahrscheinlich Ende Februar.« Da traf es sich gut, dass Elisabeth und Sophie Scholl ohnehin Anfang Februar nach Ulm fahren wollten, um bei einem Abstecher zu den Scheringers letzte Absprachen für Elisabeths Arbeit zu treffen. Zu Hause war Sophie Scholls Hilfe dringend gefragt. Lina Scholl war wieder krank, und Inge Scholl mit der Arbeit im Büro des Vaters und dem Haushalt überfordert, zu dem seit fünf Monaten eine schwangere Frau aus dem Bekanntenkreis gehörte; soeben war ihr Kind zur Welt gekommen. Aus dem Abstecher zum Dürrnhof jedoch wurde nichts. Das zeigt Sophies Münchner Brief an Lisa Remppis vom 2. Februar. Ein Grund, noch etwas in München zu bleiben, könnte sein, dass der verehrte

Theodor Haecker kurzfristig Hans Scholl zugesagt hatte, am 4. Februar im Atelier Eickemeyer eine Lesung zu halten.

Am 3. Februar 1943 wurde mit verlogenem Pathos im Staats-Radio bestätigt, was seit Tagen in der Bevölkerung die Runde machte, die Menschen aufwühlte und erstmals die Person des Führers in den Mittelpunkt der Kritik rückte. Am 25. Januar hatte Adolf Hitler die Kapitulation der 6. Armee, die in Stalingrad hoffnungslos von der Roten Armee eingeschlossen war, abgelehnt. Am 31. Januar widersetzte sich General Friedrich Paulus, tags zuvor von Hitler zum Generalfeldmarschall befördert, dem Führerbefehl und kapitulierte. Am 3. Februar erklang im Radio der Anfang von Beethovens 5. Symphonie, es folgte eine Sondermeldung: »Der Kampf um Stalingrad ist zu Ende. Ihrem Fahneneide bis zum letzten Atemzug getreu ist die 6. Armee unter der vorbildlichen Führung des Generalfeldmarschalls Paulus der Übermacht des Feindes und der Ungunst der Verhältnisse erlegen … Generale, Offiziere, Unteroffiziere und Mannschaften fochten Schulter an Schulter bis zur letzten Patrone. Sie starben, damit Deutschland lebe.« Die offizielle Lüge hielt nur wenige Tage, und es war eher eine Erleichterung, was durch Gerücht bekannt wurde: dass mit der Kapitulation 90 000 deutsche Soldaten in russische Kriegsgefangenschaft zogen. Die jedenfalls waren nicht den »Heldentod« gestorben, wie rund 100 000 deutsche Männer im Kampf um Stalingrad, während rund 42 000 verwundete Soldaten mit Flugzeugen aus dem Kessel ausgeflogen werden konnten.

Einen Tag vor der Sondermeldung hatte Sophie Scholl erfahren, dass der verwundete Fritz Hartnagel zu den Glücklichen gehörte, die eines der letzten deutschen Flugzeuge erwischten, deren Piloten im Kessel von Stalingrad auf den zerstörten Pisten und im Feuer der russischen Armee landen und starten konnten. Lina Scholl rief am 2. Februar sofort ihre Tochter an, nachdem Fritz Hartnagels Mutter ihr die gute Nachricht übermittelt hatte. Und Sophie Scholl, die gerade den Brief an Lisa Remppis ins Kuvert gesteckt hatte, nahm ihn wieder heraus und informierte die Freundin: »Fritz ist in Stalino im Lazarett, zwar werden ihm einige Finger, die Fersen vielleicht auch, abgenommen werden, doch er ist gerettet. Gott sei Dank!« Beim Ansturm von hunderten Verwundeten auf das Flugzeug hatte Fritz Hartnagel mit Mühe sein Leben retten können; seine wenigen Habseligkeiten, darunter auch Sophie Scholls Briefe nach Russland, blieben im Kessel von Stalingrad zurück. Doch wie unwichtig war das in diesem Augenblick. Eine Tür zur Zukunft tat sich auf für Sophie Scholl.

Am Stalingrad-Abend, dem 3. Februar 1943, hatten die drei Scholl-Geschwister ein Konzert im Bayerischen Hof auf dem Programm. Anschließend begleitete Hans Scholl seine Schwestern durch das verdunkelte München nach Hause. Gegen 23 Uhr ging er, wie schon beim Abendessen angekündigt, mit Alexander Schmorell zu einer Entbindung in die Frauenklinik. In Wahrheit lief nun eine konzertierte »Schmier-Aktion« ab. Schmorell hatte eine Schablone mit der Parole »Nieder mit Hitler« ausgestanzt, eine Dose Teer gekauft und im Atelier Eickemeyer grüne Farbe und Pinsel entwendet. Die Freunde gingen von der Franz-Joseph-Straße die wenigen Schritte zur Universität, wo Schmorell mit der Schablone die Aufschrift »Nieder mit Hitler« anbrachte, während Hans Scholl aufpasste. Dann zogen die Freunde in die Innenstadt zum Viktualienmarkt, wahllos wurde unterwegs »Nieder mit Hitler« an Wände gemalt. Auf dem Rückweg kamen sie nochmal an der Universität vorbei und schrieben freihändig mit großen Buchstaben »Freiheit« an die Mauern.

Unterdessen hatten sich Sophie und Elisabeth Scholl zu einem Spaziergang durch den Englischen Garten aufgemacht. In Elisabeths Erinnerung entspann sich folgender Dialog: »Meine Schwester sagte: ›Jetzt, in dieser Dunkelheit, müsste man Freiheitsparolen auf Mauern schreiben.‹ Ich erwiderte: ›Ich habe noch einen Bleistift in der Tasche.‹ Sophie lachte und klärte mich auf, dass man das mit einem Bleistift nicht machen könne, man bräuchte dazu Teerfarbe. Als ich ihr zu verstehen gab, dass das doch sehr gefährlich sei, antwortete sie: ›Die Nacht ist des Freien Freund‹.« Das war ein Satz, den der im August 1942 gefallene Ernst Reden, besonders eng mit Inge Scholl und Otl Aicher, aber auch mit allen anderen Scholls befreundet, geprägt hatte. Zurück in der Wohnung, es war inzwischen nach Mitternacht, bekamen sie einen Anruf von Hans Scholl. Die Schwestern sollten beim Hausmeister eine Flasche Wein besorgen, er habe in seiner Tasche noch fünfzig Reichsmark gefunden. Und so saßen, als der Morgen schon graute, die drei Geschwister Scholl und Alexander Schmorell in der Franz-Joseph-Straße beim Wein.

Es wurde eine sehr kurze Nacht, denn am 4. Februar gegen 10 Uhr machten sich Sophie und Elisabeth Scholl auf in Richtung Universität, um die Leibniz-Lesung von Kurt Huber zu hören. Sie merkten bald, dass etwas vorgefallen sein musste. Überall standen Gruppen von Studenten und flüsterten. Als sie zum Eingang der Universität kamen, sahen sie zweimal rechts in großen Buchstaben »Freiheit« geschrieben. Putzfrauen waren beschäftigt, die Worte abzuscheuern. An den Häusern der Ludwigstraße waren Stellen mit weißem Papier überklebt. Eins war abgerissen, und Sophie Scholl las »Nieder mit Hitler«. Drinnen im Hörsaal begann Professor Huber seine Vorlesung mit den Worten: »Wir gedenken heute der Opfer von Stalingrad. Die Zeit der Phrasen ist vorbei.« Besser konnte man es doppeldeutig nicht formulieren, wenn man die Lügen des Regimes offenlegen und anprangern wollte.

Am 5. Februar meldete der Oberstaatsanwalt beim Landgericht München I an den Reichsminister der Justiz in Berlin, dass in der Nacht vom 3. auf den 4. Februar an mindestens 20 Stellen in der Stadt mit Blechschablone und Teerfarbe die Inschriften »Nieder mit Hitler« und »Freiheit« angebracht worden seien. Außerdem habe man in den letzten Tagen »etwa 1300 Flugblätter anti-nationalsozialistischen Inhalts, mit demokratisch-föderalistischen Tendenzen« auf den Straßen entdeckt. Für beides galt »Die Täter sind unbekannt«.

Im Zusammenhang mit ihrer Aussage, man habe den Studenten gewisse Widerstands-Aktionen zugetraut, bekennt sich Sophie Scholl während ihrer späteren Vernehmung – ohne ersichtlichen Verdacht von Seiten der Gestapo – als geistige Urheberin der nächtlichen Schmier-Aktion. Sie habe ihrem Bruder »den Vorschlag gemacht, man soll an der Universität und deren Umgebung Farbaufschriften anbringen, welche Aufschriften zeigen sollten, dass noch Kräfte vorhanden seien, die gegen den heutigen Staat arbeiten«. Textliche Vorgaben habe sie nicht gemacht. Hans Scholl habe entgegnet, dass man erst einmal die Wirkung der Flugblätter abwarten müsse. Außerdem komme man heute nur schwer an Farbe.

Als Sophie Scholl mit ihrer Schwester am 4. Februar von der Vorlesung zurückkehrte, konnte sie ihrem Bruder nur von den Malereien erzählen und den Reaktionen der Umstehenden. Elisabeth Scholl sollte in nichts eingeweiht werden. Erst unter vier Augen sagte Sophie Scholl – laut Verhör – zu ihrem Bruder: »Das stammt wohl von Dir? – worauf ich von ihm lachend die Bestätigung erhielt.« Damit war die Geschichte, die Sophie Scholl der Gestapo erzählte, noch nicht zu Ende. Sie habe ihrem Bruder vorgeschlagen, sie »bei ähnlichen Schmierereien mitzunehmen, um ihn vor Überraschungen zu schützen«. Würde er Misstrauen erregen, könnten sie unauffällig Arm in Arm weitergehen. Auch die Reaktion von Hans Scholl steht im Vernehmungsprotokoll. Der Vorschlag leuchtete ihm ein, aber er war trotzdem dagegen, weil »solche Arbeiten für ein Mädchen nicht geeignet« seien.

Wieder stellt sich die Frage, ob Sophie Scholl, indem sie freiwillig ihre Mittäterschaft, in diesem Fall ihre geistige, zu Protokoll gibt, ihren Bruder entlasten möchte. War sie wirklich so naiv, dass sie glaubte, auf diese Weise das Strafmaß zu verringern? Zumal sie auch für diese Geschichte keine Beweise hatte, wie im Fall ihrer persönlichen Flugblatt-Aktion. Es liegt näher, dass ihr Verstand ihr nichts vormachte über die Unerbittlichkeit ihrer

Ankläger. Da ohnehin nicht nach Recht und Gesetz geurteilt wurde, wollte sie wenigstens Zeugnis geben von ihrem Anteil an den Taten, die aufrütteln und ein Zeichen setzen sollten? Und wenn es vorläufig nur in den Akten der Verfolger stand. Eine Erklärung, die zu ihr passen würde, aber Gewissheit wird es nicht geben.

Am Mittag des 4. Februar führten Hans und Sophie Scholl ihre Schwester Elisabeth ins »Bodega« in der Maffeistraße, ihr Lieblingslokal. Anschließend gingen sie ins Atelier Eickemeyer in die Leopoldstraße, dort stand um 16 Uhr der nächste Termin an. Theodor Haecker las aus seinem Buch »Schöpfer und Schöpfung«. Wie bei seiner Lesung im Juli 1942 verstieß der Dreiundsechzigjährige damit gegen das Leseverbot, das seit 1936 gegen ihn verhängt war. Etwa fünfundzwanzig Interessierte hörten ihm gebannt zu. Sophie Scholl beschrieb drei Tage später Fritz Hartnagel, wie sie Haecker erlebt hatte: »Das waren eindrucksvolle Stunden. Seine Worte fallen langsam wie Tropfen, die man schon vorher sich ansammeln sieht, und die in diese Erwartung hinein mit ganz besonderem Gewicht fallen. Er hat ein sehr stilles Gesicht, einen Blick, als sähe er nach innen. Es hat mich noch niemand so mit seinem Antlitz überzeugt wie er.« Geschrieben hat Sophie Scholl den Brief in Ulm. Am 5. Februar war sie mit ihrer Schwester direkt nach Hause gefahren.

Inge Scholl berichtet aus der Erinnerung, dass Sophie Scholl – »kaum war sie zur Glastüre hereingetreten« – ihr und den Eltern »lachend und mit Genugtuung« von den Parolen an den Häusern in der Ludwigstraße und am Universitätsgebäude erzählte. Was in Ulm auf sie wartete – Putzen, Kochen, Große Wäsche – war Routine für Sophie Scholl. Sie kannte sich aus im Haushalt am Münsterplatz. Daneben jedoch blieb Zeit für anderes, wie Fritz Hartnagel unter dem Datum vom 7. Februar erfährt: »Zur Zeit ist Otl in Urlaub. Ich habe in den letzten Tagen viele Stunden bei ihm verbracht, weil er mich modelliert hat. Nun habe ich große Lust in meine Hände bekommen, es ihm gleichzutun.« Ihre Lust mit Lehm zu arbeiten war so groß, dass Sophie Scholl schon drei Tage später dabei ist, ihre Schwester Elisabeth zu modellieren.

Hat sie Otl Aicher – im Anschluss an Bad Hall, wo sie ihm »alles dargelegt« hat – in den gemeinsamen Stunden erzählt, wie es in München weitergegangen ist? Wir werden es nie erfahren. Und wie reagierte ihre Schwester Inge darauf, dass Sophie so viel Zeit mit Otl verbrachte? Auch darauf gibt es keine Antwort. Aber ein Satz in Inge Scholls Gebetsheft zeigt an, dass der Riss des Misstrauens, der sich über die Weihnachtstage in ihrer Seele breit gemacht habe, noch nicht ausgeheilt ist. »Wer ist näher bei Dir, Sofie oder ich«, diese Frage hatte sie Gott am 19. Januar 1943 in ihrem Gebetsheft gestellt. Eine salomonische Bitte folgte: »Lass uns so nahe als möglich bei Dir sein, beide.« Inge Scholl möchte gute Gedanken gegenüber Sophie hegen. Aber das Gefühl, in Konkurrenz zu ihrer jüngsten Schwester zu stehen – gegenüber Otl, sogar gegenüber Gott –, ist nur schwer zu überwinden.

Es ist der Jüngste, Werner Scholl, Soldat an der russischen Front, der bei seinen Geschwistern in diesen Wochen nur gute Gedanken auslöst. Er erhält viele Briefe, die ihn stützen und trösten, ihm Mut zusprechen. Auch zwischen Sophie und Werner Scholl hat sich ein intensiver Briefwechsel entwickelt. Wenn sie zu ihm von der großen Freude spricht, die seine Briefe bei ihr auslösen, ist das keine Floskel. Werner Scholl hat langsam sein inneres Gleichgewicht gefunden, um den Krieg möglichst unversehrt zu überstehen. Ebenso eindrucksvoll ist die poetisch-sensible Sprache, die er für seine Gedanken findet: »Kurz ehe der Tag durch einen neuen abgelöst wird«, schreibt er Sophie Scholl am 6. Februar, »will ich mich noch für Deinen Brief bedanken. So reicht ein jeder Tag seine müde Hand dem jungen und von wie vielen Seelen wird dieser getragen, dass das Licht der Liebe das stumme und kalte Herz des Menschen erwärme ... Wie seltsam klingt das doch in unserer Zeit, die doch schon längst den Scheiterhaufen verdient hätte. Aber sie hat doch gleichzeitig unsere Geburtsstunde bedeutet? Und der Mensch wäre undankbar, würde er in ihr nicht gleich den Vorboten einer neuen, besseren Epoche sehen. Wenn ich das nur immer wieder in meine Gebete mit einfließen ließe.«

Der Jüngste fragte Inge, die Älteste, gerne um Rat, zum Beispiel, wie man sich von der Ich-Sucht befreien kann. Inge Scholl war im Dezember 1942 ausführlich auf seine Frage eingegangen und sah auch diesmal die Lösung des Problems im Bereich des Glaubens, in der Beziehung zu Gott. Sie stützt sich auf persönliche Glaubenserfahrung wie auf christliche Autoritäten: »Sieh, wir müssen einfach, wenn wir an den Gott der Liebe glauben, auch den Glauben aufbringen, dass er uns hilft, uns löst von diesem Ich, diesem Gefängnis in sich selbst. ... In den letzten Tagen habe ich einen Satz in dem Büchlein ›Vom Leben des Gebetes‹ von Jacques et Raïssa Maritain gelesen, der mich stark gepackt, ja beinahe erschreckt hat: ›Es ist unumgänglich notwendig, den selbstbeschaulichen Geist, den Geist der Rückbeziehung auf sich selbst, wie ein ganz schlimmes Laster zu fliehen.‹ Es bleibt uns in allem Wirrwarr, der mitunter in uns entsteht und der uns mit Recht bedrückt und ängstigt, schließlich doch die Gewissheit, dass Gott Mensch geworden ist, um uns zu erlösen.« Inge Scholls Fazit: »O Werner, als ich vor Tagen unter dem großen, klaren Sternenhimmel ging, unter dem auch Ihr alle seid, da musste ich die Jahrtausende zurückdenken, die die Menschen sich um die Wahrheit bemüht und sich gesehnt haben. Und da ist mir auf einmal das Wunderbare aufgegangen, dass Gott sich erbarmte und herabkam und sagte: Ich bin die Wahrheit.«

Auch Lina Scholl hat für ihren Sohn, dem sie seit Anfang 1943 fast täglich schreibt, den Trost des Glaubens bereit. So am 31. Januar, einem Sonntag: »Heute sagte der Prälat in der Predigt: Wen Gott segnen will, der muss ein Kämpfer sein. Es handelte von Jakob, wie er mit Gott gerungen hat und gesiegt. Und dann ging die Sonne auf! Kämpfe den guten Kampf des Glaubens, ergreife das ewige Leben.« Die Zweiundsechzigährige ist eine eifrige Leserin, nicht nur der Bibel. Durch ihre Kinder aufmerksam gemacht, schätzte Lina Scholl Kierkegaards Tagebücher sehr, die einen verwandten Frömmigkeits-Ton in ihr zum Klingen bringen. Fern von orthodoxer Enge, auch wenn die lutherische Kirche ihr Zuhause ist.

Im gleichen Brief kommt Lina Scholl auf Carl Muth zu sprechen. Sie hat den katholischen Publizisten, im Gegensatz zu ihren Kindern, noch nicht getroffen. Aber sie weiß, was er ihnen bedeutet; gerne teilt sie mit denen, die weniger haben. Werner Scholl erfährt: »Herr Muth hatte Geburtstag, Vater schickte ihm Wein, ich eine Henne und Mehl und weißgebackenes, gutes Brot.« Es ist gut, dass Lina Scholl den Brief nicht kannte, den Carl Muth genau zehn Tage zuvor an Otl Aicher geschrieben hatte.

Für Otl Aicher war es nichts Ungewöhnliches, sehr persönliche Gedanken und Briefe von Menschen, die ihm nahe standen, detailliert anderen mitzuteilen. Carl Muths Brief vom 21. Januar 1943 lässt darauf schließen, dass Otl Aicher den väterlichen Freund und Ratgeber ausführlich über die Tage informiert hat, die Sophie Scholl kurz vor Weihnachten mit ihm in Bad Hall verbrachte. »Über den Inhalt Ihres letzten Briefes *sprechen* wir am besten«, schreibt Muth, »Sophie hat für mich noch immer ein wenig Undurchschaubares. Da hat mir dann das, was Sie schreiben, einen Schleier von ihrem Wesen gehoben und ich fange an, sie mit anderen Augen zu sehen.« Dann bestärkt der überzeugte Katholik den einundzwanzigjährigen Otl Aicher in seinem vorsichtigen Missionierungs-Unternehmen: »Sie taten recht, das langsam Reifende nicht zu schneller Entfaltung zu treiben.« Das bezieht sich auf Sophie Scholl, für die Otl Aicher zuständig ist, zusammen mit Inge Scholl, die, wie Otl Aicher ihr in den emotionalen Wirren um die Jahreswende bestätigte, den nächsten Platz an seiner Seite hat. Zugleich ist Carl Muth seit dem Sommer 1942 für Inge Scholl ein verehrter Freund geworden, bei dem sie sich Rat in schwierigen persönlichen Situationen und in Glaubensfragen holt.

Nach dem kurzen Rat zu Otl Aichers behutsamem Einfluss auf Sophie Scholls religiöse Entwicklung offenbaren die folgenden Zeilen, dass die angestrebte Entwicklung der gesamten Scholl-Familie gilt und in Richtung Katholizismus gehen soll. Übrigens ist der Maler Wilhelm Geyer, den Muth erwähnt und der seit dem 11. Januar fast täglich mit Sophie und Hans Scholl in München-Schwabing zusammenkommt, Katholik: »Ich halte es auch mit Inge so, schon um zu verhüten, dass die Eintracht in der Familie getrübt werde. Herr Kunstmaler Geyer, der mich zur Zeit malt, erzählte mir von seinen Beobachtungen in der Familie Scholl, und ich schließe daraus, dass keines der Kinder jetzt schon oder in naher Zeit den entscheidenden Schritt tun *darf*, es sei denn, Gott gibt ein *deutliches* Zeichen.« Dann wendet sich Carl Muth den Eltern zu: »Der Vater ist ein fortschrittsgläubiger Rationalist, von gutem Herzen, und ebenso untadligem Charakter, aber weit vom Verstehen seiner Kinder entfernt. Die Mutter ist mit ihrer frühen Jugend und dem Diaconissenleben noch so verknüpft, dass es noch großer Erschütterungen braucht, wenn sie den Kindern folgen sollte, falls diesen die Gnade der Heimkehr zur Una Sancta zuteil werden sollte.«

Für Otl Aicher und Carl Muth – und manche Katholiken bis auf den heutigen Tag – gilt der Begriff der »einen heiligen Kirche« – Una Sancta – ausschließlich der römisch-katholischen. (Auch wenn sich die protestantischen Kirchen ebenfalls als Teil der Una Sancta verstehen, die allerdings für sie seit den Tagen des Urchristentums vielfältige Gestalt annimmt.) Nach dieser Fern-Analyse, den Stoff dazu muss ihm Inge Scholl geliefert haben, kommt der ältere Bruder an die Reihe: »Hans ist bis jetzt nur mit dem *Kopf* so weit, das Herz folgt noch nicht.« Das Urteil irritiert. Carl Muth kennt Hans Scholl nicht nur gut aus den Herbst- und Wintertagen, als er fast täglich in Solln war, um die Bibliothek zu ordnen. Muth hält große Stücke auf den jungen Mann, den er mit angesehenen katholischen Schriftstellern und Gelehrten zusammenbrachte. Hans Scholls glühende Bekenntnisse zum Kreuz, zum Leiden und zu Jesus Christus, die mit einem Bekehrungserlebnis zusammenhängen, lassen auf ein starkes emotionales Fundament seines Glaubens schließen. Offensichtlich sind sie aber nicht als deutliche Schritte in Richtung katholische Kirche zu interpretieren. Spricht aus Muth die Enttäuschung, dass seine Anstrengungen zu wenig Wirkung zeigen?

Sein Fazit: »Wahrscheinlich müssen die Schwestern vorangehen, vielleicht auch Werner. Fahren wir fort, für alle zu beten. Ich tue es täglich und habe mir als Schutzpatron dieser Familie den heiligen Thomas Morus gewählt.« (Der englische Staatsmann Thomas More wurde 1535 auf Befehl Heinrichs VIII. enthauptet, da er die Gründung einer eigenständigen anglikanischen Kirche und damit die Trennung vom Papst in Rom ablehnte.) Carl Muths Brief an Otl Aicher schließt: »Leben Sie wohl, mein Lieber, Gott segne Sie und leite Sie und führe Sie.«

Sophie Scholl sei für ihn undurchschaubar, urteilt Carl Muth. Traute Lafrenz, die viel mit ihr in privaten Situationen zusammen war, sogar zu Hause in Ulm, hatte das Gefühl, eine gewisse Distanz, ja Fremdheit sei unüberbrückbar. Es ist jener Eindruck, den Sophie Scholls Schulkameradinnen als Hochmut oder Arroganz auslegten, wo sich tatsächlich vieles mischte: Verschwiegenheit und die Scheu, sich anderen aufzudrängen; Verehrung und Bewunderung, die sie gegenüber Carl Muth oder Theodor Haecker klein und sprachlos machten. Allerdings gehört auch das Gefühl dazu, sich als Individuum mit besonderen Talenten und Begabungen und einer einzigartigen Prägung von der Masse abzusetzen. Wobei Sophie Scholl sich stets bewusst war, was das zugleich bedeutete: mehr Verantwortung und umfassendere Verpflichtungen und Anforderungen zu tragen – und bei Versagen größere Schuld auf sich zu laden.

Selbst im kleinsten Kreis der Familie, wo Solidarität und gegenseitiges Vertrauen oberstes, von niemandem angezweifeltes Gesetz waren, gab es unterschiedliche Gefolgschaften, Bündnisse, Paarbeziehungen. Inge und Hans, die beiden Ältesten, hatten innerhalb der Geschwistergruppe ein eigenes Verhältnis zueinander, und auf eine besonders innige Weise waren Sophie und Werner, die beiden Jüngsten, von klein auf miteinander verbunden. Aus Sophie Scholls Briefen an den jüngeren Bruder spricht die Vertrautheit seit Kindheitstagen. Was sie für sich selbst erstrebt und was ihr den stärksten Trost bedeutet, hat sie ihm in einem Brief aus Ulm am 10. Februar präzise beschrieben.

Sophie Scholl berichtet Werner, dass sie »Mutter, die schwer krank war«, im Haushalt unterstützt. Nebenher modelliere sie ihre Schwester Elisabeth, und beide »beschließen den Tag am Klavier mit einem Schubertlied«. Die Liebe zu Schubert hat Tradition bei den Scholls. »Wir haben Schubertlieder gesungen und neu gelernt, ach, Du solltest sie hören, sie sind wunderbar«, hatte sich Sophie Scholl am 29. Oktober 1939 in einem Brief an Fritz Hartnagel begeistert. In den Februartagen 1943 gibt es einen Favoriten: »Der Wanderer an den Mond«. Sophie Scholl findet dieses Lied »immer schöner«. Ihr liegt so sehr an seiner Vertonung und seiner Wirkung, dass sie – am 10. Februar – Werner Scholl Vers um Vers an ihren Empfindungen teilhaben lässt:

»Durch den ganzen ersten Teil der erdenschwere Schritt des Wanderers ›Ich wandre fremd von Land zu Land, so heimatlos, so unbekannt‹. Dann aber lösen sich die Akkorde auf in gebrochene, das klingt wunderbar frei und so rein, nicht der leiseste Schimmer irgendeiner Disharmonie noch überschwenglichen Gefühls: ›Du aber wanderst auf und ab von Ostens Wieg in Westens Grab‹. Und ein Schluss, den ich nicht beschreiben kann.« Sophie Scholls Fazit: »Es bleibt kein großes Gefühl, weder des Trostes noch der Entsagung. Und doch erfreut es so, und tröstet so wie eine makellose Blume, die blüht, weil sie blüht.«

Wer das Schubertlied »Wanderer an den Mond« hört, kann Sophie Scholls Übersetzung von Melodie und Rhythmus in ihr ideales Lebensgefühl Zeile für Zeile nachempfinden: Es ist, als ob gegen Ende die Töne des Klaviers auf der Stelle treten, und die Musik einen unbekannten Raum eröffnet, jenseits von Zeit und Stimmungen. Sophie Scholl schließt ihren Brief mit einem lapidaren Hinweis, der alle Hindernisse und Gefahren in Zeit und Raum überspringt. Über das wunderschöne Lied sagt sie ihrem Bruder, der fern an der russischen Front mitten in diesem dreckigen, tödlichen Krieg steckt: »Wenn Du kommst, singen wir Dir's vor.« Ein Bild entsteht, einfach und von tröstender Kraft; ein Versprechen auf Heimat, das alle Sehnsüchte aufsaugt und die Zukunft sichtbar und fassbar macht.

Am gleichen Tag schreibt Sophie Scholl auch an Fritz Hartnagel. Der Brief ist ebenfalls auf die Zukunft ausgerichtet und davon überzeugt, dass es realistisch ist, auf die Zeit nach dem Krieg zu bauen: »Und wenn ich bisher zu müde war zum Pläne machen, weil sie ja doch durch den Krieg alle zu Schanden wurden, so schießen sie jetzt empor wie Urwaldblumen nach einem langen warmen Regen, so bunt und ungeheuerlich. Doch sie wollen mir gar nicht ungeheuerlich vorkommen, sondern alle sehr durchführbar.« Das Wiedersehen mit ihm sei diesmal anders als je zuvor: »So als würdest Du zurückkehren, um ganz dazubleiben.« Es will etwas heißen: Sophie Scholl, die sich Träumereien verbietet, ist voller Hoffnung in diesen Ulmer Februartagen. Das ist keine flüchtige Momentaufnahme. In ihrem Brief vom 13. Februar »steigen harmlose, farbenreiche Zukunftsträume auf«. Zwar entschuldigt sich Sophie Scholl sogleich bei Fritz Hartnagel, damit er nicht den Eindruck hat, sie freue sich nur wegen solch harmloser Pläne über »das nahe Ende des Krieges« – »nein, gewiss nicht«. Aber dass dieses Ende nahe ist, daran hat sie keinen Zweifel.

An diesem 10. Februar 1943, es ist ein Mittwoch, als Sophie an Werner Scholl und Fritz Hartnagel schreibt, bricht Inge Scholl mit Otl Aicher zu einer kleinen Fahrt durch Oberbayern auf. Die erste Station ist Aulendorf mit der Rieckschen Buchhandlung, über Ravensburg und Lindau geht es weiter nach München-Solln, wo die beiden Samstagnacht auftauchen und als Gäste von Carl Muth empfangen werden. Am Sonntagmorgen ruft Hans Scholl dort an. Er hatte für den Samstagabend Konzertkarten organisiert, das war ein Missverständnis. Heute, am Sonntag, habe er leider keine Zeit. Aber er werde ohnehin bald einmal wieder nach Hause kommen.

Bei Carl Muth hatten die Gäste erfahren, dass Otl Aichers Urlaub um vierzehn Tage verlängert worden war. Am Sonntagabend, dem 14. Februar, nach einem Besuch mit Otl Aicher bei Theodor Haecker, fährt Inge Scholl zurück nach Ulm. So war es mit Sophie Scholl ausgemacht, die an diesem Abend in Ulm in den Zug nach München steigt, für die letzten Wochen des Semesters. Otl Aicher hat entschieden, dank der unerwarteten Urlaubs-Zugabe noch ein paar Tage bei Carl Muth zu bleiben, um die angesprochenen »Themen zu vertiefen«, wie Inge Scholl nach der Rückkehr an Werner Scholl schreibt.

Als Sophie Scholl gegen 21 Uhr in München ankommt, wird sie am Bahnhof von Hans Scholl und Gisela Schertling in Empfang genommen. Bis 23 Uhr sitzen die Drei noch zusammen. Dann geht Gisela Schertling schlafen, in Sophie Scholls Zimmer. Sie hatte sich ohnehin während Sophies Abwesenheit in der Franz-Joseph-Straße einquartiert.

## KALT UND KLAR WIE PERLENDES WASSER

*15. bis 19. Februar 1943, München*

Jetzt war Gelegenheit, Sophie Scholl darüber zu informieren, welche heimlichen Aktivitäten Hans Scholl, Alexander Schmorell und Willi Graf während ihrer Abwesenheit entfaltet hatten. Am 8. Februar hatte Alexander Schmorell zufällig erfahren, dass Falk Harnack in München eine gemeinsame Freundin besuchte. Scholl und Schmorell hatten den Dramaturgen und Regisseur im November 1942 in Chemnitz aufgesucht, um mit ihm Widerstandstätigkeiten zu koordinieren. Man trennte sich ohne Ergebnisse und mit der lockeren Zusage eines Treffens in München. Falks Bruder Arvid Harnack war im Sommer 1942 mit über hundert Gesinnungsgenossen seiner Widerstands-Gruppe – von der Gestapo »Rote Kapelle« genannt – in Berlin aufgeflogen. Am 22. Dezember 1942 war er mit seiner Frau hingerichtet worden.

Alexander Schmorell nahm sofort Kontakt zu Falk Harnack auf, und der kam am 8. und dann noch einmal am 9. oder 11. Februar – das ist strittig – in die Franz-Joseph-Straße, um erneut die Möglichkeit zu gemeinsamen Aktionen auszuloten. Bei der zweiten Besprechung war außer Schmorell, Scholl und Willi Graf auch Professor Kurt Huber dabei. Huber machte während der Diskussion deutlich, dass ihm Harnacks politische Zukunftspläne zu »kommunistisch« waren.

Nachdem Falk Harnack die Wohnung verlassen hatte, holte Huber den Entwurf zu einem Flugblatt aus der Tasche. Die Tragödie um Stalingrad hatte ihn so aufgewühlt, dass er sich spontan zu einem Aufruf an die »Deutschen Studentinnen und Studenten« entschlossen hatte. Hans Scholl und Alexander Schmorell waren mit dem Text grundsätzlich einverstanden – bis auf eine Stelle. Huber appellierte an die Studenten: »Stellt Euch weiterhin geschlossen in die Reihen unserer herrlichen Wehrmacht.« Einer solchen Verherrlichung widersprachen die beiden Studenten entschieden. Mit diesem Dissens verließ der Professor die Scholl-Wohnung, überzeugt, sein Entwurf sei damit ad acta gelegt.

Doch Hans Scholl drängte es offenbar zu Aktivitäten. In der Nacht vom 8. auf den 9. Februar war er mit Willi Graf zu weiteren »Schmier-Aktionen« durch das dunkle München gezogen. Mit grüner Farbe schrieb er wiederum »Freiheit« an die Eingänge der Universität und die Schrift »Nieder mit Hitler« an andere Gebäude. Nach dem Gespräch mit Kurt Huber regte Hans Scholl an, dessen Flugblatt-Entwurf sofort in eine Aktion umzusetzen, ohne den Professor noch einmal zu kontaktieren. Die »herrliche Wehrmacht« wurde gestrichen. Am Freitagabend, dem 12. Februar, schrieb Alexander Schmorell den Text an die »Kommilitoninnen, Kommilitonen!« auf Matrize und stellte mit Hans Scholl, kurzzeitig war auch Willi Graf anwesend, auf dem Vervielfältigungapparat in der Franz-Joseph-Straße etwa 3000 Flugblätter her. Das war der Stand, als am Sonntagabend Sophie Scholl zurückkam und Hans Scholl ihr das Flugblatt zu lesen gab. Weil die Zeit drängte, tippten Sophie und Hans Scholl nach einem veralteten Studentenverzeichnis der Münchner Universität bis weit nach Mitternacht noch Adressen auf Kuverts.

Als Sophie Scholl sich schließlich neben Gisela Schertling auf die Couch zum Schlafen legte, konnte sie den abrupten Übergang von der Ulmer in die Münchner Welt wahrscheinlich erstmals an diesem Abend bewusst wahrnehmen. Dort die Welt der schönen Künste mit Schubert-Liedern und kreativer Arbeit im feuchten Lehm, um Elisabeths Kopf zu modellieren. Tagsüber körperliche Arbeit im Haushalt, aber zehn Tage frei von Verstellungen, riskanten Tätigkeiten und permanenter Anspannung. Zehn Nächte zum Ausschlafen, allein im Bett.

Jetzt, zu zweit und doch sehr allein in der Dunkelheit, mag ihr Verstand Bilanz gezogen haben. Erstens: Die wohlorganisierte und von Wien bis Frankfurt am Main weit ausgreifende Flugblatt-Aktion zwischen dem 25. und 29. Januar hatte keinerlei Echo ausgelöst; nirgendwo auch nur ein winziges Erfolgserlebnis. Zweitens: Ihre ursprüngliche Idee, mit Aufschriften an den Gebäuden die Studenten aufzurütteln, blieb ebenfalls ohne Wirkung. Drittens: Waren spontane nächtliche Aktionen, wie die letzte von Hans und Willi, wirklich klug und nicht viel zu risikoreich für die gesamte Gruppe? Und war die Herstellung des sechsten Flugblattes, die – nicht zu vergessen – eine Menge Geld kostete, nicht ziemlich unüberlegt und in kein Gesamtkonzept eingebettet? Sollte sie ihre kritischen Fragen, die auf der Hand lagen, unter vier Augen mit Hans besprechen?

Später vielleicht, wenn das sechste Flugblatt gut auf den Weg gebracht war. An diesem 15. Februar 1943, mit rund 3000 Flugblättern in der Wohnung, die zum Kampf gegen die NSDAP und das Hitler-Regime aufriefen, hatte Sophie Scholl keine Wahl. Ihre schwesterliche Solidarität hatte Vorrang. Sie konnte ihren Bruder in der aktuellen Situation nicht allein lassen. Das alles sind Gedanken, die sich aus Sophie Scholls bisherigem Denken und Handeln ableiten lassen. Niemand weiß, was ihr in dieser Nacht und den folgenden Tagen und Nächten über die Aktivitäten Hans Scholls tatsächlich durch den Kopf gegangen ist.

15. Februar, Montag – Der Tag begann in der Franz-Joseph-Straße mit einem Frühstück zu dritt gegen neun Uhr. Anschließend machten sich Hans und Sophie Scholl auf den Weg ins Atelier in der Leopoldstraße, wo bald auch Alexander Schmorell eintraf. Hier wurde das Eintüten der Flugblätter fortgesetzt. Alle drei kamen mittags in die Wohnung, wo Gisela Schertling gekocht hatte. Anschließend arbeiteten Hans Scholl und sein Freund Alex im Atelier weiter. Sophie Scholl blieb zu Hause, denn sie erwartete Besuch: Gegen 15 Uhr war Otl Aicher angesagt, der in Solln bei Carl Muth noch ein paar Urlaubstage angehängt hatte. Kaum war Otl Aicher angekommen, machten die beiden Freundinnen Sophie und Gisela mit ihm einen Spaziergang durch den Englischen Garten.

Dann ging es zurück in die Franz-Joseph-Straße. Gegen 22 Uhr verließ Otl Aicher die Wohnung und fuhr wieder nach Solln. Gisela Schertling entschloss sich, an diesem Abend ihr Zimmer in der Lindwurmstraße aufzusuchen. (Später wird sie in den Gestapo-Verhören sagen, sie habe aus den Gesprächen zwischen Sophie und Otl »auf ein engeres Freundschaftsverhältnis« geschlossen.)

Damit war sozusagen die Luft rein für die kleine verschworene Gruppe – Hans und Sophie Scholl, Alexander Schmorell und Willi Graf. Sie machten in der Wohnung weitere Flugblätter versandfertig, und abschließend versteckten Hans Scholl und Schmorell erstmals den Vervielfältigungsapparat und die Schreibmaschine im Atelier in der Leopoldstraße. In dieser Nacht vom 15. auf den 16. Februar hatten sich die drei Medizinstudenten für eine besonders risikoreiche Aktion entschieden. Etwa um 23 Uhr gingen sie von der Franz-Joseph-Straße in die Innenstadt. In zwei Aktenmappen trug Willi Graf 800 bis 1200 postfertige Briefe mit Flugblättern, die sie unterwegs bei verschiedenen Postämtern einwarfen. Hans Scholl und Schmorell hatten einen Eimer mit schwarzer Teerfarbe und Pinsel dabei und die schon mehrfach genutzte Schablone »Nieder mit Hitler«. Sie wurde an der Bayerischen Staatskanzlei aufgemalt, ebenso an der Buchhandlung Hugendubel. Dort schrieben Schmorell und Scholl außerdem mit großen Buchstaben »Hitler Massenmörder« an die Gebäudemauer. Obwohl er es später bestritt, war Hans Scholl wohl bei dieser »Schmier-Aktion« – wie bei den beiden vorangegangenen – mit einer Armeepistole bewaffnet. Sophie Scholl konnte nur warten und auf einen guten Ausgang hoffen. In Hans Scholls Zimmer lagen noch rund 1500 Exemplare des sechsten Flugblatts. Auszüge:

*Kommilitoninnen! Kommilitonen!*
*Erschüttert steht unser Volk vor dem Untergang der Männer von Stalingrad. Dreihundertdreissigtausend deutsche Männer hat die geniale Strategie des Weltkriegsgefreiten sinn- und verantwortungslos in Tod und Verderben gehetzt. Führer, wir danken dir! …*

*Der Tag der Abrechnung ist gekommen, der Abrechnung unserer deutschen Jugend mit der verabscheuungswürdigsten Tyrannis, die unser Volk je erduldet hat. Im Namen der ganzen deutschen Jugend fordern wir von dem Staat Adolf Hitlers die persönliche Freiheit, das kostbarste Gut des Deutschen zurück, um das er uns in der erbärmlichsten Weise betrogen hat. …*

*Der deutsche Name bleibt für immer geschändet, wenn nicht die deutsche Jugend endlich aufsteht, rächt und sühnt zugleich, seine Peiniger zerschmettert und ein neues, geistiges Europa aufrichtet.*

16. Februar, Dienstag – »Mein lieber Fritz! Noch einen kurzen Brief, bevor ich wieder in meine Vorlesung laufe. Ich hatte Dir ja, glaube ich, schon geschrieben, dass ich 10 Tage daheim war, um dort zu helfen. Diese Tage, obwohl ich nicht viel zu meinen eigenen Beschäftigungen komme, tun mir immer wohl, und wenn es nur deshalb wäre, weil mein Vater sich so freut … und weil Mutter um so 1000 Kleinigkeiten besorgt ist. Diese Liebe, die so umsonst ist, ist für mich etwas Wunderbares. … Die 150 km, die zwischen Ulm und München liegen, verändern mich dann so rasch, dass ich selbst erstaunt bin. Ich werde von einem harmlosen ausgelassenen Kind zu einem auf sich gestellten Menschen.« Den Brief muss Sophie Scholl an diesem Dienstag vor 10 Uhr geschrieben haben, denn 10 Uhr 15 begann die Vorlesung von Professor Huber.

Dort traf sie Gisela Schertling. Als die Vorlesung um 11 Uhr zu Ende war, gingen beide in ein Schwabinger Lokal zum Mittagessen. Das geschah relativ häufig, Sophie und Hans Scholl konnten sich das offensichtlich leisten. Außer der »Bodega« in der Maffeistraße zählten der »Deutsche Kaiser« in der Wilhelmstraße, »Kaiser Friedrich« in der Hohenzollernstraße und das »Seehaus« im Englischen Garten zu ihren Lieblingslokalen.

Am Nachmittag, in der Franz-Joseph-Straße, packte Sophie Scholl rund fünfzig postfertige Flugblätter in eine Aktentasche. Gisela Schertling begleitete sie auf ihrem Spaziergang durch Schwabing und hielt die Klappe auf, als Sophie Scholl die Kuverts in den Briefkasten Leopold-/Ecke-Franz-Joseph-Straße warf. Im Postamt an der Leopoldstraße kaufte Sophie Scholl einen Schwung 8-Pfennig-Briefmarken. Da Wilhelm Geyer, wie jeden Dienstag, gegen Abend aus Ulm kommen würde und sie ohnehin in der Nähe waren, räumten die beiden Freundinnen anschließend im Atelier Eickemeyer auf. Das war Frauensache.

Dann verabschiedete sich Gisela Schertling in die Lindwurmstraße, während Sophie Scholl in der Wohnung einen zweiten Brief an Fritz Hartnagel schrieb: »Gestern habe ich einen wunderschönen blühenden Stock gekauft, er steht vor mir auf dem Schreibtisch am hellen Fenster, seine graziösen Ranken, über und über mit zarten lila Blüten besetzt, schweben vor und über mir. … ich wünschte mir nur, dass Du kommst, bevor er verblüht. Wann wirst du nur kommen? … Vielleicht können wir bald zusammen irgendwo anfangen!« Als Fritz Hartnagel diesen Brief sechs Tage später, am 22. Februar, im Lazarett öffnete, fielen »einige zarte, lilarote Blütenblätter« in seinen Schoß.

Gegen 18 Uhr klingelte Wilhelm Geyer, um den Atelierschlüssel abzuholen. Hans und Sophie Scholl wollten gerade zum Abendessen ausgehen. Zu dritt gingen sie ins »Bodega«. Die Männer blieben bis 19 Uhr 30, Sophie verließ das Lokal vorher, da sie ins Konzert wollte. Hans Scholl übernachtet an diesem Abend bei Gisela Schertling in der Lindwurmstraße. Sie hat später ausgesagt, dass Hans Scholl sich in dieser Zeit von der Gestapo »scharf bewacht« fühlte und »in kürzester Zeit« mit seiner Verhaftung rechnete. Eine ähnliche Aussage machte Wilhelm Geyer über beide Geschwister. Hinweise dafür sind nicht entdeckt worden.

17. Februar, Mittwoch – Ungefähr um 9 Uhr frühstücken Sophie Scholl und Wilhelm Geyer in der Franz-Joseph-Straße zusammen. Das ist Brauch, seit der Ulmer Malerfreund am 11. Januar 1943 das Atelier in der Leopoldstraße bezogen hat, wo es keine Kochplatte gibt. Mal mit beiden Geschwistern, mal allein mit Sophie, wenn Hans die Nacht in der Lindwurmstraße verbringt. Um 10 Uhr 15 sitzt Sophie wieder in der Vorlesung von Professor Huber, zusammen mit Gisela Schertling. Beide essen zu Hause mit Hans Scholl zu Mittag. Man verabredet sich für den Abend, und Gisela Schertling geht zurück in die Lindwurmstraße.

Sophie Scholl weiß, um 16 Uhr 30 wird Otl Aicher aus Solln kommen. Und da auch der Abend verplant ist, spricht vieles dafür, dass sie an diesem Mittwoch nach dem Mittagessen das Alleinsein genießt und einen Brief schreibt: »Liebe Lisa! Ich lasse mir gerade das Forellenquintett vom Grammophon vorspielen. Am liebsten möchte ich da selbst eine Forelle sein, wenn ich mir das Andantino anhöre. Man kann ja nicht anders als sich freuen und lachen, so wenig man unbewegten oder traurigen Herzens die Frühlingswolken am Himmel und die vom Wind bewegten knospenden

Zweigen in der glänzenden jungen Sonne sich wiegen sehen kann.« Sophie Scholl kann voraussetzen, dass Lisa Remppis die kammermusikalischen Variationen von Franz Schubert über sein »Forellen-Lied« gut kennt und mitempfindet, in welch heitere und gelöste Stimmung die Freundin durch dieses Stück versetzt wird. Und wie sehr die Musik Sophies Vorfreude auf den Frühling weckt: »Man spürt und riecht in diesem Ding von Schubert förmlich die Lüfte und Düfte und vernimmt den ganzen Jubel der Vögel und der ganzen Kreatur. Die Wiederholung des Themas durch das Klavier – wie kaltes klares perlendes Wasser, oh, es kann einen entzücken.«

Um 16 Uhr 30 kommt Otl Aicher und bleibt bis etwa 19 Uhr. Er wird die kommende Nacht noch in Solln verbringen und morgen gegen Mittag zurück nach Ulm fahren. Wenig später ist Gisela Schertling wieder da. Mit Sophie und Hans Scholl ist das Abendessen im »Seehaus« im Englischen Garten geplant. Anschließend sitzen sie noch bis 22 Uhr in der Franz-Joseph-Straße zusammen. Dann verabschiedet sich Gisela Schertling; sie zieht es in ihr eigenes Zimmer in der Lindwurmstraße. Vorher hat sich Sophie Scholl mit ihr für den nächsten Mittag in der Franz-Joseph-Straße verabredet. Sie will morgen ausschlafen und die Huber-Vorlesung um 10 Uhr schwänzen, aber dann mit Gisela essen gehen.

Später am Abend klingelt bei Hans und Sophie das Telefon. Es ist Otl Aicher. Aus der Erinnerung hat er die folgende Version von seinem Anruf und seiner Woche in München gegeben: »Mitte Februar kam ich nach München, wohnte im Hause von Professor Muth und erhielt, noch ehe ich mit Hans und Sophie Kontakt aufnehmen konnte, einen Anruf aus Ulm, ich solle Hans darüber verständigen, das Buch ›Machtstaat und Utopie‹ sei vergriffen. Ich rief Hans an, sagte ihm, dass ich ihm eine wichtige Mitteilung machen müsse. Wir verabredeten uns für den nächsten Tag auf 11 Uhr in seiner Wohnung Franz-Joseph-Straße 13.« (Vinke: Das kurze Leben der Sophie Scholl). Der erste Teil dieser Aussage – er habe vor diesem Anruf die Geschwister in München nicht gesehen – ist zweifelsfrei widerlegt. Dass Aicher noch wenige Stunden vor dem Telefonat am 17. Februar mit Sophie Scholl zusammen war, wird von ihr selbst am nächsten Tag im Gestapo-Verhör zu Protokoll gegeben. Wie steht es um den zweiten Teil, die Aussage über den Inhalt des nächtlichen Telefongesprächs?

Otl Aichers Anruf bei Hans und Sophie ist der Brückenkopf zu einer Geschichte, die sich am Nachmittag dieses Tages in Ulm abspielt. Hans Hirzel, der am 25. Januar von Sophie Scholl im elterlichen Garten in Ulm die Flugblätter von Sophie Scholl übernahm und sechshundert davon mit Hilfe seiner Schwester Susanne in Stuttgarter Briefkästen beförderte, wird am 17. Februar in Ulm zum Gestapo-Verhör vorgeladen. Der Achtzehnjährige hatte leichtsinnigerweise zwei Hitlerjungen von einer Flugblatt-Aktion erzählt, und die hatten Anzeige erstattet. Hirzel redet sich beim Verhör heraus. Die Gestapo geht der Spur nicht weiter nach, Hirzel wird als »Psychopath« eingestuft. Doch das weiß er nicht, als er die Gestapo verlässt – mit den schlimmsten Befürchtungen, denn beim Verhör ist der Name »Sophie Scholl« gefallen. Da er am nächsten Tag eine Abiturarbeit schreiben muss, informiert Hans Hirzel sofort Inge Scholl in der Wohnung am Münsterplatz. Er beschwört sie, umgehend nach München zu fahren. Sie soll ihre Geschwister warnen, beziehungsweise ihnen das vereinbarte Code-Wort vermitteln, das Buch »Machtstaat und Utopie« sei vergriffen. Inge Scholl hat die Idee, Wilhelm Geyer mit der verschlüsselten Botschaft nach München zu schicken, und erfährt von Frau Geyer, dass ihr Mann in Stuttgart ist. Da sie Hans und Sophie nicht erreicht, ruft Inge Scholl bei Carl Muth an. Sie bekommt dort Otl Aicher an den Apparat und gibt ihm Hans Hirzels Mitteilung durch. Dies ist die Vorgeschichte zu Otl Aichers Telefonat am späten Abend in der Franz-Joseph-Straße.

Ist es möglich, dass Aicher – dem nach eigener Aussage Sophie Scholl im Lazarett von Bad Hall um die Weihnachtszeit »alles dargelegt« hatte – in seinem Telefonat mit Hans Scholl das Code-Wort nicht weitergegeben, sondern sich nur für den nächsten Vormittag verabredet hat? War ihm wirklich nicht bewusst, dass eine verschlüsselte Botschaft gerade für den Notfall vorbereitet wird? Wenn es darauf ankommt, schnellstmöglich, aber unverfänglich, »Gefahr-im-Verzug« melden zu können, zum Beispiel per Telefon? Es gibt keine Antworten. Aber die Frage darf gestellt werden, auch wenn sie ihrerseits eine neue Vermutung auslöst: Ob das Code-Wort – wenn es am Abend des 17. Februar von Otl Aicher weitergegeben wurde – Sophie und Hans Scholl so beeinflusste, dass sie einen Plan für den nächsten Morgen fassten, der ihnen sonst nicht in den Sinn gekommen wäre.

18. Februar, Donnerstag – Am Wochenende wollen die Geschwister mit Traute Lafrenz nach Ulm fahren. Aber heute schlafen sie aus bis gegen 9 Uhr, wie geplant. Dann kocht Sophie Scholl einen Tee, und sie füllen einen rotbraunen Koffer und eine Aktentasche mit den restlichen etwa 1500 Exemplaren des letzten, sechsten Flugblatts und ungefähr 50 Exemplaren des vorletzten vom Januar. Ungefähr um 10 Uhr 30 verlassen Sophie und Hans Scholl ihre Wohnung und gehen mit Koffer und Aktentasche in Richtung Universität. Kaum haben sie das Gebäude betreten, kommen ihnen Traute Lafrenz und Willi Graf entgegen. Die beiden haben die Huber-Vorlesung vorzeitig verlassen, um pünktlich bei der nächsten Vorlesung in der

Nervenklinik zu sein. Traute Lafrenz ist leicht irritiert, als sie den Koffer sieht. Im Hinblick auf den gemeinsamen Ulm-Besuch am Wochenende fragt sie Sophie dem Sinn nach: »Macht ihr schon blau?« Sie erhält keine wirkliche Antwort. Man ist in Eile, verabredet sich für den Nachmittag. Als letzte Worte Sophie Scholls, bevor die beiden Paare sich trennen, hat Traute Lafrenz in Erinnerung behalten: »Ja, die Skistiefel, wenn ich heute Nachmittag nicht zu Hause bin, die Skistiefel, die stehen hinten auf der Ablage, die kannst Du dann einfach mitnehmen. Ja.«

Für das, was jetzt im Gebäude folgt, müssen sich Hans und Sophie Scholl abgesprochen haben. Er trägt Koffer und Aktentasche, Sophie nimmt immer neue Packen der Flugblätter, legt sie an den Türen der Hörsäle aus oder verstreut sie. Hans Scholl passt auf. Bis zum Vorlesungsende um 11 Uhr haben sie eine Chance, nicht gesehen zu werden. Es ist geschafft. Beide gehen zum Hinterausgang Amalienstraße. Dort legt Hans Scholl noch einen Packen auf die Treppe. Aber immer noch sind eine Menge Flugblätter im Koffer. Es muss eine spontane Idee gewesen sein, gemeinsames Einverständnis im Bruchteil von Sekunden. Hans und Sophie Scholl machen kehrt, laufen in den ersten Stock, legen weitere Stöße von Flugblättern aus und nehmen eilig die Treppe zum zweiten Stock.

Und dort, an der linken Seite der marmornen Brüstung, von wo aus man in die Eingangshalle schauen kann, wirft Sophie Scholl eine Handvoll Flugblätter hinunter in den Lichthof. Der Hausschlosser Jakob Schmid, der zufällig im Erdgeschoss auftaucht, sieht, wie die Flugblätter durch den Lichthof nach unten flattern. Die Werfenden sieht er nicht. Er vermutet sie im zweiten Stock und läuft nach oben. Als er dort auftaucht, schüttet gerade Hans Scholl den Rest der Flugblätter über die Brüstung. Schmid geht auf ihn zu und sagt: »Ich verhafte Sie!« Hans Scholl erwidert, es sei eine Unverschämtheit. Doch wie Sophie Scholl es im Verhör sagt: »Mein Bruder und ich gingen widerspruchslos mit diesem Mann.«

Und wieder Fragen: Warum sind die beiden vom Ausgang zurück in den ersten und zweiten Stock, nachdem ihr höchst riskantes Unternehmen unbemerkt beendet war? Warum haben sie mit dem Abwurf der Flugblätter in den Lichthof die Möglichkeit, entdeckt zu werden, noch gesteigert? War es wirklich »Übermut« oder »Dummheit« und nicht ein öffentliches Fanal, das Sophie und Hans Scholl bewusst inszenierten? Warum sind sie ohne Widerstand dem Hausschlosser gefolgt? Sophie und Hans Scholl waren gewandt und kräftig, sie hätten flüchten und im quirligen Schwabing untertauchen können. Wäre es nicht einen Versuch wert gewesen? Wurde am Morgen zwischen Sophie und Hans beim Tee das Für und Wider erörtert?

Die Idee, die Flugblätter heimlich in der Universität auszulegen, hatte Hans Scholl in den Tagen zuvor tatsächlich schon mit Willi Graf und Alexander Schmorell besprochen. Die Drei hatten allerdings keine konkreten Termine festgelegt.

Wie stark war der Druck, unter dem Sophie und Hans Scholl handelten und die Flugblätter los sein wollten, weil sie sich von der Gestapo beobachtet fühlten? Wie bei allen Flugblättern zuvor hatte Hans Scholl auch das sechste Flugblatt per Post an sich selbst adressiert. Im Gegensatz zu den vorherigen war es nicht angekommen. War es der Gestapo in die Hände gefallen und er damit unter weiteren Verdacht geraten? Und wenn die Flugblätter schnellstens aus der Wohnung verschwinden mussten: Warum nicht noch ein riskantes Unternehmen wagen? Es war doch bisher alles gut gegangen. Alles Fragen, die sich an diesem Wendepunkt der Ereignisse aufdrängen.

Während die Geschwister in das Zimmer vom Syndikus der Universität gebracht werden, schließt der Hausverwalter auf Anordnung alle Türen der Universität. Weder Studenten noch Professoren dürfen das Gebäude verlassen. Man wollte aller Flugblätter habhaft werden. Inzwischen ist Robert Mohr, der Leiter der Münchner Gestapo-Sonderkommission, die nach dem Auftauchen der Flugblätter und Parolen im Januar gebildet worden war, informiert worden. Der Kriminalobersekretär wird zu Hans und Sophie Scholl geführt, die sich durch ihren Studentenausweis legitimieren, und lässt beide mit einem Auto ins Wittelsbacher Palais bringen. Dort, Brienner Straße 50, befand sich das Hausgefängnis der Gestapo-Leitstelle München. Vom Augenblick ihrer Entdeckung im zweiten Stock durch den Hausschlosser bis zum Eintreffen im Gefängnis, als sie in verschiedene Zellen gebracht werden, sind die Geschwister ununterbrochen zusammen. Sie konnten sich für das zu erwartende Verhör in den Grundaussagen absprechen. Und vor allem entscheiden: Leugnen oder ein Geständnis ablegen.

Im Gefängnis wird Sophie Scholl von Else Gebel empfangen, mit der sie auch die Zelle teilt. Die Fünfunddreißigjährige war eine politische Gefangene, wie ihr Bruder seit einem Jahr inhaftiert, ohne Aussicht auf einen Prozess. Im Wittelsbacher Palais nimmt sie die Aufnahmeprozedur für die weiblichen Häftlinge vor, weil die Gestapo keine Beamtinnen in ihren Reihen hat. Sophie Scholl ruht sich in der Zelle auf ihrem Bett aus, bevor sie gegen 15 Uhr zum Verhör abgeholt wird. »Nichts zugeben, wofür es keine Beweise gibt«, hatte Else Gebel, ein mütterlich-resoluter Typ, ihr mit auf den Weg gegeben.

Robert Mohr, der Sophie Scholl vernimmt, ist ein erfahrener Polizeibeamter und überzeugter Nationalsozialist, im Mai 1933 in die NSDAP eingetreten. Er erlebt eine ruhige junge Frau, die eloquent und mit großer Sicherheit darauf besteht, mit den Flugblättern absolut nichts zu tun zu haben. Sophie Scholl zeigt Verständnis, dass dieser Verdacht aufkommen kann. Aber sie hat für alle Fragen eine schlüssige Erklärung. Ihre Geschichte: Gestern Abend hatte sie sich mit ihrer Freundin Gisela Schertling für heute zum Mittagessen verabredet. Dann war ihr spontan die Idee gekommen, heute um 11 Uhr 28 nach Ulm zu fahren, was ohnehin für das Wochenende geplant war. Sie wusste, den gleichen Zug würde Otl Aicher, »der Freund oder Verehrer meiner Schwester Inge«, nehmen. Auf dem Weg zum Bahnhof sei sie in die Universität gegangen, um nach der Huber-Vorlesung ihrer Freundin Gisela abzusagen. Ihr Bruder Hans sei mitgekommen, um bei seiner Bank noch Geld für die Fahrkarte abzuheben, ihr eigenes reichte nicht mehr. Und schließlich hatten sie den leeren Koffer dabei, um in Ulm frische Wäsche einzupacken.

Nein, sie habe keine Flugblätter in ihrem Koffer transportiert. Kurz vor 11 Uhr wollte sie ihrem Bruder noch das Psychologische Institut im zweiten Stock zeigen, wo sie öfters Vorlesungen besuche. Da lag auf dem Geländer ein Stoß Flugblätter: »Im Vorbeigehen habe ich den auf dem Geländer aufgeschichteten Flugblättern mit der Hand einen Stoß gegeben, so dass diese in den Lichthof hinunterflatterten. Mein Bruder wurde auf diese Flugblätter erst aufmerksam, als sie bereits im Lichthof in der Luft flatterten. Ich sehe nun ein, dass ich durch mein Verhalten eine Dummheit gemacht habe, die ich aber nicht mehr ändern kann.« Robert Mohr fragte nach, fand aber nirgends eine Lücke, die zu einem Widerspruch führte. Und das Wichtigste: In der gleichzeitigen, aber getrennten Vernehmung erzählte Hans Scholl die gleiche Geschichte.

Sophie Scholl hatte für den Vernehmer zwei »Köder« ausgelegt. Es war ein leichtes, Gisela Schertling und Otl Aicher zu befragen. Beide würden – ahnungslos, aber mit bestem Gewissen – Sophie Scholls Aussagen bestätigen. Außerdem war das Verhör ein psychologisches Kräftemessen. Je standfester und selbstbewusster Sophie Scholl auftrat, desto größer ihre Chance, den gewieften Kriminalbeamten von ihrer Glaubwürdigkeit zu überzeugen. Es wird ihn beeindruckt haben, dass Sophie Scholl in dieser kritischen Situation kein Hehl aus ihrer Abneigung gegen den Nationalsozialismus machte. Nachdem sie ihren Lebenslauf und die Etappen als Führerin im Bund Deutscher Mädel skizziert hatte, kam sie auf ihre »weltanschauliche Entfremdung vom BDM und damit der NSDAP« zu sprechen: »... als hauptsächlichsten Grund für meine Abneigung gegen die Bewegung möchte ich anführen, dass nach meiner Auffassung die geistige Freiheit des

Menschen in einer Weise eingeschränkt wird, die meinem inneren Wesen widerspricht. Zusammenfassend möchte ich die Erklärung abgeben, dass ich für meine Person mit dem Nationalsozialismus nichts zu tun haben will.« Das war kalkuliertes Risiko, schließlich stand Sophie Scholl mit ihrem Bruder in dem dringenden Verdacht, hochverräterische Flugblätter verteilt zu haben.

Als sei sie Verteidigung und Anklage in einem, zieht Sophie Scholl nach knapp drei Stunden ein selbstbewusstes Resümee: »Trotz ernster Vorhaltungen und Ermahnungen muss ich nach wie vor bestreiten, sowohl mit der Herstellung als auch mit der Verbreitung der infrage stehenden Flugblätter auch nur das Geringste zu tun zu haben. Ich sehe selber ein, dass eine Reihe von Verdachtsmomenten gegen meinen Bruder und mich sprechen und dass dann, wenn die richtigen Täter nicht gefunden werden sollten, dieser Verdacht unter Umständen an uns haften bleiben wird.«

Die Vorwärts-Strategie scheint aufzugehen. Gegen 18 Uhr beendet Robert Mohr das Verhör und läßt Sophie Scholl zurück in die Zelle bringen mit der Andeutung, sie könne wohl noch heute Abend mit ihrem Bruder wie vorgesehen nach Ulm fahren. Im Gefängnistrakt wird das Abendessen ausgeteilt, als plötzlich der Anruf kommt, dass für Sophie und Hans Scholl das Verhör in einer halben Stunde weitergeht.

Gleich nach der Verhaftung hatten Kriminalbeamte die Wohnung in der Franz-Joseph-Straße durchsucht. Sie fanden laut Protokoll »eine Anzahl Briefschaften, Notizen und Aufzeichnungen … im Zimmer von Frl. Scholl wurde eine Reiseschreibmaschine sichergestellt«. Auf ihrem Schreibtisch lag ein Heft mit »einer großen Anzahl von Anschriften von in Augsburg und München wohnenden Personen … Außerdem wurden im Zimmer bzw. im Schreibtisch von Frl. Scholl 11 Päckchen Patronen für Armeepistole 08 mit je 16 Stück und ein weiteres Päckchen mit 10 Stück gefunden«. Die Pistole dazu fanden die Ermittler im Schreibtisch von Hans Scholl, mit fünf Patronen geladen; außerdem hunderte von 8-Pfennig-Briefmarken, »postfrisch«. Geprüft wurden alle Funde erst im Wittelsbacher Palais: »Wegen des umfangreichen beschlagnahmten Materials konnte an Ort und Stelle keine Sichtung vorgenommen werden.« Erst nach Ende des Verhörs bekam Robert Mohr die sich häufenden Beweise vorgelegt, die Sophie und Hans Scholls überzeugende Geschichte ins Wanken brachten.

Gegen 19 Uhr beginnt im Wittelsbacher Palais das zweite, getrennte Verhör für die Geschwister. (In den Protokollen der Vernehmungen, die als verloren galten und erst 1989 in den Archiven der DDR entdeckt wurden, gibt es keine Zeitangaben.) Wieder wird Sophie Scholl von Robert Mohr befragt. Immer größer wird der Radius seiner Fragen; immer kleiner Sophie Scholls Manövrierraum, Widersprüche aufzulösen oder plausibel zu machen. Namen tauchen auf – Alexander Schmorell, Willi Graf und seine Schwester Anneliese. In was für einem Verhältnis stand Sophie Scholl zu ihnen? Sie muss bei jeder Frage blitzschnell überlegen, in welche Falle sie gelockt werden soll. Stunde um Stunde geht es tiefer in die Nacht. Für Sophie Scholl wird die Welt draußen längst versunken sein.

Ein Kraftakt an Konzentration. Nur für Minuten abzuschlaffen, der Müdigkeit nachgeben, könnte verhängnisvolle Folgen haben. Nicht nur für sie, nicht nur für ihren Bruder. Immer klarer wird Sophie Scholl während des Verhörs geworden sein, wie schwer es ist, die Freunde und Freundinnen aus der Sache herauszuhalten. Es ist der kleine Münchner Kosmos, der ihre ganze Aufmerksamkeit verlangt. Die andere Welt, Ulm und die Eltern, Inge und Otl, muss in diesen nächtlichen Stunden sehr fern gewesen sein. Ihr Denken war gefordert und ihr kühler Gleichmut wie nie zuvor. Gefühle durfte es jetzt nicht geben.

Während sie in der abgeschotteten Welt des Verhörzimmers total auf sich selbst gestellt war, ging für die Menschen, die ihr am nächsten waren, das Leben weiter, als wäre nichts geschehen. Nur Otl Aicher kennt Bruchstücke, weil er kurz in den Strudel mit hinein gerissen wird. Auch er verbringt diese Nacht in einer Zelle im Wittelsbacher Palais. Wie verabredet, traf er am Donnerstag, dem 18. Februar, gegen 11 Uhr in der Franz-Joseph-Straße ein, um – nach seiner Aussage – die Nachricht weiterzugeben, das Buch »Machtstaat und Utopie« sei vergriffen. Niemand machte auf. Aicher setzte sich für eine Weile auf eine Bank in der Leopoldstraße. Als er ein zweites Mal klingelte, empfing ihn die Gestapo und brachte auch ihn ins Wittelsbacher Palais. Am nächsten Morgen pocht Otl Aicher erfolgreich darauf, dass er als Soldat ausschließlich der militärischen Gerichtsbarkeit unterstehe. Er bekommt seine Sachen ausgehändigt und kann gehen.

In der Scholl-Wohnung am Ulmer Münsterplatz ist der 18. Februar 1943 ein Tag wie jeder andere. Dass ein Polizist klingelt und sich nach Briefen von Hans und Sophie erkundigt, macht niemanden besorgt. Inge Scholl erklärte später, der Beamte sei kurz und taktvoll durch die Wohnung gegangen, kein Schrank sei geöffnet worden. Man kannte doch diesen Staat, wozu weiter grübeln. Am Abend notiert Inge Scholl den täglichen Dialog mit Gott in ihrem Gebetsheft: »Ich danke Dir, dass Du mir über das Misstrauen gegenüber Sofie hinweghilfst.« Allerdings spüre sie immer noch eine gewisse »Dumpfheit im Herzen«.

Es ist unvorstellbar, dass Lina und Robert Scholl mit den Töchtern Inge und Elisabeth an diesem Abend im Radio die Übertragung aus dem Berliner Sportpalast gehört haben. Dort sind 14000 Männer und Frauen eingeladen, handverlesene fanatische Anhänger Hitlers und des Nationalsozialismus. Am Rednerpult steht der Propagandaminister Joseph Goebbels. Hinter ihm prangt in übergroßen Buchstaben die Parole »Totaler Krieg – Kürzester Krieg«. Nach zwei Stunden beschließt der Minister seine Rede mit zehn aufpeitschenden Fragen, die das Publikum unter Brüllen und fanatischem Beifall mit einem tobenden »Ja!« beantwortet: »Glaubt ihr mit dem Führer und mit uns an den endgültigen, totalen Sieg der deutschen Waffen? ... unter Aufnahme auch der schwersten persönlichen Belastungen ...? Die Engländer behaupten, das deutsche Volk wehrt sich gegen die totalen Kriegsmaßnahmen der Regierung. Es will nicht den totalen Krieg, sagen die Engländer, sondern die Kapitulation. Ich frage euch: Wollt ihr den totalen Krieg? Wollt ihr ihn, wenn nötig, totaler und radikaler, als wir ihn uns heute überhaupt erst vorstellen können?«, Ja, beschreit die Menge ihren eigenen Untergang, und immer wieder dröhnt es: »Führer befiehl, wir folgen dir«. Vielleicht war es Mitternacht, wahrscheinlich nicht viel später, als bei Familie Scholl in Ulm an diesem Donnerstag die Lichter ausgemacht wurden.

Für Sophie Scholl im Wittelsbacher Palais in München gibt es in dieser Nacht keine gnädige Dunkelheit und keinen Schlaf. Vielmehr Bohnenkaffee – eine Rarität in diesen Kriegszeiten –, damit sie einen klaren Kopf behält. Das ist im Sinne von Robert Mohr. Sophie soll erkennen, dass sie keine Chance hat, die Geschichte aus dem ersten Verhör durchzuhalten. Dass weiteres Leugnen sinnlos ist. Sie soll erzählen, was sie und ihr Bruder und weitere Gegner des Nationalsozialismus getan hatten, um den Staat Adolf Hitlers zu bekämpfen. Robert Mohr hat später gesagt, er habe Sophie Scholl für ihre aufrechte Haltung während des Verhörs bewundert. Das mag sein. Aber er ist der Jäger und Sophie Scholl die Gejagte; das Opfer, das er zur Strecke bringen will. Dafür setzt er seine ganze professionelle Erfahrung ein. Gewalt wird offensichtlich nicht angewandt.

Hans Scholl wird in diesen nächtlichen Stunden ähnliche Gedanken gehabt haben wie seine Schwester. Mit zwei zusätzlichen Belastungen: Er war der Kopf der kleinen Widerstandsgruppe; er hatte die meisten Anstöße gegeben; bei ihm waren die Aktivitäten zusammengelaufen. Er trug die größte Verantwortung. Und dann war da der Flugblatt-Entwurf, den Christoph Probst auf seine Anregung hin geschrieben und ihm am 31. Januar gegeben hatte. Hans Scholl hatte den Freund nicht mehr darauf angesprochen. Minuten nach der Verhaftung, noch während er mit Sophie Scholl in der Universität auf die Gestapo wartete, entdeckte er diesen Entwurf in seiner

Tasche. Er konnte ihn noch zerreißen. Aber als er die Schnipsel loswerden wollte, schlug der Hausschlosser, der immer noch dabei war, Alarm. Die Gestapo nahm das zerstückelte Blatt an sich und befragte Hans Scholl im Verhör, ohne nachzulassen, wer der Verfasser sei. Es habe anonym im Briefkasten gelegen, beharrte er.

19. Februar, Freitag – Es war gegen vier Uhr am Morgen, als Hans Scholl beschließt, nicht weiter grundsätzlich zu leugnen. Aus dem Vernehmungs-Protokoll: »Nachdem nun mir die in meinem Schreibtisch vorgefundenen Briefe usw. vorgelegt wurden, unter denen sich ein Briefumschlag mit 140 8Pfg. Briefmarken befanden und ich wiederholt und eingehend zur Wahrheitsangabe ermahnt wurde, bin ich nun bereit, die volle Wahrheit zu sagen. Meine bisherigen Angaben stimmen nur teilweise und ich will nun eine zusammenhängende Darstellung meiner Tätigkeit geben. ...« Zum einen gibt er an: »Der von mir heute morgen nach meiner Festnahme zerrissene Zettel stammt von Christof Probst.« Dann bekannte sich Hans Scholl zu zwei Flugblättern, dem im Januar und dem, das am Donnerstagvormittag durch den Lichthof der Universität flatterte. Er erklärte nachdrücklich, er sei der alleinige Urheber; niemand habe ihm bei deren Herstellung und Verbreitung geholfen.

Seiner Schwester habe er erstmals das zweite Flugblatt am letzten Sonntag gezeigt, als sie von Ulm zurückkam, und festgestellt, »dass sie mit dem Inhalt einverstanden war«. Dann seien sie mit gefülltem Koffer in die Universität gegangen, wo seine Schwester eigentlich am Eingang warten sollte. Aber dann sei es doch zweckmäßiger gewesen, dass sie im Innern beim Verteilen half. Den Stapel im zweiten Stock habe er von der Brüstung gestoßen. Gegen Ende des zweiten Verhörs beharrt Hans Scholl noch einmal darauf, dass seine Schwester unschuldig sei und nur am 18. Februar bei der Verteilung der Flugblätter anwesend war. Dass seine Strategie, alle Schuld auf sich zu nehmen und Sophie Scholl zu schützen, von ihr durchkreuzt wird, wird ihn nicht völlig überrascht haben.

Als Sophie Scholl, ebenfalls am frühen Freitagmorgen, von Robert Mohr vorgehalten wird, ihr Bruder habe ein Geständnis abgelegt, ist klar, was sie zu tun hat. Sie weiß, was falsch und was richtig ist und wie man handeln muss, um gerade zu sein. Aus dem Vernehmungsprotokoll: »Nachdem mir eröffnet wurde, dass mein Bruder Hans Scholl sich entschlossen hat, der Wahrheit die Ehre zu geben und von den Beweggründen unserer Handlungsweise ausgehend die reine Wahrheit zu sagen, will auch ich nicht länger an mich halten, all das, was ich von dieser Sache weiß, zum Protokoll zu geben.« Sie seien der Überzeugung gewesen, dass der Krieg verloren sei, und man etwas gegen das sinnlose Blutvergießen tun müsse. »Die ersten Gespräche, die sich mit diesem Problem befassten«, fuhr Sophie Scholl fort, »fanden im Sommer 1942 zwischen meinem Bruder und mir statt.« Damit war der Schutzwall durchbrochen, den Hans Scholl um seine Schwester gezogen hatte. Und Sophie Scholl ging noch weiter: »Das erste Flugblatt ... hat mein Bruder zusammen mit mir verfasst, und zwar kurz nach Neujahr 1943.« Ihre Strategie beim zweiten Verhör wird beim Nachlesen überdeutlich. Sophie Scholl versucht, so viel Verantwortung wie überzeugend möglich mit dem Bruder zu teilen, wenn nicht sogar allein auf sich zu ziehen.

Zum entscheidenden Augenblick in der Universität sagt sie aus: »In meinem Übermut oder meiner Dummheit habe ich den Fehler begangen, etwa 80 bis 100 solcher Flugblätter vom 2. Stockwerk der Universität in den Lichthof herunterzuwerfen, wodurch mein Bruder und ich entdeckt wurden.« Es ist ein nüchterner Rückblick, kein Raum für Dramatik oder gar für Tränen. Sophie Scholl legt ihr Geständnis ebenso sicher, selbstbewusst und umsichtig ab, wie sie zuvor alles geleugnet hatte.

Und sie bleibt bei ihrer Linie, weitere Mittäter auszuschließen. Nur Alexander Schmorell, dem wohl beide Geschwister zutrauten, nach ihrer Verhaftung untergetaucht zu sein, nennt sie. Er sei bereit gewesen, »der Verwirklichung unserer Pläne näher zu treten«. Aber auch nur, weil er »politisch nicht nüchtern genug denkt und sehr begeisterungsfähig ist«. Dagegen betont sie mehrmals, »der Student Willi Graf war an der Herstellung und Verbreitung der Flugblätter in keiner Weise beteiligt«; ebenso wenig seine Schwester Anneliese. Dass beide Grafs noch in der Nacht verhaftet wurden und ebenfalls in getrennten Zellen im Wittelsbacher Palais inhaftiert werden, wusste Sophie Scholl zu diesem Zeitpunkt nicht. Die Geschichte, die sie erzählt, gibt die Wahrheit nur in Bruchstücken preis. Sie muss sich weiterhin ungeheuer konzentrieren. Widersprüche, die jetzt auftauchen, würden zunehmend die Freunde, vor allem Schmorell und Graf, gefährden.

Neben die moralische Begründung am Anfang des Verhörs – etwas gegen das sinnlose Blutvergießen des Krieges zu unternehmen – stellt Sophie Scholl am Ende der Verhörs ausdrücklich die politischen Motive ihres Handelns: »Ich war mir ohne weiteres im Klaren darüber, dass unser Vorgehen darauf abgestellt war, die heutige Staatsform zu beseitigen und dieses Ziel durch geeignete Propaganda in breiten Schichten der Bevölkerung zu erreichen.« Ganz zum Schluss, bevor sie unterschreibt, bittet Sophie Scholl noch darum, ihrer Münchner Vermieterin – »gut nationalistisch eingestellt« –

und deren Tochter »das Vorgefallene schonend beizubringen«. Die Tochter sei »in gesegneten Umständen« und sähe der Niederkunft entgegen – »ich möchte daher jede Aufregung bei diesen Leuten vermeiden«.

Gegen 8 Uhr morgens, berichtet Else Gebel, sei Sophie Scholl zurück in die Zelle gekommen, »etwas angegriffen, aber vollkommen ruhig«. Sophie Scholl legt sich auf die Pritsche und schläft einige Stunden. An diesem Freitag findet kein weiteres Verhör statt. Nach dem Schlaf ist Zeit zum Nachdenken. Sich in dieser extremen Situation in Sophie Scholls Kopf und Herz zu versetzen, ist mehr als gewagt. Nur eine Annäherung scheint erlaubt, weil von großer Wahrscheinlichkeit: dass ihre Gedanken zu den Menschen gehen, die ihr Leben bisher begleitet haben und der sichere Grund waren, auf dem sie sich entfalten konnte – ihre Familie, ihr Zuhause in Ulm.

# ICH BEREUE MEINE HANDLUNGSWEISE NICHT UND WILL DIE FOLGEN AUF MICH NEHMEN

*19. bis 22. Februar 1943, Ulm und München*

Am Freitagabend, 19. Februar 1943, kurz vor 23 Uhr, schreibt Lina Scholl in der Ulmer Wohnung an Werner, ihren jüngsten Sohn: »Heute besuchte uns Traute aus München – Hans bekommt keinen Urlaub über Sonntag, so wird auch Sofie nicht kommen. Heute fuhr Elisabeth nach Dürrnhof. – Bei uns ist zur Zeit fast Frühlingswetter – Fritz ist, wie Du weißt, in Lemberg. Seine beiden Finger wurden amputiert, und er muss noch im Bett bleiben wegen seiner erfrorenen Füße. Leider durfte er noch nicht nach Deutschland. Vater und Inge sind sehr fleißig im Büro, sie werden auch gut fertig. Otto kam heute von München-Solln zurück, sein Urlaub wurde um 14 Tage verlängert. Gesehen habe ich ihn seither nicht. Lass die Geduld nicht ausgehen, es geht, wie Gott es will. Das ist ein starker Trost und eine gute Zuversicht, wenns auch manchmal schwarz aussieht. Gott wills machen, dass die Sachen gehen, wie es heilsam ist. Lass die Wellen höher schwellen, wenn Du nur bei Jesus bist. Von Vater, Inge und Traute soll ich Dich herzlich grüßen; besonders herzlich grüßt Dich Deine Mutter. Eben ertönt der Alarm, gut, dass wir noch auf sind, es ist 11 Uhr. Hören tut man nichts.«

Der Brief ist es wert, ganz zitiert zu werden. Aus dem Rückblick liest man ihn fassungslos. Lina Scholl hat keine Ahnung, was seit anderthalb Tagen mit ihren Kindern Hans und Sophie geschieht. Das Bild von Sophie Scholl bei der Vernehmung und in der Zelle schiebt sich vor das Gottvertrauen, das die Mutter – für Werner und für sich – in die Zeilen eines bekannten pietistisch-barocken Kirchenliedes fasst. Aus der Distanz betrachtet, korrigiert und präzisiert der bisher unbekannte Brief Fakten, die bisher nur aus der Erinnerung oder gar nicht überliefert wurden.

Traute Lafrenz. Zusammen mit Willi Graf war sie am Donnerstag gegen 11 Uhr beim Verlassen der Universität Sophie und Hans Scholl begegnet. Während sie zur nächsten Vorlesung in die psychiatrische Klinik eilte, fragte sie sich zunehmend beunruhigt, was die beiden mit einem Koffer in der Universität wollten. So bald sie konnte, fuhr sie zurück in die Leopoldstraße und hörte von Hans und Sophie Scholls Verhaftung. Jahrzehnte später befragt, sagt Traute Lafrenz: »... am Samstag, bin ich dann, wie ich es auch beabsichtigt hatte, nach Ulm gefahren.« Lina Scholls Brief dokumentiert, dass es Freitag war. Eine Verwechslung der dicht gedrängten Tage voller Dramatik nach so langer Zeit verwundert nicht. Es nimmt dem, was sie von den Stunden vor ihrer Fahrt nach Ulm erzählt, nichts von seinem Wahrheitsgehalt; zumal Traute Lafrenz in ihren Erinnerungen stets um Nüchternheit bemüht ist. Vom Münchner Hauptbahnhof aus ruft sie vor ihrer Abfahrt in Ulm an und hat Inge Scholl am Apparat: »Ich fragte sie: ›Hör mal zu, was ist los? Wie geht es euch?‹ Ich befürchtete, dass die gesamte Familie schon verhaftet sein könnte. Aber sie sagte nur: ›Nein, hier ist gar nichts los, komm nur.‹« Traute Lafrenz, die nach dem Ende ihrer Beziehung mit Hans Scholl weiterhin mit der Familie Scholl befreundet blieb und immer mal wieder zu Besuch kam, wusste nun: Inge Scholl und die Eltern waren von der Gestapo nicht informiert worden. Sie war es nun, die die schreckliche Nachricht überbringen musste. Und Lina Scholls Brief sagt uns: An diesem Freitag brachte es Traute Lafrenz nicht übers Herz, in Ulm zu erzählen, was sich in München zugetragen hatte – den Eltern und Inge die Wahrheit zu sagen. Vielmehr erklärt sie das Fernbleiben von Sophie und Hans, die diesen Wochenendbesuch angekündigt hatten, mit der Urlaubssperre von Hans. Vielleicht klammert sich Traute Lafrenz auch an die winzige Hoffnung, dass die beiden freigelassen werden und sich melden.

Otl Aicher ist für Lina Scholl »Otto« geblieben. Auch zu seinem Verhalten in diesen Tagen bringt ihr Brief neue Teil-Informationen. Otl Aicher wusste nach seiner Festnahme in der Franz-Joseph-Straße und den anderthalb Tagen in der Zelle vom Wittelsbacher Palais, dass Hans und Sophie Scholl verhaftet und im Gestapo-Gefängnis waren. Er ist nach Ulm zurückgefahren, hat über seine Rückkehr – ein Telefonat mit Inge Scholl liegt nahe – informiert, ist aber nicht in der Wohnung am Münsterplatz aufgetaucht. Auch er schafft es nicht, die Familie, die ihm seit Jahren näher ist als seine eigenen Eltern, mit dem zu konfrontieren, was er weiß. Kann es sein, dass Otl Aicher allein sein muss, um seine mögliche Verwicklung in das Drama zu bedenken, zu betrauern? Weil er bei Hans und Sophie Scholl eine Reaktion ausgelöst hat, die mit seiner Übermittlung der verschlüsselten Botschaft von Hans Hirzel zusammenhängt? Er habe das Code-Wort am Mittwochabend nicht per Telefon an Hans Scholl weitergegeben, das ist seine Erinnerung viele Jahre später. Doch ist vielleicht sein Brief an Carl Muth vom 10. Oktober 1943 näher an der Wahrheit? Nur acht Monate nach der Katastrophe hatte er dem Freund in Bezug auf Sophie Scholl geschrieben: »Ich weiß auch, wie ich selbst in diesen Tod verflochten bin. Sie hat mir in Bad Hall alles dargelegt, ohne dass ich auch nur im Entferntesten hätte auf diese Dummheit schließen können.«

20. Februar, Samstag – In Ulm gibt es eine große, gute Überraschung: Werner Scholl steht vor der Tür; er hat völlig unerwartet ein paar Tage Heimaturlaub von der russischen Front bekommen. Die Freude wird sich mit viel Bitterkeit gemischt haben. Denn ob vor oder nach seiner Ankunft: An diesem Tag wird Traute Lafrenz die Wahrheit erzählt haben – warum Hans und Sophie Scholl nicht mit ihr nach Ulm fahren konnten. Es muss ein Schock gewesen sein. Irgendwann haben die Eltern beschlossen, ihre Tochter Elisabeth, die seit gestern bei Familie Scheringer mit ihren sieben Kindern auf dem Dürrnhof arbeitete, vorläufig nicht zu informieren. Die Scholls und Traute Lafrenz werden viel miteinander geredet und versucht haben, sich gegenseitig zu stützen. Auch überlegen, was sie tun können – nach München fahren? Die Freunde von Sophie und Hans dort anrufen? Carl Muth um Rat fragen? Sie mussten bedenken, dass Menschen außerhalb der Familie, die sie jetzt kontaktierten, in Verdacht geraten würden. Alle bleiben vorläufig in Ulm und sprechen mit niemandem sonst.

In München wurde Sophie Scholl an diesem Samstag zu einem weiteren Verhör aus der Zelle geholt. Hans Scholl war schon am Freitag wieder vernommen worden und hatte gestanden, auch für die »Flugblätter der Weißen Rose« vom Sommer 1942 verantwortlich zu sein. Robert Mohr hatte in diesem Zusammenhang weitere Fragen an Sophie Scholl. Sie bestreitet, »sowohl mit der Abfassung, der Herstellung oder Verbreitung dieser Schrift auch nur das Geringste zu tun zu haben«. Robert Mohr geht es vor allem darum, ihr möglichst mehr und neue Fakten über Schmorell, Graf und weitere Mittäter zu entlocken. Aber Sophie Scholl bleibt bei ihren vorherigen Aussagen. Sie versucht weiterhin, die aktive Beteiligung von Graf und Schmorell zu verschleiern, und nennt auch keine weiteren Namen im Umkreis ihrer heimlichen Aktivitäten. Nein, die Geschwister hätten das alles alleine machen können. Nein, es gab keine Geldgeber; mal hätten sie geringe Beträge bei Schmorell oder Probst geliehen, sonst alles Nötige für die Flugblätter und deren Versand mit eigenem Geld gekauft.

Weil das wenig glaubwürdig klingt, gibt Sophie Scholl schließlich zu Protokoll, dass ihr Fritz Hartnagel im Jahre 1942 einen Betrag von insgesamt 300 Reichsmark zur freien Verfügung gestellt habe. Natürlich ohne im Geringsten zu ahnen, was sie damit anstellen würde. Ausführlich nennt sie seinen Rang in der Wehrmacht, seinen Einsatz und seine Erfrierungen in Stalingrad. Zweifellos in der Hoffnung, ihn damit vor Nachfragen und Verdächtigungen zu schützen. Sie beginnt ihre Einlassung über Fritz

Hartnagel, dessen Name in der Befragung bisher nicht gefallen ist, mit der Aussage: »Seit 8 oder 9 Jahren bin ich mit Fritz Hartnagel, 26 Jahre alt, aus Ulm, bekannt.« War das nicht genug über ihre Beziehung für die Gestapo-Akten? Nein, Sophie Scholl möchte mehr aktenkundig machen und erklärt Robert Mohr: »Mit Hartnagel verbindet mich seit 1937 ein Liebesverhältnis, und wir hatten auch die Absicht, uns später einmal zu heiraten.« Die Liebeserklärung aus den Gestapo-Akten klingt wie ein Vermächtnis.

Endlich signalisiert Robert Mohr, dass die Vernehmung zu Ende geht. Er stellt eine »Schlussfrage«: Ob sie nicht doch zu der Auffassung kommt, dass ihr Vorgehen ein »Verbrechen gegenüber der Gemeinschaft ... insbesondere unserer im Osten schwer und hart kämpfenden Truppe« sei, »das die schärfste Verurteilung finden muss?« Sophie Scholls Antwort ist eindeutig: »Von meinem Standpunkt muss ich diese Frage verneinen. Ich bin nach wie vor der Meinung, das Beste getan zu haben, was ich gerade jetzt für mein Volk tun konnte. Ich bereue deshalb meine Handlungsweise nicht und will die Folgen, die mir aus meiner Handlungsweise erwachsen, auf mich nehmen.« Noch ein Satz fürs Protokoll – »Laut diktiert und auf nochmalige Nachlesung und Überprüfung verzichtet« –, dann unterschreibt Sophie Scholl und wird zurück in ihre Zelle gebracht.

In der Zelle ist Sophie Scholl ganz für sich allein, es sei denn, sie redet mit Else Gebel. Sie befindet sich seit zwei Tagen auf einer Insel, isoliert, ungestört und völlig im Ungewissen, was draußen in der Welt vor sich geht. Sie nimmt nichts wahr von den hektischen Aktivitäten zwischen den politischen Akteuren in München und Berlin. In München drängt der nationalsozialistische Gauleiter Paul Giesler darauf, dass die Verhafteten umgehend vom höchsten deutschen Gericht, und zwar in München, abgeurteilt werden. Noch am Freitag erreicht er, dass Hans Scholl und Christoph Probst aus der Wehrmacht und damit der Militärgerichtsbarkeit entlassen werden. Der Weg ist frei für eine Verhandlung vor dem Volksgerichtshof, der für Hoch- und Landesverrat zuständig ist. Giesler bittet die Münchner Gestapo-Sonderkommission, »die Aburteilung in den nächsten Tagen hier und die Vollstreckung alsbald darauf vorzunehmen«. Der Gauleiter, bei dessen Rede vor Münchner Studenten am 13. Januar im Deutschen Museum ein skandalöser Tumult ausbrach, will ein Exempel statuieren. Giesler hat gute Verbindungen zu Martin Bormann, dem Leiter der Berliner Parteikanzlei und einer der mächtigsten Männer im nationalsozialistischen Machtapparat. Giesler erreicht sein Ziel: Der Prozess wird umgehend vor dem 1. Senat des Volksgerichtshofes unter seinem Präsidenten Roland Freisler verhandelt; das Gericht wird für die Verhandlung nach München kommen.

Der Volksgerichtshof, mit dessen Gründung 1934 das politische Strafrecht im Deutschen Reich wesentlich erweitert und verschärft wurde, war ein Gericht von Hitlers Gnaden. Gegen seine Urteile gibt es keine Berufung und keine Revision. Der Jurist Roland Freisler, seit 1925 Mitglied der NSDAP, schrieb nach seiner Ernennung zum Präsidenten im Herbst 1942 an Adolf Hitler, »der Volksgerichtshof wird sich stets bemühen, so zu urteilen, wie er glaubt, dass Sie mein Führer, den Fall selbst beurteilen würden«. Nun endlich hatte der Neunundvierzigjährige in München einen spektakulären Fall, um sich als »politischer Soldat« Hitlers zu beweisen. Noch am Samstag, dem 20. Februar, zahlt das Rechnungsamt des Volksgerichtshofs in Berlin Abschlagzahlungen auf zwei Reisekostenvergütungen aus. Zum einen 250 Reichsmark »für eine Dienstreise nach München vom 20. bis voraussichtlich 22.2., an der teilnehmen Präsident Dr. Freisler, LGDirektor Stier, Just. Oberwachtmeister Kosemund«. Außerdem wurden »dem Reichsanwalt Weyersberg auf Ansuchen für eine Dienstreise von Berlin nach München und zurück vom 20. bis 22.2.43 als Abschlag RM 180 zugewiesen«. Freisler nahm den Schlafwagen über Nürnberg, der Reichsanwalt den über Regensburg.

Zu diesem Zeitpunkt stand fest, es würde drei Angeklagte geben. Denn Christoph Probst, am Freitag bei seiner Studentenkompanie in Innsbruck verhaftet und ins Wittelsbacher Palais nach München überführt, legte am Samstag, dem 20., ein Geständnis ab. Ja, er habe den von Hans Scholl zerrissenen Entwurf für ein Flugblatt geschrieben, Ende Januar in einem Zustand »psychotischer Depression«. Seine Frau war nach der Geburt des dritten Kindes schwer erkrankt, und die ungünstige militärische Situation in Stalingrad habe ihm Angst gemacht, was die Zukunft seiner Kinder betraf. Er sei »in politischer Hinsicht uninteressiert, erkenne jedoch die Notwendigkeit der heutigen Regierungsform an«. Irgendwelche Kenntnisse über die Flugblatt-Aktionen oder gar eine Beteiligung wies er strikt von sich. Es konnte Probst außer dem Entwurf, den nur Hans Scholl gesehen hatte, nichts nachgewiesen werden. Als Sophie Scholl mit Hilfe von Else Gebels Gefängnis-Kontakten erfuhr, dass man Christoph Probst eingeliefert hatte, war sie tief bestürzt. Sie hatten den Familienvater doch extra aus ihren Aktionen herausgehalten, um ihn auch nicht der geringsten Gefahr auszusetzen.

Sophie Scholls Reaktion auf die Verhaftung von Christoph Probst am Samstag ist ein Beweis unter anderen, dass sie und Hans Scholl am Donnerstagmorgen in der Universität kein öffentliches Fanal provozieren wollten. Vielleicht hatten sie weiterhin die Hoffnung, zumindest einzelne Zeitgenossen, vor allem unter den Studenten, mit den Flugblättern aufzurütteln und zum Widerstand, sei er noch so klein, zu bewegen. Vielleicht stand auch im Vordergrund – je nachdem, was Otl Aicher ihnen am Abend zuvor per Telefon mitgeteilt hatte –, die gefährlichen Beweisstücke so schnell wie möglich loszuwerden.

Eigentlich alles an diesem Vormittag spricht gegen überlegtes, lange geplantes Handeln und für eine spontane Aktion, nicht zuletzt die unübersehbaren Spuren, die sie in der Wohnung hinterließen, und Christoph Probsts Flugblatt, das achtlos in Hans Scholls Manteltasche steckte. Das kann man Leichtsinn nennen, Naivität und eine unglaubliche Unterschätzung des Risikos, das Sophie und Hans Scholl mit dem Auslegen der Flugblätter am helllichten Tag eingingen. Sie waren durch keinen Aufpasser abgesichert wie bei den vorherigen nächtlichen Aktionen. Sie hatten offensichtlich keine Fluchtmöglichkeiten abgesprochen.

Hans Scholl liebte spontane Aktionen, auch gute Freunde charakterisierten ihn als unausgeglichen, immer auf der Suche, Neues zu unternehmen, bei allem Charisma eher ein Getriebener. Auch die Schwestern Inge und Sophie sahen schon lange kritisch auf seine Umtriebigkeit. Aber für Hans Scholl wie für Sophie Scholl gingen Verlässlichkeit und freundschaftliche Bindungen über alles. Niemals hätten sie bewusst ihre Freunde der Gefahr ausgesetzt, in die etliche durch die Universitäts-Aktion gerieten. Wäre eine spektakuläre Heldentat geplant gewesen, hätten Sophie und Hans Scholl zuvor alle Spuren sorgfältig verwischt.

Die letzte Ungewissheit ist nicht aufzulösen, denn nur die Geschwister selbst könnten sie beseitigen. Aber das Gewicht der Argumente spricht dafür, dass die beiden überzeugt waren, auch diesmal das Risiko zu meistern oder – wenn sie erwischt würden –, die Freunde aus allem heraushalten zu können. Sie lagen ja so falsch nicht damit, bis zu dem Wendepunkt, den Sophie Scholl während des Verhörs beschreibt. Wären die Blätter nicht über zwei Etagen ins Erdgeschoss geflattert, hätte der Hausschlosser nichts gemerkt, wären Sophie und Hans Scholl ruhigen Schrittes die Treppen hinunter gegangen und durch den rückwärtigen Ausgang der Universität verschwunden.

Dass Sophie Scholl am 18. Februar 1943 keinen öffentlichen Opfergang antreten wollte, dafür gibt es auch sehr persönliche Hinweise. In ihren Briefen der letzten Wochen bricht unüberhörbar die Hoffnung für eine neue Zukunft auf, die nicht mehr fern ist. Die »farbenreichen Zukunftsträume«, von denen sie Fritz Hartnagel erzählt, sind ernst gemeint. »Vielleicht können wir bald zusammen irgendwo anfangen!« heißt es am 16. Februar, zwei

Tage vor der Flugblatt-Aktion. Den Bruder Werner ermutigt sie: »bleib solange gesund« – der Krieg ist bald aus. Die Sehnsucht nach dem Frühling, die sie bei der Musik des »Forellenquintetts« ergreift, und die sie am 17. Februar in ihrem allerletzten Brief, der an Lisa Remppis geht, intensiv und fröhlich in Worte fasst, ist nicht gespielt. Sophie Scholl will leben.

Ob ihr die spontane Idee des Bruders für den Donnerstagmorgen zu wenig durchdacht war, weil sie Ordnung und einen kühlen Kopf schätzte? Möglicherweise. Doch darüber zu grübeln ist müßig. Auch wenn diese Aktion in »Übermut und Dummheit« endete, Sophie Scholl stand fest dahinter. Sie hielt zu ihrem Bruder. Alles andere wäre ihr wie Verrat vorgekommen, gerade weil es um Leben oder Tod ging. Und sie stand zu dem, was die Flugblätter verkündeten: Die Politik der Nationalsozialisten führt Deutschland in den Untergang, sie ist ein Verbrechen von europäischem Ausmaß; nur wenn die Deutschen sich selbst davon befreiten, würden sie die Achtung der Völker zurückgewinnen. Für Sophie Scholl war es eine Sache der Moral und der Politik, des Denkens und des Handelns. Darum kann sie dem Gestapo-Mann Robert Mohr ohne Zögern und geradeheraus sagen: Mit dem Nationalsozialismus will ich nichts zu tun haben, und es war mein Ziel, die heutige Staatsform zu beseitigen.

Auch wenn die Fragen nach dem »Warum« immer wieder auftaucht: Warum sich nicht an Sophie Scholls eigene Erklärung halten, dass es Übermut oder Dummheit war? Es ist banal, es ist tragisch. Und es fällt schwer, die Verknüpfung von beidem zu akzeptieren. Übermut oder Dummheit – wirklich nicht mehr? Das allerdings ist ein Kurzschluss, denn ein dummer Zufall löscht den Entschluss nicht aus, der hinter der Tat steht.

21. Februar, Sonntag – Das Verhör von Sophie Scholl war mit der Vernehmung am Samstag abgeschlossen. Da die Studentin im Wesentlichen geständig war, hatte der Oberreichsanwalt beim Volksgerichtshof in Berlin genug Material, um die Anklageschrift auszustellen. Und der Haftrichter in München konnte den Haftbefehl erlassen. An diesem Sonntag wird Sophie Scholl dem Haftrichter Dr. Zeller vorgeführt. Das Protokoll nimmt ihre Erklärung auf: »Ich bleibe in vollem Umfang bei meiner Aussage stehen und mache sie zum Gegenstand meiner jetzigen gerichtlichen Vernehmung.« Darauf hin wird der Haftbefehl »gegen die Beschuldigte Scholl, Sophie Magdalena« verkündet: »Die Beschuldigte ist der gemeinschaftlichen Vorbereitung eines hochverräterischen Unternehmens, der gemeinschaftlichen Feindbegünstigung und der gemeinschaftlichen Wehrkraftzersetzung verdächtigt. Ein Haftbefehl wird erlassen, weil bei der Schwere der Straftat Fluchtgefahr besteht.« Gemeinschaftlich: Der Haftbefehl mit den gleichen

Anklagepunkten wird an diesem Tag ebenfalls Hans Scholl und Christoph Probst verkündet.

Um die Mittagszeit erscheint Robert Mohr in der Zelle und bringt Obst, Kekse und Zigaretten. Sophie Scholl hat nicht verschwiegen, dass sie Raucherin ist. Gegen 3 Uhr wird ihr die Anklageschrift ausgehändigt. Der Oberreichsanwalt beim Volksgerichtshof in Berlin hat sie an die Verwaltung im Hausgefängnis der Geheimen Staatspolizei München, Brienner Straße 50, geschickt. Einwände sind möglich bis Montag, 22. Februar 1943, 8 Uhr; Termin der Hauptverhandlung ist Montag, 22. Februar 1943, 10 Uhr. Ein ordentliches Verfahren kann mit diesen Fristen schwerlich durchgeführt werden.

Nach der Aussage von Else Gebel zittern Sophie Scholl die Hände, als sie mit dem Lesen beginnt. Aber bald beruhigt sie sich. Die Anklageschrift richtet sich gegen Hans Scholl, Sophie Scholl und Christoph Probst. Sie werden »derselben Handlung gemeinschaftlich« angeklagt – hochverräterisch mit Gewalt die Verfassung des Reichs zu ändern; die Wehrmacht zur Erfüllung ihrer Pflicht untauglich zu machen; Beeinflussung der Massen durch Herstellung und Verbreitung von Schriften; während des Krieges der feindlichen Macht Vorschub zu leisten; öffentlich den Willen des deutschen Volkes zur wehrhaften Selbstbehauptung zu lähmen und zu zersetzen. In drei Punkten werden die Anklagen ausgeführt, unter IV. heißt es: »Die Angeschuldigten sind im wesentlichen geständig gewesen.«

Sophie Scholl ist beim Lesen sehr ruhig geworden. Wir wissen, welches Wort für sie alles zusammenfasst, was sie dieser Anklage innerlich entgegenschleudert. »Freiheit« hatte Hans Scholl nächtlich in Farbe an den Eingang der Universität gemalt. Sophie Scholl hatte es am nächsten Morgen noch gesehen. Und das erste »Flugblatt der Weißen Rose«, das sie natürlich noch im Gedächtnis hat, endet mit dem Goethe-Zitat: »Und das schöne Wort der Freiheit / Wird gelispelt und gestammelt, / … Freiheit! Freiheit! Freiheit! Freiheit!« Als Sophie Scholl die Anklageschrift durchgelesen hat, schreibt sie unbemerkt in schöner gleichmäßiger Schrift – schließlich hat sie ihr Zeichen-Talent nicht verloren – auf die Rückseite der Akte zweimal das Wort »Freiheit«, einmal davon in Großbuchstaben. Dann dreht sie die Akte wieder herum. Niemand hat in den nächsten Tagen und Wochen auf die Rückseite geschaut. Erst Jahrzehnte später ist Sophie Scholls Botschaft an die Nachwelt entdeckt worden.

Spät am Nachmittag kommt noch der Pflichtverteidiger in die Zelle. Er gibt sich keine Mühe, Interesse zu heucheln, mit Sophie Scholl die Anklageschrift zu besprechen oder eine Verschiebung der Verhandlung auch nur in Erwägung zu ziehen. Er fragt, ob sie irgendeinen Wunsch habe, als sei ihre letzte Stunde schon angebrochen. Nach Else Gebels Aussage will Sophie Scholl von ihm nur zwei Dinge wissen. Ob Hans Scholl als Soldat das Recht auf einen Tod durch Erschießen hat? Ob sie mit dem Tod durch Erhängen oder durch das Fallbeil rechnen muss? Der Rechtsanwalt ist entsetzt, weicht einer Antwort aus. Sophie Scholl macht sich nichts vor. Um Recht und Gerechtigkeit wird es in diesem Prozess nicht gehen.

In Ulm sind an diesem Sonntag in der Wohnung am Münsterplatz weiterhin Lina und Robert Scholl, ihre Kinder Werner und Inge und Traute Lafrenz zusammen. War es der Sonntag oder vielleicht schon der Samstag, als Werner Scholl seine Mutter bittet, etwas aus der Bibel vorzulesen? Eine irrelevante Frage. Lina Scholl wählt das 2. Buch der Makkabäer, das zu den sogenannten Apokryphen gehört. Die Apokryphen sind Schriften, die in den lateinischen und griechischen Übersetzungen, aber nicht in der hebräischen jüdischen Bibel stehen. Martin Luther fand sie »nützlich und gut zu lesen« und hat sie ebenfalls ins Deutsche übersetzt. Das 2. Makkabäerbuch erzählt im 7. Kapitel die Geschichte vom König Antiochus IV., der Jerusalem zerstört und den Tempel plündert. Er nimmt eine jüdische Mutter mit sieben Söhnen gefangen und befiehlt den Söhnen, Schweinefleisch zu essen. Der älteste Sohn antwortet im Namen seiner Brüder, sie wollten eher sterben, als gegen das göttliche Gesetz zu handeln.

Einer der Söhne nach dem anderen verweigert sich dem Befehl des Königs und wird auf grausame Weise gemartert und hingerichtet. Schließlich ist nur noch der Jüngste am Leben. Als er sich ebenfalls weigert, befiehlt der König der Mutter, ihr Kind zu seinem Besten zu überreden. Und Lina Scholl liest, was die Mutter im Beisein des verbrecherischen Königs zu ihrem jüngsten Sohn sagt: »Ich bitte dich, mein Kind, sieh Himmel und Erde an und alles, was darin ist, und bedenke: dies hat Gott alles aus nichts gemacht, und wir Menschen sind auch so gemacht. Darum fürchte dich nicht vor diesem Henker, sondern nimm den Tod auf dich wie deine Brüder, damit dich Gott zur Zeit des Erbarmens samt deinen Brüdern mir wiedergebe.« Die Mutter wusste, dass sie mit der Aufforderung zur Standhaftigkeit auch ihr Leben verwirkt hatte. »Zuletzt, nach den Söhnen«, heißt es im 2. Buch der Makkabäer, »wurde auch die Mutter hingerichtet.«

Irgendwann an diesem Sonntag klingelt bei den Scholls das Telefon. Der Anrufer nennt seinen Namen nicht, sagt nur, dass morgen, Montag früh, der Prozess gegen Hans und Sophie im Münchner Justizpalast stattfinden wird. Eine erschreckende Nachricht. Die Eile, die das nationalsozialistische Justizsystem an den Tag legt, ist verräterisch. Trotzdem: Bei aller Betrübnis gibt es endlich einen Anhaltspunkt, der die Passivität durchbricht. Irgendwann an diesem Tag wird beschlossen, dass die Eltern und Werner am nächsten Morgen nach München fahren. Und Lina Scholl tut, was sie immer tat, wenn eins ihrer Kinder – oder ein Mensch, der ihr nahe stand – auf Reisen ging oder wenn sie ein Päckchen verschickte. Das ist die Erinnerung von Traute Lafrenz: »Ich weiß noch, dass wir abends zusammen Plätzchen backten, und während wir die Kekse ausstachen, sagte Hans' Mutter zu mir: ›Weißt du, man tut eigentlich immer zu viel für seine eigenen Kinder und nicht genug für andere.‹ Das war irgendwie typisch für sie.« Was für Traute Lafrenz »Plätzchen« waren, sind für die Schwaben »Brödle« oder »Gutsle«. Viele Male hat sich Fritz Hartnagel, seit er im Krieg war, bei Sophie Scholl – und ihrer Mutter – bedankt für Brödle und Gutsle, die selbst im tiefsten Russland an der Front ein tröstliches heimatliches Gefühl vermittelten.

22. Februar, Montag – Am Morgen besteigen Lina und Robert Scholl und Werner Scholl, natürlich in Uniform, den Zug nach München. Auch Traute Lafrenz fährt mit zurück. Am Bahnhof in München wartet in Uniform Jürgen Wittenstein, ein Medizinstudent aus der Studentenkompanie von Hans Scholl und Alexander Schmorell, mit beiden befreundet. Er hat gestern anonym in Ulm angerufen und kein Problem, die Scholls unter den Ankommenden zu entdecken, zumal er auch Traute Lafrenz kennt. Sie geht erst einmal ihre eigenen Wege. Wittenstein drängt die Scholls zur Eile, der Prozess sei schon in vollem Gange. Die Strecke vom Bahnhof zum Justizpalast kann in zehn Minuten zu Fuß zurückgelegt werden.

Sophie Scholl, Hans Scholl und Christoph Probst waren gegen 9 Uhr in einem Pkw vom Gestapo-Quartier in der Brienner Straße zum Justizpalast in der Prielmayerstraße gefahren worden. Gefesselt wurden sie in den hohen holzgetäfelten Saal 216 des Schwurgerichts geführt. Links vom erhöhten Richtertisch ist die abgeteilte Bank der Angeklagten, die quer zum Zuschauersaal steht. Der Saal war an diesem Morgen gefüllt mit »geladenem« Publikum aus nationalsozialistischen Organisationen, viele Zuschauer trugen Uniform. Dreieinhalb Tage hatte sich Sophie Scholls Leben ausschließlich im Verhörzimmer und in der Zelle abgespielt, fern vom Getriebe der Welt. Jetzt musste sie den Zusammenprall mit der Hektik, dem Lärm der Stadt, den Menschen aushalten; und mitten in dieser Öffentlichkeit einen ganz privaten Moment, der nicht ohne Erschütterungen sein konnte: ein Wiedersehen mit ihrem Bruder und ebenso mit Christoph Probst, das keine Berührungen erlaubt und keine Worte, nur die Blicke der Augen, die sich begegnen. War es nicht erst vor wenigen Tagen, dass sie fröhlich in der Franz-Joseph-Straße gesessen, Tee getrunken und Lieder gesungen haben?

Pläne geschmiedet für die Zeit nach dem Krieg, wenn dieser Alptraum vorbei sein würde? Tage – oder vielleicht doch eine Ewigkeit?

Ein Wirbel von Gedanken und Gefühlen: sind sie ein Schutz gegen die Menschen ringsum, deren Augen auf sie gerichtet sind, während man ihnen in einer Reihe die Plätze auf der Anklagebank zuweist, jeweils ein Polizist zur Rechten und zur Linken? Oder machen sie es noch schwerer, die Fassung zu bewahren, aufrecht zu stehen, sich in einen inneren Schutzraum zurückzuziehen, als in roter Robe und schwarzem Barett Roland Freisler, der Präsident dieses Gerichtes, mit seinen Beisitzern und dem Oberreichsanwalt durch die Tür in der Wand hinter dem Richtertisch in den Saal kommt und Platz nimmt?

Welcher Gegensatz zum ruhigen Morgen in der Zelle, als Sophie Scholl nach dem Aufwachen Else Gebel ihren Traum erzählte. Es war ein schöner Tag und sie habe ein Kind im weißen Taufkleid einen steilen Berg hinaufgetragen. Plötzlich tat sich eine Gletscherspalte auf. Sophie Scholl legte das Kind auf die gegenüberliegende Seite, dann stürzte sie in die Tiefe. Nach Else Gebel hat Sophie Scholl gleich ihre Traumdeutung angefügt. Das Kind symbolisiere die Idee, für die sie, ihr Bruder und Christoph Probst stehen. Die Idee wird sich durchsetzen. Doch sie, die Wegbereiter, müssen vorher sterben. Als Roland Freisler den Prozess eröffnet, macht sich Sophie Scholl keine Illusionen. Das Urteil über sie und ihren Bruder steht schon fest. Sie hofft nur inständig, dass Christoph Probst noch eine Chance hat.

Es gibt nur einen Augenzeugen des Prozesses, der seine Erinnerungen aufgeschrieben hat. Der Jurist Leo Samberger, damals Gerichtsreferendar, hört zufällig am Montagmorgen bei seinem Zigarettenhändler in der Nähe des Justizpalastes, dass mehrere Studenten vor Gericht stehen. Er eilt in den Gerichtssaal, der dicht besetzt ist. Es ist gegen 10 Uhr 30, die Verhandlung läuft. Und das ist sein Eindruck aus der Erinnerung:

»Was mich erschütterte, war, dass die Angeklagten, obwohl ich sie nicht persönlich kannte, mir wohlvertraute Gesichter waren aus den Münchner Konzertsälen, in denen gerade in jenen Jahren so viele Menschen bei der Musik Haydns, Mozarts und Beethovens Stärke und Zuflucht suchten. Die Haltung der Angeklagten machte wohl nicht nur mir einen tiefen Eindruck. Da standen Menschen, die ganz offensichtlich von ihren Idealen erfüllt waren. Ihre Antworten auf die teilweise unverschämten Fragen des Vorsitzenden, der sich in der ganzen Verhandlung nur als Ankläger aufspielte und nicht als Richter zeigte, waren ruhig, gefasst, klar und tapfer.« Roland Freisler agierte am 22. Februar 1943 so, wie er als Richter in den Prozessen gegen die Männer des 20. Juli 1944 in die Geschichte eingegangen ist – »tobend, schreiend, bis zum Stimmüberschlag brüllend, immer wieder explosiv aufspringend«.

Pro forma ergreift der Ankläger, Oberreichsanwalt Albert Weyersberg, ebenfalls aus Berlin angereist, das Wort. Er plädiert auf Todesstrafe für alle drei Angeklagten. Die Pflichtverteidiger setzen dem keine Argumente entgegen. Inzwischen haben Lina und Robert Scholl im Gedränge noch Einlass in den Gerichtssaal gefunden, sehen schräg gegenüber ihre Kinder auf der Anklagebank. Neun Tage zuvor, am 14. Februar, hatte Sophie Scholl von ihnen in Ulm gut gelaunt Abschied genommen. Sie werde schon das nächste Wochenende wieder nach Ulm kommen, hatte sie versprochen; sie wolle unbedingt Elisabeths Kopf aus Lehm zu Ende modellieren. Jetzt drängt sich Robert Scholl an den Zuschauern vorbei nach vorne, redet erst auf die Verteidigung ein, dann in Richtung des Richtertisches. Leo Samberger: »Er machte einige weitere verzweifelte Ansätze, sich Gehör zu verschaffen. Als Freisler die für ihn störende Situation erkannte, verbot er den anwesenden Eltern – es zeigte sich, dass auch die Mutter dabei war – die weitere Anwesenheit und ließ sie hinausführen.« Werner Scholl ist wahrscheinlich im Saal geblieben.

Es ist gegen 13 Uhr 30; das Gericht zieht sich zur Beratung zurück. Die Pause ist auffallend kurz, die Zuschauer drängen wieder in den Saal. Als sich die Türen des Gerichtssaals schließen, bleiben draußen auf dem weiten Flur drei Menschen zurück, Robert und Lina Scholl und Leo Samberger. Empört über den Prozess, stellt er sich den Eltern vor und bietet ihnen seine juristische Mithilfe an. In diesen Zeiten gehört Zivilcourage dazu. Drinnen wird das Urteil gesprochen – Tod für Hans und Sophie Scholl und Christoph Probst. Es gibt keinen Zeugen, wie sie es aufgenommen haben. Alles jedoch spricht dafür, dass Sophie und Hans Scholl und Christoph Probst so reagierten wie zuvor in der Konfrontation mit dem brüllenden Roland Freisler – ruhig und gefasst. Überzeugend ist auch die Überlieferung, dass Sophie Scholl, aufgerufen, noch ein Schlusswort zu sagen, geschwiegen hat. Es ist ein beredtes Schweigen, voller Verachtung, selbstgewiss. Es entspricht der Persönlichkeit Sophie Scholls, wie sie sich in direkten Zeugnissen ihres Lebens, Briefen und Tagebucheintragungen, manifestiert. Laute Parolen im Angesicht ihrer pöbelnden Feinde – nur vom Hörensagen, ohne Beweise überliefert – sind ihre Sache nicht.

Die Verurteilten werden umgehend in das Gefängnis München-Stadelheim gebracht, wo Todesurteile mit der »Fallschwertmaschine« – die deutsche Umschreibung von »Guillotine« – vollstreckt werden. Es liegt jenseits der Isar am Perlacher Forst, grenzt an einen großen Friedhof. Im Justizgebäude führt Leo Samberger die Eltern in das Vorzimmer des Generalstaatsanwalts. Sie geben ihr Gnadengesuch zu Protokoll. Samberger verabschiedet sich, hinterlässt seine Telefonnummer, falls er noch irgendetwas tun kann. Kurz darauf sind Lina, Robert und Werner Scholl auf dem Weg nach Stadelheim. Wie es möglich wurde, liegt im Dunkeln: Sie dürfen Sophie und Hans im Gefängnis sprechen.

Werner Scholl hat Otl Aicher am 13. April 1943 über seine und die letzte Begegnung der Eltern mit Sophie und Hans berichtet. Sein Brief, der bisher nicht publiziert wurde, ist eine Antwort auf eine Anfrage Otl Aichers zu Gerüchten über eine Konversion der Verurteilten zum Katholizismus. Er ist eine nüchterne Korrektur falscher Bilder, die von diesen bewegenden Minuten überliefert worden sind und schon damals auftauchten. Werner Scholl schreibt vorweg, er sei in den Tagen »vielen Gerüchten begegnet, die einen Glorienschein um sich trugen oder von gemeinen Gehirnen ersonnen waren«. Dann fährt er fort:

»Als wir von Sophie Abschied nahmen, kam der katholische Vikar und sagte Sophie, Hans habe den Wunsch geäußert, das Heilige Abendmahl von ihm zu empfangen und Sophie schloss sich diesem Wunsch an. Unsere Mutter hat das etwas seltsam berührt, als ich ihr aber sagte, sie solle Sophie in ihrer letzten Stunde ganz frei handeln lassen, war sie beruhigt. Und Sophie sagte: Siehst Du, Mutter, das ist für mich jetzt alles gleich. Dann gab sie zu verstehen, dass sie in diesem letzten Abschnitt ganz dasselbe tun wolle wie ihr Bruder. Wie wir dann bei Hans waren, kam zu ihm der protestantische Geistliche und wollte sich von der Richtigkeit von Hans' Schritt überzeugen, der ihm mitgeteilt worden war. Nun muss ich etwas vorausschicken. Christoph Probst war noch nicht auf den christlichen Glauben getauft und wollte das Bekenntnis der katholischen Kirche annehmen. Aus diesem Grund wollte das auch Hans, weil er gehofft hatte, sie könnten alle drei miteinander das Abendmahl empfangen. Wie er dann erfahren hat, dass dies nach der Gefängnisordnung verboten ist, sagte er zu dem Geistlichen: Geben Sie mir das Abendmahl. Das ist alles.« Hans Scholl, und damit auch Sophie, hat sich für die protestantische Konfession entschieden.

Als persönliche Erinnerung erwähnt Werner Scholl in seinem Brief »die Worte von Hans: Ich bin jetzt ganz fertig mit dem Leben; und das selige Lächeln Sophies«. Lina Scholl bietet ihren Kindern die selbstgemachten Brödle an. Hans Scholl lehnt ab, Sophie Scholl sagt, sie habe heute noch nichts gegessen, und steckt sie in die Manteltasche. Außerdem haben die Eltern ihr Fotos von der Familie und einen Brief von Fritz Hartnagel mitgebracht. Am Ostersonntag 1943, Werner Scholl ist wieder an der Front in Russland, wird ihn Lina Scholl in einem Brief an das letzte Zusammensein mit Sophie erinnern: »Vielleicht hörtest Du, wie ich zu Sofie sagte, aber gelt, Jesus, und wie sie zu mir fast befehlend sagte: ja – aber Du auch.« Die Sprechzeit ist zu Ende; ein Händedruck, eine Umarmung, ein letzter Blick. Auf ihre Frage, ob die Urteile bald vollstreckt werden, erhalten Robert und Lina Scholl im Gefängnis keine Antwort. Die Eltern sind kaum gegangen, da erscheint Robert Mohr gegen 15 Uhr. Er trifft Sophie Scholl in der Wärterinnen-Zelle. Sie weint. »Sie entschuldigte sich ihrer Tränen«, schreibt er in seinem Rückblick, »indem sie mir mitteilte: ›Ich habe mich gerade von meinen Eltern verabschiedet und Sie werden begreifen.‹«

Sophie Scholl wird zurück in eine Zelle geführt. Es ist Zeit für das Abendmahl, das nach der Gefängnisordnung nur getrennt empfangen werden darf. Der protestantische Pfarrer Karl Alt, zuständig für das Vollstreckungsgefängnis München-Stadelheim, geht zuerst zu Hans Scholl. Scholl hat zwei Bibelstellen ausgewählt. Zuerst beten sie den 90. Psalm gemeinsam – »Herr, Gott, du bist unsre Zuflucht für und für. Ehe denn die Berge wurden und die Erde und die Welt geschaffen wurden, bist du, Gott, von Ewigkeit zu Ewigkeit«. Dann sprechen der Pfarrer und der Verurteilte laut den Hymnus des Apostels Paulus auf die Liebe, geschrieben im ersten Brief an die Gemeinde in Korinth – »Nun aber bleibt Glaube, Hoffnung, Liebe, diese drei; aber die Liebe ist die größte unter ihnen«. Es ist die Vorbereitung für die lutherische Beichte und das Abendmahl, die folgen.

Anschließend geht Pfarrer Alt zu Sophie Scholl. In seinem später geschriebenen Rückblick gilt der überwiegende Teil der Erinnerung Hans Scholl. Kein Wort über die Bibelstellen und Gebete, die Sophie Scholl sich wählte; nur der Vollzug des Abendmahls wird berichtet: »Ohne eine Träne zu vergießen, feierte auch sie das heilige Mahl, bis der Wächter an die Zellentür pochte und sie hinausgeführt wurde.« Sie bittet den Pfarrer, letzte Grüße an ihren Bruder auszurichten.

Wahrscheinlich ist es inzwischen 16 Uhr; der Wärter führt Sophie Scholl ins »Rapportzimmer«. So steht es in der Akte über die Vollstreckung des Todesurteils. Anwesend sind der Gefängnisvorstand, der Gefängnisarzt und der Gefängnisgeistliche. Der Oberreichsanwalt Albert Weyersberg vom Volksgerichtshof, der am Morgen beim Prozess die Todesstrafe beantragt hatte, eröffnet Sophie Scholl, »dass der Herr Reichsminister der Justiz beschlossen habe, von seinem Begnadigungsrecht keinen Gebrauch zu machen, sondern der Gerechtigkeit freien Lauf zu lassen«. Das Todesurteil werde heute um 17 Uhr im Gefängnis München-Stadelheim vollstreckt. »Der Verurteilte gab keine Erklärung ab«, steht in der Akte. Hans Scholl und Christoph Probst durchlaufen die gleiche Prozedur.

Die Gefängniswärter werden Jahre später angeben, sie hätten die drei Verurteilten – entgegen der Gefängnisordnung – noch einmal für wenige Minuten zusammengeführt, so dass sie noch eine Zigarette miteinander rauchen konnten. Dann wird Sophie Scholl abgeführt, in das abgetrennte Gebäude im Hof, wo die Todesurteile vollstreckt werden. Es ist, so steht es in der Akte, »überdacht und ummauert, gegen den Einblick und Zutritt Unbeteiligter vollständig gesichert«. Dort machen sich der »Scharfrichter« Reichhart und seine Gehilfen bereit. Johann Reichhart war im Februar 1943 der oberste von vier Scharfrichtern im Deutschen Reich, zuständig für die Vollzugsanstalten Dresden, Frankfurt-Preungesheim, München-Stadelheim, Stuttgart und Wien. Im Jahre zuvor hatte er für 764 Enthauptungen 3000 Reichsmark Grundeinkommen plus 35 790 RM Sondervergütungen und knapp 6000 RM Spesen erhalten.

Es ist 17 Uhr. Anwesend sind wiederum Oberreichsanwalt Weyersberg, Gefängnisvorstand und Gefängnisarzt, dazu der Justizbeamte Max Huber als Urkundsbeamter und Scharfrichter Reichhart mit Gehilfen. Laut Akte war die »Fallschwertmaschine, durch einen schwarzen Vorhang verdeckt, verwendungsfähig aufgestellt.« Im Protokoll ist festgehalten: »Die Verurteilte war ruhig und gefasst.« Die Gehilfen führen Sophie Scholl zur Guillotine. Und weil alles penibel notiert wurde, wissen wir: Nach 6 Sekunden hatte Sophie Scholl es hinter sich. Der Gefängnisarzt überzeugte sich vom Eintritt des Todes – »Körper und Haupt wurden in den bereitstehenden Sarg gelegt, zur Verbringung in den Perlacher Forst«.

Um 17 Uhr 02 wird Hans Scholl in den Raum geführt. Bevor das Fallbeil ausgelöst wird, ruft er laut: »Es lebe die Freiheit.« Um 17 Uhr 05 ist Christoph Probst an der Reihe. Um 18 Uhr 50 schickt Oberreichsanwalt Weyersberg ein Telegramm nach Berlin: »Heute ohne Zwischenfall verlaufen.«

Am Dienstag, dem 23. Februar 1943, schreibt Lina Scholl in ihrer Ulmer Wohnung an Fritz Hartnagel im Lazarett von Lemberg über ihre gestrige Begegnung im Gefängnis: »Sofie und Hans waren so gefasst und abgeschlossen mit dem Leben, dass man selbst getröstet war. Sofie lehnte leicht und lächelnd an der Heizung und hatte einen Glanz in ihren Augen, den ich sonst nicht kannte. Sie ließ gar nichts mehr an sich herankommen, sie hatte wohl in diesen Tagen alles niedergekämpft. … Hans war sehr abgemagert. Aber seine Augen waren leuchtend und er versicherte uns, dass ihm das Scheiden keinen Schmerz mache, alle sollen wir grüßen, dazu gehören auch Sie. Das Göttliche war ihnen Tröstung und Willkommen. Sofie hatte den Wunsch, Sie in Lemberg zu besuchen.«

## WEDER TROST NOCH ENTSAGUNG

*23. und 24. Februar 1943*

Vier Tage zuvor, am Freitag dem 19. Februar, hatte Lina Scholl an ihren Sohn Werner geschrieben, nicht ahnend, dass Sophie und Hans Scholl schon anderthalb Tage in den Händen der Gestapo waren. Ähnliches geschieht am Dienstagvormittag, dem 23. Februar, als sie in ihrem Brief Fritz Hartnagel bittet, ein Gnadengesuch aufzusetzen – »obwohl wir ja wenig Hoffnung haben«. Inge Scholl sei an diesem Morgen nach München gefahren, »sie hofft, wenigstens Sofie noch sehen zu dürfen«. Während Lina Scholl noch mit der Ungewissheit lebt, ist die Öffentlichkeit schon informiert.

Was die »Münchner Neuesten Nachrichten« melden, steht am 23. in den meisten deutschen Zeitungen: »Der Volksgerichtshof verurteilte am 22. Februar 1943 im Schwurgerichtssaal des Justizpalastes den 24 Jahre alten Hans Scholl, die 21 Jahre alte Sophia Scholl, beide aus München, und den 23 Jahre alten Christoph Probst aus Aldrans bei Innsbruck, wegen Vorbreitung zum Hochverrat und wegen Feindbegünstigung zum Tode und Verlust der bürgerlichen Ehrenrechte. Das Urteil wurde am gleichen Tag vollzogen. ... Angesichts des heroischen Kampfes des deutschen Volkes verdienen derartige verworfene Subjekte nichts anders als den raschen und ehrlosen Tod.«

Am 19. Februar war Elisabeth Scholl von Ulm zum Dürrnhof bei Ingolstadt aufgebrochen, um bei Familie Scheringer ihre neue Stelle als Kinderpflegerin anzutreten. Am Dienstag fuhr sie mit dem Bus nach Ingolstadt. Sie meldete sich auf dem Arbeitsamt an, um ihre Lebensmittelkarten abholen zu können. Die Zeit bis zur Rückfahrt des Busses um 17 Uhr 30 wollte sie im Café mit Zeitungslesen überbrücken. Gleich auf der Titelseite sprang ihr die schreckliche Nachricht entgegen: »Ich habe mir damals einfach gewünscht, ich sei verrückt, ich würde mir das alles nur einbilden, es würde bestimmt nicht wahr sein.« Am Abend, als Elisabeth Scholl zurück auf dem Dürrnhof ist, ruft die Mutter an.

Auch Lina Scholl hatte den Tod ihrer Kinder indirekt durch die Zeitung erfahren. Das »Ulmer Tagblatt« brachte am 23. keine Meldung über die Hinrichtung zweier junger Menschen, die vielen Ulmern bekannt waren. Aber eine Zeitung in Neu-Ulm hatte weniger Hemmungen. Und so kam am

Nachmittag eine Neu-Ulmer Mandantin von Robert Scholls Steuerbüro in die Wohnung am Münsterplatz und überbrachte die Todesmeldung.

Inge Scholl und Otl Aicher, die am frühen Morgen mit einer winzigen Hoffnung nach München gefahren waren, gingen vom Bahnhof direkt zum Justizpalast. Als Inge Scholl sich einer Sekretärin vorstellte, war die Hoffnung mit wenigen Worten aus der Welt. Werner Scholl war um 4 Uhr morgens mit Traute Lafrenz an den Tegernsee gefahren, wo sich Christoph Probsts Frau aufhielt. Sie unterschrieb das Gnadengesuch für ihren Mann, das die beiden zurück nach München brachten, als gerade die Sonne aufging, und ahnungslos noch vor 9 Uhr im Justizpalast abgaben.

Irgendwann an diesem Tag traf Werner Scholl sich wieder mit Traute Lafrenz. Da hatte ihn inzwischen die Todesnachricht erreicht. Die beiden gingen in die kleine Wohnung in der Franz-Joseph-Straße, um persönliche Sachen von Sophie und Hans Scholl an sich zu nehmen. Versteckt unter Sophie Scholls Wäschegarnituren fand Traute Lafrenz »Rollen mit cirka 1000 Adressen aus Frankfurt, Wien und München, dazu Druckerschwärze und ähnliches«.

24. Februar, Mittwoch – In Ulm steigen Robert und Lina Scholl und Inge Scholl wieder in den Zug nach München. Elisabeth Scholl wird direkt von Ingolstadt kommen, Werner ist ohnehin in München. Für 17 Uhr 15 ist die Beerdigung von Sophie und Hans Scholl auf dem Friedhof am Perlacher Forst angesetzt. Vorher müssen bei der Friedhofsverwaltung die Formalitäten erledigt werden. Für 150 Reichsmark kauft Robert Scholl im Gräberfeld 73, Reihe Nr. 19, ein Familiengrab »zur Benutzung für 15 Jahre, überlassen vom Oberbürgermeister der Hauptstadt der Bewegung«. Die Rechnung »über Erdbestattung der am 22.2.43 um 17 Uhr verstorbenen Sophie Scholl« zahlt Robert Scholl im Voraus – 168 Reichsmark. Und erklärt »an Eides Statt, dass die Verstorbene weder Volljude noch Dreivierteljude im Sinne der Nürnberger Gesetze vom September 1935 war«. Noch einmal der gleiche bürokratische Vorgang für Hans Scholl, nur dass seine Bestattung 183 Reichsmark kostet.

Zuerst wird Christoph Probst durch einen katholischen Priester beerdigt. Lina und Robert Scholl, Inge, Werner und Elisabeth und Traute Lafrenz sind dabei. Das Grab von Christoph Probst liegt nur eine Grabstelle von Sophie Scholl entfernt.

Dann werden Hans und Sophie Scholl zu Grabe getragen. Es ist kurz vor Sonnenuntergang, als der protestantische Pfarrer Karl Alt noch einmal den 90. Psalm spricht – »Herr, Gott, du bist unsere Zuflucht für und für« – und den Hymnus der Liebe an die Gemeinde in Korinth mit der Verheißung des

Apostels Paulus: »Wir sehen jetzt durch einen Spiegel in einem dunklen Wort; dann aber von Angesicht zu Angesicht. Jetzt erkenne ich stückweise; dann aber werde ich erkennen, gleichwie ich erkannt bin.«

Im Dezember 1941 hatte die zwanzigjährige Sophie Scholl auf eine Anfrage ihrer Freundin Lisa Remppis geschrieben, sie habe noch nie über das Fegefeuer nachgedacht, »so wenig als über die ewige Seligkeit«. Deshalb könne sie darüber gar nichts sagen: »Für mich gäbe es nur ein ›in Gott‹ oder ›außer Gott‹ nach dem Tode.« Und vielleicht dachte Werner Scholl vor den offenen Gräbern daran, welche Empfindungen Sophie Scholl am 10. Februar, gerade zwei Wochen war das her, über das Schubert-Lied »Der Wanderer an den Mond« mit ihm geteilt hatte: »Es bleibt kein großes Gefühl, weder des Trostes noch der Entsagung. Und doch erfreut es so und tröstet so wie eine makellose Blume, die blüht, weil sie blüht.«

Am Abend fuhren Lina und Robert Scholl mit ihren zwei ältesten Töchtern zurück nach Ulm. Werner Scholl blieb noch ein paar Tage in München und verbrachte den Rest des Urlaubs in Ulm. Dann musste er zurück nach Russland, an die Front, in den Krieg.

*

*Am 24. Februar 1943 wurde Alexander Schmorell, steckbrieflich gesucht, in einem Münchner Luftschutzkeller erkannt, denunziert und festgenommen. Am 27. Februar wurde Professor Kurt Huber verhaftet. Zusammen mit Willi Graf verurteilte Roland Freisler beide am 19. April zum Tode. Schmorell und Huber wurden am 13. Juli, Willi Graf am 12. Oktober 1943 hingerichtet. Ein Gnadengesuch wurde abgelehnt mit der Begründung: »Es handelt sich ... wohl um den schwersten Fall hochverräterischer Flugpropaganda, der sich während des Krieges im Altreich ereignet hat.«*

*Unter anderen wurden am 19. April auch verurteilt: Eugen Grimminger 10 Jahre Zuchthaus, Hans Hirzel 5 Jahre Gefängnis, Traute Lafrenz und Gisela Schertling ein Jahr und Susanne Hirzel ein halbes Jahr Gefängnis.*

*Am 27. Februar 1943 wurden Robert und Lina, Inge und Elisabeth Scholl in Ulm verhaftet. Elisabeth Scholl kam Ende April frei, Lina und Inge Scholl wurden Ende Juli entlassen; Robert Scholl wurde wegen »Abhörens von Feindsendern« zu anderthalb Jahren Gefängnis verurteilt.*

*Ebenfalls am 27. Februar erfuhr Fritz Hartnagel durch ein Telefongespräch mit Werner Scholl erstmals, was geschehen war. Er reiste sofort nach Ulm und unterstützte die Scholls durch Gefängnisbesuche. Ende März öffnete Fritz Hartnagel in der Wohnung am Münsterplatz das Paket aus dem Gefängnis Stadelheim mit Sophie Scholls letzten Sachen, darunter ihr Mantel, in den Taschen noch Mutters Brödle, nicht angerührt. Im Spätsommer 1943 musste er wieder in den Krieg.*

*Auch Ernst Gruele, Pflegesohn aus den Jahren in Forchtenberg, der inzwischen in der Ulmer Radgasse wohnte, brachte Lebensmittel ins Gefängnis. Er verhinderte, dass der Hausbesitzer die Wohnung am Münsterplatz kündigte, und ließ im Ulmer Franziskanerkloster für die Familie beten, wie er am 21. März an Werner Scholl schrieb: »Der Prediger sagte nach dem Gottesdienst: ›Wir beten für zwei verstorbene Geschwister und für eine Familie in höchstem Leid.‹«*

*Das letzte Lebenszeichen von Werner Scholl sind seine Briefe vom Frühjahr 1944. Seitdem wird er in Russland vermisst.*

*Im Oktober 1945 heiraten Fritz Hartnagel und Elisabeth Scholl, 1952 Inge Scholl und Otl Aicher. Lina Scholl stirbt 1958, Robert Scholl 1973. Beide sind neben Sophie und Hans Scholl in München auf dem Friedhof am Perlacher Forst begraben.*

# NACHBEMERKUNG

## *»Die weiße Rose«*

Kann man von einem festen Platz aus zurückblicken und am Horizont der Vergangenheit die Toten mit ihren Gedanken, Gefühlen und Taten wieder auferstehen lassen? Kann man dabei frei sein von den eigenen Traurigkeiten und Hoffnungen, Versäumnissen, Irrwegen und Idealen, die verbunden sind mit jener Vergangenheit und den Toten, die einmal vertraut und gegenwärtig waren? Dabei nicht verdrängen und verschweigen oder in ein neues Licht tauchen, was schmerzlich war? Inge Aicher-Scholl, Sophie Scholls älteste Schwester, hat es mit ihrem Buch »Die Weiße Rose«, das 1952 erschien und Millionenauflagen erlebte, versucht. Darin blickt sie zurück nach Forchtenberg, wo Sophie Scholl geboren wurde:

»Das beschauliche Städtchen im Kochertal, in dem wir unsere Kindertage verbrachten, schien von der großen Welt vergessen. … Uns aber erschien die Welt dieses Städtchens nicht klein, sondern weit und groß und herrlich. … Aber eines Tages rollten wir auf den Rädern unserer geliebten Eisenbahn mit Sack und Pack davon, weit fort über die Schwäbische Alb. Ein großer Sprung war getan, als wir in Ulm, der Stadt an der Donau ausstiegen, die nun unsere neue Heimat werden sollte.«

Wir wissen: Die Vergangenheit war anders. Der lange, traumatische Abschied aus Forchtenberg wird in diesem Rückblick ausgeblendet. Hinter einem mehrdeutigen Zeitsprung wird die Zwischenstation Ludwigsburg versteckt. Immerhin vierzehn Monate das Zuhause der Scholls, geprägt von verdrängtem Heimweh, Geldsorgen, der harten Arbeit von Lina Scholl und dem entschlossenen Streben von Robert Scholl, für sich und seine Familie wieder einen besseren Platz in der Welt zu finden.

Über den Beginn des neuen Lebensabschnittes in Ulm schreibt Inge Aicher-Scholl: »Doch viel Neues zog bald unsere Aufmerksamkeit auf sich, besonders die höhere Schule, in die wir fünf Geschwister eines nach dem andern eintraten. An einem Morgen hörte ich auf der Schultreppe eine Klassenkameradin zur andern sagen: ›Jetzt ist Hitler an die Regierung gekommen.‹ Und das Radio und alle Zeitungen verkündeten: ›Nun wird alles besser werden in Deutschland. Hitler hat das Ruder ergriffen.‹ Zum ersten Mal trat die Politik in unser Leben.« Es war der 30. Januar 1933, als

Adolf Hitler zum Reichskanzler ernannt wurde. Tatsächlich hatte die Fünfzehnjährige am 3. November 1932 in ihr Tagebuch geschrieben: »Morgen kommt der *Hitler* nach Ulm und am Montag ist Wahl. Hoffentlich kommt es für Deutschland gut.« Die Ulmer Jahre der Scholl-Geschwister – das Leben im Dritten Reich – waren nicht nur länger, sondern in mancher, oft bedeutender Hinsicht anders, als in der »Weißen Rose« geschildert. Viele bisher unbekannte, nie zu Wort gekommene Zeugnisse aus dem Nachlass von Inge Aicher-Scholl haben es möglich gemacht, mit der Biografie von Sophie Scholl eine neue, differenzierte und – das überstrapazierte Wort sei hier gestattet – authentische Geschichte zu erzählen.

Die neuen Dokumente geben der Karriere von Sophie Scholl – und ihrer ältesten Schwester Inge – ein schärferes Profil als je zuvor. Aber sie bestätigen ebenso, dass alle fünf Scholl-Geschwister zu Gegnern der nationalsozialistischen Ideologie – ihrer Menschenverachtung und totalitären Vereinnahmung – wurden. Sie nehmen Sophie Scholl, die den Übergang vom Widerstand in Gedanken zu einer Tat, die aufrütteln sollte, vollzog, nichts von ihrer Größe und Eindrücklichkeit. Erstmals werden viele Jahre, aus denen bisher keine Fakten oder bestenfalls ein paar Anekdoten bekannt waren, mit Informationen gefüllt, erlauben Blicke in Sophie Scholls Gedanken und Gefühle. Ein lebendiger Mensch kommt zum Vorschein, wo bisher ein Denkmal aufgerichtet war. Vor dem neuen Lebensbild der Sophie Scholl ist mancher Mythos verblasst.

Inge Aicher-Scholl hat mit ihrem Buch »Die Weiße Rose« ihre Geschwister Hans und Sophie und den Kreis der Gleichgesinnten im Widerstand gegen ein verbrecherisches deutsches Regime sieben Jahre nach Kriegsende dem Vergessen entrissen. Auf der Grundlage ihres Buches wurden Sophie und Hans Scholl für immer neue Generationen von jungen Menschen zu Vorbildern, wenn es um freiheitliche und menschenwürdige Entwürfe geht, im Leben und in der Politik. Ein Ansporn, das Gewissen zu sensibilisieren und seine Wegweisungen ernst zu nehmen.

»Die Weiße Rose« wurde von Inge Scholl im Laufe der Jahre verändert. Im Kern hat sie lebenslang das Bild verteidigt, das sie darin von Hans und Sophie Scholl geprägt hat. Und von der ganzen Familie Scholl, der »kleinen, festen Insel«, dem »festen Grund«, dem Sophie Scholl ungewöhnliche Freiheiten verdankte und der sie zugleich in Bindungen hielt, von denen sie sich schmerzhaft zu lösen suchte.

Inge Aicher-Scholl war direkt betroffen in diesem Drama, und mit der jüngsten Schwester Sophie durch eine intensive Korrespondenz, emotionale Nähe und Verwicklungen tief verbunden. Kann die historische Größe der Geschwister, deren junges Leben von den Mördern mit der Guillotine ausgelöscht wurde, die Verzweiflung und Wut, die Trauer und Ohnmacht über den Verlust der Menschen aus ihrem engsten Lebenskreis aufwiegen? Auch der jüngste Bruder Werner, in Russland verschollen, gehört zu den Verlusten. Wie viel Kraft braucht es, mit den geliebten Toten als Lebens-Begleitung Sinn und Zuversicht für eine neue Gegenwart zu gewinnen?

Umgekehrt gilt: Die Toten am Leben zu halten – für andere und für alle Zeiten – stiftet Sinn und gibt Kraft. Unsichtbar geblieben ist, wie viel Kraft Inge Scholl über Jahrzehnte in das Projekt steckte, alle zeitgenössischen Quellen aus dem Leben ihrer Geschwister und ihrer Familie zu sammeln; nicht aufzuhören, alle Menschen nach sichtbaren Zeugnissen zu befragen, die mit den Toten zu deren Lebzeiten befreundet waren oder nur eine lockere Verbindung hatten, und zu bitten, ihr diese Dokumente anzuvertrauen. Vor allem aber alle Unterlagen und die Korrespondenz der Scholl-Familie auf lange Sicht öffentlich zu machen, angefangen bei den Briefen von Großmutter Sophie Müller und den Brautbriefen von Lina Müller und Robert Scholl; den unzähligen Briefen, die ab 1937 zwischen den Geschwistern und mit den Eltern, vor allem der Mutter, hin und her gingen; der Korrespondenz Sophie Scholls mit Lisa Remppis, der lebenslangen, vertrauten Freundin; den Tagebüchern von Sophie, aber ebenso von Inge Scholl, den Zeugnissen und Schularbeiten.

Über die Jahre ist so ein riesiges Archiv entstanden. Inge Scholl hat es nicht für die Produktion eigener Bücher genutzt. Sie hat diese Aufgabe und Arbeit den Nachgeborenen überlassen. Nach ihrem Tod 1998 ging ihr Nachlass – alle Dokumente und Unterlagen – an das Institut für Zeitgeschichte in München. Das IfZ hat den gesamten Bestand erschlossen, das heißt geordnet, katalogisiert und jedes Dokument verfilmt. Seit dem Oktober 2005 liegt das »vorläufige Findbuch« für den Nachlass Inge Aicher-Scholl vor (IfZ-Signatur ED 474). Es umfasst 812 Seiten und ist im Internet einsehbar; Wegweiser zu einem ungeheuren, bisher kaum gehobenen Schatz. Diese Biografie der Sophie Scholl lebt davon, dass das außergewöhnliche historische Erbe erstmals umfassend und ausgiebig zu Wort kommt.

»Brave, herrliche junge Leute! Ihr sollt nicht umsonst gestorben, sollt nicht vergessen sein! … die ihr, als noch Nacht über Deutschland und Europa lag, wusstet und verkündetet: ›Es dämmert ein neuer Glaube an Freiheit und Ehre.‹«

*Thomas Mann*
*über Sophie und Hans Scholl und die Weiße Rose*
*in seiner Radioansprache der BBC am 27. Juni 1943*

# ANHANG

# QUELLEN UND LITERATURHINWEISE

Die meiste Recherche-Zeit habe ich im Archiv des Instituts für Zeitgeschichte in München verbracht. Alexander Markus Klotz M.A. war dort mein erster Ansprechpartner und reagierte spontan positiv auf meine Biografie. Petra Mörtl M.A. war bei der Arbeit im IfZ stets freundlich zur Hand, umgehend meinen Bitten um Filmrollen nachzukommen, und manches Gespräch hat sich daraus ergeben. In Forchtenberg hatte Renate S. Deck, die in ihrem Atelier im Würzburger Tor die »Gedenkstätte Weiße Rose i-punkt« errichtet, Anstoß für einen Scholl-Pfad gegeben und Ausstellungen organisiert hat, Zeit für ein langes Gespräch. Ein weiterer Dank gilt denen, die mit Hinweisen, Kopien, Auskünften und Informationen meine Arbeit erleichtert haben: Folker Förtsch, Stadtarchiv Crailsheim; Dr. Andrea Harrandt, Österreichische Nationalbibliothek, Wien; Dr. Heike Krause, Ev. Diakoniewerk Schwäbisch Hall, Archiv; Dr. Thomas Kreutzer, Kreisarchiv Hohenlohekreis, Neuenstein; Ulrike Leuchtweis und Ute Bitz, Staatsarchiv Ludwigsburg; Dorothea Reuter M.A., Landeskirchliches Archiv Stuttgart; Susanne Rott, Stadtarchiv Ulm; Mito Schlomski, Stadtarchiv Donaueschingen; Dr. Volker Trugenberger, Staatsarchiv Sigmaringen; Dr. Herbert W. Wurster, Archiv des Bistums Passau. Gisela Fichtl danke ich für die Erarbeitung des Registers. Susanne Zeller-Hirzel danke ich, dass sie ihre Fotosammlung geöffnet hat, Beatrice Böninger für die Aufnahmen daraus.

## *Ungedruckte Quellen in Archiven und Bibliotheken*

Bayerische Staatsbibliothek, Handschriftenabteilung, München
Ana C II., Ana II. A, Nachlass Carl Muth, Korrespondenz Muth-Aicher; Ana II. C, Brief Otl Aicher an Sophie Scholl, 16.4.1941

Bundesarchiv, Berlin, Außenstelle Dahlwitz-Hopppegarten
BArch ZC 13 267, Bd. 2, Vernehmungsprotokoll Hans Scholl BArch ZC 13 267, Bd. 3, Vernehmungsprotokoll Sophie Scholl; Zitiert auf den Seiten 147, 155, 156, 161, 362, 363, 394, 410, 421, 427, 442, 444, 445, 448–450, 454, 455, 465

Institut für Zeitgeschichte, München ED 474, Nachlass Inge Aicher-Scholl, siehe »Nachbemerkung«, S. 470 FA 215, Bd 1–5, Weiße Rose ZSA 26/Bd 1–7, Korrespondenzen und Berichte 1946–1947 mit Widerstandskämpfern, deren Verwandten und Freunden

Kreisarchiv Hohenlohekreis, Neuenstein, bzw. Stadtarchiv Forchtenberg
Bestand Forchtenberg I: A 15, 26, 540, 610; B 10, 65 + 66; Wahl R. Scholl 1919, Pensionskasse, Rechtsstreit, Leichenregister, Sühneversuche. Protokolle Gemeinderatssitzungen 1923–1935

Staatsarchiv Ludwigsburg
E 356 g Bü 4325, Gefangenenpersonalakte R. Scholl 1942; EL 76 Zugang 1986

Bü 5815; EL 400 Bü 1042, Personalakte R. Scholl Oberfinanzdirektion Stuttgart Tätigkeit als Steuerberater 1936–42; E 180 II Bü 3301; EL 350 I Bü 8197, Wiedergutmachungsakte R. Scholl Landesamt für Wiedergutmachung; F 192/II, Bü 417, Oberamt Öhringen, Akten Gemeinde Forchtenberg

Stadtarchiv Crailsheim

E 63, Dokumente Robert Scholl

Stadtarchiv Ulm

Sig 65/52: Ulmer Tagblatt 1932–1943

## *Gedruckte Quellen und weitergehende Literatur*

Hervorheben möchte ich den Briefwechsel Sophie Scholl–Fritz Hartnagel – »Damit wir uns nicht verlieren« –, den sein Sohn Thomas Hartnagel herausgegeben hat. Das Buch hat die Arbeit an dieser Biografie wesentlich erleichtert.

### *Sophie Scholl*

J. M. Barrie's: Peter Pan & Wendy. Für kleine Leute nacherzählt von M. Byron. Ins Deutsche übertragen von Hanspeter Nägele, mit Zeichnungen von Sophie Scholl, Frankfurt am Main 1989

M. Berger: Frauen in der Geschichte des Kindergartens, Frankfurt am Main 1995

F. Breinersdorfer (Hg.): Sophie Scholl. Die letzten Tage, Frankfurt am Main 2005

M. Dengler: Wie ich Sophie Scholl erlebt habe, In: Ereignisse, die unser Leben prägten, Bd. 2, Seniorenbüro Heilbronn 1998

B. Leisner: »Ich würde es genau so wiedermachen«. Sophie Scholl, München 2000

W. Milstein: Mut zum Widerstand. Sophie Scholl, ein Porträt, 2. Auflage Neunkirchen 2004

S. Scholl, F. Hartnagel: Damit wir uns nicht verlieren. Briefwechsel 1937–1943, hg. von Th. Hartnagel, Frankfurt am Main 2005

H. Vinke: Das kurze Leben der Sophie Scholl, Ravensburg 1997 (Erstausgabe 1980)

Ders.: Fritz Hartnagel: Der Freund von Sophie Scholl, Zürich 2005

E. E. Weber: Sophie Scholl und das weibliche Reichsarbeitsdienstlager Krauchenwies, in: Zeitschrift für Hohenzollerische Geschichte, Bd. 34, 1998, S. 207–224

### *Hans und Sophie Scholl, Elternhaus, der Aicher-Scholl-Bund*

M. Aicher: Die Vorfahren von Hans und Sophie Scholl, in: Genealogie, Bd. 15, 29. Jahrgang, Heft 6 + 7, Neustadt (Aisch) 1980

O. Aicher: innenseiten des krieges, Frankfurt am Main 1985

I. Aicher-Scholl (Hg.): Sippenhaft. Nachrichten und Botschaften der Familie in der Gestapo-Haft nach der Hinrichtung von Hans und Sophie Scholl, Frankfurt am Main 1993

R. Bauerreis, OSB: Erinnerungen an Hans Scholl, Der Rhaeten-Herold, Jg. 21, S. 6–7, München 1953

P. Blos: Adoleszens. Eine psychoanalytische Interpretation, Stuttgart 1973

Festschrift zum 150jährigen Jubiläum des Hans und Sophie Scholl-Gymnasiums in Ulm, 1834–1984, hg. vom Hans und Sophie Scholl-Gymnasium, Ulm 1984

S. Hirzel: Vom Ja zum Nein. Eine schwäbische Jugend 1933 bis 1945, Tübingen 2000
E. Holler: Die Ulmer »Trabanten«. Hans Scholl zwischen Hitlerjugend und dj.1.11., puls 22, Dokumentationsschrift der Jugendbewegung, Stuttgart 1999
I. Jens (Hg.): Hans und Sophie Scholl. Briefe und Aufzeichnungen, durchgesehene Ausgabe, Frankfurt am Main 1993
H. Krause: ›Einem Menschen Nächster sein‹. Die Geschichte des Evangelischen Diakoniewerks Schwäbisch Hall, Schwäbisch Hall 2005
J. H. Rauser: Forchtenberger Heimatbuch, Forchtenberg 1983
R. Scheringer: Das große Los, München 1979
H.-J. Seidel: Versuch über das Leben des Dr. med. Seidel, erst Landarzt, dann Arbeitsmediziner, mein Vater, Ulm o. J.
K. Sonnenwald: »Mit aller Liebe«. Die Beziehungen der Lisa Remppis zu Sophie und Hans Scholl, in: Nonne, Magd oder Ratsfrau. Frauenleben in Leonberg aus vier Jahrhunderten, bearbeitet von R. Dürr, Leonberg 1998
P. Steinbach: »Wenn jeder wartet, bis der andere anfängt ...« – Widerstehen im Jahrhundert der Diktaturen. Der Widerstand der Geschwister Scholl als prägendes Erbe für das 21. Jahrhundert. In: »Tausend Jahre wie ein Tag ...«. Das zweite Jahrtausend im Spiegel von zehn Tagen, hg. von B. H. Stappert, Würzburg 2001
Stiftung Hochschule für Gestaltung Ulm: Freundschaft und Begegnung. Erinnerungen an Otl Aicher, Ulm 1997
Ulmer FrauenWege im 20. Jahrhundert. 12 Lebensbilder, Hg. Ökumenischer Arbeitskreis Frauen, Ulm 2005

*Die Weiße Rose, Freunde und Freundinnen im Umkreis der Weißen Rose*

D. Bald: Die »Weiße Rose«. Von der Front in den Widerstand, 2. Auflage Berlin 2003
Ders. (Hg.): »Wider die Kriegsmaschinerie«. Kriegserfahrungen und Motive des Widerstandes der »Weissen Rose«, Hamburg 2005
S. Bassler: Die Weiße Rose. Zeitzeugen erinnern sich, Reinbek 2006
T. Blaha: Willi Graf und die Weiße Rose. Eine Rezeptionsgeschichte, München 2003
M. Brink: Revolutio Humana, Heidelberg 1946
A. E. Dumbach, J. Newborn: Wir sind euer Gewissen. Die Geschichte der Weißen Rose, Stuttgart 1988
B. Ellermeier: Harter Geist und weiches Herz. Das intellektuelle Umfeld der Weißen Rose, 2 CD, www.auditorium-maximum.de
L. Fürst-Ramdohr: Freundschaften in der Weißen Rose, München 1995
Willi Graf: Briefe und Aufzeichnungen, hg. von A. Knoop-Graf und I. Jens, Frankfurt am Main 1988
R. Guardini: Freiheit und Verantwortung. Die Weiße Rose – Zum Widerstand im »Dritten Reich«, Mainz 1997
H. Hamm-Brücher: Freiheit ist mehr als ein Wort. Eine Lebensbilanz 1921–1996, Köln 1996
R. Hanser: Deutschland zuliebe. Leben und Sterben der Geschwister Scholl. Die Geschichte der Weißen Rose, München 1980
H. Steffahn: Die Weiße Rose, Reinbek 1993
R. Huch: In einem Gedenkbuch zusammen ... Bilder deutscher Widerstandskämpfer, hg. und eingeleitet von W. M. Schwiedrzik, Leipzig 1998

K. H. Jahnke: Weiße Rose contra Hakenkreuz. Studenten im Widerstand 1942/43, Rostock 2003
G. Kirchberger: Die »Weiße Rose«. Studentischer Widerstand gegen Hitler in München, München 1980
M. Kißener, B. Schäfers (Hg.): »Weitertragen«. Studien zur »Weißen Rose«, Festschrift für A. Knoop-Graf zum 80. Geburtstag, Konstanz 2001
R. Lill (Hg.): Hochverrat? Neue Forschungen zur »Weißen Rose«, veränderte Neuauflage Konstanz 1999
Th. Mann: Deutsche Hörer! BBC-Reden von 1941–1945, München 2004
Ch. Petry: Studenten aufs Schafott. Die Weiße Rose und ihr Scheitern, München 1968
M. C. Schneider, M. Süß: Keine Volksgenossen. Studentischer Widerstand der Weißen Rose, München 1993
I. Scholl: Die Weiße Rose, erweiterte Neuausgabe, Berlin 1990, Frankfurt am Main 1993; 1. Auflage 1952
M.-L. Schultze-Jahn: »... und ihr Geist lebt trotzdem weiter!« Widerstand im Zeichen der Weißen Rose, 2. Auflage Berlin 2004
K. Seybold: »Uns hat ja nie jemand gefragt ...« Münchner Frauen aus dem Widerstand – In: Macht und Gesellschaft. Männer und Frauen in der NS-Zeit, Tagungsband Gender, München 2004
H. Siefken (Hg.): Die Weiße Rose. Student Resistance to National Socialism 1942/43. Forschungsergebnisse und Erfahrungsbericht, Nottingham 1991
K. Vielhaber (Hg.): Gewalt und Gewissen. Willi Graf und die »Weiße Rose«, Freiburg 1963
J. Wittenstein: Die Münchener Studentenbewegung, Blick in die Welt, Jg. 1947, Nr. 13, Essen, S. 14–16
S. Zankel: Die Weiße Rose war nur der Anfang. Geschichte eines Widerstandskreises, Köln 2006
Ders.: Mit Flugblättern gegen Hitler. Der Widerstandskreis um Hans Scholl und Alexander Schmorell, Weimar 2008
Die Weiße Rose. Der Widerstand von Studenten gegen Hitler München 1942/43, Weiße Rose Stiftung e. V. München, 3. überarbeitete Fassung, München 2005
S. Zankel, Ch. Hikel (Hg.): Ein Weggefährte der Geschwister Scholl. Die Briefe des Josef Furtmeier 1938–1947, München 2005
A. Ziegler: Eugen Grimminger. Widerständler und Genossenschaftspionier, Crailsheim 2000
Ders.: Es ging um die Freiheit! Die Geschichte der Widerstandsgruppe »Weiße Rose«, Fakten, Fragen, Standpunkte, Menschen, Schönaich 2005
Ders.: Dramaturg des Widerstands: Falk Harnack und die Geschichte der »Weißen Rose«, Schönaich 2005
Ders.: Das gestaltete Vermächtnis: Inge Scholls Interpretation der »Weißen Rose«. Ein Beitrag zur »Weiße Rose«-Forschung, Schönaich 2006
R. Zimmermann: Wilhelm Geyer. Leben und Werk des Malers, Berlin 1971

*Religiöse, philosophische und literarische Wurzeln von Aicher-Scholl-Bund und Weißer Rose*

K. Ackermann: Der Widerstand der Monatszeitschrift Hochland gegen den Nationalsozialismus, München 1961

Aurelius Augustinus: Bekenntnisse. Einleitung K. Flasch, übersetzt, mit Anmerkungen versehen und herausgegeben von K. Flasch, B. Mojsisch, Stuttgart 1989

H. Bänzinger: Werner Bergengruen. Weg und Werk, Bern 1983

G. Bernanos: Die Sonne Satans, Stuttgart o.J.

Ders: Tagebuch eines Landpfarrers, Köln 1952

W. Bergengruen: Erinnerungen an Carl Muth, Hochland 46. Jg., 1953/54, S. 75–80

Schreibtischerinnerungen, Zürich 1961

M. Brink: Don Quichotte. Bild und Wirklichkeit, 2. Aufl. Heidelberg 1946

H. Carossa: Führung und Geleit. Ein Lebensgedenkbuch, Leipzig 1933

Ders.: Ungleiche Welten, Wiesbaden 1951

P. Claudel: Der Seidene Schuh oder Das Schlimmste trifft nicht immer zu, Salzburg 1948, 3. Aufl., deutsche Übertragung u. Nachwort U.v.Balthasar

Festgabe für Carl Muth, Hochland 34. Jg., 1936/37

W. Frühwald, H. Hürten (Hg.): Christliches Exil und christlicher Widerstand, Regensburg 1987

G. Fürst, P. Kastner, H. Siefken (Hg.): Theodor Haecker (1879–1945): Die Verteidigung des Bildes vom Menschen, Stuttgart 2001

Th. Haecker: Leben und Werk. Texte, Briefe, Erinnerungen, Würdigungen, hg. v. B. Hanssler, H. Siefken, Esslingen 1995

Th. Haecker: Schöpfer und Geschöpf, Leipzig 1934

Ders.: Tag- und Nachtbücher, 1939–1945, München 1959

Ders.: Tag- und Nachtbücher, 1939–1945, hg. v.H. Wild, München 1947

M. Hausmann: Jahre des Lebens. Gedichte, Berlin 1938

Ders.: Die Gedichte, Frankfurt am Main 1949

H. Kiel (Hg.): Renée Sintenis, Berlin 1935

S. Kierkegaard: Die Tagebücher, 2 Bde., übersetzt u. hg. v. Th. Haecker, Innsbruck 1923

J. Knab: Theodor Haecker (1879–1945). Ein Mentor der ›Weißen Rose‹ in: Geschichte Quer, Heft 12, 2004

P. Kopf: Franz Weiß – für Deutschland und Christus, Ostfildern 1994

W. Lipgens (Hg.): John Henry Newman, Auswahl, Frankfurt am Main 1958

J. Maaßen (Hg.): Bis an die Sterne.Ein Lebensbuch für junge Menschen, Freiburg 1935

Ders. (Hg.): Von der Herrlichkeit christlichen Lebens, Freiburg 1937

Ders. (Hg.): Licht durch die Nächte, Freiburg 1939

M. Mallmann: »Das Innere Reich«. Analyse einer konservativen Kulturzeitschrift im Dritten Reich, Bonn 1978

A.von Martin: Nietzsche und Burckhardt, 4. Auflage München 1947, 1. Aufl. 1941

K.B. von Mechow: Vorsommer, München 1933

Ders.: Novelle auf Sizilien, München 1941

F. Mussner: Pfarrer dr. phil. et theol. Max Schwarz, in: Ostbaierische Grenzmarken, Passauer Jb für Geschichte, Kunst und Volkskunde, Bd. 27, Jahrgang 1985, S. 188–196

V. Neumann: Die Theologie des Renouveau catholique, Frankfurt am Main 2007

J.H.Newman: Philosophie des Glaubens, ins Deutsche übertragen und mit einem Nachwort von Th. Haecker, München 1921
Ders.: Zur Philosophie des Glaubens, Mainz 1964, 1. deutsche Ausgabe 1936
B. Pascal: Gedanken über die Religion und einige andere Themen, hg. von J.-R. Armogathe, Stuttgart 1997
K. Pfleger: Geister, die um Christus ringen, Salzburg 1934
E. Przywara S.J.: Augustinus. Die Gestalt als Gefüge, Leipzig 1934
A. Rauscher (Hg.): Religiös-kulturelle Bewegungen im deutschen Katholizismus seit 1800, Paderborn 1986
G. Ritter: Machtstaat und Utopie, München 1940
R. Schaumann: Das Arsenal, Heidelberg 1968
Dies.: Der Kugelsack, Hamburg 1999
F.A. Schmitt, B. Scherer (Hg.): Reinhold Schneider. Leben und Werk in Dokumenten, Karlsruhe, 1973
B. Schüler: »Im Geiste der Gemordeten …«: Die »Weiße Rose« und ihre Wirkung in der Nachkriegszeit, Paderborn 2000
E. Wiechert: »Eine Mauer um uns baue«, Mainz 1937

*Ulm, Baden und Württemberg, München: 1933–1945*

M. Adams Rösing: Ludwig Moos, Leo Kahn: Jüdische Künstler zwischen Assimilation und Emigration, Ulm 1988
Ch. Arbogast: Herrschaftsinstanzen der württembergischen NSDAP, München 1998
H.A. Brenner: Dagegen. Widerstand Ulmer Schüler gegen die deutsche Nazi-Diktatur, Leutkirch o.J.
Dokumentation über die Verfolgungen der jüdischen Bürger von Ulm/Donau, hergestellt im Auftrag der Stadt Ulm von H. Keil, Ulm 1961
R. Finckh: Mit uns zieht die neue Zeit, Baden-Baden 1979; Neuauflage unter dem Titel »Sie versprachen uns die Zukunft«, Tübingen 2002
Formen des Widerstandes im Südwesten 1933–1945, hg. v.d. Landeszentrale für politische Bildung Baden-Württemberg und dem Haus der Geschichte Baden-Württemberg, Ulm 1994
Die »Hitlerjugend« Am Beispiel der Region Ulm/Neu-Ulm. Ein Aspekt im Umfeld der Weißen Rose, 1942/43. Dokumentationszentrum Oberer Kuhberg, Ulm e.V., KZ-Gedenkstätte, Manuskripte 1, 1993, hg. v. S. Lechner, 5. Auflage Ulm 1998
M.Kißener, J. Scholtyseck (Hg.): Die Führer der Provinz. NS-Biographien aus Baden und Württemberg, Konstanz 1997
S. Kraft: Zwischen den Fronten. Münchner Frauen in Krieg und Frieden, 1900–1950, München 1995
E. Kraus (Hg.): Die Universität München im Dritten Reich, Aufsätze. Teil I, München 2006
S. Lechner: Das KZ Oberer Kuhberg und die NS-Zeit in der Region Ulm/Neu-Ulm; eine Schriftenreihe des Dokumentationszentrums Oberer Kuhberg, Bd. 1, Stuttgart 1988
Ders.: Ulm im Nationalsozialismus, Stadtführer auf den Spuren des Regimes, der Verfolgten, des Widerstands, Ulm 1997
Ders. (Hg.): Schönes, schreckliches Ulm. 130 Berichte ehemaliger polnischer Zwangs-

arbeiterinnen und Zwangsarbeiter, die in den Jahren 1940 bis 1945 in die Region Ulm/Neu-Ulm verschleppt worden waren, 2. verbesserte Auflage, Ulm 1997
U. Linse: Ulmer Arbeiterleben – vom Kaiserreich zur frühen Bundesrepublik, Ulm 2006
E. Mayer: Die evangelische Kirche in Ulm 1918–1945, Stuttgart 1998
K. Preis: München unterm Hakenkreuz 1933–1945, München 1989
G. Rotermund: Zwischen Gleichschaltung und Selbstbehauptung. Das Realgymnasium Ulm 1933–1945, Ulm 1997
P. Sauer (Hg.): Dokumente über die Verfolgung der jüdischen Bürger in Baden-Württemberg durch das nationalsozialistische Regime 1933–1945, 2 Bde., Stuttgart 1966
Ders.: Württemberg in der Zeit des Nationalsozialismus, Ulm 1975
G. Schweiger (Hg.): Das Erzbistum München und Freising in der Zeit der nationalsozialistischen Herrschaft, Bd. 1, München 1984
700 Jahre Stadt Forchtenberg. Geschichte – Ereignisse – Entwicklungen,
Hg. Stadt Forchtenberg, 1998
H. E. Specker (Hg.): Ulm im Zweiten Weltkrieg, Forschungen zur Geschichte der Stadt Ulm, Reihe Dokumentation, Bd. 6, Ulm 1995
Der Stadt- und Landkreis Ulm, Staatliche Archivverwaltung Baden-Württemberg, Ulm 1972
Ulmer Museum, B. Reinhardt (Hg.): Kunst und Kultur in Ulm 1933–1945, Tübingen 1993
H. Vieregg: Wächst Gras darüber? München: Hochburg des Nationalsozialismus und Zentrum des Widerstands, München 1993
R. Weglein: Als Krankenschwester im KZ Theresienstadt. Erinnerungen einer Ulmer Jüdin, hg. v. S. Lechner, A. Moos, Die NS-Zeit in der Region Ulm/Neu-Ulm. Eine Schriftenreihe des Dokumentationszentrums Oberer Kuhberg, Bd. 2, Ulm 1988
A. Willburger, H. Tüchle: Geschichte der katholischen Kirche in Württemberg, Rottenburg 1954

*Opposition, Resistenz, Widerstand*

K. Alt: Todeskandidaten, überarbeitet nach dem Original von 1946, hg. v. W. Reuter, München 1994
E. Bethge: Dietrich Bonhoeffer, aktualisierte Neuausgabe Reinbek 2006
B. Beuys: Vergeßt uns nicht! Menschen im Widerstand 1933–1945, Reinbek 1985
R. Bleistein: Alfred Delp. Geschichte eines Zeugen, Frankfurt am Main 1989
Ders.: Rupert Mayer. Der verstummte Prophet, Frankfurt am Main 1993
Ders.: Augustinus Rösch. Leben im Widerstand, Frankfurt am Main 1998
D. Bonhoeffer: Widerstand und Ergebung. Briefe und Aufzeichnungen aus der Haft. Hg. von E. Bethge, München 2002
B. Börger, H. Schroer (Hg.): Sie hielten Stand. Sturmschar im Katholischen Jungmännerverband Deutschlands, 2. korr. Auflage Düsseldorf 1990
M. Bosch, W. Niess (Hg.): Der Widerstand im deutschen Südwesten 1933–1945, Stuttgart 1984
G. Brakelmann: Die Kreisauer: folgenreiche Begegnungen, Münster 2003
H. Bretschneider: Der Widerstand gegen den Nationalsozialismus in München 1933 bis 1945, München 1968

W. Breyvogel (Hg.): Piraten, Swings und Junge Garde. Jugendwiderstand im Nationalsozialismus, Bonn 1991

A. Briegel: Der Widerstand der katholischen Jugend im Nationalsozialismus. Darstellung und didaktische Impulse für den Religionsunterricht, www.briegel-online.de

M. Broszat, E. Fröhlich: Alltag und Widerstand – Bayern im Nationalsozialismus, München 1987

M. Detjen: ›Zum Staatsfeind ernannt …‹ Widerstand, Resistenz und Verweigerung gegen das NS-Regime in München, München 1998

F. W. Foerster: Erlebete Weltgeschichte 1869–1953, Nürnberg 1953

A. Klönne: Jugendliche Opposition im »Dritten Reich«, Hg. Landeszentrale für politische Bildung Thüringen, Erfurt 1996

Ch. Gremmels, W. Huber (Hg.): Dietrich Bonhoeffer Auswahl, 6 Bde., Gütersloh 2006

P. Kopf, M. Miller (Hg.): Die Vertreibung von Bischof Johannes Baptista Sproll von Rottenburg 1938–1945, Mainz 1971

J. Kuropka: Clemens August Graf von Galen und das Problem des Widerstandes aus christlichen Grundsatzpositionen, Duisburg 1993

J. Leichsenring (Hg.): Frauen und Widerstand, Münster 2003

H. J. von Moltke: Briefe an Freya, 1939–1945, hg. v. B. Ruhm von Oppen, München 1988

H. Mommsen: Alternative zu Hitler. Studien zur Geschichte des deutschen Widerstandes, München 2000

G. Paul, K.-M. Mallmann: Milieus und Widerstand. Eine Verhaltensgeschichte der Gesellschaft im Nationalsozialismus. Widerstand und Verweigerung im Saarland 1935–1945, Bd. 3, Bonn 1995

G. v. Roon: Neuordnung im Widerstand. Der Kreisauer Kreis innerhalb der deutschen Widerstandsbewegung, München 1967

M. Schad: Frauen gegen Hitler, München 2001

P. Steinbach: Der 20. Juli 1944. Gesichter des Widerstands, München 2004

P. Steinbach, J. Tuchel (Hg.): Widerstand gegen den Nationalsozialismus, Bonn 1994

Dies: Widerstand in Deutschland 1933–1945. Ein historisches Lesebuch, München 1994

Dies.: Widerstand gegen die nationalsozialistische Diktatur 1933–1945, Bonn 2004

M. Steinhoff: Widerstand gegen das Dritte Reich im Raum der katholischen Kirche, Frankfurt am Main 1997

I. Stuiber: Hingerichtet in München-Stadelheim. Opfer nationalsozialistischer Verfolgung auf dem Friedhof am Perlacher Forst, München 2004

J. Tuchel (Hg.): Der vergessene Widerstand. Zur Realgeschichte und Wahrnehmung des Kampfes gegen die NS-Diktatur, Göttingen 2005

G. R. Ueberschär: Für ein anderes Deutschland. Der deutsche Widerstand gegen den NS-Staat 1933–1945, Frankfurt am Main 2006

K. Vielhaber: Gewalt und Gewissen – Wegweisung in dunkler Zeit: Johannes Maaßen, in: Hirschberg, Monatszeitschrift des Bundes Neudeutschland, 17. Jg., 15. Februar 1964, Nummer 2

H. Vieregg: Deckname »Betti«. Jugendlicher Widerstand und Opposition gegen die Nationalsozialisten in München, Begleitheft zur gleichnamigen Ausstellung, München 1997

W. Wette (Hg.): Zivilcourage. Empörte, Helfer und Retter aus Wehrmacht, Polizei und SS, Frankfurt am Main 2004
W. E. Winterhager (Hg.): Der Kreisauer Kreis. Porträt einer Widerstandsgruppe, Berlin 1985

*Nationalsozialismus: Gesamtdarstellungen, Institutionen*

W. Benz: Geschichte des Dritten Reiches, München 2000
Ch. Hartmann, J. Hürter, U. Jureit (Hg.): Verbrechen der Wehrmacht. Bilanz einer Debatte, München 2005
U. Herbert (Hg.): Europa und der »Reichseinsatz«. Ausländische Zivilarbeiter, Kriegsgefangene und KZ-Häftlinge in Deutschland 1933–1945, Essen 1991
K. Hildebrand: Das Dritte Reich, München 1979
I. Kershaw: Der NS-Staat. Geschichtsinterpretationen und Kontroversen im Überblick, Reinbek 1999
Ders.: Der Hitler-Mythos. Führerkult und Volksmeinung, Stuttgart 1999
Ders.: Hitler, 2 Bde., Stuttgart 2000
M. Kißener: Das Dritte Reich, Darmstadt 2005
A. Klönne: Jugend im Dritten Reich. Die Hitler-Jugend und ihre Gegner, München 1995
W. Klose: Generation im Gleichschritt: Die Hitlerjugend, Oldenburg 1982
Liederblatt der Hitlerjugend, 1. Jahresband, Wolfenbüttel 1935
K. Marxen: Das Volk und sein Gerichtshof. Eine Studie zum nationalsozialistischen Volksgerichtshof, Frankfurt am Main 1994
G. Miller-Kipp (Hg.): »Auch du gehörst dem Führer«. Die Geschichte der Bundes Deutscher Mädel in Quellen und Dokumenten, Weinheim 2001
H. Möller, A. Wirsching, W. Ziegler (Hg.): Nationalsozialismus in der Region, München 1996
G. Paul/K.-M. Mallmann (Hg.): Die Gestapo – Mythos und Realität, Darmstadt 1995
Dies. (Hg.): Die Gestapo im Zweiten Weltkrieg. ›Heimatfront‹ und besetztes Europa, Darmstadt 2000
W. Stegemann (Hg.): Kirche und Nationalsozialismus, Stuttgart 1990
Die Tagebücher von Joseph Goebbels, hg. v. E. Fröhlich, Teil I, Bd. 9, München 1998; Teil II, Bd. 3 (1994) 4, 5 (1995), 6 (1996), 7 (1993)
A. Vogel: Das Pflichtjahr für Mädchen, Frankfurt am Main 1997

*Gesellschaft im Nationalsozialismus*

G. Aly: Hitlers Volksstaat. Raub, Rassenkrieg und nationaler Sozialismus, erweiterte TB-Ausgabe Frankfurt am Main 2006
Ders. (Hg.): Volkes Stimme. Skepsis und Führervertrauen im Nationalsozialismus, Frankfurt am Main 2006
E. Angermair, U. Haerendel: Inszenierter Alltag. Volksgemeinschaft im nationalsozialistischen München 1933–1945, München 1993
B. Berlekamp, W. Röhr (Hg.): Terror, Herrschaft und Alltag im Nationalsozialismus, Münster 1995
A. Böltken: Führerinnen im »Führerstaat«, Pfaffenweiler 1995

H. Bußmann (Hg.): Stieftöchter der Alma Mater? 90 Jahre Frauenstudium in Bayern – am Beispiel der Universität München, München 1993
U. Deichmann: Biologen unter Hitler. Porträt einer Wissenschaft im NS-Staaat, erweiterte Auflage Frankfurt am Main 1995
Die deutsche Universität im Dritten Reich, München 1966
W. Dufner: Frühe Wegweisungen. Chronik einer alemannischen Jugend 1926–1950, Frankfurt am Main 1997
J. v. Freyberg, B. Bromberger, H. Mausbach (Hg.): »Wir hatten andere Träume.« Kinder und Jugendliche unter der NS-Diktatur, Frankfurt am Main 1995
M. Grüttner: Studenten im Dritten Reich, Paderborn 1995
H. Häntzschel, H. Bußmann (Hg.): Bedrohlich gescheit. Ein Jahrhundert Frauen und Wissenschaft in Bayern, München 1997
M. Hannsmann: Der helle Tag bricht an. Ein Kind wird Nazi, Hamburg 1982
St. Harrecker: Degradierte Doktoren. Die Aberkennung der Doktorwürde an der Ludwig-Maximilians-Universität München während der Zeit des Nationalsozialismus, München 2007
K. Heinsohn, B. Vogel, U. Weckel (Hg.): Zwischen Karriere und Verfolgung. Handlungsräume von Frauen im nationalsozialistischen Deutschland, Frankfurt am Main 1997
M. v. Hellfeld, A. Klönne: Die betrogene Generation. Jugend in Deutschland unter dem Faschismus, Köln 1985
M.P. Hensle: Rundfunkverbrechen. Das Hören von »Feindsendern« im Nationalsozialismus, Berlin 2003
E. Kasberger: Heldinnen waren wir keine. Frauenalltag in der NS-Zeit, München 2001
V. Klemperer: Tagebücher, Bd. 1942, Bd. 1943, Berlin 1995
O.D. Kulka, E. Jäckel (Hg.): Die Juden in den geheimen NS-Stimmungsberichten 1933–1945, Düsseldorf 2004
P. Longerich: »Davon haben wir nichts gewusst!«. Die Deutschen und die Judenverfolgung 1933–1945, Berlin 2006
M. Müller: Jugend in der Zerreißprobe. Persönliche Erinnerungen und Dokumente eines Jugendpfarrers im Dritten Reich, Stuttgart 1982
G. Pahlke: Trotz Verbot nicht tot. Katholische Jugend in ihrer Zeit, III, 1933–1945, Paderborn 1995
S. Quack (Hg.): Dimensionen der Verfolgung. Opfer und Opfergruppen im Nationalsozialismus, München 2003
J. Reulecke: »Ich möchte einer werden so wie die …« Männerbünde im 20. Jahrhundert, Frankfurt am Main 2001
C. Stern: In den Netzen der Erinnerung. Lebensgeschichte zweier Menschen, Reinbek 1986
E. Sternheim-Peters: Die Zeit der großen Täuschungen. Eine Jugend im Nationalsozialismus, Bielefeld 1992
L. Walb: Ich, die Alte – ich, die Junge. Konfrontation mit meinen Tagebüchern 1933–1945, Berlin 1997
Ph. Witkop (Hg.): Kriegsbriefe gefallener Studenten, München 1928/1933

*Zweiter Weltkrieg*

H. Böll: Briefe aus dem Krieg, 1939–1945, Bd. 1, Köln 2001

St. Burgdorff, Ch. Habbe (Hg.): Als Feuer vom Himmel fiel. Der Bombenkrieg in Deutschland, München 2003

M. Dörr: »Wer die Zeit nicht miterlebt hat ...« Frauenerfahrungen im Zweiten Weltkrieg und in den Jahren danach, 3 Bde., Frankfurt am Main 1998

J. Kleindienst (Hg.): Wir sollten Helden sein. Jugend in Deutschland 1939–1945, Berlin 2001

K. Latzel: Deutsche Soldaten – nationalsozialistischer Krieg. Kriegserlebnis – Kriegserfahrung 1939–1945, Paderborn 1998

R.-D. Müller, G. R. Ueberschär: Hitlers Krieg im Osten 1941–1945. Ein Forschungsbericht, Darmstadt 2000

M. G. Steinert: Hitlers Krieg und die Deutschen. Sammlung und Haltung der deutschen Bevölkerung im Zweiten Weltkrieg, Düsseldorf 1970

P. Wantzen: Erfahrungen im Krieg 1939–1946, Bad Homburg 2000

## VERZEICHNIS DER ABBILDUNGEN



Soweit nicht anders angegeben: Privatbesitz Susanne Zeller-Hirzel, Stuttgart; Aufnahme Beatrice Böninger.

# PERSONENREGISTER